国家出版基金项目
NATIONAL PUBLICATION FOUNDATION

湖北省公益学术著作
Hubei Special Funds 出版专项资金
for Academic and Public-interest
Publications

经济发展的中国路径：理论与实证研究

★ 邹薇 著

WUHAN UNIVERSITY PRESS
武汉大学出版社

图书在版编目(CIP)数据

经济发展的中国路径:理论与实证研究/邹薇著.—武汉:武汉大学出版社,2023.12
ISBN 978-7-307-23875-6

Ⅰ.经⋯　Ⅱ.邹⋯　Ⅲ.中国经济—经济发展—研究　Ⅳ.F124

中国国家版本馆 CIP 数据核字(2023)第 141751 号

责任编辑:陈　红　　责任校对:汪欣怡　　版式设计:马　佳

出版发行:**武汉大学出版社**　　(430072　武昌　珞珈山)
(电子邮箱:cbs22@whu.edu.cn 网址:www.wdp.com.cn)
印刷:武汉精一佳印刷有限公司
开本:787×1092　1/16　印张:35　字数:718 千字　插页:3
版次:2023 年 12 月第 1 版　　2023 年 12 月第 1 次印刷
ISBN 978-7-307-23875-6　　定价:138.00 元

目　　录

第三编　技术创新与发展动能

第四编　贸易开放与收入差距

第五编　制度、政策与经济发展

第六编　迈向高质量发展

第一编
理论概要与跨国比较

第1章 "中等收入陷阱"：界定与跨国比较

1.1 "中等收入陷阱"的界定

1.1.1 什么是"中等收入陷阱"

世界银行在《东亚经济发展报告(2006)》中率先提出"中等收入陷阱"的概念。其随后的研究报告将"中等收入陷阱"描述为："发展中国家无法突破经济发展中的重重阻力，尤其是跨入中等收入阶段后丧失经济发展的动力，不能顺利完成经济发展方式转变，从而无法实现向高收入阶段的跨越，陷入经济长期停滞的状态。"比如，拉丁美洲的巴西、阿根廷、智利和墨西哥等国家，在20世纪70年代陆续成为中等收入国家，但至2007年，这些国家人均GDP仍徘徊在3000~5000美元的水平停滞不前。在亚洲，马来西亚、泰国等东南亚国家也成为增长减缓以至最终陷入中等收入陷阱的最好例证。尽管1997年爆发了亚洲金融危机，但在20世纪末，这两个国家的生产率水平都几乎达到了发达国家的水准。然而，马来西亚、泰国持续采取以劳动密集型为主的生产和出口模式，技术进步和工业化进程滞缓，与此同时它们要面对来自其他低成本生产者(像印度、越南、柬埔寨等国家的企业)更加激烈的竞争，因此陷入经济增长停滞的状态。

有些学者通过总结世界不同国家的发展进程，从产业结构升级的角度来描述"中等收入陷阱"问题。Ohno(2009)将一个国家的发展进程用"赶超工业化"(catching-up industrialization)的各个阶段(如图1.1所示)来描述：首先，处于初始阶段的国家特点为，文化单一，农业生产以基本的生活资料为主，当面临制造业FDI的流入时就会进入"阶段1"；在"阶段1"，国家可以在国外技术的引导下从事简单的制造业生产，像当前的越南、柬埔寨等就是处于这个阶段；之后，当产业发挥集聚优势时，就会进入"阶段2"，此时，国家内部已经拥有自己的支柱产业，但仍然需要国外技术的引导，代表性国家有泰国和马来西亚；如果要进入"阶段3"，就需要国家进行技术吸收，实现对管理和技术的熟练掌控，能进行高质量产品的生产，这一阶段的代表国家有韩国；最后，当国家具备了创新能力就可以进入"阶段4"，像日本、美国和欧盟国家那样，能够完全胜任产品的设计和创新工作，成为该产业创新产品的全球引导者。

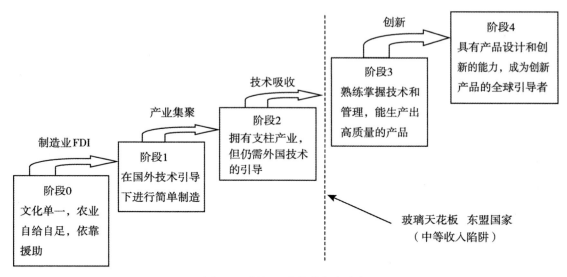

图 1.1　赶超工业化的各个阶段

来源：Ohno K. Avoiding the middle-income trap: renovating industrial policy formulation in Vietnam. ASEAN Economic Bulletin, 2009, 26(1): 25-43.

Ohno 认为，对东盟国家来说，从第二阶段到第三阶段的跨越中，存在着隐形的"玻璃天花板"(glass-ceiling)，这也相当于是跨越"中等收入陷阱"的隐形门槛。不仅如此，处于"阶段 0"的大量国家往往由于没有制造业 FDI 的流入而导致停滞，即使成功跨过了第一个阶段，之后各个阶段的跨越也会变得越来越困难。东盟所有国家，包括泰国和马来西亚几乎都没能够成功突破存在于第二个阶段和第三个阶段之间无形的制造业的"玻璃天花板"，原因在于人力资本积累和技术进步均出现严重瓶颈。大多数拉丁美洲国家也遭遇了类似情况，它们虽然早在 20 世纪中期就实现了相当高的收入水平，但至今仍处于中等收入水平发展阶段。

在传统的增长理论中，"陷阱"被认为是一种超稳定的均衡状态，这在 20 世纪四五十年代发展经济学所提出的"贫困恶性循环(vicious circle of poverty)"理论(Nurkse, 1953)、"低水平均衡陷阱(low-level equilibrium trap)"理论(Nelson, 1956)、"循环累积因果关系(circular cumulative causation)"理论(Myrdal, 1944)和"临界最小努力(critical minimum effect)"理论(Leibenstein, 1957)中有非常多的阐述。这些理论着力探讨贫困国家难以突破低收入、低技术、低增长困境的状况，尝试着找到摆脱贫困的路径和条件。这些理论研究至今对于发展中国家仍然有启示意义，因为世界上绝大多数的贫困人口生活在低收入、中等收入的发展中国家。

然而，另一个越来越引人关注的现象是，那些达到中等收入水平的发展中国家在经济增长中也有可能面临"陷阱"；许多国家长期徘徊在"中等收入国家"阵营，自第二次世界大战以来，从"中等收入国家"群体中"毕业"，成功迈入高收入国家行列的经济体依然很少，并且多为经济规模较小的经济体。因此，所谓"中等收入陷阱"问题成为各国学者关注的一个热点。Garrett（2004）指出，富裕的国家会通过技术进步拉动增长，从而使自身变得更富裕，最穷的国家因其在制造业生产方面的比较优势而获得更快的增长，而处于中间领域的国家则会面临两难的处境。Eeckhout 和 Jovanovic（2007）进一步强调，富国的劳动者具备更高的技能，在全球化过程中更容易胜任管理型和研发型岗位；而穷国能更快地增加非技能劳动力的供给，处在穷国与富国之间的国家则可能在技能劳动力与非技能劳动力方面均没有明显优势。亚洲开发银行（2010）将陷入"中等收入陷阱"的国家描述为：在制造业出口方面无法与低收入、低工资的经济体竞争；而在高技能创新方面又无法与发达经济体竞争。"中等收入陷阱"是由于这些国家没有及时从低成本劳动力和资本、资源驱动型增长转型为以生产率和创新为驱动的增长。Spence（2011）认为国家处于人均收入 5000~10000 美元时，将要面临增长的转型。他指出，"在这一阶段，不断上涨的工资使得在早期能够驱动增长的工业发展逐渐失去优势，这些劳动密集型的产业应该转移到工资更低的其他国家，转而发展能创造价值的资本密集型、人力资本密集型或知识密集型的新产业"。

1.1.2 "中等收入陷阱"：划分标准与分析思路

2010 年，世界银行把划分世界各国或地区不同收入阶段的标准界定为：通过其 Atlas 测度方式，将人均 GNI 小于等于 1005 美元的国家或地区定为低收入国家或地区；人均 GNI 在 1006 至 12275 美元之间的国家或地区为中等收入国家或地区；人均 GNI 大于 12275 美元的国家或地区为高收入国家或地区。其中，又将中等收入国家或地区划分成中等偏低收入国家或地区（人均 GNI 大于 1005 美元小于等于 3975 美元）和中等偏高收入国家或地区（人均 GNI 大于 3975 美元小于等于 12275 美元）。根据这一标准，以各国或地区 2010 年的数据来对世界各国或地区发展水平进行分组，低收入国家或地区 29 个，中等偏低收入国家或地区 31 个，中等偏高收入国家或地区 30 个，以及高收入国家或地区 34 个。

Felipe 等（2012）基于世界银行的划分标准，同时考虑数据的可得性，将以 1990 年购买力平价核算的人均 GDP 分为四组：低于 2000 美元为低收入组；介于 2000 美元和 7250 美元之间为中等偏低收入组；介于 7250 美元和 11750 美元之间为中等偏高收入组；最后高于 11750 美元为高收入组。依据这一标准，2010 年全球 124 个国家或地区中，低收入国家或地区有 40 个，中等收入国家或地区有 52 个（其中有 38 个中等偏低收入国家或地区和 14 个中等偏高收入国家或地区），高收入国家或地区有 32 个。与世界银行的划分结果相比，根据这一标准划分出的高收入国家或地区的个数与之接近，而中等偏高收入国家或地区的个数比世界银行标准划分出的要少一半以上。

一些学者使用收入水平划分的方法来判断不同国家所处的发展阶段，为了进行各国的比较，需要将各国收入水平用汇率法或购买力平价法进行转换。例如 PWT（2013）和 Maddison（2003）的数据就是通过购买力平价进行统一换算；而世界银行数据库 WDI 提供了这两种方法的数据，其划分标准则是采用 Altas-Method 汇率法。由于世界银行的影响力，这一划分标准被很多学者采用（Felip et al.，2012；Carnovale，2012 等）。但是对不同来源的数据进行比较时，往往需要经过复杂的换算并统一计量标准，因此 Ohno（2009）和 Woo（2012）提出了另一种划分方法，即用本国收入水平与最先进国家（通常用美国来衡量）收入水平的比值来反映一国所处的发展阶段，占比处于中间位置的即为中等收入国家，这一比值也被称为"追赶指数"（catch-up index，CUI）。如果一个国家在发展过程中，追赶指数不断减小则意味着该国与最先进国家的差距拉大，可能落入了"中等收入陷阱"。这种方法用相对收入水平来作为划分国家所处发展阶段的依据，但是不能体现各国经济规模、外部冲击、经济周期因素等对收入水平的影响，划分标准具有一定的随意性。

Eichengreen 等（2011）认为，"中等收入陷阱"并不是毫无征兆的突发现象，经济处于快速增长阶段的中等收入国家在落入"中等收入陷阱"之前很有可能会经历阶段性衰退。因此，可以增长减缓为突破口，通过界定和筛选增长减缓的时间点，分析增长减缓的原因。他们关于增长减缓的界定满足三个条件：

$$g_{t-n,\ t} \geqslant 3.5\% \tag{1.1}$$

$$\Delta g = g_{t-n,\ t} - g_{t,\ t+n} \geqslant 2\% \tag{1.2}$$

$$y_t > 10000 \tag{1.3}$$

其中，y_t 为依据 2005 年不变美元衡量的人均 GDP 水平，$g_{t-n,\ t}$ 和 $g_{t,\ t+n}$ 分别表示 $t-n$ 到 t 以及 t 到 $t+n$ 时间段 n 年间 GDP 增长率的平均值。

第一个条件意味着，发生增长减缓年份之前 n 年的 GDP 平均增长率至少达到 3.5%；第二个条件要求，增长减缓前后的 n 年 GDP 平均增长率降幅至少达到 2%；同时，为了关注中等收入水平国家的增长趋势，第三个条件将人均 GDP 水平界定为不低于 10000 美元。

Eichengreen 等（2011）通过对筛选出的满足增长减缓条件的快速增长经济体的增长片段进行研究，发现增长减缓容易发生在人均 GDP 位于 16700 美元处或是 15000~16000 美元，此时，人均 GDP 大约是先进国家的 58%；国家制造业就业份额占比为 23%。Eichengreen 等（2013）的研究进一步指出，很多中等收入国家往往会经历两次增长减缓，即除了在 15000~16000 美元容易发生增长减缓外，当这些国家人均 GDP 位于 10000~11000 美元时，增长减缓也同样容易发生。Aiyar 等（2013）通过对不同划分标准的收入水平数据进行研究发现，中等收入国家发生增长下滑的可能性较之低收入和高收入国家明显更高。

　　一些学者从经济收敛的角度研究"中等收入陷阱"问题，这与"条件收敛"假说和跨国经济增长的比较相关联（Barro，1997，2000）。中等收入国家如果能实现向发达经济体的收敛，就可以成功跨越"中等收入陷阱"，而中等收入国家成功实现收敛所需时间的计算公式为：

$$T_c = \ln G_I \Big/ \ln\left(\frac{1 + g_M}{1 + g_H}\right) \tag{1.4}$$

其中，G_I 为中等收入国家与发达国家收入水平的差距；g_M 为中等收入国家 GDP 平均增长率；g_H 为高收入国家 GDP 平均增长率；T_c 即为收敛所需要的时间。

　　从（1.4）式中我们可以看到，G_I 越小，实现收敛所需时间就越短；同时，当中等收入国家相对于发达国家实现更快速度增长时，也即 $\ln\left(\frac{1 + g_M}{1 + g_H}\right)$ 越大，T_c 就会越短，从而越容易成功跨越"中等收入陷阱"。

　　还有些研究考察了不同国家跨越某个发展阶段所需要的时间。Felipe 等（2012）对成功跨入中等偏高收入阶段和高收入阶段的国家在之前一个阶段滞留的时间进行统计分析，如果一个国家在中等偏低收入或中等偏高收入阶段滞留的时间高于历史平均水平，则认定其分别落入了"中等偏低收入陷阱"或"中等偏高收入陷阱"。他们的研究发现，中等偏低收入阶段的国家成功跨入中等偏高收入阶段平均需要 28 年，而成功进入高收入阶段的国家在中等偏高收入阶段平均所处年限为 14 年。也即中等偏低收入国家人均收入年均增长率至少在 4.7% 才能避免落入"中等偏低收入陷阱"；中等偏高收入国家人均收入年均增长率至少要达到 3.5% 才能规避"中等偏高收入陷阱"。因此，是否会落入"中等收入陷阱"的问题也就转化为中等偏低收入国家能否在不超过 28 年的时间里跨过中等偏高收入的界限，以及中等偏高收入国家能否在不超过 14 年的时间内跨过高收入的门槛。然而，成功实现对发达经济体的赶超并非易事，Im 和 Rosenblatt（2013）指出，根据当前中等收入国家跟发达国家（以美国和 OECD 国家为准）的差距进行计算，假定发达国家以年均 1.8% 的速度增长，中等收入国家保持过去 30 年间的平均增速，则实现对发达国家的赶超至少也要 50 年以上时间。

　　另外一些学者则从增长路径分化的视角研究"中等收入陷阱"问题。这方面的研究最早可以追溯到 Quah（1993）。他开创性地使用收入转移矩阵研究处于不同发展阶段的国家，研究发现，长期而言，穷者越穷，富者越富，处于中间阶段的中等收入国家则相对活跃，会分别向两个极端群体分化，最终导致中等收入国家的消失。持这一观点的学者认为，中等收入国家长期经济增长的效果与低收入和高收入国家存在较大的差异。"中等收入陷阱"可以理解为处于中等收入阶段的国家长期经济增长出现分化，一些国家回落至低收入阶段，另一些则成功跃升至高收入阶段，这种长期增长出现回落的可能性是应对"中等收入陷阱"需要面对的挑战。姚洋（2013）使用 Quah 提出的方法对 1962—2008 年各国收入分布进行研究发现，中等收入组经济体回落至低收入组的概率要远远高于成功跃迁至高收入组的概率。

1.1.3 "中等收入陷阱"：跨国增长路径"大分叉"

Aiyar 等（2013）将一些成功跨越"中等收入陷阱"的东亚经济体与拉美一些停滞国家进行比较，如图 1.2 和图 1.3 所示。图 1.2 反映了这些国家或地区收入达到 3000 美元时，人均 GDP 相对于美国水平的演进过程。由图 1.2 我们可以看出，与其他国家或地区相比，拉美国家，如墨西哥、秘鲁和巴西等在 3000 美元以后的增长路径较长且平缓，也即这些国家很早就达到了人均收入 3000 美元的水平，但是一直徘徊不前。而韩国等国家或地区，虽然起步较晚，但增长速度很快，从占美国收入的 10%～20% 一下跃升至 60%～70% 的水平。与这一迅速增长趋同过程形成鲜明对比的是，一些拉美国家经济停滞（如巴西和墨西哥），甚至衰退（如秘鲁）。

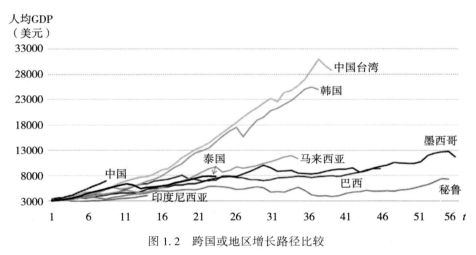

图 1.2 跨国或地区增长路径比较

资料来源：Aiyar et al. Growth slowdowns and the middle-income trap. IMP Working Paper, 2013(71).

注：原始数据来源于国际货币基金组织的计算结果。其中，人均 GDP 为经过购买力平价调整的以 2005 年不变美元衡量的数据；$t=0$ 表示某个国家或地区人均 GDP 达到 3000 美元时对应的年份。下同。

亚洲其他一些中等收入国家的经济增长也有明显分化。依据世界银行 2010 年关于国家所处增长阶段的界定，中国于 2002 年跨过低收入门槛（人均 GNI 达到 1005 美元）成为中等收入国家，2010 年跨过中等偏低收入门槛（人均 GNI 达到 3975 美元），成为中等偏高收入国家。就目前中国经济增长情况而言，虽然中国进入中等收入阶段才十几年的时间，但是中国经济的增长轨迹明显优于东亚成功跨入高收入阶段经济体早期的增长表现。与此同时，不论绝对水平还是相对水平，马来西亚的增长表现都要超过拉美国家；泰国的增长表

图 1.3 跨国或地区增长路径的进一步比较

资料来源：Aiyar et al. Growth slowdowns and the middle-income trap. IMP Working Paper, 2013(71).

现类似于巴西和墨西哥早期的增长路径；而印度尼西亚的经济增长，即使与拉美国家相比，都显得十分逊色。

进一步地，图 1.3 对上述国家或地区收入对数情况进行比较，此时曲线的斜率即为各个国家或地区的增长率水平。从图 1.3 中明显可以看出，多数拉美国家是由于在 20 年甚至更长的时间保持较快的增长速度(尽管其增长速度比东亚经济体慢)而迅速进入中等收入阶段，但在进入中等收入阶段之后出现了明显的增长减缓，从而出现与东亚经济体的增长路径分化的情形。由此可见，增长停滞甚至落入增长陷阱与增长减缓密切相关。

1.2 长期经济增长的阶段性特征：跨国比较

1.2.1 "增长加速"区间的特征研究

Hausmann 等(2004)较早关注对"增长加速"(growth acceleration)区间的特征分析。他们通过界定增长加速需要满足的条件，来刻画一个国家快速增长的过程。首先，他们将 t 期的增长率 g_t 界定为从 t 到 $t+n$ 期人均收入(y)的最小方差增长率，即 $\hat{g}_{t, t+n}$。可以表示为：

$$\ln(y_{t+i}) = a + \hat{g}_{t, t+n}t, \ i = 0, \cdots, n \tag{1.5}$$

则 t 期增长率的变化就可以用 n 年间平均增长率的差值来表示，即：

$$\Delta g_t = g_{t, t+n} - g_{t-n, t} \tag{1.6}$$

然后，进一步将增长加速"增长加速"区间界定为需要满足以下条件的快速增长时段。

$$g_{t,\,t+n} \geqslant 3.5\% \tag{1.7}$$

$$\Delta g_t \geqslant 2.0\% \tag{1.8}$$

$$y_{t+n} \geqslant \max\{y_i\},\ i \leqslant t \tag{1.9}$$

以上第一个条件(1.7)式要求加速后 n 年平均增长率在3.5%以上的水平；第二个条件(1.8)式要求增长加速幅度至少为2%；第三个条件(1.9)式要求增长加速后 n 年的平均人均收入水平不小于前期人均收入的最大值。

1.2.2 "增长减缓"区间的特征研究

在 Hausmann 等（2004）的研究成果的基础上，一些学者对"增长减缓"（growth slowdown）区间进行了刻画与跨国比较。

Eichengreen 等（2011）依据其界定标准对1957—2007年世界主要国家或地区增长减缓时段进行筛选，结果如表1.1所示。由表1.1中内容可见，世界上多数国家或地区（42个）曾经经历过增长减缓；有些国家或地区增长减缓发生的时间点较多，如希腊（10个）、日本（12个）、波多黎各（10个）等；其中多数国家或地区会经历连续增长减缓，如以色列（1970—1975）、智利（1994—1998）等。但他们仅仅关注的是人均 GDP 超过10000美元的国家或地区的增长减缓情况。

表1.1 世界主要国家或地区增长减缓时段筛选

国家或地区	增长减缓年份	国家或地区	增长减缓年份	国家或地区	增长减缓年份
阿根廷	1970，1997，1998	匈牙利	1978，1979	利比亚	1977，1978，1979，1980
澳大利亚	1968，1969	沙特阿拉伯	1977，1978，1979	中国香港	1978，1988，1989，1990 1991，1992，1993，1994
巴林	1977	伊拉克	1979，1980	马来西亚	1994，1995，1996，1997
以色列	1970，1971，1972 1973，1974，1975 1996	爱尔兰	1969，1973，1974 1978，1979，1999 2000	毛里求斯	1992
				荷兰	1970，1973，1974
				新西兰	1960，1965，1966
智利	1994，1995，1996 1997，1998	科威特	1993，1994，1995 1996，1997	挪威	1976，1997，1998
				奥地利	1961，1974，1976，1977
德国	1964，1965，1970	比利时	1973，1974，1976	加蓬	1976，1977，1978，1995
比利时	1973，1974，1976	意大利	1974	委内瑞拉	1974
芬兰	1970，1971，1973 1974，1975	阿曼	1977，1978，1979 1980，1981	特立尼达和多巴哥	1978，1980

续表

国家或地区	增长减缓年份	国家或地区	增长减缓年份	国家或地区	增长减缓年份
法国	1973，1974	乌拉圭	1996，1997，1998	阿联酋	1977，1978，1979，1980
葡萄牙	1973，1974，1990 1991，1992，2000	伊朗	1972，1973，1974 1975，1976	中国台湾	1994，1995，1996，1997 1998，1999
西班牙	1969，1972，1973 1974，1975，1976 1990	韩国	1990，1991，1992 1993，1994，1995 1996，1997	新加坡	1978，1979，1980，1982 1983，1984，1993，1994 1995，1996，1997
希腊	1969，1970，1971 1972，1973，1974 1975，1976，1977 1978	日本	1967，1968，1969 1970，1971，1972 1973，1974，1975 1990，1991，1992	波多黎各	1969，1970，1971，1972 1973，1988，1989，1990 1991，2000
英国	1988，1989	美国	1968	黎巴嫩	1983，1984，1985，1987

资料来源：根据 Eichengreen 等(2011)所列表格 1 的内容整理而得。

Aiyar 等(2013)使用 2005 年不变美元衡量的人均收入的年度数据来计算 5 年时间段的人均 GDP 增长率水平。样本数据包括 1955—2009 年世界 138 个国家和地区 11 个 5 年时间段的情况。他们将增长减缓界定为一个国家或地区预期增长路径突然、持续地偏离。也即增长减缓意味着一个国家或地区对过去增长路径的实质性偏离，其拉长了停滞和衰退的持续时间。具体而言，界定真实增长率与估计增长率的差值为余值项，并借助余值项来界定增长减缓。即如果 t 期为增长减缓时期则需要满足两个条件，第一个条件(1.10)式要求 $t-1$ 期到 t 期余值的差值变得越来越小，反映出相对于预期增长模式而言，发生了实质性偏离；同时，第二个条件(1.11)式表示 $t-1$ 期到 $t+1$ 期的增长也满足同样的条件，反映增长减缓的发生是持续性的。

$$\text{res}_t^i - \text{res}_{t-1}^i < p(0.2) \tag{1.10}$$

$$\text{res}_{t+1}^i - \text{res}_{t-1}^i < p(0.2) \tag{1.11}$$

其中 $p(0.2)$ 表示从一期到另一期的残差差值经验分布的 20% 分位数处。

表 1.2 和表 1.3 给出了依据上述衡量标准，对 1955—2009 年 138 个国家和地区增长减缓的筛选统计结果。由表中内容我们可以看出：(1)发展中国家或地区的增长减缓发生的频率明显高于其他国家或地区，尤其是拉美和加勒比(15%)、中东和北非(17%)、撒哈拉以南非洲(12%)以及东亚和太平洋(12%)等区域内的国家或地区；(2)各时间段发生增长减缓的频数差别较大。20 世纪 70 年代后期(1975—1980)和 80 年代初期(1980—1985)增长减缓发生的频率(分别为 18% 和 25%)高于平均水平，20 世纪 60 年代初期(1960—1965)

发生增长减缓的频率(2%)最小。

表 1.2   增长减缓片段分布(依据区域划分)

是否发生减缓	发达经济体①	东亚和太平洋②	欧洲和中亚③	拉美和加勒比④	中东和北非⑤	南亚⑥	撒哈拉以南非洲⑦	总计
0(不减缓)	205	130	79	181	107	58	242	1002
1(减缓)	10	17	4	33	22	3	34	123
总计	215	147	83	214	129	61	276	1125
减缓发生频率(%)	5	12	5	15	17	5	12	11

资料来源：Aiyar et al. Growth slowdowns and the middle-income trap. IMP Working Paper，2013(71).

表 1.3   增长减缓片段分布(依据时间段划分)

是否减缓	1960—1965	1965—1970	1970—1975	1975—1980	1980—1985	1985—1990	1990—1995	1995—2000	2000—2005	总计
0(不减缓)	97	114	106	98	90	122	125	125	125	1002
1(减缓)	2	6	14	22	30	10	13	13	13	123
总计	99	120	120	120	120	132	138	138	138	1125
减缓发生频率(%)	2	5	12	18	25	8	9	9	9	11

资料来源：Aiyar et al. Growth slowdowns and the middle-income trap. IMP Working Paper，2013(71).

---

① 发达经济体包括：澳大利亚、奥地利、比利时、加拿大、丹麦、芬兰、法国、德国、希腊、冰岛、爱尔兰、意大利、日本、卢森堡、荷兰、新西兰、挪威、葡萄牙、西班牙、瑞典、瑞士、土耳其、英国和美国。

② 东亚和太平洋区域的国家或地区包括：文莱、柬埔寨、中国、中国香港、中国台湾、印度尼西亚、斐济、韩国、马来西亚、蒙古、老挝、巴布亚新几内亚、菲律宾、新加坡、泰国、汤加和越南。

③ 欧洲和中亚包括：阿尔巴尼亚、亚美尼亚、保加利亚、克罗地亚、捷克、爱沙尼亚、匈牙利、哈萨克斯坦、吉尔吉斯斯坦、立陶宛、波兰、俄罗斯、罗马尼亚、斯洛伐克、斯洛文尼亚、塔吉克斯坦和乌克兰。

④ 拉美和加勒比区域包括：阿根廷、巴巴多斯、伯利兹、玻利维亚、巴西、智利、哥伦比亚、哥斯达黎加、多米尼加、厄瓜多尔、萨尔瓦多、危地马拉、圭亚那、海地、洪都拉斯、牙买加、墨西哥、尼加拉瓜、巴拿马、巴拉圭、秘鲁、特立尼达和多巴哥、乌拉圭和委内瑞拉。

⑤ 中东和北非包括：阿尔及利亚、巴林、塞浦路斯、伊朗、埃及、伊拉克、以色列、约旦、科威特、利比亚、摩洛哥、马耳他、卡塔尔、沙特阿拉伯、叙利亚、突尼斯、阿联酋和也门。

⑥ 南亚包括：阿富汗、孟加拉国、印度、马尔代夫、尼泊尔、巴基斯坦和斯里兰卡。

⑦ 撒哈拉以南非洲包括：贝宁、博茨瓦纳、布隆迪、喀麦隆、中非、刚果(布)、科特迪瓦、加蓬、冈比亚、加纳、肯尼亚、莱索托、利比里亚、马拉维、马里、毛里求斯、毛里塔尼亚、莫桑比克、纳米比亚、尼日尔、卢旺达、塞内加尔、塞拉利昂、南非、苏丹、斯威士兰、坦桑尼亚、多哥、乌干达、赞比亚和津巴布韦。

1.2.3 "增长停滞"区间的特征研究

对"增长停滞"区间的跨国比较也引起了许多学者的关注。Reddy 和 Minoiu（2005）使用 1960—2001 年各个国家或地区人均 GDP 的时间序列数据研究增长停滞问题。他们界定增长停滞时间段为从停滞开始到第一个拐点出现的时间段。其中，增长停滞时间段开始的标志为一个国家或地区人均真实收入增长率水平低于过去两年任何时候的增长率水平，但高于随后四年任何时间的增长率水平。界定拐点为当一个国家或地区人均实际收入比前一年高至少一个百分点，但比随后一年低至少一个百分点对应的时间。与此同时，他们进一步描述了停滞的长度和深度。停滞的长度即为增长停滞发生后持续的时间，停滞的深度用增长停滞期间人均收入差值占停滞结束时对应收入的份额表示，其中，人均收入差值为增长停滞开始时对应的人均收入水平与停滞期间最低收入的差值。关于增长停滞时间段的直观描述，如图 1.4 所示。

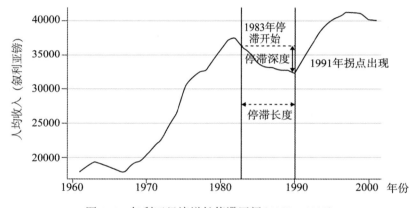

图 1.4 叙利亚经济增长停滞区间（1983—1990）

图片来源：Sanjay G. Reddy，Camelia Minoiu. Real income stagnation of countries，1960—2001. Columbia University，2005.

依据上述增长停滞时间段的界定标准，Reddy 和 Minoiu 对 1960—2001 年时间段内世界 119 个国家或地区中不变当地单位货币测度的人均 GDP（GDP per capita in constant LCUs）数据可用的增长片段进行筛选，不同区域国家或地区增长停滞状况如表 1.4 和表 1.5 所示。研究显示，在 119 个国家或地区中，有 72 个是显著的增长停滞，占比为 60.5%。表 1.4 报告了属于不同区域的国家或地区发生增长停滞的频数以及这些国家或地区的占比。从表 1.4 中我们可以看出，整体而言，OECD 中经历增长停滞的国家较少，24 个国家中仅有 4 个有增长停滞的情形发生，占比仅为 16.67%；其他区域的国家或地区均较大程度地经历了增长停滞，除内陆国家增长停滞占比为 65.22%，其余区域增长停滞发生率均在 80% 以上，拉丁美洲区域增长停滞情况最严重，24 个国家或地区中有 22 个发生了增长停滞，占比达到 91.67%。与此同时，我们发现，增长停滞在增长严重依赖初级产品的国家中表现得十分明显。如 OPEC 的 10 个国家中有 8 个发生增长停滞，占总数的 80%。虽然依据不同衡量标准筛选出的初级产品出口国样本总数存在差异（第一种衡量标准筛选出初级产品出口国 I 的样本总数为 32 个，第二种衡量标准筛选出的样本总数为 12 个），但其中多数国家发生了增长停滞，占比分别为 87.5% 和 83.33%。

表 1.4 　　　　　　　　　　不同区域国家或地区增长停滞情况

国家或地区类型	样本数	增长停滞数（1960—2001）	增长停滞国家或地区占比
撒哈拉以南非洲	40	33	82.5%
拉丁美洲	24	22	91.67%
OECD	24	4	16.67%
OPEC	10	8	80%
初级产品出口国 I [①]	32	28	87.5%
初级产品出口国 II [②]	12	10	83.33%
内陆国家	23	15	65.22%

注：①基于第一种衡量标准，即将 1970 年国民生产总值中初级产品出口所占份额超过平均值的国家视为初级产品出口国。下同。

②基于第二种衡量标准，即将 1970 年国民生产总值中初级产品出口所占份额超过平均值的一个标准差的国家视为初级产品出口国。下同。

资料来源：Sanjay G. Reddy，Camelia Minoiu. Real income stagnation of countries，1960—2001. Columbia University，2005.

表 1.5 　　　　　　基于不同国家或地区类型增长停滞的特征描述（1960—2001）

国家或地区类型	增长停滞数	平均停滞深度	平均停滞长度	平均停滞时间段数	停滞最长时间段
撒哈拉以南非洲	33	0.44	16	1.5	33 年，赞比亚
拉丁美洲	22	0.24	10	1.3	26 年，海地
OECD	4	0.03	7	1.3	7 年，希腊
OPEC	8	0.97	15	1.8	32 年，科威特
初级产品出口国 I	28	0.5	14	1.3	33 年，赞比亚
初级产品出口国 II	10	0.89	18	1.3	33 年，赞比亚
内陆国家	15	0.54	16	1.7	33 年，赞比亚

资料来源：Sanjay G. Reddy，Camelia Minoiu. Real income stagnation of countries，1960—2001. Columbia University，2005.

表 1.5 给出了不同区域国家或地区增长停滞特征的具体描述，包括停滞的深度和停滞持续的时间长度等。由表 1.5 的内容我们可以看出，不同区域国家或地区发生增长停滞的特征区别较大。就增长停滞平均深度而言，OECD 为 0.03，拉丁美洲区域为 0.24，OPEC 为 0.97；平均停滞长度最少的为 7 年（OECD），最长的为 18 年（初级产品出口国 II）；平均的停滞时间段数，较少的为 1.3 个（拉丁美洲、OECD 等），较多的则达到 1.8 个（OPEC）。整体而言，在所有国家或地区中，依赖初级产品出口的国家或地区经历增长停滞的特征较典型。如 OPEC 的平均停滞深度最大，为 0.97，同时区域内每个国家的平均停滞时间段数也是最多的，为 1.8 次；依据第二种衡量标准筛选出的初级产品出口国 II 平均停滞深度达到 0.89，居于第二位，平均停滞长度最大，为 18 年，几乎占到整个研究区间（1960—2001 年）的一半。同时，就撒哈拉以南非洲和拉丁美洲区域的比较而言，不论是停滞深度还是停滞长度，撒哈拉以南非洲区域都要大于拉丁美洲区域。这意味着相较于拉丁美洲区域的增长停滞状况，撒哈拉以南非洲区域经历的增长停滞下降幅度更大，同时持续时间更长，是更严重的增长停滞。

1.3 "中等收入陷阱"：国内的相关研究

国内学者关于增长动力和"中等收入陷阱"问题的研究主要通过理论综述和逻辑演绎的方式进行，也有一些学者在理论模型分析和实证分析方面做了一些有益的尝试。

1.3.1 "中等收入陷阱"的发生机制

关于导致"中等收入陷阱"发生机制的探讨。张平和王宏森（2010）将落入"中等收入陷阱"的原因归结于当一个国家进入中等收入阶段，尤其是进入中等偏高收入阶段后，不能很好地应对政治、经济环境变化带来的挑战，从而陷入长期徘徊的情形。也有学者认为不能实现经济增长方式的转变和转换增长机制，是增长受阻的直接诱因（马岩，2009；刘伟，2011）。在低收入阶段能推动经济摆脱"贫困陷阱"的增长模式，在进入中等收入阶段后不能满足经济发展的需求，如果不能及时改变经济增长的机制，转变发展模式，就会出现人力资本积累不足，产业升级缓慢、收入差距扩大等一系列社会、经济问题，导致增长停滞。吴敬琏（2008）强调，"中等收入陷阱"的本质是经济体发展到某个阶段遭遇的增长驱动不足。他将经济增长分为三个阶段，分别为起飞前、早期经济增长阶段以及知识经济或现代经济增长阶段，不同阶段分别对应的驱动因素为：要素、资本以及创新、效率和服务驱动。如果经济中的驱动因素不能很好地跟当时的发展阶段相匹配，经济发展就会落入"陷阱"。

邹薇等从收入分配动态变化、技能劳动力供给、人力资本积累、区域性贫困陷阱难以消除等视角，分析了"中等收入陷阱"的发生原因。Zou 等（2011）建立了两部门经济转型与长期增长的 OLG 模型，并将收入分配因素引入，通过理论模型分析，解释了世界上不同国家在经济增长的长期过程中收入分配呈现出"倒 U 形""倒 N 形"或两阶段式等不同演进路径的原因，阐释了一些国家出现的长期增长停滞与收入分配状况恶化有关联。Zou 等（2009，2010）通过理论模型与对中国的实证分析，表明技能劳动力的供给不足，技能劳动与技术水平不匹配是增长速度下滑的根源。邹薇等（2011，2012，2013，2014）分别通过考察贫困的多维度性与减贫速度趋缓、贫困家庭的人力资本积累更加趋于下降、贫困出现区域性集聚和时间上延续等特征，表明在中等收入水平国家，如果不能有效地减缓和消除贫困，则很难摆脱"中等收入陷阱"。蔡昉和王美艳（2014）的研究也表明，收入分配恶化和增长停滞是互为因果、互相强化的关系，不合理的收入分配结构是导致"中等收入陷阱"的重要因素。

邹薇（2011，2013）指出，"中等收入陷阱"从根本上讲就是"能力开发不足的陷阱"。具体地，在个体层面上，由于人力资本投入和技能劳动力供给不足，经济增长长期固守劳动密集型、低附加价值的生产方式，"人力资本开发能力不足"会导致劳动收入提高缓慢、技能积累缓慢、收入水平差距扩大、贫困持续等状况，进而导致"中等收入陷阱"。在企业和产业层面，"技术创新能力开发不足"导致企业长期生产低端、低成本、低价值产品，产业结构老化，增长减速，进而导致"中等收入陷阱"。在国家宏观层面，宏观经济管理、行政管理、社会治理和国际协调等能力开发不足，也会导致宏观调控和管理低效或无效，进而导致"中等收入陷阱"。厉以宁（2012）认为，"中等收入陷阱"实际上包含三个层面的陷阱，分别为："发展的制度陷阱""社会危机陷阱"和"技术陷阱"。"发展的制度陷阱"主要是指从低收入进入中等收入阶段后，仍保留着传统制度安排，对经济发展产生阻碍，摆脱的途径主要是深化传统体制改革；解决"社会危机陷阱"需要从缩小城乡、区域的收入差距，创新社会管理的角度着手；而规避"技术陷阱"则需要进行技术创新、大力发展和完善资本市场。郑秉文（2011）表示，跨越"中等收入陷阱"的关键就是要在不同的发展阶段，选择适当的发展战略使其与自身面临的外部环境（如贸易环境等）相匹配，以实现经济的可持续增长。

蔡昉（2011）将经济体向高收入阶段跨越的整个过程归纳如图 1.5 所示。由图 1.5 我们看到，一个经济体在进入高收入阶段之前需要依次面对贫困陷阱、中等收入陷阱的挑战，最后进入高水平经济增长稳态，完成经济转型目标。他指出，在经济发展的早期需要通过实现临界最小努力水平来突破"贫困陷阱"；当经济体达到中等收入水平时，要努力转变经济增长方式，避免落入"中等收入陷阱"；最后当经济体发展到较高阶段时，要注重前沿技术创新，形成创新驱动增长的模式，从而实现高收入阶段的稳态增长。

1.3.2 "中等收入陷阱"与长期经济增长动力

一些学者对通过界定增长减缓来研究"中等收入陷阱"问题的方法提出了不同看法。袁

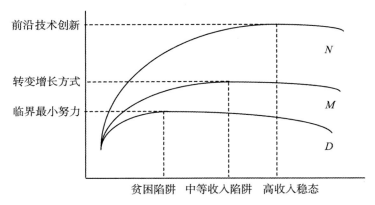

图 1.5 经济增长的转折点与突破战略

资料来源：蔡昉 . "中等收入陷阱"的理论、经验与针对性 . 经济学动态，2011（12）.

富华（2012）认为，经济发展过程中出现的经济结构性调整带来的整个经济增长速度出现趋势性下降的情形不能视为"中等收入陷阱"。具体而言，中等收入国家发展到一定阶段时，产业调整会向服务业转移，而高就业比、低劳动生产率的第三产业的扩张会降低经济增长速度，这种伴随产业结构调整的增长减速并不意味着国家会落入"陷阱"之中。郭金兴等（2014）认为，"从增长分化的角度去理解'中等收入陷阱'更切合经济发展的经验事实。面临增长分化的中等收入国家如果想继续保持高的增长率可能会面临一些困难，需要对经济、政治、社会制度以及政策因素进行调整，以应对增长条件和环境的改变"。陷入"中等收入陷阱"的国家就是因为不能顺应形势和周围环境的变化，及时调整政策和制度因素以应对外界的风险，从而陷入增长停滞状态的。

还有一些学者的研究着重论述了人力资本积累对摆脱当前发展困境的重要性。张飞和全毅（2012）对第二次世界大战后东亚国家和拉美国家的人力资本投资进行比较后指出，东亚国家之所以能实现经济的快速持续增长是因为它们战后增加了对人力资本的投资力度；虽然拉美国家也加大了教育投入，但是基础教育普及较差，使得劳动者素质普遍低下，不利于劳动生产率提高，同时延缓了产业结构升级。肖丹丹和陈进（2013）通过分析我国的劳动力结构和质量，指出可以通过加大人力资本投资的途径来规避"中等收入陷阱"，具体方式包括：增加健康资本投入、教育投入以及技能培训等。张林秀等（2014）指出，我国发达地区和落后地区严重的人力资本不平衡是导致"中等收入陷阱"的主要诱因，强调要增加对西部贫困地区农村的营养、医疗和教育投资来促进人力资本的平衡发展。巫和懋和冯仕亮（2014）以拉美八国、亚洲"四小龙""四小虎"和日本这些国家或地区为分析样本，用高等教育占比作为衡量人力资本的替代指标，研究发现人力资本水平与一国或地区能否跨越"中等收入陷阱"以及跨越所需时间的长短都有密切联系。他们强调人力资本作为技术的载体，有利于技术吸收和技术引进，同时，还可以通过累积效应、干中学效应和知识溢出效应推动技术创新，提高资本和劳动等其他投入要素的使用效率。

2010 年中国的人均 GNI 水平达到 4340 美元，已经进入"中等偏高收入"国家的行列，接下来的 5 年间中国经济维持中高速增长，到 2015 年人均 GDP 已经超过 7500 美元（依汇率换算）。但是，中国经济增长速度已经告别双位数的高增长时代，正在逐步向中高速过渡，全国 GDP 增速 2015 年已经下调到 7% 左右的水平。纵观世界各国的增长路径，在经济总量达到相当规模，且维持了较长时期的高速增长后，增长速度的下调是具有规律性的特征，但是，中国经济总量已经达到世界第二位，中国经济增长对于全球经济增长的影响力日益增大，因此，中国经济增长速度的下滑仍然引起了学术界对中国能否跨越"中等收入陷阱"的担忧和关注。

有些学者认为中国需要加大经济结构转型，应对"中等收入陷阱"，亟待解决的问题包括：难以实现可持续增长的发展模式（刘方棫和李振明，2010；邹薇等，2015；Zou，2017），以及社会惯性和管理体制缺陷对产品需求结构调整和产业升级形成阻碍（马晓河，2011）等。而通过对拉美和东南亚国家落入"中等收入陷阱"教训的总结和东亚日本、韩国等成功进入高收入阶段的经验借鉴，蔡昉（2008）指出，我国避开"中等收入陷阱"的关键是解决收入差距偏大的问题，而"良好的收入分配格局是中国跨越'中等收入陷阱'的关键"，他认为在经济水平较低时期，适当的收入差距会激励增长，但当持续扩大的收入差距破坏了社会稳定时，就会对增长产生阻碍。陈亮（2011）表示，在经济全球化背景下，当前中国的发展应该以产业转型为途径，以自主创新为动力，以战略性贸易政策为保障，以加大创新投入为契机，加快对内对外经济发展方式的转变，从而实现对"中等收入陷阱"的跨越。蔡昉（2011）进一步强调，对我国而言，最重要的是突破人口红利消失和"刘易斯拐点"到来产生的增长瓶颈，需要着力提高全要素生产率水平、增加人力资本积累以及加快政府职能转变和深化体制改革等。

关于实证方面探索"中等收入陷阱"的文献，其实质还是对长期经济增长动力问题的研究。张德荣（2013）在经济增长分析框架下，将所有国家分为低收入样本、中低收入样本、中高收入样本和高收入样本，分别对发展到不同阶段的增长动力机制进行研究。研究发现，对于中等收入国家的持续发展而言，制度和原创性的技术进步显得尤为重要，强调鼓励创新和加强政府治理对跨越"中等收入陷阱"的重要性。

李猛（2013）使用 Ordered Logistic 模型探讨了中国经济减速发生的原因。具体模型为：

$$js^* = \alpha + \sum_{i=1}^{n} \beta_i Z_i + \varepsilon \tag{1.12}$$

其中 js^* 代表经济减速的趋势，α 为常数项，β_i 为系数项，Z_i 表示影响增长减速的各种因素，ε 为误差项。当 js^* 大于 2% 时，则 js 取值为 2；当 js^* 大于 0 小于 2% 时，则 js 取值为 1；当 js^* 小于 0 时，则 js 取值为 0。进一步，经济减速的概率累计分布函数可以表示为：

$$P_{js} = P(js^* \leqslant js) = \frac{\exp\left[\lambda - \left(\alpha + \sum_{i=1}^{n} \beta_i Z_i\right)\right]}{1 + \exp\left[\lambda - \left(\alpha + \sum_{i=1}^{n} \beta_i Z_i\right)\right]} \qquad (1.13)$$

研究结果显示，中国经济发生减速有90%是全要素生产率的增速下降导致的，剩余10%可以由资本积累不足来解释，劳动在其中不起任何作用。

第2章 为什么长期经济增长会受阻：
理论研究概览

2.1 增长陷阱的典型模型：几种思路

2.1.1 基于收入的非线性动态模型

基于收入的非线性动态模型试图通过收入函数的凹凸性特征，来考察增长路径的分化问题（Jalan 和 Ravallion，2004；Antman 和 Mckenzie，2007）。这种模型的基本公式为：

$$y_{it} = f(y_{it-1}, X_{it}) \tag{2.1}$$

其中，y_{it} 表示家户 i 在 t 期的收入水平，它是关于家户上一期的收入水平 y_{it-1} 和家户当期的内生性特征向量 X_{it} 的函数。当函数 y_{it} 是关于 y_{it-1} 的单调递增的凹函数时，家户当期收入的迭代过程就将构成具有高、低两个均衡点的多重均衡模型，如图 2.1 所示。非线性收入模型可以简单、有效地描述增长陷阱问题，与此同时，当改变函数的性质使其更复杂时，就有可能产生多于两个的均衡点。

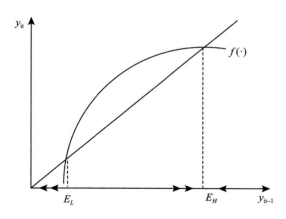

图 2.1 增长陷阱的非线性动态收入模型

具体地，Jalan 和 Ravallion(2004)、Antman 和 Mckenzie(2007)都选用了如下的非线性

收入模型：

$$y_{it} = \alpha + \gamma t + \beta_1 y_{it-1} + \beta_2 y_{it-1}^2 + \beta_3 y_{it-1}^3 + \mu_i + \varepsilon_{it} \tag{2.2}$$

其中，y_{it} 为第 i 个村庄或社区在第 t 年的平均收入。在进行自回归分析时可以通过差分法消除固定效应进行 GMM 估计，也可以使用 Jalan 和 Ravallion（2002）中的方法在上式两边同时减去按某一类型组别划分计算的收入平均值。

非线性收入模型提供了一个非常简单却极有效的方法来解释贫困陷阱，但是一些实证研究结果却未能有力地支持该模型。Jalan 和 Ravallion（2005）使用中国农村家户收入的六期面板数据对上述非线性关系的存在性进行了实证分析。他们通过动态面板模型研究发现，虽然有一些证据表明确实存在当前收入依赖于过去收入的非线性关系，但结论并不适用于低收入水平的家户群体。Antman 和 McKenzie（2005）使用了墨西哥的收入面板数据，同样也发现了非线性关系的存在，但是对于低收入家户群体结果也不显著。

2.1.2　基于信贷资产不完全的临界值模型

基于信贷资产不完全的临界值模型通过设定生产函数是非凸性的，以此来解释增长路径的分化问题（Carter 和 Barrett，2006；Tsehay 和 Bauer，2012）。这类方法的基本公式为：

$$y_{it} = f(y_{it-1}, rA_{it-1}, X_{it}) \tag{2.3}$$

其中，y_{it} 为家户 i 在 t 期的收入，A_{it-1} 表示家户 i 在 $t-1$ 期拥有的资产水平，r 表示上一期的资产能转化为当期收入的回报率，X_{it} 是表征当期家户内生性特征的向量。

这种方法主要是基于家户资产和产出间的非线性关系来对增长陷阱进行阐释，与此同时，对这种方法的运用往往会借助某一种具体形式的市场失灵（如不对称信息，或者信息搜寻成本存在引起的差异性生产技术，或者非经济性特征导致的市场分割，以及规模报酬递增等）。

Carter 和 Barrett（2005）提出了基于资产的测度方法（asset-based approach）来确定贫困陷阱和持续性贫困。他们着重考察了以资产为测度工具去区分结构性贫困和随机性贫困的方法。那些结构性贫困的家户拥有的资产不足以产生高于贫困线的生活资料，而随机性贫困的家户拥有的资产足以使其越过贫困线，但是后者在调查期间会由于遭受资产回报的波动而时常陷入贫困。与基于消费的测度法（consumption-based approach）相比，这种测度方法的优势在于它可以通过家户的资产状况来区分结构性贫困群体和随机性贫困群体，而前者只是通过家户的收入或者支出进行判别，因此即使使用纵向调查数据也很难有效地区分这两类群体。Seyoum 和 Bauer（2012）同时使用了基于资产的测度法和基于消费的测度法对埃塞俄比亚农村家户的贫困和脆弱性进行了测度和比较，结果发现基于消费的测度法得出的贫困发生率更低，而基于资产的测度法适用范围会更宽松。

2.1.3 基于收入水平的收敛模型

基于收入水平的收敛模型来自新增长理论中的条件收敛假说（Mankiw，Romer 和 Weil，1992；Barro 和 Sala-i-Martin，1992；Barro，1997，2000）。这种方法主要用于检验地区间的增长是否收敛以及如果收敛，应满足什么条件，相关"绝对收敛"或"条件收敛"的基本公式主要包括以下两类：

$$g_{it} = \alpha + \beta \cdot \ln(y_{it-1}) + \varepsilon_{it} \tag{2.4}$$

$$g_{it} = \alpha + \beta \cdot \ln(y_{it-1}) + \gamma \cdot X_{it} + \varepsilon_{it} \tag{2.5}$$

其中，g_{it} 表示 t 期第 i 个地区的增长率水平，y_{it-1} 表示第 i 个地区 $t-1$ 期的收入水平，X_{it} 为表征地区经济特征（如人力资本等）的控制变量。

总体上说，研究的结果支持了贫困陷阱假说。Jalan 和 Ravallion（2002）在消费增长的微观模型基础上，使用微观家户面板数据研究区域资本对个体自身资本生产率的影响，他们的实证结果显示，地理上的贫困陷阱在中国农村地区是存在的，地理上的外部性以及个体财富的规模收益递增可能是地区间增长和收入水平大分叉的原因。很多学者根据内生增长理论检验发现，中国各地区之间经济并没有出现绝对收敛，但是存在比较明显的俱乐部收敛特征（沈坤荣、马俊，2002；林毅夫、刘培林，2003；邹薇、周浩，2007；Zou 和 Liu，2010 等）。

2.1.4 基于多重均衡理论的模型

所谓"多重均衡"问题实际上是研究描述经济特征的定义方程、行为方程和约束方程等经济系统具有非唯一均衡解的问题。Black（1974）和 Taylor（1980）最先通过对具有理性预期的新古典货币模型的改进，发现并提出了多重均衡问题。新凯恩斯经济学在分析经济个体间的博弈行为时，采用多重代表性个体的分析模式，认为信息不对称框架下存在的协调失灵问题是多重均衡产生的根本原因。在这样的经济系统中，不存在帕累托最优的唯一均衡解，经济会收敛到不同的局部稳态均衡处。

目前，会产生多重均衡的经济模型通常具备两个特点：（1）经济模型中考虑了经济行为的非线性特征，此时多重均衡的选择会比较复杂，甚至有可能导致无穷个均衡的混沌状态；（2）经济的不确定性使得求解的均衡表达式中存在非确定性参数，此时参数的不同就对应着不同的均衡。因此，经济中存在多重均衡体现了经济运行的复杂性和不确定性，是经济行为面临大量选择的本质体现。

存在多重均衡反映了经济具有稳态特征，探讨多重均衡的存在性问题与经济的稳定性密不可分。经济的稳定性包括两种类型，即状态稳定性和预期稳定性。经济的状态稳定性是指，当出现偏离初始均衡的状况时，经济会重新收敛到原始均衡的趋势，也即此时的经济中只有唯一的均衡。而经济的预期稳定性表示，当出现偏离最初的均衡状态时，经济会通过理性预期或其他预期调整方式向新的最优均衡收敛的态势，当新的均衡点不是初始的均衡点时，就会导致多重均衡的产生。预期稳定性实际上体现了预期学习过程的收敛性，而多重均衡正是跟预期和不确定性密切相关。

对于多重均衡存在性的具体判断，Blanchard 等（1980）给出了离散时间模型中判断的一般性定理。具体而言，经济中包括跳跃变量和松弛变量。跳跃变量是指经济变量不会受到其过去值的影响和其他约束。跳跃变量不具有黏性特征，可以对经济的外部冲击做出跳跃性的反应；而松弛变量恰好相反，其与过去值相关，同时受过去值和其他条件的约束。松弛变量体现出一定程度的黏性，同时需要满足某些约束条件，如连续性或可微性等要求。对含有理性预期的线性方程是否存在均衡，以及是唯一均衡还是多重均衡的判断需要通过比较行为状态方程中跳跃变量的个数和线性微分或差分方程非稳定根的个数来进行。当跳跃变量的个数比特征方程非稳定根的个数少时，则不存在稳态均衡点；当跳跃变量的个数恰好跟特征方程非稳定根的个数相等时，则会存在唯一的稳态均衡；最后，当跳跃变量的个数比特征方程非稳定根的个数多时，模型就会出现无穷多的稳态均衡点。由此可见，跳跃变量，如利率、工资、价格等，对稳定经济运行起着重要的作用，跳跃变量越多，则经济运行的可调节性就会越强。通过这一标准，结合经济稳定性的要求，在含有理性预期的线性差分或微分方程中，就可以判断均衡是否存在，以及是唯一均衡还是多重均衡的问题。随后，Buiter 等（1984）又将这一结论应用到连续时间的情形。

多重均衡问题的提出，对于在新经济增长理论发展中苦于找不到出路的各种收敛性假说而言，无疑是一个突破。新经济增长理论的绝对收敛假说认为，如果经济中存在唯一的稳态均衡，则无论这个国家处于怎样的发展水平，拥有的初始资源禀赋和制度环境如何，长期而言，均会收敛于唯一的稳态均衡处；而且，初始资本积累不足的国家，由于资本的边际回报率高，会以更快的速度向均衡收敛。然而，对现实的检验却远非如此，可能的解释即经济中存在多个而非唯一稳态均衡，初始条件和制度环境不同的国家会向不同的均衡收敛。因此，多重均衡的存在为增长理论中的各种收敛假说提供了依据，由此，多重均衡理论也为不同国家在经济增长处于中等收入水平阶段出现"增长陷阱"，提出了一个分析框架。

2.2 基于贫困陷阱理论的分析

所谓"贫困陷阱"即发展中国家在经济起飞阶段出现的经济停滞的状态，是各国在经济增长的长期路径中出现的第一个"陷阱"。因此，对于"贫困陷阱"的研究在理论上已经有较长的历史，形成了一些比较清晰的看法。考虑到目前世界上的贫困人口绝大多数生活在发展中国家，如何有效地消除贫困，不仅是低收入国家的难题，也是中等收入国家在应对"中等收入陷阱"过程中必须破解的难题，因此，有必要对"贫困陷阱"理论进行比较充分的阐述。

2.2.1 贫困陷阱理论的提出

自 20 世纪 50 年代以来，"贫困陷阱"问题一直是发展经济学研究的热点。许多学者在马尔萨斯关于"人口陷阱"论述的基础上发展出"贫困陷阱"理论，并希望依托这些理论，从人口增长的角度来解释为什么发展中国家的经济增长会出现停滞的状况。自此，很多学者开始对"贫困陷阱"问题进行热烈讨论，其中最具代表性的理论为：Rosenstein-Rodan（1943）的"大推进"理论；Nurkse（1953）的"贫困恶性循环"理论；Nelson（1956）的"低水平均衡陷阱"理论；Myrdal（1944）的"循环累积因果关系"理论和 Leibenstein（1957）的"临界最小努力"理论。

这些理论分别从不同角度对"贫困陷阱"的形成机制进行论述。如，"贫困恶性循环"理论指出，低收入会导致经济体中低储蓄和消费需求不足，不能形成有效的资本积累，从而影响产出和收入；"低水平均衡陷阱"理论则是通过探讨收入和人口增长的关系来研究资本的形成路径；"临界最小努力"理论认为，要使发展中国家打破增长的低水平均衡，投资水平必须达到某个临界值，使得由资本投入带来的收入增长速度必须快于人口增长速度，而满足这一要求的最小投资水平值即为"临界最小努力"。这些研究虽然视角不同，但都强调资本匮乏和投资不足是发展中国家增长停滞，经济陷入恶性循环的根本原因，均主张通过加大资本积累力度以摆脱"贫困陷阱"的束缚。谭崇台（2001）指出，"贫困的根源在于经济增长停滞和人均收入低下，而经济增长停滞和人均收入低下的根源又在于资本匮乏和投资不足"。

2.2.2 贫困陷阱的形成机制：宏观层面与微观层面

研究区域性贫困集聚与地区发展差距的贫困陷阱理论有宏观与微观层面之分。宏观层面探讨差异性增长和持续性贫困的传统路径是基于初始禀赋资源、技术进步和资本积累。这些研究结论最后归结于资本、储蓄以及投资等所指向的主流大道，更多地强调资本积累、贫困减少以及福利改善对于地区发展的影响。微观层面主要是分析个体陷入持久性贫困的现象与原因，重点考察在市场失灵、风险冲击等特定经济环境下家户生产、消费及资本投资等方面的决策行为，并进一步分析这些决策将如何影响其农业生产率、家户经济活动以及子女人力资本的获取等。

2.2.2.1 宏观层面

从宏观层面来讲，Lucas(1988)从各国技术偏好、宏观政策冲击和人力资本积累这三个方面分析了不同国家和地区之间经济发展水平存在差异的原因。他认为，首先是各国技术水平的差异可能影响增长；其次是外生决定的国家宏观经济政策的不同会对经济增长造成差别，特别是那些持久的、较大的外生冲击波及了经济增长；最后是由于经济系统中的内生因素，比如人力资本积累等的影响而出现的经济系统本身的不确定性。

最低资本门槛陷阱模型(Rosenstein-Rodan，1943；Murphy，1989；Doepke，2006)是一类探讨经济转型受阻的代表性理论。这类理论认为在现代化的生产过程中，需要同时具有相当数量的技术工人和必需的基础设施，才能让整个工业体系正常运转，因此在人均资本存量达不到最低门槛前，即使增加一些投资也无助于国家跳出低水平均衡状态。但是根据凸性生产函数的新古典经济增长理论，即使各个国家之间具有不同的禀赋，物质资本边际报酬递减也会最终导致世界经济增长出现趋同现象，但这与现实情况相悖，这表明要素积累确实是使经济长期增长的重要原因，但它并不能解释各国间收入的巨大差异。换句话说，低要素积累只是低水平均衡的一个特征，但不是原因。

一些研究者(Krugman，1981；Azariadis，1996)认为技术进步带来的收益递增和正的外部效应也可能导致经济增长路径存在着多重均衡。Krugman 通过经济的外部性特征构建了一个"不平衡发展"的模型。在该模型中，世界经济体中的各国由于历史的偶然性而形成专业化分工，通过学习的过程而被"锁定"，由此呈现出一系列富国与穷国内生分化的多重均衡。① Azariadis 构建了一类生产函数为非凸的随机动态模型，这些函数含有一个满足对数正态分布的冲击因式，其模型分析表明在任何初始条件下，只要技术冲击达到一定程度，贫困陷阱就能够被突破，从而经济体中可能产生多重均衡。这个基于技术冲击的模型刻画出的多重均衡相当简明，但缺点在于贫困陷阱的突破完全取决于技术的随机性，这无疑是一个外生影响因素。

经济结构调整和技术的切换对于经济起飞和推进经济从传统部门跨入现代部门的作用也受到了广泛的关注。Lewis(1954)、Ranis 和 Fei(1961)提出积极发展城市工业部门创造就业吸收农村剩余劳动力和采纳新技术，通过增加经济结构中的工业比重从而推动经济跨入现代增长阶段。Hansen 和 Prescott(2002)构造了一个包含马尔萨斯技术和索罗技术的经济转型模型，其中马尔萨斯技术需要使用劳动、土地和可再生的资本作为投入要素，索罗技术不需要使用土地。其模型分析表明，在经济增长的早期只能采用马尔萨斯技术，由于

---

① Bloom，Canning 和 Sevilla(2003)的估计中，只有地理因素作为外生的变量。这些地理因素包括离赤道的距离、降雨量、气温、离海岸 100 公里的陆地面积的比重。这组变量中，最大似然估计拒绝了单一机制模型而接受了多重均衡模型。总体上说，研究的结果支持了贫困陷阱假说。

收益递减和人口的增长，增长率长期停滞不前；随着技术进步，逐步进入了两种技术并用的阶段，人口增长放慢，人均收入水平出现增长；最后作为一种极限，整个经济中只使用索罗技术，于是进入现代经济增长阶段。

金融发展程度对于经济增长有着重要的促进作用，有学者（Matsuyama，2004）研究了不同国家和地区间由于信贷水平差距可能导致的经济增长差异。在其世界经济模型中，各个国家或地区都将在一个全球金融市场上竞争贷款。一方面，边际收益递减意味着在落后国家或地区中的投资回报水平会很高，这种高回报将进一步引来资金和投资，因此能为不同经济体之间增加收敛提供一种力量；但是另一方面，信贷市场并不完美，发达国家或地区拥有更多的抵押担保物从而拥有更多的信贷优势和资本掌控地位。因此相比贫穷国家或地区而言，富裕国家或地区在竞争资本品时占据了更有利的位置，国家或地区间的贫富差距将进一步固化甚至拉大。

人口陷阱论认为低质量人口的增长导致了发展中国家人均收入过低、资本形成不足，从而出现了低水平均衡陷阱。Galor 和 Weil（2000）把人口增长、经济发展与技术进步组合到一个规范的模型中分析发现：经历了马尔萨斯阶段之后，技术进步的加速、人力资本的积累和人口增长的减速，会使得总收入的增加超过人口增长，人均收入将实现持续增长。经济增长出现转型的主要原因是技术进步使得人力资本的收益率相对于物质资本而言上升了，从而诱使人们用提高后代的质量来替代生产后代的数量，同时人均教育水平的提高也反过来促进了知识积累和技术进步。

许多研究者也关注了"历史"和"预期"这两种不同的因素对于形成好均衡的作用。Krugman（1991）借助于一个简化了的贸易模型，通过引入外部经济和调整成本，论证了在不同条件下历史与预期对于决定最后均衡而言发挥着同等重要的作用。Matsuyama（1991）指出在工业化进程中由于工业部门的收益递增将出现多个稳态，如果人们的预期能够很好地协调，那么乐观预期可以使得经济起飞进入高水平均衡，相反悲观预期也可能导致非工业化的结果。

2.2.2.2 微观层面

从微观层面来讲，之所以出现区域性贫困陷阱，通常是由于存在各种"自我强化"机制（Azariadis，1996，2004；Bowles，Durlauf 和 Hoff，2006）。其一，由于社会层面的外部性带来的技术规模报酬递增（Romer，1986；Lucas，1988；Azariadis 和 Drazen，1990；Durlauf，1996）。其二，由于历史原因或地理位置偏远，落后地区的基础设施相对贫乏，外围的现代产业部门扩散效应对这些地区影响有限，居民局限于传统的农业部门，因此地区经济发展缺乏动力。其三，由于与外界的相对隔阂，农村个体获得信息受到很大约束，社会关系网络局限于当地，农村的许多家户还因户籍制度等限制而不愿改变当前的状态，因此农村贫困居民要谋求改变就得付出很高的成本，面临很大的风险。Hof 和 Sen（2004）也指出，在一些落后地区，传统的亲缘关系系统代替正规部门来提供一些社会服务并分担个体风险，但正是这些亲缘关系系统也阻碍着系统中成员向现代部门转移。由于社区网络外部性，少数个别成员的流动很难冲破既有的亲缘关系系统的阻碍，并形成现代部门网络；再加上农村居民居住分散，系统中成员之间的协调存在不一致性，使得农村居民选择留在传统农业部门，由此陷入低水平均衡的贫困陷阱。

Acemoglu 等（2002，2005）认为制度因素是世界不同国家或地区经济发展存在巨大差异的根本原因，不好的制度（不完善的产权制度、混乱的管理体制等）会使一个国家或地区陷入贫困陷阱，他们否定了地理因素在经济增长中起决定作用的假说。Galor（2005）认为出现贫困陷阱、造成持续性贫困的主要原因是存在着市场失灵与制度失灵，从而形成了导致贫困的自我强化机制，它们会阻碍穷人采纳有利于跳出陷阱的选择。其中市场失灵的表现在于：收入分配缺陷、信息不完备和欠佳的市场结构；制度内容包括：政治体制、法律系统、社会规范和群体习俗等。制度的失灵可能直接导致贫困陷阱的产生，也可能与市场失灵相互作用导致长久的无效率状态。

Banerjee 和 Newman（1993a）从职业选择的角度分析了不完美信贷市场如何影响贫富阶层的两极分化过程。模型假设存在三种不同风险程度的工作，每个人将依据其初始财富进行选择：投资于无风险资产，投资于有风险的自雇经营和投资于有风险的企业生产。初始财富不足的个人可以通过借款从事后两类投资，但是信贷市场的不完美使得担保抵押资产多的高收入者可以低成本借到资金，但是拥有担保抵押资产少的低收入者却只能以高成本借到资金。因此初始财富水平将决定其投资类别和收入水平，最终在合理的参数结构下，通过每个家族代际财富传递的随机差分方程模拟发现处于初始财富分布尾端的家庭将落入持续性贫困的境地。Banerjee 和 Newman（1993b）还从信息不对称的角度在一个两部门一般均衡模型下分析了不完美信贷市场是如何影响个体在现代部门和传统部门之间进行抉择的。其模型结果发现，那些最富和最穷的个人都会有动力选择留在现代部门：高收入者之所以选择留下是因为他们的财富水平足以保障自贷消费而无须贪图传统部门的信贷优势，而低收入者之所以选择留下是因为他们即使留在传统部门也会因财富不足无法享有信贷优势。

Galor 和 Zeira（1993）通过一个两部门跨期人力资本投资决策模型分析了贫富差距演化和持续性贫困形成的原因。他们假定仅有两期寿命的个人将在低工资水平的传统部门和高工资水平的现代部门之间做出选择：第一，直接以非熟练工人身份进入传统部门；第二，在第一期进行人力资本投资后在第二期以熟练工人身份进入现代部门。由于人力资本投资存在一个投资门槛，初始财富水平低的个人无法进行人力资本投资从而只能留在传统部门接受低工资，但是初始财富高的个人可以通过人力资本投资进入现代部门获取高工资。通过分析家族代际财富传递方程的收敛性，他们证明存在一个决定性的财富水平，初始财富大于该值的家族财富水平将最终收敛至高均衡点，小于该值的家族财富水平将收敛至低均衡点从而落入贫困陷阱。因此，初始财富的差异导致了初期人力资本投资的不同，从而影响了未来的收入分配差距，并最终导致贫富两极分化。

Azariadis（1996）从微观个体的偏好出发，分析了个体缺乏耐心导致贫困陷阱的情形。对于那些个体缺乏耐心的落后国家来说，耐心的缺失会使个体选择增加即期消费而非储蓄，那么该国经济将会迅速达到资本存量为零的均衡状态，从而进入发展停滞阶段，处于持续性贫困状态。其研究结论从微观层面揭示了增加储蓄、减少即期消费对于一个发展中国家走出低均衡发展水平的重要性，也强调了实施宏观政策时应重视异质性个体的影响。后来的研究（Chakraborty，2004）在其基础上将个体缺乏耐心的行为进行了内生化，从而弥补了其模型中消费者缺乏耐心的关键假设是外生的缺陷。

许多研究者（Kiyotaki 和 Moore，1997；Matsuyama，2000）也从信贷约束和金融风险的角度考察了贫困陷阱的产生和持续性贫困的强化机制。信贷约束导致持续性贫困机制认为低收入者通常缺乏抵押担保物，从而使他们面临信贷约束，信贷约束反过来又限制了低收入者参与致富活动的范围，特别是那些需要先期投资垫付成本或数量庞大的资本品的活动。因此，对于低收入者来说，获取更高收入的活动范围变小了。这就导致了低均衡的贫困陷阱：收入决定财富，低财富水平限制抵押担保程度，而低担保导致无法参与高收入活动。Matsuyama 还从投资风险和利率市场均衡的角度研究了贫富阶层分化的情形。他的模型分析发现不同的财富分布将决定最终的均衡利率水平，并且当金融市场效率较低时，存在一个两点分布型的多重均衡状态，因此低均衡的贫困陷阱是可能的。

早先的研究关注如何从宏观层面打破低水平均衡，随着统计工具和方法的丰富，学者们逐步综合微观、中观和宏观多个尺度考察多重动态平衡，分析探索经济体中各层面如何通过自我强化、相互传导的机制形成贫困陷阱。Barrett 和 Swallow（2006）提出了一个分形贫困陷阱（fractal poverty trap）的理论，描述了经济体中各层面如何通过相关机制形成贫困陷阱。例如，政府缺乏从贫穷地区征税的能力，那么政府自身将无法负担物资资本和基础建设等方面的投资，从而无力促进企业资本积累和创造更多的工作；由于工作岗位有限，收入来源不足，那么企业缺乏激励去扩大生产，使得产能不足无法节约成本形成规模效应；企业资金不足，银行存款来源匮乏，贷款能力受限，那么将缺乏足够的投资资金去帮助企业进一步扩大生产、为政府支付公共产品和服务，结果造成当地贫困境况无法得到改善。

2.2.3　贫困陷阱与增长停滞

贫困陷阱理论强调的是地区经济由于某一种自我强化的机制而出现增长停滞或负增

长，进而陷入低水平均衡（Azariadis，2004）。传统理论具有浓烈的结构主义色彩，认为资本积累和投资不足是导致增长停滞、陷入贫困陷阱的根源；政策上也强调通过政府干预解决协调失灵的问题。在此基础上，很多学者对贫困陷阱理论进行进一步的延伸，着重从地理因素、自然资源、疾病、犯罪、教育和政治制度等不同方面对贫困陷阱的加强机制进行阐释。

Easterly（2001）研究表示，贫困国家更容易受到外部冲击，如由于饥荒、自然灾害和疾病等的影响而落入"贫困陷阱"。他通过对 1990—1998 年各种外部冲击的数据统计发现，在此期间，收入位于世界最低 20% 行列的国家中有 27% 经历过饥荒，94% 的大型自然灾害发生在贫困国家，同时，这些国家 1% 的人口因此成为难民，而这些情况在收入位于世界最高 20% 的国家中均不存在。在疾病冲击方面，他指出，在收入位于世界最低 20% 的国家中，低风险人群携带 HIV 病毒的比例为 11%，而收入位于世界最高 20% 国家的这一比例仅为 0.3%。

犯罪导致贫困陷阱的机制可以通过犯罪与增长和就业的互动来阐释：就业需求的增加会拉动增长，降低犯罪；同时，产出的增加会诱使犯罪行为发生（Mehlum，Moene 和 Torvik，2005）。他们通过对 1986—1994 年 39 个国家的面板数据进行分析，发现增长较快的高收入国家，犯罪降低的效应会起主导作用，就业增加导致犯罪下降；而在现代化水平不高的低收入国家中，产出增长往往伴随着犯罪增加，导致经济陷入高犯罪、低就业的"贫困陷阱"。

Azariadis 和 Stachurski（2005）对导致贫困陷阱的各种强化机制进行了评述，他们认为发展中国家存在的市场和制度失灵使得其物质资本和人力资本积累不足是导致其落入"贫困陷阱"的根源。就市场失灵而言，如资本市场的不完善使得即使贫困国家投资回报率高，也很难在资本市场与发达国家竞争；在人力资本市场上，由于信息不对称的存在，高人力资本的劳动者获得的工资回报不能弥补其对人力资本的投资，这样就降低了经济中对人力资本投资的积极性；同时，厂商进行技术研发投资时，产生新的技术需要具备一定人力资本的劳动者与之匹配，如果经济主体普遍减少对人力资本的投资，会使厂商对研发出的新技术的使用产生悲观预期（Acemoglu，1997），进而不会投资研发新技术，这样就会使经济体落入低技术、低人力资本需求、低投资的恶性循环；而且人力资本投资的策略具有互补性特征（Kremer，1993），通过低人力资本投资的自我强化作用，经济体最终落入人才匮乏的低水平均衡。不同国家和地区经济增长会存在差异从根本上是源于制度的不同，产权制度不完善或是管理体制混乱等都会导致国家落入"贫困陷阱"（Acemoglu 等，2005）。在制度失灵方面，如政治腐败对发展中国家的发展也是极为不利的，因为腐败会增加投资的不确定性，降低投资收益；腐败会阻碍基础设施投资；而且腐败不利于创新激励，这些都会给贫困国家的发展造成困扰。

"贫困陷阱"是发展中国家在经济起飞阶段出现的经济停滞状态，而"中等收入陷阱"关注的是收入已经达到中等收入水平的国家可能面临的经济持续放缓的现象。"贫困陷阱"与"中等收入陷阱"就出现的阶段和特征而言有很大差异，但是它们都对应着增长减缓或增长停滞现象，因此，传导机制中也有一些相似之处。通过对东亚经济体增长历程的总结，青木昌彦(2011)用五个阶段展现东亚式发展模式，即马尔萨斯式的贫困陷阱阶段("M"阶段)、以政府为主导的发展阶段("G"阶段)、通过结构变迁实现的库兹涅茨-刘易斯式的发展阶段("K"阶段)、以人力资本为主导的经济发展阶段("H"阶段)和后人口红利阶段("PD"阶段)。如果出现了增长动力缺失，或经济结构固化，或经济缺乏应对外部冲击的能力等，则在不同阶段都可能出现增长陷阱。成功的经济增长路径，需要在不同发展阶段都能积极应对外部冲击，调动和组合新的经济增长要素，产生新的增长动力，这样才能化解风险和摆脱增长陷阱。

2.3　影响长期增长动力的因素

2.3.1　基于增长减缓的分析

以增长减缓为突破口研究增长动力的文献来自 Ben-David 和 Papell（1998），Pritchett（2000），Hausmann 等（2008）以及 Eichengreen 等（2011，2013）等。Ben-David 和 Papell 以 1950—1990 年 74 个发达国家和发展中国家 GDP 增长率数据为样本，找出了在这段时间内统计上显著的增长停滞的点，这些停滞点多数与经济增长减速有关。通过对不同阶段停滞点的统计发现，发达国家的增长减速多数集中在 20 世纪 70 年代，而发展中国家(尤其是拉丁美洲国家)很多增长停滞发生在 20 世纪 80 年代。然而，这一研究仅仅是对人为认定的增长停滞进行统计分析，没有给出明确的增长停滞或减缓的定义，也并未深入分析增长停滞发生的原因。其他一些文献则在此基础进行了丰富和发展，Pritchett 的研究中对增长减缓进行了更严格的界定，Hausmann 等则对增长停滞的原因进行了简单的探讨。

Eichengreen 等(2011)界定了增长减缓需要满足的三个条件，通过对筛选出的 1956 年以来满足增长减缓条件的快速增长经济体的增长片段进行研究，发现增长减缓容易发生在人均 GDP 位于 16700 美元处(或是 15000～16000 美元)，此时，人均 GDP 是先进国家的 58%；国家制造业就业份额占比为 23%。Eichengreen 等(2013)进一步指出，很多中等收入国家往往会经历两次增长减缓，当人均 GDP 位于 10000～11000 美元时，增长减缓也同样容易发生。当发生增长减缓时，人均 GDP 增长率一般会从 5.6% 下降至 2.1%，平均降幅为 3.5%。也即快速增长的中等收入国家在进入"中等收入陷阱"之前很有可能会发生阶段性衰退,而不是在某个时点上人均收入迅速下降。同时指出,增长减缓发生时,从农业到工业的劳动力转移不能带来额外的生产率提高,全要素生产率下降幅度显著,而且进口国外技术的收益也会下降。

关于经济发生增长减缓的一般解释路径概括为刘易斯式的发展过程(Agenor et al., 2012)。在这个分析框架下,当达到中等收入或中等偏高收入阶段时,能在快速增长的初始阶段带来高速增长的因素和优势,即低成本劳动力和对国外技术的模仿就会消失。在初始阶段,低收入国家可以通过引进国外技术生产劳动密集型的低成本产品来参与国际市场竞争。这些国家可以通过将劳动力从生产率低的农业重新配置到生产率高的制造业中实现生产率很大程度的提高。然而,一旦这些国家达到中等收入水平,农业中没有充分就业的劳动力被吸收殆尽,工资开始上涨,低劳动力成本的优势将逐渐消失。由部门间要素重新配置和技术赶超带来的生产率增长消失了,同时工资上涨使得劳动密集型产品的出口在世界市场上失去优势,与此同时,其他国家也相继进入快速增长的这个阶段而与之竞争。换句话说,发生增长减缓与增长过程中的某个时间点紧密相关,当到达这个时间点时,剩余劳动力从农业向工业部门的转移不能带来生产率的提升,同时,引进外国技术产生的收益也会下降。

2.3.2 基于产业结构的分析

许多学者从产业结构的角度研究增长动力问题。国际货币基金组织(2010)在《世界经济展望:复苏、风险与再平衡》中指出,"东亚中等收入国家需要通过调整产业结构,改变中间产业过于密集的现状,从而实现向高收入阶段的跨越。然而这也并非易事,拉美和中东的很多国家处于这一阶段时,仍试图通过低成本、大规模生产来维持自身的优势,而没有实现向知识密集型产品生产和创新为主的产业结构升级,陷入'中等收入陷阱'之中"。Ohno(2009)将发展受阻解释为国家在产业发展中,由于促进产业升级的潜在推动力缺失,从而不能顺利实现产业升级。同时,认为"中等收入陷阱"即已经拥有自己支柱产业的国家无法实现由以对国外的技术模仿、吸收为主向以自主创新为主的发展模式转变,从而无法实现向第三个阶段的跨越,滞留在第二个阶段的情形。

亚洲金融危机后韩国的发展是通过成功实现产业升级,推动自身摆脱陷阱的典型。由于金融危机的重创,韩国曾一度需要通过接受国际救援才能渡过危机,随后,其将发展重点放在推动产业结构提升上,依次经历早期的发展纺织等劳动密集型产业,到发展以钢铁、汽车和造船为主的资本密集型产业,再到发展知识和技术密集型产业,包括半导体、电脑、手机等,成功实现了从制造业生产向以创新为导向的科技发展的转变。Perez-

Sebastian（2007）指出在发展的初始阶段，模仿是生产率增长的主要源泉，但如果经济体达到技术前沿，基于国外成果的创新（即新想法、技术的应用，以及生产性活动的进行等）就将成为增长的重要动力。Yusuf 和 Nabeshima（2009）以及 Tho（2013）认为，与韩国的成功经验相比，东南亚国家的主要问题就是不能形成以高技术和高创新能力为核心的比较优势。联合国工业发展组织（UNIDO，2009）指出，对于马来西亚和泰国，还有其他中等收入国家来说，提升产业价值链，通过发展知识和创新密集型产品和服务来与发达国家竞争才能实现自己的快速增长。Lin 和 Treichel（2012）认为拉美和加勒比海地区国家就是因未能成功实现产业结构从低附加值向高附加值的升级而陷入"中等收入陷阱"。

这些研究内在地表明，当一个国家跨入中等收入阶段后，如果不能实现经济的加速增长，将无法实现向高收入阶段的跨越，其结果会落入"中等收入陷阱"。这也意味着一个国家如果要避免落入"中等收入陷阱"，就必须及早调整其结构性因素，寻找提高生产率的新方式。而实现高生产率的主要方式就是将产业转移到具有高附加值的产品和服务生产上，发展本土创新活动，而不是一味追求对国外技术的模仿。换句话说，最关键的问题就是如何将以模仿为主转变为基于采纳适宜技术和促进内生创新的发展。

2.3.3　基于人力资本结构和出口结构的分析

促进产业链提升很重要的因素就是优化人力资本结构，增加高技能劳动者的数量，实现劳动力结构和产业结构的匹配。Eichengreen 等（2013）的研究显示，中、高等受教育人口比例高的国家以及出口以高科技产品为主的国家很少经历增长减缓。同时发现，当控制其他因素不变时，接受中学、大学以及高等教育人口份额的增加会降低增长减缓的发生率；但是，当控制中、高等受教育人口份额不变时，教育水平的普遍提高并不能产生同样的结果。因此，对于规避增长减缓而言，高质量的人力资本比低质量的人力资本显得更重要，一个国家可以通过不断提高高质量人力资本的数量，带动自身产业技术升级来规避"中等收入陷阱"。

青木昌彦（2011）将东亚式发展模式归纳为五个阶段，认为中国目前已经跨越了通过产业结构变迁实现增长的库兹涅茨-刘易斯式的发展阶段，需要逐步过渡到以人力资本为主导的阶段；并指出韩国、日本能成功实现向高收入阶段的跨越正是因为在这个阶段取得了关键性的胜利。Agenor 等（2012）通过两期三部门的世代交叠模型探讨了"中等收入陷阱"的存在性问题。结论显示，增长过程中存在多重稳态均衡，以低生产率和研发部门拥有较少份额高技能劳动者反映的人力资本错配为特征的低增长均衡即为"中等收入陷阱"。马来西亚和泰国正是由于高人力资本的缺失而陷入中等收入陷阱。同时，人力资本积累也能带来全要素生产率的提高（Kuijs，2010），其研究显示，1978—2009 年全要素生产率年均增长 3%~3.5%，其中约 15% 的增长来源于人力资本的积累。

由于产业结构升级和调整很难测度，因此，通常用贸易结构指数作为衡量产业结构的替代变量。Berg(2013)研究发现，贸易结构指数能很好地预测中等收入国家的增速；同时，Felipe 等(2012)指出，陷入"中等收入陷阱"的国家就是因为自身技术积累不足，没有形成复杂、多样化的出口结构。出口中技术密集型产品所占比重越大，则经济体遭遇增速放缓的可能性就会越小(Eichengreen et al., 2013)。Eichengreen 等(2011)考虑了人力资本结构、出口结构(以高科技含量和低科技含量的产品出口来衡量)、金融和政治稳定性以及外部冲击等因素对增长减缓的影响。研究发现，增长减缓往往伴随着前期的高速增长、不合意的人口特征、高投资比率及汇率低估等特征。

2.3.4 基于全要素生产率的分析

所谓全要素生产率(total factor productivity, TFP)又称为"索罗余值"，最早由诺贝尔经济学奖得主、美国经济学家罗伯特·索罗(Robert M. Solow)提出，是衡量单位总投入的总产量的生产率指标。在索罗开创的"增长核算"中，TFP 被视为长期经济增长来源的重要组成部分。全要素生产率并非所有要素的生产率，"全"的意思是经济增长中不能分别归因于有关的有形生产要素(包括资本、劳动、土地等)增长的其他部分，因而全要素生产率只能用来衡量除去所有有形生产要素以外的纯技术进步的生产率增长。在索罗创立的新古典经济增长理论中，TFP 通常被简称为技术进步率。但是需要明确的是，这里的纯技术进步包括知识、教育、技术培训、规模经济、组织管理等方面的改善，并不局限于有形的效率更高的资本设备、技巧更高的劳动、肥效更大的土地等生产要素投入的增加。

TFP 在很大程度上能够解释各国经济长期增长的绩效。据世界银行的数据，1997—2013 年美国 TFP 的年均增速在 OECD 国家中最高，由此也导致了美国的劳动生产率(以劳均 GDP 水平计)在 OECD 国家中是最高的。相比之下，拉美经济的持续停滞可归结于 TFP 的下滑。有分析发现，20 世纪 80 年代至今，拉美地区经济增长出现了比较明显的停滞，然而劳动投入对拉美经济的贡献度基本平稳或略有下降，资本积累不足导致经济增长下降大约 0.6%，因此，拉美经济的下滑和停滞主要不是由于生产要素积累的下降，而是源自 TFP 的下降。

Eichengreen 等(2011)利用增长核算模型，对 1957—2010 年世界所有国家满足增长减缓的时间段进行计量分析发现，快速增长经济体的增长减缓中 85% 归因于全要素生产率的下降。这与 Krugman(1994)指出的全要素生产率是美国等发达经济体经济增长的主要来源的观点一致。Parent 和 Prescott(2010)的研究证实，国家间收入水平存在差异的主要原因是采纳的不同技术和制度因素造成的全要素生产率的差异。日本经济在 20 世纪 90 年代停滞不前，也是由于全要素生产率表现欠佳（Hayashi 和 Prescott，2002）。Wu（2013）也对不同收入国家全要素生产率进行了计算，并进一步区分了生产可能性边界外移导致的技术进步和优化资源配置带来的效率提高。

传统生产要素（资本、劳动）在经济增长中的作用会由于收益递减效应而递减，因此，要推动经济长期增长，就必须不断推动创新（包括技术创新、制度创新、组织创新、产业结构升级等），发掘出能够带来收益递增的新的增长动力，这样才能抵消甚至超出传统生产要素的收益递减效应，从而推动长期经济增长。以煤、铁和机器化大生产为主的工业革命、以电气技术为核心的第二次工业革命以及以计算机技术进而互联网技术、移动终端技术、智能制造技术为核心的新的工业革命等，都以一场迅捷的、遍历的方式影响了整个制造业乃至整个经济，带来了 TFP 的提高。而发展中国家或地区长期增长中面临的最大困境或门槛就是"创新瓶颈"。如果能够积极有效地应对"创新瓶颈"，突破"玻璃屋顶"，则能够实现向高收入阶段的跨越；如果不能积极有效地应对这个问题，经济增长在较长时期处在滞缓状态，人均收入水平提升缓慢，则有可能落入"中等收入陷阱"。

2.3.5 基于增长内部环境、外部环境的分析

研究发现，汇率明显被低估的国家经历增长减缓的可能性更大（Eichengreen et al.，2011），原因是依靠汇率贬值来提振经济增长的国家更容易受到外部冲击的影响，从而导致持续的增长减缓。在依靠将劳动力从农业部门转移到出口导向的制造业部门带来增长的早期阶段，真实汇率被低估的政策可以促进出口，带来经济增长。但当经济体发展到需要以创新和知识密集型产业拉动增长的阶段时，政府往往不愿意放弃之前的汇率政策，使得经济体更容易遭受增长减缓。同时，人口老龄化和收入不平等也是影响经济增长放缓的重要原因（Vandenberg 和 Zhuang，2011；Egawa，2013）。

虽然改善一国贸易条件或面临有利的外部冲击时，可以实现中短期的经济加速增长，然而，要想通过经济持续加速增长，实现向发达经济体的收敛却绝非易事（Hausmann et al.，2005）。World Bank（2012）的报告指出，1960 年的 101 个中等收入国家或地区，至 2008 年仅有 13 个成为高收入国家或高收入地区。亚洲的日本和"四小龙"国家或地区是成功跨越"中等收入陷阱"的典型。弗里德曼将成功的原因归结为：务实的汇率政策以及金融体系的自由化，贸易方面实行关税减免、进口自由的政策，与此同时积极地增加出口。此外，收入差距扩大使得处于中间阶层的群体"夹心化"，城市化过程中会形成新的二元结构，最终由于人力资本和教育投入不足形成产业结构失衡和粗放增长的局面（George et al.，2004）。

霍米·卡拉斯(2011)表示，中等收入国家在向高收入阶段的跨越中，将不可避免地面临转变政府职能和深化体制改革等制度变迁过程，如加快创新和高等教育发展、完善资本市场、改善城市管理和加速城市化，以及建立有效的反腐败法治体系等。这些制度创新成功与否直接关系到中等收入国家能否跨入高收入国家行列。

第二编
解决贫困的长效机制

第 3 章　中国贫困变化的动态
识别与量化分解

3.1　引言

在世界各国的经济发展历程中，反贫困和促进收入分配更为平等，一直是重要的政策目标和发展战略。现在世界上的发展中国家中存在大量贫困，既有绝对贫困又有相对贫困。在过去的 30 多年间，全球绝对贫困发生率一直在下降，这主要是由于发展中国家的绝对贫困人口数在不断减少（Ravallion，2020a）。然而，虽然以全球绝对标准衡量的贫困人口较少，但是按照特定国家的相对贫困标准衡量，贫困人口仍然很多。相对贫困现象是伴随各国经济发展的一个长期性问题。并且相对贫困的人口在面临各种外部冲击时更脆弱。联合国报告显示，2019 年全球有 8.12 亿人生活在极端贫困中，他们每天花销为 1.9 美元甚至更少，而到了 2021 年，全球极端贫困人口已上升至 8.89 亿。报告称，富裕国家可以通过超低利率借款来确保自己从新冠疫情造成的衰退中复苏。但是贫穷国家需花费数十亿美元去偿还债务，还面临着更高的借贷成本，这阻碍了它们在教育、医疗保健、环境保护和减少不平等情况等方面的改善步伐。因此，联合国报告估计，到 2023 年年底，全球 20% 的发展中国家人均 GDP 将不会恢复到 2019 年之前的水平①。可见，持续关注对贫困人口的识别、动态测度，关系到对贫困人口援助政策的制定，是一项非常重要的长期性工作。

作为世界上最大的发展中国家，中国对全球减贫事业做出了历史性的贡献，中国脱贫攻坚成就为发展中国家政府开展减贫的实践树立了典范。改革开放以来，中国已有近 8 亿人口摆脱贫困，农村贫困发生率从 1978 年的 97.5% 降至 2019 年的 1.7%，人均收入同期增长 20 倍。从减贫的速度看，中国明显快于全球。世界银行发布的数据显示，按照每人每天 1.9 美元的国际贫困标准，从 1981 年年末到 2015 年年末，中国贫困发生率累计下降了 87.6 个百分点，年均下降 2.6 个百分点，同期全球贫困发生率累计下降了 32.2 个百分

点，年均下降 0.9 个百分点。特别是 2013 年实施精准扶贫以来，平均每年减少贫困人口 1300 多万人。这有力地加快了全球减贫进程，为其他发展中国家树立了标杆，坚定了全世界消除贫困的信心。自联合国开发计划署引入人类发展指数以来，中国是世界上唯一一个从"低人类发展指数水平"跃升至"高人类发展指数水平"的国家，创造了人类减贫史上的奇迹。

消除贫困、改善民生、实现共同富裕是社会主义的本质要求。共同富裕是中国式现代化发展的重要特征，准确理解共同富裕的科学内涵是开启新征程、探索逐步实现全体人民共同富裕路径的前提。共同富裕是全民富裕、全面富裕、共建富裕、逐步富裕。在 2020 年这个重要的时间节点，中国消除了绝对贫困，全面建成小康社会，但这并不意味着中国的减贫步伐就此停止，中国仍然有大量人口处于绝对贫困线以上附近，虽然在现行的贫困标准下属于非贫困人口，但是这些人的收入水平仍然较低，如果提高绝对贫困线，将会再次产生一批新的贫困人口，可以把这些"新的贫困人口"视为相对贫困人口。在 2020 年年底实现消除绝对贫困之后，走向共同富裕的重心转向先富带动、帮扶后富，让广大民众、特别是低收入群体参与经济发展的进程和分享经济发展的成果，"后富"的人群就是相对贫困、相对落后、相对困难的人群。习近平总书记指出："2020 年全面建成小康社会后，我们将消除绝对贫困，但相对贫困仍将长期存在。到那时，现在针对绝对贫困的脱贫攻坚举措要逐步调整为针对相对贫困的日常性帮扶措施，并纳入乡村振兴战略架构下统筹安排。"[①]因此，在共同富裕的背景下，建立有效减轻相对贫困的长效机制，是中国实现乡村振兴、城乡融合与高质量发展的重要路径，是推进中国式现代化的一项战略任务(邹薇等，2023)。

在中国精准扶贫的实践中，政府始终是贫困识别、贫困干预、贫困退出以及脱贫成效评估等减贫全过程的主导性主体。在脱贫攻坚战中，中国政府加大财政专项投入，通过"中央统筹、省负总责、市(地)县抓落实"多层级政府间合力协作制度安排提升政府扶贫整体效能，激发并形成扶贫合力，不断完善政府、市场、社会互动以及专项扶贫、行业扶贫、社会扶贫联动的大扶贫格局，凝聚摆脱贫困的强大动力(邹薇等，2017)。建立解决相对贫困的长效机制，中国同样要充分发挥政府的主导性作用，为此，必须对相对贫困人群进行动态识别、对相对贫困的变化致因进行动态测度和有效分解。

3.2 贫困概念的界定与拓展

关于如何定义贫困的讨论由来已久(Ravallion，2019，2020)。人们基于不同视角去测度和研究贫困问题，随着对贫困研究的深入，贫困的概念也得到了发展。总体上看，贫困的概念沿着两条线索拓展：其一是由绝对贫困扩展到相对贫困，其二是由单一维度的收入

---

① 习近平. 把乡村振兴战略作为新时代"三农"工作总抓手. 求是，2019(11).

贫困扩展到多维度贫困。

3.2.1 从绝对贫困到相对贫困

将贫困分为绝对贫困和相对贫困是一种传统的分类方法。每个国家都会存在相对贫困，而由于世界各国经济发展水平差异很大，绝对贫困在国家之间的差异可能会很大。对于大部分发展中国家，绝对贫困与相对贫困同时存在，而对于消除了绝对贫困的发达国家，则只有相对贫困。因此，发展中国家大多测度绝对贫困，而发达国家往往测度相对贫困。

绝对贫困线指维持人最低生存标准时所需的人均最低生活费用。Rowntree（1901）最早将那些总收入不能维持基本身体活动所需的家庭称为生活在贫困中的家庭。相对剥夺的概念最早由 Stoffer 于 1949 年提出，随后，Runciman（1966）首先提出相对剥夺概念的操作性定义，意味着可能的机会缺失，个人能力或权利遭受到相对排斥和相对剥夺。Townsend（1962）在探讨"贫困的含义"时认为，由于不同地区对食物的不同偏好，摄取营养以维系"基本生存"和"贫困"都是相对的概念，并将平均收入的一半或者 2/3 定义为新的贫困线。利用相对剥夺的概念，Townsend（1971）更进一步地提出相对贫困的理论，认为贫困不仅是由于基本生存必需的缺乏，而是缺乏获得饮食、住房以及参与各种社会活动的资源，从而被排斥在正常的社会活动和生活方式之外。应有的条件和机会被相对剥夺，从而处于贫困的状态。Townsend 的相对理论提出了关于贫困的主观标准，强调了社会成员之间对其生活水平进行的相互比较，这一理论丰富了贫困概念界定的内涵，从而拓宽了国外相关学者的研究视野。

发展经济学家阿玛蒂亚·森注意到学者们在定义贫困时关于采用"绝对"还是"相对"观点的分歧，首次提出"能力贫困"的概念巧妙地将两种观点融合。森指出，贫困的实质是人们缺乏改变其生存状况、抵御各种生产或生活风险、抓住经济机会和获取经济收益的"能力"，或者其能力"被剥夺"了；现代社会的贫困往往是与收入分配不平等相伴随的，即贫困人口无法平等地获取或接触到许多产品和服务(尤其是公共品)，不具备把这些产品转化成效用的"功能"或"权利"（Sen，1983，1985；阿玛蒂亚·森，2001）。森将需求满足的过程分为四个阶段：商品、商品的特征、能力和效用，指出正是利用商品或其特征的能力才真实地反映了生活的标准。在他看来，贫困的真正含义是获取收入和机会的基本能力被剥夺。由于"在能力空间的绝对要求被转化为商品空间的相对要求"，绝对的能力贫困线体现在以收入和资源测度时则是相对的。实际上，古典经济学鼻祖 Adam Smith（1776）的例子很好地解释了这个理论："古希腊人和罗马人即使没有亚麻织品也过得很好，但是如今在大部分欧洲地区，没有亚麻衬衫的工人出现在公众面前时将会感到羞耻。"在这里，绝对的社会融入能力在不同时期或地区转化到商品上的测度则是相对的。

国外一些学者在对贫困度量的研究中把福利、偏好等引入贫困线的制定，使得贫困的识别结果更加精准合理。Ravallion 和 Chen（2017）提出了福利一致的全球贫困衡量标准，得到了真实的全球贫困测度的经验边界，下界是绝对贫困线，上界是弱相对贫困线（随着具体国家比较收入的上升而上升），避开了关键参数的不确定性。Ravallion（2020a）把贫困视为一种客观的经济剥夺——低经济福利或生活标准，他批判性地评价了全球贫困的现行标准，指出当前的绝对测量忽视了社会对福利的重要影响，而流行的强相对测量又忽视了绝对的生活水平，因此需要一种新的既反映生存又反映社会包容的混合测量方法，将绝对测量和弱相对度量结合起来，以符合各国的国家线变化情况。Dimri 和 Maniquet（2020）研究了家庭偏好不同且面临不同价格情况的绝对收入贫困测度，发现不考虑偏好导致严重低估城市贫困。

绝对贫困与相对贫困两者并不是完全割裂的状态，相对贫困是在绝对贫困的理论上发展起来的，两者之间有着紧密的联系。Atkinson 和 Bourguignon（2001）提出了混合贫困线，他们认为研究贫困问题时可以将绝对贫困与相对贫困混合起来分析，绝对贫困与相对贫困分别对应着两种关键的能力：生存能力和社会包容，其中生存能力是有足够的营养和衣服满足基本生存需要和正常社会活动的能力，社会包容被假设为一个国家居民平均消费的比例，每一种能力对应着相应的贫困线，也就是绝对贫困线和相对贫困线。绝对贫困与相对贫困主要根据贫困标准判断，一个个体的生存状态在某个贫困标准下可能是绝对贫困，在另一个贫困标准下可能是相对贫困，当一个人既不是绝对贫困也不是相对贫困时这个人才不是贫困的。

Garroway 和 Laiglesia（2012）指出，社会中的贫困人群大体分为三类：只有绝对贫困，既有绝对贫困也有相对贫困，只有相对贫困。这里用图 3.1 来显示这种分类的变化过程，绝对贫困线是一条固定的国家贫困线，相对贫困线用中位数收入或消费的百分比来表示。当生活水平比较低时，以中位数收入百分比表示的相对贫困线低于绝对贫困线，此时，收入水平介于绝对贫困线和相对贫困线之间的人群只有绝对贫困，收入水平低于相对贫困线的人群既有相对贫困又有绝对贫困。随着经济发展水平不断提高，居民的收入水平上升，相对贫困线也相应地上升，相对贫困线逐渐到达绝对贫困线并相交，交点对应于横轴的 P 点。在 P 点右侧，相对贫困线高于绝对贫困线，收入水平低于绝对贫困线的人群既有绝对贫困也有相对贫困，收入水平介于绝对贫困线和相对贫困线之间的人群只有相对贫困。纵观世界各国，发达国家因经济发展水平比较高，通常使用相对贫困线来衡量贫困状况，主要解决相对贫困问题。发展中国家经济发展水平低，通常使用绝对贫困线来衡量贫困状况。大部分发展中国家处于绝对贫困与相对贫困并存的阶段，少部分低收入国家处于只有绝对贫困的状态。中国作为最大的发展中国家，已经率先消除绝对贫困，当前和此后一段时期要致力于巩固脱贫攻坚成果，并有效解决相对贫困问题。

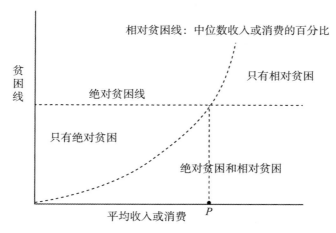

图 3.1 贫困人群的分类：绝对贫困与相对贫困

3.2.2 从单维贫困到多维贫困

另一种对贫困概念的发展体现在维度上，把贫困的概念从一维发展到多维。森（1985）提出"功能"和"能力"作为福利的基本信息来源，"功能"改变了人们对福利的看法，它指的是一个人实现的成就，即"一个人设法做什么"，而收入只代表实现某些目标的可能性。由于"能力"和"功能"包含人类的各种活动和选择，贫困的多维概念成为一个合乎逻辑的结论。森（1999）进一步认为贫困是可行能力的缺失，这种能力包括免受饥饿、疾病，满足营养需求，接受义务教育，平等体面地参与公众生活等，这种能力贫困的视角为多维贫困研究奠定了基础。自此之后，对贫困问题的研究开启了非货币剥夺的分析，许多分析从基本需求、能力和社会包容等角度出发开展多维贫困的研究。关于多维贫困的维度选择、权重确定、指数复合方法等，各国学者进行了持续的探讨，有影响的研究思路包括 Watts 指数、双界限方法与 MPI 指数、模糊集方法等。

首先，Watts 指数是一套可分解的贫困指数。Watts（1968）构建了一个能反映收入分布的敏感性且可分解的贫困指数。Hagenaars（1987）使用社会福利函数将贫困指数由收入扩展到包括收入和闲暇的二维边界，构造了第一个多维贫困指数，简称 HM 指数。Tsui（2002年）将 Foster 和 Shorrocks（1991）提出的子群一致的贫困指标由一维扩展到多维，阐述了多维贫困测度的理论基础，并阐明多维贫困对称性、复制不变性、单调性、稳定性、一致性公理，他们认为在多维的视角下，收入可能不是一个合适的衡量剥夺的变量，因为收入和基本需求的关系不是很强。Bourguignon 和 Chakravarty（2003）提出给每个维度分别设置贫困线，一个人的状况如果低于至少一个维度的贫困线就是贫穷的，他们探讨如何将这些不同维度的贫困线与多维贫困的测度相结合，并使用收入和教育定义的多维贫困测度巴西农村人口贫困状况。陈立中(2008)采用 Watts 多维度贫困指数,从收入、知识和健康三个维度对中国转型时期多维度贫困进行测算,并认为 1990—2003 年中国收入贫困下降最多而健康贫困下降最少。

其次,双界限方法与 MPI 指数在学术界产生了广泛的影响。牛津大学贫困和人类发展倡议组织(OPHI)的 Alkire 和 Foster(2011)认为有三种方法测度贫困,第一种是人口比例法(给定人口中贫困人口的比例),第二种是(人均)贫困差距,第三种是 Foster、Greer 和 Thorbecke(1984)提出的 FGT 方法。Alkire 和 Foster(2011)在 FGT 计算方法的基础上,扩展传统的交和并的方法(交的方法是所有维度都被剥夺个体才被识别为贫困,并的方法是个体只要有一个维度被剥夺则被识别为贫困),创新性地提出了"双重临界值"贫困识别方法(AF 方法),第一个临界值是指标被剥夺临界值,决定个体在某个维度指标是否被剥夺,第二个是加总维度临界值,决定个体是否处于贫困状态。由于 AF 方法满足包括可分解性在内的一系列公理性质,Alkire 和 Santos(2014)将其应用在《2010 年人类发展报告》中,基于 104 个发展中国家的资料开发出全球多维贫困指数(multidimensional poverty index,MPI)。MPI 识别健康、教育、生活水平三种维度的剥夺,能够将 MPI 指数通过地域、特定的分组以及指标进行分解,允许国家直接查看哪些分组和维度遭受更多的剥夺,因其国家覆盖面广和国际可比性强等良好优势,一经推出就得到广泛使用,联合国开发计划署采纳了这个方法并开始每年公布这个指数。

MPI 指数还适用于对长期多维贫困的分析。Alkire 等(2017)提出了一种多维长期贫困的模型,它基于 Alkire 和 Foster(2011)的研究测算每个时期多维贫困以及考虑将 Foster(2009)研究的多维贫困中持续时间的方法结合起来。Foster(2009)认为长期贫困存在两个临界值,第一个临界值是贫困线,指在一定时间段内,识别哪些个体是贫困的;第二个是时间临界值,是个体处于长期贫困状态的最低时间比例。

最后,模糊集方法(fuzzy set approach)从多维视角识别"谁是穷人",研究也取得了持续进展。衡量贫困程度的一个挑战是需要确定谁是穷人。传统的识别方法是使用一维框架中的贫困线来完成的,而在多维的计数框架中,剥夺界限使我们能够确定谁被剥夺了,而一个跨维度的贫困界限则可以确定谁是穷人。模糊集的概念最初由 Zadeh(1965)提出。从 Cerioli 和 Zani(1990)的开创性工作开始,模糊集开始被应用到一维贫困和多维贫困的分析中,Cerioli 和 Zani 使用完全模糊方法(totally fuzzy,TF)解决穷人与非穷人之间的区别问题。

在多维框架下,很难确定"清晰的"阈值将人口分为贫困与非贫困两组,例如"安全"和"不安全"的界限,"健康"与"不健康"的界限等都可能存在一些不确定性或者模棱两可。森认为,经济学家不应该忽视这种模糊性,而是必须试图捕捉这种模糊性(Sen,1999)。他指出,即使精确地捕捉一个模糊性被证明是困难的,这也不是忘记概念的复杂本质并寻求一种虚假的狭窄的精确性的理由。在社会调查和测量中，正确的模糊无疑比错误的精确更为重要（Sen，2001）。模糊集方法的主要贡献体现在贫困测量的识别阶段，它试图将使用明确的分界线定义穷人时经常面临的模糊性问题系统化地纳入测量之中。利用模糊集方法可以构建经验贫困指数，在某些模糊逻辑运算符下，可以反映出贫困的联合分布。

假设 X 是 n 个家庭或者个体的集合，A 是子群人口，Y 代表等效收入规模，y_i 代表第 i 个家庭的收入。假设函数 f 属于穷人的子集，该函数的定义如下：

$$f(y_i) = 1, \quad \text{如果 } 0 \leq y_i \leq y';$$
$$f(y_i) = (y'' - y_i)/(y'' - y'), \quad \text{如果 } y' < y_i \leq y''; \tag{3.1}$$
$$f(y_i) = 0, \quad \text{如果 } y_i > y''。$$

其中，当家庭收入低于 y' 时被认为是贫困的，当家庭收入高于 y'' 时被认为是非贫困的。传统方法中以 z 为贫困线，将人群分为贫困人口和非贫困人口，是模糊集方法中 $y' = y'' = z$ 的特例。贫困人群的模糊集函数被定义为：

$$f(x_i) = \sum_{j=1}^{k} g(x_{ij}) \cdot \frac{w_j}{\sum_{j=1}^{k} w_j} (i = 1, \cdots, n) \tag{3.2}$$

其中，每个家庭有 $X_1, \cdots, X_k$ 个特征，$w_1, \cdots, w_k$ 代表初始权重。如果 X 是一个二分类变量，则 $g(x_{ij}) = 1$ 表示对于第 i 个家庭，该变量呈现贫困的状态，则 $g(x_{ij}) = 0$ 表示对于第 i 个家庭，该变量呈现非贫困的状态。

Cheli 和 Lemmi（1995）使用完全模糊和相对（totally fuzzy and relative，TFR）方法计算多维贫困。Kim（2013）通过蒙特卡洛模拟方法探索完全模糊、完全模糊和相对、综合模糊和相对（integrated fuzzy and relative，IFR）三种模糊贫困度量的统计特性，认为贫困是一个多维的概念，"穷人"和"非穷人"之间不是两个相互排斥的集合，两者之间的区分是"模糊"的，IFR 度量具有很强的一致性，而 TF 和 TFR 测量都显著低估了模糊指数值非常高的人数。在研究中也发现，模糊集方法的使用可能存在一些挑战，例如根据所使用的隶属函数的类型，模糊集测度量可能不满足其他通常被认为是关键的属性：焦点、弱转移，以及在某些情况下，子群可分解性。

目前对于多维贫困测度国内外已经有许多研究，由于数据的可获得性和各国国情差异，关于多维指标设计和权重，还没有统一标准。不过多维贫困跳出了单一考察收入或消费的视角，体现了"能力贫困"的研究视角和减贫方向，因此还是可取的。国内关于多维贫困的分析也主要是在 AF 方法上发展起来的，主要是从健康、教育、生活、儿童和青少年生活条件、就业等维度构建多维贫困指标体系（王小林和 Alkire，2009；邹薇和方迎风，2011，2019；邹薇和程波，2016）。多维贫困在减贫实践中也有很多应用，1986—2010 年，扶贫政策主要着手解决"吃、穿、住"的基本生存目标，采用单维的"收入贫困"标准。2011 年，政府颁布的《中国农村扶贫开发纲要（2011—2020 年）》将脱贫目标扩展为"两不愁三保障"，脱贫政策由以收入为核心的一维贫困标准逐渐转向多维贫困标准(孙久文和夏添，2019 年)。也有一些研究采用了模糊集方法，例如方迎风(2012)使用 TFR 模糊集方法度量中国多维贫困。

3.3　相关文献评述

3.3.1　关于贫困线与相对贫困标准的研究

如何测度相对贫困? 贫困线的设置影响着贫困度量的结果，关于相对贫困的测度，不同学者方法各异。Fuchs(1967)最早使用相对方法测算贫困发生率，他认为贫困标准不应该是固定的，因为基于同时期的生存预算是过时的，应随着真实的国民收入增长而变化。他探索性地提出美国的贫困线应该被设定为当前中位数收入的 50%，他的研究基于美国 1947—1965 年的数据，在人均 3000 美元的绝对贫困线下，美国的贫困率由 30% 下降到 16.5%，但是按照中位数收入的 50% 的计算方法显示贫困率处在 20% 左右。尽管 Fuchs 的提议当时没有被美国官方采用，但是 20 世纪 90 年代之后，经合组织、欧盟统计局和一些学者都采用 Fuchs 的方法来测度相对贫困线(Blackburn，1990；World Bank，2017)。Blackburn(1990)采用中位数收入的 60% 对美国贫困状况进行测度。除了中位数，平均值也经常被应用于相对贫困的测度中，Atkinson(1998)采用平均值收入的 50% 对英国的贫困状况进行了衡量。Zheng(2001)总结了相关学者的方法，认为相对贫困的衡量标准分为两种：一种是收入平均值的百分比，另一种是收入分位数(中位数是分位数的一种特殊情况)的百分比，并从理论上进行了验证。

度量贫困离不开贫困线。目前实践和研究中的贫困线有三种：绝对贫困线、相对贫困线和混合贫困线。考虑贫困线最简单的线性形式为：

$$z = a + km \qquad (3.3)$$

其中 $a \geqslant 0$，$k \geqslant 0$ 均为常数，m 为均值(或中位数)。当 $k=0$，$a > 0$ 时，$z = a$ 为绝对贫困线，使用绝对贫困线度量绝对贫困。大多数发展中国家的贫困线以及一些发达国家的贫困线都是绝对贫困线，并遵循基本需求成本法(Garroway 和 Laiglesia，2012)。当 $k>0$ 时，z 为相对贫困线，用以度量相对贫困。根据贫困线的(均值或中位数)收入弹性(用 ε_z 表示)可以进一步把相对贫困线分为强相对贫困线和弱相对贫困线，ε_z 的定义如下：

$$\varepsilon_z = \frac{\Delta z/z}{\Delta m/m} = \frac{km}{a + km} \qquad (3.4)$$

当 $a = 0$ 时，$\varepsilon_z = 1$，z 为强相对贫困线。Fuchs(1967)最早明确提出相对贫困概念和使用相对贫困标准时，m 为收入中位数，k 取值为 0.5，这个方法在一些统计机构(如欧盟统计局、经合组织)得到普遍应用。随后研究者们也使用了其他参数值，如 Garroway 和 de

Laiglesia(2012)使用强相对贫困线估算发展中国家的相对贫困指标时，m 仍为收入中位数，k 采用了 0.4、0.5、0.6 三个值。樊增增和邹薇(2021)对中国的相对贫困进行度量时，m 为收入均值，k 采取了 0.3 和 0.5 两个值。

　　使用强相对贫困线度量贫困容易出现三个问题：其一，强相对度量对经济增长或收缩引起的贫困变化的测度结果有悖常理，不适于通过分配中性的增长来减少贫困。如果所有的收入以相同的比例增加，绝对贫困发生率下降，强相对贫困发生率保持不变，相对贫困的衡量标准是不变的。其二，强相对贫困线设定 $\varepsilon_z = 1$，即贫困线 z 对平均收入 m 的弹性等于 1，也就是说，只有当人们根本不重视绝对收入、其效用完全取决于相对收入时，相对贫困线才有意义。其三，强相对度量低估了穷人的营养和社会包容需求。强相对贫困线的结果是，如果平均收入趋于零，贫困线也趋于零，这意味着，对于非常贫穷的国家，社会包容的成本可以忽略不计，而对于一个平均收入为零的国家，社会包容的成本也将为零，这与实际不符，因为社会包容需求一定有一个下限。由此，Ravallion 和 Chen(2011)提出了弱相对公理(weak relativity axiom，WRA)：如果所有的收入以同等比例上升(下降)，则贫困测度也必须下降(上升)。在任何标准的贫困衡量中，只要贫困线对平均值的弹性不超过 1，这一点就可以得到满足。

　　因此，在(3.4)式中，当 $a > 0$ 时，$0 < \varepsilon_z < 1$，z 为弱相对贫困线。Kakwani(1986)是较早研究弱相对贫困线的经济学家，他提出了以下形式的相对贫困线：

$$z^R = z^A + k(m - z^A) \tag{3.5}$$

　　其中，$z^A > 0$ 为给定的绝对贫困线，m 为总体收入均值或中位数，k 为参数。在(3.5)式中，相对贫困线关于 m 的弹性为：

$$\varepsilon_{z^R} = \frac{km}{(1 - k)z^A + km} \tag{3.6}$$

　　对比(3.4)式与(3.6)式可知，$a = (1 - k)z^A$。如果 0<k<1，$0 < \varepsilon_{z^R} < 1$，由此得到弱相对贫困线。当 m 趋于无穷大时，弹性的极限为 1。Chakravarty 等(2015)为(3.5)式中的贫困线形式提供了公理推导。尽管弱相对贫困线解决了强相对贫困线存在的问题，但是弱相对贫困线也并非完美。在(3.5)式中，当 $m<z^A$ 时，$z^R<z^A$，此时确定的相对贫困线没有现实意义。已有研究发现，大约 11% 的非 OECD 国家存在这种情况(Ravallion & Chen，2019)。于是，一批来自世界银行的学者提出了一种绝对贫困线与相对贫困线组成的混合贫困线，以避免上述问题，具体表示成以下分段线性形式(Atkinson & Bourguignon，2001；Ravallion，2020)：

$$z^{A+R} = \max(z^A, \ a + km) = z^A + \max(a + km - z^A, \ 0) \tag{3.7}$$

　　Ravallion，Chen 和 Sangraula(2009)根据 2005 年国际比较项目的新数据，并利用发展中国家而不只是最贫困国家的贫困线，将绝对贫困线更新为在 2005 年购买力平价下，1.25 美元/(人·天)。以 M_i 表示国家 i 的人均收入，则经由非参数估计得到相对贫困线为

$0.60 + M_i/3$ 美元。最终得到相对贫困线：

$$Z_i \equiv \max(1.25, 0.60 + M_i/3) \tag{3.8}$$

Ravallion 和 Chen(2013)首次在研究中将高收入国家的贫困线和收入以及消费数据包含在内，提出了一个"真正的国际贫困测度"：

$$Z_i = 1.25 + \max(M_i - 1.25, 0)/2 \tag{3.9}$$

他们利用此贫困线测度发现 1981 年至 2008 年间绝对贫困人口数虽有显著减少，但相对贫困的人口数却比过去增多了(Ravallion & Chen，2013)。Budlender 等(2015)分析了 Ravallion 和 Chen(2011)提出的弱相对贫困线方法在发展中国家的适用性，并在南非的背景下检验其解释，结果表明强相对贫困线不适于南非的贫困分析。

在设定相对贫困时一般将收入的均值或者中位数作为比较收入，这忽略了作为比较组的异质性。事实上，人们在进行相对比较时所选的比较组都是与其自身相似的，且是"向下比较"的，即与比自身处境较差的群体比较，因此穷人和中层阶级是大多数人的比较参考组，而富人阶级更少地被当作比较组。将均值作为比较收入，是对所有收入赋予相等权重，这不符合实际；采用中位数虽然避免了赋予高收入比实际过高的权重，但完全不考虑与高收入的比较也是不可取的。为此，Ravallion 和 Chen(2017，2019)同时考虑"向上"和"向下"比较，得到新的比较均值为：

$$m_j^* = [1 - (1 - 2\delta_j)G_j]m_j \tag{3.10}$$

这里 G_j 是国家 j 的基尼系数，δ_j 的取值决定了相对比较应该是向上还是向下。其实证结果不能拒绝原假设 $\delta = 0$，证实了人们对"向下"比较的倾向，于是新的比较均值 $m_j^* = (1 - G_j)m_j$ 被称为经过基尼系数调整的均值。利用 2004 年至 2012 年间 145 个国家贫困线以及 2011 年国际比较项目的新数据集，经拟合得到弱相对贫困线为：

$$Z_j = 1.90 + \max[0.7(1 - G_j)m_j - 1.00, 0] \tag{3.11}$$

该贫困线暗含了贫困测度的下界是一条绝对贫困线，即在 2011 年购买力平价下，1.90 美元/(人·天)，而其上界则是弱相对贫困线。他们利用该贫困线估计了全球 116 个发展中国家的贫困状况，发现在 2005 年发展中国家有一半的人口处于相对贫困，其中又有一半的人口处于绝对贫困，在 1981—2015 年绝对贫困的人口下降，相对贫困的人口上升。

在各国实践中，富裕国家的贫困标准一般是确定相对贫困线，但是发达国家的相对贫困标准也不统一，如日本相对贫困线为中等收入家庭收入的 50%，而新加坡把收入最低的 20% 家庭视为相对贫困人口(左停和苏武峥，2020)。美国国家科学院提出了"准相对贫困线"，以维持生活的必要支出为依据，进行跨期动态调整。欧洲学者通常把一国家庭收入中位数的一定比例作为相对贫困线，且随着总体收入变动而变动(贺立龙等，2020)。在完成现行标准下农村贫困人口全部脱贫的任务之后，中国很可能也将转向相对贫困标准的研究制定中（汪晨等，2020）。这些国外经验是否适用于中国需要进一步的研究。叶兴庆和殷浩栋（2019）分析认为 2020 年后中国应用中位收入比例法确定相对贫困线。孙久文和张倩（2021）认为 2020 年后中国的相对贫困标准应以收入标准为主，其他标准为辅，收入标准为农村居民人均可支配收入中位数的 40%。有的学者建议在中国相对贫困初期阶段把城镇与农村的相对收入贫困线分别确定在城镇与农村居民人均可支配收入中位数的 40%（沈扬扬和李实，2020；汪三贵和孙俊娜，2021）。李莹等（2021）则建议把城镇居民可支配收入中位数的 50%、农村居民可支配收入中位数的 40% 分别作为城镇、农村的相对贫困标准。

除了收入中位数，家庭人均收入的均值是另一个重要的参考指标（Ravallion，2020）。美国经济学家 Fuchs（1967）最早明确提出相对贫困的概念和使用相对贫困标准时，建议把相对贫困标准设置在平均收入的 50%，为后来欧盟和 OECD 国家制定相对贫困标准提供了重要参考。张琦和沈扬扬（2020）提出中国可以根据国情按收入比例法确定国际可比的相对贫困标准，以多维贫困识别为辅，关注城乡、区域和省份间的发展差异，采用个体瞄准和区域瞄准相结合的相对贫困综合评估方式。曲延春（2021）认为目前中国农村的相对贫困标准应在农村居民人均可支配收入的 30% 至 40% 之间，以 35% 左右为宜。周力（2020）提供的相对贫困确定方案把人均家庭可支配收入在全国居民可支配收入中位数 50% 以下的家庭视为相对贫困家庭。总体上看，中国究竟如何制定相对贫困线尚处于探索阶段，远未达成共识。

3.3.2 关于贫困变化分解方法的研究

目前理论界对贫困变化的分解已经普遍注意到了经济增长和收入分配两个方面对贫困变化的影响——经济增长决定了一个国家是否有能力（足够的资源）来减少贫困，当一个国家发展水平较低时是不可能消除贫困的，因为此时的"面包"还不够大；收入分配导致的贫困变化则体现为有限的资源在群体内部的再分配，是"面包"如何分配的问题（Ravallion，2020b）。当一个国家的经济发展水平还不足以支持所有人口摆脱贫困时，分配均等化水平越高可能会使贫困发生率越高；当一个国家有实力消除贫困却又存在贫困时，说明贫困是由分配不均造成的，如果从一种分配状态变化到另一种分配状态可以使贫困人口得到更多的资源，那么即使没有经济增长贫困也会减少，这里体现的是收入分配对于减贫的作用。因此，贫困的变动能够被分解为两个部分：一部分是由于收入的一致性增长，而另一部分则是由于相对收入的变动（布吉尼翁和达席尔瓦，2007）。Ravallion 和 Chen（2007）研究中国反贫困的进展时发现，各地增长率和不平等程度的差异导致了减贫进展上的差异。

Datt 和 Ravallion（1992）把贫困指数的变化分解为增长成分和分配成分，增长成分是指收入水平的增长(收入分布保持不变)导致贫困指数的变动，分配成分是指收入分布的改变(平均收入水平不变)而导致的贫困指数变动，并使用该方法研究了 20 世纪 80 年代巴西和印度的贫困状况。Ali(1998)采用一个简单的贫困分解框架，研究认为贫困变化是经济增长引致的变化和收入分布引致的变化之和，当贫困线是平均收入的函数时，贫困线对收入的弹性在决定增长引起的变化大小方面起着重要作用，并使用发展中国家的收入分布数据研究了拉丁美洲、亚洲和撒哈拉以南非洲三个发展中地区的收入不平等和贫困问题。Shorrocks 和 Kolenikov(2001)建立了一个模型来研究俄罗斯 1985—1999 年的贫困率变化趋势，把人均收入、收入不平等和贫困线对贫困变化的影响进行分解，发现以 1985 年为基期，1985—1999 年实际人均收入下降使贫困发生率增加了 38%，不平等上升使贫困发生率增加了 12%，而贫困线降低使得贫困发生率下降了 23%，因此实际收入下降是导致贫困发生率较高的决定因素，但是他们的分析仍然存在一个无法解释的残差项。Baye(2006)利用喀麦隆的家庭调查资料，采用基于 Shapley 值的方法估计了衡量贫困变化的增长-分配成分，发现家庭收入的分配中性增长对喀麦隆减贫具有潜在贡献。Shorrocks(2013)借鉴合作博弈论提出了贫困指数的 Shapley 分解方法，对 Datt 和 Ravallion(1992)的研究进行改善以消除残差项，但仍然采用的是双成分分解方法。江克忠和刘生龙(2017)使用中国家庭追踪调查项目 2010 年和 2014 年的数据对贫困指标进行了测算和分解，发现无论是 Datt 和 Ravallion 分解方法还是 Shapley 分解方法，从 2010 年至 2014 年，经济增长都具有积极的减贫效应，而收入分配不平等却使贫困状况进一步恶化。2011 年中国贫困标准进行了一次上调，2014 年的贫困线远高于 2010 年，而他们对贫困变化的分解使用了贫困线保持不变的"增长-分配"成分分解框架，其得到的增长成分和分配成分的大小值得商榷。罗良清和平卫英(2020)在贫困变化分解中考察了经济增长、不平等和人口三个方面的综合作用，把贫困变化分解为经济增长、不平等和总人口三类效应，分析了中国城镇化进程对城乡贫困的影响。胡联等(2021)使用基于洛伦兹曲线的相对贫困衡量方法和贫困变化的增长效应、分配效应和残差效应分解方法分析了 2002—2018 年中国农村相对贫困变动的影响因素和发展趋势，研究发现增长效应、分配效应和残差效应分别为 1.98%、5.61%和-1.99%。

　　较少研究者关注贫困标准(或贫困线)调整对贫困变化的影响，原因可能是在世界上大部分国家存在绝对贫困的情况下，贫困标准鲜有变化，把贫困变化分解为增长-分配成分可以满足大部分情况的分析需要。而实际上贫困线调整正是一个引起贫困变化的不容忽视的因素，因为贫困线直接决定了静态的贫困水平的高低，进而影响两个时点的贫困指数的差值大小。因此，把贫困线调整对贫困变化的影响(称为贫困变化中的"识别成分"，因为贫困线是用于识别贫困人口的)加入增长-分配两成分分解框架是十分有必要的。尤其对于现阶段的中国，对贫困变化的已有分解框架进行修正和改进正当其时。2020 年中国消除了绝对贫困，下一步要致力于解决长期相对贫困问题，将会采取相对贫困标准，由于"水涨船高"，相对贫困线必然会发生频繁变动，甚至年年不同，那么使用增长-分配分解框架来分析中国今后的贫困变化就会出现不适用问题①。实际上，贫困线与增长有关，也与分配有关，如果贫困线发生了变化而没有把贫困线变化的影响考虑进来，那么按照增长-分配分解框架进行分解很可能会出现两种情况：一是分解得到的贫困变化的"增长成分"和"分配成分"并不是真实的增长成分和分配成分②，从而对经济增长和收入分配的减贫效果的认识有偏误；二是除了真实的增长成分和分配成分外，还有一个无法得到合理解释的残差项③，即增长引致的贫困变化与分配引致的贫困变化之和并不等于实际的贫困变化。这很容易让人们陷入只关注增长和分配对贫困变化的影响而忽略贫困线的重要性的误区。此前已有少量学者关注贫困线变化对贫困变化的贡献。Shorrocks 和 Kolenikov（2001）尝试把贫困线变化纳入贫困变化的分解过程，对增长-分配框架进行拓展，然而他们提出的分解方法中除了增长成分、分配成分和贫困标准成分外，还有一个无法解释的残差项，使用该框架研究俄罗斯的贫困变化时发现该残差项并不是无关紧要的存在，无法解释的残差项甚至比引起贫困变化的增长（分配、贫困标准）成分还要大，对于这样的残差项不能给出一个合理的解释显然是行不通的，说明该分解方法存在一定缺陷。Fujii（2017）以菲律宾为研究对象，把贫困变化分解为增长成分和分配成分，贫困线变动的影响体现在增长成分中。该研究的"增长成分"其实是识别成分加增长成分，其"增长成分"并不是干净、纯粹的，而包含贫困线变动对贫困变化的影响的增长成分会令政策制定者对经济增长的减贫效应的认识有偏误（以贫困线上升为例，Fujii 的"增长成分"低估了经济增长的真实的减贫效果）。Aristondo 等（2019）以欧盟国家为研究对象，把一个时期的贫困变化初步分解为"贫困线效应"和"分配效应"，然后把前者进一步分解为"老贫困"和"新贫困"的贡献，把后者分解为

---

① 增长-分配分解框架只适用于贫困线保持不变的情形，不适用于贫困线发生改变的情况下贫困变化的分解。以中国当前的贫困状况为例，中国进入高质量发展阶段，经济增速有所放缓，但仍保持着中高速发展，因此假设相对贫困线逐年上升。以两个代表性时点 0、1 为例进行分析，$line_0 < line_1$，对应的贫困指数（如发生率）为 p_0 和 p_1（$p_0 > p_1$），贫困变化为 $\Delta p = p_1 - p_0$。在时点 1，使用 $line_0$ 得到的贫困指数为 p_1'（$p_1' < p_1$）。为简化分析，再假设收入分布不变（从而贫困变化不存在分配成分），那么根据 Shorrocks（2013）提出的贫困变化的增长-分配框架（无残差项）可知，最终的贫困变化（$p_1 - p_0$）就是经济增长的结果。而实际的增长成分应为（$p_1' - p_0$），$|p_1' - p_0| > |p_1 - p_0|$，即如果使用增长-分配框架来分解贫困变化会低估经济增长对于减少贫困的贡献，同时也掩盖了贫困线变化对贫困变化（ΔP）的影响。

② 假设贫困线是不变的（随着时间的推移或国家之间），平均收入增长（即经济增长）对贫困变化的贡献往往被高估（Ali，1998）。

③ 该残差项并不是统计学意义上期望为 0 的残差项，而是可能取值很大（显著异于 0）的残差项。

增长成分和不平等成分。"老贫困"和"新贫困"均在贫困人群的识别范围内,该区分主要对界定贫困深度和强度有意义。此外,Aristondo 等仅采用一种强相对贫困线,以致存在低估穷人的营养和社会包容需求、分解结果与常识相悖的问题。

3.4　关于中国贫困标准与世界银行贫困标准的比较

从 20 世纪 80 年代初期开始,中国政府接受由国家统计局设定的农村贫困线,该贫困线的制定方法是符合国际规范的。改革开放以来,中国政府多次上调国家扶贫标准,共采用过三条不同生活水平的贫困标准,分别是"1978 年标准""2008 年标准"和"2010 年标准"。"1978 年标准"是一条低水平的生存标准,按 1978 年价格每人每年 100 元;"2008 年标准"是一条基本温饱标准,按 2008 年价格每人每年 1196 元;"2010 年标准"即现行农村贫困标准,于 2011 年提出,是一条稳定温饱标准,按 2010 年价格每人每年 2300 元。自 1990 年起,世界银行也制定了三个全球极端贫困标准:1990 年通过购买力平价(PPP)折算成统一货币单位,把每人每天 1 美元设定为国际贫困线;2005 年世界银行同样采用 PPP 方法把极端贫困线设定为每人每天 1.25 美元,代表了"基本温饱、免于饥饿"的生活水平;2010 年采用相同的方法得出新的国际贫困标准为每人每天 1.9 美元,2015 年 10 月世界银行宣布开始实施。除了收入中位数,家庭人均收入的均值是另一个重要的参考指标,比如把收入在均值的 30%(或 50%)以下的人口视为相对贫困人口。根据国家统计局发布的信息,2019 年中国人均国民总收入(GNI)上升至 10410 美元,首次突破 1 万美元大关①。以 10000 美元的 30% 作为相对贫困线也达到了 3000 美元,低于该收入水平的人口总量还很大。

贫困线是衡量福利的货币尺度。贫困标准不变的情况下,由于通货膨胀,以货币形式表示的贫困线根据物价指数、生活指数等逐年动态调整。图 3.2 展示了中国不同贫困标准下的历年贫困线变动情况,可以看出中国的贫困线是逐年调整的。2000—2007 年,国家统计局同时使用绝对贫困标准和低收入标准两个扶贫标准,2000 年的绝对贫困标准为 625 元,2007 年为 785 元;2000 年的低收入标准为 865 元,2007 年年底为 1067 元。2008 年中国对贫困标准进行了调整,国家统计局不再区分贫困人口与低收入人口,而是把原来的低收入标准作为新的农村贫困标准②,相当于提高了贫困标准。2008 年中国国家扶贫标准为

---

① 张军. 从民生指标国际比较看全面建成小康社会成就. http://www.stats.gov.cn/tjsj/sjjd/202008/t20200807_1781473.html.

② 国家统计局农村社会经济调查司. 中国农村贫困监测报告 2009. 北京:中国统计出版社,2009.

1196 元，2010 年的贫困标准为 1274 元，2011 年提高后的贫困标准为"按 2010 年价格水平每人每年 2300 元"，比 2010 年提高了 80% 多。2011 年确定的贫困标准一直沿用至今。截至目前，中国实行的贫困标准其实一直是绝对贫困标准。

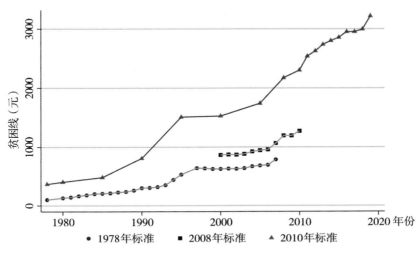

图 3.2　中国贫困标准及相应的历年贫困线

　　按照购买力平价测算，中国 1978 年贫困线相当于每人每天 0.22 美元，2008 年贫困线相当于每人每天 1.03 美元，2010 年贫困线相当于每人每天 1.6 美元①。中国的贫困线现在逐年提高，经过购买力平价调整之后，已经达到和超过世界银行贫困线水平②。图 3.3 描绘了不同贫困标准下中国贫困发生率的下降趋势。通过对比中国贫困线、世界银行贫困线度量的贫困发生率可以发现，2010 年以前，采用国家贫困线度量的中国贫困发生率始终低于世界银行贫困标准下的贫困发生率，说明中国的国家贫困线低于世界银行制定的贫困线；而 2011 年中国采用了新的国家贫困标准，在此标准下度量的贫困发生率高于世界银行最新贫困标准下的中国贫困发生率，说明 2011 年之后中国的贫困标准实际上高于世界银行的贫困标准。2020 年按照每人每年 2300 元（2010 年不变价）的中国现行农村贫困标准

---

　　①　由于数据缺失，1978 年标准是根据 1980 年购买力平价折算成以美元为单位的货币量，2008 年标准是根据当年的购买力平价折算出来的美元货币量，2010 年标准兑美元货币量折算方法参见《中国农村贫困监测报告 2015》。
　　②　世界银行中国局局长郝福满指出："全球贫困线主要是用于跟踪监测全球极端贫困，评估由世界银行、联合国及其他发展伙伴制定的全球目标的进展情况。国家的贫困线更适用于对具体国家的分析，作为政策对话或针对最贫困人口的定向扶贫规划的依据。按照 PPP 调整后，中国的年人均纯收入 2300 元人民币的贫困线高于世界银行用于监测全球贫困的每天 1.9 美元的贫困线，这并不令人意外，因为中国现在是一个中等偏上收入国家，而世界银行的国际贫困线是基于世界最贫困国家的贫困线。"参见 https：//finance. sina. com. cn/china/20151016/154523496905. shtml。

计算，农村贫困人口全部实现脱贫，这表明中国目前实现了绝对贫困动态清零，为全球减轻绝对贫困做出了突出贡献。现在中国有能力和实力对绝对贫困和相对贫困进行长效治理。因此，要基于中国国情采用规范的方法、借鉴国际相对贫困线标准，进行贫困的测度和分解。

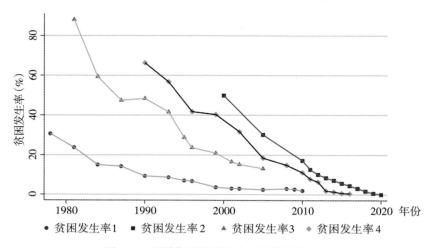

图 3.3　不同贫困标准下的中国贫困发生率

注：贫困发生率 1 是指 2010 年以前中国国家贫困标准下的贫困发生率，贫困发生率 2 是指中国现行贫困标准每人每年 2300 元（2010 年不变价）下的贫困发生率，贫困发生率 3 是指世界银行 1 美元/（人·天）标准下的贫困发生率，贫困发生率 4 是指世界银行现行贫困标准 1.90 美元/（人·天）（2011PPP）下的贫困发生率。

国内对于相对贫困的标准也主要是沿用收入或消费的一定比例进行设置。陈宗胜等（2013）提出将农村居民上一年均值收入的 0.4~0.5 作为相对贫困线。李莹等（2021）根据中国农村和城市居民收入分组数据进行城乡收入模拟，建议采用上一年度城镇居民可支配收入中位数的 40%界定为当年城镇贫困线，采用上一年度农村居民可支配收入中位数的 50%界定为当年的农村贫困线。张琦和沈扬扬（2020）对比分析了欧盟、美国、OECD 国家以及世界银行相对贫困的设置方式，认为中国相对贫困的标准可以动态调整，对城乡单独设置相对贫困线。郑瑞坤和向书坚（2021）采用改进卡方自动交互检测决策树模型方法，建立收入与农村需求向量线性回归模型测算农村相对贫困人口。胡联等（2021）使用《中国统计年鉴》中农村可支配收入平均值的 40%、50%、60%测算 2002—2018 农村相对贫困。樊增增和邹薇（2021）提出我国现阶段适宜采用弱相对贫困线，并且比较了采用全国一条线、各省不同线、区域不同线、城乡不同线等各种情形，发现采用城乡不同的相对贫困线既适合中国现阶段实际，又兼顾了相对贫困测度的成本合理性。

3.5 中国绝对贫困与相对贫困的测度

3.5.1 实际测度结果

本章研究所用数据来自中国家庭追踪调查（CFPS），该调查跟踪收集了个体、家庭、社区三个层次的数据，可以反映中国社会、经济、人口、教育和健康的变迁。样本覆盖了25 个省（市、自治区）：北京市、天津市、河北省、山西省、辽宁省、吉林省、黑龙江省、上海市、江苏省、浙江省、安徽省、福建省、江西省、山东省、河南省、湖北省、湖南省、广东省、广西壮族自治区、重庆市、四川省、贵州省、云南省、陕西省、甘肃省，目标样本规模为 16000 户。CFPS 从 2010 年正式开展访问，每隔一年进行一次。本章以家庭为单位进行分析，使用每次调查的家庭经济数据。

我们使用中国家庭追踪调查数据同时测度中国的绝对贫困发生率和相对贫困发生率。绝对贫困线经历了一次变化，2010 年的绝对贫困线为年人均纯收入 1274 元，2011 年以后的绝对贫困线为年人均纯收入 2300 元（2010 年不变价）。关于相对贫困线①，分别使用家庭人均纯收入②的均值或中位数为基准，并分别采用均值或中位数的 30% 或 50% 作为相对贫困线③。各年度绝对贫困线和相对贫困线的测算结果见表 3.1。

表 3.1 绝对贫困线与相对贫困线

年份		2010	2012	2014	2016	2018
绝对贫困线（元）		1274	2300（2625）	2300（2800）	2300（2952）	2300（2995）

---

① 关于贫困度量的文献中对比较收入应该是什么关注较少，有关相对贫困的文献几乎统一采用均值或中位数，哪个更好仍存争议（Ravallion and Chen，2017）。

② 总的来说，CFPS 家庭收入是由工资性收入、经营性收入、财产性收入、转移性收入、其他收入这五大类分项收入加总而成。其中，工资性收入包括农业或非农业的雇佣收入；经营性收入包括自家农业生产收入以及个体和私营企业收入的自家部分；财产性收入包括家庭出租房产、土地和其他家庭资产或设备等获得的收入；转移性收入主要是指政府的补助补贴和家庭获得的社会或私人捐赠的钱物价值；其他收入包括礼物礼金和填报在"其他收入"一项的收入。纯收入扣除了经营性收入的生产成本，只计算纯收入或净收入。家庭人均纯收入由家庭纯收入除以家庭规模计算而得。

③ 30% 的选取依据主要来自中国已有的实践经验，50% 是目前国际上最常用的比例，国内研究中也经常使用。浙江省是中国较早设置相对贫困标准的省份，2008 年开始探索与农民人均收入相关的扶贫标准确定机制，把 2007 年全省农民人均收入的 30% 确定为扶贫标准。广东省根据 2012 年出台的《广东省农村扶贫开发实施意见》把当年全省农民人均纯收入的 33% 作为 2013—2015 年的扶贫标准，略高于 30%。

续表

年份		2010	2012	2014	2016	2018
相对贫困线（元）	家庭人均纯收入均值［中位数］的30%	3076［1800］	4028［2700］	5270［3240］	7381［4320］	10093［5000］
	家庭人均纯收入均值［中位数］的50%	5127［3000］	6713［4500］	8784［5400］	12301［7200］	16821［8333］

注：2012—2018 年的绝对贫困线 2300 元为 2010 年不变价，按当年价格是高于 2300 元的，圆括号内为价格调整后的绝对贫困线。方括号内为根据家庭人均收入中位数的 30% 或 50% 测算而得的相对贫困线。

按照表 3.1 中的绝对贫困线和相对贫困线，可以计算出各个年份的绝对贫困发生率和相对贫困发生率（见表 3.2）。据此可知，中国的绝对贫困发生率与相对贫困发生率差异很大。在 2018 年的中国家庭追踪调查中，绝对贫困发生率达到历史低点 6.36%，而在相对贫困线为家庭人均纯收入均值的 30% 下，相对贫困发生率却是 32.75%；在相对贫困线为家庭人均纯收入均值的 50% 下，相对贫困发生率高达 50.54%。①

表 3.2　　　　　　　　　　　绝对贫困发生率与相对贫困发生率

年份		2010	2012	2014	2016	2018
绝对贫困发生率（%）		8.27（17.81）	16.49	15.07	7.77	6.36
相对贫困线（元）	家庭人均纯收入均值［中位数］的30%	25.88［12.94］	24.14［16.95］	27.03［16.95］	25.33［13.18］	32.75［12.30］
	家庭人均纯收入均值［中位数］的50%	43.98［24.71］	38.54［26.71］	41.50［27.60］	43.57［24.82］	50.54［24.99］

注：绝对贫困发生率是按照价格调整后的绝对贫困线计算的。圆括号内的绝对贫困发生率为"2010 年标准"下的测算结果。方括号内为根据家庭人均收入中位数的 30% 或 50% 测算而得的相对贫困发生率。

根据表 3.2 可以描绘出中国绝对贫困和相对贫困的时间变化趋势图（见图 3.4）。由图 3.4 可知，相对贫困与绝对贫困呈现完全相反的变化趋势。先看绝对贫困发生率，2010 年

———————————

① 2020 年 5 月 28 日，李克强同志在全国两会记者会上提到"全国有 6 亿人每个月的收入也就 1000 元"，指出保障困难群众的基本民生应该放在极为重要的位置（http://www.xinhuanet.com/politics/2020-05/28/c_1210637126.htm）。对照而言，本章对相对贫困的测算是符合中国实际的。

到 2012 年，由于绝对贫困线的提高，绝对贫困发生率有所上升；2012 年之后，在绝对贫困线保持不变的情况下绝对贫困发生率持续下降，说明了中国在减少绝对贫困方面取得的显著成效。再看相对贫困发生率，在经历了 2011 年绝对贫困线提高的同时，相对贫困发生率却出现了下降，说明在 2010—2012 年，中国家庭收入不平等程度在下降，低收入人群的收入取得了较快增长。2012 年以后，中国相对贫困发生率整体呈现上升态势，相对贫困人口数量在不断增加，这说明中国低收入人群收入增长速度低于全国居民整体的收入增长速度。经济发展使得中国居民整体收入水平不断提高、绝对贫困不断减少的同时增加了相对贫困，高收入人群享受了更多的经济发展红利，导致相对贫困呈现出与绝对贫困完全相反的变化趋势。

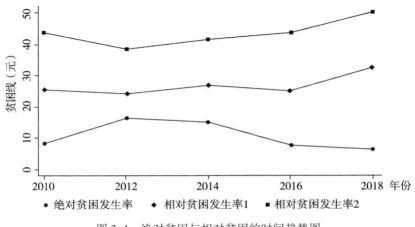

图 3.4　绝对贫困与相对贫困的时间趋势图

注：相对贫困发生率 1 使用的相对贫困标准是家庭人均纯收入均值的 30%，相对贫困发生率 2 使用的相对贫困标准是家庭人均纯收入均值的 50%。

　　由于在现行的贫困标准下中国于 2020 年年底消除了绝对贫困，因此政府对贫困的关注点也会从绝对贫困转移到相对贫困上来。中国 2010 年至 2018 年绝对贫困和相对贫困的变化趋势显示，在过去一段时间里虽然中国的绝对贫困发生率不断下降，但是相对贫困发生率却呈现出较为明显的上升趋势。因此，在由消除绝对贫困转向减少相对贫困的过渡期，中国政府面临着较大的相对贫困人口数量上升的压力。如何抑制相对贫困发生率上升将会成为 2020 年以后中国减贫工作的一大挑战(樊增增和邹薇，2021)。

　　事实上，2010 年中国实行的是 2008 年调整后的贫困标准即"2008 年标准"，因为"2010 年标准"在 2011 年才提出并开始实施，这使得在上文对贫困的实际测度中 2010 年与 2012—2018 年使用了两个不同的贫困标准。这是使用官方贫困标准对中国贫困发生率的真实测度。如果将 2010 年的贫困线设置为统一的"2010 年标准"（2300 元，2010 年不变价），不同年度的贫困测度结果可能更具有可比性①。因此，本章同时还给出了 2010 年的反事实测度，结果一并列入表 3.2 中。从中可见，如果统一依照"2010 年标准"，中国 2010—2018 年绝对贫困发生率呈现严格的递减趋势。这也表明采用不同的贫困标准的确会对贫困发生率的测算和贫困变化的判断产生显著影响。

3.5.2　采用收入的均值与中位数作为基准的比较

收入的均值和中位数是度量相对贫困时通常使用的统计指标，二者各有所长，哪个更好尚无定论(Ravallion and Chen，2017)。通常情况下，人均收入高于收入中位数，以收入均值的一定比例设定相对贫困标准对相对贫困发生率的度量会高于以收入中位数的一定比例设定相对贫困标准的相对贫困发生率度量结果，但是无法轻易判断哪种度量结果更为准确。因此，本章同时测量以收入均值或中位数进行相对贫困标准设定的结果，便于进行比较。根据测算结果，以收入均值为参照设定的相对贫困线(发生率)确实高于以收入中位数进行相对贫困标准设定的结果。在使用收入中位数设定相对贫困线的情况下，相对贫困发生率的变化趋势与收入均值情形差异较大，与绝对贫困发生率的变化趋势差异较小。

值得注意的是，虽然收入的平均值和中位数是研究相对贫困的文献中最常使用的参照收入，但是这并不代表没有其他选择。事实上，已经有研究在收入均值的基础上拓展出一些新的统计指标来作为参照收入。例如，Sheshinski(1972)和 Sen(1976)提出了分布校正平均值，Ravallion 和 Chen(2019)给出了参照收入的理论公式，包括向上和向下的相对比较，该模型没有采用普通的平均数或中位数，而是采用了一种分布校正平均数，其性质取决于人们在评估自己相对于他人的表现时倾向于向上看还是向下看(就收入而言)。Ravallion(2020a)使用国家贫困线数据校准绝对贫困线和弱相对贫困线结合起来的一种混合度量时采用了基尼贴现均值。均值可以反映出群体的整体收入水平，而且通过使用基尼系数、加权重等方式对平均值加以修正可以弥补无法体现收入分布特征的缺点，在均值的基础上容易拓展出新的统计指标作为参照收入，这个优良性质使得均值在度量相对贫困时得到了很多应用。而中位数虽然在一定程度上反映了收入分布特征，却无法反映整体收入水平，从而也体现不出经济增长对相对贫困线的影响。采用收入中位数的一定比例设置相对贫困标准，属于强相对贫困标准，难以向弱相对贫困标准推进，也不便于拓展出相关联的其他统计指标来加以修正。此外，de Mesnard (2007)和 Kampke (2010)也明确给出了反对使用收入中位数作为参照收入的理由。基于以上考虑，本章后续的分析将采用收入均值作为参照

---

① 中国贫困标准是国家统计局紧密结合中国经济社会发展阶段、人民收入水平而确定的，其调整幅度和时间依据中国具体国情而定。此处对 2010 年的贫困状况进行反事实测度仅仅是为了增强纵向可比性，不代表作者认为 2010 年应该使用"2010 年标准"。因此，后文分析依然会继续使用中国实际执行的贫困标准。

收入来研究相对贫困变化的分解。

3.6 中国贫困变化的动态分解

3.6.1 分解方法

经济增长和收入分配，以及贫困标准的改变都可能会带来贫困的变化。激励目标(减贫)因素的权衡，可能会随着经济发展而变化，并且在不同的地区会有所不同。当贫困人口较多时，经济增长更可能被强调为脱贫之路，因为"面包太小"；当一个社会的总资源足够多(整个面包足够大)时，呼吁消除贫困的呼声也会越来越高，此时通过再分配来消除贫困的成本就会比较低(Ravallion，2020b)。

为了认识经济增长和收入分配各自对贫困的作用，Datt 和 Ravallion(1992)对时点 1 到时点 2 的贫困变化进行了以下分解：

$$\Delta P = P_2 - P_1 = [P(\mu_2, L_r) - P(\mu_1, L_r)] + [P(\mu_r, L_2) - P(\mu_r, L_1)] + R$$

$$(3.12)$$

在(3.12)式中，μ_i($i=1, 2, r$)是平均收入，L_j($j=1, 2, r$)代表洛伦兹曲线，R 为残差项，r 表示参照组。$[P(\mu_2, L_r) - P(\mu_1, L_r)]$ 表示增长成分，即洛伦兹曲线不变，平均收入变化带来的贫困变化；$[P(\mu_r, L_2) - P(\mu_r, L_1)]$ 表示分配成分，即平均收入不变，洛伦兹曲线变化导致的贫困变化。这种分解方法为研究减贫政策提供了一种分析思路，可以沿着政策相关维度对贫困指标进行分解(如 Grootaert，1995)。但是该分解方法还存在两个问题：一个是参照组的选择会影响增长成分和分配成分的大小，另一个是分解不完全，存在残差项 R，难以捕捉增长和分配之间的相互作用。为了克服这两个局限，Kakwani(2000)提出了一种公理化方法以消除残差项，并给出了对时期的起点和终点的对称估计。Shorrocks(2013)提出了一个基于 Shapley 值的合作博弈框架，当应用于贫困变化的增长-分配分解时，基于 Shapley 值的方法得到了与 Kakwani 相同的理论和实证结果，称为 Shapley 分解。分解方法如下：

$$\Delta P = P_2 - P_1 = 0.5\{[P(\mu_2, L_1) - P(\mu_1, L_1)] + [P(\mu_2, L_2) - P(\mu_1, L_2)]\}$$
$$\underset{\text{增长成分}}{}$$
$$+ 0.5\{[P(\mu_1, L_2) - P(\mu_1, L_1)] + [P(\mu_2, L_2) - P(\mu_2, L_1)]\}$$
$$\underset{\text{分配成分}}{}$$

$$(3.13)$$

在(3.13)式中，增长成分和分配成分均使用两个时点分别作为参照组，并取二者的平均值得到。

在上述两种贫困变化的分解方法中，均没有考虑贫困线的变化对贫困指数(P)的影响，因此以上两种分解方法对贫困线保持不变情况下的绝对贫困变化的分解适用性较好。然而，对于两个时点(时点 1 和时点 2)期间贫困线发生了变化的情形，以上两种分解方法就不再适用了。如在图 3.5 中，2010 年到 2012 年期间贫困线发生了一次上调，贫困变化就不能只分解为增长成分和分配成分。Shorrocks 和 Kolenikov(2001)考虑了贫困线的变化，给出了导致贫困变化的增长成分、分配成分和贫困标准成分：

$$G = P(\mu_2, L_1, z_1) - P(\mu_1, L_1, z_1);$$
$$R = P(\mu_1, L_2, z_1) - P(\mu_1, L_1, z_1);$$
$$S = P(\mu_1, L_1, z_2) - P(\mu_1, L_1, z_1). \tag{3.14}$$

其中，$z_i(i = 1, 2)$ 为不同时点的贫困线。应用这个分解框架分析俄罗斯的贫困变化时发现，观察到的总贫困变化 $\Delta P = P(\mu_2, L_2, z_2) - P(\mu_1, L_1, z_1)$ 除了增长成分、分配成分和贫困标准成分，还存在一个额外的残差项或交互项(E)来保持分解相等：

$$\Delta P = G + R + S + E \tag{3.15}$$

把(3.14)式代入(3.15)式可得：

$$\Delta P = P(\mu_2, L_2, z_2) - P(\mu_1, L_1, z_1) = G + R + S + E$$
$$= [P(\mu_2, L_1, z_1) - P(\mu_1, L_1, z_1)] + [P(\mu_1, L_2, z_1) - P(\mu_1, L_1, z_1)] +$$
$$[P(\mu_1, L_1, z_2) - P(\mu_1, L_1, z_1)] + E \tag{3.16}$$

可以发现，这种分解法对贫困变化的分解依然不完全，存在无法解释的残差项或交互项。针对既有分解法的局限性，本章考虑随着经济增长、收入水平提高，贫困线的内生调整①对贫困指数的影响，使用以下贫困变化分解方法：

$$\Delta P = P_2 - P_1 = [P(\mu_2, L_2, z_2)] - [P(\mu_1, L_1, z_1)]$$
$$= \{[P(\mu_2, L_2, z_2)] - [P(\mu_2, L_2, z_1)]\} + \{[P(\mu_2, L_2, z_1)] - [P(\mu_1, L_1, z_1)]\}$$
$$= \underbrace{\{[P(\mu_2, L_2, z_2)] - [P(\mu_2, L_2, z_1)]\}}_{\text{识别成分}}$$
$$+ \underbrace{0.5\{[P(\mu_2, L_1, z_1) - P(\mu_1, L_1, z_1)] + [P(\mu_2, L_2, z_1) - P(\mu_1, L_2, z_1)]\}}_{\text{增长成分}}$$
$$+ \underbrace{0.5\{[P(\mu_1, L_2, z_1) - P(\mu_1, L_1, z_1)] + [P(\mu_2, L_2, z_1) - P(\mu_2, L_1, z_1)]\}}_{\text{分配成分}}$$
$$\tag{3.17}$$

其中，z_1、z_2 分别为时点 1、时点 2 的贫困线，与平均收入水平有密切联系，是识别贫

---

① 为了表达方便简洁，(3.16)式中依然用 z_1、z_2 来表示时点 1、时点 2 的贫困线，但实际上贫困线是平均收入 μ 和洛伦兹曲线 L 的函数：$z = z(\mu, L)$，从而 $z_1 = z(\mu_1, L_1)$，$z_2 = z(\mu_2, L_2)$。由此可见本章的贫困线调整是内生性的。

困的关键。当 $z_1 = z_2$ 时，（3.16）式退化为 Shorrocks（2013）的研究中的情形。右边第一项为贫困线发生变化而导致的贫困指数变化，称之为"识别成分"；后两项与 Datt 以及 Ravallion（1992）以及 Shorrocks（2013）的分解方法一样，分别是增长成分和分配成分。

把贫困指数的变化分解为识别成分、增长成分和分配成分，这种分解的基本原则可以通过图 3.5 来说明（假设收入为对数正态分布）。把最初的收入分布到新的分布的变动分解为两个过程，过程 1：最初的分布到虚拟分布的向右平移过程；过程 2：虚拟分布到新的分布的曲线形状变化过程。过程 1 是由整体收入水平增加而收入分布不变所致，过程 2 是由收入分布的改变而平均收入水平不变所导致。假设新贫困线等于原贫困线，即贫困线保持不变，从最初的分布到新的分布贫困变化包括两部分，一部分是由过程 1 对应的贫困减少，用 G 来表示，一部分是由过程 2 对应的贫困变化，用 R 来表示。如果贫困线上升，导致新贫困线大于原贫困线，贫困人口数会增加图中所示 I 的面积。

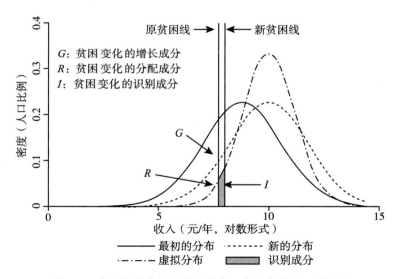

图 3.5　贫困变化分解为增长成分、分配成分和识别成分

注：原贫困线使用现行贫困标准人均纯收入 2300 元/年，取对数后为 7.74；新贫困线为 3000 元/年（假设的新贫困标准），取对数后为 8.01。图示中因为收入分布更加集中，不平等降低，分配成分 R 使贫困减少，这是中国走向共同富裕经历的过程。在现实中，R 也可能使贫困增加，表现为收入分布更加分散，是与图示相反的一种情形，分析方法相同，不再赘述。

由于贫困线的上升通常会使贫困人口增加，因此识别成分对贫困发生率的影响是正向的，对减贫的影响是负向的。收入增长会使贫困减少，因此增长成分对减贫的影响是正向的。而分配成分对于减贫的影响方向是不确定的，既可能有利于减贫，也可能会使贫困增加，取决于跨期间收入分配的变化。不同年份间贫困指数的变化方向是上升还是下降取决于识别成分、增长成分和分配成分对贫困变化的作用的相对强弱。

在该分解方法中，识别成分采用终期为参照期，采用基期为参照期的识别成分可以通过以下分解方法得到：

$$
\begin{aligned}
\Delta P = P_2 - P_1 &= P(\mu_2,\ L_2,\ z_2) - P(\mu_1,\ L_1,\ z_1) \\
&= \left[P(\mu_2,\ L_2,\ z_2) - P(\mu_1,\ L_1,\ z_2) \right] + \left[P(\mu_1,\ L_1,\ z_2) - P(\mu_1,\ L_1,\ z_1) \right] \\
&= 0.5\{\left[P(\mu_2,\ L_2,\ z_2) - P(\mu_1,\ L_2,\ z_2) \right] + \left[P(\mu_2,\ L_1,\ z_2) - P(\mu_1,\ L_1,\ z_2) \right]\} \\
&\quad + 0.5\{\left[P(\mu_2,\ L_2,\ z_2) - P(\mu_2,\ L_1,\ z_2) \right] + \left[P(\mu_1,\ L_2,\ z_2) - P(\mu_1,\ L_1,\ z_2) \right]\} \\
&\quad + \left[P(\mu_1,\ L_1,\ z_2) - P(\mu_1,\ L_1,\ z_1) \right]
\end{aligned}
\tag{3.18}
$$

识别成分的参照期取基期的分解结果与以终期为参照期的分解结果通常会有所不同①，但是参照期的选择不会影响识别成分的符号。通过以终期为参照期的识别成分，我们可以知道终期的贫困人口中有多少人是因为贫困线上升而被划入贫困行列，从而了解"潜在脱贫人口"规模，而以基期为参照期的识别成分并没有什么现实意义②。因此，本章在分析中只考虑终期为参照期的情形③。

3.6.2　中国贫困变化的量化分解：2010—2018 年

为了对中国贫困变化进行量化分解，我们首先需要考察 2010—2018 年全国和城乡收入分布的动态变化过程。图 3.6 展示了 2010—2018 年历次调查的家庭人均收入分布的核密度图，据此可以看出追踪调查期间中国家庭收入分布的动态变化过程。根据收入分布曲

---

①　在图 3.5 中，以基期为参照期的识别成分为最初的分布、原贫困线、新贫困线和横轴围成的面积。

②　以基期为参照期的识别成分衡量了基期非贫困人口中的低收入人口数量（具体表现为在基期贫困线下非贫困，而在终期贫困线下贫困），但是从基期到终期人们的收入很可能发生了变化，基期非贫困人口中的低收入人口在终期时的收入是低于基期贫困线，高于基期贫困线而低于终期贫困线，还是高于终期贫困线，是无法确定的，终究还是要对终期的收入分布进行分析。以中国的减贫实践为例，假设 2010 年和 2018 年分别为基期和终期，知道 2010 年时有多少非贫困人口（收入高于 2010 年贫困线）的收入低于 2018 年的贫困线对于 2018 年后的减贫并没有提供多少有价值的信息，因为这些信息的时效性很差。

③　Datt 和 Ravallion（1992）分解中的增长成分和分配成分会因参照期选取的不同而不同，Shorrocks（2013）提出的 Shapley 分解法选择基期和终期分别为参照期，取二者的平均值，解决了参照期不同导致分解结果不同的问题，但更重要的是解决了 Datt 和 Ravallion 分解不完全、存在残差项的问题，这是 Shapley 分解法更胜一筹的关键。在这里，通过（3.16）式和（3.17）式相加取算术平均值也可以解决参照期问题，但是这种做法是否合理，以及这个解决方案有什么理论依据还需进一步研究。这类似于福利变化的衡量问题。福利变动有两个著名衡量方法：等价性变化（equivalent variation，EV）和补偿性变化（compensating variation，CV）。假设 p_1 和 p_2 分别为基期和终期的价格向量，w 为财富水平，基期和终期的效用分别为 $u_1 = v(p_1,\ w)$，$u_2 = v(p_2,\ w)$，$e(p,\ u)$ 为支出函数，有 $e(p_1,\ u_1) = e(p_2,\ u_2) = w$，等价性变化和补偿性变化分别为：$EV(p_1,\ p_2,\ w) = e(p_1,\ u_2) - e(p_1,\ u_1) = e(p_1,\ u_2) - w$，$CV(p_1,\ p_2,\ w) = e(p_2,\ u_2) - e(p_2,\ u_1) = w - e(p_2,\ u_1)$。可见，等价性变化和补偿性变化分别以基期和终期为参照期来衡量福利变化，二者通常不相等，使用任何一种衡量方法都可以看出福利是上升还是下降，参照期的选择不会对分析结果产生实质性影响。如果为了得到一个不被参照期影响的福利变动值而对等价性变化和补偿性变化取算术平均数，对此无法给出一个合理的经济学解释，也没有理论依据。

线在横轴上的位置可以发现，2010—2018 年，收入分布曲线逐渐右移，说明中国家庭的整体收入水平不断上升。因此，具有减贫效果的增长成分持续存在。从收入分布曲线的形状（峰值大小和尾部特征）来看，2010—2016 年核密度函数曲线峰值变得越来越大，收入分布越来越集中，说明收入分配不均程度逐渐下降。2016—2018 年核密度函数曲线的峰值出现了明显下降，曲线形状变得更加平坦，表明收入分配不平等程度上升。2016 年收入分布的核密度函数曲线开始出现双峰萌芽，到 2018 年双峰分布更加明显，并且呈现多峰分布趋势。对比 5 次调查的收入分布曲线峰值可以发现，2016 年收入分布曲线的峰值最大，因此 2016 年的收入不平等程度最低，这与国家统计局发布的基尼系数年度变化趋势相一致①。值得注意的一点是，2010—2018 年，下尾分布的厚尾特征逐渐消失，说明在这期间中国收入分布中的低收入群体逐渐减少，在向中等收入群体转变。

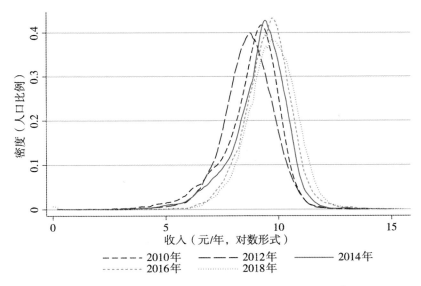

图 3.6　2010—2018 年历次调查的收入分布核密度函数图

　　图 3.7 和图 3.8 分别展示了中国城市和农村在 2010—2018 年收入分布的变动情况。根据图 3.7 可知，城市人口的收入分布变化与图 3.6 中的全体人口收入分布变化趋势总体一致，2010—2016 年核密度函数图的峰值不断上升，其中 2014 年出现了 3 个峰值，2016—2018 年峰值下降；五次调查的核密度函数图逐次右移，层次分明，说明城市人均收入上升明显。

---

　　① 据国家统计局公布的数据，2010 年、2012 年、2014 年、2016 年和 2018 年的基尼系数分别为 0.481、0.474、0.469、0.465 和 0.468。

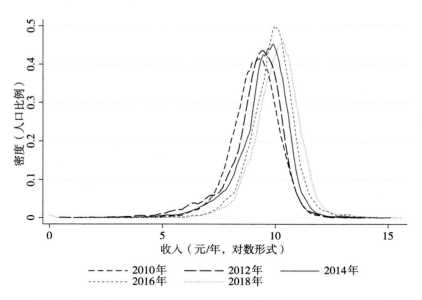

图 3.7　2010—2018 年历次调查的城市人口收入分布核密度函数图

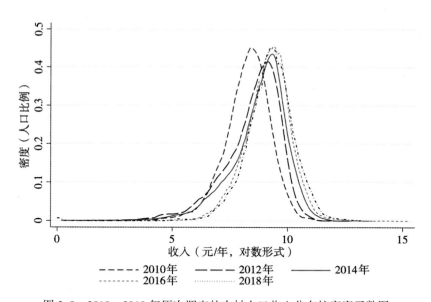

图 3.8　2010—2018 年历次调查的农村人口收入分布核密度函数图

由图 3.8 可见，农村人口收入分布与全部人口的整体收入分布差异较大。除了 2012 年和 2014 年的峰值明显较低外，其他三个年份的峰值大小没有显著差异；从分布图的位置来看，农村人均收入逐年上升，但是从 2014 年开始收入分布图右移不明显，收入分布曲线重合度较高，收入的上升主要表现为下尾的收窄和上尾的增厚，即表明农村的低收入人口逐渐减少，中高收入人口逐渐增多，但对于大规模的农村中等收入群体来说，收入水平提升乏力。进行城乡对比可以发现，城乡家庭人均收入差距很大，农村人均收入分布的峰值始终位于城市的左侧；城市人均收入的上升速度高于农村，在城市人均收入分布逐年向右平移时，农村人均收入分布已经进入上升乏力阶段，只能进行尾部分布的变化调整。此外，与城市人均收入不平等状况的改善相比，农村在收入分配均等化方面也没有明显起色。因此，对于农村家庭来说，现阶段急需寻求家庭收入新的增长点，探索农村发展的新动能，避免落入中等收入陷阱。

我们将收入分布动态研究与贫困指数的变化结合起来分析。前述研究表明，贫困线变化导致的识别成分的作用是很强的，它直接影响了贫困指数的走势。就绝对贫困发生率而言，2010—2012 年贫困指数是上升的，由于 2011 年贫困线向上调整，因此贫困指数的变化既有增长成分和分配成分，又有识别成分。增长成分具有减贫效果，识别成分导致贫困人口增加，分配成分对贫困变化的作用取决于分配政策是否亲贫。最终贫困指数上升，说明在三者之中识别成分对贫困变化的影响最大。2012—2018 年，尽管贫困标准保持不变，但是历年贫困线根据价格指数有所调整，可以通过识别成分加以捕获。因而，贫困指数的变化仍可以分解为识别成分、增长成分和分配成分，贫困指数不断下降说明该时期内增长成分占主导地位。对于相对贫困发生率而言，由于每个调查年份的贫困线均不同，因此贫困指数的变化始终同时存在识别成分、增长成分和分配成分。2010—2012 年，相对贫困发生率下降，说明增长成分的作用大于识别成分、分配成分。2012—2018 年，相对贫困发生率呈上升趋势，说明识别成分的作用大于增长成分、分配成分。由于分配成分对贫困变化的影响方向可正可负，因此我们需要进一步对三种成分进行分解，才能明确分配成分是增强了增长成分的减贫效果还是增强了识别成分增加贫困的效果。

为了进一步量化研究识别成分、增长成分和分配成分及其各自对于贫困指数变化的贡献度，本章构建"识别-增长-分配"三成分分解法对中国 2010 年至 2018 年的贫困指数（绝对贫困发生率和相对贫困发生率）变化进行分解。根据（3.16）式，要测算 2010—2012 年、2012—2014 年、2014—2016 年和 2016—2018 年 4 个时期贫困指数变化的分解结果，需要得到 2010 年、2012 年、2014 年、2016 年和 2018 年 5 个年份的收入均值和洛伦兹曲线，其中收入均值在计算表 3.1 中的相对贫困线时已经得到。图 3.9 刻画了 2010 年、2012 年、2014 年、2016 年和 2018 年的洛伦兹曲线。

对于绝对贫困，2010 年与 2012 年的贫困线不同是因为 2011 年提高了贫困标准，2012 年后贫困线逐年不同是因为价格变动。对于相对贫困，由于经济增长导致"水涨船高"和收入分布的变化，贫困线也在逐年变化。因此，无论是绝对贫困还是相对贫困，2010—2018 年 5 次调查的贫困线均不同，4 个时期的贫困变化均存在识别成分，对这 4 个时期的绝对

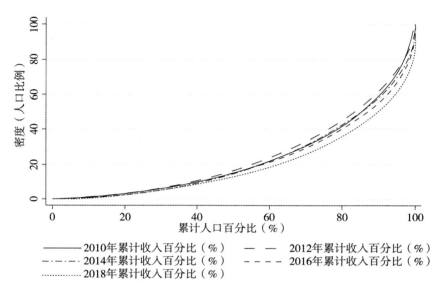

图 3.9　2010—2018 年洛伦兹曲线

贫困变化和相对贫困变化均使用三成分分解法。分解结果如表 3.3 所示。

表 3.3　　　　　　　　　贫困指数变化的分解：三成分分解法

时期(年)	贫困指数(P，%)	贫困变化（ΔP）	识别成分	增长成分	分配成分
2010—2012	绝对贫困发生率	↑8.22	7.74	−13.01	13.49
	相对贫困发生率	↓5.44	8.26	−11.07	−1.89
2012—2014	绝对贫困发生率	↓1.42	0.74	−17.74	15.58
	相对贫困发生率	↑2.96	8.42	−8.34	2.88
2014—2016	绝对贫困发生率	↓7.30	0.44	−20.81	13.07
	相对贫困发生率	↑2.07	12.19	−11.24	1.12
2016—2018	绝对贫困发生率	↓1.41	0.03	−19.04	17.60
	相对贫困发生率	↑6.97	12.55	−12.18	6.60

注：此表中相对贫困标准使用家庭人均纯收入均值的 50%。

对中国 2010—2018 年贫困变化的分解验证了上文中对识别成分、增长成分、分配成分 3 种成分的理论判断。无论贫困指数是绝对贫困发生率还是相对贫困发生率，引发其变化的增长成分均使得贫困发生率降低；识别成分总是使得贫困发生率上升，贫困线上升幅度越大则识别成分越大；分配成分对贫困的影响可能是正向的，也可能是负向的，贫困线的设定会影响分配效应的符号。如 2010—2012 年，绝对贫困发生率变化的分配成分符号是正的，而相对贫困发生率变化的分配成分符号却是负的。对比 4 个时期的识别成分发现，2010—2018 年相对贫困变化的识别成分逐渐增加，说明人均收入水平上升越来越快，相对贫困线提高的速度也在加快；而 2010—2018 年绝对贫困变化的识别成分逐渐减小，且 2010—2012 年绝对贫困变化的识别成分明显远大于其他 3 个时期，这说明经历了贫困标准上升的时期其贫困变化的识别成分较大，贫困标准不变而仅由于价格调整而导致贫困线有所变化情况下的贫困变化的识别成分较小。

为了对比不同成分对贫困指数变化的影响的相对强弱，采用以下方法来计算各个成分对贫困指数变化的贡献度（contribution degree，CD）：

$$CD(\text{component}) = \frac{\text{component}}{\text{ab}(I) + \text{ab}(G) + \text{ab}(R)} \times 100\% \tag{3.19}$$

（3.19）式中，component 代表了识别成分、增长成分和分配成分中的任意一种，ab（·）表示求绝对值，I、G、R 分别代表识别成分、增长成分和分配成分。计算结果如表 3.4 所示。

表 3.4　　　　贫困指数变化分解得到的识别成分、增长成分和分配成分的贡献度

时期(年)	贡献度(%)					
	绝对贫困			相对贫困		
	识别成分	增长成分	分配成分	识别成分	增长成分	分配成分
2010—2012	22.61	−38.00	39.40	38.93	−52.17	−8.91
2012—2014	2.17	−52.08	45.74	42.87	−42.46	14.66
2014—2016	1.28	−60.64	38.08	49.65	−45.78	4.56
2016—2018	0.08	−51.92	48.00	40.06	−38.88	21.07

根据表 3.4 分别对比绝对贫困变化的 3 种成分的贡献度和相对贫困变化的 3 种成分的贡献度。对于绝对贫困，2010—2012 年贫困发生率上升，分配成分的贡献度最大；2012—2014 年、2014—2016 年和 2016—2018 年的增长成分与识别成分、分配成分符号相反，贫困发生率下降主要是因为增长成分的贡献度更大。对比不同时期贫困变化的分配成分发现，2014—2016 年分配成分的贡献度最小，其导致贫困增加的作用也最小。

关于相对贫困在各个年份都发现，识别成分是导致相对贫困增加的主要因素，其贡献度在 2014—2016 年高达 49.65%；增长成分始终是相对贫困降低的主要因素，在 2010—2012 年其贡献度高达 52.17%，因此该时期的相对贫困发生率出现了下降，但是此后贡献

度出现下降，在 2016—2018 年贡献度降至 38.88%。与绝对贫困变化中增长成分的贡献度相比发现，2010—2012 年增长成分更多地减少相对贫困，而此后年份增长成分在减少绝对贫困上的作用更强。考察分配成分的贡献度可见，总体上其对绝对贫困变化的作用较大，对相对贫困变化的作用较小。在 2010—2012 年相对贫困的增长成分与分配成分同方向，二者均促进相对贫困减少，此后分配成分导致相对贫困有所上升，这种情况在 2016—2018 年更明显。因此，2012 年之后的 3 个时期相对贫困发生率不断上升主要源自识别成分，而分配成分予以强化。

3.7　进一步的分析

3.7.1　强相对贫困线与弱相对贫困线

在前文中，测度相对贫困时使用的相对贫困线为家庭人均纯收入均值的 30% 或 50%，属于强相对贫困线，得到的贫困度量只依赖人口中相对收入的分布。对贫困的强相对度量存在两个问题：其一，强相对度量几乎肯定低估了穷人的营养和社会包容需求；其二，关于经济增长或收缩引起的贫困度量变化，强相对度量似乎有悖常理①（Ravallion，2020a）。问题一出现在对贫穷国家的贫困进行强相对度量时，贫困线难以满足人们的生存需要或低于人们的社会包容需求，从而会严重低估贫困人口规模。因此，强相对度量在富裕国家比较流行，在其他地方（如贫穷国家和大多数发展中国家）则难以被接受。由于中国已经消除绝对贫困，因此对中国贫困的强相对度量不存在第一个问题，但是可能出现问题二——经济增长带来了人们收入（或消费）水平同等程度的提高（比如提高了一倍），而贫困度量结果却不变。实际上，强相对贫困反映了人们在资源占有份额（现有财富）上的劣势，以及在"经济增量共享能力"上的不足。以中国为例，不考虑人们的收入排序变动，假设经济增长使中国经济规模扩大一倍，人们收入水平也扩大一倍，然而强相对度量下的贫困人口仍是同一批人，并未减少，这一批人的收入并非没有增长，只是由于开始时资源占有份额较低，即使实现了收入翻倍也依然处于相对贫困状态。资源占有份额决定了人们的"经济增量共享能力"，强相对度量下的贫困人口对经济增量的共享能力较低，经济增量在群体间的分配不均，没有使原有相对贫困人口摆脱相对贫困。因此，对于消除了绝对贫困的中国，强相对贫困衡量了共享能力不足的贫困人口。

针对强相对度量的缺点，已有文献提出了一些可能的解决办法，这些研究可以看作对

---

① 如果所有收入水平都以相同的速度增长（或收缩），那么当贫困线设定为均值或中位数的恒定比例时，贫困度量将会保持不变。使用强相对度量，人们发现了看似反常的贫困比较。

弱相对贫困线的探索。弱相对贫困线考虑了绝对贫困线，克服了强相对贫困线容易低估穷人的营养和社会包容需求的缺点，引入贫困线的收入弹性克服了强相对贫困线的第二个缺点。Kakwani(1986)建议使用以下相对贫困线：

$$z^R = z^A + \beta(m - z^A) \tag{3.20}$$

其中，$z^A(>0)$ 是给定的绝对贫困线，m 是总体均值或中位数，β 是一个参数。当 $0<\beta<1$ 时，贫困线相对于 m 的弹性大于 0 小于 1，使之变得弱相对。Foster(1998)建议使用绝对贫困线和强相对贫困线的几何平均值。这种方法比较符合弹性为 0.5 的情况。在方程(3.20)中，当 $m<z^A$ 时，$z^R<z^A$，即相对贫困线低于绝对贫困线。为了避免这个问题，Ravallion 和 Chen(2011)、Chen 和 Ravallion(2012)使用了分段线性形式的绝对加相对混合贫困线：

$$z^{A+R} = \max(z^A, \ \alpha + \beta m) = z^A + \max(\alpha + \beta m - z^A, \ 0)(\alpha \geqslant 0) \tag{3.21}$$

其实，就中国当前的情况而言，不存在 $m<z^A$ 的情况，以上两式是一样的。弱相对贫困度量了中国已经摆脱绝对贫困，但由于收入水平较低还存在面临返贫风险、具有一定的贫困脆弱性、福利①水平较低的人群。

为了比较使用不同贫困线对相对贫困测量结果的影响，接下来的分析既使用强相对贫困线，也使用弱相对贫困线。同时，考虑到中国城乡之间、地区之间以及不同省份之间的经济发展水平和消费水平差异比较大，使用较为灵活的相对贫困标准来进行分析，考虑以下三种情况：城乡差异化相对贫困线；地区(东部、中部、西部)差异化相对贫困线；省际差异化相对贫困线。

3.7.2　城乡差异化相对贫困线

中国城乡经济发展水平差距大，城市的消费水平远高于农村，可以保障农村居民生活的收入水平很难维持城市居民的正常生活，因此，如果城乡之间采用不同的贫困线可以更加准确地识别城市和农村贫困人口，解决城乡使用统一的贫困线可能低估城市贫困水平和高估农村贫困水平的问题②。强相对贫困线使用家庭人均纯收入均值的 50%，弱相对贫困线使用以下分段函数形式：

$$z^{A+R} = \max(z^A, \ (1 - \beta)z^A + \beta m) \tag{3.22}$$

其中，m 为比较收入。Ravallion 和 Chen(2019)指出排名加权平均数是相关的比较收入，最富有者的权重最低。因此，Ravallion(2020a)提出使用一种基尼贴现均值 $m_j^* = (1 -$

---

① 福利部分地依赖于相对收入，这意味着不同国家的人要达到同样的福利水平，在更富裕的国家需要具有更高的收入。

② 世界银行的贫困研究中，主张对印度、中国和印度尼西亚的城市和农村设定不同的贫困线(Allen，2017)。

G_j) m_j 来计算国家贫困线，G_j 为国家 j 的基尼系数。在分析城乡差异化相对贫困线时，j 有两个取值，分别代表城市和农村。相较于普通均值或中位数，基尼贴现均值既体现了平均收入水平对相对贫困线的影响，又体现了收入分布对相对贫困线的影响，把均值与分位数各自的优点结合了起来，是一种更为理想的比较收入。本章把 Ravallion 的研究中贫困线的国家异质性应用于中国相对贫困线的时间（年份）异质性，使用中国在时间 t 的基尼系数 G_t，把（3.22）式中的参数 β 设定为 0.7。根据中国家庭追踪调查数据，分城乡测算 2010—2018 年 5 个调查年份的相对贫困线和对应的贫困发生率，具体情况如表 3.5 所示。对城市来说，相对贫困线逐年上升，强相对贫困线始终高于弱相对贫困线，导致强相对贫困发生率一直高于弱相对贫困发生率，前者在 40% 上下，后者在 33% 左右。对农村来说，相对贫困线也保持着持续上升势头，但是远低于城市相对贫困线；农村的强相对贫困线与弱相对贫困线的绝对差额也远小于城市，而且农村的强相对贫困线并不必然高于弱相对贫困线，二者没有确定的大小关系，进而导致农村的强相对贫困发生率不一定高于弱相对贫困发生率，如农村 2012 年的弱相对贫困线（发生率）高于强相对贫困线（发生率）。对比城市和农村的相对贫困发生率发现，在强相对贫困线下，城市的相对贫困发生率高于农村（2016 年例外），而在弱相对贫困线下，农村的相对贫困发生率高于城市。

表 3.5　　　　　　　　　　中国城市和农村的相对贫困线及对应的发生率

	年份	2010	2012	2014	2016	2018
城市	强相对贫困线（元）（发生率（%））	7394（39.9）	8949（37.0）	11799（39.2）	16290（38.9）	20297（41.4）
	弱相对贫困线（元）（发生率（%））	6185（33.1）	8043（33.4）	10216（34.4）	13640（32.2）	16561（32.4）
农村	强相对贫困线（元）（发生率（%））	3034（36.8）	4758（36.5）	5677（38.3）	8132（41.5）	8493（39.5）
	弱相对贫困线（元）（发生率（%））	3017（36.6）	4957（37.5）	5665（38.2）	7529（38.7）	7769（36.0）

注：括号内为与贫困线对应的贫困发生率。

把表 3.5 中城市和农村各自的相对贫困发生率与表 3.2 中全部家庭的相对贫困发生率进行对比发现，城乡使用统一的相对贫困线计算的全体相对贫困发生率高于城市和农村采用不同相对贫困线的度量结果。以全体样本为基数计算的贫困线介于以农村样本为基数计算的贫困线和以城市样本为基数计算的贫困线之间，由此可知，城乡使用统一贫困线高估了农村的相对贫困发生率，低估了城市的相对贫困发生率，综合结果是高估了相对贫困水平。对比不同年份中国城市（农村）的强（弱）相对贫困发生率发现，在 2010—2018 年中国城市（农村）的强（弱）相对贫困发生率呈现上下波动，且变动幅度不大，没有明显的时间趋势。

分别对城市和农村的相对贫困变化进行量化分解，来分析影响城乡贫困变化的三种成分的差异，分解结果如表 3.6 所示。在城市相对贫困变化中，快速的城市经济增长使得减少相对贫困的增长成分始终保持在较高水平，2010—2016 年增长成分的贡献度逐渐增加，说明城市经济增长处于加速阶段，2016—2018 年增长成分有所回落，但仍然发挥了很强的减贫效果。城市家庭收入分配不平等极大地阻碍了相对贫困的降低，表现为分配成分使得相对贫困人口增加，抵消了一部分增长成分带来的减贫效果。2010—2012 年在增加相对贫困的识别成分和分配成分中，识别成分较大，而在之后的三个时期中，分配成分较大，表明收入分配不平等是城市相对贫困人口较多的主要原因，反映了现阶段在城市高速发展的背景下，城市低收入人口收入增长缓慢，滞后于城市经济增长速度。

表 3.6 **中国城市和农村相对贫困变化的量化分解（%）**

城乡	时期（年）	贫困测度	贫困变化	识别成分	增长成分	分配成分
城市	2010—2012	强相对贫困	−2.9	6.8	−16.3	6.6
		弱相对贫困	0.3	8.7	−16.9	8.5
	2012—2014	强相对贫困	2.2	10.2	−22.2	14.2
		弱相对贫困	1	7.8	−22	15.2
	2014—2016	强相对贫困	−0.3	12.1	−27.5	15.1
		弱相对贫困	−2.2	8.5	−26.4	15.7
	2016—2018	强相对贫困	2.5	9.2	−19	12.3
		弱相对贫困	0.2	6.1	−19.7	13.8
农村	2010—2012	强相对贫困	−0.3	12.1	−29.8	17.4
		弱相对贫困	0.9	13.1	−29.7	17.5
	2012—2014	强相对贫困	1.8	5.8	−11.7	7.7
		弱相对贫困	0.7	4.6	−11.6	7.7
	2014—2016	强相对贫困	3.2	13.7	−29	18.5
		弱相对贫困	0.5	11	−29	18.5
	2016—2018	强相对贫困	−2	2	−4.2	0.2
		弱相对贫困	−2.7	0.7	−3.4	0

在农村贫困变化中，前三个时期收入增长明显，增长成分的减贫效果较为显著，同时分配成分强于识别成分，在增加贫困方面起主导作用。2016—2018 年农村家庭收入增长幅度较小，导致具有减贫效果的增长成分大幅度减小，但同时会带来相对贫困增加的识别成分和分配成分也大幅减小，最终使得相对贫困人口减少。而且在此时期，识别成分的作用大于分配成分，分配成分几乎没有增加农村相对贫困。这说明中国实施精准扶贫以来，农村贫困人口的收入状况得到了切实改善，收入分配不平等状况的恶化趋势也得到了有效遏止。

3.7.3　地区差异化相对贫困线

中国东部、中部和西部地区之间的发展水平差距较大，东部地区一些省市的人均收入水平已经接近甚至达到了世界发达国家的平均水平，中部地区的收入水平相当于一些中高收入国家水平，也是比较能代表中国平均收入水平的地区，而西部地区的收入水平则与一些中低收入国家处在同一水平。在经济发达的地区，收入水平高，但同时消费水平也高，这必然导致发达地区的相对贫困门槛会高于欠发达地区。因此，按地区制定贫困线也是精准识别相对贫困的一种思路。

样本覆盖的省（自治区、直辖市）中，东部地区包括北京、天津、河北、辽宁、上海、江苏、浙江、福建、山东和广东 10 省（市）；中部地区包括山西、吉林、黑龙江、安徽、江西、河南、湖北和湖南 8 省；西部地区有广西、重庆、四川、贵州、云南、陕西和甘肃 7 省（自治区、直辖市）。采用地区差异化相对贫困线，中国东部、中部和西部地区的相对贫困线和相对贫困发生率如表 3.7 所示。

表 3.7　　　　　中国东部、中部和西部的相对贫困线和发生率

年份		2010	2012	2014	2016	2018
东部	强相对贫困线（元） （发生率（%））	6754 （42.67）	8156 （39.36）	11502 （41.15）	16095 （42.82）	18974 （43.13）
	弱相对贫困线（元） （发生率（%））	5718 （35.99）	7459 （36.20）	9996 （34.56）	13494 （36.39）	15576 （36.87）
中部	强相对贫困线（元） （发生率（%））	4357 （37.59）	6195 （34.19）	7675 （38.17）	10729 （40.18）	12151 （39.05）
	弱相对贫困线（元） （发生率（%））	3977 （33.33）	6015 （33.35）	7151 （35.70）	9474 （33.60）	10494 （34.52）

续表

年份		2010	2012	2014	2016	2018
西部	强相对贫困线（元） （发生率（%））	3299 （42.95）	4934 （38.37）	5566 （40.06）	8111 （42.39）	11133 （47.51）
	弱相对贫困线（元） （发生率（%））	3208 （42.05）	5086 （39.71）	5583 （40.24）	7514 （39.61）	9735 （40.22）

对比三个地区发现，中部的相对贫困发生率最低，东部与西部的差别不大①。大多数情况下，使用弱相对贫困线得到的贫困发生率低于使用强相对贫困线的情形，但也有例外，如西部地区 2012 年和 2014 年的贫困测量。此外，使用不同的相对贫困线还会影响贫困发生率的相对大小。例如，2014 年在强相对贫困线下，东部的贫困发生率（41.15%）高于中部（38.17%），而在弱相对贫困线下，中部的贫困发生率（35.70%）高于东部（34.56%）。在 2010—2018 年不同地区的相对贫困发生率变化不大，与强相对贫困度量相比，弱相对贫困度量的波动幅度更小。

3.7.4 省际差异化相对贫困线

除了按城乡和按地区划分制定相对贫困线外，还有一种思路是按省（自治区、直辖市）制定相对贫困线。相比于城乡差异化贫困线和地区差异化贫困线，结合本省（自治区、直辖市）经济发展水平和居民收入水平制定省际差异化贫困线对贫困的识别则更加精细，对贫困人口的界定会更加精准，可以作为制定相对贫困线的一个备选方案。

在高收入的省（自治区、直辖市），必要的生活开支也较多，因此一般也伴随着高消费。如京津两市、苏浙沪地区、珠三角城市群的收入水平显著较高，同时这些地区的租房购房成本、教育医疗成本等也较高。人们往往会与自己所在群体中的其他人进行比较，其家庭收入在参照群体中所处的位置会决定是否相对贫困。在采用省际差异化相对贫困线时，把一个省（自治区、直辖市）的所有家庭看成一个群体，来识别该群体中的相对贫困人口。仍然采用强和弱两条相对贫困线，中国部分省（自治区、直辖市）的相对贫困线情况如表 3.8 所示。2010 年至 2018 年，各省（自治区、直辖市）的相对贫困线逐渐上升，北京、天津、上海的相对贫困线始终保持在较高水平，江苏和浙江的相对贫困线上升很快。2018年，弱相对贫困线过万元的省（市）有北京、天津、辽宁、黑龙江、上海、江苏、浙江、安

---

① 这个结果与中国经济发展水平东部最高，中部居中，西部最差的状况似乎不相符，而这也从一个侧面表明，在中国现阶段可能并不适用依照地区划分不同的相对贫困线。

徽、福建、湖北、湖南、广东、重庆和陕西，其中东部省（市）7 个（北京突破了 3 万元，上海和浙江突破了 2 万元），中部省份 3 个，西部省（市）2 个，东北省份 2 个。

表 3.8　　　　　　　　　　　中国部分省（自治区、直辖市）差异化贫困线（元）

年份	2010		2012		2014		2016		2018	
贫困线	强	弱	强	弱	强	弱	强	弱	强	弱
北京	16073	13885	17929	15804	23613	18940	29234	23593	32359	30151
天津	10159	7707	11224	9928	13722	12524	21951	15650	22863	18578
河北	3651	3300	4892	5185	5701	5697	7885	7170	9853	7996
山西	3519	3297	5357	5154	5303	5009	11723	7345	8865	7820
辽宁	5849	5031	7185	6732	8427	8065	12274	9887	14329	11712
吉林	4430	4297	5830	6120	7588	6664	10174	9245	14262	9973
黑龙江	5183	4827	6744	6429	11385	7782	10398	9911	15005	12901
上海	11974	10144	14673	11934	25974	17284	31455	21865	34578	25553
江苏	6193	5634	7478	6867	11441	9847	17236	13087	29125	17983
浙江	8731	7255	10668	8959	13559	12384	19176	16947	29199	22333
安徽	4273	4132	5915	5973	7840	7303	16000	10411	16459	12284
福建	3766	3866	5047	5218	6608	6199	15900	9746	14720	11123
江西	3540	3537	4692	5162	5780	5788	9402	8796	9354	8600
山东	3819	3655	5626	5215	6327	5828	9931	8385	12559	9873
河南	3150	3202	5693	5572	6582	6294	7833	7326	9831	8521
湖北	6690	6055	7316	7535	10989	9414	17127	12804	18126	15193
湖南	7564	5615	8141	6911	10018	8522	14141	11318	16506	13101
广东	4606	3854	6166	5881	8345	7494	14666	10923	16849	12237
广西	3462	3110	4041	4279	5602	5049	8058	6659	8539	7343
重庆	4771	3793	5318	5511	5834	5771	9725	8697	12260	10117
四川	3260	3051	5192	4593	5342	5213	7065	6196	9885	7983
贵州	2892	2735	4425	4688	4446	4385	10343	6580	12153	8284
云南	3179	3219	4145	4493	5128	5082	8926	7493	10221	8750
陕西	3416	3348	5425	5517	7704	6636	9569	8294	16738	10640
甘肃	3249	2865	5016	4992	5527	5173	7047	6537	8809	7470

根据表 3.8 中各省（自治区、直辖市）的相对贫困线计算出对应的相对贫困发生率，结

果如表 3.9 所示。从弱相对贫困发生率来看，北京、天津、上海和湖北 4 个省(市)始终低于 30%，属于相对贫困保持在较低水平的省(市)；山西、河南、广东、广西、重庆、四川、贵州、云南、陕西和甘肃 10 省(自治区、直辖市)始终位于 30% 以上，相对贫困发生率较高；2018 年低于 30% 的有北京、天津、吉林、黑龙江、上海、江苏、浙江、江西、山东、湖北和湖南 11 个省(市)，其中上海、浙江低于 25%；湖北和甘肃是两个下降趋势明显的省份，在 2010—2018 年逐年下降，分别下降了 2.57 个百分点和 8.37 个百分点。不过，尽管甘肃的降幅较大，但仍然没有降至 30% 以内。

表 3.9　　　　　　　中国部分省(自治区、直辖市)的相对贫困发生率(%)

| 年份 | 相对贫困发生率 | | | | | | | | | |
| | 2010 | | 2012 | | 2014 | | 2016 | | 2018 | |
贫困线	强	弱	强	弱	强	弱	强	弱	强	弱
北京	29.47	17.89	27.54	26.09	27.12	18.64	31.54	23.08	26.47	25.74
天津	40.26	23.38	36.49	27.03	27.71	21.69	45.36	26.80	35.71	26.53
河北	40.07	35.50	33.17	34.30	35.15	35.00	35.19	29.76	39.52	33.64
山西	36.01	33.28	35.74	35.14	41.12	39.00	53.42	35.20	37.10	31.90
辽宁	35.73	31.09	35.63	33.25	30.25	29.10	37.72	28.10	37.26	30.16
吉林	30.36	28.57	28.74	30.36	37.40	32.93	36.40	26.84	46.92	27.69
黑龙江	30.66	28.86	33.74	32.02	46.36	30.23	27.97	23.51	33.17	25.48
上海	30.91	24.21	35.50	27.00	44.79	24.37	42.12	20.95	35.28	20.30
江苏	28.29	26.34	35.71	32.77	34.38	28.13	38.49	27.96	46.95	28.63
浙江	31.06	26.71	37.06	31.47	27.63	24.90	27.08	23.10	35.20	24.01
安徽	30.57	28.82	31.60	31.60	34.07	31.11	51.62	33.57	41.79	31.34
福建	29.79	31.91	31.71	33.33	36.11	32.64	52.69	29.94	42.61	34.66
江西	27.57	27.57	30.60	33.62	33.04	33.04	31.37	29.15	32.45	29.43
山东	33.51	31.79	40.89	39.07	40.06	37.98	34.97	31.65	40.15	28.12
河南	33.31	34.17	34.39	33.62	34.72	33.38	33.58	30.22	34.75	31.06
湖北	34.55	28.46	24.40	26.79	31.40	26.09	39.13	26.09	30.46	25.89
湖南	45.14	33.07	35.16	30.55	38.15	32.70	37.74	28.54	37.53	29.92
广东	42.25	34.76	36.50	34.08	34.54	31.11	41.36	30.67	44.96	32.43
广西	40.46	37.02	36.82	38.64	43.46	39.62	45.73	36.18	40.60	33.08
重庆	45.39	36.84	31.75	32.54	34.92	34.92	32.24	30.26	39.73	36.99
四川	40.00	37.17	46.48	43.24	39.64	38.56	40.11	36.10	41.24	36.08

续表

	相对贫困发生率									
贵州	43.48	42.03	34.38	35.80	41.43	40.50	59.41	39.85	50.96	34.71
云南	37.76	37.76	35.67	39.77	37.19	36.64	38.53	30.88	37.01	31.76
陕西	36.12	35.74	36.40	36.40	40.29	34.53	36.48	33.96	51.93	35.79
甘肃	46.81	41.37	37.56	37.25	39.02	36.87	37.60	34.99	41.62	33.00

为便于直观地比较每年省际和全国相对贫困发生率,我们根据部分省(自治区、直辖市)所在地区进行整理和比较。以强相对贫困线为例,图 3.10 至图 3.12 分别展示了东部、中部和西部部分省(自治区、直辖市)历年的相对贫困发生率,同时画出了全国相对贫困发生率的变化情况作为参照。2010 年有 3 个省(市)的相对贫困发生率高于全国水平,分别是中部的湖南和西部的甘肃和重庆;2012 年东部的山东和西部的四川高于全国水平;2014年东部的上海、中部的黑龙江和西部的广西高于全国水平;2016 年东部的福建、天津,中部的山西、安徽和西部的贵州、广西高于全国水平;2018 年西部的陕西和贵州高于全国水平。可见,每年均有西部的省(自治区、直辖市)相对贫困发生率高于全国相对贫困发生率。

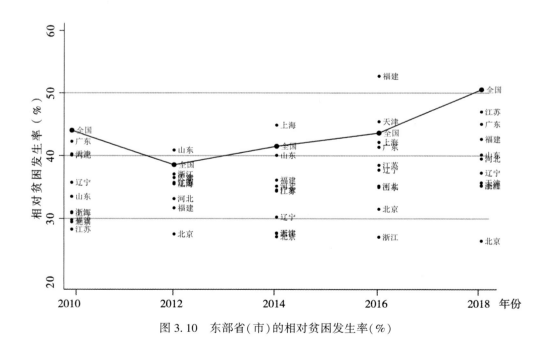

图 3.10　东部省(市)的相对贫困发生率(%)

对东部、中部和西部进行整体对比发现,虽然考虑到省际经济发展水平差异较大而使用省际差异化贫困线,消除了省际交叉影响,但是西部省(自治区、直辖市)的相对贫困发

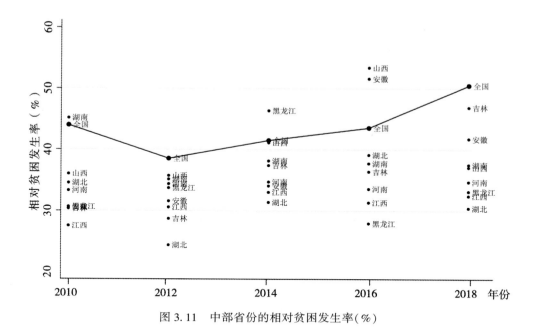

图 3.11 中部省份的相对贫困发生率(%)

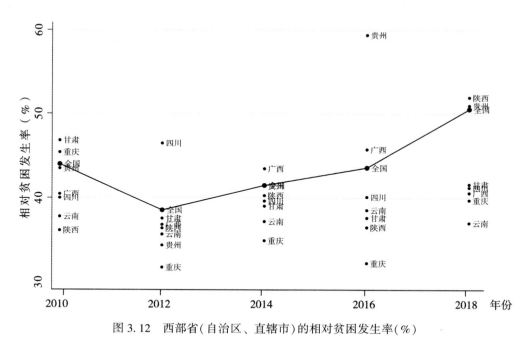

图 3.12 西部省(自治区、直辖市)的相对贫困发生率(%)

生率仍然高于东部和中部省(市),表现为西部所有省(自治区、直辖市)的相对贫困发生
率始终高于30%。其中,重庆从2010年的高于全国贫困发生率到2012年的低于全国贫困
发生率,成为西部地区贫困水平最低的市,然后就一直保持在西部较低水平,是最有可能

成为西部首个相对贫困发生率低于30%的市。这说明，经济增长较快的省(自治区、直辖市)更容易走出贫困，因此经济增长是解决相对贫困问题的主导力量。无论东部、中部还是西部，全国统一划线的相对贫困发生率均高于大多数省(自治区、直辖市)在使用省际差异化贫困线情况下的相对贫困发生率，说明使用全国统一的相对贫困线高估了大部分省(自治区、直辖市)的相对贫困发生率。

3.7.5 差异化贫困线方案的对比

上文分析了城乡差异化、地区差异化和省际差异化三种相对贫困线制定方案，与全国一条线相比，差异化线对贫困的度量更加精细，有明显的优势。然而，差异化贫困线也会带来一些问题。在使用差异化贫困线情况下，贫困线不再是简单的一条线，而是一个贫困线体系，得到的贫困指数也不再是一个值，而是一系列零散值，不便于对整体的相对贫困程度进行综合评估；贫困水平在城乡间以及跨地区和跨省份间的可比性也会下降，在实际操作中可能会面临更多的问题。因此，科学制定相对贫困识别方案要在贫困度量精准度和简单易操作二者之间进行权衡，找到一个平衡点。从城乡差异化线到省际差异化线，对相对贫困的度量逐渐细化，识别也越来越精准，同时也越来越复杂。此外，差异化贫困线还可以使用上述三种差异化线的组合，如城乡差异化结合地区差异化得到地区-城乡差异化线。下面对上文的三种差异化相对贫困线进行对比，以得到一个适合中国现阶段特征的相对贫困线制定方案。

为了得到一个可以反映中国整体相对贫困水平的综合指数，使用差异化贫困线得到贫困发生率的加权平均数，权重为人口占比。分别考虑强相对线和弱相对线，计算得出城乡差异化线、地区差异化线和省际差异化线三种情况下的相对贫困综合指数，如表3.10所示。尽管强相对度量在发达国家比较常用，但是中国仍属于发展中国家，人均国民收入处在中等偏高水平，并且对中国贫困的强相对度量可能出现上文中的问题二，因此中国可能更适合采用弱相对贫困线。对比表3.10中强相对线和弱相对线下的贫困综合指数也可以发现，强相对贫困综合指数明显较高，表明强相对度量可能由于不适用于中国当前发展阶段而高估相对贫困水平。

表 3.10 　　　　　　　　　　　　差异化贫困线下的相对贫困综合指数

年份		2010	2012	2014	2016	2018
城乡差异线	强相对线	38.29	36.73	38.75	40.19	40.49
	弱相对线	34.91	35.61	36.33	35.43	34.12
地区差异线	强相对线	41.24	37.56	40.08	41.93	43.18
	弱相对线	36.81	36.29	36.49	36.47	37.12

续表

年份		2010	2012	2014	2016	2018
省际差异线	强相对线	37.09	35.69	37.01	39.02	39.51
	弱相对线	33.11	34.17	32.87	30.42	30.68

因此，我们通过弱相对贫困综合指数来分析三种差异化贫困线对于中国当前的适用性。由于人们不仅在乎自己的绝对收入，还会关注自己的收入在所在群体中的位次，尤其是在所有人都已摆脱绝对贫困后，这就导致参照群体也会影响相对贫困线。此外，中国的房价、物价、工资水平等也均有很强的地方性特征，因此相对贫困线的制定应考虑本地化因素。三种差异化线中，省际差异化线是对贫困线"本地化"理念的最好实施，也最符合相对贫困的"比较"内涵，因此是对中国相对贫困最准确的度量。然而，"一省一线"会使得中国的相对贫困测度工作较为复杂，相关帮扶政策的实施也存在困难。对比可见，城乡差异线下的相对贫困综合指数与省际差异线下的结果较为接近，且方便实施，是一个可以兼顾识别准确度和精简度的权衡选择。

3.7.6 考虑弱相对贫困线中的不同收入弹性

在弱相对贫困线的研究中，贫困线的收入弹性是一个关键参数，它决定了相对贫困人口的规模。如果确定的相对贫困人口规模偏大，会稀释扶贫资源，使扶贫举措针对性下降，扶贫工作会面临较大的压力，也会增加财政负担。反之，如果确定的规模偏小，会使一部分低收入人口无法享受扶贫政策和得到有效救助，从而不利于提高全民福利和实现共同富裕。因此，确定一个适度的相对贫困人口规模十分重要，这就要求找到一个合适的贫困线收入弹性。贫困线收入弹性与经济社会发展阶段密切相关，经济社会发展阶段从绝对收入水平和相对收入状况(收入分布)两个方面影响了贫困线收入弹性。Ali(1998)研究发现，贫困线对平均收入的弹性是一个没有截距的二次函数，在收入水平低的国家较低，随着平均收入水平上升，该弹性先上升再下降。该研究时间较早，并且样本不连续，缺乏参考价值。Ravallion(2020a)使用来自 Ravallion 和 Chen(2019)的 146 个国家(包括 24 个 OECD 国家和 122 个发展中国家)的数据进行实证研究得到贫困线的收入弹性为 0.7。中国目前的贫困线已经略高于世界银行线，前文在确定弱相对贫困线时，沿用了 Ravallion 的研究中的贫困线关于收入的弹性 $\beta = 0.7$。该收入弹性是基于各国的贫困线[1]得到的，使用该弹性系数得到的相对贫困发生率可用于国际比较，也为中国确定相对贫困线关于收入的弹

---

[1] Ravallion(2020a)对于发展中国家，采用各国公布的贫困线或世界银行贫困线(如果某个国家没有公布贫困线)；对于 OECD 国家，采用收入均值的 60% 作为相对贫困线，并以收入均值的 50% 进行敏感性检验。

性系数提供了一个参照。

　　为了进一步检验收入弹性系数对弱相对线以及相对贫困发生率的敏感性，下面考虑 $\beta = 0.65$、0.60 和 0.50 三种情况①，分析城乡差异化贫困线下的弱相对贫困线和相对贫困发生率，结果如表 3.11 所示。根据表 3.11，以弹性 0.7（结果见表 3.5）为参照，可以发现随着贫困线的收入弹性下降，弱相对贫困线也逐渐降低，相对应的相对贫困发生率也越来越小。但是无论弹性取何值，城市的相对贫困线始终高于农村，而农村的相对贫困发生率始终高于城市。贫困线的收入弹性对贫困变化有一定影响，如弹性为 0.65 时，2010 到 2012 年城市相对贫困发生率下降了 0.56 个百分点，而弹性为 0.60 时，城市相对贫困发生率上升了 0.91 个百分点。这说明贫困线收入弹性的变化会在一定程度上引起贫困线的变化，进而导致贫困变化的识别成分、增长成分和分配成分发生变化，改变了三者的相对大小。

表 3.11　　　　　　　　不同收入弹性下的弱相对贫困线和相对贫困发生率

弹性系数	城乡	年份	2010	2012	2014	2016	2018
0.65	城市	弱相对贫困线（元）	5154	6608	8054	10922	13468
		相对贫困发生率（%）	26.82	26.26	26.71	25.19	25.79
	农村	弱相对贫困线（元）	2463	4073	4595	5761	6430
		相对贫困发生率（%）	28.82	31.87	31.62	28.76	28.80
0.60	城市	弱相对贫困线（元）	4856	6301	7650	10309	12662
		相对贫困发生率（%）	24.29	25.20	25.30	23.99	23.87
	农村	弱相对贫困线（元）	2372	3962	4457	5545	6166
		相对贫困发生率（%）	27.54	31.14	30.92	27.9	27.77
0.50	城市	弱相对贫困线（元）	4259	5689	6842	9083	11051
		相对贫困发生率（%）	21.12	22.5	22.5	19.38	19.83
	农村	弱相对贫困线（元）	2189	3739	4181	5113	5637
		相对贫困发生率（%）	25.15	29.44	29.14	26.36	24.62

　　2020 年后，中国面临长期存在的相对贫困问题，收入弹性的选择决定了中国应对相对贫困问题的起点。弹性设置过高会导致相对贫困人口过多而使减贫措施针对性下降，弹性

---

　　①　由于中国已经消除了绝对贫困，进入在经济发展进程中治理相对贫困的阶段，如果贫困线的收入弹性设置太低会使相对贫困线和相对贫困发生率偏低，导致相对贫困人口识别不足，这样没有多大现实意义。

设置过低会使减贫目标的激励性下降，因此弹性的选择至关重要。本章研究发现，虽然弹性选择会影响中国城乡相对贫困线以及相对贫困发生率的绝对大小，但对于城乡对比结果不会产生影响，即不会影响中国城乡相对贫困线和相对贫困发生率的相对大小。从改革开放到消除绝对贫困中国用了 42 年，在此期间绝对贫困标准经历了 2 次调整，最终实现了消除绝对贫困的目标。这对于中国减少相对贫困的启示在于，中国采用的相对贫困标准不会是一成不变的，贫困线的收入弹性也可能在未来根据不同的发展阶段和平均收入水平状况进行调整。

3.8 研究总结与政策建议

3.8.1 研究总结

在 2020 年这个重要的时间节点，中国在现行绝对贫困标准下农村贫困人口实现脱贫，消除了绝对贫困，全面建成小康社会。推进"共同富裕"是后精准扶贫时期中国经济发展的战略目标，而促进先富帮后富、带后富，解决相对贫困是实现共同富裕的应有之义。中国作为世界上第一个消除绝对贫困的发展中大国，在决战脱贫攻坚取得历史性成就的关键时间节点，有必要通过贫困分解揭示贫困变化的主要因素，基于中国实际研究在发展中国家如何制定和采用相对贫困标准，动态地识别和监测相对贫困人口以达到解决相对贫困的目的。

减贫是实现共同富裕的必由之路。2020 年消除绝对贫困不是终点，脱贫攻坚成果还需巩固与夯实。一方面，脱贫群众可能未"站稳脚跟"，新的返贫致贫风险不容忽视；另一方面，城乡差距、区域差距仍然存在，"从脱贫攻坚走向共同富裕"意味着我们研究和解决贫困问题的重心转向相对贫困，要建立对相对贫困的低收入人口的帮扶机制来推进共同富裕。本章使用中国家庭追踪调查数据测度了 2010 年至 2018 年绝对贫困发生率和相对贫困发生率的变化情况，结果发现在这段时期中，尽管绝对贫困发生率在下降，但是相对贫困发生率却呈现出与绝对贫困发生率相反的变化趋势。经测算，2018 年在中国绝对贫困人口处在历史低位的时候，使用家庭人均纯收入均值的 30% 作为标准测算的相对贫困发生率达 32.75%，而如果采用家庭人均纯收入均值的 50% 作为标准测算，相对贫困发生率超过 50%。要构建解决相对贫困的长效机制，首要任务就是需要科学地建立相对贫困的动态识别机制，并就相对贫困的变化进行有效的分解。

大多数既有的对贫困指数变化的分解方法采取"增长-分配"双成分分解，前者是收入分布保持不变而平均收入水平上升导致的贫困减少，后者是收入水平保持不变的情况下收入分布的改变导致的贫困变化。这种分解方法没有考虑贫困线的调整对贫困变化的影响，因此不适用于相对贫困变化的分解。少数学者在分解中考虑了贫困线的外生变化，把贫困变化分解为增长、分配和贫困标准三种成分，但是仍然存在一个额外的残差项，使得该分解方法对贫困变化的分解不完全。针对这种不足，本章考虑贫困线的内生变化，在已有贫困指数分解方法的基础上提出了一种三成分分解法，把贫困指数变化分解为识别、增长和分配三种成分，其中由贫困线的内生调整而导致的贫困指数变化称为识别成分。使用该分解方法对中国 2010—2018 年的贫困指数变化进行分解发现，增长成分总是能够减少贫困，由贫困线向上调整导致的识别成分总是体现为增加贫困，而分配成分对贫困的影响方向是不确定的，并且在不同时点，分配成分对贫困变化的作用可能会随着贫困线的动态调整而发生方向上的改变。对比各个成分的贡献度发现，增长成分对绝对贫困发生率下降的贡献度最大，识别成分对相对贫困发生率上升的贡献度最大。

通过进一步分析，本章在用全国统一线度量相对贫困的基础上，考虑了城乡差异化贫困线、地区差异化贫困线和省际差异化贫困线三种贫困线制定方案，并且就强相对贫困和弱相对贫困分别进行了测量。分析结果表明，尽管强相对度量在发达国家比较常用，但是中国仍属于发展中国家，人均国民收入处在中等偏上水平，中国现阶段更适合采用弱相对贫困线。本章研究中采用的弱相对贫困线考虑了绝对贫困线，克服了强相对贫困线的第一个缺点（即容易低估穷人的营养和社会包容需求），同时通过引入贫困线的收入弹性并进行稳健性检验，克服了强相对贫困线的第二个缺点（即经济增长同步变化却无法在贫困度量上得到体现）。研究表明，与贫困线的三种差异化划线方法相比，全国统一相对贫困线容易高估相对贫困发生率；采用的贫困标准越精细，对相对贫困的识别越精准，越有利于精准施策，但是科学制订相对贫困识别方案要在贫困度量精准度和简单易操作二者之间找到一个平衡点。当不同省（自治区、直辖市）采用不同的相对贫困线时，可以得到一些关于相对贫困的省际差异的新发现，如北京、天津和上海的相对贫困发生率在样本期始终稳定在较低水平，说明分享经济发展成果较为均衡。分城乡测算相对贫困发生率并进行量化分解时发现，城乡差异化贫困线下的城市和农村相对贫困发生率没有明显的时间趋势，而是在某个水平上下波动。可以预见在努力实现 2035 年社会主义现代化远景目标"全体人民共同富裕取得更为明显的实质性进展"的过程中，优化收入分配的体制机制，让广大民众公平地参加经济发展进程和分享经济发展成果，将会对减少相对贫困产生积极作用。

3.8.2 政策建议

2020 年消除绝对贫困后，中国从脱贫攻坚走向共同富裕的高质量发展新阶段。为了建立农村低收入人口和欠发达地区帮扶机制，健全防止返贫监测和帮扶机制，巩固脱贫攻坚成果和实现全民富裕、全面富裕、共建富裕、逐步富裕的目标，我们需要采取适应中国经济发展现阶段特征的方法来开展相对贫困的动态识别与分解，为建立解决相对贫困的长效机制和实现共同富裕提供理论支撑。根据本章的研究发现，从科学识别贫困和减少相对贫困出发，提出以下政策建议。

第一，全国统一的相对贫困线容易出现过度识别或识别遗漏问题，会高估多数省（自治区、直辖市）的相对贫困状况，相对贫困线的动态确定要适合中国国情和发展阶段。根据弱相对贫困综合指标比较三种差异化相对贫困线对中国的适用性发现：区域差异化贫困线并不适用中国现阶段；省际差异化贫困线是对贫困线"本地化"理念的最好实施，也最符合相对贫困的"比较"内涵，然而，"一省一线"会使得中国的相对贫困测度工作较为复杂且缺乏可比性；城乡差异化贫困线下的相对贫困综合指数与省际差异线下的结果较为接近，且方便实施，是一个可以兼顾识别准确度和精简度的权衡选择。

第二，进入促进共同富裕的新阶段，应把如何分配"面包"的问题放到与如何做大"面包"同等重要的位置，在收入分配的体制机制上更多体现亲贫性和对低收入群体的关注。改革收入分配制度对于抑制相对贫困增加十分重要。虽然经济增长有较强的减贫效应，但是近年来相对贫困发生率依然在上升，其原因是收入增长的同时相对贫困线也会同时上升，识别成分导致的贫困增加随之上升。在"三成分"分解框架下，分配成分的调节作用十分突出，即当收入分配趋于均等化时，不平等程度降低，增长成分和分配成分对于贫困变化的作用强于识别成分，从而会减少相对贫困；反之，相对贫困则会增加。

第三，在实施乡村振兴战略的同时，把原来的精准扶贫政策转化为精准帮扶政策，扩大帮扶群体，注重能力帮扶。精准扶贫在 2020 年前的脱贫攻坚阶段发挥了亲贫式分配效应，有效改善了农村家庭收入分配不平等状况，在减少相对贫困阶段，可以把精准扶贫转化为精准帮扶，帮扶对象从原来的贫困人口扩大为新脱贫人口、贫困脆弱性人口、低收入人口，帮扶手段由"两不愁三保障"转向扶智和扶志，提高农业生产技术水平，加强农村人力资本投入，提高农村要素资源配置效率，改善农村基础设施和公共品供给能力，促进工业化、信息化、城镇化、农业现代化同步发展，持续减少相对贫困人口。

第四，在城市建立相对贫困和低收入群体监测系统，进行动态帮扶。分配不平等是导致城市相对贫困的主要原因，低收入群体的收入增速低于城市人口收入平均增速。精准识别、精准帮扶贫困人口在农村取得了成功，实践证明这是一种行之有效的解决贫困问题的方法。城市也可以借鉴农村的做法来解决相对贫困问题，健全城市低收入人口的帮扶机制。具体措施包括深化收入分配制度改革，提高劳动收入份额，提高低收入者、中等收入者在中国分配格局中的比重，促进和保障城市居民获得财产性收入；完善再分配调节机制，更好发挥税收、社会保障和转移支付等调节手段的作用，缩小收入分配差距；围绕促进社会公平正义深化社会体制改革，推进义务教育、就业服务、社会保障、基本医疗卫生等基本公共服务均等化。

第4章 多维视角下中国相对贫困的
识别与分解研究

4.1 引言

2020 年全面建成小康社会后，随着最后一批贫困县摘帽，中国实现了第一个百年奋斗目标，绝对贫困问题得到完全解决。然而，刚刚脱离绝对贫困的人群生存状况还比较脆弱，相对贫困仍将长期存在。绝对贫困是个人或家庭收入低于一定水平，无法满足基本营养和生活需要，包括食物、住所、安全饮用水、教育、医疗保健等。相对贫困是指在特定的社会生产方式和生活方式下，依靠个人或家庭的劳动力所得或其他合法收入虽能维持其生活保障，但是被排斥在正常的社会活动和生活方式之外，应有的条件和机会被相对剥夺，从而处于贫困的状态，相对贫困强调社会成员之间的相互比较。《中华人民共和国国民经济和社会发展第十四个五年规划和 2035 年远景目标纲要》提出，"实现巩固拓展脱贫攻坚成果同乡村振兴有效衔接"，"建立完善农村低收入人口和欠发达地区帮扶机制"，过去针对绝对贫困的脱贫攻坚举措要逐步调整为针对相对贫困的日常性帮扶措施，并纳入乡村振兴战略架构下统筹安排。如何缓解相对贫困是一个新的议题，然而当前对相对贫困的认识还不是很充分。相对贫困的界定标准是什么，如何从多维视角揭示相对贫困的长期变化，如何进行多维相对贫困的分解，对这些问题的研究有助于更好地识别和瞄准相对贫困人群，并采取有针对性的公共政策。中国是所有发展中国家中第一个解决绝对贫困的国家，为全球反贫困做出了卓越的贡献。因此，基于中国微观数据就多维相对贫困进行动态测度和分解，对其他发展中国家的长期减贫事业也具有启示意义(邹薇和程小佩，2023)。

在以往的研究中，关于贫困的认识呈现两大线索：一个是从单维扩展到多维，另一个是从绝对贫困到相对贫困。不论是绝对贫困还是相对贫困，都不仅仅只是收入维度的问题，它是多个维度多个层面的问题。如何从多维视角出发对相对贫困进行界定和测度，到目前为止，国内学术界与之相关的探索还较少，世界上其他国家的相关研究也不是很充分。

本章将构建一个多维相对贫困的测度和研究框架，基于 1991—2015 年中国健康与营养调查(CHNS)数据，使用改进后的 Alkire 和 Foster(2011)方法从收入、教育、健康、生活水平、就业 5 个维度构建了中国多维相对贫困指标体系，对中国多维相对贫困的长期变化进行测度与分解。与既有文献相比，本章研究的边际贡献主要体现在以下方面：

（1）在研究视角上，本章构建了多维相对贫困指标体系并展开测度。已有文献对相对贫困的测度集中体现在收入维度，通常采用收入均值或中位数的一定比例作为相对贫困线（简称"收入比例法"），或采用弱相对贫困线来衡量相对贫困，而缺少对非收入维度的分析。在考虑多维贫困时，现有文献更多是从绝对的角度出发，而缺少相对性的分析。本章将上述两个分析框架结合起来，从既多维又相对的分析视角构建了多维相对贫困的理论框架和测度方法。

（2）在研究数据的选取上，选取 1991—2015 年 CHNS 数据进行了实证分析。该数据涵盖家庭收入、健康、教育、就业等方面的信息，相比于其他微观数据库（如 CFPS 等）具有跨越时期长、微观样本丰富等优势。但是，当前多维相对贫困的分析中考虑的时限都偏短，很少有文献使用这套长跨期、广覆盖的数据，因此，本章的数据结果表达的信息更为丰富，能较好地反映中国 1990 年以来多维相对贫困的动态变化情况。

（3）在多维相对贫困的测算方法上，本章对 Alkire 和 Foster(2011)的双界限方法（简称"AF 方法"）进行改进，使其对多维相对贫困的测算更加科学和准确。已有文献使用 AF 方法分析多维相对贫困时存在两个缺陷：其一，相对性通常体现在第二个加总维度临界值上，即对第一个指标被剥夺临界值采用不统一的绝对标准，仅通过第二个临界值的大小不同区分多维绝对贫困与多维相对贫困，但是这个加总维度临界值的相对性是主观定义的。其二，一些文献把相对性体现在第一个指标被剥夺临界值上，主要是用平均值定义被剥夺临界值，然而平均值易受到极值影响，并且作为相对比较值，平均值标准较中位数高，这样可能会高估多维相对贫困状况。因此，本章将各指标数据分布的中位数作为指标被剥夺相对临界值确定原则，通常中位数的取值会低于平均值，这种指标被剥夺相对临界值确定方法更加客观和接近实际状况，也解决了以往多维绝对贫困分析方法中指标被剥夺临界值的选取过于主观的问题。

（4）在多维相对贫困的分解研究中，本章对多维相对贫困展开细致的分解，并且研究了多维相对贫困的动态变化过程及其原因。以往文献通常分解维度少，或者仅对某一年度进行分解，未就更多不同特征展开长时间细致的分解，本章从指标、城乡、东中西部地区、性别、年龄段对多维相对贫困的不同时点进行地区异质性、个体特征异质性分解，分解结果对于政府制定相关的公共政策具有参考意义。以往对多维贫困的分析中，很少有文献对多维贫困的变动进行分解，本章将多维相对贫困的变动分解为贫困发生率效应和被剥夺程度效应，并测算其贡献度，测算结果显示多维相对贫困的变动内因主要源于贫困发生率效应。因此，在多维相对贫困的减贫实践中，应主要聚焦于降低贫困发生率比较高的指标。本章从收入、教育、健康、生活水平、就业等维度构建指标体系对多维相对贫困进行测算和分解，稳健性检验显示结果保持一致，由此得出可行的政策建议。

4.2 相关文献述评

4.2.1 多维贫困的界定

在贫困问题研究中，有两个重要的问题需要解决。一是贫困人口的识别，这涉及贫困标准的确定，自 Townsend(1954 年)以来许多学者做出了尝试；二是建立贫困指数。使用很广泛的贫困指标是贫困人口比率(head-count ratio, H)，即收入低于贫困线的群体在总人口中所占比例，表达式为 $H = q/n$，q 为低于贫困线以下的人口数，n 为总人口数。当贫困线以下的人群中贫困较严重的个体向贫困稍微严重的个体发生收入转移时，贫困指标保持不变，这种贫困指标衡量方式违反了单调性公理(贫困线以下的人群收入减少时，贫困指标增加)和转移性公理(将贫困线以下个体的收入转移给任何富有的人，贫困指标增加)。另一个广为使用的指标是贫困缺口 g_i，$g_i = z - y_i$，$i = 1, 2, \cdots, n$，z 为贫困线，y_i 为第 i 个人的收入，但是该指标不满足转移性公理。Sen(1976 年)作为"能力贫困"的倡导者，对上述测算贫困指标的方法进行改进，提出"识别-加总"方法，将穷人的数据加总成一个总体贫困指标，贫困指标 P 是穷人收入缺口标准化的加权和，表示为 $P = H(I + (1 - I)G)$，G 是穷人收入分布的基尼系数，I 是标准化后的收入缺口率，$I = \sum_{i \in S(z)} \dfrac{g_i}{qz}$，$S(z)$ 为收入低于贫困线的个体 i 的集合。然而，Sen 的方法不具备可分解性。Foster, Greer 和 Thorbecke(1984)将贫困指标 P 表示为贫困人口比例、不平等以及收入差距比率的组合，具体表达式为：$P_\alpha(y, z) = \dfrac{1}{n} \sum_{i=1}^{q} \left(\dfrac{g_i}{z} \right)^\alpha$，其中 α 为参数，可以取值为 0，1，2，其值越大则低收入人口的权重越大，其余参数与前文保持一致。当 $\alpha = 0$ 时，贫困指标为贫困发生率，当 $\alpha = 1$ 时，贫困指标为贫困距，当 $\alpha = 2$ 时，贫困指标为加权贫困距，也称为贫困深度，反映贫困群体内部不平等情况。

Tsui(2002)将贫困指标由一维扩展到多维，阐述了多维贫困测度的理论基础，并阐明多维贫困对称性、复制不变性、单调性、稳定性、一致性公理，他认为在多维的视角下，收入可能不是一个合适的衡量剥夺的变量，因为收入和基本需求的关系不是很强。Bourguignon 和 Chakravarty(2003)提出给每个维度分别设置贫困线，一个人的状况如果低于至少一个维度的贫困线就是贫穷的，他们探讨如何将这些不同维度的贫困线与多维贫困的测度相结合，并使用收入和教育定义的多维贫困，测度巴西农村人口贫困状况。Alkire 和 Foster(2011 年)扩展传统的交和并的方法，创新性地提出了"双重临界值"的贫困识别方法(AF 法),其中第一个临界值是指标被剥夺临界值,决定个体在某个维度指标是否被剥夺;第二个是加总维度临界值,决定个体是否处于贫困状态。AF 法满足包括单调性、转移性、可分解性等在内的一系列公理性质,Alkire 和 Santos(2014)基于 AF 法对 104 个发展中国家的多维贫困进行测算,随后联合国开发计划署采纳了这个方法并开始每年公布这个指数。之后,AF 法得到广泛的应用(Fransman & Yu,2019;UNDP and OPHI,2022;Shen & Li,2022;Dhongde & Haveman,2022)。国内关于多维贫困的分析也是在 AF 法上发展起来的,主要是从健康、教育、生活、儿童和青少年生活条件、就业等维度构建多维贫困指标体系(王小林和 Alkire,2009;邹薇和方迎风,2011;王春超和叶琴,2014;张全红和周强,2015;郭熙保和周强,2016;周强,2021)。多维贫困在减贫实践中也有很多应用,1986—2010 年,扶贫政策主要着手解决"吃、穿、住"基本生存目标,采用单维的"收入贫困"标准。2011 年,政府颁布的《中国农村扶贫开发纲要(2011—2020 年)》将脱贫目标扩展为"两不愁、三保障",脱贫政策由以收入为核心的一维贫困标准逐渐转向多维贫困标准(孙久文和夏添,2019 年)。

4.2.2　单维相对贫困的测度

贫困线的设置影响着贫困度量的结果,关于相对贫困的测度,既有文献中主要以收入或消费单一维度进行测度。Fuchs(1967)最早使用相对方法测算贫困发生率,他认为贫困标准不应该是固定的,因为基于同时期的生存预算是过时的,应随着真实的国民收入增长而变化。他探索性地提出美国的贫困线应该被设定为当前中位数收入的 50%,对比分析美国 1947—1965 年在人均 3000 美元的绝对贫困线下,美国的贫困率由 30% 下降到 16.5%,但是由中位数收入的 50% 计算方法显示贫困率处在 20% 左右。

除了中位数,平均值也经常应用于相对贫困的测度中,胡联等(2021a)使用《中国统计年鉴》中农村可支配收入平均值的 40%、50%、60% 测算 2002—2018 年农村相对贫困。Zheng(2001)总结相关学者的方法,认为相对贫困的衡量标准分为两种:一种是收入平均值的百分比,另一种是收入分位数(中位数是分位数的一种特殊情况)的百分比,并从理论上进行了验证。Ravallion 和 Chen(2011)将上述通过收入或消费的平均值或者中位数的固定比例得到的贫困线命名为强相对贫困线,并放松了强相对贫困线的假设,提出了弱相对公理。Ravallian 和 Chen(2019)进一步对弱相对贫困进行改进,将基尼系数考虑在内,提出了一种包含不平等的同时考虑向上比较和向下比较的弱相对贫困线的方法。目前关于弱相对贫困的研究成果逐渐增多(胡联等,2021b;马瑜和吕景春,2022),但是在实际的经济活动中,大多仍采用强相对贫困的方法来度量贫困。

4.2.3　多维相对贫困的扩展

随着中国进入解决相对贫困和推进乡村振兴的新阶段,国内学者开始关注多维相对贫困问题。多维相对贫困的分析仍旧是以 AF 法为主，王小林和冯贺霞（2020）提出当设置 5 个维度来衡量多维贫困时，任意 3/5 及以上维度贫困时，定义为"多维绝对贫困"，在任意 1/5 和 2/5 维度贫困时，定义为"多维相对贫困"，相对性体现在第二个临界值的判定上，不足之处是没有实证数据支撑。汪三贵和孙俊娜（2021）使用 2018 年中国住户调查数据分析中国多维相对贫困，他们将城乡分设收入中位数的 40%作为收入维度贫困线，但是不足之处是只有一个年度的数据且其他维度仍旧是绝对标准。程威特等（2021）选取中国家庭追踪调查数据来测度中国城乡居民家庭多维相对贫困，其中部分指标选用了样本家庭均值这种相对的衡量标准来分析，但是使用均值可能会存在高估贫困状况的问题。方迎风和周少驰（2021）使用"双相对界限"方法测算多维相对贫困，对两个临界值选取 30%定义多维相对贫困，但是这个比例的设置也存在主观性强的缺陷。此外，Luo 等（2022）从经济发展机会、潜在发展机会、内部风险以及外部风险出发对南岭瑶族地区的多维相对贫困进行分析。Xu 等（2021）通过平均夜间灯光指标以及县级多维贫困指标来分析多维相对贫困情况，采用耦合协调模型从产业、教育、旅游、农业等方面探讨扶贫路径。

纵观以上文献可以发现，关于贫困的研究视角在不断地发展和完善，由以收入为核心的一维视角逐渐转向健康、教育、生活水平等多维视角，由固定的绝对贫困线发展到随时间变动的相对贫困线。当前研究多维贫困的文献大多是绝对贫困，研究相对贫困的文献也是研究收入贫困居多，多维视角较少。但是在走向共同富裕的新阶段，不论多维绝对贫困还是单维相对贫困都已经不能满足贫困研究需要，将"多维"和"相对"的概念结合起来是探讨贫困变化的重点方向，而当前关于多维相对贫困的文献还不充分。

4.3　多维视角的相对贫困测度框架

4.3.1　多维相对贫困指数测度方法

多维相对贫困结合了相对贫困与多维贫困，其贫困标准不是固定不变的，而是随时间可变的，其衡量指标也不是单一的收入或者消费维度，而是从多个维度多个视角体现贫困群体的特征。本章构建多维相对贫困指标体系，对 AF 法进行改进，对中国多维相对贫困进行测算与分解。AF 法在分析的过程中有两个临界值，一个是指标被剥夺临界值 z，另一个是加总维度临界值 k。因此，针对多维相对贫困，考虑其相对性可以采用两个方法。其一，考虑指标被剥夺临界值的相对性，对于每个指标，其被剥夺临界值是变化的，而不是固定的；其二，考虑加总维度临界值的相对性。用第二种方法来测算多维相对贫困存在两点不足之处：一是加总维度临界值 k 的相对比例没有统一共识，有的设置 1/5 或 2/5（王小林和冯贺霞，2020），也有的设置 30%（汪三贵和孙俊娜，2021）；二是在这种情况下第一个指标被剥夺临界值仍旧是采用绝对标准定义，但是可能出现的情况是，即使同样的指标，不同学者所用的绝对标准也不一致。也有学者采用第一种方法来测算多维相对贫困，将各指标年度平均值作为指标被剥夺临界值（程威特等，2021；方迎风，周少驰，2022；Luo et al.，2022），因平均值容易受到最大值和最小值的影响，在相对比较的分析中，通常设置中位数或者平均值作为比较对象，且平均值一般会高于中位数，由平均值定义的指标被剥夺相对临界值也会更高，这样导致贫困发生率更高，从而会给政府减贫带来很大的财政压力。

基于以上考量，本章采用第一种方法来确定指标被剥夺相对临界值 z，同时根据指标数据分布的中位数来定义各指标被剥夺相对临界值，这样测度结果更符合实际贫困状况，这也是本章与其他多维相对贫困测度方法的不同之处。具体方法如下：假定社会中有 n 个个体，个体 i 在维度 j 上的样本矩阵为：$\boldsymbol{x} = \begin{pmatrix} x_{11} & \cdots & x_{1d} \\ \vdots & x_{ij} & \vdots \\ x_{n1} & \cdots & x_{nd} \end{pmatrix}$，其中 $i = 1, 2, \cdots, n$，$j = 1,$

$2, \cdots, d$。我们在研究中依次做以下考察。

（1）指标被剥夺相对临界值 z。设置 $z_j(z_j > 0)$ 表示维度 j 的被剥夺相对临界值，当个体在维度指标内是被剥夺的，令 $g_{ij} = 1$，反之，$g_{ij} = 0$，于是得到剥夺矩阵 $\boldsymbol{g} = \begin{pmatrix} g_{11} & \cdots & g_{1d} \\ \vdots & g_{ij} & \vdots \\ g_{n1} & \cdots & g_{nd} \end{pmatrix}$。

（2）指标的权重。设置各指标的权重为 $w_j(0 < w_j < 1)$，$\sum w_j = 1$。在指标权重的选取上，为避免各指标权重不一而出现主观失误，设置各维度以及维度内各指标的权重是相等的，则个体加权剥夺矩阵为：$\boldsymbol{G} = \begin{pmatrix} w_1 g_{11} & \cdots & w_d g_{1d} \\ \vdots & w_j g_{ij} & \vdots \\ w_1 g_{n1} & \cdots & w_d g_{nd} \end{pmatrix}$。个体 i 在所有 d 个指标上的加

权剥夺综合指数用 c_i 表示，c_i 等于 $\boldsymbol{G}$ 矩阵的某行加总值：$c_i = \sum_{j=1}^{d} w_j g_{ij}$。

（3）加总维度临界值。设置临界值 k 来识别个体 i 是否处于多维相对贫困状态，当 $c_i < k$ 时，$g_{ij}(k) = 0$，个体 i 不是多维相对贫困状态；当 $c_i > k$ 时，$g_{ij}(k) = 1$，个体 i 处于多维相对贫困状态，用矩阵形式表示为：$\boldsymbol{g}(\boldsymbol{k}) = \begin{pmatrix} g_{11}(k) & \cdots & g_{1d}(k) \\ \vdots & g_{ij}(k) & \vdots \\ g_{n1}(k) & \cdots & g_{nd}(k) \end{pmatrix}$。基于上述信息

可以得到多维相对贫困指数（M_0）：$M_0 = \frac{1}{n} \sum_{j=1}^{d} c_j(k)$。

（4）贫困加总。多维相对贫困指数可以拆分为 H（贫困发生率）和 A（平均被剥夺程度），具体表示如下：

$$M_0 = \frac{q}{n} \cdot \frac{1}{q} \sum_{j=1}^{d} c_j(k) = H \cdot A \qquad (4.1)$$

其中，q 表示被识别为多维相对贫困的人数，n 为样本总体人数。

（5）贫困分解。多维相对贫困指数可以按照地区、维度、城乡等不同性质分解。以地区分解为例，其中 x 表示城市，y 表示农村，z 表示贫困线，$n(x, y)$ 表示总人数，$n(x)$ 表示农村地区人数，$n(y)$ 表示城市地区人数。

$$M_0(x, y, z) = \frac{n(x)}{n(x, y)} M_0(x; z) + \frac{n(y)}{n(x, y)} M_0(y; z) \qquad (4.2)$$

（6）多维相对贫困指数的变动。借鉴 Alkire 等（2017）的方法，构造 t_1、t_2 两个时期多维相对贫困指数的变动如下：

绝对水平的变动： $\qquad \Delta M_0 = M_0(X_{t_2}) - M_0(X_{t_1}) \qquad (4.3)$

相对水平的变动： $\qquad \delta M_0 = \dfrac{M_0(X_{t_2}) - M_0(X_{t_1})}{M_0(X_{t_1})} \qquad (4.4)$

年度绝对水平的变动： $\qquad \overline{\Delta M_0} = \dfrac{M_0(X_{t_2}) - M_0(X_{t_1})}{t_2 - t_1} \qquad (4.5)$

年度相对水平的变动： $\overline{\delta M_0} = \left[\left(\dfrac{M_0(X_{t2})}{M_0(X_{t1})} \right)^{\frac{1}{t2-t1}} - 1 \right] \times 100\% \qquad (4.6)$

这些计算公式同样适用于进一步拆分研究多维相对贫困发生率和平均被剥夺程度。

（7）多维相对贫困指数变化的分解。借鉴 Roche（2013）以及 Shorrocks（2013）的方法，将多维相对贫困指数的变化分解为贫困发生率效应和被剥夺程度效应，具体分解过程如下：

$$\Delta M = M_{t2} - M_{t1} = H_{t2} \cdot A_{t2} - H_{t1} \cdot A_{t1} \qquad (4.7)$$

将上式改写为：

$$\Delta M = H_{t2} \cdot A_{t2} - H_{t2} \cdot A_{t1} + H_{t2} \cdot A_{t1} - H_{t1} \cdot A_{t1} = H_{t2} \cdot (A_{t2} - A_{t1}) + (H_{t2} - H_{t1}) \cdot A_{t1}$$
$$(4.8)$$

$$\Delta M = H_{t2} \cdot A_{t2} - H_{t1} \cdot A_{t2} + H_{t1} \cdot A_{t2} - H_{t1} \cdot A_{t1} = A_{t2} \cdot (H_{t2} - H_{t1}) + (A_{t2} - A_{t1}) \cdot H_{t1}$$
$$(4.9)$$

将（4.8）式和（4.9）式相加取平均得到：

$$\Delta M_0 = \underbrace{\frac{A_{t2} + A_{t1}}{2}(H_{t2} - H_{t1})}_{\text{贫困发生率效应}} + \underbrace{\frac{H_{t2} + H_{t1}}{2}(A_{t2} - A_{t1})}_{\text{被剥夺程度效应}} \qquad (4.10)$$

$$\varphi_H = \frac{(A_{t1} + A_{t2})(H_{t2} - H_{t1})}{2\Delta M_O} \qquad (4.11)$$

$$\varphi_A = \frac{(H_{t1} + H_{t2})(A_{t2} - A_{t1})}{2\Delta M_O} \tag{4.12}$$

其中，M_{t1}、H_{t1}、A_{t1} 表示 t_1 时期的多维相对贫困指数、贫困发生率和平均被剥夺程度，M_{t2}、H_{t2}、A_{t2} 表示 t_2 时期的多维相对贫困指数、贫困发生率和平均被剥夺程度，ΔM 是在 t_1、t_2 两个时期多维相对贫困指数的变化，(4.10)式表示将多维相对贫困的变动分解为贫困发生率效应和被剥夺程度效应，(4.11)式表示贫困发生率效应贡献，(4.12)式表示被剥夺程度效应贡献。贫困发生率效应和被剥夺程度效应分别对应贫困发生率和平均被剥夺程度的边际效应。贫困发生率效应是当平均被剥夺程度保持不变时，由贫困发生率的变动引起的多维相对贫困指标的变化，被剥夺程度效应是当贫困发生率保持不变时，由平均被剥夺程度的变动引起的多维相对贫困指标的变化。这个分解结果具体到多维相对的减贫实践中，有助于了解是应该更关注贫困发生率过高的指标，还是兼顾各个指标关注总体的平均被剥夺程度。

4.3.2　多维相对贫困指标体系构建

本章选取的数据来源于中国健康与营养调查数据库(CHNS)[1]，数据调查年限长，追踪样本量大，数据范围包含东部、中部、西部共 12 个省区市，能够很好地反映全国的情况，数据指标涉及居民生活、营养、健康、教育等方面，能够有针对性地用于本章多维相对贫困问题的研究。CHNS 数据库中的数据是非平衡面板数据，本章选取的数据年限是 1991—2015 年，其中，1991 年、1993 年包含辽宁、江苏、山东、河南、湖北、湖南、广西、贵州 8 个省区，1997 年辽宁缺失，加入黑龙江，仍为 8 个省区，2000 年、2004 年、2006 年、2009 年为以上 9 个省区，2011 年加入北京、上海、重庆，总共 12 个省区市，2015 年也是以上 12 个省区市。根据前文选取的指标，将家庭样本数据与个体样本数据合并处理，对数据中的缺失值进行删除，最终获得 82443 个观测值。

关于多维相对贫困指标体系的构建，在维度选取上采取如下做法。首先，参考全球多维贫困指数(MPI)的三个维度：即健康、教育和生活水平。其次，增加收入维度，因为收入作为单维贫困分析中最常用的指标，直接关系到生活水平，也应该包含在多维贫困的分析中。另外，就业水平也与个人福利密切相关，因此增加了就业维度[2]。本章遵循指标选取的科学性、合理性以及数据可获得性等原则，构建包含收入、健康、教育、生活水平、就业 5 个维度的多维相对贫困指标体系，这 5 个维度总共包含 11 个细分指标，各细分指

---

① 数据库网址：https://www.cpc.unc.edu/projects/china。目前该数据库可获取的年份是 1989—2015，为了保持指标连续性、可比性，本章采用 1991—2015 年的数据。

② 事实上，还考虑了其他一些维度，比如心理状况、对金融服务的使用等。遗憾的是，CHNS 数据库不包含这些数据。

标的被剥夺相对临界值见表 4.1，具体说明如下。

（1）收入维度。收入维度选取的指标是家庭人均年收入中位数的 50%，因为居民收入最大值与最小值相差很大，收入差距明显，如果直接设置成中位数，那么收入维度的贫困发生率会很高，不太符合实际情况；另外，在单维的相对贫困分析中，通常设置收入中位数的 50% 作为相对贫困线（Fuchs，1967；Yip et al.，2017；Zou et al.，2017）。因此，采用家庭人均年收入中位数的 50% 作为每年收入指标的临界值，当家庭人均年收入小于这个临界值时被认为是相对剥夺的。

（2）教育维度。教育维度选取的指标是"受教育年限"①，在个人问卷中有询问受访者"你受过几年正规的学校教育？"其中，选项有"1 年小学、2 年小学直到 6 年大学"。对于教育维度的临界值，将每年个体受教育年限由小到大排序，每年以受教育年限的中位数为这一年度教育维度的相对临界值，当个体的受教育年限低于这个相对临界值时被认为是相对剥夺的。

（3）健康维度。本章选取了三个指标来衡量个体健康情况，分别是患病、BMI 和医疗保险。①在患病情况中受访者对个人问卷"过去的四周中，你是否生过病或受过伤？是否患有慢性病或急性病？"回答为"是"的个体被认为是剥夺的。②大部分研究者认为 BMI 小于 18.5 的个体是被剥夺的，但是随着人们生活水平的提高，BMI 逐渐提高，营养不良的情况逐渐改善，越来越多的人营养正常甚至达到肥胖的情况，在医学中将 BMI 处于 18.5～24 视为正常情况，BMI 大于 24 视为超重。一些医学研究成果表明超重与患各种癌症以及慢性病的风险相关（Sung et al.，2019），另外一些文献发现重庆市贫困地区超重和肥胖问题也逐渐显现（李洮庭等，2013），新疆贫困地区超重和肥胖农民与血脂异常疾病存在一定相关性（孙珂等，2020），上述文献表明 BMI 大于 24 也是个体不健康的表征。基于此，本章认为 BMI 小于 18.5 和大于 24 的个体是被剥夺的。③医疗保险中定义为未参加医疗保险的个体被认为是剥夺的。对于健康维度，受限于数据结构，难以相对量化，因此仍旧采用绝对的视角进行分析。

（4）生活水平维度。本章选取了 5 个指标来衡量生活水平状况，分别是饮用水水源、厕所类型、做饭燃料、交通工具、家用电器。①在问卷中饮用水水源分为"其他"，"冰雪水"，"小溪、泉水、河、湖泊"，"大口井水（≤5 米）"，"地下水（>5 米）"，"水厂"，"瓶装水/矿泉水或纯净水"7 个选项，在多维绝对贫困的研究中，不同学者设置的临界值标准不同，"饮用水水源不是来自 5 米以下深度的地下水或者水厂"（王小林，2009），"不能使用自来水"（邹薇和方迎风，2011），"不能使用自来水或井水深度 ≥5 米"（张全红和

---

① 这里没有选用"最高受教育年限"这一问题选项，因为"受教育年限"涉及的教育时长划分得更加细致，也便于后续研究。

周强，2015），这种指标被剥夺临界值的设置方法标准不一。本章将饮用水水源由差到好进行排序，每年分布在中位数的饮用水水源即为饮用水指标年度被剥夺相对临界值。②在问卷中，厕所类型总共有"没有"、"其他"、"开放式土坑"、"开放式水泥坑"、"室外非冲水公厕"、"室外冲水公厕"、"室内马桶(无冲水)"、"室内冲水"8 个选项，采用与饮用水水源相同的方法，将厕所类型由差到好进行排序，分布在中位数的厕所类型即为指标被剥夺相对临界值。③做饭燃料分为"其他"，"木柴、柴草等"，"木炭"，"煤油"，"煤"，"液化气"，"电"，"天然气"8 个选项，将做饭燃料按照由差到好进行排序，每年分布在中位数的即为指标年度被剥夺相对临界值。④交通工具包括"三轮车"、"自行车(包括电助力自行车)"、"摩托车(包括三轮摩托)"、"汽车"4 个选项，将交通工具资产个数的中位数作为指标被剥夺相对临界值。⑤家用电器包括"彩色电视机"、"洗衣机"、"冰箱"、"空调"、"缝纫机"、"电扇"、"DVD/VCD"、"微波炉"、"电饭煲"、"高压锅"、"电话"、"手机(非智能)"、"智能手机"、"卫星接收器"、"计算机"、"平板电脑"16 种资产，资产个数的中位数作为指标被剥夺相对临界值。

（5）就业维度。就业维度选用的指标是个体是否有工作，将没有工作的个体认为是被剥夺的，其中排除个体是学生、退休、年纪太小而不能工作这三种情况。就业维度也受限于数据类型，采用绝对标准衡量。从表 4.1 中可以看出，除了健康、就业维度因为数据类型而继续采用绝对的贫困标准，其他的指标均采用相对的标准来定义指标被剥夺相对临界值。

表 4.1   **多维相对贫困指标和被剥夺相对临界值**

维度（权重）	指标（权重）	指标被剥夺相对临界值	特性
收入（1/5）	家庭人均年收入（1/5）	家庭人均年收入中位数的 50%	相对
教育（1/5）	受教育年限（1/5）	年度受教育年限的中位数	相对
健康（1/5）	患病（1/15）	出现生病或受伤情况	绝对
	BMI（1/15）	BMI 非 18.5~24 区间	绝对
	医疗保险（1/15）	未参加医疗保险	绝对
生活水平（1/5）	饮用水水源（1/25）	年度样本分布（"其他"，"冰雪水"，"小溪、泉水、河、湖泊"，"大口井水（≤5 米）"，"地下水（>5 米）"，"水厂"，"瓶装水/矿泉水或纯净水"）中位数	相对
	厕所类型（1/25）	年度样本分布（"没有"、"其他"、"开放式土坑"、"开放式水泥坑"、"室外非冲水公厕"、"室外冲水公厕"、"室内马桶(无冲水)"、"室内冲水"）中位数	相对

续表

维度(权重)	指标(权重)	指标被剥夺相对临界值	特性
生活水平 (1/5)	做饭燃料(1/25)	年度样本分布("其他","木柴、柴草等","木炭","煤油","煤","液化气","电","天然气")中位数	相对
	交通工具(1/25)	年度样本("三轮车"、"自行车(包括电助力自行车)"、"摩托车(包括三轮摩托)"、"汽车")资产个数中位数	相对
	家用电器(1/25)	年度样本("彩色电视机"、"洗衣机"、"冰箱"、"空调"、"缝纫机"、"电扇"、"DVD/VCD"、"微波炉"、"电饭煲"、"高压锅"、"电话"、"手机(非智能)"、"智能手机"、"卫星接收器"、"计算机"、"平板电脑")资产个数的中位数	相对
就业(1/5)	工作情况(1/5)	无工作(排除学生、退休、年纪太小而不能工作)	绝对

4.3.3 指标被剥夺相对临界值的确定

根据上文的方法,对每个年度指标被剥夺相对临界值进行计算,具体结果见表4.2。从表中可以看出,大部分指标被剥夺相对临界值发生了变化。随着时间推移,指标被剥夺相对临界值的水平在逐渐提高。在收入维度,家庭人均年收入水平临界值由1991年的1390元上升至2015年8533元,居民收入水平大幅提高。在教育维度,受教育年限由1991年的"6年小学"提高至2015年的"3年初中",说明教育改革效果明显,居民的受教育程度在逐渐提高。在生活水平维度,饮用水水源由1991年的"大口井水(≤5米)"转变为2015年的"地下水(>5米)",居民的饮用水质量也得到了改善,厕所类型也由1991年的"开放式水泥坑"转变为2015年的"室内冲水厕所",做饭燃料指标临界值由1991年的"煤"转变为2015年的"电",家用电器的个数由1991年的2个上升至2015年的9个,交通工具的数量临界值未发生变化,保持在1个,居民基本生活质量有明显改善。在健康维度、就业维度,由于数据所限采用绝对的标准,因此指标被剥夺相对临界值未发生变化。各指标被剥夺相对临界值的变化体现了中国经济发展和扶贫的成效,同时,随着居民收入和生活质量不断提高,多维相对贫困的标准也相应地提高。

表4.2　　　　　**1991—2015年中国多维相对贫困指标被剥夺相对临界值**

维度	指标	1991年	1993年	1997年	2000年	2004年	2006年	2009年	2011年	2015年
收入	家庭人均年收入(元)	1390	1433	1862	2318	2852	3167	4706	6524	8533

续表

维度	指标	1991年	1993年	1997年	2000年	2004年	2006年	2009年	2011年	2015年
教育	受教育年限	6年小学	6年小学	6年小学	2年初中	3年初中	3年初中	3年初中	3年初中	3年初中
健康	患病	患病	患病	患病	患病	患病	患病	患病	患病	患病
	BMI	<18.5或>24	<18.5或>24	<18.5或>24	<18.5或>24	<18.5或>24	<18.5或>24	<18.5或>24	<18.5或>24	<18.5或>24
	医疗保险	无	无	无	无	无	无	无	无	无
生活水平	饮用水水源	大口井水（≤5米）	大口井水（≤5米）	大口井水（≤5米）	大口井水（≤5米）	地下水（>5米）	地下水（>5米）	地下水（>5米）	地下水（>5米）	地下水（>5米）
	厕所类型	开放式水泥坑	开放式水泥坑	开放式水泥坑	开放式水泥坑	室外非冲水厕所	室内马桶（无冲水）	室内冲水厕所	室内冲水厕所	室内冲水厕所
	做饭燃料	煤	煤	煤	煤	煤	液化气	液化气	电	电
	交通工具	1	1	1	1	1	1	1	1	1
	家用电器	2	2	3	4	6	6	7	8	9
就业	工作情况	无工作	无工作	无工作	无工作	无工作	无工作	无工作	无工作	无工作

4.4 实证结果：基于 CHNS 数据库的分析

4.4.1 各维度指标的贫困发生率

表 4.3 列示了 1991—2015 年多维相对贫困各指标的贫困发生率，从表中可以看出变化趋势。首先，不同维度的相对贫困变化方向和程度不一。收入维度的贫困发生率由 1991 年 19.97% 上升至 2015 年 26.65%，居民的收入水平虽然有上升，但是相对贫困发生率也在上升，说明居民之间的收入不平等扩大了。教育维度的贫困发生率由 1991 年的 45.17% 下降至 2015 年 35.7%，居民的受教育程度不仅普遍提高，而且教育被剥夺情况有较大的改进。在健康维度，医疗保险的贫困发生率由 1991 年高达 68.87%，持续下降到 2015 年仅为 2.58%，但是患病和 BMI 贫困发生率在上升，说明中国城乡医保制度缓解了贫困人口看病问题，但是患病、健康不佳仍然是相对健康贫困的表征。在生活水平维度，饮用水水源、做饭燃料、交通工具、家用电器的相对贫困发生率都出现了上升，说明居民生活水平普遍提高的同时，差距在拉大；厕所类型贫困发生率明显下降，这可能体现了 20 世纪 90 年代开启的"厕所革命"成效。在就业维度，近年来贫困发生率

有上升之势，说明因失业遭受剥夺的群体有所增加。其次，各维度指标的变化有一定起伏。收入维度相对贫困在 2006 年之前呈上升趋势，2009 年略有回调，随后再次进入上升区间。其他维度的一些指标，在 2000 年之前贫困发生率是逐年递减的，在 2000 年、2004 年之后发生了跳跃，然后又开始逐年递减，这与部分指标的被剥夺相对临界值在 2000 年、2004 年发生了变化有关①。最后，多维相对贫困的主要因素随着时间而改变。1991 年居民贫困发生率最高的前三项指标分别是医疗保险、受教育年限、家用电器，到 2015 年改变为 BMI、家用电器、做饭燃料，这说明近年来相对贫困比较突出的主要是个体健康、生活水平方面。

表 4.3　　　　　　　　　　1991—2015 年多维相对贫困各指标贫困发生率(%)

维度	指标	1991 年	1993 年	1997 年	2000 年	2004 年	2006 年	2009 年	2011 年	2015 年
收入	家庭人均年收入	19.97	20.86	20.05	24.18	24.44	26.32	23.54	24.28	26.65
教育	受教育年限	45.17	43.02	41.11	48.64	47.88	45.07	45.36	39.40	35.70
健康	患病	10.74	6.32	7.64	8.81	16.73	13.61	15.65	17.54	14.01
	BMI	28.93	29.91	33.87	39.09	42.3	43.43	46.23	49.77	54.62
	医疗保险	68.87	73.76	75.28	78.44	72.61	50.18	8.91	4.91	2.58
生活水平	饮用水水源	21.55	19.08	10.14	12.83	48.98	45.17	42.92	33.84	34.44
	厕所类型	33.05	30.26	26.94	22.25	46.37	49.50	48.69	36.54	30.58
	做饭燃料	38.07	39.21	37.52	28.85	25.27	49.88	34.37	45.50	44.00
	交通工具	17.37	16.15	21.83	21.32	25.78	28.02	26.99	27.46	28.36
	家用电器	38.40	32.81	39.26	40.02	47.00	38.30	38.54	36.28	42.10
就业	工作情况	9.68	11.19	13.34	16.61	27.05	27.49	26.94	23.55	33.67

4.4.2　多维相对贫困的测度

表 4.4 是不同维度下多维相对贫困发生率(H)、平均被剥夺程度(A)和多维相对贫困指数(M_0)。由表中结果得知，以 $k = 2$ 为例分析，当有两个维度被剥夺时，2015 年多维相对贫困指数为 0.191，多维相对贫困发生率为 0.321，平均被剥夺强度为 0.596。图 4.1 是当个体遭受不同的剥夺维度时多维相对贫困指数的变化情况。从图中可以看出，不同维

---

①　2000 年临界值变动的指标：受教育年限指标临界值由 1997 年的"6 年小学"变化为 2000 年的"2 年初中"；2004 年临界值变动的指标：受教育年限指标临界值由 2000 年的"2 年初中"变化为 2004 年的"3 年初中"，饮用水水源由 2000 年的"大口井水(≤5 米)"转变为 2004 年的"地下水(>5 米)"，厕所类型由 2000 年的"开放式水泥坑"转变为 2004 年的"室外非冲水厕所"。

度下多维相对贫困指数的变动趋势总体比较一致。1991—1997 年多维相对贫困指数平缓略有下降，1997—2004 年指数出现较快上升，2004—2011 年出现持续明显下降，2011 年又开始呈上升趋势。与 1991 年相比，2015 年多维相对贫困更严重，说明现阶段解决多维相对贫困问题任务比较艰巨。同时发现，当个体遭受的剥夺维度越多时，多维相对贫困指数越低。当 $k = 1$ 时，多维相对贫困指数在 20%~35% 变动，即 20%~35% 的人群遭受一个维度的相对剥夺；当 $k = 2$ 时，多维相对贫困指数在 10%~25% 变动；当 $k = 3$ 时，多维相对贫困指数不超过 15%；当 $k = 4$ 时，多维相对贫困指数在 4% 内变动，即大约仅 4% 的人群遭受四个维度的相对剥夺。当 $k = 5$ 时，即个体在 5 个维度全部遭受相对剥夺，此时多维相对贫困指数为 0，因此未在表 4.4 或图 4.1 中展示。

表 4.4　　　　　　　　**1991—2015 年不同维度下多维相对贫困状况**

剥夺维度	年份	1991	1993	1997	2000	2004	2006	2009	2011	2015
$k = 1$	H	0.578	0.573	0.572	0.636	0.705	0.671	0.622	0.563	0.580
	A	0.422	0.417	0.417	0.436	0.473	0.477	0.45	0.452	0.469
	M_0	0.244	0.239	0.239	0.277	0.333	0.320	0.28	0.254	0.272
$k = 2$	H	0.267	0.248	0.25	0.305	0.41	0.388	0.312	0.285	0.321
	A	0.547	0.547	0.55	0.563	0.585	0.598	0.583	0.587	0.596
	M_0	0.146	0.136	0.137	0.172	0.24	0.232	0.182	0.168	0.191
$k = 3$	H	0.073	0.064	0.065	0.094	0.165	0.171	0.111	0.104	0.124
	A	0.682	0.678	0.694	0.697	0.719	0.725	0.721	0.727	0.727
	M_0	0.050	0.044	0.045	0.066	0.119	0.124	0.080	0.076	0.098
$k = 4$	H	0.008	0.005	0.008	0.014	0.025	0.042	0.022	0.021	0.022
	A	0.856	0.851	0.845	0.851	0.889	0.863	0.859	0.851	0.843
	M_0	0.007	0.004	0.007	0.012	0.022	0.036	0.019	0.018	0.019

4.4.3　多维相对贫困指数的分解

其一，考虑分指标分解的情形。表 4.5 中以 $k = 2$ 为例，分析在两个维度被剥夺的情况下各指标对多维相对贫困指数的贡献。从表 4.5 以看出，收入维度对多维相对贫困指数的贡献 1991 年为 20.6%，2015 年上升至 21.8%，居民的相对收入剥夺变得严重了。教育维度对多维相对贫困指数的贡献逐渐在下降，1991 年为 32.8%，2015 年下降至 25.3%，说明教育维度的相对剥夺情况在减缓，但是在 2015 年教育维度对多维相对贫困指数的贡献仍然较高，超过收入、健康、生活水平等维度的贡献度。在健康维度，患病和 BMI 对多

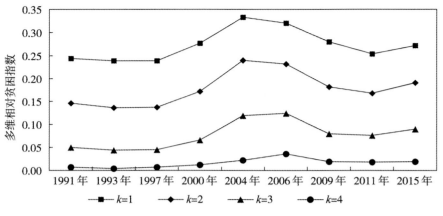

图 4.1 1991—2015 年不同维度下中国多维相对贫困指数

维相对贫困指数的贡献度有所上升，但医疗保险的贡献度逐渐下降，说明医疗保险的普及力度比较大，相关的医疗保险政策起到了减贫效果。在生活水平维度，饮用水水源对多维相对贫困指数的贡献度略有上升，居民的饮用水安全还有很大的改进空间，厕所类型、做饭燃料、交通工具、家用电器的贡献度均有所下降，说明居民生活水平在这几个方面得到了改善。就业维度对多维相对贫困指数的贡献逐渐升高，由 1991 年的 10%上升至 2015 年的 26.5%，说明居民的就业剥夺情况在恶化。总结来看，历年间收入与教育维度对多维相对贫困指数的贡献度都较高，而到 2015 年就业剥夺已成为多维相对贫困最主要的致因。可见，现阶段解决相对贫困，应多关注提高收入、教育以及提供就业等方面。

表 4.5 多维相对贫困指数分指标分解（k = 2）

维度	指标	1991 年	1993 年	1997 年	2000 年	2004 年	2006 年	2009 年	2011 年	2015 年
收入	家庭人均年收入	0.206	0.213	0.202	0.211	0.172	0.188	0.200	0.222	0.218
教育	受教育年限	0.328	0.321	0.316	0.316	0.281	0.272	0.291	0.281	0.253
健康	患病	0.021	0.014	0.016	0.018	0.025	0.021	0.028	0.030	0.023
	BMI	0.046	0.052	0.054	0.056	0.055	0.055	0.061	0.064	0.065
	医疗保险	0.116	0.118	0.112	0.112	0.105	0.076	0.014	0.009	0.004
生活水平	饮用水水源	0.029	0.022	0.013	0.016	0.046	0.042	0.040	0.035	0.032
	厕所类型	0.041	0.036	0.033	0.028	0.046	0.047	0.045	0.038	0.034
	做饭燃料	0.040	0.039	0.039	0.030	0.025	0.048	0.034	0.042	0.039
	交通工具	0.024	0.022	0.028	0.023	0.023	0.024	0.025	0.027	0.023
	家用电器	0.050	0.044	0.050	0.048	0.049	0.042	0.043	0.043	0.045
就业	是否就业	0.100	0.118	0.136	0.141	0.174	0.186	0.218	0.210	0.265

其二，考虑分城乡分解的情形。将多维相对贫困指数分城市和农村进行分解，表 4.6 报告了农村和城市多维相对贫困指数及其贡献度，图 4.2 以 $k=2$ 为例进行了展示。从表中得知，当 $k=2$ 时，2015 年农村地区多维相对贫困指数为 0.265，城市地区多维相对贫困指数为 0.081，农村多维相对贫困指数约为城市的 3.3 倍，农村地区对多维相对贫困指数的贡献为 83%，城市地区对多维相对贫困指数的贡献为 17%。随着剥夺维度的增加，农村地区和城市地区对多维相对贫困指数的贡献变化不是很大。2015 年，农村在 4 个维度对多维相对贫困的贡献高达 90.5%，城乡之间仍旧存在巨大的差异。相对城市而言，农村仍旧是多维相对贫困的高发地带。城乡二元结构的差异使得城市能够共享经济快速发展的成果，但是这种成果却未能同样地惠及农村地区。尽管绝对贫困完全消除，但是农村地区存在着返贫风险。在相对贫困的监测体系里，农村地区仍旧是重点帮扶地区，需要有效衔接农村脱贫攻坚与乡村振兴战略。

表 4.6 　　　　　　　　　　　　　　　　多维相对贫困指数分城乡分解

剥夺维度	地区	1991 年	1993 年	1997 年	2000 年	2004 年	2006 年	2009 年	2011 年	2015 年
$k=1$	城市（M_0）	0.147	0.153	0.163	0.187	0.221	0.218	0.185	0.152	0.145
	贡献度	0.197	0.187	0.197	0.189	0.204	0.209	0.205	0.251	0.214
	农村（M_0）	0.291	0.274	0.269	0.312	0.383	0.366	0.322	0.328	0.357
	贡献度	0.803	0.813	0.803	0.811	0.796	0.791	0.795	0.749	0.786
$k=2$	城市（M_0）	0.075	0.080	0.090	0.105	0.140	0.143	0.114	0.089	0.081
	贡献度	0.168	0.172	0.189	0.171	0.179	0.19	0.194	0.222	0.170
	农村（M_0）	0.180	0.158	0.157	0.198	0.284	0.271	0.212	0.225	0.265
	贡献度	0.832	0.828	0.811	0.829	0.821	0.810	0.806	0.778	0.830
$k=3$	城市（M_0）	0.023	0.022	0.029	0.037	0.059	0.076	0.052	0.039	0.032
	贡献度	0.147	0.148	0.184	0.160	0.152	0.189	0.201	0.215	0.143
	农村（M_0）	0.063	0.053	0.051	0.077	0.146	0.145	0.093	0.102	0.129
	贡献度	0.853	0.852	0.816	0.840	0.848	0.811	0.799	0.785	0.857
$k=4$	城市（M_0）	0.004	0.003	0.006	0.006	0.008	0.023	0.012	0.008	0.004
	贡献度	0.179	0.167	0.249	0.140	0.106	0.193	0.193	0.186	0.095
	农村（M_0）	0.008	0.005	0.007	0.014	0.028	0.042	0.022	0.025	0.028
	贡献度	0.821	0.833	0.751	0.860	0.894	0.807	0.807	0.814	0.905

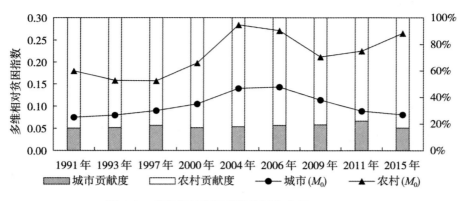

图 4.2 多维相对贫困指数分城乡分解 ($k = 2$)

其三，考虑分地区分解的情形。将多维相对贫困指数分为东部、中部以及西部地区进行分解①，表 4.7 报告了东、中、西部地区多维相对贫困指数及其贡献度，图 4.3 以 $k = 2$ 为例进行了展示。从结果中可知，东部地区多维相对贫困指数最小，中部和西部地区多维相对贫困指数偏高且大小比较接近，中、西部地区相对剥夺比东部地区严重，这与地区之间经济发展差异相关联。中部地区对多维相对贫困指数贡献度最高，西部地区其次，东部地区贡献度最低。以 $k = 2$ 为例分析，2015 年东部地区的多维相对贫困指数为 0.115，中部地区的多维相对贫困指数为 0.249，西部地区的多维相对贫困指数为 0.241。由此可见，在数据的样本省(自治区、直辖市)中，中部地区的多维相对贫困情况相比较而言更严重，可能的原因是本章的样本未覆盖西部较为贫困的云南、甘肃等地导致西部地区相对剥夺状况好于中部地区，另外的原因是中部地区内部不平等现象更为严重。

表 4.7　　　　　　　　　　　　　多维相对贫困指数分地区分解

剥夺维度	地区	1991 年	1993 年	1997 年	2000 年	2004 年	2006 年	2009 年	2011 年	2015 年
$k = 1$	东部 (M_0)	0.204	0.208	0.214	0.226	0.272	0.261	0.218	0.172	0.187
	中部 (M_0)	0.251	0.261	0.234	0.302	0.361	0.350	0.301	0.309	0.335
	西部 (M_0)	0.285	0.248	0.269	0.296	0.370	0.354	0.332	0.325	0.329
	东部贡献度	0.297	0.308	0.218	0.252	0.278	0.279	0.268	0.293	0.287
	中部贡献度	0.373	0.394	0.466	0.478	0.457	0.450	0.459	0.379	0.395
	西部贡献度	0.330	0.298	0.316	0.271	0.265	0.271	0.273	0.328	0.318

① 中部地区包括黑龙江省、河南省、湖北省、湖南省，东部地区包括的省(市)有北京市、辽宁省、上海市、江苏省、山东省，西部地区包括的省(自治区、直辖市)有重庆市、贵州省、广西壮族自治区。

续表

剥夺维度	地区	1991 年	1993 年	1997 年	2000 年	2004 年	2006 年	2009 年	2011 年	2015 年
$k=2$	东部（M_0）	0.121	0.113	0.117	0.125	0.170	0.166	0.120	0.093	0.115
	中部（M_0）	0.148	0.156	0.135	0.202	0.275	0.265	0.204	0.217	0.249
	西部（M_0）	0.173	0.137	0.160	0.177	0.277	0.267	0.231	0.234	0.241
	东部贡献度	0.295	0.295	0.207	0.224	0.241	0.246	0.227	0.239	0.252
	中部贡献度	0.369	0.414	0.467	0.515	0.484	0.472	0.481	0.403	0.418
	西部贡献度	0.336	0.290	0.326	0.261	0.275	0.282	0.292	0.358	0.331
$k=3$	东部（M_0）	0.040	0.038	0.038	0.040	0.071	0.079	0.044	0.036	0.052
	中部（M_0）	0.050	0.050	0.043	0.086	0.147	0.146	0.096	0.103	0.120
	西部（M_0）	0.062	0.042	0.053	0.062	0.138	0.147	0.105	0.109	0.115
	东部贡献度	0.286	0.310	0.207	0.188	0.204	0.220	0.189	0.206	0.242
	中部贡献度	0.364	0.414	0.459	0.572	0.520	0.489	0.511	0.423	0.425
	西部贡献度	0.350	0.275	0.334	0.240	0.276	0.291	0.300	0.371	0.333
$k=4$	东部（M_0）	0.006	0.004	0.007	0.006	0.013	0.022	0.009	0.009	0.011
	中部（M_0）	0.008	0.007	0.007	0.017	0.030	0.050	0.022	0.023	0.028
	西部（M_0）	0.006	0.002	0.007	0.012	0.020	0.033	0.028	0.029	0.020
	东部贡献度	0.301	0.285	0.250	0.141	0.207	0.210	0.170	0.204	0.244
	中部贡献度	0.429	0.570	0.481	0.607	0.575	0.569	0.496	0.393	0.481
	西部贡献度	0.271	0.145	0.269	0.251	0.218	0.221	0.334	0.403	0.275

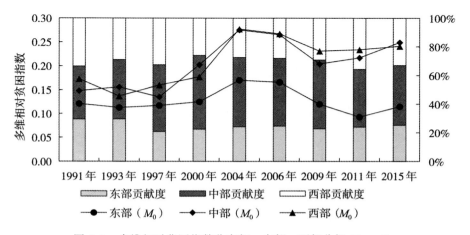

图 4.3　多维相对贫困指数分东部、中部、西部分解（$k=2$）

其四，考虑分性别分解的情形。将多维相对贫困指数分性别进行分解，表4.8报告了分解结果，图4.4以 $k = 2$ 为例进行了展示。当遭受两个维度的相对剥夺时，2015年女性的多维相对贫困指数为0.228，男性的多维相对贫困指数为0.148，女性对多维相对贫困指数的贡献为64.5%，男性对多维相对贫困指数的贡献为35.5%，女性的多维相对贫困指数高于男性，女性对多维相对贫困的贡献度远高于男性，男性与女性之间的这种差异相对稳定。剥夺维度越高，女性多维相对贫困越严重，女性群体多维相对剥夺程度远高于男性。

表4.8　　　　　　　　　　　　　　多维相对贫困指数分性别分解

剥夺维度	地区	1991年	1993年	1997年	2000年	2004年	2006年	2009年	2011年	2015年
$k = 1$	男性（M_0）	0.202	0.193	0.195	0.234	0.283	0.270	0.232	0.212	0.231
	女性（M_0）	0.283	0.282	0.281	0.319	0.378	0.365	0.322	0.291	0.307
	男性贡献度	0.395	0.389	0.400	0.416	0.405	0.396	0.394	0.391	0.390
	女性贡献度	0.605	0.611	0.600	0.584	0.595	0.604	0.606	0.609	0.610
$k = 2$	男性（M_0）	0.108	0.092	0.099	0.129	0.185	0.177	0.134	0.126	0.148
	女性（M_0）	0.180	0.176	0.175	0.214	0.290	0.280	0.225	0.204	0.228
	男性贡献度	0.356	0.328	0.353	0.370	0.367	0.360	0.349	0.352	0.355
	女性贡献度	0.644	0.672	0.647	0.630	0.633	0.640	0.651	0.648	0.645
$k = 3$	男性（M_0）	0.033	0.027	0.027	0.046	0.080	0.087	0.055	0.050	0.064
	女性（M_0）	0.066	0.059	0.062	0.085	0.154	0.156	0.103	0.098	0.113
	男性贡献度	0.315	0.302	0.296	0.343	0.321	0.331	0.323	0.310	0.323
	女性贡献度	0.685	0.698	0.704	0.657	0.679	0.669	0.677	0.690	0.677
$k = 4$	男性（M_0）	0.003	0.002	0.003	0.006	0.020	0.025	0.011	0.010	0.011
	女性（M_0）	0.010	0.007	0.011	0.018	0.044	0.046	0.026	0.025	0.025
	男性贡献度	0.238	0.197	0.230	0.260	0.288	0.330	0.270	0.262	0.281
	女性贡献度	0.762	0.803	0.770	0.740	0.712	0.670	0.730	0.738	0.719

最后，考虑分年龄分解的情形。考虑不同年龄段人群的多维相对贫困状况，将年龄段划分为三类：≤18岁、18~64岁、>64岁，表4.9报告了各个年龄段多维相对贫困指数及其贡献度，图4.5以 $k = 2$ 为例进行了展示。从表4.9可以看出，64岁以上人群多维相对贫困最严重，在2000年之前，18~64岁人群多维相对贫困比18岁以下人群严重，2000年之后，18岁以下的人群多维相对贫困比18~64岁人群严重。从各年龄段人群对多维相对贫困指数的贡献来看，18~64岁人群对多维相对贫困指数贡献度最高，部分原因可能是这个年龄段涉及的人群最多，其次是64岁以上人群，18岁以下人群对多维相对贫困指数贡

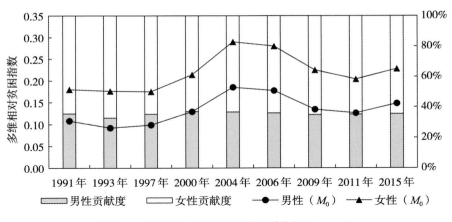

图 4.4 多维相对贫困指数分性别分解（$k = 2$）

献度最低。整体来看，近年来，64 岁以上人群是相对剥夺比较严重的人群，其次是 18~64 岁人群，缓解多维相对剥夺应多关注这些人群。

表 4.9 多维相对贫困指数分年龄段分解

剥夺维度	年龄分组	1991 年	1993 年	1997 年	2000 年	2004 年	2006 年	2009 年	2011 年	2015 年
$k = 1$	18 岁以下（M_0）	0.208	0.183	0.181	0.241	0.326	0.377	0.362	0.385	0.165
	18~64 岁（M_0）	0.230	0.225	0.218	0.254	0.308	0.290	0.246	0.220	0.241
	64 岁以上（M_0）	0.425	0.415	0.429	0.453	0.464	0.461	0.427	0.394	0.377
	18 岁以下贡献度	0.062	0.046	0.046	0.051	0.024	0.024	0.015	0.017	0.006
	18~64 岁贡献度	0.794	0.800	0.762	0.753	0.760	0.735	0.715	0.698	0.673
	64 岁以上贡献度	0.143	0.154	0.192	0.196	0.216	0.242	0.269	0.285	0.321
$k = 2$	18 岁以下（M_0）	0.106	0.087	0.083	0.137	0.233	0.283	0.252	0.314	0.087
	18~64 岁（M_0）	0.131	0.120	0.116	0.146	0.212	0.198	0.146	0.132	0.157
	64 岁以上（M_0）	0.335	0.322	0.331	0.365	0.387	0.386	0.343	0.313	0.306
$k = 2$	18 岁以下贡献度	0.053	0.039	0.037	0.047	0.024	0.025	0.016	0.021	0.004
	18~64 岁贡献度	0.758	0.751	0.705	0.699	0.726	0.695	0.65	0.636	0.626
	64 岁以上贡献度	0.189	0.211	0.258	0.255	0.251	0.280	0.333	0.343	0.370
$k = 3$	18 岁以下（M_0）	0.024	0.020	0.020	0.054	0.115	0.144	0.158	0.191	0.015
	18~64 岁（M_0）	0.041	0.035	0.032	0.046	0.094	0.091	0.052	0.047	0.062
	64 岁以上（M_0）	0.163	0.145	0.156	0.203	0.253	0.277	0.205	0.194	0.186

续表

剥夺维度	年龄分组	1991年	1993年	1997年	2000年	2004年	2006年	2009年	2011年	2015年
$k=3$	18岁以下贡献度	0.036	0.028	0.028	0.048	0.024	0.023	0.023	0.028	0.002
	18~64岁贡献度	0.696	0.677	0.601	0.581	0.646	0.599	0.526	0.502	0.522
	64岁以上贡献度	0.305	0.295	0.371	0.370	0.330	0.377	0.450	0.470	0.476
$k=4$	18岁以下（M_0）	0	0	0.002	0.005	0.012	0.044	0.046	0.056	0
	18~64岁（M_0）	0.003	0.001	0.003	0.005	0.014	0.02	0.008	0.008	0.010
	64岁以上（M_0）	0.050	0.036	0.044	0.064	0.067	0.112	0.069	0.058	0.049
	18岁以下贡献度	—	—	0.015	0.027	0.014	0.024	0.029	0.034	—
	18~64岁贡献度	0.376	0.272	0.326	0.339	0.509	0.455	0.329	0.376	0.394
	64岁以上贡献度	0.624	0.728	0.659	0.635	0.478	0.521	0.642	0.590	0.606

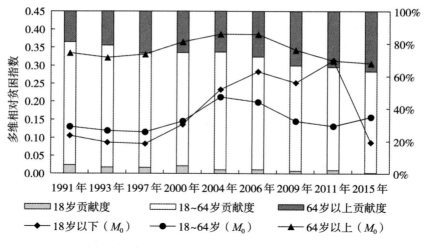

图4.5 多维相对贫困指数分年龄分解（$k=2$）

4.4.4 多维相对贫困指数变动的分解

根据(4.3)式至(4.10)式的方法，进一步分析多维相对贫困的变化及其变动分解情况（具体结果见表4.10和图4.6）。以$k=2$为例，对1991—2015年多维相对贫困指数的变动情况进行分析。从结果中可以发现，总体上看，1991—2015年，多维相对贫困指数平均每年上升0.013。具体而言，1991—1993年、2004—2006年、2006—2009年、2009—2011年多维相对贫困的变动方向为负，多维相对贫困指数在下降，多维相对贫困状况得到改善；1993—1997年、1997—2000年、2000—2004年、2011—2015年多维相对贫困的变动为正，多维相对贫困指数上升，多维相对贫困有所恶化。

从多维相对贫困变动的两个分解项来看，贫困发生率效应的变动大于被剥夺程度效应的变动，Shapley 的分解结果也表明，贫困发生率效应对多维相对贫困指数变动的贡献远高于被剥夺程度效应，特别是在 2004—2006 年、2009—2011 年这两个时期，被剥夺程度效应的贡献为负，多维相对贫困的变动主要源于贫困发生率效应。以上结果表明，减缓多维相对贫困应主要从多维相对贫困发生率出发，特别是那些贫困发生率比较高的指标如BMI、做饭燃料、饮用水等生活水平指标，就业、教育、收入等，重点关注这些指标并进行有针对性的干预，这样减贫效果会更显著。

表 4.10　　　　　　　　多维相对贫困指数的变动情况（k=2）

时期（年）	绝对变动	相对变动	年度绝对变动	年度相对变动	贫困发生率效应	被剥夺程度效应	贫困发生率效应贡献	被剥夺程度效应贡献
1991—1993	−0.010	−0.071	−0.005	−0.035	−0.010	0.000	1.000	0.000
1993—1997	0.002	0.014	0.000	0.002	0.001	0.001	0.595	0.405
1997—2000	0.034	0.249	0.011	0.079	0.031	0.004	0.895	0.105
2000—2004	0.068	0.397	0.017	0.087	0.060	0.008	0.885	0.115
2004—2006	−0.008	−0.033	−0.004	−0.017	−0.013	0.005	1.663	−0.663
2006—2009	−0.050	−0.216	−0.017	−0.078	−0.045	−0.005	0.895	0.105
2009—2011	−0.015	−0.080	−0.007	−0.039	−0.016	0.001	1.082	−0.082
2011—2015	0.024	0.144	0.006	0.033	0.021	0.003	0.886	0.114
1991—2015	0.045	0.310	0.013	0.011	0.031	0.014	0.682	0.318

4.4.5　稳健性检验

关于多维相对贫困指数分析的稳健性检验，本章考虑改变指标权重、指标被剥夺相对临界值和加总维度临界值等方法。其中，改变加总维度临界值方法，在前文的结果中已经有所应用，前文呈现了不同剥夺维度下多维相对贫困的情况。在此，通过采用等指标权重方法和将前文中以中位数定义的指标被剥夺相对临界值替换为以平均值定义的指标被剥夺相对临界值，对多维相对贫困的结果进行测算和比较。

（1）替换指标权重。设置 11 个细分指标，每一个指标的权重同为 1/11，计算多维相对贫困状况（如表 4.11 和图 4.7 所示）。结果表明，多维相对贫困指数在 1993 年出现一个暂时的下降之后逐渐升高，在 2004 年、2006 年上升到最高后开始大幅下降并逐渐回落到最开始的水平。对比多维相对贫困维度等权重和指标等权重的结果，发现两种估计方法下

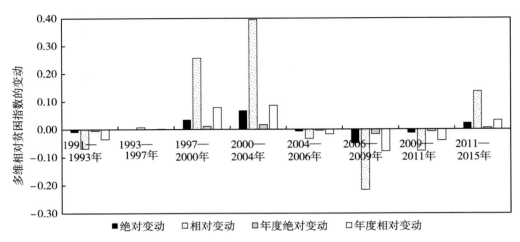

图 4.6　1991—2015 年中国多维相对贫困指数的变动

最终的多维相对贫困的变动趋势是一致的。

表 4.11　　　　　　　　　　　　等指标权重下多维相对贫困状况

剥夺指标	年份	1991	1993	1997	2000	2004	2006	2009	2011	2015
$i=1$	H	0.914	0.924	0.946	0.957	0.970	0.965	0.949	0.945	0.953
	A	0.330	0.317	0.314	0.324	0.398	0.393	0.343	0.326	0.331
	M_0	0.302	0.293	0.297	0.310	0.386	0.379	0.326	0.308	0.315
$i=2$	H	0.770	0.787	0.804	0.830	0.881	0.862	0.821	0.799	0.816
	A	0.375	0.357	0.354	0.360	0.429	0.429	0.382	0.369	0.371
	M_0	0.289	0.281	0.284	0.298	0.378	0.370	0.314	0.295	0.303
$i=3$	H	0.616	0.618	0.612	0.646	0.756	0.736	0.661	0.617	0.638
	A	0.423	0.405	0.408	0.410	0.469	0.471	0.431	0.425	0.424
	M_0	0.260	0.250	0.249	0.265	0.355	0.347	0.285	0.262	0.270
$i=4$	H	0.456	0.439	0.430	0.453	0.610	0.587	0.490	0.444	0.462
	A	0.476	0.459	0.465	0.469	0.517	0.522	0.486	0.484	0.481
	M_0	0.217	0.201	0.200	0.212	0.315	0.306	0.238	0.215	0.222
$i=5$	H	0.303	0.262	0.265	0.282	0.463	0.436	0.326	0.292	0.304
	A	0.532	0.523	0.528	0.533	0.565	0.577	0.548	0.546	0.542
	M_0	0.161	0.137	0.140	0.150	0.262	0.251	0.178	0.160	0.165

续表

剥夺指标	年份	1991	1993	1997	2000	2004	2006	2009	2011	2015
$i = 6$	H	0.168	0.130	0.138	0.152	0.301	0.297	0.188	0.170	0.174
	A	0.595	0.592	0.595	0.600	0.625	0.633	0.616	0.612	0.608
	M_0	0.100	0.077	0.082	0.091	0.188	0.188	0.116	0.104	0.106
$i = 7$	H	0.065	0.048	0.054	0.063	0.164	0.173	0.096	0.083	0.084
	A	0.673	0.671	0.673	0.676	0.691	0.697	0.684	0.681	0.675
	M_0	0.044	0.032	0.036	0.043	0.113	0.120	0.066	0.057	0.056
$i = 8$	H	0.021	0.015	0.017	0.021	0.070	0.080	0.037	0.031	0.029
	A	0.750	0.747	0.751	0.754	0.764	0.767	0.759	0.756	0.747
	M_0	0.016	0.011	0.013	0.016	0.053	0.061	0.028	0.024	0.022
$i = 9$	H	0.004	0.003	0.003	0.005	0.023	0.029	0.010	0.009	0.006
	A	0.844	0.840	0.851	0.833	0.840	0.838	0.840	0.831	0.827
	M_0	0.003	0.002	0.003	0.004	0.019	0.024	0.009	0.007	0.005
$i = 10$	H	0.001	0.001	0.001	0.001	0.005	0.006	0.002	0.001	0.001
	A	0.919	0.932	0.920	0.909	0.921	0.916	0.923	0.909	0.909
	M_0	0.001	0.000	0.001	0.001	0.005	0.005	0.002	0.001	0.001

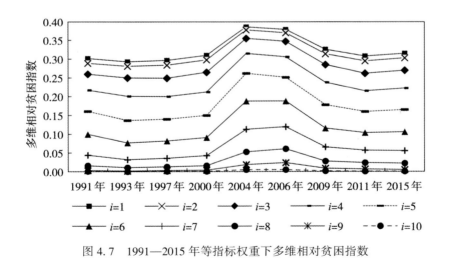

图 4.7　1991—2015 年等指标权重下多维相对贫困指数

（2）替换指标被剥夺相对临界值。将指标被剥夺相对临界值由前文的以中位数定义更改为由平均值定义。其中，收入维度的指标临界值为年度平均值收入的 50%，教育维度、生活水平维度的指标临界值设置为各年度指标的平均值，健康以及就业维度受限于数据类型仍旧保持为不变的标准，当个体指标状况低于被剥夺相对临界值就认为个体是被剥夺的，测算的多维相对贫困状况如表 4.12 和图 4.8 所示。从表 4.12 中的结果可以得出，1991—2000 年，多维相对贫困指数逐渐上升，2000—2004 年出现下降，之后在 2006 年上升至最高点之后开始出现回落，2011 年又开始上升。与中位数临界值方法的结果对比分析可知，以平均值法作为临界值得到的多维相对贫困指数和多维贫困发生率会更高，多维相对贫困指数除了在 2004 年的变动不一致外，其他年份的整体变动趋势比较一致，说明前述的结果还是比较稳健的。

表 4.12　　　　　　　　**1991—2015 年中国多维相对贫困状况（平均值临界值）**

剥夺维度	年份	1991	1993	1997	2000	2004	2006	2009	2011	2015
$k=1$	H	0.694	0.695	0.741	0.751	0.681	0.721	0.671	0.618	0.751
	A	0.454	0.458	0.465	0.477	0.424	0.506	0.476	0.473	0.505
	M_0	0.315	0.318	0.344	0.358	0.289	0.365	0.319	0.293	0.379
$k=2$	H	0.402	0.405	0.456	0.479	0.349	0.465	0.380	0.342	0.467
	A	0.556	0.560	0.564	0.573	0.533	0.612	0.595	0.600	0.619
	M_0	0.224	0.227	0.257	0.275	0.186	0.284	0.226	0.205	0.289
$k=3$	H	0.150	0.153	0.175	0.194	0.092	0.222	0.149	0.140	0.220
	A	0.682	0.681	0.695	0.705	0.675	0.736	0.729	0.730	0.738
	M_0	0.102	0.104	0.121	0.137	0.062	0.164	0.109	0.102	0.162
$k=4$	H	0.015	0.016	0.021	0.032	0.002	0.063	0.033	0.031	0.043
	A	0.860	0.863	0.866	0.868	0.871	0.870	0.859	0.855	0.848
	M_0	0.013	0.014	0.018	0.028	0.002	0.055	0.029	0.027	0.037

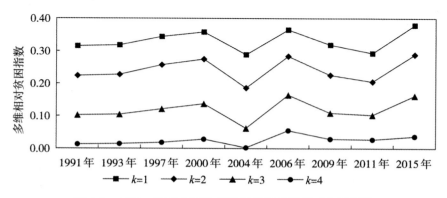

图 4.8　1991—2015 年平均值临界值下多维相对贫困指数

4.5 研究总结与政策建议

4.5.1 研究总结

本章借鉴和改进 AF 法构建中国多维相对贫困指标体系，通过 1991—2015 年中国营养与健康调查数据研究中国多维相对贫困的长期变动趋势，并对多维相对贫困的变动进行分解。本章的研究结论可以概括为以下几点：

（1）中国多维相对贫困并不呈现单调递减的状态。多维相对贫困在 1991—1997 年平缓下降，在 1997—2004 年开始上升之后在 2004—2011 年开始下降，2011 年之后开始反弹。多维相对贫困指数整体上在波动中上升，相对剥夺维度越多，多维相对贫困越严重，解决多维相对贫困是一项长期工作。

（2）从多维相对贫困指标的不同维度来看，教育、收入维度的贫困发生率比较高，健康维度中患病和 BMI 贫困发生率在上升，医疗保险贫困发生率明显下降，生活水平维度中饮用水水源、做饭燃料、交通工具、家用电器的贫困发生率都出现了上升，厕所类型贫困发生率显著下降，而就业维度贫困发生率近年来逐渐上升。从多维相对贫困指标贡献度来看，教育、收入和就业对多维相对贫困的贡献度依旧很高，而健康、生活水平维度的指标对多维相对贫困指数的贡献度相对来说要低一些，缓解多维相对贫困应多关注收入、教育以及就业等方面。

（3）分不同维度对多维相对贫困进行分解发现：农村地区多维相对贫困远高于城市地区，农村地区对多维相对贫困指数的贡献度占 80% 以上；中、西部地区多维相对贫困状况比较接近，但是中、西部地区多维相对贫困指数远高于东部，中部地区对多维相对贫困指数贡献度最高，其次是西部地区，东部地区贡献度最低；女性的多维相对贫困指数高于男性，女性对多维相对贫困的贡献度远高于男性，且剥夺维度越高，女性多维相对贫困越严重；64 岁以上人群多维相对贫困指数最高，在 2000 年之前，18~64 岁人群多维相对贫困指数高于 18 岁以上人群，2000 年之后，18 岁以下人群多维相对贫困指数高于 18~64 岁人群，18~64 岁人群对多维相对贫困指数贡献度最高，其次是 64 岁以上人群，18 岁以下人群对多维相对贫困指数的贡献度最低。

（4）从多维相对贫困指数的变动来看，1991—1993 年、2004—2006 年、2006—2009 年、2009—2011 年多维相对贫困在减缓，1993—1997 年、1997—2000 年、2000—2004 年、2011—2015 年多维相对贫困恶化。多维相对贫困指数变动的两个分解项中贫困发生率效应的变动大于贫困被剥夺程度效应的变动，且 Shapley 的分解结果也表明贫困发生率效应对多维相对贫困变动的贡献高于贫困被剥夺程度效应。

4.5.2 政策建议

基于本章的结论，得到以下政策建议：（1）尽快建立符合中国国情的多维相对贫困动态跟踪监测系统。缓解相对贫困非一朝一夕就能完成，随着中国经济进入新发展阶段，贯彻新发展理念需要建立解决相对贫困的长效机制，并与乡村振兴有效衔接。这就需要对相对贫困人群进行长期追踪，筛选出导致个体或家庭处于相对贫困状态的根本原因。此外，随着经济形势的不断变化，多维相对贫困主要的内因也会发生变化。因此，多维相对贫困动态监测系统能够有效识别在相对贫困意义上脆弱的人群，并通过有效的瞄准性支持措施，防止出现大规模返贫现象。（2）重点关注多维相对贫困比较严重的区域和群体。解决相对贫困与高质量发展和共同富裕的目标是一致的，按照共同富裕的标准，多维相对贫困群体与社会平均水平存在着较大的差距，脱贫之后还比较脆弱。中部和西部地区、农村地区是多维相对贫困的高发地带，女性、老年人是相对贫困的主要群体。虽然这些地区的人群脱离了绝对贫困，但是他们仍旧面临返贫风险，在乡村振兴和共同富裕的背景下，应该定向瞄准这些比较脆弱的相对贫困人群。（3）缓解相对贫困不仅仅局限于单一的收入维度，应从多个维度进行帮扶。当前对于相对贫困的判断标准还没有统一定论，单纯的收入维度的关注已经难以满足相对贫困研究需要，从多维角度分析有利于消除相对贫困，也有利于提出有针对性的政策措施。收入相对贫困只是贫困人群的一个表象，其实质是其教育、医疗、生活水平、就业等各个维度均存在相对不足。在精准扶贫阶段，通过"两不愁三保障"对贫困人群给予资金以及生活物资的援助。在相对贫困阶段，贫困人口已经解决了不愁吃不愁穿和基本生活保障问题，帮扶关注点应逐渐转向提高相对贫困人口的受教育水平、健康、劳动技能等，以及对公共服务进行改进，健全社会保障体系，建立一个更加完备的社会兜底机制。

第三编
技术创新与发展动能

第5章 技术创新、技术引致的人力资本与增长陷阱

技术水平的高低是通过技术的掌握者和使用者在发挥作用，因此技术水平对人力资本积累具有引致性。只有当人力资本随着技术水平提高而不断升级，人力资本与技术水平相匹配时，才能实现持续的增长与发展；如果人力资本的升级跟不上技术水平，则可能出现低水平均衡状态和增长陷阱。

为此，本章认为，发展中国家的人力资本水平实际上随着所选择的、更新的技术水平在进行升级，从而技术的分阶段更迭将导致引致性人力资本分阶段的累积。据此定义了一类非平滑的、周期性的生产函数，在每个阶段内人力资本是教育投入的凹函数，各阶段内的技术水平是该阶段人力资本水平所能达到的上限，通过 R&D 的投入实现技术的更新，最终人力资本转型升级推动经济持续增长。模型根据两种差异化的人力资本升级形式得出了两种不同的经济增长方式：持续式增长模式和颤抖式增长模式，以此可以解释发展国家中存在的低水平均衡陷阱。发展中国家一味学习和模仿领先国家的高新技术可能无法成为赶超后者的途径，因为前者的人力资本水平和潜在技术水平差距太大将使得发生转型升级的人力资本临界值过高，从而使其陷入低水平均衡状态。发展中国家要赶上经济发达国家，可以采取提高人力资本积累率、选择更为适宜的技术水平引致这两种途径实现人力资本的升级，从而摆脱增长陷阱。

5.1 问题的提出和相关文献回顾

根据新古典经济增长理论，物质资本边际报酬递减会最终导致世界经济增长出现趋同现象。然而最近十多年的经验研究结论表明，世界经济增长并没有出现绝对趋同，整个世界人均收入格局经历的是一个具有极化、分层和持久特征的过程（Quah，1996）。Barro（1995）根据 118 个国家 1960—1985 年的统计数据进行测量的结果显示，穷国的经济增长往往更缓慢，穷国赶超富国的预期并没有实现，贫困地区与发达地区、贫困国家与发达国家的经济差距越拉越大，很难看出差距缩小的迹象。Quah（1993，1996）运用 1962—1984 年 118 个国家的人均 GDP 相对于世界平均水平的数据，通过估计收入分布动态变化支持

了俱乐部收敛假说：世界的收入分布在两端对称分成"穷人俱乐部"和"富人俱乐部"。世界各国人均 GDP 分布见图 5.1。

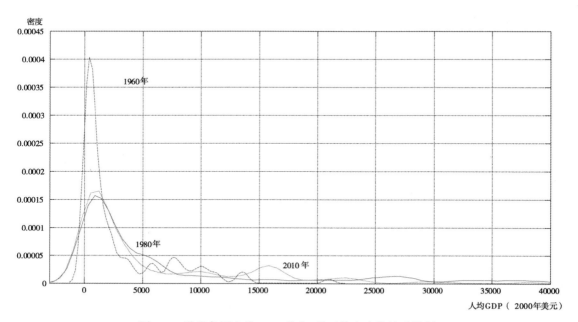

图 5.1 世界各国人均 GDP 分布（基于核密度估计法绘制）

数据来源：世界银行，http：//data. worldbank. org/.

将世界各个经济体按照高收入、中等收入和低收入进行划分，可以发现在最近的半个多世纪中，大多数国家或地区在排列组别中的位置基本没有改变：富者依然富，穷者依然穷（见图 5.2）。尤其是在中等收入组别中，除了韩国、中国香港、中国台湾和新加坡少数几个国家或地区成功实现从中等收入组别跨入高等收入组别，以巴西、智利和墨西哥为代表的拉美国家在中等收入组别中徘徊了近半个世纪。为什么有的国家或地区能够在短时期内实现赶超，而有的国家或地区发展却缓步不前？

伴随着上述疑问的多重均衡问题获得了研究者广泛的关注，也揭示了许多经典的经济学现象，其中极具代表性的是经济转型、贫困陷阱和经济非趋同增长。低均衡点可以表示传统社会或经济贫困，相应地，高均衡点则表示现代社会或经济富裕。跳出贫困陷阱是从低均衡状态向高均衡状态转变的分水岭，它意味着"终于克服稳定增长的阻力和障碍""打破贫困陷阱"。然而跳向高均衡点的过程异常艰难，处于贫困状态的个人、群体和区域等由于自身贫困导致缺乏初始起跳的动力，从而长期处于贫困的恶性循环中不能自拔。对于哪些因素造成了低水平均衡一直存在着各种不同的理论见解和分析思路。

探讨经济转型受阻的一种广为应用的分析思路是临界点理论，这类理论模型强调生产要素积累的最低门槛对于经济起飞是至关重要的，那些处于低水平均衡状态的国家是因为

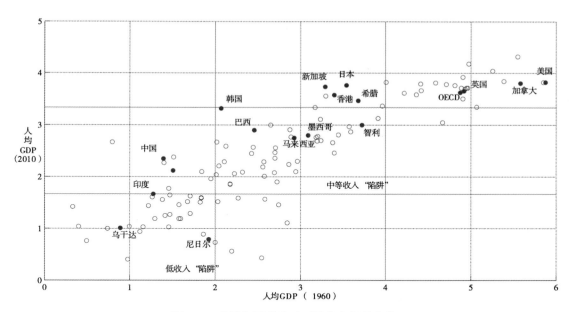

图 5.2 世界各国或地区不同收入组的变化

数据来源：世界银行，http：//data. worldbank. org/.

至少在某一生产要素上过于匮乏从而缺少起跳的动力。其中具有代表性的是最低资本门槛陷阱模型（Rosenstein-Rodan，1943；Murphy，1989；Doepke，2006），这类理论认为在现代化的生产过程中，为了让整个工业体系正常运转，需要同时具有相当数量的技术工人和必需的基础设施，在人均资本存量达不到最低门槛前，即使增加一些投资也无助于国家跳出低水平均衡状态。但是根据新古典经济增长理论，即使各个国家之间具有不同的禀赋，物质资本边际报酬递减也会最终导致世界经济增长出现趋同现象，但这与现实情况相悖，这表明要素积累确实是使经济长期增长的重要原因，但它并不能解释各国间收入的巨大差异。换句话说，低要素积累仅仅只是低水平均衡的一个特征，但不是原因。

技术进步对于经济起飞和保持持续性增长总是极为重要的，大批作者在研究发展中国家的经济转型时，考虑到了收益递增和正的外部效应，导致经济增长的路径可能存在着多重均衡。Krugman（1981，1987）利用外部经济建立了一个"不平衡发展"的模型，其中世界经济划分为富国与穷国是内生地发生的，并且各种由于历史的偶然性而造成的专业化分工形态，通过学习的过程而被"锁定"，由此呈现出一系列的多重均衡。Azariadis（1996）构建了一类能产生多重均衡的随机动态模型，其生产函数为非凸，且含有一个满足对数正态分布的冲击因式。无论初始条件怎样，只要技术冲击达到一定程度，贫困陷阱就能够被突破，从而达到新的均衡。这个基于技术冲击的模型刻画出的多重均衡相当简明，但缺点在于贫困陷阱的突破完全取决于技术的随机性，这无疑是一个外生影响因素。

　　经济结构调整、部门更迭和技术的切换作用在经济起飞过程中也是极其明显的，只有告别依附于类似不可扩张的土地等传统部门的低水平均衡状态，才能推进经济跨入依赖于有创造性的人力资本等现代部门的高水平均衡状态。Lewis(1954)、Ranis 和 Fei(1961)提出通过积极发展城市工业部门采纳新技术和创造就业来吸收农村剩余劳动力，通过增加工业比重改变经济结构从而推动经济跨入现代增长阶段。Galor(1992)指出在一个总量生产函数为规模报酬递增的两部门生产模型中，不确定性问题可以促使多重均衡问题的产生。Hansen 和 Prescott(2002)构造了一个模型说明只要全要素增长率是正的，经济转型就能发生。他们的模型中有一个产品、两种技术：马尔萨斯技术和索罗技术。前者需要使用劳动、土地和可再生的资本作为投入要素，后者不需要使用土地。在经济增长的早期，只采用马尔萨斯技术，由于收益递减和人口的增长，增长率长期停滞不前；随着技术进步，逐步进入了索罗技术与马尔萨斯技术并用阶段，人口增长放慢，人均收入水平出现增长；最后作为一种极限，整个经济中只使用索罗技术，于是进入现代经济增长阶段。

　　大量的研究也从市场失灵与制度失灵的角度考察了低水平增长陷阱产生的原因(Galor 和 Zeira，1993；Banerjee 和 Newman，1993；Kiyotaki 和 Moore，1997；Matsuyama，2000)，这里的制度包括政治体制、法律系统、社会规范、风俗习惯等，制度的失灵可能直接导致贫困陷阱的产生，也可能与市场失灵相互作用导致长久的无效率状态。Kiyotaki 和 Moore(1997)从信贷约束的角度考察了贫困陷阱的产生机制。穷人通常缺乏抵押担保物，从而使他们面临信贷约束，信贷约束反过来又限制了穷人参与致富活动的范围，特别是那些需要先期投资成本或数量庞大的资本品的活动。因此，对于穷人来说，获取收入的合适活动范围变小了。这就导致了低均衡的贫困陷阱：收入决定财富，低财富限制担保程度，而低担保导致无法参与高收入活动。Mehlum 等(2006)考察了在转型社会中寻租和腐败等制度失灵导致的陷阱。寻租和腐败者的"掠夺之手"将与生产者争夺有限资源，从而导致生产者有激励放弃生产并向掠夺者转变，最后形成大量掠夺者和少量生产者相存的坏均衡状态。

　　"历史"和"预期"这两种不同的因素对于形成好均衡的作用也得到了研究者一定的关注。一种观点认为"历史"因素是至关重要的，各国的初始状态决定了其最后的结果；另一种观点则强调"预期"的作用，认为人们一旦形成了对于未来的某种预期，这个预期就可以自我实现。Krugman(1991)借助于一个简化了的贸易模型，引入外部经济和调整成本，论证了在不同条件下，对于决定最后均衡而言，历史与预期发挥着同等重要的作用。Matsuyama(1991)指出由于制造业部门收益递增，在工业化进程中存在着多个稳态，如果人们的预期能够很好地协调，工业化就可能出现。

　　基于上述文献可以发现，人力资本积累和技术进步对于克服稳定增长的阻力和障碍，推进经济体由低水平均衡状态跨入高水平均衡状态是极其重要的，通常的文献也将技术进步和人力资本积累作为长期增长的源泉。根据后发优势理论，落后者与领先者之间存在着巨大的技术水平差距，前者可以通过各种途径学习和模仿后者的先进技术，这比创新更节约资源和时间，从而落后者具有技术的后发优势（林毅夫，2003；杨汝岱、姚洋，2008）。然而，众多发展中国家或地区确实引进了一批发达国家或地区的先进技术，但是现实中，许多发展中国家或地区经济发展缓慢，很难看出它们有赶上发达国家或地区的迹象，甚至许多发展中国家或地区与发达国家或地区的差距还在不断扩大。那么，后发国家或地区使用更先进的技术难道也会导致它们陷入低水平均衡增长陷阱吗？

本章将从技术引致的人力资本升级的角度，试图解释技术引进方式的差异会造成人力资本升级受阻从而带来发展陷阱。在本章构建的模型中，技术的分阶段更迭导致引致的人力资本分阶段累积，在每个阶段内人力资本是教育投入的凹函数，各阶段内的技术水平是该阶段人力资本水平所能达到的上限，通过 R&D 投入实现技术的更新，最终引致人力资本的转型升级。本章据此定义了一类非平滑的、周期性的生产函数，通过选择更新的技术引致人力资本的升级跃迁来解释多重均衡和发展陷阱。本章得出的基本结论是：适宜技术的引进极为重要，跨度过小的技术引进会造成人力资本积累不足无益于下一轮的转型升级，跨度过大的技术引进会导致本轮人力资本升级的成本过高，从而使得经济发展停滞在低水平均衡状态。

本章余下部分的结构安排如下：第二部分，给出了一个人力资本增长与发展陷阱的基本模型，并分析了特殊生产函数形式对于刻画多重均衡的重要性；第三部分，给出了一个技术更新引致人力资本升级的扩展模型，并在其基础上分析了技术引进方式的差异造成人力资本升级受阻从而陷入发展陷阱的情形；第四部分，通过数值分析和模型校准对前文的主要结论进行了检验；第五部分，总结全文，给出政策含义，并讨论了未来扩展研究的方向。

5.2　人力资本积累与增长陷阱：基本模型

假设生产仅有两种投入，有效劳动 H 和物质资本 K。有效劳动定义为劳动力的数量和质量的结合，劳动力的质量体现为家庭平均的人力资本水平 H，在不变人口的假设下，人口增长率为零，将家庭总人口标量化为 1。因此，整个家户的有效劳动为 H，为了简便起见，我们选用柯布-道格拉斯函数：

$$Y = F(H, K) = AH^{\alpha}K^{1-\alpha} \tag{5.1}$$

该生产函数满足稻田（Inada）条件。

令 s 和 δ 分别表示产出中用于人力资本积累的比例以及人力资本的折旧比例，则人力资本存量的持续变化如下：

$$\dot{H} = sF(H,\ K) - \delta H \tag{5.2}$$

假定该生产函数对于两种投入规模报酬不变，则生产函数能写成集约形式：

$$y = f(h) \tag{5.3}$$

其中，$y = Y/K$ 是产出与物资资本比率，$h = H/K$ 是人力资本与物质资本比率。再假定物质资本以不变外生的速率 n 增长，即：$\dot{K}/K = n$。对 (5.2) 式两边同除以 K，整理得到：

$$\dot{h} = s \cdot f(h) - (n + \delta) \cdot h \tag{5.4}$$

$$\gamma_h = \frac{\dot{h}}{h} = \frac{sf(h)}{h} - (n + \delta) \tag{5.5}$$

根据 (5.5) 式中生产函数 $f(h)$ 的不同，我们将能得到分别如图 5.3 和图 5.4 所示的不同稳态均衡点。如图 5.3 所示，假定人力资本的边际产出递减，即 $f'(h) > 0$，$f''(h) < 0$，那么曲线 $s \cdot f(h)/h$ 与直线 $(n + \delta) \cdot h$ 有唯一的交点 h^*，$\gamma_h = 0$。此时经济将会出现趋同性增长，没有发展陷阱产生，人力资本 H、物质资本 K 均以速率 n 增长，而且由于规模报酬不变，产出也以速率 n 增长。

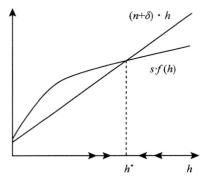 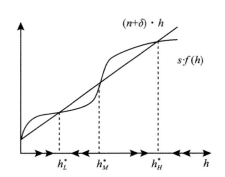

图 5.3　趋同性增长：凸的生产函数　　　　图 5.4　非凸生产函数导致的增长陷阱

但是如图 5.4 所示，如果 $f(h)$ 不是单调函数，那么将产生多重均衡和发展陷阱。实际上人力资本报酬递减并不是必然的，人力资本的专业化就会带来报酬递增。假定生产函数在 h 很低时呈现出对 h 的递减报酬，在中间区域对 h 报酬递增，在 h 很高时报酬不变或递减，那么，在经济增长中将出现 h_L^* 和 h_H^* 高低不同的两个均衡点，人力资本不足将使得经济落入低水平增长陷阱。

5.3　技术创新、技术引致的人力资本升级与增长：扩展模型

根据后发优势理论，落后者与领先者之间存在着巨大的技术水平差距，前者可以通过各种途径学习和模仿后者的先进技术，这比创新更节约资源和时间。然而，事实证明，众

多发展中国家或地区确实引进了一批发达国家或地区的先进技术，但是现实中，许多发展中国家或地区经济发展缓慢，很难看出它们有赶上发达国家或地区的迹象甚至是可能性。那么，这种现象背后的原因会是什么呢？领先者推出的技术创新具有本地化特征，这些量身定做的先进技术是与落后者的经济发展环境特别是人力资本类型和水平程度不相适宜的，这使得落后者对先进技术的运用是无效率的，从而落后者与领先者之间的技术差距将不可避免地逐步拉大，最终导致差异性的经济增长绩效。

从模型构建的角度来看，无论是经济转型还是低水平均衡陷阱，多重均衡的产生都离不开特殊生产函数的设定。要使得经济真正摆脱低水平均衡陷阱，关键是要在总量生产函数中引入新的因素，使得在一个时期内能够克服传统要素的边际收益递减性，并且出现收益递增状态，这个因素必然是技术水平（Solow，1957）。我们认为技术水平的高低是通过技术的掌握者和使用者在发挥作用，因此技术水平对人力资本累积具有引致性。在本章构建的模型中，技术的分阶段更迭导致引致的人力资本分阶段累积，在每个阶段内人力资本是教育投入的凹函数，各阶段内的技术水平是该阶段人力资本水平所能达到的上限，通过R&D 的投入实现技术的更新，最终引致人力资本的转型升级。本章据此定义了一类非平滑的、周期性的生产函数，通过选择更新的技术引致人力资本的升级来解释发展陷阱。

5.3.1　人力资本积累函数

本章的人力资本积累函数与 Lucas（2004）对于城乡移民迁徙中城市人力资本积累的刻画思想类似，Lucas 认为更发达地区（城市）具有更强的人力资本积累功能，各时段内人力资本水平拥有一个上限，迁徙者通过自我学习和人力资本积累逐步达到并提升该上限值。本章认为，对于发展中国家而言，除了自我学习的途径外，人力资本积累的另外一个重要途径是模仿学习，这意味着在这些国家人力资本存量可以通过领先者的技术引致进行学习积累。

考虑如下的人力资本积累函数：$h_i(e_i; \hat{h}_{i-1}, A_i)$，其中下标 i 表示第 i 个转型升级阶段，e_i 表示第 i 个阶段内投入的教育程度；A_i 是第 i 个阶段内的潜在技术水平，也是此阶段内人力资本积累所能达到的上限，$\{A_i\}_{i\in I}$ 外生给定①，其中 I 为指标集；$\hat{h}_{i-1}$ 表示第 $i-1$ 阶段发生技术更新和人力资本升级时的人力资本临界值，也是第 i 阶段内的人力资本初始值。我们要求人力资本增长函数满足如下条件：

（1）$h_i{'}(e_i) > 0$，$h_i{''}(e_i) < 0$

（2）$h_i(0; \hat{h}_{i-1}, A_i) = \hat{h}_{i-1}$

①　对于落后国家而言，通过模仿领先者实现技术牵引式的人力资本积累，可以视这些领先国家的技术水平为外生给定。但对于领先者而言，提高其技术水平上限的人力资本积累方式可以类似于 Lucas（2004）所刻画的人力资源积累方式。

(3) $\lim\limits_{e_i \to \infty} h_i(e_i;\ \hat{h}_{i-1},\ A_i) = A_i$

其中，条件（1）说明在每个阶段内人力资本积累函数是单调递增的凹函数；条件（2）说明每个阶段的初始人力资本即为上一阶段人力资本的跃迁值；条件（3）说明技术水平对人力资本积累具有牵引性，在每个阶段中引致的人力资本积累的上限为该阶段的潜在技术水平。技术引致的人力资本累积函数如图 5.5 所示。

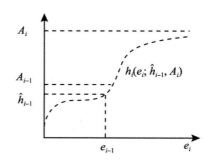

图 5.5　技术引致的人力资本累积函数

假定满足上述三个条件的人力资本积累函数表达式为：

$$h_i(e_i;\ \hat{h}_{i-1},\ A_i) = -(A_i - \hat{h}_{i-1}) \cdot \exp\{-e_i\} + A_i \tag{5.6}$$

若考虑柯布-道格拉斯型生产函数：$f(h) = h^{\alpha}$，那么长期生产函数 $f(h) \equiv \sum\limits_i f(h_i(e_i)) \cdot I_{\{i\}} = \sum\limits_i h_i{}^{\alpha}(e_i) \cdot I_{\{i\}}$ 具有如下一些特点：第一，在任意一个阶段内，即 $\forall i$，$\lim\limits_{e_i \to \infty} f'(h_i(e_i)) = 0$ 成立。而且至某一阶段止，即 $\forall N \in N^+$，$\sum\limits_i^N f(h_i(e_i)) \cdot I_{\{i\}}$ 满足稻田条件。第二，长期生产函数 $f(h) \equiv \sum\limits_i^{\infty} f(h_i(e_i)) \cdot I_{\{i\}}$ 在性质上类似于 Solow 生产函数（Barro 和 Sala-I-Martin，1990），这对于形成正的长期稳态增长率有特别的意义。

5.3.2　人力资本的升级跃迁

R&D 的投入 R 将导致技术更新和人力资本升级，设 R 的增长函数为：

$$\dot{R}_i = -\omega \cdot R_i + \Phi(A_{i+1}) \cdot \exp\{\omega \cdot (A_{i+1} - h_i)\} \cdot \delta(h_i - \hat{h}_i) \tag{5.7}$$

其中 ω 为参数，反映了 R&D 投入的效率，$\Phi(A_{i+1})$ 反映了技术水平的引致强度，$\delta(\cdot)$ 为 Dirichlet 冲击函数，即有：

$$\delta(h_i - \hat{h}_i) = \begin{cases} \infty, & h_i = \hat{h}_i \\ 0, & h_i \neq \hat{h}_i \end{cases} \tag{5.8}$$

索罗模型中技术是呈机械的速率递增，但事实上技术的进步充满不确定性，而且进步是不规则不连续的，本章正是基于该思想尝试构造了上述技术更新和人力资本升级的方程表达式。上述方程的经济学意义为，导致第 i 阶段发生技术牵引和人力资本升级的 R&D 投入 R_i 由第 i 阶段的人力资本存量 h_i、下一阶段的潜在技术水平 A_{i+1} 以及升级时的人力资本临界值 $\hat{h}_i$ 共同决定。升级跃迁时的人力资本存量 h_i 与目标值 A_{i+1} 间的差距 $A_{i+1} - h_i$ 越大，那么所要求的 R&D 投入会越高，越接近临界点时所需的 R&D 投入会越高。该方程将决定第 i 阶段发生技术更新和人力资本升级时人力资本临界值 $\hat{h}_i$ 的选择。

根据拉普拉斯变换对上述方程进行泛函分析可知：

$$R_i(h) = R_{i-1} \cdot \exp\{-\omega(h - \hat{h}_i)\} + \Phi(A_{i+1}) \cdot \exp\{\omega(A_{i+1} - \hat{h}_i)\} \cdot \exp\{-\omega(h - \hat{h}_i)\} \cdot$$

$I_{\{h \geqslant \hat{h}_i\}}$，其中 $I_{\{h \geqslant \hat{h}_i\}}$ 为示性函数，那么：

$$R_i(\hat{h}_i) = R_{i-1}(\hat{h}_{i-1}) \cdot \exp\{-\omega(\hat{h}_i - \hat{h}_{i-1})\} + \Phi(A_{i+1}) \cdot \exp\{\omega(A_{i+1} - \hat{h}_i)\} \cdot 1 \quad (5.9)$$

对于临界值 $\hat{h}_i$ 的选取，将考虑如下最优化问题：

$$\min_{\hat{h}_i} \quad R_i + e_i$$

$$\text{s. t.} \quad h_i(e_i; \hat{h}_{i-1}, A_i) = -(A_i - \hat{h}_{i-1}) \cdot \exp\{-e_i\} + A_i$$

$$R_i(\hat{h}_i) = R_{i-1}(\hat{h}_{i-1}) \cdot \exp\{-\omega(\hat{h}_i - \hat{h}_{i-1})\} + \Phi(A_{i+1}) \cdot \exp\{\omega(A_{i+1} - \hat{h}_i)\} \cdot 1$$

根据上述表达式，可记满足上述最优化问题为：

$$L(x) = \ln \frac{A_i - \hat{h}_{i-1}}{A_i - x} + [R_{i-1} \cdot \exp\{-\omega \cdot (x - \hat{h}_{i-1})\} + \Phi(A_{i+1}) \cdot \exp\{\omega \cdot (A_{i+1} - x)\}]$$

其中记 $R_{i-1} = R_{i-1}(\hat{h}_{i-1})$。

$\hat{h}_i$ 是使得 $\dfrac{\mathrm{d}L(x)}{\mathrm{d}x} = 0$ 时的 x 值，又因为：

$$\frac{\mathrm{d}L(x)}{\mathrm{d}x} = \frac{1}{A_i - x} - [\omega \cdot R_{i-1} \cdot \exp\{\omega \hat{h}_{i-1}\} \cdot e^{-\omega x} + \omega \cdot \Phi(A_{i+1}) \cdot \exp\{\omega A_{i+1}\} \cdot e^{-\omega x}]$$

即

$$\frac{1}{A_i - x} = \omega \cdot [R_{i-1} \cdot \exp\{\omega \hat{h}_{i-1}\} + \Phi(A_{i+1}) \cdot \exp\{\omega A_{i+1}\}] \cdot e^{-\omega x} \quad (5.10)$$

于是可知，人力资本升级跃迁时的表达式为：

$$\hat{h}_i = \operatorname*{Arg}_x \frac{1}{A_i - x} = \omega \cdot [R_{i-1} \cdot \exp\{\omega \cdot \hat{h}_{i-1}\} + \Phi(A_{i+1}) \cdot \exp\{\omega \cdot A_{i+1}\}] \cdot e^{-\omega x}$$

$$(5.11)$$

根据 (5.11) 式中人力资本跃迁表达式可知，R&D 投入的效率参数 ω 和技术水平的引致强度参数 $\Phi(A_{i+1})$ 对人力资本升级时的临界值 $\hat{h}_i$ 具有如下影响（归结为命题 5.1 和 5.2）。

命题 5.1 存在 R&D 投入的效率的参数区间 $[\check{\omega}, \hat{\omega}]$，使得当 $\omega \in [\check{\omega}, \hat{\omega}]$ 时，引致

人力资本转型升级时的临界值 $\hat{h}_i$ 将随着 R&D 投入的效率参数 ω 增大而增大(见图 5.6 和图 5.7)。

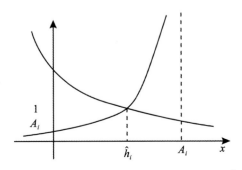

图 5.6 技术引致人力资本升级时的临界值 $\hat{h}_i$

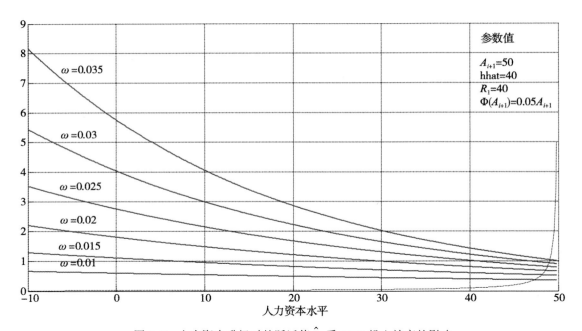

图 5.7 人力资本升级时的跃迁值 $\hat{h}_i$ 受 R&D 投入效率的影响

命题 5.2 新一轮技术水平的引致强度 $\Phi(A_{i+1})$ 越大,那么在转型升级时发生跃迁的人力资本临界值 $\hat{h}_i$ 将越高(见图 5.8)。

通过(5.11)式可知方程的右项是 R&D 投入效率参数 ω 和技术牵引函数 $\Phi(A_{i+1})$ 的增函数,从而决定了人力资本升级的临界值 $\hat{h}_i$ 是其单调增函数。命题 5.1 和命题 5.2 的含义比较直观,即一国引入技术时的研发投入效率越高,那么进行人力资本转型升级时的起点将越高;同时一国引入技术的层次越高、牵引强度越大,那么成功实现人力资本升级后的

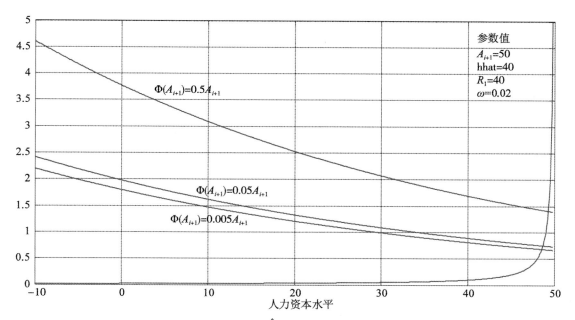

图 5.8　人力资本升级时的跃迁值 $\hat{h}_i$ 受新技术水平引致强度 $\Phi(A_{i+1})$ 的影响

起点将越高。

又根据 $h_i(e_i;\ \hat{h}_{i-1},\ A_i)=-(A_i-\hat{h}_{i-1})\cdot\exp\{-e_i\}+A_i$，可得 $\dfrac{\exp\{e_i(\hat{h}_i)\}}{A_i-\hat{h}_{i-1}}=\dfrac{1}{A_i-\hat{h}_i}$，

同时由(5.9)式和(5.11)式可以得到关于最优教育投入和 R&D 投入的命题如下：

命题 5.3　当临界值 $\hat{h}_i$ 确定时，最优的教育投入 e_i^* 和 R&D 投入 R_i^* 之间满足关系式：
$\exp\{e_i^*\}=\omega\cdot(A_i-\hat{h}_{i-1})\cdot R_i^*$。

5.3.3　增长路径的分叉：持续式增长与颤抖式增长

定义家庭的瞬时效用函数为：$U(c)=\dfrac{c^{1-\theta}-1}{1-\theta}$，$\theta\neq1$，其中 $\theta>0$ 为跨期效用替代弹性。

家庭的问题是选择合适的消费路径 $c(t)$ 以使得效用函数的现值最大，也即：

$$\max_{c,\ e}\ \sum_i\int_{t_{i-1}}^{t_i}U(c)\cdot\exp\{-\rho t\}\mathrm{d}t$$

$$\text{s.t}\ \dot{e}_i=h_i^\alpha(e_i;\ \hat{h}_{i-1},\ A_i)-\delta\cdot e_i-c \tag{5.12}$$

其中，ρ 为外生给定的时间偏好系数，δ 为人力资本的折旧率。

此问题的现值汉密尔顿函数为：

$$H(c,\ e_i;\ \lambda,\ t)=\dfrac{c^{1-\theta}-1}{1-\theta}+\lambda(h_i^\alpha(e_i)-c-\delta e_i) \tag{5.13}$$

λ 是与状态变量 e_i 相联系的共同状态变量。在 $\{A_i\}_{i \in I}$ 外生给定时上述问题的横截性条件为 $\lim\limits_{t \to \infty} \lambda e_i \exp(-\rho t) = 0$ 以确保长期中教育资源不会是无限的。此问题的两个一阶条件分别为 $\frac{\partial H}{\partial c} = 0$，$\frac{\partial H}{\partial e_i} = \rho \lambda - \dot{\lambda}$，从而可以得到：

$$\frac{\dot{\lambda}}{\lambda} = -\theta \frac{\dot{c}}{c} \tag{5.14}$$

$$\frac{\dot{\lambda}}{\lambda} = \rho + \delta - \alpha \cdot h_i^{\alpha-1} \cdot h_i' \tag{5.15}$$

将(5.6)式代入(5.15)式有：

$$\frac{\dot{\lambda}}{\lambda} = \rho + \delta + \alpha h_i - \alpha h_i^{\alpha-1} A_i \tag{5.16}$$

那么在稳态时(记 $\frac{\dot{c}}{c} = \tau$)，$e_i = \ln \dfrac{A_i - \hat{h}_{i-1}}{\theta \tau + \rho + \delta}$ \tag{5.17}

从而 $h_i^* = \underset{x}{\text{Arg}} \{ \alpha x^{\alpha-1} A_i - \alpha x = \rho + \delta + \theta \tau \}$ \tag{5.18}

通过(5.18)式可以知道在每个转型期内都存在一个基于不同技术水平的潜在稳态点 h_i^*，之所以称其为潜在的稳态点是因为在达到该稳态点之前人力资本水平可能会先达到升级临界点 $\hat{h}_i$，从而进入下一个阶段。我们根据各阶段内人力资本升级的临界值 $\hat{h}_i$ 和潜在人力资本稳态值 h_i^* 之间的关系，可以定义如下两类不同的经济增长模式：

定义 5.1 持续式增长。如果 $\forall i = 1, 2, \cdots, n, \cdots$，都有 $\hat{h}_i \leqslant h_i^*$，那么经济体长期增长无稳态，且增长率恒为正(见图 5.9)。

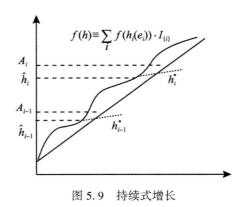

图 5.9 持续式增长

定义 5.2 颤抖式增长。如果存在 $N \in N^+$，使得 $\hat{h}_N > h_N^*$，经济将出现低水平均衡，此时 h_{N+1}^* 为不稳态点(见图 5.10)。

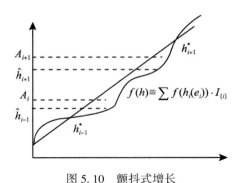

图 5.10 颤抖式增长

根据定义 5.1 和定义 5.2，为方便可考虑 $\alpha \to 1$，我们可以得到 $h_i^* = A_i - \rho - \delta - \theta\tau$，这意味着如果在每个阶段内都有 $A_N - \hbar_N \geq \rho + \delta + \theta\tau$ 成立时，经济将呈现持续式增长；反之如果存在某个阶段有 $A_N - \hbar_N < \rho + \delta + \theta\tau$ 成立时，经济将呈现颤抖式增长从而陷入低水平均衡。

根据定义 5.1 和定义 5.2 可知，若要出现持续式增长必然有 $\hat{h}_i \leq h_i^*$，又根据（5.11）式可知：

$$\frac{1}{A_i - h_i^*} \geq \omega \cdot \left[R_{i-1} \cdot \exp\{\omega \hat{h}_{i-1}\} + \Phi(A_{i+1}) \cdot \exp\{\omega A_{i+1}\} \right] \cdot e^{-\omega h_i^*} \qquad (5.19)$$

将（5.18）式代入（5.19）式可得如下命题：

命题 5.4 同一类型的技术引致下，人力资本的折旧率 δ 越小，陷入颤抖式增长的阶段 N 将越大，也即出现发展陷阱的时段会越晚。

命题 5.5 技术引致的强度越大，陷入颤抖式增长的阶段 N 将越大，也即出现发展陷阱的时段会越晚。

命题 5.4 和命题 5.5 的直观意义可以从图 5.9 和图 5.10 中进行阐述：命题 5.4 说明人力资本的折旧率 δ 越小，意味着图中直线的斜率将越小、越平缓，从而形成潜在稳态点 h_i^* 的值将越大，因此持续增长的时间会更长，陷入发展陷阱的时间会更晚；命题 5.5 说明技术引致的强度越大，意味着人力资本转型升级成功后的积累目标值会更高，从而形成潜在稳态点 h_i^* 的值将越大，因此持续增长的时间会更长，陷入低水平均衡的时间会更晚。这两个命题表明，通过引入更高强度的技术和提高人力资本积累的更新水平，能够推迟低水平均衡的出现，形成可持续的增长。

我们发现模型刻画出的不同增长模式具有如下特点：第一，持续式增长给出了收益递减的长期增长模式：在每一个阶段 i 以内，人力资本的稳态增长率趋近或等于 0；但是在不同的阶段之间，人力资本能通过升级跃迁形成长期增长，且此时增长率不为常数；第二，在颤抖式增长模式中，经济能够获得长期增长，但也极有可能陷入发展陷阱，这尤其要取决于潜在技术水平的可获得情况及初始人力资本水平。第三，政策上，类似于适宜技术理论，穷国一味地学习和模仿富国的潜在技术可能无法成为前者赶超后者的途径，因为穷国人力资本水平和潜在技术水平差距太大将使得转型升级的人力资本临界值过高，反而使其落入低均衡陷阱。

根据这两种由于人力资本积累差异化所引起的不同经济增长方式，可以解释发展中国家和发达国家之间差距的稳定性。发展中国家的人力资本水平较低，处于低水平的稳定状态，受制于人力资本贫乏或技术引致的强度很大而导致经济增长的发展陷阱。以上研究表明，如果发展陷阱的增长模型与实际情况相符，那么处于发展陷阱中的落后国家要摆脱低水平均衡状态，赶上经济发达国家，就必须通过引进人力资本或者是提高人力资本积累更新率，选择同等适宜水平下强度更高的技术水平作为牵引这两种途径来提前达到人力资本升级水平。

5.4 数值分析和模型校准

我们给出数值模拟的例子验证前文中的主要结论并进行模型校准。参数的设定参考了 Lucas（1988；2004）的研究，其中基准参数为 $\lambda = \dfrac{\dot{A}}{A} = 0.013$，$\tau + \lambda = 0.027$，$\rho + \theta\tau = 0.0675$；$\omega = 0.8$，技术牵引函数设定成线性函数 $\Phi(A_i) = \varphi A_i$，$\varphi = 1$，初始人力资本水平为 $h_0 = 0$，初始教育和研发水平分别为 $e_i = 0$，$R_i = 0$。

我们考虑了两种极端的技术引致方式引起的人力资本升级：一是"循序渐进"式的技术引致，如在表 5.1 的 A 部分数值模拟中采取的平缓型、阶梯式递增的技术引致；二是"跨越"式的技术引致，如在表 5.1 的 B 部分数值模拟中采取的陡坡型、非阶梯式的技术引致。一方面，在同一类型的技术引致方式下，不同的人力资本折旧率会在不同的时间形成低水平均衡；另一方面，在相同的参数下按照不同类型的技术引致进行人力资本升级时的变量变化水平和低水平均衡出现的时间也是不同的。具体来说，有以下三点。

第一，在同一类型的技术引致下，人力资本的折旧率 δ 越小，低水平均衡出现的时间越晚。如表 5.1 的 A1 部分所示的两行粗体，在"循序渐进"的技术引致方式下，当人力资本折旧率上升至 $\delta = 0.1$ 时，那么低水平均衡出现的时间为经济发展后的 85 年左右；若折旧率降至 $\delta = 0$，那么在本章设定的模型参数下低水平均衡出现的时间为经济发展后的 150 年左右。这表明随着人力资本折旧率的下降，低水平均衡出现的时间将被推迟。

第二，在同一类型的技术引致下，跨度更大的技术引致会使低水平均衡出现的时段较晚。如表 5.1 的 A1 和 A2 部分所示的粗体对比，同样是在"循序渐进"的技术引致方式下，选择较低层次的技术升级时，低水平均衡出现的时间将早于 85 年，但是以同样方式选择更高层次的技术升级时，低水平均衡出现的时间将晚于 85 年。

第三，在相同的参数下，按照不同类型的技术引致进行人力资本升级时的变量变化水平和低水平均衡出现的时间不同。如表 5.1 的 A1 和 B 部分所示的粗体对比，相比于"循序渐进"的技术引致方式，"跨越"式的技术引致方式延迟了低水平均衡出现的时间。在人力资本折旧率 δ 分别为 0.1 和 0 时，"跨越"式的技术引致方式下，低水平均衡出现的时间分别为经济发展后的 107 年和 214 年左右，比"循序渐进"的技术引致方式下的低水平均衡分别推迟了 20 和 60 年。但这种推迟的代价是，教育和研发水平的投入将会极为巨大，甚至于不能实现。这意味着，引进和学习更先进的技术确实能推迟发展陷阱的出现，但有可能难以实现。

表 5.1　　　　　　　　按照不同类型的技术引致进行人力资本升级时的变量变化

	A_i	ΔT（年）	$\hat{h}_i$	$A_i - \hat{h}_i$	e_i	R_i
A1：按照"循序渐进"的技术引致进行人力资本升级时的变量变化（$\Delta A = 1$）						
$i = 0$（初值）	（$\lambda = 0.013$）		0	0	0	0
$i = 1$	1		0.2911	0.70893	0.3440	7.848
$i = 2$	2	53.6	1.7451	0.25486	1.9029	10.639
$i = 3$	**3**	**85.1**	**2.8405**	**0.15949**	**2.0628**	**14.543**
$i = 4$	4	107.3	3.8832	0.11675	2.2957	18.532
$i = 5$	5	124.6	4.9077	0.09226	2.4936	22.542
$i = 6$	6	138.7	5.9237	0.07632	2.6610	26.560
$i = 7$	**7**	**150.6**	**6.9349**	**0.06510**	**2.8054**	**30.584**
$i = 8$	8	160.9	7.9432	0.05676	2.9320	34.611
A2：按照"循序渐进"的技术引致进行人力资本升级时的变量变化（$\Delta A = 2$）						
$i = 1$	1		0.2911	0.70893	0.3440	26.200
$i = 2$	3	85.1	2.8197	0.18034	2.7094	32.074
$i = 3$	**5**	**124.6**	**4.8919**	**0.10810**	**3.0042**	**43.915**
$i = 4$	7	150.6	6.9224	0.07763	3.3015	56.086
$i = 5$	**9**	**170.1**	**8.9394**	**0.06063**	**3.5342**	**68.362**
B：按照"跨越"式的技术引致进行人力资本升级时的变量变化（$\Delta A = 2$）						
$i = 0$（初值）	（$\lambda = 0.013$）		0	0	0	0
$i = 1$	1		0.2911	0.7089	0.3440	7.848
$i = 2$	2	53.6	1.7451	0.2549	1.9029	26.745

续表

	A_i	ΔT（年）	$\hat{h}_i$	$A_i - \hat{h}_i$	e_i	R_i
$i = 3$	4	107.3	3.8663	0.1337	2.8256	223.31
$i = 4$	8	160.9	7.9271	0.0729	4.0381	10216
$i = 5$	16	214.7	15.962	0.0379	5.3618	1.19×10^7

注：$\alpha = 1$，$\lambda = 0.013$，$\tau + \lambda = 0.027$，$\rho + \theta\tau = 0.0675$，$\delta = 0，0.1$，$\omega = 0.8$，$\phi = 1$。

如图 5.11 和图 5.12 所示，本章通过数值模拟分析了不同类型的技术引致方式所引起的多重均衡和发展陷阱出现时间。Lucas（1988）的研究中对参数 ρ 和 θ 并未分别进行估计，为了考察在本章模型下各主要经济变量的动态情形，此处的参数设置参考了 Xie（1994）的研究：$\rho = 0.064$，$\alpha = 0.75$，其他参数依然保持一致。本章设定了 $i = 15$ 个跨度层，模拟了经济变量在 150 年间的动态情形。图 5.11 模拟显示的是在平缓的"循序渐进"式的技术引致下，引致跨度分别为 1、2 和 4 时的消费变动率、人力资本水平和教育投入水平的变动情况；图 5.12 模拟显示的是在递增的"跨越"式的技术引致下，引致跨度分级递增为 1、2 和 3 时的消费变动率、人力资本水平和教育投入水平的变动情况。

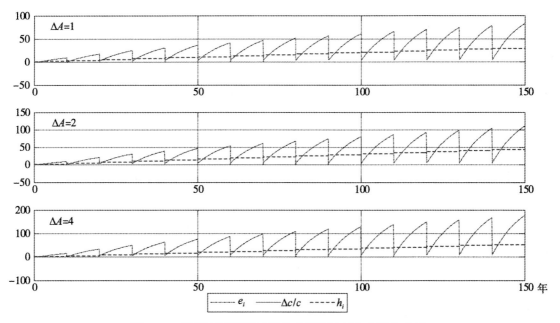

图 5.11 按照"循序渐进"的技术引致进行人力资本升级

与模型分析一致，在每个技术引致阶段内，教育投入水平的变动随着人力资本水平的递增而增加，但变动斜率逐步递减，意味着在每个阶段内，教育投入的边际收益递

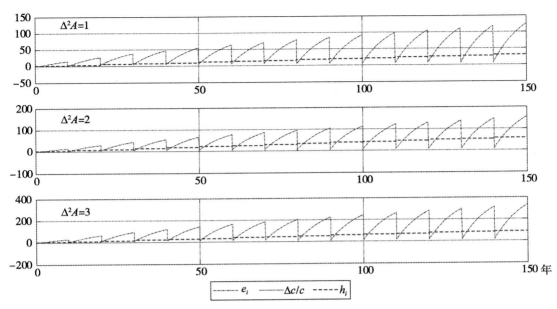

图 5.12 按照"跨越"式的技术引致进行人力资本升级

减；同时，在各个阶段之间，随着技术引致更新和人力资本水平升级的成功，人力资本水平 h_i 随着技术引致层级的变动呈现了阶梯式的增长，在每个新阶层的初期，教育投入的边际收益会远远大于老阶层的末期，从而可以实现长期的经济增长。由于成功实现人力资本升级需要伴随着 R&D 投入，而不同层级的潜在技术水平和初始人力资本起跳点将共同决定 R&D 的投入水平，因此各个阶段内跨度过大的技术引致或者起跳点过低的初始点都可能导致所需的 R&D 投入过大以至于无法实现新一轮的人力资本升级，最终陷入低水平的均衡状态。

与命题 5.5 相一致，在平缓的"循序渐进"式的技术引致下，跨度更大的技术引致，可以导致均衡出现的时间越晚。但在强度递增的"跨越"式的技术引致下，均衡出现的时间与命题 5.5 有所差别。如图 5.11 所示在引致跨度分别为 1、2 和 4 时消费变动率落入 0 值以下的时间点分别约为 70 年、95 年和 120 年；如图 5.12 所示在引致跨度分级递增率为 1、2 和 3 时消费变动率落入 0 值以下的时间点分别约为 40 年、110 年和 90 年。对比图 5.11 和图 5.12 可以发现，技术引致强度递增的"跨越"式发展方式可能是把双刃剑，递增度太大的技术引致，会导致教育和研发水平的投入急剧增大，甚至于不能维持，反而令经济过早地陷入了低水平均衡。从政策上，这意味着在经济发展初期，由于人力资本初始水平较低，可以选择跨度较小且更为平缓的技术引致方式，待人力资本水平积累至较高的起跳点后，再选择跨度适宜的递增类技术引致。

5.5 研究总结

对于一个发展中国家来说，要实现比发达国家更加快速、可持续的经济增长，一个有效途径即是从发达国家引进适宜技术。但是，引入跨度过大的技术水平，却未必能快速提升发展中国家的经济水平。发展中国家的人力资本水平较低，处于低水平的稳定状态，技术引致的强度过大更容易导致经济增长过早陷入低水平均衡。本章从技术引致的人力资本升级的角度，试图解释技术引进方式的差异会造成人力资本升级受阻从而过早陷入发展陷阱。本章得出的基本结论是：适宜技术的引进极为重要，跨度过小的技术引进会造成人力资本积累不足而无益于下一轮的转型升级，跨度过大的技术引进会导致本轮人力资本升级的成本过高，从而使得经济发展停滞在低水平均衡状态。

这意味着，一方面，落后国家一味地学习和模仿领先国家的高新技术可能无法成为赶超后者的途径，因为落后国家人力资本水平和潜在技术水平差距太大将使得发生转型升级的人力资本临界值过高，从而使落后国家过早陷入低水平均衡；另一方面，技术引致强度递增的"跨越"式发展方式也可能是把双刃剑，递增度太大的技术牵引，会导致教育和研发水平的投入急剧增大，甚至于不能维持，反而令经济过早地陷入了低水平均衡。从政策上，这意味着落后国家要摆脱低水平均衡状态，赶上经济发达国家，必须通过提高人力资本积累更新率，选择同等适宜水平下强度更高的技术水平作为牵引这两种途径来提前达到人力资本升级水平。并且在经济发展初期，人力资本初始水平较低时，可以选择跨度较小且更为平缓的技术牵引方式，待人力资本水平积累至较高的起跳点后，再选择跨度适宜的递增类技术牵引。

在本章构建的模型中，技术的分阶段更迭导致引致的人力资本分阶段累积，在每个阶段内人力资本是教育投入的凹函数，各阶段内的技术水平是该阶段人力资本水平所能达到的上限，通过 R&D 投入实现技术的更新，最终引致人力资本的转型升级。本章据此定义了一类非平滑的、周期性的生产函数，通过选择更新的技术引致人力资本的升级跃迁来解释多重均衡和发展陷阱。对于落后国家选择技术引致的过程，本章将其视作是外生给定的，但对于领先国家和完全独立自主创新的国家来说，这个假定需要做进一步的修改，也是未来进一步扩展的方向。

第6章 企业家精神、创新能力与技术创新

改革开放以来，随着全球化进程的推进，中国深度融入全球分工和贸易体系，成为"世界工厂"和贸易大国，取得了举世瞩目的经济增长奇迹。在改革开放初期，中国大力引进外资，吸引国外的企业，并鼓励引进先进技术，这些措施都使得中国的生产率在短时间内迅速提高。但是随着中国经济持续增长和经济规模不断提升，发达国家对先进技术的控制越来越严格，当前很难再通过引进和模仿外来技术来刺激生产率的提高，推动技术创新成为提高中国生产率的一个重要途径。

企业是科技研发的主力军，在创新中发挥着重要的作用。但是大量事实表明，不同类型、不同行业、不同规模的企业在创新投入、创新效率上差距显著，这不禁引发人们去思考，究竟是什么引起了企业间创新投入的不同以及生产率的差异。本章试图从"企业家精神"角度探究这一问题，所谓"企业家精神"，实际上是蕴含在企业家身上的"创新能力"（包括企业家的管理能力、市场预测能力、承担和管控风险的能力等）。本章研究表明，企业家精神或者说创新能力是决定企业生产率和创新活动的根本因素；具体地，企业家精神的水平决定了一个企业生产率的高低，而生产率又决定了企业的生产利润和企业的创新行为。

本章从理论和实证两个方面对企业家精神与企业的创新行为、生产率之间的关系进行探讨，试图找到企业家精神对这两者的影响机制。在理论方面，以 Lucas（1978）提出的模型为基础，在该内生增长模型中内生化物质资本积累、人力资本积累和技术进步，并将企业家能力视为生产投入要素。模型考虑了企业的生产和创新行为以及企业家精神在其中所发挥的作用，同时也考虑了一般居民户的行为，并将企业的行为加总到行业层面，探讨单个企业在整个行业中的作用。在实证方面的研究又分为两个部分，第一部分是对理论模型的数值模拟，从数值模拟的角度分析企业家精神产生的影响，包括其对生产率、创新以及生产利润的影响。数值模拟是对理论模型是否符合之前所观测的经验事实的良好检测，同时也能从实证和理论上更进一步地探讨企业家精神的影响；第二部分是对理论模型的实证检验，应用的是中国工业企业数据库中的中小企业面板数据。这部分的实证检验对于探究中国工业企业的创新具有重要意义，这为探讨企业家精神的影响提供了一个良好的数据支撑。

本章的理论与实证研究得出的主要结论包括：第一，企业家精神与生产率之间存在一种显著的"倒 U 形"关系，但是企业家精神与创新之间则存在着较显著的正相关关系。第二，对于不同所有制类型的企业而言，企业家精神与生产率之间都存在着"倒 U 形"关系，并且私营企业的"倒 U 形"关系要明显强于国有企业；但是不同所有制类型企业的企业家精神与创新并不存在"倒 U 形"关系，只是正相关关系，而国有企业的企业家精神与创新却存在着并不显著的"倒 U 形"关系。第三，对于不同技术水平的企业，企业家精神与生产率之间都存在着显著的"倒 U 形"关系，随着技术水平的降低，"倒 U 形"曲线的变化率逐渐减小；企业家精神与创新之间更多地呈现正相关关系，这种正相关关系在不同技术水平行业存在一定的差异，但并没有显示出较强的规律性。

6.1　技术创新与生产率：经验事实

究竟什么是长期经济增长的动力？新增长理论兴起以来，不少经济学家从内生技术进步的角度探讨经济增长的源泉。Romer(1986，1987) 及 Grossman 和 Helpman(1991) 等人的研究在理论上深入探究了内生技术进步驱动经济增长的内在机制，指出技术进步(或者全要素生产率的增长) 对一国经济增长起着至关重要的作用。不管是曾经出现增长奇迹的"亚洲四小龙"，还是持续 30 多年快速增长的中国，技术水平的进步都是这些经济体的显著特征。Young(1994) 对韩国、新加坡等国家和地区的研究表明，引进发达国家的技术使得这些经济体的生产率迅速提升。发展中国家的技术模仿促进了创新，同时受教育水平的提高又增加了这些国家的人力资本，这些因素的综合作用最终带来了地区经济的快速增长(Alvavez-Pelaez and Groth，2005；Acemoglu et al.，2006；Aghion et al.，2005，2006)。

6.1.1　技术进步的动力

技术水平的提高对于经济增长的重要性受到越来越广泛的关注，许多国家试图采取措施来促进技术进步。根据之前的大量研究，发展中国家的技术进步往往依赖于模仿行为，即从国外进口相应的技术或者产品，再模仿这些技术和产品。相对于自主创新，技术模仿所要求的人力资本水平较低，不需要购买太多先进的设备。这在一些国家或地区(如日本和亚洲四小龙) 取得了非常大的成功，并使得这些国家或地区成功挤入"高收入水平"行列。但是，随着技术模仿的增加，发达国家的创新收益受到了极大冲击，与开始时的技术输出不同，发达国家技术输出的收益将会下降。而且由于溢出效应的存在，发达国家企业创造出的新技术面临着被发展中国家企业模仿的情形，如果企业不阻止其他企业的这种行为，则企业无法把创新的这种溢出效应内在化，并从外界获得一定的补偿，以致其 R&D 投入减少(Romer，1990；Grossman and Helpman，1991；Aghion and Howitt，1998；Jones，

1995；Jones and Williams，1998，2000）。因此为了防止技术被低成本地大范围模仿，并激励本国企业的创新行为，发达国家对创新的保护程度越来越大，发展中国家想要购买和模仿发达国家的前沿技术就必须承担高额的成本。

以美国为例，从美国历年申请的专利数来看（如图6.1(a)所示），在1984年之前，美国知识产权局每年授予的专利数一直维持在一个较低水平（10万件左右），而在1993年之后，授予的专利数迅速增加，到2004年已经接近30万件。一方面，发达国家加强了对知识产权保护，另一方面，发展中国家想要进口其他国家的高新技术则必须支付高昂的成本。以中国为例，从中国历年技术转让合同金额来看（如图6.1(b)所示），在1999年之前，技术转让合同金额一直维持在一个较低的水平（低于100亿元），在1999年之后，金额迅速增长，并在2012年时突破了1000亿元，十几年间增加了10倍多。

由于发达国家对技术保护强度的逐渐增加，技术转让变得更为昂贵，这在一定程度上削弱了发展中国家技术模仿的积极性。为了维持较快的经济增长速度，发展中国家必须寻求新的方法来维持技术的进步，于是创新成为发展中国家实现技术进步的必然选择。经过一段时间的积累，发展中国家的物质资本和人力资本都已经发展到一定水平，对知识的储备也允许其从事更多的创新活动。创新能够给发展中国家创造出新的贸易机会，一旦新产品被创造出来且能被消费者广泛接受，发展中国家就能获得高额利润。

从发展中国家的创新投入数据来看，发展中国家对创新投入确实明显增加。以中国1995—2012年的R&D支出数据为例（如图6.2所示），在2004年之前，中国的R&D投入一直处于一个较低水平（2000亿元以下），而且增长速度缓慢，而在2008年之后，R&D投入增速非常大，到2012年时R&D支出已经超过了10000亿元，约为2004年的5倍。这样高强度的投入体现了发展中国家对创新的重视程度，创新无疑成为科技进步和经济增长的重要推动力。

6.1.2 创新的来源

创新的重要性已经越来越凸显，发达国家和新兴国家都在努力寻求技术创新。但是高的研发投入未必就能带来高的技术进步，如果投入并没有真正涉及创新的本质，那研发投入带来的只可能是过度投资。因此，许多经济学家将目光集中到创新产生的根源上来，试图从微观层面寻找企业创新的动力。一些学者认为，随着规模的增加，R&D强度（R&D投入占GDP百分比）先是逐渐增大，达到最大值后开始变小（Aghion et al.，2005；Blundell et al.，1999；Cohenand Levin，1989）。这种"倒U形"关系假说是否成立呢？采用宏观、产业和企业层面数据的分析却显示出创新与规模之间并没有必然关系。

首先，从国家或地区层面看，使用世界银行2011年71个国家或地区R&D投入的数据可以发现，R&D强度与人口规模之间并不存在这种"倒U形"的关系（如图6.3(a)所

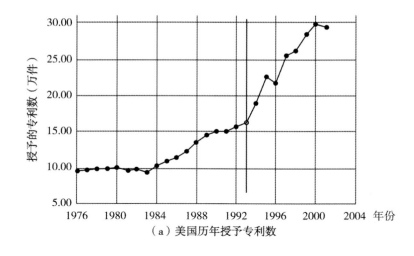

（a）美国历年授予专利数

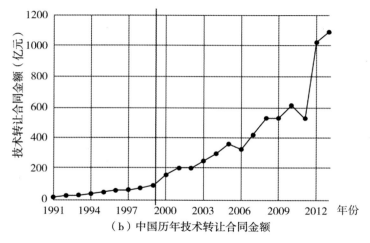

（b）中国历年技术转让合同金额

图 6.1　专利授予及技术转让

数据来源：https：//sites. google. com/site/patentdataproject/；http：//www. sts. org. cn/sjkl/kjtjdt/index. htm.

示），大部分的 R&D 投入集中在人口较少的国家，而且两者之间略微呈现出负相关关系。从图中同样可以看出，美国、日本和韩国等发达国家或地区的 R&D 强度都很高，维持在 2% 以上，而刚果、泰国等发展中国家或地区的 R&D 强度比较低，在 0.5% 以下。

从经济规模与 R&D 强度的关系来看（如图 6.3（b）所示），R&D 强度与人均 GDP 之间更明显的是一种线性关系，同时还可以发现一些国家或地区的 R&D 强度很高但人均 GDP 并不高，而另一些高收入国家或地区的 R&D 强度却较低。可见，从国家或地区层面来看，创新与规模之间并没有呈现"倒 U 形"关系，各国或地区之间研发投入存在很大差异，总体来说，人口规模较小的国家或地区趋向于更多创新投入；而人均 GDP 越大的国家或地

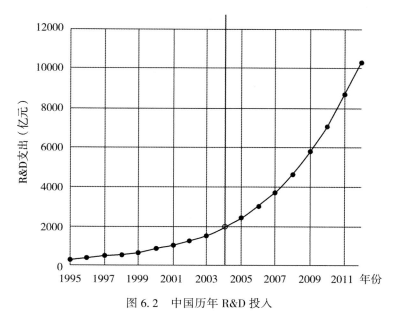

图 6.2　中国历年 R&D 投入

数据来源：http：//data. stats. gov. cn/workspace/index？ m＝hgnd.

区，往往 R&D 投入也越多。

其次，从行业层面看，使用美国经济分析局 1998—2007 年各行业（化工、软件、系统、运输、电信、其他）的数据进行分析（如图 6. 4（a）所示）。可以发现，就 R&D 强度与工人规模而言，大多数行业内（如化工、电信和软件）呈现出一种较显著的负相关关系，而且从所有行业整体上看，这种负相关关系同样存在。可见，不论是从单个行业还是从整体上来说，R&D 与工人规模之间并没有呈现出"倒 U 形"关系。

从 R&D 强度与人均产出之间的关系来看（如图 6. 4（b）所示），各行业之间的差异较大。金融行业的 R&D 强度一直维持在相当低的水平，运输和化工行业内的 R&D 强度与人均产出显著正相关，但软件及其他行业则呈现出负相关关系。从所有行业整体上看，R&D 强度与人均产出的负相关关系更加明显。

最后，从更加微观的企业层面上看，使用中国工业企业数据库中 2009 年的数据，分别考察企业工人规模、产出规模与 R&D 强度之间的关系。可以发现，不管是企业工人规模（如图 6. 5（a）所示）还是企业产出规模（如图 6. 5（b）所示），它们与 R&D 强度之间均存在着较为显著的负相关关系。具体地，R&D 活动主要集中在规模较小的企业当中，尤其是工人数小于 10000，人均产出小于 5000 元的企业，这些企业的 R&D 强度大，而且比较集中。对于工人数众多或产出规模很大的企业，其 R&D 强度普遍低于 5% 的水平。显然，企业层面的数据更加直接地推翻了关于研发投入与企业规模之间呈"倒 U 形"关系的假说。还有许多学者提供的数据表明，企业的 R&D 投入与规模无关，而且相当大比例的企业（规

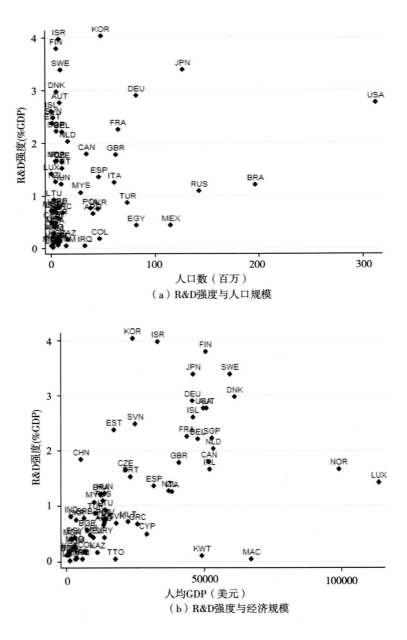

图 6.3　R&D 投入与规模：国家或地区层面

数据来源：http：//data. worldbank. org. cn/topic/science-and-technology.

说明：图中的简写字母代表各个国家或地区。后同。

模有大有小）的 R&D 投入几乎为 0（PlaBarber and Alegre，2007；Fritsch and Meschede，2001；Tsai and Wang，2005；Cohen and Klepper，1992，1996；Klette and Kortum，2002）。

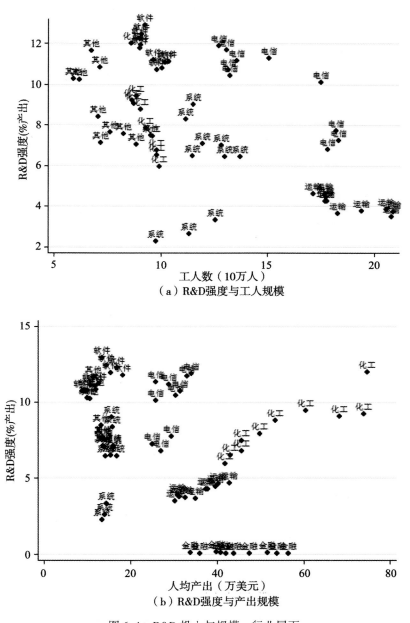

图 6.4 R&D 投入与规模：行业层面

数据来源：http://www.bea.gov/industry/index.htm.

既然规模并不是决定创新的因素，那么真正影响创新活动的因素是什么呢？通过对宏观、产业和企业层面数据的分析发现，对于企业创新具有决定性影响的因素是生产率水平（以全要素生产率（TFP）衡量），TFP 水平越高，则 R&D 投入越大（Geroski，1989；Castellani and Zanfei，2007；Aghion et al.，2009；Hall，2011）。

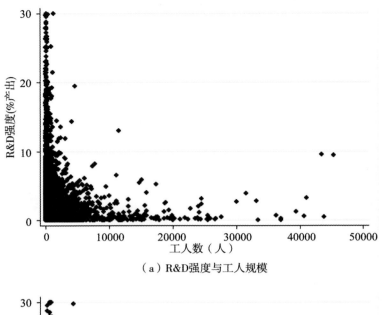

（a）R&D强度与工人规模

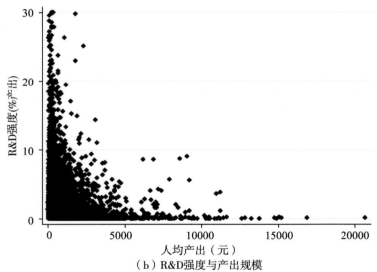

（b）R&D强度与产出规模

图 6.5　R&D 投入与规模：企业层面

　　首先，从国家或地区层面来看，根据佩恩表（PWT8.0）①和世界银行的数据，各国或地区的 R&D 强度与 TFP 之间存在着较强的正相关关系（如图 6.6（a）所示），除了科威特（KWT）等几个例外（其 TFP 较高但 R&D 强度较低），其他国家或地区的生产率与 R&D 强度之间存在着较强的正相关关系。

①　数据来源：http：//www.rug.nl/research/ggdc/data/pwt/.

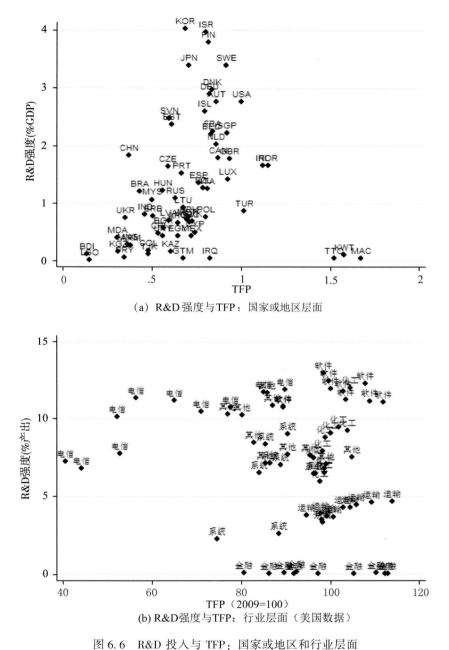

（a）R&D 强度与 TFP：国家或地区层面

（b) R&D 强度与 TFP：行业层面（美国数据）

图 6.6 R&D 投入与 TFP：国家或地区和行业层面

数据来源：http：//www. rug. nl/research/ggdc/data/pwt/；http：//www. bls. gov/mfp/.

其次，从行业层面看，使用美国劳工统计局（ BLS）的数据①可以发现（如图 6.6(b) 所示），除金融和系统行业外，大部分行业内企业的 R&D 强度与 TFP 之间存在着较强的正相

———————————

① 数据来源：http：//www. bls. gov/mfp/.

关关系。而且从总体上看,创新主要集中在生产率水平较高的行业(如电信和软件),在低生产率区域内的 R&D 投入很少。

进一步地,对美国的电信和运输行业进行深入分析,根据这两个行业的 R&D 强度、行业规模与生产率之间的关系图可以发现(如图 6.7 所示),在 1998—2007 年间,两个行业的雇佣工人数都逐渐减少,但是 R&D 强度和生产率却一直增加,在电信行业这种趋势更加明显。从变化趋势总体上看,行业规模与 R&D 投入之间存在着负相关关系,而与生产率之间的负相关关系则更为显著一些。

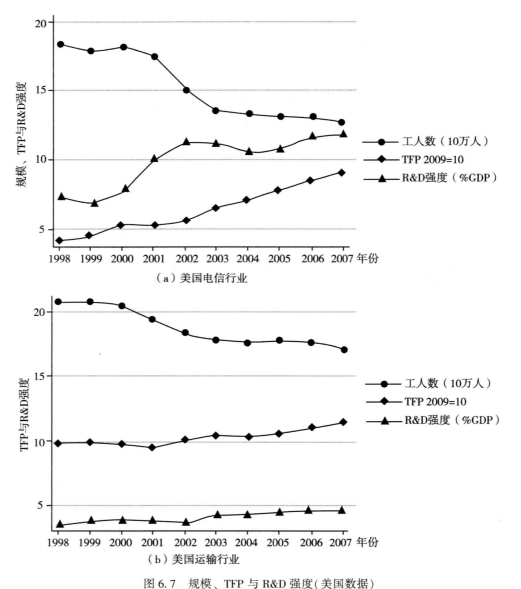

图 6.7　规模、TFP 与 R&D 强度(美国数据)

数据来源:http://www.bls.gov/mfp/.

最后，从企业层面看，本章仍然使用中国工业企业数据库中 2009 年的数据展开分析。可以发现，企业的 R&D 强度与生产率之间存在着一个较为明显的"倒 U 形"关系（如图 6.8 所示），即生产率很低与生产率很高的企业在 R&D 投入上都不是很大，大部分的 R&D 活动发生在生产率居中的企业。

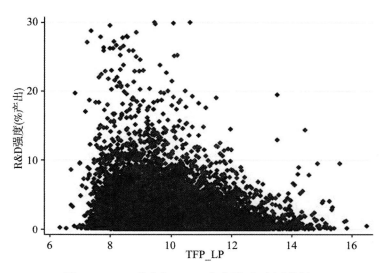

图 6.8　R&D 强度与 TFP：企业层面（中国数据）

6.1.3　生产率的决定

尽管许多学者已经注意到生产率水平的差距，但是为什么不同国家或地区、行业和企业会出现生产率水平的差距呢？Bajona 和 Locay（2009）认为，企业生产率的提高来源于企业家精神（管理能力、创新能力等）的提高，长期经济增长率和生产率水平由企业管理者管理知识存量的增长率决定，而管理知识存量又取决于个人从事企业活动所获得的报酬以及从事这些活动所需的时间。

不妨对计划经济体制和市场经济体制下不同国家的生产率进行一下比较（如表 6.1 所示）。计划经济国家的长期增长率和生产率持续下降，而市场经济国家的长期增长率和生产率则维持在一定水平。同时 Bergson（1989）的研究发现，苏联的 TFP 增长率从 20 世纪 50 年代的 1.87% 下降到 60 年代的 1.51%，而到了 1970—1975 年，TFP 增长率降到了 0.11%。Madrid-Aris（1997）运用古巴的数据同样发现了 TFP 增长率的下降趋势，在 1963—1970 年古巴的 TFP 增长率为 1%，在 1971—1980 年则下降为 0.8%，到了 1981—1988 年更是急剧下降到−1.7%。计划经济体制下企业的生产计划由中央计划者制订，而且对每个人的报酬都相同，并不提倡企业家精神，导致生产率持续低迷。相较而言，市场经济下个人的报酬与能力相符，企业家精神较高，生产率水平就较高，产出和利润也就较大。

表 6.1　　　　　　　　　　　　　　部分国家人均产出增长率比较

国家	1950—1960 年	1960—1970 年	1970—1980 年	1980—1988 年
苏联，GNP	5.7	3.9	3.6	1.2
苏联，NMP	8.2	6.3	4.6	2.8
捷克斯洛伐克、匈牙利、波兰及南斯拉夫，NMP	6.4	4.8	4.5	0.9
古巴，GMP		0.7	5.2	2.7
美国，GDP	1.7	2.9	2.1	2.5

资料来源：Bajona and Locay（2009）；NMP 为净物质资本产出，GMP 为物质资本产出总额。

6.2　企业家精神、创新与经济增长的关系

6.2.1　企业家精神的含义

对于企业家精神的具体定义至今依然没有统一的意见，熊彼特在其名著《经济发展理论》中对于创新、企业家的"创造性破坏"的经典研究，是这个领域中的开创之作。20 世纪80 年代，随着对长期经济增长根源的探讨在学术界再次兴起，许多学者对"企业家精神"进行重新定义，并纳入理论框架中。

Miller（1983）提出"企业家精神"应包含创新能力、对风险的预见以及冒险精神等几个方面，这些方面有助于推动企业组织的完善，从而促进产出增长和利润积累。此后，众多经济学家试图提出自己对于企业家精神的理解。Burgelman（1984）认为企业家精神应包含三个方面的内容：对内部资源的重新组合、对机会的发掘能力以及对新事物的创新能力。Guth 和 Ginsberg（1990）在上述理论基础上提出了他们的见解，认为企业家精神实际上是两个方面的范畴，其一是在现存的组织框架下经过资源整合产生新的业务，这些资源的整合包括内部的创新及冒险；其二是在现存的组织观念下深入挖掘，实现组织观念的升华。Zahra（1991）对企业家精神的核心进行了探讨，认为企业家精神的核心是创新性，即在现有的公司框架下创造出新的产品和事业，同时对企业现有的理念进行创新，提出更高层次的战略，实现企业的战略转型。Stopford 和 Baden-Fuller（1994）认为企业家精神应包含 5 个方面的特性，即对未来的预期、对成功的渴望、对团队定位的能力、解决问题的能力和创新能力。与此相似，Wennekers 和 Thurik（1999）认为企业家精神包含 13 个方面的内容，这

些内容涉及创新及组织和配置能力等方面。Sharma 和 Chrisman(1999)继承了上述学者关于企业家精神的界定,认为企业家精神是企业管理者对组织形式或生产形式的创新过程,具体包含三个方面的内容,产品及技术创新、战略创新和企业风险活动。

尽管有些学者对企业家精神的界定比较宏观,而另一些学者的界定更为具体,但综合起来看,他们都对企业家精神中的"创新性"尤其关注,认为创新是企业家精神的核心,创新能力是衡量企业管理者管理水平的一个重要因素,创新能力强的管理者能够使企业强大甚至推进经济发展。

6.2.2 企业家精神的度量

由于对企业家精神的理解存在差异,所侧重的方面也存在差异,因此其度量指标也存在差异。Aghion 更看重企业家精神的创新性方面,因此在度量时主要从创新的角度进行,选取美国各年度授予的发明专利数量来衡量企业家精神。Audretsch(2007b)以及 Audretsch 和 Keilbach(2004a,2004b,2005,2008)将企业家精神在国家层面和企业层面的作用区别对待,并且在度量时考虑的因素较为单一,因此难以准确估算企业家精神水平。根据 Audretsch 等(2008)的研究,在度量企业家精神时应该将社会和其他方面的才能纳入企业家的活动中,因此他们构建了三个变量来衡量企业家精神:总的企业家精神、可能的企业家精神以及必要的企业家精神。全球创业观察对各个国家的数据进行考查,并给出了上述这些变量的值,这为学者们的研究提供了方便。Acs 等(2008)认为,这些变量在各国使用了统一的定义及数据收集方式,因此在探究企业家精神与各国经济增长之间的关系时具有一定的优势。

在国内研究方面,比较有代表性的研究来自李新春等(2006)的研究。在度量企业家精神时,他们认为企业家精神的发挥决定了公司的业绩水平,因此公司业绩是企业家精神的外在表现形式,可以用来衡量企业家精神。由于他们度量企业家精神的方法比较简单,指标容易获取,而且在一定程度上能够代表企业家精神水平,因此公司绩效作为企业家精神的度量指标也被一些学者接受(肖海莲等,2012;王立军等,2008;崔凯等,2007)。陈忠卫和郝喜玲(2008)在度量企业家精神时选取了四个方面的维度进行度量,其中最重要的是集体创新,他们基于这几个方面设计出相应的问卷,并以调查的形式收集到企业层面的数据。与他们的研究相似,杨东和李垣(2008)认为企业家精神的核心是创新和风险创业,因此企业家精神与创新之间存在着较强的正相关关系。蒋春燕(2011)以长三角民营中小高科技企业为例,实证分析了高管团队的具体特征与企业家精神之间的关系,并用高管团队冒险倾向等 7 个指标来度量企业家精神。王德才和赵曙明(2014)从 CEO 变革领导行为和战略柔性两个方面来度量企业家精神,并构建了相应的度量指标。

从上述分析来看,大部分研究对于企业家精神的衡量是依据问卷调查得到的数据,设计出相应的问题并到企业进行实际走访，然后根据收集到的问卷对问题进行分类评估，以此得出最终的度量结果（蒋春燕等，2006；杨以文等，2013），只有较少的研究采用现有的统计数据（蒋含明，2013；李宏彬等，2009）或公司财务数据（李新春等，2006）来度量企业家精神水平。尽管问卷调查在实际上更能反映企业真实的企业家精神水平，但是调查问卷会花费研究者太多的精力，而且由于问卷没有统一的形式，因此在可信度上也存在一定的问题。而统计数据和公司的财务数据可信度较高，在一定程度上也能够较为真实地反映出企业的企业家精神水平。

6.2.3　企业家精神与经济增长的关系

企业家的管理才能会影响企业的生产率以及一国的长期经济增长，而企业的生产率又决定着企业的创新决策，然而这三者间的关系究竟如何，如何从理论上解释三者间的相互关系，尽管已经有学者试图去解答，但到目前为止依然没有研究者能给出答案（Baumol，1996；King and Levine，1993；van Stel et al.，2004；Thurik，2009）。之前的这些研究大多采用的是新古典增长模型和熊彼特理论将企业家精神与经济增长相联系（Blanchflower，2000；Carree and Thurik，2008；Carree et al.，2002）。Acs 等（2012），Blanchflower（2000），Colino 等（2014），Iyigun 和 Owen（1999）以及 Minniti 和 Lévesque（2010）将人力资本和企业将精神作为个人的特征纳入新古典增长模型中，并证明了企业家精神对经济增长的正向促进作用。另一些学者则将经济发展阶段纳入熊彼特模型中去考察企业家精神与经济增长之间的关系，并且发现企业家精神与人均 GDP 之间存在着一种"倒 U 形"关系（Carree and Thurik，2008；Carree et al.，2002；van Stel and Carree，2004）。基于这些理论，其他的一些学者认为企业家精神主要体现在对知识储备的影响方面（Agarwal et al.，2007；Audretsch，2007b；Audretsch and Keilbach，2008；Noseleit，2013）。

在国内研究方面，庄子银（2003）在南北贸易模型的基础上，将模仿活动纳入内生经济增长模型中，从理论上探讨了企业家精神对经济增长的促进作用。李宏彬等（2009）使用各私营企业比率和专利申请数来度量企业家精神，并应用 1983—2003 年中国各省份的数据实证检验了企业家精神与经济增长之间的关系。他们的研究表明，企业家精神对经济增长具有显著的正向作用，且为经济增长的原因。蒋含明等（2013）首先从理论上将生产性公共支出引入知识积累方程中，在实证上以首次登记注册的民营企业数量作为企业家精神的衡量指标，并应用 1997—2007 年中国各省份的面板数据检验了企业家精神与经济增长之间的关系。他们的研究发现，企业家精神对于经济增长具有显著的促进作用，并且这种促进作用会受到其他一些因素的影响。

综合起来看，不管是理论研究层面还是实证研究层面，对于企业家精神对经济增长的促进作用都给出了一致的肯定结论，即企业家精神在经济增长中的作用已经得到了广泛的认同。但是，同样可以看出，大部分的研究停留在宏观层面，都是从国家或者地区层面来分析企业家精神对经济增长的作用，并没有从更加微观的行业或者企业层面分析企业家精神所发挥的作用。在理论上，尚缺乏阐释企业家精神影响产出的微观模型，而在实证上，又缺乏对行业层面和企业层面的分析。

6.2.4 企业家精神、生产率和创新之间的关系

对于企业家精神对企业生产率和创新决策的影响，比较有影响的探讨是 Bajona 和 Locay（2009）的研究。他们探讨了计划经济体制和市场经济体制下不同国家的长期经济增长、生产率与企业家精神三者间的关系，发现计划经济具有两个特性。首先，在计划经济中生产要素的分配由中央计划者制定，其次，计划经济中每个人获得的报酬都是相同的。这两个特性减少了人们成为企业家的积极性，也降低了企业管理者的努力，这反过来又降低了长期产出和生产率的增长率。他们的成果为研究企业家精神与生产率间的关系提供了方法，然而他们仅局限于分析计划经济体制和市场经济体制下生产率与企业家精神间的关系，而没有考虑企业的创新行为。

Audrestsch（2008）在度量企业家精神时将社会和其他方面的才能纳入企业家的活动中，并且把企业家精神看成是企业创新活动的源泉，正是由于企业家的这种活动，生产率获得了一定程度的增加。Antoncic（2008）支持他们的观点，并且从企业层面给出了经验上的证据。他使用制造业企业的数据考察了企业家精神与创新活动之间的关系，结果发现企业家精神水平越高的企业其创新活动越活跃，从创新中获得的收益也更多。Colino 等（2013）探讨了企业文化、全要素生产率增长率与技术进步之间的关系，运用 26 个 OECD 国家 1965—2010 年的数据实证分析了企业文化对全要素生产率以及技术进步的影响，发现企业家能力对全要素生产率增长率以及技术进步有促进作用。然而他们的研究并没有从理论上解释企业家精神、生产率增长率与技术进步之间的关系，而且他们的数据都是各国宏观数据。

在国内研究方面，柴俊武等（2003）较早进行这方面的研究，他们应用企业层面的数据进行实证检验发现，企业经营者的管理才能是企业创新的一个关键因素。企业家精神水平越高的企业越容易进入高新技术行列，进而促进 R&D 的投入。庄子银（2007）在理论层面上探讨了企业家精神与创新之间的关系，认为企业家精神决定了一个经济的 R&D 投入和生产率的增长。靳卫东等（2008）在 Aghion 和 Howitt（1992）模型的基础上讨论了企业家精神与经济增长之间的关系，认为企业家精神主要是通过创新行为来对经济增长发挥作用，由于企业家精神包含创新性、抗风险性等方面的内容，这些方面对创新的影响存在差异，需要综合考虑。在实证方面，他们选取中国国内专利的授予量作为衡量创新性的指数，并构建了一个新指数。戴勇等（2010）认为企业家精神在产学研合作中发挥着关键的协调作

用，并从实证方面使用广东省部产学研合作企业的调研数据进行分析，结果发现企业家精神与 R&D 投入之间存在着较为显著的正相关关系。

尽管以往的这些研究为探究企业家精神与生产率间和创新之间的关系提供了方法，然而这些研究往往忽略了这三者之间微观作用的机理。有些侧重于分析计划经济体制和市场经济体制下生产率与企业家精神间的关系，而没有考虑企业的创新行为。在实证方面，大部分研究倾向于使用宏观层面的数据，缺乏从企业微观层面分析企业家精神对企业生产率及创新决策的影响。

6.3　关于企业家精神、生产率与创新的理论模型

我们认为，企业家精神是在生产中通过企业家能力（包括企业管理能力和创新能力等）发挥作用的。本章的模型以 Lucas（1978）提出的模型为基础，在该内生增长模型中内生化物质资本积累、人力资本积累和技术进步，并将企业家能力考虑进去。假定个人的寿命无穷，时间也是无穷的，经济中有 N 个消费者，每个人一出生就具有的企业管理能力为 a，这种能力是固定不变的。社会中个人能力服从概率密度为 $g(a)$，分布函数为 $G(a)$ 的分布，而且该分布是外生给定的，不随时间变动。与 Bajona 和 Locay（2009）的研究相同，假定企业家将物质资本、技能劳动、非技能劳动以及企业家的管理付出作为投入要素进行生产，个人根据自己的能力选择做普通劳动者赚取工资报酬，或者作为企业的管理者赚取管理报酬。假设创新需要企业投入一定的技能劳动，并需要一定的知识积累。

6.3.1　生产活动

假设企业家的管理付出为 $x_t la$，其中 x_t 为企业家投入企业管理的时间，l 为企业家投入企业生产中的单位时间内的单位产出效率，为外生给定，且对于所有人都相同，a 为企业家的管理才能。生产函数为：

$$y_t = m_t (x_t la)^{1-\theta} (k_t^{1-\alpha-\beta} h_t^{\alpha} n_t^{\beta})^{\theta} \tag{6.1}$$

其中，y_t 为企业的产出，m_t 为管理知识存量，k_t 为投入的物质资本，h_t 为投入的技能劳动数量，n_t 为投入的非技能劳动数量，α、β、θ 满足 α，β，$\theta \in (0, 1)$，$\alpha + \beta < 1$，该生产函数对于管理者能力、物质资本和人力资本是规模报酬不变的，但是单独对于物质资本和人力资本来说却是规模报酬递减的。与 Lucas（1978）的研究相同，企业家没有资本也没有动力去向外界融资，企业家仅是公司的管理者，他从企业管理中所获得的报酬与他选择从事生产性活动所获得的报酬是相同的，而且他从管理中所获得的报酬来自整个企业的生产利润。假设每个企业生产的产品都是同质的，而且每种产品的价格都单位化为 1，因此企业的生产活动所获得的利润为：

$$\pi_t = m_t \, (x_t la)^{1-\theta} \, (k_t^{1-\alpha-\beta} h_t^{\alpha} n_t^{\beta})^{\theta} - \omega_h h_t - \omega_n n_t - rk_t - f \qquad (6.2)$$

其中 ω_h 为企业支付给技能劳动者的工资率水平，ω_n 为企业支付给非技能劳动的工资率水平，r 为物质资本的租赁价格，f 为生产所需的固定成本。管理者所面临的问题就是选择自己的工作时间使企业的生产利润最大化：

$$\max \{ m_t \, (x_t la)^{1-\theta} \, (k_t^{1-\alpha-\beta} h_t^{\alpha} n_t^{\beta})^{\theta} - \omega_h h_t - \omega_n n_t - rk_t - f \}$$
$$\text{s.t. } 0 \leqslant x_t \leqslant 1 \qquad (6.3)$$

由此可得：企业家的工作时间为：$x_t = 1$，即企业家会将能够使用的时间都用到企业管理中去，而不会选择闲暇；$\omega_h = \theta\alpha \dfrac{y_t}{h_t}$，即技能劳动获得的报酬占总产出的份额恰好为 $\theta\alpha$；$\omega_n = \theta\beta \dfrac{y_t}{n_t}$，即非技能劳动获得的报酬占总产出的份额为 $\theta\beta$；$r = \theta(1-\alpha-\beta) \dfrac{y_t}{k_t}$，即资本产出份额为 $\theta(1-\alpha-\beta)$。从一阶条件中可以得到：

$$\omega = \frac{\omega_h}{\omega_n} = \frac{\alpha n_t}{\beta h_t}, \quad \frac{r}{\omega_n} = \frac{(1-\alpha-\beta)n_t}{\beta k_t} \qquad (6.4)$$

假定非技能劳动的工资率水平为 $\omega_n = 1$，则技能劳动的相对工资率水平 ω 仅与投入的非技能劳动、技能劳动以及两者的产出份额决定，而与企业家的管理才能无关。资本-劳动比 $r = \dfrac{r}{\omega_n}$ 同样只取决于非技能劳动、物质资本以及两者的产出份额。因此，所有企业在生产中都会使用相同的技能劳动-非技能劳动比和资本-劳动比，解（6.3）式中的最大化问题可得到每个企业在生产过程中的资本投入、劳动投入、产出和利润分别为：

$$k_t(a) = m_t^{1/(1-\theta)} la\varepsilon$$

$$h_t(a) = \frac{(1-\alpha-\beta)r}{\alpha\omega} m_t^{1/(1-\theta)} la\varepsilon$$

$$n_t(a) = \frac{(1-\alpha-\beta)r}{\beta} m_t^{1/(1-\theta)} la\varepsilon \qquad (6.5)$$

$$y_t(a) = \frac{r}{\theta(1-\alpha-\beta)} m_t^{1/(1-\theta)} la\varepsilon$$

$$\pi_t(a) = (1-\theta)y_t - f = \frac{r(1-\theta)}{\theta(1-\alpha-\beta)} m_t^{1/(1-\theta)} la\varepsilon - f$$

其中，$\varepsilon = [(1-\alpha-\beta)^{\alpha+\beta}\alpha^{-\alpha}\beta^{-\beta}r^{\alpha+\beta}\omega^{-\alpha}]^{\theta/(1-\theta)}$，只取决于物质资本-非技能劳动比、技能劳动相对工资率水平以及物质资本和劳动的投入份额。对于不同的企业来说，由于企业是同质的，每个企业的市场势力都很小，投入份额、工资率水平和租赁价格都是由市场均衡决定的。另外企业家投入企业生产中的单位时间内的单位产出效率（l）同样为外生给定的，因此，企业投入的物质资本和劳动、产出以及利润的差异主要源于两个方面，一个是管理知识存量（m_t），另一个是企业家能力（企业家精神，a）。同时管理知识存量对于所有企业来说都是相同的，是整个行业的企业管理知识水平，但其又与企业家精神紧密相连，企业的管理知识存量增加来源于企业家的管理实践。根据(6.5)式可以得出：

$$\frac{y_t(a)}{y_t(a')} = \frac{h_t(a)}{h_t(a')} = \frac{n_t(a)}{n_t(a')} = \frac{a}{a'} \tag{6.6}$$

根据上式，可以得到如下命题。

命题 6.1：当企业家管理能力 $a_1 > a_2$ 时，则有 $y(a_1) > y(a_2)$，$\pi(a_1) > \pi(a_2)$，$h(a_1) > h(a_2)$，$n(a_1) > n(a_2)$。

命题 6.1 说明，企业家能力（企业家精神）越强，则企业需要投入的技能劳动和非技能劳动越多，产出越大，利润越高。这也表明，技能劳动和非技能劳动会向企业家能力更强（a 越大）的企业转移，这些企业的规模将不断扩大，在社会总的技能劳动和非技能劳动供给一定的情况下，企业家能力差的企业所能够投入的技能劳动和非技能劳动将减少，产出和利润都将下降，市场份额将被其他拥有高企业家能力的企业占有。最后的结果是企业家能力强的企业能够获得更多的技能劳动和非技能劳动投入，市场份额逐渐增大，而企业家能力差的企业则会退出市场，整个社会的企业管理知识存量上升，产出增加。

由于企业的投入、产出和利润仅取决于企业家管理能力的大小，因此，(6.1)式又可以表示为：

$$y_t = \varphi_t \left(k_t^{1-\alpha-\beta} h_t^{\alpha} n_t^{\beta} \right)^{\theta} \tag{6.7}$$

其中 $\varphi_t = m_t (la)^{1-\theta}$，表示企业的生产率水平。可见，企业的生产率水平仅与企业家能力和整个行业的企业管理知识水平相关，而与其他变量无关；企业的生产率水平是内生的，取决于企业所雇用的管理者的能力。生产率与企业家能力之间的关系满足：

$$\frac{\phi_t(a)}{\phi_t(a')} = \left(\frac{a}{a'} \right)^{1-\theta}, \quad \frac{\phi_t(a)/a}{\phi_t(a')/a'} = \left(\frac{a}{a'} \right)^{-\theta} \tag{6.8}$$

由此可以得到命题 6.2。

命题 6.2：当企业家能力 $a_1 > a_2$ 时，则有 $\varphi(a_1) > \varphi(a_2)$，且 $\varphi(a_1)/a_1 < \varphi(a_2)/a_2$。

命题 6.2 说明，企业的企业家能力越强，则企业的生产率水平越高，但企业中每单位企业家能力对应的生产率相对较低。换句话说，一方面，企业家能力越弱的企业，其生产率水平相对较低，如果企业雇佣能力更强的企业家，则企业的生产率水平提高非常迅速；另一方面，由于企业家是有限的，企业雇佣到高能力企业家的可能性会越来越小，最终整个行业的生产率水平将趋于稳定。这个结论解释了前文的一些经验事实，企业间生产率的差别并不是一开始就已经确定，企业生产率会随着时间发生改变，生产率低的企业可能会在某一时期内持续变高，而生产率高的企业也可能会受到某种冲击而下降，而这些来源于企业所雇佣的管理者能力（企业家能力）的变化。

6.3.2 创新活动

与 Klette 和 Kortum（2004）以及 Acemoglu 等（2012）的研究相同，企业的创新行为依赖于企业现有的知识存量，以及与现有的知识存量相匹配的技能劳动投入。企业的创新满足如下方程：

$$\dot{M}_t = X_t = \lambda S_t^{\eta} u_t^{1-\eta} \tag{6.9}$$

其中 $\eta \in (0, 1)$ 为 R&D 活动中技能劳动的产出弹性，$\lambda > 0$ 为规模参数，$\dot{M}_t$ 为产品种类的增加，X_t 为创新产品数，S_t 为 R&D 中所使用的技能劳动数，u_t 为知识存量，u_t 越大则说明企业所拥有的知识存量越大，规模也越大。企业创新强度为 $x_t = X_t/u_t = \lambda S_t^{\eta} u_t^{-\eta} = \lambda s_t^{\eta}$，其中 $s_t = S_t/u_t$ 为单位产品所使用的平均技能劳动数。R&D 活动的可变成本为 $\omega_s S_t = \omega_s u x_t^{\frac{1}{\eta}} \lambda^{-\frac{1}{\eta}}$，其中 ω_s 为 R&D 部门的技能劳动工资率水平，同时 R&D 活动也需要企业支付一定的固定成本 f_I，总的创新成本为：

$$C_t = \omega_s S_t + u_t f_I = \omega_s u_t (f_I/u_t + x_t^{\frac{1}{\eta}} \lambda^{-\frac{1}{\eta}}) \tag{6.10}$$

企业获得的单位产品的期望价值为 $v_t(a) = \sum_{t=1}^{\infty} (1-\rho)^t \pi_t(a) = \frac{\pi_t(a)}{\rho}$，其中 ρ 为贴现率。企业的 R&D 收益为 $\prod_t^I = X_t v_t - C_t = X_t \frac{\pi_t}{\rho} - (\omega_s S_t + \omega_s u_t f_I) = u_t(x_t v_t - \omega_s x_t^{\frac{1}{\eta}} \lambda^{-\frac{1}{\eta}} - f_I)$，因此企业 R&D 收益最大化决策为：

$$\max \pi_t^I = x_t v_t - \omega_s x_t^{\frac{1}{\eta}} \lambda^{-\frac{1}{\eta}} - f_I \tag{6.11}$$

解该最大化问题的一阶条件可得：$x_t(a) = \left(\frac{v_t(a) \eta \lambda^{1/\eta}}{\omega_s} \right)^{\frac{\eta}{1-\eta}} = \left(\frac{\pi_t(a) \eta \lambda^{1/\eta}}{\rho \omega_s} \right)^{\frac{\eta}{1-\eta}} = \varphi \pi_t^{\frac{\eta}{1-\eta}}(a)$，其中 $\varphi = \left(\frac{\eta \lambda^{1/\eta}}{\rho \omega_s} \right)^{\frac{\eta}{1-\eta}} > 0$。由于 R&D 部门技能劳动的工资率水平（$\omega_s$）及相关参数都是外生给定的，因此企业的创新强度仅取决于企业的生产利润。企业从创新中获得的单位产品的收益为：

$$\pi_t^I(a) = (1-\eta) \left(\frac{\eta \theta^{\frac{1}{\eta}}}{\omega} \right)^{\frac{\eta}{1-\eta}} v_t^{\frac{1}{1-\eta}}(a) - f_I = \frac{(1-\eta)\varphi}{\rho} \pi_t^{\frac{1}{1-\eta}}(a) - f_I \tag{6.12}$$

从上式可以看出，企业从创新中获得的单位产品收益同样取决于企业家精神。根据 (6.12) 式可以得出：

$$\frac{x_t(a)}{x_t(a')} = \frac{\pi_t(a)}{\pi_t(a')}, \quad \frac{y_t(a)}{y_t(a')} = a = \left[\frac{\varphi(a)}{\varphi(a')} \right]^{\frac{1}{1-\theta}} \tag{6.13}$$

根据上式，可以得到命题 6.3。

命题 6.3： 当企业家管理能力 $a_1 > a_2$ 时，则有 $\varphi(a_1) > \varphi(a_{2})$，$y(a_1) > y(a_{2})$，$\pi(a_1) > \pi(a_{2})$，$\pi^I(a_1) > \pi^I(a_{2})$，$x(a_1) > x(a_2)$。

命题 6.3 说明企业家能力（企业家精神）越强，则企业的生产率越高，产出越大，利润越高。反过来，产出利润越高，则企业越能够加大对 R&D 活动的投入，从而企业创造出的新产品种类数越多，创新强度也越大，获得的利润越多。可以看出，企业创新活动的投入来源于生产利润，生产利润取决于企业投入的物质资本、劳动以及企业家的管理努力，而物质资本和劳动的投入又取决于企业家精神的高低。这也与前文所述的经验证据相符，可以从一定程度上解释在企业家精神较低的情况下，经济增长、生产率和创新都相对较低。产出与生产率间存在着正相关关系，且满足 $\dfrac{y_t(a)}{y_t(a')} = \left[\dfrac{\varphi(a)}{\varphi(a')} \right]^{\frac{1}{1-\theta}}$，这一结论与 Melitz（2003）的结果相同。异质性企业的生产率差异来源于企业家精神的不同，企业所雇佣的企业家所具有的能力越强，则企业的生产率水平越高。

6.3.3　居民户

假定代表性居民户的寿命无限长，居民户消费最终物品，其效用函数为 CRS 形式：$u(c_t) = \displaystyle\int_t^\infty e^{-\rho t} \dfrac{c_t^{1-\sigma} - 1}{1 - \sigma} d_\tau$，其中 σ 为替代弹性，满足 $0 < \sigma \leqslant 1$，ρ 为个体时间偏好率，满足 $\rho > 0$。社会中总劳动为：

$$L_t = h_t + n_t + S_t \tag{6.14}$$

经济个体根据自己的能力选择成为企业家或者普通劳动者，在生产和 R&D 过程中投入人力资本挣得工资，在企业管理中获得一定比例的生产利润，因此经济个体的总收入为 $e_t \pi_t(a) + (1 - e_t)\omega_t$，其中 e_t 表示经济个体是企业家还是普通劳动者，当 $e_t = 0$ 时，经济个体的收入全部来自劳动投入获得的工资，当 $e_t = 1$ 时，经济个体的收入全部来自作为企业管理所获得的企业利润。利率水平为 r，在个人总财富水平为 W_t 的情况下，经济个体可获得的利息收入为 rW_t。因此代表性居民户的预算约束为：$\dot{W} = rW_t + e_t \pi_t(a) + (1 - e_t)\omega_t - c_t(a)$，代表性居民户的效用最大化问题为：

$$\max u(c_t) = \int_t^\infty e^{-\rho t} \dfrac{c_t^{1-\sigma} - 1}{1 - \sigma} d_\tau$$
$$\text{s. t. } \dot{W} = rW_t + e_t \pi_t(a) + (1 - e_t)\omega_t - c_t(a) \tag{6.15}$$

解该最大化问题的一阶条件可得：

$$\dfrac{c_{t+1}(a)}{c_t(a)} = \left[\rho(1 + r) \right]^{1/\sigma} \tag{6.16}$$

（6.16）式为标准的 Ramsey 法则，即消费增长率应等于实际收益率水平。可以发现，消费增长率与消费者的能力无关，对于所有消费者来说，不同时期的消费边际替代率都相同且仅与利率水平有关，在利率水平一定的情况下，边际替代率为常数。

6.3.4 行业加总

拥有 a 的能力值的经济个体根据自己的能力选择成为企业家（$e_t = 1$）或者普通劳动者（$e_t = 0$）来最大化自己的收入，在生产和 R&D 过程中投入人力资本挣得工资，在企业管理中获得生产利润。令 a_t^* 为在 t 时企业家在选择成为企业家或者普通劳动者之间无差异的企业家的临界管理能力，由于企业家从事管理的收入与其管理能力成正比，因此，对于那些能力低于临界值 a_t^* 的经济个体，由于自身能力难以达到企业管理要求的水平，会选择成为普通劳动者，获得的报酬为 ω_t；对于那些能力高于临界值 a_t^* 的经济个体，会选择成为企业管理者，从企业管理中获得的报酬为 $\pi_t(a)$。在临界值 a_t^* 处，有 $\omega_t = \pi_t(a^*)$，根据(6.5)式可得临界企业家能力(精神)为：

$$a_t^* = \frac{\theta(1 - \alpha - \beta)(\omega_t + f)}{r(1 - \theta)m_t^{1/(1-\theta)}l\varepsilon} \tag{6.17}$$

由于企业家能力的概率密度函数和分布函数分别为 $g(a)$ 和 $G(a)$，给定临界管理水平 a_t^*，则社会中总的普通劳动供给为 $NG(a_t^*)$。与 Bajona 和 Locay（2009）的研究相同，以 $\tilde{A}_t = \{a \in A \mid a \geq a^*\}$ 表示企业家能力的集合，$\tilde{a}_t = \int_{\tilde{A}_t} a d_{G(a)}$ 表示企业家能力的均值，因此在生产过程中行业的总投入、总产出及总利润为：

$$K_t(\tilde{a}) = m_t^{1/(1-\theta)}l\varepsilon N \tilde{a}_t$$

$$H_t(\tilde{a}) = \frac{(1 - \alpha - \beta)rl\varepsilon}{\alpha\omega}m_t^{1/(1-\theta)} N \tilde{a}_t$$

$$N_t(\tilde{a}) = \frac{(1 - \alpha - \beta)rl\varepsilon}{\beta}m_t^{1/(1-\theta)} N \tilde{a}_t \tag{6.18}$$

$$Y_t(\tilde{a}) = \frac{rl\varepsilon}{\theta(1 - \alpha - \beta)}m_t^{1/(1-\theta)} N \tilde{a}_t = A_t(K_t^{1-\alpha-\beta}H_t^\alpha N_t^\beta)^\theta$$

$$\prod_t(\tilde{a}) = \frac{r(1 - \theta)l\varepsilon}{\theta(1 - \alpha - \beta)}m_t^{1/(1-\theta)} N \tilde{a}_t$$

其中 $A_t = m_t(\tilde{a}_t Nl)^{1-\theta}$，为行业的总生产率水平，可以看出，行业的总生产率水平、总投入、总产出及总利润与企业相似取决于两个因素，一是管理知识存量（m_t），二是行业的平均企业家能力（$\tilde{a}_t$）。行业总利润的来源同样是企业家能力，尽管对于整个行业来说，单个企业家的能力影响并不明显，但是如果整个行业的企业家能力提高了，从事企业管理的平均企业家能力增强，行业的总利润也会相应提高。

对于企业创新行为，假定 a_{lt}^* 为企业从事 R&D 活动获得的利润为 0 的临界企业家精神，则由(6.12)式可得，创新的临界企业家能力(精神)为：

$$a_{lt}^* = \left(\frac{\rho f_I}{(1-\eta)\phi}\right)^{1-\eta} \cdot \frac{\theta(1-\alpha-\beta)}{r(1-\theta)m_t^{1/(1-\theta)}l\varepsilon} = \left(\frac{\rho f_I}{(1-\eta)\phi}\right)^{1-\eta} \frac{a_t^*}{\omega_t} \qquad (6.19)$$

由此可以得到命题 6.4。

命题 6.4：当满足条件 $\left(\dfrac{\rho f_I}{(1-\eta)\phi}\right)^{1-\eta} > \omega_t$ 时，有 $a_{lt}^* > a_t^*$，即经济个体选择从事 R&D 活动的临界企业家能力，要大于其选择从事企业管理的临界企业家能力。

上述命题说明，只有当满足一定条件且企业家精神足够高（$a_t \geqslant a_{lt}^*$）时，企业从创新活动中才有可能获利，才会选择进行 R&D 投入。这在一定程度上也解释了前文所述的关于企业创新的一些经验，企业的创新活动取决于企业家管理能力的高低，只有那些企业家精神超过创新临界值时才会选择创新。而对于那些有能力进行 R&D 活动的企业，企业家精神越高，则企业越能从创新活动中获利。

以 $\tilde{A}_{lt} = \{a \in A \mid a \geqslant a_{lt}^*\}$ 表示从事创新企业的企业家管理才能的集合，$\tilde{a}_{lt} = \int_{\tilde{A}_{lt}} ad_{G(a)}$ 表示从事创新企业的企业家管理才能的均值，因此在创新过程中行业的总创新强度和总利润为：

$$X_t(\tilde{a}_{lt}) = \phi\prod_t^{\frac{\eta}{1-\eta}}(\tilde{a}_{lt}) = \phi\left[\frac{r(1-\theta)l\varepsilon}{\theta(1-\alpha-\beta)}m_t^{1/(1-\theta)}N\tilde{a}_{lt}\right]^{\frac{\eta}{1-\eta}}$$

$$\prod_{lt}(\tilde{a}_{lt}) = \frac{(1-\eta)\phi}{\rho}\prod_{lt}^{\frac{1}{1-\eta}}(\tilde{a}_{lt}) - F_I = \frac{(1-\eta)\phi}{\rho}[{}^N\tilde{a}_{lt}]\frac{1}{1-\eta} - F_I \qquad (6.20)$$

其中 F_I 为行业创新活动的总固定成本，行业总的创新活动投入同样来源于行业总生产利润，总生产利润取决于行业平均企业家精神。行业平均企业家精神的高低决定着行业的总产出利润、总创新强度和总创新利润，企业家精神是创新活动的源泉。

关于企业家管理知识存量，与 Epple 等（1996）的研究相同，企业家管理知识存量水平的变化依赖于企业家的管理实践，且主要取决于行业的平均企业家精神（$\tilde{a}_t$），企业家管理知识存量累积方程满足：

$$\frac{\dot{m}_t}{m_t} = \gamma l\int_{\tilde{A}_t} ad_{G(a)} - \mu = \gamma l\tilde{a}_t - \mu \qquad (6.21)$$

其中，γ 为外生决定的参数，μ 为企业家管理知识存量的折旧率，根据上式，给定企业家管理能力的分布 $G(a)$，如果企业家管理才能的集合 $\tilde{A}_t$ 越大，即企业家占总人口的比例越大，企业家管理知识存量增加越快。

6.3.5　企业的进入和退出

与 Melitz（2003）的研究相同，有必要讨论企业的进入和退出行为。首先对于企业的生产过程，临界企业家管理水平满足 $a_t^* = \dfrac{\theta(1-\alpha-\beta)(\omega_t + f)}{r(1-\theta)m_t^{1/(1-\theta)}l\varepsilon}$，而且企业的生产利润差异

由企业家精神 a 决定，$\pi_t = (1-\theta)y_t - f$，且 $\dfrac{y_t(a)}{y_t(a')} = \dfrac{a}{a'}$。由于企业的平均企业家精神 $\tilde{a}_t$

取决于临界企业家管理水平 a_t^*，因此，生产过程的平均利润同样取决于临界企业家管理

水平且满足 $\tilde{\pi}_t = (1-\theta)\tilde{y}_t - f = (1-\theta)\dfrac{\tilde{a}_t}{a_t^*}y_t^* - f$。因此生产的等利润条件（identical cutoff

profit condition of production，ICPP）意味着 $\pi_t^* = (1-\theta)y_t^* - f = \omega$，所以生产过程的平均利

润为：

$$\tilde{\pi}_t = \frac{\tilde{a}_t}{a_t^*}(f+\omega) - f \tag{6.22}$$

同理，对于创新过程，创新的零利润条件（zero cutoff profit condition of innovation，

ZCPI）意味着 $\pi_{lt}^*(a_h^*) = \dfrac{(1-\eta)\varphi}{\rho}\pi_t^{\frac{1}{1-\eta}}(a_h^*) - f_I = 0$，创新的临界企业家精神为 $a_h^* =$

$\left(\dfrac{\rho f_I}{(1-\eta)\varphi}\right)^{1-\eta}\dfrac{a_t^*}{\omega_t}$，所以创新过程的平均利润为：

$$\tilde{\pi}_t^l = \frac{\tilde{a}_t}{a_t^*}\left[f + \left(\frac{\rho f_I}{(1-\eta)\varphi}\right)^{1-\eta}\right] - f \tag{6.23}$$

假定企业进入市场需要支付一定的成本 f_e，且企业单位产品的期望价值为 $v_t(a) =$

$\sum_{t=1}^{\infty}(1-\rho)^t\pi_t(a) = \dfrac{\pi_t(a)}{\rho}$，企业的平均期望价值为 $\tilde{v}_t(\tilde{a}_t) = \tilde{\pi}_t/\rho$，假定 $\tilde{v}_t(\tilde{a}_t) = \tilde{\pi}_t/\rho$

为企业进入的净价值，则 $\tilde{v}_{et}$ 满足：

$$\tilde{v}_{et} = p_{in}\tilde{v}_t - fe = \frac{1-G(a_t^*)}{\rho}\tilde{\pi}_t - fe \tag{6.24}$$

因此，企业的自由进入条件（free entry condition，FE）满足 $\tilde{v}_{et} = 0$，即：

$$\tilde{\pi}_t = \frac{\rho f_e}{1-G(a_t^*)} \tag{6.25}$$

当企业进入的净价值 $\tilde{v}_{et}$ 为负值时，没有企业会选择进入市场，只有当该值为正时，
企业进入市场才是有利可图的，但是由于市场的进入是没有限制的，只要该值为正，则企
业必定会进入市场，随着企业的不断进入，平均利润不断下降，最终企业进入的净价值
$\tilde{v}_{et}$ 必定为 0。

6.3.6 分散经济的均衡

生产的等利润条件（ICPP）、创新的零利润条件（ZCPI）以及企业的自由进入条件（FE）

代表了平均利润水平 $\tilde{\pi}_t$ 与临界企业家精神 $\tilde{a}_t$ 间的三种不同的关系(如(6.22)式、(6.23)式和(6.25)式所示):

$$\tilde{\pi}_t = \frac{\tilde{a}_t}{a_t^*}(f + \omega) - f \qquad (\text{ICPP})$$

$$\tilde{\pi}_t^I = \frac{\tilde{a}_t}{a_t^*}\left[f + \left(\frac{\rho f_I}{(1-\eta)\varphi}\right)^{1-\eta}\right] - f \quad (\text{ZCPI}) \qquad (6.26)$$

$$\tilde{\pi}_t = \frac{\rho f_e}{1 - G(a_t^*)} \qquad (\text{FE})$$

从(6.26)式可知,在 (a, π) 空间里,FE 曲线是递增的,而 ICPP 曲线和 ZCPI 曲线则是递减的,且由于 $\left(\dfrac{\rho f_I}{(1-\eta)\varphi}\right)^{1-\eta} > \omega_t$,ICPP 曲线总是位于 ZCPI 曲线下方,因此 FE 曲线与 ICPP 曲线和 ZCPI 曲线的交点都是唯一的。这确保了均衡时生产的企业家精神水平 a_t^*、创新的企业家精神水平 a_{It}^*、生产利润 π_t^* 和创新利润 π_{It}^* 的存在性和唯一性。三条曲线间的关系如图 6.9 所示。

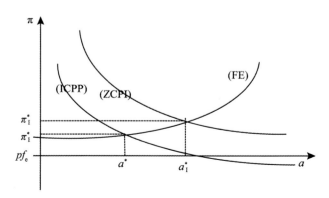

图 6.9 均衡临界企业家精神 a^* 和平均利润 $\tilde{\pi}$ 的决定

由于均衡生产的企业家精神水平 a_t^*、创新的企业家精神水平 a_{It}^*、生产利润 π_t^* 和创新利润 π_{It}^* 存在且是唯一的,因此在给定的均衡条件下,存在唯一的均衡解使得平衡增长路径上的生产率增长率、产出增长率、物质资本、技能和非技能劳动增长率分别为:

$$g_m = \frac{\dot{m}_t}{m_t} = \gamma l \tilde{a} - \mu$$

$$(6.27)$$

$$g_y = g_k = g_h = g_n = \frac{\gamma l \tilde{a} - \mu}{1 - \theta}$$

因此均衡时的增长率仅与平均企业家精神有关，而平均企业家精神取决于临界水平，当临界水平较高时，平均企业家精神也越高，从而均衡增长率越大。

6.3.7 计划经济的均衡

中央计划经济中，领导者对资源的分配具有绝对的支配权，在每一时期 t，开始时领导者制订整个时期的生产计划，一旦计划被制订和公布，则计划者无法更改。假设领导者支付给非技能劳动的报酬同样为 I_{nt}；支付给技能劳动的报酬为 I_{ht}，且满足 $I_{nt} < I_{ht}$，即技能劳动得到的报酬要高于非技能劳动；支付给企业管理者的报酬为企业产出的一个固定比例，为 $I_t = \tau_t y_t$。个人根据自己的能力及计划者制订的经济计划来选择自己的职业，企业管理者决定企业雇佣的技能和非技能劳动数量，并决定用于企业管理的时间 x_t。

企业管理者的工作效率依赖于三个因素：用于企业管理的时间 x_t，能力大小 a_t 以及社会总的管理效率。令 $z(a_t)$ 为给定管理者能力水平 a_t 和管理时间 x_t，管理者所能获得的物质和劳动资本的比例，则满足：

$$z(a_t) = \frac{(1 - x_t) a_t}{v} \tag{6.28}$$

其中，$v = N\int_S (1 - x_t) a_t d_{G(a_t)}$ 为社会总的管理效率。因此企业生产面临的利润最大化问题可以表述为：

$$\max\{(1 - \tau_t) m_t (x_t l a_t)^{1-\theta} [(z_t k_t)^{1-\alpha-\beta} (z_t h_t)^\alpha (z_t n_t)^\beta]^\theta - I_h h_t - I_n n_t - r k_t - f\}$$
$$\text{s. t. } 0 \leqslant x_t \leqslant 1 \tag{6.29}$$

将(6.28)式代入，解该最大化问题的一阶条件可得到：$x_t = 1 - \theta$，即企业管理者并不是将所有精力花费在企业管理上，其用于企业管理的时间恰好等于其能力的产出份额；均衡产出 $y_{ct}(a) = \frac{r}{\theta(1 - \alpha - \beta)} m_t^{1/(1-\theta)} la^{1/(1-\theta)} \varepsilon_c$，均衡生产利润为 $\pi_c(a) = (1 - \theta) y_c(a) - f$，其中参数满足 $\varepsilon_c = (1 - \tau_t)^{1/(1-\theta)} (1 - \theta) (\theta/v)^{\theta/(1-\theta)} \varepsilon < \varepsilon$。与分散经济相比，计划经济的产出水平同样只取决于企业家管理能力：

$$\frac{y_c(a)}{y_c(a')} = \left(\frac{a}{a'}\right)^{1/(1-\theta)} \tag{6.30}$$

在计划经济中，同样存在一个临界企业家精神水平，使得个人选择成为技能劳动与企业管理者之间不存在差异，此时有：

$$I_h = \tau y_c(a) = \frac{\tau r}{\theta(1 - \alpha - \beta)} m_t^{1/(1-\theta)} la^{1/(1-\theta)} \varepsilon_c \tag{6.31}$$

因此，计划经济中的临界企业家精神为：

$$a_{ct}^* = \left[\frac{\theta(1 - \alpha - \beta)\omega}{\tau r m_t^{1/(1-\theta)} l \varepsilon_c}\right]^{1-\theta} \tag{6.32}$$

根据企业的创新决策，可以计算出均衡时的利润、创新强度和临界企业家精神，结果如表6.2所示。

表6.2 　　　　　　　　　　　　分散经济均衡与计划经济均衡的比较

均衡变量	分散经济均衡	计划经济均衡
产出水平	$y_t(a) = \dfrac{r}{\theta(1-\alpha-\beta)} m_t^{1/(1-\theta)} la\varepsilon$	$y_{ct}(a) = \dfrac{r}{\theta(1-\alpha-\beta)} m_t^{1/(1-\theta)} la^{1/(1-\theta)}\varepsilon_c$
生产利润	$\pi_t(a) = (1-\theta)y_t(a) - f$	$\pi_{ct}(a) = (1-\theta)y_{ct}(a) - f$
生产临界条件	$a_t^* = \dfrac{\theta(1-\alpha-\beta)(\omega+f)}{r(1-\theta)m_t^{1/(1-\theta)}l\varepsilon}$	$a_{ct}^* = \left[\dfrac{\theta(1-\alpha-\beta)\omega}{\tau r m_t^{1/(1-\theta)}l\varepsilon_c}\right]^{1-\theta}$
创新强度	$x_t(a) = \varphi \pi_t^{\eta/(1-\eta)}$	$x_{ct}(a) = \varphi \pi_{ct}^{\eta/(1-\eta)}$
创新利润	$\pi_t^I(a) = \dfrac{(1-\eta)\varphi}{\rho}\pi^{\frac{1}{1-\eta}}(a) - f_I$	$\pi_{ct}^I(a) = \dfrac{(1-\eta)\varphi}{\rho}\pi_{ct}^{\frac{1}{1-\eta}}(a) - f_I$
创新临界条件	$a_{It}^* = \left(\dfrac{\rho f_I}{(1-\eta)\varphi}\right)^{1-\eta}\dfrac{a_t^*}{\omega}$	$a_{Ict}^* = \left(\dfrac{\rho f_I}{(1-\eta)\varphi}\right)^{1-\eta}\dfrac{a_{ct}^*}{\omega}$
技术进步率	$g_m = \gamma la_t^* - \mu$	$g_{cm} = \gamma(1-\theta)la_{ct}^* - \mu$
产出增长率	$g_y = \dfrac{\gamma la_t^* - \mu}{1-\theta}$	$g_{cy} = \dfrac{\gamma(1-\theta)la_{ct}^* - \mu}{1-\theta}$

从上表中可以看出，分散经济均衡与计划经济均衡存在着较大的差别，尽管在表达式上，分散经济均衡变量与计划经济均衡变量相似，但由于参数和指数的不同，两者结果存在着较大的差异。

在计划经济中，领导者的最优化决策为在给定产出水平、临界生产率水平和劳动供给的情况下使社会福利最大，具体可以表述为：

$$\max \int_S e^{-\rho t} N u\big[I_t(a)\big] d_{G(a)}$$

$$\text{s. t. } \dot{K}_t = Y_t - N\big[I_t G(a_{ct}^*) + \tau_t \tilde{a}(a_{ct}^*)\big] - \delta K_t$$

$$Y_t = m_t(1-\theta)^{1-\theta}l^{1-\theta}N^{1-\theta}\tilde{a}^{1-\theta}K_t^{(1-\alpha-\beta)\theta}H_t^{\alpha\theta}L_t^{\alpha\theta}$$

$$a_{ct}^* = \left[\frac{\theta(1-\alpha-\beta)\omega}{\tau r m_t^{1/(1-\theta)}l\varepsilon_c}\right]^{1-\theta} \tag{6.33}$$

解该最大化问题的一阶条件可得到：

$$\zeta_t = \frac{\beta^t\big[a_{ct}^* u'(I_t)G(a_{ct}^*) + \int u(\tau_t a)d_{G(a)}\big]}{a_{ct}^* G(a_{ct}^*) + \tilde{a}(a_{ct}^*)} \tag{6.34}$$

$$\beta^t N u'(I_t) G(a_{ct}^*) - \zeta_t \left[N G(a_{ct}^*) - \frac{g(a_{ct}^*) Y_t}{\tau_t} \left(\frac{\theta(1-\alpha)}{G(a_{ct}^*)} - (1-\theta) \frac{a_{ct}^*}{\tilde{a}(a_{ct}^*)} \right) \right] = 0$$

$$(6.35)$$

$$\frac{\zeta_t}{\zeta_{t+1}} = 1 - \delta + (1 - \alpha - \beta) \theta \frac{Y_{t+1}}{K_{t+1}}$$

$$(6.36)$$

可以看出，计划经济均衡时的增长率同样仅与平均企业家精神有关，当临界水平较高时，平均企业家精神也越高，从而均衡增长率越大。同时，与分散经济均衡相比，计划经济均衡时生产的临界企业家精神水平要高于分散经济均衡的情形，而技术进步率和产出增长率则会低于分散经济均衡水平。在计划经济中，由于缺乏对企业家的激励，个人从事企业管理的可能性相对较小，只有小部分人会选择成为企业管理者，这导致了企业生产利润不足。

6.4 数值模拟

6.4.1 能力分布函数与参数的选择

为了对模型的结论进行模拟，需要选择一个企业家能力的分布函数。与 Bajona 和 Locay（2009）的研究相同，假定能力水平服从一个帕累托分布，其密度函数为：

$$g(a) = \begin{cases} 0, & a < a_m \\ \dfrac{s a_m^s}{a^{s+1}}, \end{cases}$$

$$(6.37)$$

其中，s 为固定参数，a_m 为状态参数，a 为个人的管理才能，即企业家精神水平。为了拟合出企业家精神的分布函数，令 $s = 1.35$，$a_m = 1$，则拟合出的企业家精神的密度函数如图 6.10 所示：

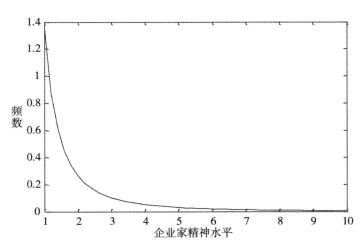

图 6.10 企业家精神的密度函数

从图中可以看出，密度函数具有明显的厚尾性，即具有高企业家精神的个人所占的比例较小，大部分人的管理才能处于中低等水平，这与现实情况相符。模型参数的取值参考 Bajona 和 Locay（2009）与 Acemoglu 等（2012）的研究，各参数的具体取值及其来源如表 6.3 所示：

表 6.3 各参数的取值及其来源

参数	θ	α	β	θ	θ	λ	σ	γ	θ	μ	f	f_l	f_e
取值	0.67	0.2	0.31	0.95	0.7	0.5	0.8	0.05	1	0.05	0.002	0.035	0.65
来源	BL	AC	AC	BL	AC	AC	BL	BL	BL	BL	AC	AC	AC

注：BL 指数据来源于 Bajona and Locay（2009），AC 指数据来源于 Acemoglu et al.（2012）。

6.4.2 企业家精神对经济均衡的影响

根据上文的参数取值，对模型进行模拟可以得到分散经济均衡和计划经济均衡的结果，具体如表 6.4 所示：

表 6.4 经济均衡的比较

变量	TFP 增长率（%）	产出增长率（%）	企业家数量（%）	生产的临界企业家精神	创新的临界企业家精神	创新密度	生产利润	创新利润
分散经济	0.0306	0.0928	43.66	1.8476	2.3512	1.174	3.9914	5.0639
计划经济	0.0059	0.0181	4.36	10.1825	12.9582	0.0207	0.7078	0.9024

从表 6.4 的结果可以看出，分散经济均衡结果与计划经济均衡结果差距较大，这与前文的理论分析相符。从企业家的数量来看，由于计划经济中对企业家的激励不足，个人更倾向于从事技能劳动和非技能劳动，缺乏从事企业管理的动力，因此整个社会中企业家的数量较小，占比仅为 4.36%；而在市场经济中，由于具有高能力的个人能够从企业管理活动中获得高的报酬，而且能力越高获得的报酬越大，因此个人有动力去从事企业管理，使得整个社会中个人的能力得到充分发挥，企业家的数量较大，占比远超计划经济均衡情况，为 43.66%。因此，与计划经济相比，分散经济中由于个人能力能够得到充分发挥，企业家的数量远超过计划经济。生产的临界企业家精神水平同样验证了这一结论，在分散经济中生产的临界企业家精神水平仅为 1.85 左右，即只要个人能力水平超过该临界值，

其就会选择从事企业管理活动。与计划经济的临界值 10.1825 相比，分散经济的临界值仅为其 1/5 左右，因此在分散经济中个人从事企业管理的难度相对较小，从事企业管理的人数较多，企业家占比也较大。临界企业家精神水平的不同导致社会中平均企业家精神存在差异，临界水平较低的分散经济其平均企业家精神越高，反映到生产过程中则使得生产利润（3.9914）、产出增长率（0.0928）和 TFP 增长率（0.0306）都要超过计划经济均衡水平（分别为 0.7078、0.0181 和 0.0059）。生产利润和产出及技术进步率的差异与前文描述的实际情形相符，具有更高的企业家精神的经济体能够获得更多的生产利润，经济增长和技术进步的速度更快。

考察企业家精神水平对生产率的影响，数值模拟结果如图 6.11 所示。从图中可以看出，生产率水平曲线为凹的，一阶导数大于 0 而二阶导数小于 0，这说明企业家精神越低的企业，其生产率水平相对较低，但企业的生产率水平提高非常迅速；拥有较高管理水平的企业的生产率水平较高，但企业的生产率水平提高非常缓慢，这一结果与命题 6.2 相符。生产率的差异导致了企业在创新决策上的差异，从上表的结果也可以看出，对于计划经济，由于平均企业家精神较低，生产率水平不高，生产利润远低于分散经济，因此其创新的可能性也相对较小，企业要从事创新活动则生产率必须处于较高水平，体现在生产率上，则创新的临界企业家精神水平（12.9582）要远高于分散经济（2.3512），但创新利润要远小于分散经济。

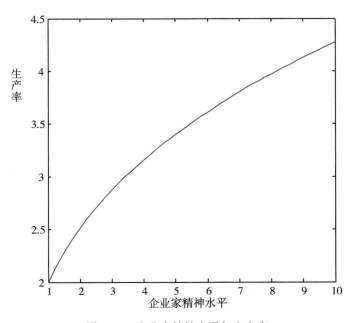

图 6.11　企业家精神水平与生产率

再考察企业家精神的临界水平和利润，数值模拟的结果如图 6.12 所示，可以看出该图与上文理论模型中的图 6.9 相似，创新的零利润临界条件曲线（ZCPI）位于生产的等利润临界曲线（ICPP）上，两条曲线都是向下倾斜的，对企业家精神是单调递减的，且为凹的，而自由进入的利润临界曲线（FE）为向上倾斜的凹形曲线。从图中可以看出，FE 曲线与 ZCPI 和 ICPP 的交点都存在，而且都是有且仅有一个。同时比较两个交点可以发现，创新的临界企业家精神水平要大于生产的临界企业家精神水平，同时创新利润也要超过生产利润。这与表 6.4 的结果相同，不管是分散经济还是计划经济，创新的临界企业家精神水平（分别为 2.3512 和 12.9582）都要超过生产对应的水平（分别为 1.8476 和 10.1825），这证明了企业家精神水平对一个企业的生产和创新的重要性。

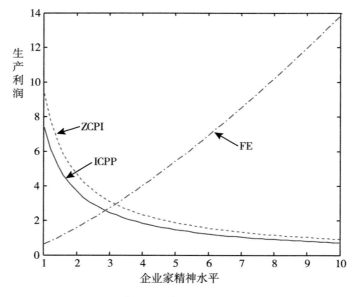

图 6.12　临界企业家精神水平与生产利润

6.4.3　敏感性检验

为了进一步验证上文的结论，考察各参数不同的取值对分散经济均衡的影响，该部分改变 θ 和 λ 的取值，对数值模拟结果进行敏感性检验。由于 θ 和 λ 参数会影响经济均衡中的众多变量，与其他变量相比，这两个参数对各均衡变量的影响更加复杂且程度深，因此本章选择改变这两个参数的取值进行对比分析。为了与上文形成对比（$\theta = 0.67$、$\lambda = 0.5$），本部分这两个参数的取值分别为 $\theta = 0.33$，0.5，$\lambda = 0.3$，0.7，敏感性检验的结果如表 6.5 所示。

表6.5 敏感性检验结果

变量	$\theta = 0.33$		$\theta = 0.5$		$\lambda = 0.3$		$\lambda = 0.7$	
	分散经济	计划经济	分散经济	计划经济	分散经济	计划经济	分散经济	计划经济
TFP 增长率(%)	0.0359	0.005	0.0447	0.003	0.0306	0.0198	0.0306	0.0198
产出增长率(%)	0.0535	0.006	0.0894	0.007	0.0928	0.0812	0.0928	0.0812
企业家数量(%)	36.27	2.32	27.86	2.5	43.66	4.36	43.66	4.36
生产的临界企业家精神	2.1194	16.256	2.5770	15.393	1.8476	10.183	0.9289	5.1197
创新的临界企业家精神	2.6972	20.687	3.2795	19.589	2.1675	11.946	1.8476	10.183
创新密度	1.1740	0.0093	1.1740	0.0171	0.1854	0.0329	1.0092	0.1790
生产利润	3.9914	0.5030	3.9914	0.6516	3.9914	0.7078	2.0353	0.3529
创新利润	5.0639	0.6428	5.0639	0.8311	4.6728	0.8315	3.9914	0.7078

从表6.5 中可以看出，改变 θ 和 λ 的取值确实对经济均衡的结果产生了影响，与前文的分析结果相比，θ 值的减小使得 TFP 增长率和产出增长率略微增大，而企业家数量、生产的临界企业家精神和创新的临界企业家精神都减小，但不会影响生产利润、创新利润和创新密度；λ 值的减小使得创新的临界企业家精神、创新利润和创新密度都减小，但不影响其他变量；同样 λ 值的增大只会使得创新的临界企业家精神、创新利润和创新密度都增大，对其他变量没有影响。

同时比较各参数的不同取值情况下的分散经济均衡结果和计划经济均衡结果可以发现，表6.5 的结果与表6.4 相似，并没有改变前文得出的基本结论。从企业家的数量来看，计划经济中整个社会企业家的数量较小，而在市场经济中企业家的数量较大；从生产的临界企业家精神水平看，与计划经济相比，分散经济中生产的临界企业家精神水平远低于计划经济的临界值；从生产利润及增长率来看，分散经济中都要超过计划经济均衡水平；从创新行为来看，计划经济的生产利润远低于分散经济，创新的临界企业家精神水平要远高于分散经济，但创新利润要远小于分散经济。

具体考察 θ 值的变动对均衡生产率的影响(如图6.13 所示)，可以看出生产率水平曲线同样关于企业家精神递增且为凹的，企业家精神水平越高，则企业的生产率水平越大，但企业的单位企业家精神生产率相对较低，这与前文所述相符。θ 值越大，则生产率水平曲线位置越高，而且也更陡峭。即在相同的企业家精神水平下，θ 值越大则生产率越高，且单位企业家精神生产率也更高。再考察 θ 值的变动对临界企业家精神和利润的影响(如图6.14 所示)，可以看出该图与图6.12 并无显著差异，不同的 θ 取值下，ZCPI 曲线都要位于 ICPP 之上，且向下倾斜，而 FE 对于不同的 θ 值来说都一样，且为向上倾斜的凹形曲线。FE 曲线与不同的 ZCPI 曲线和 ICPP 曲线的交点都存在，且都唯一。尽管 θ 值有所不同，但都表明创新的临界企业家精神水平要大于生产的临界企业家精神水平，创新利润也要超过生产利润，因此敏感性检验验证了前文的结论。

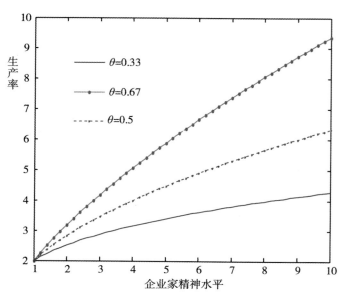

图 6.13 θ 值的变动对均衡生产率的影响

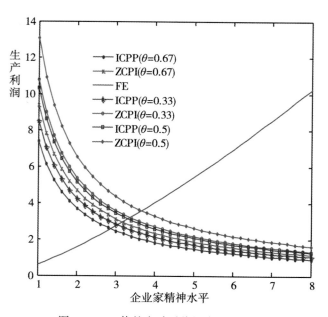

图 6.14 θ 值的变动对临界水平的影响

6.5　实证分析：基于中国工业企业数据

6.5.1　变量及数据来源

企业家精神是一个关键变量，因此其度量方式的选取将直接影响实证分析的结果。目前企业家精神的度量方法众多，而其中大多数度量方法是基于问卷调查来的。但问卷调查在调查形式和调查对象上均存在较大差异，往往只是一个截面上的数据，难以获得持续的时间序列，因此在研究中存在着不少弊端。只有少数的研究使用公开的数据来衡量企业家精神水平，在宏观层面上，往往使用申请或授予的专利数、新注册登记的企业数量等进行衡量；在微观层面上，主要采用企业绩效来度量。大部分使用微观层面数据的学者认为，企业家精神的发挥决定了公司的业绩水平，公司业绩是企业家精神的外在表现形式，可以用来衡量企业家精神(李新春等，2006；陈忠卫等，2008)。本章继承这种思想，使用企业绩效来度量企业家精神水平；选择资产收益率(ROA)度量企业绩效，并使用净资产收益率(ROE)来检验实证结果的稳健性。

企业生产率(TFP)是模型的一个核心变量，我们采用 LP 方法(Levinsohn and Petrin，2003)度量 TFP，这也是大多数研究在计算企业生产率时采用的方法(Keller and Yeaple，2009；Javorcik，2004；Bessen，2003)。在之前的研究中，关于生产率的度量方式主要有固定效应以及 Olley 和 Pakes (1996)使用的 OP 方法，其中 OP 方法更正了固定效应模型中无法解决的内生性问题，被广大学者所接受。但 OP 方法对于企业数据的完整性方面过于严格，而且计算方式复杂，选取的工具变量较多，因此在度量 TFP 方面存在着较大的困难。LP 方法建立在 OP 方法的基础上，并精简了工具变量的选择问题，而且对于企业财务数据的完整性方面也相应降低要求，在度量方面也更为简洁，因此 LP 方法被越来越多的学者采纳。

企业创新是另一个关键变量，在度量创新时往往选择研发支出、申请或授予的专利数及其引用量等变量，其中研发支出是从创新的投入角度进行的，而专利数及其引用量则是从创新的产出角度进行。由于企业层面上的专利数及其引用量较难获得，而研发支出在一般的企业报表中会涉及，因此我们使用研发支出来衡量企业的创新。

本章所使用的企业层面数据来自中国工业企业数据库(1998—2007 年)。在数据的筛选上，首先去除那些存在年份小于 2 的企业；其次对于年份缺失的数据，如果中间缺失的年份超过 2 年，并且连续的年份数小于 2，则也去除这部分连续的年份数小于 2 的数据；再次，如果企业的研发支出在连续超过 3 年以上都为 0，则去除这部分连续超过 3 年以上都为 0 的数据。最终，本章筛选出 20226 家企业 2002—2007 年的连续可用数据。具体的变量定义及描述性统计如表6.6所示：

表6.6 　　　　　　　　　　　　变量的定义及描述性统计

变量		定　义	观察值	均值	标准差	最小值	最大值
企业家精神	lnroa	ln(1+净利润/平均资产总额)	55269	0.088	0.094	−0.392	1.718
	lnroe	ln(1+税后利润/所有者权益)	55250	0.187	0.210	−4.921	5.073
生产率	lntfp	TFP 的对数	55246	2.291	0.128	−1.264	2.804
创新	lnrd	研发支出/总资本的对数	55269	−0.915	1.808	−11.100	10.779
控制变量	lnkl	总资本/总工人数的对数	55246	4.057	1.127	−5.081	9.063
	lnl	总工人数的对数	55269	5.713	1.290	2.079	12.145
	lnpgdp	总产出/总工人数的对数	55269	5.791	0.920	−3.243	10.641
	age	企业在数据库中存在的年份	55269	3.437	1.280	2.000	6.000

6.5.2　企业家精神与生产率、创新关系的检验

为了从实证角度考察企业家精神与生产率和创新之间的关系，首先使用资产收益率作为企业家精神的度量变量对生产率和创新进行回归。动态面板模型要求被解释变量存在着较强的时间趋势性，即本期的值可能与之前1~2期的值相关，但是在本章中不管是生产率还是创新，这种时间趋势性都不够明显，也没有发现很强的自相关性，因此，动态面板模型并不适合本章的实证分析。具体而言，根据数据的特殊性，这种个体差异又包括年份差异、企业层面的差异和行业层面的差异，在实证分析时需要将这些差异考虑进去。

使用固定效应模型对企业家精神与生产率之间的关系进行检验，得到的结果如表6.7所示。表中的第1~3列为使用工人规模、人均产出在三种固定效应模式下进行回归的结果，表中的第4~6列为使用资本产出比进行回归的结果，表中的第7~9列为使用资本产出比、人均 GDP 和企业家精神的二次项进行回归的结果。从回归结果的第1~3列来看，企业的工人规模对于企业生产率来说并不是一个很好的解释项，尽管从结果上看，两者之间存在着显著的正相关性，但对于企业家精神来讲，其与生产率的关系表现出一种非常不显著的微弱的正相关性。这可能是由于在计算生产率时作为投入要素之一的劳动所发挥的作用很大，因此与生产率之间存在非常强烈的正相关性，使得企业家精神的作用微乎其微。

表 6.7 企业家精神与生产率

变量	（1）	（2）	（3）	（4）	（5）	（6）	（7）	（8）	（9）
lnroa	0.009 （0.006）	0.009 （0.006）	0.009 （0.006）	0.174*** （0.005）	0.174*** （0.005）	0.173*** （0.005）	0.068*** （0.010）	0.071*** （0.010）	0.071*** （0.010）
lnroa2							-0.048*** （0.010）	-0.052*** （0.011）	-0.052*** （0.011）
lnkl				-0.008*** （0.001）	-0.008*** （0.001）	-0.008*** （0.001）	-0.027*** （0.001）	-0.027*** （0.001）	-0.027*** （0.001）
lnl	0.092*** （0.002）	0.092*** （0.002）	0.092*** （0.002）						
age	-0.003*** （0.001）	-0.003*** （0.001）	-0.003*** （0.001）	0.012*** （0.002）	0.011*** （0.002）	0.011*** （0.002）	0.013*** （0.002）	0.013*** （0.002）	0.013*** （0.002）
lnpgdp	0.102*** （0.004）	0.103*** （0.004）	0.103*** （0.004）				0.079*** （0.004）	0.079*** （0.004）	0.079*** （0.004）
C	1.183*** （0.033）	0.622 （1.196）	1.180*** （0.034）	2.249*** （0.004）	-10.94*** （4.114）	2.255*** （0.009）	1.900*** （0.018）	6.622** （3.295）	1.897*** （0.019）
N	55246	55246	55246	55246	55246	55246	55246	55246	55246
R^2	0.915	0.917	0.917	0.386	0.396	0.399	0.705	0.708	0.709
时间 FE	Y	Y	Y	Y	Y	Y	Y	Y	Y
企业 FE	Y	Y	Y	Y	Y	Y	Y	Y	Y
行业 FE			Y			Y			Y
行业时间趋势		Y			Y			Y	

注：括号内为稳健性标准误，*** 表示 $p<0.01$，** 表示 $p<0.05$，* 表示 $p<0.1$，以下各表均相同。

从实证结果的第 4~6 列来看，不管使用何种形式的固定效应，三个回归模型的结果并不存在非常显著的差异，回归系数值大小基本相同，而且显著性也一样。另外，使用资本产出比代替劳动投入很好地解决了劳动与生产率之间的强正相关关系的影响。从企业家精神的回归系数来看，大小维持在 0.174 左右，而且显著性水平很高，这意味着，企业家精神与生产率之间存在着非常显著的正相关性。尽管两者间的因果性无法确定，但两者之间的联动效应却可见一斑，即如果企业家精神或者生产率的一方发生了改变，那么另一方会发生一定程度的同方向变动，这验证了之前的理论模型。

从实证结果的第 7~9 列来看，同样可以发现三种形式的固定效应回归结果之间并不存在非常显著的差异，仅在系数值的大小上稍有不同。首先值得关注的一点是，和第 4~6

列的回归结果一致，企业家精神与生产率之间存在着非常显著的正相关性，两者之间的联动效应非常明显，大约维持在 0.07。其次尤其需要关注的是企业家精神的二次项，该项的回归系数值为负值，基本维持在-0.05，也就是说企业家精神与生产率之间存在一种显著的"倒 U 形"关系，开始时，随着企业家精神水平的上升，生产率逐渐提高，但当企业家精神达到了一定的临界水平时，一旦超过这个临界水平，随着企业家精神的上升，生产率则会逐渐下降。这可能是由于当企业家精神超过某一临界水平时，企业能够通过其他手段创造出更多收益，如政治行为，即企业家将大部分精力花费在与政府官员打交道上以获得垄断利益，但垄断不利于提升企业生产率。最后，相比第 4~6 列，第 7~9 列的回归结果的另外一个差异是人均产出的引入，关于人均产出是否该引入回归方程确实存在一定的争议，这主要是由于在计算生产率时需要用到企业产出和劳动投入这两个变量，而人均产出恰是产出与劳动投入的比，因此生产率与人均产出之间可能存在一定的相关性。从引入和不引入的回归结果来看，两种情况下的回归结果从总体上看差异性并不大，而且人均产出对生产率的解释程度也并没有显示出绝对优势（为 0.079），与企业家精神的解释程度相近，而从另个角度看，可以增加回归模型的拟合程度。

表 6.8   企业家精神与创新

变量	lnrd								
lnroa	0.327 ***	0.371 ***	0.361 ***	0.308 **	0.353 ***	0.341 ***	0.418 **	0.473 **	0.463 **
	(0.124)	(0.124)	(0.124)	(0.123)	(0.124)	(0.124)	(0.194)	(0.201)	(0.202)
lnroa2							−0.208	−0.232	−0.237
							(0.245)	(0.273)	(0.274)
lnkl				0.148 ***	0.149 ***	0.149 ***	0.149 ***	0.150 ***	0.149 ***
				(0.017)	(0.017)	(0.017)	(0.017)	(0.017)	(0.017)
lnl	−0.290 ***	−0.289 ***	−0.289 ***						
	(0.031)	(0.031)	(0.031)						
age	0.083	0.080	0.083	0.032	0.028	0.030	0.032	0.028	0.030
	(0.061)	(0.061)	(0.061)	(0.061)	(0.061)	(0.061)	(0.061)	(0.061)	(0.061)
lnpgdp	−0.481 ***	−0.479 ***	−0.478 ***	−0.440 ***	−0.438 ***	−0.437 ***	−0.442 ***	−0.440 ***	−0.439 ***
	(0.027)	(0.027)	(0.027)	(0.025)	(0.026)	(0.026)	(0.025)	(0.026)	(0.026)
C	3.043 ***	−127.303	3.448 ***	0.699 ***	−150.405	1.120 ***	0.700 ***	−150.348	1.125 ***
	(0.279)	(110.367)	(0.355)	(0.146)	(111.658)	(0.268)	(0.146)	(111.679)	(0.268)
N	55269	55269	55269	55246	55246	55246	55246	55246	55246
R^2	0.024	0.028	0.031	0.023	0.027	0.030	0.023	0.027	0.030

续表

变量	lnrd								
时间 FE	Y	Y	Y	Y	Y	Y	Y	Y	Y
企业 FE	Y	Y	Y	Y	Y	Y	Y	Y	Y
行业 FE			Y			Y			Y
行业时间趋势		Y			Y			Y	

对企业家精神与创新之间的关系进行检验的结果如表 6.8 所示。与表 6.7 相同，表中的第 1~3 列为使用工人规模在三种固定效应模式下进行回归的结果，表中第 4~6 列为使用资本产出比进行回归的结果，表中第 7~9 列为使用企业家精神的二次项进行回归的结果。从表中的第 1~3 列来看，首先关注的是劳动投入与企业创新之间的关系，可以发现，两者之间存在着非常显著的且较强的负相关关系，即劳动投入越多的企业，其创新反而越小。这种负相关关系与前文的图 6.5(a) 的结果相对应，从图像上看，大部分的创新集中在劳动投入不多的企业上，而劳动投入很大的企业创新反而很小。这种负相关关系同样体现在企业的产出规模与创新上，从表中的所有回归结果中可以看出，人均产出与创新之间存在着很强的负相关关系（普遍在 0.4 以上）。这与前文的图 6.5(b) 的结果相同，产出越多的企业反而对创新的投入越少，而产出越小的企业创新投入越大，这与之前的研究存在非常大的出入。

对于企业家精神与创新之间的关系，在未引入企业家精神的二次项之前，所有的回归结果都显示出企业家精神与创新之间存在着非常显著的较强的正相关关系。在引入企业家精神的二次项之后，一次项与企业创新投入之间仍然存在很强的正相关关系，但二次项与创新之间的关系却为负值。综合考虑这三者之间的关系能够得出生产率与创新之间存在着一定的"倒 U 形"关系，并且这种关系在前文的图 6.8 中得到了充分的展示。当企业家精神水平超过一定临界值时，企业家精神水平越高，企业管理者越是通过寻求政治垄断等方式来获取更多的利益，而不是通过提高企业生产率的方式来增加企业产出，因此在创新上关注程度低。

总结上述的实证分析可以得出以下几个结论：第一，企业家精神与生产率之间存在显著的"倒 U 形"关系，当超过某一临界值时，企业家精神水平越高，生产率反而越低；第二，企业家精神与创新之间存在着显著的正相关关系，"倒 U 形"关系非常不明显；第三，企业劳动投入规模、产出与创新之间存在着非常显著的"倒 U 形"关系；第四，企业生产率与创新之间的"倒 U 形"关系主要源于企业家精神与生产率之间的"倒 U 形"关系。

6.5.3　稳健性检验

为了检验上述实证结果的稳健性，我们选取企业的净资产收益率作为企业家精神的替代变量进行回归。首先检验企业家精神与生产率的关系，与上述分析相同，仍然使用固定效应模型进行检验，得到的结果如表 6.9 所示。表中的第 1~3 列为不包含企业家精神的二次项进行回归的结果，表中第 4~6 列为使用企业家精神的二次项进行回归的结果。

从整体上看，回归结果与表 6.7 的回归结果非常相近，所有的回归系数值并没有发生方向性的改变，只是在值的大小和显著性上稍有不同。与表 6.7 相比，使用净资产收益率作为解释变量的回归系数值都有一定的减小，而在显著性上，除了企业家精神的二次项的显著性水平从 $p<0.01$ 降为 $p<0.1$ 之外，其他回归系数的显著性水平都没有发生变化。从企业家精神的回归系数来看，所有回归的系数值都为正值，且非常显著，即企业家精神与生产率之间存在着非常显著的正相关性，两者之间的联动效应非常明显。从企业家精神的二次项的回归系数可以看出，该项的回归系数值依然为负值，尽管显著性发生了稍微改变，但仍可看出企业家精神与生产率之间存在一种显著的"倒 U 形"关系。当企业家精神达到了一定的临界水平时，一旦超过这个临界水平，随着企业家精神的上升，生产率则会逐渐下降。这说明，从总体上看，使用净资产收益率作为替代变量衡量企业家精神对实证结果并没有发生实质性的影响，企业家精神与生产率之间的强"倒 U 形"关系依然存在，因此，企业家精神与生产率之间的关系是稳健的。

表 6.9　　　　　　　　　企业家精神与生产率(使用 ROE 度量)

变量	(1)	(2)	(3)	(4)	(5)	(6)
lnroe	0.011***	0.011***	0.011***	0.014***	0.014***	0.014***
	(0.002)	(0.002)	(0.002)	(0.003)	(0.003)	(0.003)
lnroe2				−0.002*	−0.002*	−0.002*
				(0.001)	(0.001)	(0.001)
lnkl	−0.028***	−0.028***	−0.028***	−0.028***	−0.028***	−0.028***
	(0.001)	(0.001)	(0.001)	(0.001)	(0.001)	(0.001)
age	0.013***	0.013***	0.013***	0.013***	0.013***	0.013***
	(0.002)	(0.002)	(0.002)	(0.002)	(0.002)	(0.002)
lnpgdp	0.081***	0.081***	0.081***	0.081***	0.081***	0.081***
	(0.004)	(0.004)	(0.004)	(0.004)	(0.004)	(0.004)
Constant	1.897***	6.576**	1.893***	1.898***	6.522**	1.894***
	(0.017)	(3.309)	(0.019)	(0.017)	(3.309)	(0.019)

续表

变量	（1）	（2）	（3）	（4）	（5）	（6）
N	55172	55172	55172	55172	55172	55172
R^2	0.703	0.706	0.707	0.703	0.706	0.707
时间 FE	Y	Y	Y	Y	Y	Y
企业 FE	Y	Y	Y	Y	Y	Y
行业 FE			Y			Y
行业时间趋势		Y			Y	

　　使用净资产收益率作为企业家精神的替代变量对创新进行回归，得到的结果如表 6.10 所示，表中的第 1~3 列为不包含企业家精神的二次项进行回归的结果，表中第 4~6 列为使用企业家精神的二次项进行回归的结果。从整体上看，使用净资产收益率作为企业家精神的替代变量进行回归的结果与表 6.8 相比有两个比较大的差异：首先，对于企业家精神的二次项，在表 6.8 中，该系数值始终为负值，且非常不显著，而在表 6.10 中，该系数值则变为正值，尽管系数值很小（约为 0.01），也很不显著，但方向发生了改变，且企业家精神与创新之间并不存在显著的"倒 U 形"关系，这与上文的分析似乎有所差异；其次，在企业家精神的显著性上，所有回归都显示出该系数值不显著，在表 6.8 中，企业家精神的系数值都非常显著。从系数值的大小上看，与表 6.8 相同，企业家精神的系数值都为正值。这表明，企业家精神与创新之间存在着不显著的正相关关系。

　　使用净资产收益率作为企业家精神的替代变量对创新进行回归的结果似乎并没有加强上文分析的结论，可能的原因是在净资产收益率和创新的度量方面，在度量净资产收益率时使用到了企业的所有者权益。但实际上，数据库中小企业的所有者权益并不像产出和资产那样报告完全，有些于实际值有较大的差异，从而引起度量上的偏差。此外，上一部分对生产率的回归证明了企业家精神与生产率之间强的"倒 U 形"关系，而这一部分说明企业家精神与创新之间并不存在"倒 U 形"关系，但两者间的正相关关系依然存在，综合起来看，对于图 6.8 显示的企业生产率与创新之间的"倒 U 形"关系而言是一种很好的解释。

表 6.10　　　　　　　　　　　　　　　**企业家精神与创新（使用 ROE 度量）**

变量	（1）	（2）	（3）	（4）	（5）	（6）
lnroa	0.044	0.052	0.051	0.032	0.041	0.041
	(0.048)	(0.048)	(0.048)	(0.047)	(0.047)	(0.047)
lnroa2				0.010	0.009	0.009
				(0.022)	(0.022)	(0.022)

续表

变量	（1）	（2）	（3）	（4）	（5）	（6）
lnkl	0.146***	0.146***	0.145***	0.146***	0.146***	0.145***
	（0.017）	（0.017）	（0.017）	（0.017）	（0.017）	（0.017）
age	0.034	0.030	0.032	0.034	0.030	0.032
	（0.061）	（0.061）	（0.060）	（0.061）	（0.061）	（0.060）
lnpgdp	−0.430***	−0.427***	−0.426***	−0.430***	−0.426***	−0.426***
	（0.025）	（0.025）	（0.025）	（0.025）	（0.025）	（0.025）
常数	0.672***	−147.327	1.091***	0.671***	−147.112	1.090***
	（0.146）	（111.259）	（0.267）	（0.146）	（111.257）	（0.267）
N	55172	55172	55172	55172	55172	55172
R^2	0.023	0.027	0.030	0.023	0.027	0.030
时间 FE	Y	Y	Y	Y	Y	Y
企业 FE	Y	Y	Y	Y	Y	Y
行业 FE			Y			Y
行业时间趋势		Y			Y	

6.5.4　对不同所有制类型企业的检验

　　上述实证分析都是从整体的角度考察企业家精神与生产率和创新之间的关系，由于企业的组织形式存在着一定的差别，这种整体性的分析不能体现出某些具有特殊属性的企业的实际情况。在中国，私营企业经历数十年的发展后，在企业中的比重逐渐增加。私营经济是整个经济最有活力的部分，私营企业经营状况的好坏直接影响着整个经济的运行状况。国有企业和私营企业的这些巨大差异值得进行深入的探讨，因此本章也对这两类不同的企业分别进行回归，以探讨企业家精神在这两类企业中发挥的作用是否存在较大的差异。中国企业数据库对企业类型做了很好的分类，其中的"国有控股情况"变量就是专门针对企业类型而设的，该变量为分析提供了方便。

　　首先，基于企业家精神与生产率之间的关系对私营企业和国有企业进行回归，采用的方式依然是前文中所使用的三种固定效应模型回归方法，得到的回归结果如表6.11所示。其中前1~3列为对私营企业进行回归的结果，后1~3列为对国有企业进行回归的结果。

表 6.11　　　　　　　　　　　企业家精神与生产率(私营和国有企业)

变量	私营企业			国有企业		
	(1)	(2)	(3)	(1)	(2)	(3)
lnroa	0.047 ***	0.047 ***	0.048 ***	0.001	0.013	0.016
	(0.014)	(0.014)	(0.015)	(0.088)	(0.072)	(0.066)
lnroa2	−0.079 ***	−0.076 ***	−0.077 ***	−0.016	−0.040	−0.042
	(0.016)	(0.015)	(0.016)	(0.100)	(0.078)	(0.074)
lnkl	−0.024 ***	−0.024 ***	−0.023 ***	−0.032 ***	−0.031 ***	−0.031 ***
	(0.001)	(0.001)	(0.001)	(0.008)	(0.007)	(0.006)
age	0.012 ***	0.012 ***	0.012 ***	0.014 ***	0.016 ***	0.014 ***
	(0.004)	(0.004)	(0.004)	(0.004)	(0.005)	(0.005)
lnpgdp	0.078 ***	0.078 ***	0.078 ***	0.109 ***	0.107 ***	0.107 ***
	(0.002)	(0.002)	(0.002)	(0.031)	(0.027)	(0.025)
常数	1.952 ***	19.451 **	1.946 ***	1.816 ***	14.402	1.810 ***
	(0.014)	(9.507)	(0.022)	(0.130)	(14.055)	(0.122)
N	6766	6766	6766	7651	7651	7651
R^2	0.772	0.779	0.782	0.592	0.620	0.639
企业数	2864	2864	2864	3253	3253	3253
时间 FE	Y	Y	Y	Y	Y	Y
企业 FE	Y	Y	Y	Y	Y	Y
行业 FE			Y			Y
行业时间趋势		Y			Y	

从回归结果看：第一，回归中所包含的私营企业数为 2864 家，而国有企业数为 3253 家，国有企业稍多于私营企业，两种类型的企业加总为 6117 家，私营企业占比较大，因此对两种企业分别进行分析是非常必要的。第二，比较三种固定效应模型的回归结果可以看出，三种回归模型得到的结果非常相似，在系数值和系数的显著性水平上并不存在任何大的差异，因此，这三种固定效应模型相互支持。第三，比较对私营企业和国有企业的企业家精神一次项的回归系数值，可以发现对私营企业的回归系数要大于对国有企业的回归系数，而且显著性也明显优于国有企业。这说明，与国有企业相比，私营企业更能体现出企业家对生产率所产生的作用，在私营企业中，企业家精神与生产率之间的这种正相关关系更为明显。第四，从企业家精神的二次项的回归系数值来看，私营企业和国有企业都为负值，且私营企业回归系数的绝对值要远大于国有企业。这说明，对于两种类型的企业来

说，企业家精神与生产率之间都存在着"倒 U 形"关系，在私营企业中，企业家精神对生产率的影响更为强烈，"倒 U 形"关系也明显强于国有企业。

其次，基于企业家精神与创新之间的关系对私营企业和国有企业进行回归，采用的方式是前文中所使用的三种固定效应模型回归方法，得到的回归结果如表 6.12 所示。其中前 1~3 列为对私营企业进行回归的结果，后 1~3 列为对国有企业进行回归的结果。

表 6.12　　　　　　　　　企业家精神与创新(私营和国有企业)

变量	私营企业			国有企业		
	(1)	(2)	(3)	(1)	(2)	(3)
lnroa	0.383	0.134	0.178	1.534	1.161	1.069
	(0.702)	(0.716)	(0.735)	(0.939)	(0.927)	(0.922)
lnroa2	0.396	0.849	0.477	-2.742	-2.088	-2.173
	(1.047)	(1.064)	(1.067)	(2.011)	(2.004)	(1.986)
lnkl	0.050	0.047	0.048	0.208***	0.210***	0.215***
	(0.053)	(0.054)	(0.055)	(0.053)	(0.053)	(0.054)
age	0.058	0.089	0.085	0.022	0.029	0.023
	(0.181)	(0.186)	(0.186)	(0.187)	(0.183)	(0.184)
lnpgdp	-0.292***	-0.280***	-0.274***	-0.547***	-0.546***	-0.527***
	(0.080)	(0.082)	(0.082)	(0.082)	(0.084)	(0.082)
常数	0.291	128.124	0.975	0.886*	-64.302	0.535
	(0.495)	(413.020)	(1.061)	(0.468)	(323.141)	(0.640)
N	6766	6766	6766	7651	7651	7651
R^2	0.012	0.032	0.044	0.034	0.057	0.075
企业数	2864	2864	2864	3253	3253	3253
时间 FE	Y	Y	Y	Y	Y	Y
企业 FE	Y	Y	Y	Y	Y	Y
行业 FE			Y			Y
行业时间趋势		Y			Y	

根据回归结果：第一，对三种固定效应模型的回归结果进行比较，与上文对生产率的回归系数相比存在一定的差异，但这种差异并不大，而且回归系数值的方向是相同的。三种回归方式虽然存在差异，但并没有产生相互矛盾，总体上看三种方式相互支持。第二，比较对私营企业和国有企业的企业家精神一次项的回归系数值，可以发现与对生产率的回

归不同，该部分对私营企业的回归系数要远小于对国有企业的回归系数，显著性上没有差异，都为不显著。这说明，与私营企业相比，国有企业更能体现出企业家对创新所产生的作用，或者是说相较于私营企业，国有企业更加重视企业的创新，企业管理者的才能越高，R&D 投入越多。第三，比较对私营企业和国有企业的企业家精神二次项的回归系数值，可以发现，对于私营企业来说，二次项为正值，而对于国有企业二次项变为负值，但都不显著，这在前文的分析中都没有出现过。即该回归结果显示，企业家精神与创新间的"倒 U 形"关系在私营企业中并不存在，二者之间只显示出正相关关系，而国有企业的企业家精神与创新却存在着并不显著的"倒 U 形"关系。结合上文对生产率的回归结果，可以认为，私营企业对创新的关注程度要小于国有企业，而且生产率与创新之间更容易出现"倒 U 形"关系，而国有企业的生产率与创新之间更多的是正相关，生产率越高，创新就越多，投入也越大。

6.5.5 对不同技术水平企业的检验

根据上文的分析可以看出，企业由于自身的差异，企业家精神对生产率和创新所产生的作用也会不同。上部分主要是从企业类型的角度分析企业家精神与生产率和创新之间的关系，本部分将讨论不同技术水平企业的企业家精神与生产率和创新之间的关系。在对企业分类时，我们依照经济与合作发展组织（OECD）对制造业的技术水平分类方法①，将企业分为四大类：高技术企业、中高技术企业、中低技术企业和低技术企业，通过实证分析不同技术水平情况下企业家精神与生产率和创新之间的关系有何差异。

表 6.13 企业家精神与生产率（不同技术水平）

变量	高技术	中高	中低	低技术	高技术	中高	中低	低技术
	（1）	（2）	（3）	（4）	（1）	（2）	（3）	（4）
lnroa	0.060***	0.050***	0.050***	0.041***	0.104***	0.090***	0.082***	0.083***
	(0.013)	(0.010)	(0.006)	(0.006)	(0.019)	(0.013)	(0.011)	(0.011)
lnroa2					−0.075***	−0.065***	−0.075***	−0.087***
					(0.018)	(0.018)	(0.018)	(0.022)
lnkl	−0.027***	−0.028***	−0.025***	−0.028***	−0.026***	−0.028***	−0.025***	−0.028***
	(0.002)	(0.002)	(0.001)	(0.001)	(0.002)	(0.002)	(0.001)	(0.001)
age	0.012**	0.015***	0.003	0.013***	0.012**	0.015***	0.003	0.013***
	(0.005)	(0.004)	(0.003)	(0.003)	(0.005)	(0.004)	(0.003)	(0.003)

① 具体参见：OECD 网站，http://www.oecd.org.

续表

变量	高技术	中高	中低	低技术	高技术	中高	中低	低技术
	（1）	（2）	（3）	（4）	（1）	（2）	（3）	（4）
lnpgdp	0.072***	0.076***	0.073***	0.077***	0.072***	0.076***	0.073***	0.076***
	(0.003)	(0.002)	(0.002)	(0.001)	(0.003)	(0.002)	(0.002)	(0.001)
常数	1.972***	1.902***	1.937***	1.931***	1.973***	1.902***	1.937***	1.931***
	(0.018)	(0.013)	(0.010)	(0.009)	(0.018)	(0.013)	(0.010)	(0.009)
N	3686	6980	10897	14751	3686	6980	10897	14751
R^2	0.789	0.744	0.760	0.735	0.791	0.745	0.761	0.737
企业数	1589	2943	3970	5801	1589	2943	3970	5801
企业 FE	Y	Y	Y	Y	Y	Y	Y	Y
行业 FE	Y	Y	Y	Y	Y	Y	Y	Y

首先，基于企业家精神与生产率之间的关系对四种技术水平的企业进行回归，由于在该部分企业的划分是按照行业的类别进行的，已经考虑了行业的个体差异，因此在实证时可以不用考虑行业的固定效应，采用的回归方式仅为考虑企业固定效应和年份固定效应的固定效应模型，得到的回归结果如表 6.13 所示。其中前 1~4 列为不考虑企业家精神二次项情况下对四种技术水平的企业进行回归的结果，后 1~4 列为考虑企业家精神二次项情况下对四种技术水平的企业进行回归的结果。

从回归结果来看，需要指出的是：第一，从企业的数量上看，从高技术企业到低技术企业，企业的数量逐渐增加，高技术企业的数量仅为 1589 家，而低技术企业数量达到了5801 家，超过了企业总数的 1/4。这与实际情况相符，由于进入成本较低，技术较易掌握，大部分企业集中在低技术行业，高进入门槛决定了高技术行业的企业数量相对较少。第二，从不考虑企业家精神二次项情况下的回归结果看，企业家精神的回归系数值都为正值，且都很显著。进一步地，随着技术水平的下降，企业家精神的回归系数值从 0.06 逐渐减少到 0.04。这表明企业家精神与生产率之间存在着显著的正相关关系，而且这种正相关关系随着技术水平的下降逐渐减小。第三，从考虑企业家精神二次项情况下的回归结果看，企业家精神一次项的回归系数与不考虑二次项的情况一致，都显著为正值，且随技术水平的下降而逐渐减小。二次项的回归系数值都为负值，非常显著，并且对于不同技术水平的企业而言存在差异，但这种差异并没有非常显著的规律，只是低技术企业的系数值的绝对值最大。因此，在不同技术水平的行业里，企业家精神与生产率之间的"倒 U 形"关系都是存在的，而"倒 U 形"的切线斜率在低技术企业中最大。在企业家精神到达临界值之前，随着企业家精神水平的提高，生产率逐渐增大，且这种正相关关系随着技术水平的下降逐渐减小，超过临界值后，随着企业家精神水平的提高，生产率逐渐减小，且在低技术行业中变化的速度最快。

其次，基于企业家精神与创新之间的关系对四种技术水平的企业进行回归，与前文的回归一样，采用的回归方式为考虑企业固定效应和年份固定效应的固定效应模型，得到的回归结果如表 6.14 所示。其中前 1~4 列为不考虑企业家精神二次项情况下对四种技术水平的企业进行回归的结果，后 1~4 列为考虑企业家精神二次项情况下对四种技术水平的企业进行回归的结果。

从回归结果来看，以下几个方面值得关注：第一，从不考虑企业家精神二次项情况下的回归结果看，与对企业生产率的回归不同，尽管企业家精神的回归系数值都为正值，但在显著性方面存在着较大的差异。更进一步地，企业家精神的回归系数值并没有像对生产率的回归一样随着技术水平的下降而减小，没有一定的规律可循。这表明企业家精神与创新之间确实存在着显著的正相关关系，但这种正相关关系与技术水平的高低没有关系，并不是说在高技术行业，企业家精神越高创新就越多，反之也不成立。第二，从考虑企业家精神二次项情况下的回归结果看，企业家精神一次项的回归系数与不考虑二次项的情况一致，基本上不显著为正值，且与企业技术水平的高低之间没有必然的联系。除了中高技术企业外，其他企业二次项的回归系数值都为负值，显著性不强，且对于不同技术水平的企业而言存在差异，这种差异并没有呈现出非常显著的规律，只是高技术企业的系数值的绝对值最大。这说明，在不同的行业中，企业家精神与创新之间存在着一定的"倒 U 形"关系，不同技术企业的"倒 U 形"的形状存在差别，且没有一定的规律性。第三，结合上文对企业生产率的回归，可以认为企业家精神与创新之间更多地是正相关关系，这种正相关关系在不同的技术水平行业存在一定的差异。企业家精神与生产率之间存在着非常显著的"倒 U 形"关系，可以认为企业家精神决定了生产率。企业家精神与创新间的必然联系比较微弱，其对创新的影响主要是通过影响生产率来影响创新投入。

表 6.14 企业家精神与创新（不同技术水平）

变量	高技术	中高	中低	低技术	高技术	中高	中低	低技术
	（1）	（2）	（3）	（4）	（1）	（2）	（3）	（4）
lnroa	0.239	0.734**	0.129	0.537**	1.267	0.663	0.428	0.819**
	(0.536)	(0.359)	(0.278)	(0.235)	(0.835)	(0.599)	(0.485)	(0.381)
lnroa2					−1.758**	0.116	−0.699	−0.588
					(0.873)	(0.577)	(0.885)	(0.458)
lnkl	0.035	0.192***	0.039	0.204***	0.041	0.191***	0.040	0.206***
	(0.081)	(0.052)	(0.037)	(0.034)	(0.082)	(0.053)	(0.037)	(0.034)

续表

变量	高技术	中高	中低	低技术	高技术	中高	中低	低技术
	（1）	（2）	（3）	（4）	（1）	（2）	（3）	（4）
age	−0.074	0.028	−0.016	0.210	−0.070	0.028	−0.017	0.210
	(0.216)	(0.224)	(0.130)	(0.135)	(0.216)	(0.224)	(0.130)	(0.135)
lnpgdp	−0.251**	−0.518***	−0.387***	−0.502***	−0.270**	−0.517***	−0.390***	−0.506***
	(0.117)	(0.079)	(0.054)	(0.047)	(0.118)	(0.080)	(0.054)	(0.047)
常数	−0.233	0.658	1.149***	0.431	−0.212	0.658	1.150***	0.428
	(0.687)	(0.442)	(0.341)	(0.278)	(0.688)	(0.442)	(0.341)	(0.278)
N	3686	6980	10897	14751	3686	6980	10897	14751
R^2	0.007	0.018	0.016	0.034	0.009	0.018	0.016	0.034
企业数	1589	2943	3970	5801	1589	2943	3970	5801
年份 FE	Y	Y	Y	Y	Y	Y	Y	Y
企业 FE	Y	Y	Y	Y	Y	Y	Y	Y

综合上述分析可以认为，在不同的行业中企业家精神与生产率之间都存在着显著的"倒 U 形"关系，随着技术水平的降低，"倒 U 形"曲线的变化率逐渐减小。企业家精神与创新之间更多地是正相关关系，这种正相关关系在不同的技术水平行业存在一定的差异，但并没有显示出较强的规律性。

6.6　研究总结与政策建议

6.6.1　研究总结

创新的重要性已经越来越凸显，新兴国家想要维持较高的经济增长率需要努力的一个方面就是创新。但是高的研发投入未必就能带来高的技术进步，如果投入并没有真正涉及创新的本质，那么研发投入带来的可能是过度投资。因此，探清创新产生的根源及其影响因素是急需解决的一个问题。经济学家们也将目光集中到创新产生的根源上来，并试图从微观层面寻找企业创新的动力。改革开放以来，凭借着外资的引入和国际贸易往来的加深，中国的经济实现了跨越式的增长。对外贸易的萎缩会阻碍中国经济的持续增长，因此如何寻找新的方式以维持经济的平稳增长是中国目前急需解决的一个难题。本章认为企业家的管理才能以及对创新的认识会对企业的研发产生非常大的影响。对于一个拥有较高水平的管理者而言，如果他将主要精力花费在企业管理上，并制订良好的企业发展规划，那么企业的运作效率将会提高。另外，如果企业管理者对创新足够重视，在研究开发新产品和新生产技术上维持一定人员及资金的投入，那么企业的创新将会增加。本章从企业微观层面出发，从理论和实证两个方面探讨企业家精神在企业创新活动中的作用，并探讨其对企业生产率的影响。企业家精神水平(或者说企业家的管理才能)是企业生产率和创新活动的决定因素，生产率又决定了企业的生产利润，并进一步影响了企业的创新行为。因此企业家精神决定了一个企业的行为和表现，企业家精神水平越高，则企业的生产率越大，生产利润越多，企业的创新密度和创新利润也越大。

本章理论模型的结论主要包括：

第一，企业家管理能力越强，企业家精神水平越高，则企业需要投入的技能劳动和非技能劳动越多，产出越大，利润越高。技能劳动和非技能劳动会向企业家精神水平较高的企业转移，这些企业的规模将不断扩大，企业家精神水平高的企业能够获得更多的技能劳动和非技能劳动投入，市场份额逐渐增大，而企业家精神水平低的企业则会退出市场，整个社会的企业管理知识存量上升，产出增加。

第二，企业家精神水平越低的企业，其生产率水平相对较低，但是如果企业雇佣更高管理水平的管理者，则企业的生产率水平提高非常迅速；与此不同，拥有较高管理水平的企业生产率水平较高，企业想要雇佣更高水平的管理者来提高生产率则变得相对困难。

第三，企业家管理能力越强，越能够加大对 R&D 活动的投入，从而企业创造出的新产品总类数越多，从创新活动中获得的利润越多。

第四，从企业家的数量来看，计划经济中整个社会企业家的数量较小，而在市场经济中企业家的数量较大；从生产的临界企业家精神水平看，与计划经济相比，分散经济中生产的临界企业家精神水平远低于计划经济的临界值；从创新行为来看，计划经济的生产利润远低于分散经济，创新的临界企业家精神水平要远高于分散经济，但创新利润要远小于分散经济。

本章实证部分的结论主要包括：

第一，企业家精神与生产率之间存在一种显著的"倒 U 形"关系，开始时，随着企业家精神水平的上升，生产率逐渐提高，但当企业家精神达到了一定的临界水平时，一旦超过这个临界水平，随着企业家精神的上升，生产率则会逐渐下降。

第二，企业家精神与创新之间存在着较显著的正相关关系，并未呈现出"倒 U 形"关系，企业家精神水平越高，企业管理者越是通过寻求政治垄断等方式来获取更多的利益，而不是通过提高企业生产率的方式来增加企业产出，因此在创新上关注程度低，生产率也低。

第三，对于私营企业和国有企业，企业家精神与生产率之间都存在着"倒 U 形"关系，私营企业的这种"倒 U 形"关系要明显强于国有企业，企业家精神在私营企业中发挥的作用更加明显。私营企业的企业家精神与创新并不存在"倒 U 形"关系，而只是正相关，而国有企业的企业家精神与创新却存在着并不显著的"倒 U 形"关系。

第四，对于不同技术水平的企业，企业家精神与生产率之间都存在着显著的"倒 U 形"关系，随着技术水平的降低，"倒 U 形"曲线的变化率逐渐减小。企业家精神与创新之间更多地是正相关关系，这种正相关关系在不同的技术水平行业存在一定的差异，但并没有显示出较强的规律性。

6.6.2 政策建议

创新对于一国经济增长起到了非常重要的推动作用，对于发展中国家来说，由于技术模仿难度的不断加大和模仿成本的不断增加，创新的重要性显得更为突出。为了防止技术被低成本地大范围模仿，发达国家对创新的保护程度也越来越强，发展中国家想要购买发达国家的技术则必须支付高额的费用。为了激励本国企业的创新行为，发达国家则必然会加大对知识产权的保护力度，发展中国家想要模仿发达国家的前沿技术则必须承担高额的成本。由于发达国家对技术保护强度的逐渐增加，技术转让变得更为昂贵，这在一定程度上削弱了发展中国家技术模仿的积极性。发达国家对先进技术的控制使得发展中国家难以继续通过模仿来促进技术进步，为了维持较快的经济增长速度，发展中国家必须寻求新的方法来维持技术进步，于是创新成为发展中国家实现技术进步的必然选择。经过一段时间的积累，发展中国家的物质资本和人力资本都已经发展到一定水平，对知识的储备也允许其从事更多的创新活动。尽管创新如此重要，而且也为大众接受，但各国在创新投入方面却差距颇大，且对于不同企业来说，创新投入的差距则更为显著。许多企业的创新投入都为 0，而对于那些有创新投入的企业，投入的规模也差距巨大。这不仅引发人们去思考，究竟是什么引起了企业间生产率的差异以及创新投入的不同。

对于仍处于发展中国家行列的中国来说，改革开放以来经济的快速增长已经使中国的人均收入达到了中等收入国家水平，在该阶段如何克服众多国家出现的中等收入陷阱问题使经济保持平稳快速发展，是一个必须面对的难题。创新推动的技术进步对中国经济增长起到了至关重要的作用，而企业家精神水平在企业的创新行为中又扮演着重要角色，因此提高中国的企业家精神水平显得尤为重要。政府应该努力培养高素质人才，增加人力资本的积累，使人力资本与先进的技术设备充分匹配，从而提高整个社会的企业家精神水平，使技术进步和人力资本协调发展。

第7章　出口、创新能力与企业成长：来自中国微观企业数据的实证分析

7.1　引言

转变经济增长方式，由资源驱动、要素驱动转向创新驱动，这是中国现阶段最为紧迫的问题。要促进创新驱动发展，一个有效的方法是提高每个企业的自主创新能力。中国一些产业、企业在较长时期中依赖低成本的劳动力以及资源能源驱动，高消耗、高污染、低效率、低有效供给，处于国际产业链的中低端，要在国际竞争中赢得先机占有主动地位，必须不断积累和提升自主创新能力。而提高自主创新能力主要有三个方面：一是要进入出口市场，学习国外的先进技术，努力跟踪国际技术创新的前沿；二是必须关注重要的支柱性行业，通过核心技术、支柱行业技术的创新带动其他行业的创新；三是要进行多种形式的创新，不能拘泥于一种单一的形式，既可以在有比较优势的行业创新，也可以对现有的创新技术进行改进，还应该加强企业对创新引入的吸收能力。

创新能力的积累和提升是在开放经济背景下展开的，全球化给发展中国家出口贸易、引进技术进而提升自主创新能力提供了新的机遇。大量国际经验表明，贸易政策对于创新能力、经济增长都具有显著影响。根据出口引导经济增长的假说，出口主要通过三个渠道来促进经济增长：（1）贸易可以使企业以及国家获得专业化以及规模经济。效率较高的生产者会在国内外市场有更高的占有率，通过资源的再分配来获得总产出的效用最大化；（2）出口是外汇的重要来源。外汇之所以重要，不仅仅因为其可以购买重要的资产以及高科技产品，更重要的一点是国际贸易支付的限制是普遍存在的；（3）贸易是知识和技术转移的重要途径。新增长理论证明，贸易可以让技术创新型国家得到贸易伙伴特有的先进技术，鼓励技术引进，也能鼓励自主创新活动（崔静波等，2021）。

本章立足于国内外主要文献和研究方法采用中国微观企业数据进行实证分析，具体研究分两部分展开。第一部分采用 2001—2006 年北京中关村自主创新企业的面板数据，考察出口对企业创新能力的影响。为了全面分析出口对创新能力的影响，我们将创新活动分为创新投入和创新产出两个部分：创新投入由研发部门支出和研发部门人员投入来衡量，

而创新产出由新产品收入和专利授权数量来衡量。本章运用倾向得分匹配的计量方法控制住了出口的"自我选择效应"，检验"出口中学效应"的存在性，研究发现：（1）总体上来看，企业出口显著促进了创新的投入与创新的产出；（2）从行业异质性角度出发，并不是每个行业出口都能促进企业的创新，在有些行业中出口对创新的提升是有限的；（3）出口对创新投入的提升会随着时间的推移先逐步增强，再逐步减弱，而对创新产出的影响可能存在周期性。

第二部分利用 1998—2008 年中国工业企业数据库考察了出口对企业成长的微观不确定性的影响。我们用企业销售额增长的波动率来刻画企业的微观不确定性。研究中发现，企业出口反而降低了企业销售额增长的波动率，这与已有文献的结果以及经济学直觉完全相反。为了探究其内部原因，进一步将企业分为三类：从不出口企业、新出口企业和持续出口企业，全面考察出口对企业销售额增长波动率的即期影响和长期影响。研究发现：（1）从整体上来看，企业出口与企业销售额增长波动率之间呈负相关关系；（2）从即期效应来看，新出口企业的销售额增长波动率比不出口企业的要高；（3）从长期效应来看，企业出口与企业销售额增长波动率呈显著的负相关关系，即持续出口企业的销售额增长波动率比不出口企业的低；（4）从控制变量角度出发，企业年龄越大，全要素生产率越高，雇佣人数越多，企业的销售额增长波动率就越小。

7.2　相关文献综述

7.2.1　关于出口对企业创新能力的影响

出口企业比非出口企业更具有创新力，这是一个被国内外文献都证实了的事实。许多发展中国家政府以这一经验研究结果为依据，大力倡导企业出口。Aw 等（2000）用电子行业的企业层面数据，从动态角度出发，发现出口市场的扩张有利于企业增加研发部门的投资。Wang 等（2010）用 1548 份世界银行关于中国企业的问卷调查数据证明了国际贸易能促进产品的创新。同时，也有很多文献研究进口对企业创新能力的影响。Bloom 等（2011）发现进口中国的商品有利于欧洲产品的创新，这是因为进口商品导致国内产品市场的竞争更加激烈。

为了解释出口企业比不出口企业更具有创新能力这一事实，国内外的文献主要从两个方面进行研究。第一个方面是出口的"自我选择效应"，即只有创新能力强的企业才会选择出口，这是因为创新能力强的企业在出口市场更具有竞争力，更有可能抢占国外市场。Ganotakis 和 Love（2011）采用英国和德国制造业的数据证明了企业出口倾向与创新投入有正相关关系。Caldera（2010）用西班牙的数据得出创新力度大的企业更倾向于出口。第二个方面是"出口中学效应",即出口企业能从出口市场上学习国外消费者和生产者的先进技术,从而提升自己的创新水平;或者是因为出口市场上竞争更加激烈,促使企业不得不对自己的产品进行创新,使得自己能在出口市场存活下来。Salomon 和 Shaver(2005)采用非线性 GMM 的方法证明了"出口中学效应"的存在,即出口会促进企业产品的创新和专利的申请。Hanley 和 Perez(2012)应用西班牙企业层面的数据,结合倾向得分匹配的方法和倍差法发现,新出口企业与不出口企业比起来在产品创新和加工工艺创新上投入更多。

张杰等(2007)基于 2005 年江苏省发改委的问卷调查所得到的江苏省制造业微观面板数据考察了影响企业创新活动的关键因素。他们发现在控制一系列企业层面控制变量以及行业、地区等虚拟变量后,企业的规模与企业创新水平呈一个"倒 U 形",并且存在"门槛效应"。毛其淋等(2014)利用 2004—2009 年企业层面的微观面板数据,并且结合倾向得分匹配的方法考察了对外直接投资对企业创新活动的影响。研究发现,对外直接投资显著增加了企业创新活动,并且对创新的增加逐年递增,但不同的对外直接投资对创新的持续效应有不同的影响。余道先等(2008)考察了出口的"自我选择效应",他们利用 1993—2006年的统计数据分析了国内专利授权数量和国外专利授权数量与中国出口贸易之间的关系。研究发现国外专利授权数量与中国出口贸易活动存在显著的正相关关系,而国内专利授权数量与中国出口贸易活动没有显著关系。戴觅、余淼杰等(2011)采用 2001—2007 年中国工业企业数据库,并结合倾向得分匹配的方法考察了企业出口前研发对出口企业生产率提升的影响,研究发现对于有出口前研发的企业而言,出口对其生产率的提升十分显著;而对于没有出口前研发的企业,出口对其生产率没有显著的影响;并且出口前从事研发年份越长的企业,出口对其生产率提高越大。

巫强等(2007)从理论模型的角度出发,用进口国产品质量监管来研究出口国企业的创新活动水平。他们证明了因为进口国产品质量监管的存在,出口国企业必须加大自己的创新力度以达到进口国的标准;并且出口国政府在出口企业创新中能起到积极的作用。唐宝庆等(2011)采用 90 个国家 1998—2007 年服务业的面板数据,考察了知识产权保护在出口对经济增长促进中起到的作用。研究发现,技术密集型产业相比于劳动密集型和资源密集型产业而言,更能够通过出口来提高经济增长;并且知识产权保护措施能够加强出口对经济增长的促进作用。包群等(2014)采用 2000—2007 年中国国家统计局发布的《工业企业统计年报》中持续经营的 58941 家企业,研究了出口对企业生产率的影响。研究发现,出口不仅没有提高企业的生产率水平,反而在某些行业出现了负的效应。事实上,这一问题早在戴觅、余淼杰等的研究中得到了解答。对于有出口前研发的企业而言,出口对其生产率的提升十分显著;而对于没有出口前研发的企业,出口对其生产率没有显著的影响。康志勇等(2011)运用了 1999—2003 年和 2005—2007 年中国制造业企业的微观数据,采用 Tobit模型研究出口对中国制造业企业自主创新的影响。研究发现,企业规模是一个很大的影响因素，企业规模越大的企业，出口对其创新的促进越大；而企业规模较小的企业，出口对其创新的促进相对较小。李平等（2010）从技术水平溢出和垂直溢出的角度出发，采用2001—2007 年中国制造业企业的面板数据，考察了出口贸易对企业自主创新的影响。研究发现，出口企业通过技术水平溢出效应对企业的创新提升力度很大，但对于垂直溢出效应的影响不是特别显著。

7.2.2　关于出口对企业成长的影响

众所周知，经济是按照一定周期来运行的，经济周期对企业成长有显著影响。在开放经济条件下，由于国际贸易、资本流动、汇率波动、股指波动等各种冲击，经济的运行往往会偏离周期。而对于周期的偏离度我们是无法预测的，这就造成了经济运行的不确定性。

不确定性很难直接去度量，经济学家通常用一些代理变量来表示不确定性。在已有文献中，GDP 增长率的波动以及股指的波动通常用来刻画宏观不确定性，行业销售额的波动通常用来刻画微观不确定性，还有的文献用"不确定性"在媒体中出现的次数（Alexopolous 和 Cohen，2009），以及金融分析师对未来事件预测不统一的程度（Bachmann，Elstner 和 Sims，2013）作为不确定性的衡量。

有文献表明不确定性会在经济萧条期增加。对于宏观不确定性，波动性指数 VIX（Volatility Index）反映了 SP 500 股指的波动率，在大萧条时期，VIX 比平时要高出 58%。其他的宏观经济指数，例如，汇率、利率、季度 GDP 也都不同程度上在经济萧条期波动得更加剧烈。对于微观不确定性，已有文献一般用行业、企业、产品层面的数据来刻画。Campbell 和 Shiller（2001）用公司层面的股票收益率数据研究发现在经济萧条期股票收益率的波动要高出 50%。Kehrig（2011）用 TFP 波动来刻画微观不确定性，研究表明在经济萧条期企业的 TFP 波动显著增加，特别是在耐用品行业。Vavra 和 Berger（2012）用美国劳动统计局 10000 种产品价格的波动来刻画微观不确定性，他们发现在经济萧条期产品价格的波动会有 50% 的上涨。此外，Heathcote，Perri 和 Violante（2010）利用工资和收入的波动率来刻画不确定性，在他们的研究中，工资和收入的波动率在经济萧条期都有不同程度的增长。

同时也有一批文献发现不确定性在发展中国家比发达国家要大。例如，非洲和南美的 GDP 增长率、股票收益率、汇率、利率等的波动性都比欧洲和北美要高得多。Bloom（2014）利用世界银行《2013 年世界发展报告》数据，考察了 60 个国家的 GDP 和股票市场，发现发展中国家 GDP 增长率的波动率比发达国家高 50%，股票市场波动率高 12%，利率波动率高 35%。

那么是什么因素导致了不同地区、不同时期的不确定性水平不同？世界银行《2013 年世界发展报告》指出这可能是三个原因导致的：其一，发展中国家的行业更加集中，风险更大，冲击导致的价格波动越大，经济就越不稳定。其二，发展中国家主要生产橡胶、油、糖类以及铜这类价格波动较大的商品，本身就具有不确定性。其三，发展中国家会遭受更多的冲击，如战争、改革等。同时，发展中国家有更多的自然灾难，如洪水、台风、地震等。这些因素综合起来，导致了发展中国家的不确定性要远高于发达国家。

Van Nieuwerburgh 和 Veldkamp（2009）以及 Grossman，Helpman 和 Fajgelbaum（2012）指出经济衰退期，信息的传播受阻，影响人们对未来进行预测，而在经济形势好的时期，公司之间的交易非常频繁，有利于消息的传播，更有利于人们对未来进行预测，从而减少经济的不确定性。政府的行为在经济萧条期会更加多变。Pastor 和 Veronesi（2012）指出在大萧条时期，政策制定者对已有的政策失去了信心，更容易去尝试更多新的政策，政策的频繁改变增加经济的不确定性。Baker，Bloom 和 Davis（2013）通过实证研究也发现在经济衰退期政策的不确定性大大增加。

不确定性对经济的影响是一个备受争论的话题。有研究表明，经济的不确定性会恶化经济大萧条时期经济的复苏。同时，也有研究表明，经济的不确定性能够促进企业的创新。Bloom（2014）指出就短期而言，不确定性会导致 GDP 增长率下降，产出、投资、消费和贸易都会相应减少，并且企业雇佣人数会减少，失业率更高；但长期而言，不确定性会刺激科研部门的支出。沈坤荣和谢勇（2012）从不确定性收入、社会保险的参与情况对中国城镇居民面临的不确定性进行了界定，发现不确定性收入与城镇居民储蓄率之间存在着显著的正相关关系。王义中和宋敏（2014）研究宏观经济不确定性对公司投资的影响，结果发现宏观经济不确定性会通过影响外部需求、流动性资金需求和长期资金需求等三个渠道来减少公司的投资。马文涛（2010）利用马尔科夫范式转换模型考察了通货膨胀的不确定性对中国主要宏观经济变量的影响，发现通货膨胀不确定性仅对消费波动有显著影响，对投资和净出口的影响不显著。

还有许多学者研究国际贸易与不确定性之间的关系。Alessandria（2015）用销售额增长的波动率来衡量微观不确定性，用动态随机一般均衡模型考察了出口对销售额增长波动率的影响，研究发现出口增加了销售额增长的波动率。值得注意的是，这个结论与我们采用中国数据进行分析的发现相反，后文对此将展开进一步分析。Ricardo J. Caballero（1989）用风险厌恶模型以及六个发展中国家的数据表明，实际汇率的不确定性与出口存在着显著的负相关关系。短期内，实际汇率的年度标准差增加 5%，出口就会减少 2% 到 3%；而在长期内，负相关关系更加明显。佟家栋和李胜旗（2015）从产品层面出发研究了贸易政策的不确定性对中国出口企业创新的影响，表明贸易政策不确定性的降低将显著提高出口企业产品的创新。毛日昇和郑建明（2011）从理论和实证两方面证明了人民币实际汇率不确定性的增加会减少出口导向型 FDI 以及东道国市场导向型 FDI 的择机进入。W. L. Chou（2000）

用中国出口数据证明了实际汇率波动率的增加会对总出口、制造业出口以及矿产出口产生长期的负效应。

很多文章把产出周期性的波动归因于影响生产者的异质性冲击的分布发生了改变。这些研究指出，在封闭经济中不稳定的冲击会导致经济活动的衰退。典型的例子是大萧条时期，经济增长与经济周期的偏离有巨大的增加。而在开放经济中，贸易模型和数据组成了一个自然实验，可用于检验不确定性，由于不同公司对国际贸易的依赖程度不同，因此国际贸易的波动产生的影响也不同。Georg Alessandria（2014）全面探究了不同的波动和经济周期之间的关系。首先，考虑一阶矩冲击，国内生产率冲击会增加销售额的偏离。一方面直接影响成本，国内生产率冲击影响进口和国内产品的相对成本，导致购买在两者之间的再分配，因此增加了消费者购买的偏离；另一方面由于国内生产者和出口商进入市场渠道不同，冲击对出口者和非出口者的影响不同，导致了不同生产者产量的再分配。其次，在开放经济模型下考虑外生二阶矩冲击对生产者层面生产率的影响，发现增加产品偏离的冲击能增加出口。虽然出口的增长量很小，但是仍然大于产出对自身的影响，因此贸易占GDP的比重就会增大。最后，该研究用汽车行业数据度量产品和企业层次的波动，发现2008年到2011年在销售和产量上的偏离增加，很大程度上归因于再分配。

与既有文献相比，采用企业微观数据探讨出口对中国企业创新能力影响的分析还不多，而本章所采用的中关村创新企业数据是首次采集使用，具有很好的代表性；同时也没有文献研究中国出口对于企业成长、微观不确定性的影响。因此，本章将采用2001—2006年北京中关村自主创新企业的数据考察出口对企业创新的影响，运用倾向得分匹配的计量方法控制住了出口的"自我选择效应"，检验"出口中学效应"的存在性。同时本章还将利用1998—2008年中国工业企业数据库考察企业出口对微观不确定性的影响，解释开放条件下出口对于中国企业创新能力、企业成长的影响因素和作用机制。

7.3 出口对企业创新能力的影响：对中关村自主创新企业的实证分析

7.3.1 研究方法：倾向得分匹配

我们在研究出口对企业创新能力的影响时采用了倾向得分匹配的方法。为了检验出口对企业创新的影响，我们关注新出口企业和从不出口企业。用 y_{it} 表示企业 i 在 t 时刻的创新，变量 Export_i 是企业 i 的指标函数，当企业选择出口时，值为1；反之，值为0。出口与创新之间的因果效应可以由下面这两个变量之差 $(y_{it}^1 - y_{it}^0)$ 来表示，其中上标表示企业出口状态。根据 Heckman（1997）的方法，我们用"对被处理单位的平均处理效应"来估计出口对企业创新的影响：

$$E\{y_{it}^1 - y_{it}^0 \mid \text{Export}_i = 1\} = E\{y_{it}^1 \mid \text{Export}_i = 1\} - E\{y_{it}^0 \mid \text{Export}_i = 1\} \qquad (7.1)$$

计算出这个式子的关键问题在于右边第二项 $E\{y_{it}^0 \mid \text{Export}_i = 1\}$ 是观测不到的，即出口企业选择不出口情况下的创新状态，因此我们需要找到一组不出口企业来代替新出口企业。为了无偏地估计出这个式子，我们需要构建一个对照组，使得对照组中的企业尽可能地与新出口的企业在出口前的状态相似。为了构建这样一个对照组，我们假设企业的特征可以由一组协变量来控制，这样我们可以通过这组协变量从不出口企业中找到与新出口企业最相似的企业。具体步骤如下：

首先，估计出各个企业的倾向得分。估计以下 probit 或者 logit 模型：

$$\Pr\{\text{Export}_i = 1 \mid X_{i,\,t-1}\} = \Phi[g(X_{i,\,t-1})] \qquad (7.2)$$

其中，$X_{i,\,t-1}$ 包含企业 i 在出口前一期的可以决定其是否选择出口的企业特征，包括销售额、企业年龄、垄断溢价、资本存量、技术劳动力比例、无形资产，以及是否有政府补贴、出口退税等一系列虚拟变量。为了无偏地估计倾向得分，我们采用了灵活的函数形式 $g(X_{i,\,t-1})$，即包含所有协变量以及它们的交互项和高阶项的线性组合形式。估计出以上式子，我们就得到了各个公司出口的概率，并且称之为倾向得分。

其次，将样本的倾向得分按从小到大排列，平均分为 k 组。在每组里面，检验出口企业和非出口企业的平均倾向得分是否有显著差异，我们称出口企业为处理组或实验组，非出口企业为控制组或对照组。如果对照组和实验组有显著的差异，则继续将样本分裂成 $k+1$ 组，直到对照组和实验组无差异为止。

再次，对于每组进行平衡性条件检验。在每组里面，对照组和实验组各个协变量的一阶矩要无差异，即出口企业和非出口企业在出口前期各项特征是无差异的。如果平衡性条件不通过，则要改变 $g(X_{i,\,t-1})$ 函数的形式，加入更多的高阶项或者交互项，再重复以上步骤，直到平衡性条件通过为止。

最后，对于通过平衡性条件检验的估计值，我们将对照组和实验组中的企业进行匹配，然后计算出出口的平均处理效应。匹配的方法有很多种，如最邻近匹配、半径匹配以及核匹配等。

7.3.2 数据描述与特征化事实分析

本章所用数据来自 2001—2006 年中国中关村自主创新工业园微观企业面板数据。该数据包含各个企业的财务信息以及技术创新信息。样本包含八大行业，包括制造业、服务业、建筑业、金融业等；并且包含电子信息技术、航天技术、环境保护技术、新能源技术等 9 种技术类型。在处理数据的过程中，我们删除了满足以下任意一条的观测值：（1）总收入、雇佣人数、固定资产、无形资产中至少有一项为零、负值或缺失值；（2）企业的出口总额超过了企业总销售额。最终，我们得到了 21747 家企业共 65850 个观测值用于实证分析。

7.3.2.1 变量说明

本章所用数据包含研发部门支出、研发部门人员投入、新产品收入和专利授权数量四个方面的创新指标。并且该数据还提供了行业大类、行业小类、技术小类等分类，便于我们分行业分技术进行讨论。此外该数据还涵盖了企业的基本信息：企业年龄、就业人数、企业规模、无形资产总额、固定资产总额、销售总额、出口总额等。我们从上述变量中选出本章实证分析所需要的控制变量。本章的因变量分为两类：创新的投入和创新的产出。创新的投入我们用研发部门支出以及研发部门人员投入来衡量，其中研发部门支出取自然对数来表示；创新的产出部分我们用新产品收入以及专利授权数量来衡量，其中新产品收入取自然对数来表示。

本章主要考察的自变量是新出口企业的虚拟变量。新出口企业，指企业初次出口年份大于企业在样本中首次出口的年份。这里要注意的是样本中存在退出出口市场企业，即在企业出口后的年份中有不出口情况的企业，显然我们不能把这类企业归为不出口企业，因为之前出口已经对其造成了影响。在本章中，我们把这样的企业也归为新出口企业。

此外，其他企业层面的控制变量包括：

企业年龄，由当前年份减去企业首次出现在数据库中的年份所表示。

从业人数，由与企业建立劳动关系的职工人数和企业接受的劳务派遣工人数之和所表示。

无形资产，指企业拥有或者控制的没有实物形态的可辨认的非货币资产，取自然对数形式。

固定资产，指企业持有、使用时间超过 12 个月，价值达到一定标准的非货币资产，取自然对数形式。

销售额，由销售额的自然对数表示。

垄断加价，由总收入同总收入与利润总额之差的比来表示，取自然对数形式。

7.3.2.2 统计描述

表 7.1 描述了样本企业的基本财务信息以及创新方面的指标。从企业的基本财务信息来看，出口企业比不出口企业拥有更多的固定资产以及无形资产；从平均水平来看，出口企业年龄以及从业人数比不出口企业要大，销售额要多；同时，出口企业比不出口企业获得的政府补贴更多，这意味着政府鼓励企业出口。从企业的平均创新水平来看，出口企业的科技活动经费以及研发部门人员分别是 5.911 和 30.69，而不出口企业分别为 3.738 和 8.163；出口企业的平均专利申请数量以及专利授权数量分别为 2.374 与 1.613，而不出口

企业的平均专利申请数量以及专利授权数量只有 0.383 与 0.170 。并且出口企业的新产品收入要多于不出口企业。

表 7.1   出口与不出口企业各项指标比较

变量	均值	标准差	最小值	最大值	不出口企业	出口企业
出口虚拟变量	0.0414	0.199	0	1	0	1
企业年龄	6.027	3.719	1	55	5.947	7.883
从业人数	47.96	200.4	1	24330	40.22	227.2
无形资产	−2.640	6.317	−6.908	14.66	−2.730	−0.561
固定资产	8.403	1.897	−2.493	17.51	8.318	10.37
销售额	7.457	2.452	−9.210	18.17	7.340	10.17
税收	3.855	3.444	−6.908	13.41	3.780	5.594
垄断加价	−5.560	3.862	−6.908	12.71	−5.618	−4.230
科技活动经费	3.828	4.840	−6.908	15.05	3.738	5.911
新产品收入	7.460	2.250	−8.517	17.98	7.308	9.509
研发部门人员	9.095	58.01	0	12540	8.163	30.69
专利申请	0.466	8.465	0	966	0.383	2.374
专利授权	0.229	4.226	0	423	0.170	1.613
论文发表	3.694	585.9	0	140000	3.775	1.825

注：表中最后两列是各个变量在出口企业与不出口企业中的平均值。

数据来源：2001—2006 年北京市中关村国家自主创新示范区微观企业数据。

为了全面分析出口对企业创新能力的影响，我们将企业创新分为创新投入和创新产出。其中，创新投入用科技活动经费以及研发部门人员数量来衡量；创新产出用新产品收入以及专利授权数量来衡量。同时，我们将企业分为四类：不出口企业，指在样本中出现期间一直没有出口的企业；新出口企业，指企业初次出口年份大于企业在样本中首次出口的年份；持续出口企业，指在样本中出现期间一直出口的企业；退出出口市场企业，指在企业出口后的年份中有不出口情况的企业。由于新出口企业样本量较小，我们将退出出口市场企业当作新出口企业。

由于即使在相同的大行业中，不同的小行业情况也会不同。我们从制造业以及服务业中分别选出三个小行业进行分析。在制造业中，我们选取了监控设备制造、电子元件制造以及测量设备制造；在服务业中，我们选取了电脑服务、应用软件服务以及职业技术服务。

表 7.2 给出了每种类型的企业在各个小行业中的数量。在制造业中我们可以看到，新出口企业大概占了整个企业的 10%。在监控设备以及测量设备制造业中，新出口企业占总出口企业数的大约 75%，而持续出口企业非常之少；在电子元件制造业中持续出口企业数大概是新出口企业数的一半。在服务业中我们可以看到，从不出口企业总数远大于新出口企业数以及持续出口企业数。由于本章主要考察企业首次出口对其创新能力的影响，下面将会对从不出口企业和新出口企业进行分析。

表 7.2 　　　　　　　　　各个小行业三种类型企业数量（ 2001—2006 年 ）

工业类别	从不出口企业	新出口企业	持续出口企业
制造业			
监控设备	2635	296	87
电子元件	4001	448	258
测量设备	2825	257	96
服务业			
电脑服务	7299	178	48
应用软件服务	12924	476	183
职业技术服务	6999	309	66

注：不出口企业指在样本中出现期间一直没有出口的企业；持续出口企业指在样本中出现期间一直出口的企业；剩下的我们均归为新出口企业。

数据来源：2001—2006 年北京市中关村国家自主创新示范区微观企业数据。

7.3.2.3　出口对企业创新能力的影响：特征化事实

在进行计量回归之前，我们先对出口与企业创新能力关联的一些特征化事实进行分析，这样可以更加直观地看到出口是怎样影响创新的。我们主要关注新出口企业和从不出口企业。首先我们在各个小行业看创新的投入，即科技活动经费和研发部门人员投入。图 7.1 描述了 2001 年到 2007 年新出口企业与从不出口企业科技活动经费的变化。从图中我们可以清楚地看到：（1）在各个小行业中，新出口企业的科研活动经费在平均水平上高于从不出口企业；（2）新出口企业和从不出口企业科研活动经费的变化趋势大体相同，这可能是因为有些宏观经济因素可以共同影响新出口企业和从不出口企业。对于图 7.2、图 7.3、图 7.4 有类似的结论，值得注意的是，在服务业中新出口企业与从不出口企业的创新水平差距越拉越大。对此可能的解释是，近年来随着服务业企业出口数量的增加，在出口市场上服务业企业获得了大量的创新技能，因此与从不出口企业的创新水平差距越拉越大。此外，从图 7.3 中我们可以看到，在服务业中对于新产品收入而言，新出口企业和从不出口企业的差距并不是很大。

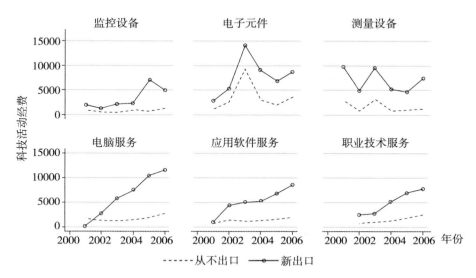

图 7.1　各个小行业中新出口企业与从不出口企业科技活动经费比较

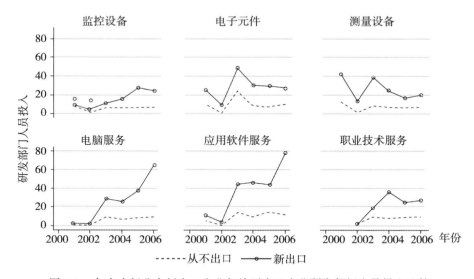

图 7.2　各个小行业中新出口企业与从不出口企业研发部门人员投入比较

下面考察出口的持续效应，我们将 2004 年作为基准年，考察 2004 年出现在样本企业中从不出口企业与新出口企业在出口前两年和后两年的创新水平情况。我们感兴趣的是企业在进入出口市场后是否具有更高的创新水平。图 7.5 展示了两种类型的企业在基准年前

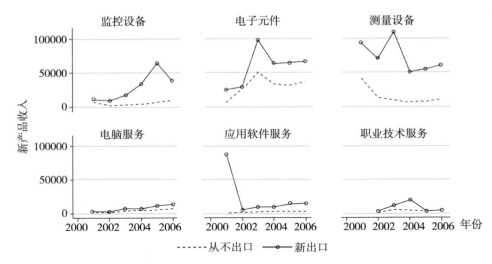

图 7.3 各个小行业中新出口企业与从不出口企业新产品收入比较

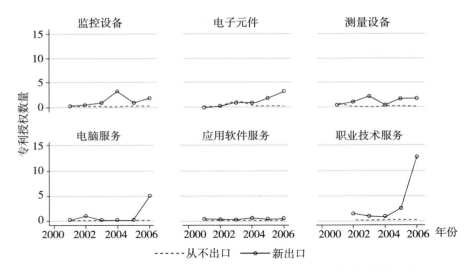

图 7.4 各个小行业中新出口企业与从不出口企业专利授权数量比较

后两年的创新水平情况。这张图揭示了两种效应，在虚线左侧是出口的"自我选择效应"，在虚线右侧是出口的"出口中学效应"。我们可以看到两种效应是同时存在的。从出口前一年到出口当年，相较于从不出口企业而言，新出口企业的科技活动经费、新产品收入以及专利授权数量有一个明显的提升。随着出口年份的增加，新出口企业与从不出口企业创新水平之间的差异逐渐减小。在接下来的部分里，我们将用计量方法来严格地估计出口的创新效应。

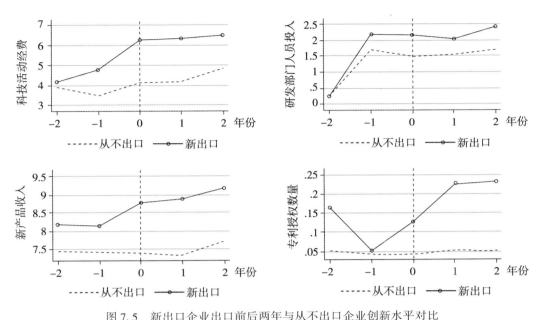

图 7.5 新出口企业出口前后两年与从不出口企业创新水平对比

7.3.3 实证分析结果

7.3.3.1 出口对创新能力影响的固定效应模型

我们应用固定效应模型来检测出口对企业创新的影响。我们做如下回归：

$$\text{Innov}_{ijt} = \beta_0 + \beta_1 \text{Exp}_{it} + \beta_2 X_{it} + \sum_t \delta_t \text{Time}_t + \sum_j \lambda_j \text{Ind}_j + \varepsilon_{ijt} \qquad (7.3)$$

其中，Innov_{ijt} 表示行业 j 中企业 i 在时刻 t 的创新水平，由研发部门支出、研发部门人员投入，新产品收入以及专利授权数量来衡量。Exp_{it} 表示出口虚拟变量，当企业 i 在时刻 t 选择出口时，值为 1；反之，则值为 0。X_{it} 表示一系列控制变量，包括企业销售额、企业年龄、垄断加价、固定资产、无形资产、技术人员比例、政府补贴虚拟变量以及出口退税虚拟变量。此外，我们控制了时间和行业的固定效应。

在创新投入方面，从表 7.3 第（1）、（2）栏中，我们可以看到出口对研发部门支出及研发部门人员的投入有显著的正向影响：出口企业比不出口企业研发部门支出要多 27.93%，显著性水平为 5%；出口对研发部门人员投入的提升大约在 23.41%，显著性水平为 1%。在创新产出方面，从表 7.3 第（3）、（4）栏中，我们可以看到新产品投入以及专利授权数量与出口存在显著正相关关系：出口企业的新产品收入比不出口企业要多 6.19%；对专利授权数量而言，出口企业比不出口企业要多 8.54%。从控制变量角度而言，企业规模、企业年龄、政府对出口的补贴以及出口退税对企业的创新都有显著的正影响。固定效应模型只能提供出口与企业创新的相关关系，不能确定企业出口是否能促进企业创新。也就是说，无法区分出口的"自我选择效应"和"出口中学效应"。为了解决这个内生性问题，我们采用了倾向得分匹配的方法，控制住了出口的"自我选择效应"，考察出口是否能促进企业创新。

表7.3 出口对创新的影响（固定效应模型）

变量	R&D 支出 (1)	R&D 人员 (2)	新产品收入 (3)	专利授权 (4)
出口虚拟变量	0.2793** (0.1136)	0.2341*** (0.0328)	0.0619** (0.0298)	0.0854*** (0.0168)
销售额	0.7121*** (0.0175)	0.1289*** (0.0035)	0.9064*** (0.0074)	0.0035*** (0.0010)
企业年龄	0.0033 (0.0079)	0.0051** (0.0021)	−0.0133*** (0.0026)	0.0034*** (0.0011)
垄断加价	−0.5810*** (0.0277)	−0.1173*** (0.0056)	0.0034 (0.0129)	−0.0069*** (0.0014)
固定资产	−0.0295 (0.0219)	0.0490*** (0.0045)	0.0055 (0.0087)	0.0117*** (0.0014)
技能劳动比率	1.5805*** (0.0744)	0.3627*** (0.0149)	−0.0586** (0.0252)	−0.0019 (0.0041)
无形资产	0.0280*** (0.0035)	0.0084*** (0.0008)	−0.0007 (0.0013)	0.0025*** (0.0003)
补贴虚拟变量	0.7500*** (0.0575)	0.3049*** (0.0167)	−0.0483** (0.0215)	0.2886*** (0.0063)
退税虚拟变量	0.6452*** (0.0399)	0.1248*** (0.0100)	0.0077 (0.0137)	0.0081** (0.0032)
观测值	65850	65850	65850	65850
年份固定效应	Y	Y	Y	Y
企业固定效应	Y	Y	Y	Y
行业固定效应	Y	Y	Y	Y

注：*，**，***分别代表10%，5%，1%的显著性水平，括号内为标准误。

数据来源：2001—2006年北京市中关村国家自主创新示范区微观企业数据。

7.3.3.2　制造业和服务业中出口对创新能力的影响

我们首先在制造业和服务业中分别考察出口对创新的影响，我们采用倾向得分匹配的方法控制住出口的"自我选择效应"，分析"出口中学效应"。我们在这一部分将 2001 年到 2006 年的样本企业混合在一起，从平均意义上考察出口对创新投入和创新产出的影响。表 7.4 汇报了倾向得分匹配的结果。

表 7.4　　　　　　　　　在制造业和服务业中出口对创新能力的影响(nearest)

工业类别	(1)	(2)	(3)	(4)
	研发部门支出	研发部门人员	新产品收入	专利授权数量
制造业(ATT)	0.5014 ***	0.2493 ***	0.8767 ***	0.0774 ***
	(0.1775)	(0.0504)	(0.2538)	(0.0210)
实验组数	1899	1899	1899	1899
服务业(ATT)	0.6914 ***	0.3100 ***	2.1429 ***	0.0724 ***
	(0.1878)	(0.0585)	(0.2935)	(0.0161)
实验组数	1394	1394	1394	1394

注：*，**，*** 分别代表 10%、5%、1% 的显著性水平，括号内为标准误。此外，ATT 表示计算出的出口平均处理效应。采用的匹配方法为最邻近匹配法。实验组数表示匹配上的新出口企业的数量。

在上半栏中，我们汇报了制造业中各个创新指标的匹配估计值。结果显示，在企业选择出口后，不论是创新投入方面还是创新产出方面都有了显著的提高。表 7.4 的(1)、(2)栏给出了创新投入方面的估计结果，从平均意义上来看，出口企业的研发部门支出比与之相匹配的非出口企业平均高 65%（因为 ATT 是两个对数值相减，故需要换算后得到），而研发部门人员投入比与之相匹配的非出口企业平均高 28%。这与前面的统计性描述结果是相似的。这说明出口极大地促进了企业对其提高创新能力的投入，对这一结果有两种可能性的解释：第一种可能是，企业通过出口接触到了国外生产者的先进技术和管理经验从而促进了创新；第二种可能是，出口市场竞争激烈，出口企业不得不更新自己的生产技术以抢占市场，从而立即加大对创新能力的投入。表 7.4 的(3)、(4)栏给出了创新产出方面的估计结果。我们可以看到出口对新产品收入有极大的提升。表 7.4 的下半栏汇报了服务业中各个创新指标的匹配估计值，结果类似于制造业。

7.3.3.3　制造业和服务业中各个细分行业出口对创新能力的影响

接下来我们将从制造业以及服务业中分别选出三个细分行业进行分析。这是因为即使在相同的大行业中，不同的小行业情况也会不同。例如，在制造业中，出口对制造汽车的企业和制造毛巾的企业创新能力的影响是不一样的。因此，在制造业中，我们选取了监控设备制造、电子元件制造以及测量设备制造；在服务业中，我们选取了电脑服务、应用软件服务以及职业技术服务。

表 7.5 汇报了各细分行业中各个创新指标倾向得分匹配的结果。从表 7.5 中我们可以清楚地看到，不同小行业中出口对创新的影响均有所不同。在监控设备制造业中，出口企业加大了研发部门人员的投入，但对于科技活动经费的投入并没有显著增多。这可能是因为对于监控产品而言，创新不仅仅在于产品本身的技术进步，更在于产品组合方案的创新上。对于不同的应用领域，应该有不同的产品组合方案。例如，对交通、学校、金融、住宅小区、矿山等不同领域，监控设备的安装和组合应有所不同，作为企业而言应该考虑如何使用最少的监控设备覆盖最大的面积。而在创新产出方面，出口对新产品收入以及专利授权数量有显著的提升。在电子元件制造业中，我们可以从表 7.5 的(1)、(2)栏看到出口企业的创新投入要显著高于非出口企业。而在创新产出方面，新产品收入显著增多。在检测设备制造业中，出口企业加大了科技活动经费的投入，但对于研发部门人员的投入并没有显著增多，这一结果与监控设备制造业是相反的。对于这一结果的解释是，检测设备的创新主要在于产品质量的创新，并且出口企业是通过学习国外已有的技术来促进自己的创新，故研发部门人员的投入并不显著。

表 7.5　　**在制造业和服务业各个小行业中出口对创新的影响(nearest)**

工业类别	（1）研发部门支出	（2）研发部门人员	（3）新产品收入	（4）专利授权数量
监控设备制造（ATT）	0.471 (0.4026)	0.2744** (0.1153)	1.0253* (0.5913)	0.1523*** (0.0514)
实验组数	289	289	289	289
电子元件制造（ATT）	0.6643** (0.3307)	0.2269** (0.1103)	0.9599* (0.5015)	0.0332 (0.0425)
实验组数	447	447	447	447
检测设备制造（ATT）	0.9022** (0.3964)	0.1604 (0.1385)	2.7538*** (0.6847)	0.1019* (0.0530)
实验组数	255	255	255	255
电脑服务（ATT）	0.3553 (0.5602)	0.1090 (0.1840)	−0.1751 (0.8816)	0.0530 (0.0443)
实验组数	178	178	178	178

续表

工业类别	（1） 研发部门支出	（2） 研发部门人员	（3） 新产品收入	（4） 专利授权数量
应用软件服务（ATT）	0.4292* （0.2532）	0.2725*** （0.1040）	1.1520** （0.5130）	0.0339* （0.0196）
实验组数	476	476	476	476
职业技术服务（ATT）	0.3180 （0.3810）	0.1284 （0.1126）	3.8698*** （0.6136）	0.1144*** （0.0446）
实验组数	309	309	309	309

注：*，**，***分别代表10%，5%，1%的显著性水平，括号内为标准误。此外，ATT表示计算出的出口平均处理效应。采用的匹配方法为最邻近匹配法。实验组数表示匹配上的新出口企业的数量。

表7.5的下半栏汇报了服务业中各个小行业各项创新指标倾向得分匹配的结果。在电脑服务业中，创新的四个指标均不显著，且电脑服务行业企业出口比例小。对这一结果可能的解释是，电脑服务主要包括电脑组装、硬盘维修、数据恢复、网络维护等，而这些技术相对而言比较成熟，故出口对电脑服务行业企业创新的提升并不显著。而在应用软件服务行业，不论是创新投入还是创新产出都比较显著。因为在应用软件这一服务行业中，国内外技术相差较大，所以在出口市场中企业能学到更多的先进技术。最后，在职业技术服务业中，出口对企业新产品收入以及专利授权数量有显著的提升。由以上结论可知，我们不能盲目地在每个行业提倡出口，因为出口对创新水平的提升并不是在每个行业都显著。

7.3.3.4 出口对创新能力的即期效应与持续效应

在以上的分析中，我们均从平均意义上讨论出口对创新的影响。接下来我们将考察出口对创新的即期效应与持续效应。我们感兴趣的是，企业是否在出口后创新水平有了提升，并且在出口后的几年内企业的创新水平会有怎样的变化。在分析之前，我们首先重新定义时间，我们将企业初次出口的时间定义为0期，并用$s \geq 0$代表出口后第s年。也就是说当时间为s时，表示的是已经出口s年的企业。表7.6给出了出口对创新的即期效应以及持续效应倾向得分匹配的结果。

表7.6 　　　　　　　　　　出口对创新的持续影响（nearest）

创新类别	t	0	1	2	3
研发部门支出	ATT	0.7291** （0.3680）	0.8005** （0.4114）	0.5605 （0.5548）	1.1765 （0.7733）
	实验组数（新出口）	302	219	132	71

续表

创新类别	t	0	1	2	3
研发部门人员	ATT	0.2712**	0.3866***	0.4112**	0.4164
		(0.1207)	(0.1321)	(0.1845)	(0.2849)
	实验组数（新出口）	302	219	132	71
新产品收入	ATT	2.1468***	1.7187***	0.9738	2.5899**
		(0.5545)	(0.6331)	(0.8358)	(1.1217)
	实验组数（新出口）	302	219	132	71
专利授权数量	ATT	0.0411	0.1406**	0.0969	0.2094*
		(0.0496)	(0.0654)	(0.0818)	(0.1077)
	实验组数（新出口）	302	219	132	71

注：*，**，***分别代表10%，5%，1%的显著性水平，括号内为标准误。此外，ATT表示计算出的出口平均处理效应。采用的匹配方法为最邻近匹配法。实验组数表示匹配上的新出口企业的数量。

我们首先看表7.6的上半栏显示的出口对创新投入的影响。我们可以看到，出口对创新投入的影响有一个先增强后减弱的趋势。在企业出口当年，研发部门支出和研发部门人员的投入显著提高；而在企业出口一年后，研发部门支出和研发部门人员的投入也有显著提高。在企业出口两三年后，研发部门支出的提升不再显著；并且在企业出口后的第三年，研发部门人员投入的提升也不再显著。这一结果与我们的预测是相符的，企业在出口前期接触到国外消费者和生产者的先进科技技术，从而改善自己现有的工艺体系，进而促进了创新。而随着出口时间的推移，出口企业逐步学习，科技能力与国外创新水平趋于同步，出口企业在出口市场所学到的国外先进技术接近饱和状态，故减少了对创新的投入。

从表7.6的下半栏显示的出口对企业创新产出的影响，我们可以看到出口对新产品收入的提升逐年递减，但在第3年又有了很大的提升；而出口对专利授权数量的影响是间隔式的，在出口当年和出口第2年没有影响，但在出口第1年和第3年有较大影响。因此，我们估计出口对创新产出的影响是有周期性的，但因为样本年份的限制，我们无法求证这一预测。

7.3.4　稳健性检验与进一步讨论

为了检验我们的估计结果对于不同的匹配方法是否稳健，我们采用了半径匹配法来代替最邻近匹配法，我们选取的半径为0.01。表7.7汇报了半径匹配法在制造业和服务业各个小行业中出口对创新影响的结果。

表 7.7　　　在制造业和服务业各个小行业中出口对创新的影响（radius 0.01）

工业类别	（1）研发部门支出	（2）研发部门人员	（3）新产品收入	（4）专利授权数
监控设备制造（ATT）	0.6990**	0.1821**	1.4410***	0.1514***
	（0.2983）	（0.0896）	（0.4284）	（0.0418）
实验组数	269	269	269	269
电子元件制造（ATT）	0.8288***	0.3135***	1.3238***	0.0427
	（0.2410）	（0.0866）	（0.3797）	（0.0336）
实验组数	426	426	426	426
检测设备制造（ATT）	0.7153**	0.2255**	1.4511***	0.0524
	（0.2828）	（0.1026）	（0.4988）	（0.0385）
实验组数	237	237	237	237
电脑服务（ATT）	−0.0616	0.0242	−0.5546	0.0312
	（0.4108）	（0.1390）	（0.6346）	（0.0399）
实验组数	175	175	175	175
应用软件服务（ATT）	0.7643***	0.3892***	1.1591***	0.0425**
	（0.1937）	（0.0804）	（0.3784）	（0.0171）
实验组数	471	471	471	471
职业技术服务（ATT）	0.1877	0.1779**	3.1495***	0.0888**
	（0.2732）	（0.0780）	（0.4495）	（0.0377）
实验组数	301	301	301	301

　　注：*，**，*** 分别代表 10%，5%，1% 的显著性水平，括号内为标准误。此外，ATT 表示计算出的出口平均处理效应。采用的匹配方法为半径匹配法。实验组数表示匹配上的新出口企业的数量。

　　从结果上来看两种匹配方法并没有明显的差异，但半径匹配法的结果更加显著，并且出口对创新水平的提升更大。这是因为最邻近匹配法只选取了一个与出口企业倾向得分最接近的非出口企业与之匹配，而半径匹配法选取了所有在半径内的非出口企业与出口企业相匹配，这样与之匹配的企业数量增多。

　　同样，我们用半径匹配法重新估计了出口对创新的持续影响。表 7.8 汇报了半径匹配法下出口对创新的持续影响结果。结果再一次确认了之前的发现：出口对研发部门支出的影响有一个先增强后减弱的趋势，平均处理效应（ATT）从 0.9762 增加到 1.2266，然后再减弱到 0.8909。但在出口后第三年，我们可以看到研发部门支出的提升显著增加，达到了

1.1665。我们推测，出口对创新投入的影响可能也具有周期性，只是因为样本年份的限制，我们无法求证这一预测。同时，出口对研发部门人员的影响也是一个先增强后减弱的过程。而对于创新产出方面，我们可以看到出口对新产品收入的提升从第 1 年到第 2 年是递减的，但在第 3 年又有了很大的提升，这与最邻近匹配法所得结论类似。而出口对专利授权数量的影响，仅在出口后第一年是显著的，其他年份均不显著。

表 7.8 　　　　　　　　　　出口对创新的持续影响（radius 0.01）

创新类别	t	0	1	2	3
研发部门支出	ATT	0. 9762***	1. 2266***	0. 8909**	1. 1665**
		（0. 2599）	（0. 2853）	（0. 4166）	（0. 5636）
	对照组数（新出口）	301	216	129	67
研发部门人员	ATT	0. 2099***	0. 5017***	0. 5686***	0. 4670**
		（0. 0878）	（0. 0976）	（0. 1309）	（0. 2077）
	对照组数（新出口）	301	216	129	67
新产品收入	ATT	2. 1989***	2. 4011***	1. 5032**	2. 7882***
		（0. 3663）	（0. 4301）	（0. 6082）	（0. 7820）
	对照组数（新出口）	301	216	129	67
专利授权数量	ATT	0. 0522	0. 1494***	0. 0633	0. 1170
		（0. 0361）	（0. 0556）	（0. 0611）	（0. 1004）
	对照组数（新出口）	301	216	129	67

注：*，**，*** 分别代表 10%、5%、1% 的显著性水平，括号内为标准误。此外，ATT 表示计算出的出口平均处理效应。采用的匹配方法为半径匹配法。

下面我们改变半径匹配法中半径的大小，把半径调整到 0.001，这样匹配到的企业会更少，结果更加接近最邻近匹配法。

从表 7.9 中，我们可以看到匹配后计算出的 ATT 值与前面结果相似。进一步证明了我们的结果是稳健的。表 7.9 汇报了半径为 0.001 时，半径匹配法下出口对创新的持续影响结果。结果再一次确认了之前的发现：出口对研发部门支出的影响有一个先增强后减弱的趋势，平均处理效应（ATT）从 1.2060 增加到 1.3405，然后再减弱到 1.0984。同时，出口对研发部门人员的影响也是一个先增强后减弱的过程。而对于创新产出方面，我们可以看到出口对新产品收入的提升从第 1 年到第 2 年递减，但在第 3 年又有了很大的提升，这与最邻近匹配法所得结论类似。而出口对专利授权数量的影响，仅在出口后第一年是显著的，其他年份均不显著。

表 7.9   出口对创新的持续影响(radius 0.001)

创新类别	t	0	1	2	3
研发部门支出	ATT	1. 2060*** (0. 2762)	1. 3405*** (0. 3045)	1. 0984*** (0. 4585)	1. 1444 (0. 7093)
	控制组数(不出口)	2617	1748	843	304
	对照组数(新出口)	275	195	115	57
研发部门人员	ATT	0. 3025*** (0. 0900)	0. 5298*** (0. 1023)	0. 4691*** (0. 1387)	0. 5871*** (0. 2310)
	控制组数(不出口)	2617	1748	843	304
	对照组数(新出口)	275	195	115	57
新产品收入	ATT	0. 7055*** (0. 1267)	0. 8424*** (0. 1590)	0. 6714*** (0. 2545)	1. 1141*** (0. 3592)
	控制组数(不出口)	1813	1344	584	217
	对照组数(新出口)	236	170	87	45
专利授权数量	ATT	0. 0467 (0. 0292)	0. 1389*** (0. 0506)	0. 0547 (0. 0631)	0. 1467 (0. 0891)
	控制组数(不出口)	2617	1748	843	304
	对照组数(新出口)	275	195	115	57

    注: *, **, *** 分别代表 10%, 5%, 1% 的显著性水平, 括号内为标准误。此外, ATT 表示计算出的出口平均处理效应。采用的匹配方法为半径匹配法。

7.4   出口对企业成长的影响

7.4.1   数据描述与特征化事实

    我们采用 1998—2008 年中国工业企业数据库, 该数据库由国家统计局建立, 其样本包含所有国有工业企业以及规模以上的非国有工业企业, 这里规模以上是指企业每年的销售额在 500 万元以上(在 2011 年这个标准改为企业每年的销售额在 2000 万元以上)。该数据库主要包含的行业是制造业, 其占到整个数据库的 90% 以上, 故该数据库又称为中国制造业企业数据库。该数据库详细地统计了企业法人单位的基本情况、生产经营及财务状况: 其中法人单位的基本情况包括法人代码、企业名称、法人代表、联系电话、邮政编码、注册类型、所属行业、企业年龄、雇佣人数等指标; 生产经营及财务状况包括流动资产、固定资产、无形资产、产出、销售额、利润、管理费用、广告费、工资总额、出口交货值等指标。全部指标大约 200 个。在清理数据的过程中，我们删除了符合以下任何一项的观测值：（1）企业年龄、雇佣人数、企业销售额、出口交货值、资产总额中任意一项为负值、零或者缺失；（2）企业出口交货值大于企业总销售额。最终，本章共得到 1998—2008 年 2635787 个观测值，其中 699901 个为出口企业的观测值。

7.4.1.1 数据的描述性统计

表 7.10 提供了销售额波动率、从业人数、资产总计、补贴收入、企业年龄等指标的描述性统计，并且分别给出了出口企业和非出口企业相关变量的均值。其中，销售额波动率我们用企业销售额增长率的前向滚动标准差来衡量。

表 7.10 各个变量的描述性统计

变量	均值	标准差	最小值	最大值	出口企业均值	非出口企业均值
销售额波动率	0.369	0.390	0	13.44	0.331	0.386
销售额增长率	0.0867	0.532	−13.23	13.42	0.0846	0.0877
从业人数	4.994	1.179	−2.303	12.15	5.421	4.799
资产总计	10.15	1.498	0	20.15	10.52	9.987
补贴收入	5.619	2.139	0	15.39	5.098	5.998
企业年龄	2.424	0.739	0.693	7.602	2.348	2.459
新产品收入	9.500	2.179	0	18.52	9.782	9.129
利润总额	6.990	2.127	0	18.72	7.368	6.809
全要素生产率	2.662	1.467	−11.62	20.44	2.824	2.591

注：从业人数、资产总计、补贴收入、企业年龄、新产品收入以及利润总额均为取对数后的值。
数据来源：1998—2008 年中国工业企业数据库。

从表中我们可以看到出口企业的销售额波动率比非出口企业的波动率要小，这与我们的常识以及已有文献的结论是相违背的，我们在下文会分析其内部原因。从企业的基本情况出发，我们可以看到出口企业的从业人数、资产总计、利润总额、新产品收入、全要素生产率的均值均高于非出口企业。

7.4.1.2 特征化事实分析

从表 7.10 我们发现出口企业销售额波动率（0.331）比非出口企业的波动率（0.386）反而更低，这与已有文献的结果完全相反。为了探究其内部原因，我们将企业分为三类：从不出口企业(当年不出口并且上一年也不出口的企业)、新出口企业(当年出口但上一年不出口的企业)和持续出口企业(当年出口并且上一年出口的企业)。

表7.11给出了每年三种类型企业的个数,我们可以看出每年从不出口企业个数最多,持续出口企业其次,新出口企业个数最少。

表 7.11　　　　　　　　　　　　　三种类型企业个数

年份	从不出口企业	新出口企业	持续出口企业
1999	103887	4334	26761
2000	102231	4312	27038
2001	93933	3740	28038
2002	107199	5144	33177
2003	110632	5006	37673
2004	102690	9735	39759
2005	151057	13069	56483
2006	169637	8262	62080
2007	193391	7873	62616
2008	184447	40503	64666

数据来源:1998—2008年中国工业企业数据库。

从表7.12中我们可以看到,虽然从不出口企业的销售额波动率均值仍然是最高的,但将出口企业分类后,新出口企业的销售额波动率均值比分类前出口企业销售额波动率均值要高,并且与不出口企业也相差不多。而持续出口企业的销售额波动率均值比分类前出口企业销售额波动率均值要低。描述性统计只是初步分析,要探讨企业出口对其销售额波动率的影响还需要进行进一步的回归分析。

表 7.12　　　　　　　　　　三种类型企业各个变量的均值比较

变量	从不出口企业	新出口企业	持续出口企业
销售额波动率	0.384	0.371	0.323
销售额增长率	0.0916	0.144	0.0732
从业人数	4.792	4.979	5.513
资产总计	9.981	10.28	10.58
补贴收入	6.033	5.485	5.048

变量	从不出口企业	新出口企业	持续出口企业
企业年龄	2.464	2.315	2.355
新产品收入	9.106	8.767	9.972
利润总额	6.796	7.335	7.384
全要素生产率	2.587	2.853	2.822

注：从业人数、资产总计、补贴收入、企业年龄、新产品收入以及利润总额均为取对数后的值。

数据来源：1998—2008 年中国工业企业数据库。

7.4.2　实证分析结果

7.4.2.1　计量模型

我们采用 1998—2008 年中国工业企业数据库的面板数据分析企业出口对其成长(以企业销售额波动率测度)的影响。我们运用固定效应模型，并控制企业其他的经营指标，如企业年龄、从业人数、全要素生产率等，回归方程如下：

$$\text{Vsalesgrowth}_{it} = \beta_0 + \beta_1 \text{Exp}_{it} + \beta_2 X_{it} + \gamma_i + \delta_t + \lambda_j + \varepsilon_{it} \tag{7.4}$$

其中，i，t 分别代表企业和时间。

回归模型中被解释变量为 Vsalesgrowth_{it}，是企业销售额波动率，我们用企业销售额增长率前三年的滚动标准差来衡量。回归模型的解释变量中，Exp_{it} 表示出口的虚拟变量，等于 1 则出口，反之则不出口。X_{it} 是控制变量，包括企业年龄、从业人数、全要素生产率以及资产总额。γ_i 是企业的固定效应，δ_t 是时间的固定效应，λ_j 是行业的固定效应，以此来控制企业、行业和时间不可观测到的因素。ε_{it} 是误差项。系数 β_1 表示企业出口对其销售额波动率的影响，因此我们主要关注 β_1 的符号。同时我们还可以通过控制变量考察企业年龄、从业人数、全要素生产率以及资产总额对企业销售额波动率的影响。

7.4.2.2　回归结果

我们用基本模型分析了企业出口对其销售额波动率的影响，表 7.13 给出了回归结果。表 7.13 中列(1.1)表示出口虚拟变量单独作为解释变量，并加上企业固定效应对销售额波动率的影响；列(1.2)是加入了企业规模等控制变量后的回归结果，包括企业年龄和从业人数；列(1.3)是加入了企业生产率异质性以及企业规模等控制变量后的回归结果；列(1.4)是加入了企业生产率异质性以及企业规模等控制变量，并且控制了时间固定效应、行业固定效应以及企业固定效应的回归结果。

表 7.13 　　　　　　　　　　　出口对企业销售额波动率的影响

因变量	销售额波动率(前三年滚动标准差)			
自变量	(1.1)	(1.2)	(1.3)	(1.4)
出口虚拟变量	−0.0260***	−0.0127***	−0.00810***	−0.0130***
	(0.00160)	(0.00159)	(0.00223)	(0.00222)
企业年龄		−0.0875***	−0.0673***	−0.194***
		(0.00260)	(0.00322)	(0.00641)
从业人数		−0.0704***	−0.0646***	−0.0592***
		(0.00192)	(0.00212)	(0.00210)
全要素生产率			−0.0250***	−0.0250***
			(0.00109)	(0.00109)
常数项	0.0834	0.688***	0.881***	1.125***
	(0.0886)	(0.0844)	(0.0764)	(0.0777)
行业固定效应	Y	Y	Y	Y
企业固定效应	Y	Y	Y	Y
时间固定效应				Y
观测值	1028561	1026705	768285	768285
R^2	0.001	0.015	0.015	0.024

注：括号内的数值是聚类在企业层面的稳健标准差。符号 Y 代表控制了相对应的固定效应。*，** 和 *** 分别代表10%，5%，1%的显著性水平。

从表 7.13 中列(1.1)我们可以看到出口虚拟变量与企业销售额波动率有显著的负相关性，其估计值为−0.0260，显著性水平为1%。这表明企业出口降低了企业销售额波动率，出口企业大约比不出口企业的销售额波动率低 2.60%。从列(1.2)我们可以看到加入了企业规模等控制变量后的回归，出口虚拟变量的系数依然显著，其估计值为−0.0127，显著性水平为1%。并且我们可以发现，企业年龄和从业人数与企业销售额波动率有显著的负相关性，其估计值分别为−0.0875，−0.0704，显著性水平均为1%。这表明随着企业年龄的增大以及企业雇佣人数的增多，企业销售额的增长率也越来越稳定。从列(1.3)和列(1.4)我们可以看到，全要素生产率与企业销售额波动率也有着显著的负相关性，期估计值为−0.0250，显著性水平为1%，这表明企业每增加1%的生产率，企业销售额波动率会减少2.50%。

从控制变量的角度来看，随着企业年龄、雇佣人数以及生产率的增加，企业的销售额增长会更加稳定，这与我们的直觉相符合。但从出口角度出发，出口降低了销售额波动率，这与已有文献以及我们的直觉完全相反。企业出口后会面临更多的外来冲击，如关税、汇率、出口政策的变动等。同时，在出口市场竞争也会更加激烈，所以出口应该会导致企业销售额波动率大幅度增加。为了分析其背后的原因，我们如第二部分一样，将出口企业分为三类：从不出口企业（当年不出口并且上一年也不出口的企业）、新出口企业（当年出口但上一年不出口的企业）和持续出口企业（当年出口并且上一年出口的企业），以此来探讨出口的即期效应和长期效应。

7.4.2.3　出口对企业成长的即期效应和长期效应

我们首先来考察出口对企业成长（以企业销售额波动率测度）的即期效应，即考察新出口企业的销售额波动率是否高于不出口企业。我们将基本模型（7.4）做稍许改动，进行如下回归分析：

$$\text{Vsalesgrowth}_{it} = \beta_0 + \beta_1 \text{Newstarts}_{it} + \beta_2 X_{it} + \gamma_i + \delta_t + \lambda_j + \varepsilon_{it} \tag{7.5}$$

其中，Newstarts_{it} 表示企业 i 在 t 时刻是否为新出口企业，若是，则 $\text{Newstarts}_{it} = 1$；若企业 i 在 t 时刻是从不出口企业，则 $\text{Newstarts}_{it} = 0$。其他的控制变量与固定效应和模型（7.4）一致。下面我们来看回归结果。

从表 7.14 中列（2.1）我们可以看到新出口虚拟变量与企业销售额波动率有显著的正相关性，其估计值为 0.00853，显著性水平为 1%。这表明企业出口增加了企业销售额波动率，新出口企业大约比从不出口企业的销售额波动率高 0.85%。从控制变量角度出发，列（2.2）至列（2.4）显示企业年龄、从业人数以及生产率与企业的销售额波动率呈显著的负相关关系，显著性水平均为 1%。这与表 7.4 的结果相同，即随着企业年龄、从业人数以及生产率的增加，企业的销售额增长会更加稳定。这正是我们预期的结果。企业出口后会面临更多的外来冲击，如关税、汇率、出口政策的变动等。同时，出口企业会面临更多的海外市场竞争，所以出口导致企业销售额波动率增加。

表 7.14　　　　　　　　　　　出口对企业销售额波动率的即期效应

因变量	销售额波动率（前三年滚动标准差）			
自变量	(2.1)	(2.2)	(2.3)	(2.4)
新出口虚拟变量	0.00853***	0.0152***	0.0301***	0.0238***
	(0.00157)	(0.00156)	(0.00232)	(0.00231)
企业年龄		−0.0916***	−0.0687***	−0.194***
		(0.00261)	(0.00326)	(0.00648)
从业人数		−0.0691***	−0.0639***	−0.0587***
		(0.00198)	(0.00219)	(0.00218)

因变量	销售额波动率(前三年滚动标准差)			
自变量	(2.1)	(2.2)	(2.3)	(2.4)
全要素生产率			-0.0248^{***}	-0.0249^{***}
			(0.00112)	(0.00111)
常数项	0.0826	0.694^{***}	0.859^{***}	1.105^{***}
	(0.0864)	(0.0818)	(0.0801)	(0.0818)
行业固定效应	Y	Y	Y	Y
企业固定效应	Y	Y	Y	Y
时间固定效应				Y
观测值	992905	991232	740133	740133
R^2	0.000	0.015	0.014	0.023

注：括号内的数值是聚类在企业层面的稳健标准差。符号 Y 代表控制了相对应的固定效应。*，** 和 *** 分别代表10%，5%，1%的显著性水平。

下面我们来考察出口对企业销售额波动率的长期效应，即考察持续出口企业的销售额波动率与不出口企业的销售额波动率相比，是增加了还是减少了。同样地，我们将基本模型(7.4)做稍许改动，进行如下回归分析：

$$\text{Vsalesgrowth}_{it} = \beta_0 + \beta_1 \text{Consts}_{it} + \beta_2 X_{it} + \gamma_i + \delta_t + \lambda_j + \varepsilon_{it} \tag{7.6}$$

其中，Consts_{it} 表示企业 i 在 t 时刻是否为持续出口企业，若是，则 $\text{Consts}_{it} = 1$；若企业 i 在 t 时刻是不出口企业，则 $\text{Consts}_{it} = 0$。其他的控制变量与固定效应和模型(7.4)一致。回归结果如下：

从表7.15中的列(3.1)我们可以看到持续出口虚拟变量与企业销售额波动率有显著的负相关性，其估计值为-0.0461，显著性水平为1%。这表明企业持续出口可以降低企业销售额波动率，持续出口企业大约比从不出口企业的销售额波动率低4.61%。随着企业出口年份的增加，企业面临的海外市场竞争趋于稳定，同时，出口企业可以通过出口商品来缓冲国内市场的压力。例如，当国内经济形势不好时，国内市场销售额降低，但出口企业可以通过出口来使自己的销售额增多；当国内经济形势大好时，出口企业也可以通过减少出口来控制自己的销售额，这样出口企业的销售额增长会更加平稳。从列(3.2)我们可以看到加入了企业规模等控制变量后的回归结果，持续出口虚拟变量的系数依然显著，其估计值为-0.0315，显著性水平为1%。并且类似于模型(7.4)，我们可以发现，企业年龄和从业人数与企业销售额波动率有显著的负相关性，其估计值分别为-0.0886，-0.0684，显著性水平均为1%。这表明随着企业年龄的增大，从业人数的增多，企业销售额的增长率也越来越稳定。在加入时间固定效应以及企业生产率异质性以后，从列(3.4)我们可以看到，持续出口虚拟变量的系数依然显著，其估计值为-0.0307，显著性水平为1%。这个结果有极强的政策指导意义，企业持续出口可以降低其销售额波动率，即降低了微观不确定性，有利于企业成长。

表 7.15　　　　　　　　　出口对企业销售额波动率的长期效应

因变量	销售额波动率(前三年滚动标准差)			
自变量	(3.1)	(3.2)	(3.3)	(3.4)
持续出口虚拟变量	-0.0461***	-0.0315***	-0.0299***	-0.0307***
	(0.00254)	(0.00253)	(0.00293)	(0.00291)
企业年龄		-0.0886***	-0.0672***	-0.193***
		(0.00261)	(0.00327)	(0.00648)
从业人数		-0.0684***	-0.0631***	-0.0578***
		(0.00198)	(0.00219)	(0.00218)
全要素生产率			-0.0232***	-0.0231***
			(0.00107)	(0.00106)
常数项	0.379***	0.932***	0.919***	1.147***
	(0.000695)	(0.0115)	(0.0139)	(0.0177)
行业固定效应	Y	Y	Y	Y
企业固定效应	Y	Y	Y	Y
时间固定效应				Y
观测值	992905	991232	740133	740133
R^2	0.001	0.015	0.014	0.023

注：括号内的数值是聚类在企业层面的稳健标准差。符号 Y 代表控制了相对应的固定效应。*，** 和 *** 分别代表10%，5%，1%的显著性水平。

7.4.3　稳健性检验

7.4.3.1　因变量构造的稳健性检验

在上一节我们用企业销售额增长率前三年的滚动标准差来衡量企业销售额波动率，在这一部分我们用前四年的滚动标准差来衡量。我们分别用模型(7.4)、模型(7.5)、模型(7.6)做回归，控制企业其他的经营指标，如企业年龄、从业人数以及全要素生产率，同时控制住企业固定效应和时间固定效应。回归结果如下：

表 7.16 中列(4.1)表示出口企业整体对销售额波动率的影响，出口虚拟变量系数的估计值为-0.0127，显著性水平为 1%，这与前文结论一致。列(4.2)表示新出口企业对销售额波动率的影响，即出口对销售额波动率的即期影响。出口虚拟变量系数的估计值为 0.0161，显著性水平为 1%，表明出口导致企业销售额波动率增加。这与前文结论一致，企业出口后会面临更多的外来冲击，如关税、汇率、出口政策的变动等；同时，出口企业会面临更多的海外市场竞争。列(4.3)表示持续出口企业对销售额波动率的影响，即出口对销售额波动率的长期影响。出口虚拟变量系数的估计值为-0.0249，显著性水平为 1%，表明持续出口可以降低企业销售额波动率，出口企业可以通过出口商品来均衡不确定因素对国内市场的冲击。

表 7.16　　　　　出口对销售额波动率的即期效应以及长期效应
（销售额增长前四年滚动标准差作为波动率的衡量）

企业类别	出口企业	新出口企业	持续出口企业
自变量	(4.1)	(4.2)	(4.3)
出口虚拟变量	-0.0127***	0.0161***	-0.0249***
	(0.00196)	(0.00189)	(0.00266)
企业年龄	-0.187***	-0.189***	-0.187***
	(0.00630)	(0.00639)	(0.00638)
从业人数	-0.0487***	-0.0495***	-0.0488***
	(0.00182)	(0.00191)	(0.00191)
全要素生产率	-0.0189***	-0.0192***	-0.0191***
	(0.000884)	(0.000913)	(0.000913)
常数项	1.073***	1.076***	1.077***
	(0.0164)	(0.0169)	(0.0169)
行业固定效应	Y	Y	Y
企业固定效应	Y	Y	Y
时间固定效应	Y	Y	Y
观测值	774901	741464	741464
R^2	0.022	0.022	0.022

注：括号内的数值是聚类在企业层面的稳健标准差。符号 Y 代表控制了相对应的固定效应。*，** 和 *** 分别代表 10%，5%，1%的显著性水平。

7.4.3.2　出口变量构造的稳健性检验

在之前做的回归中，我们都用虚拟变量来刻画出口的状态。这一部分中，我们用出口密度来刻画出口的状态，即用出口交货值与总销售额的比值来刻画出口状态。我们做如下回归：

$$\text{Vsalesgrowth}_{it} = \beta_0 + \beta_1 \text{intexp}_{it} + \beta_2 X_{it} + \gamma_i + \delta_t + \lambda_j + \varepsilon_{it} \tag{7.7}$$

其中，intexp_{it} 表示出口密度，其他标量与模型（7.4）一致。X_{it} 是控制变量，包括企业年龄、从业人数、全要素生产率以及资产总额。γ_i 是企业的固定效应，δ_t 是时间的固定效应，λ_j 是行业的固定效应，以此来控制企业和时间不可观测到的因素。ε_{it} 是误差项。系数 β_1 表示企业出口对企业销售额波动率的影响，因此我们主要关注 β_1 的符号。回归结果如下：

从表7.17中列（5.4）我们可以看出，出口密度与企业销售额波动率有显著的负相关性，其估计值为-0.0125，显著性水平为1%，表明出口密度增加1%的情况下，企业销售额下降1.25%。由于出口变量是出口密度，我们无法区分出口对企业销售额波动率的即期效应和长期效应，但总体上来看，与前面结果一致，即随着出口密度的增加，企业销售额增长越来越稳定。

表7.17　　　　　　　　　　　　出口密度与销售额波动率的关系

因变量	销售额波动率（前三年滚动标准差）			
自变量	（5.1）	（5.2）	（5.3）	（5.4）
出口密度	-0.0214***	-0.0153***	-0.0120***	-0.0125***
	(0.00292)	(0.00288)	(0.00342)	(0.00340)
企业年龄		-0.0567***	-0.0383***	-0.184***
		(0.00264)	(0.00318)	(0.00627)
从业人数		-0.0626***	-0.0628***	-0.0569***
		(0.00163)	(0.00198)	(0.00197)
全要素生产率			-0.0234***	-0.0234***
			(0.00101)	(0.00100)
常数项	0.392***	0.842***	0.859***	1.117***
	(0.000523)	(0.0101)	(0.0134)	(0.0169)
时间固定效应				Y
行业固定效应	Y	Y	Y	Y
企业固定效应	Y	Y	Y	Y
观测值	1010680	1010057	770571	770571
R^2	0.000	0.014	0.015	0.023

注：括号内的数值是聚类在企业层面的稳健标准差。符号 Y 代表控制了相对应的固定效应。*，** 和 *** 分别代表10%，5%，1%的显著性水平。

7.5 研究总结

本章研究的第一个内容是出口对企业创新能力的影响。国内外许多文献证明了出口企业比非出口企业的创新水平要高，这些经验研究的结果经常被发展中国家的政府作为促进企业出口的依据。但是对于出口是否可以促进企业创新这一问题没有得到很好的解答。出口行为与企业创新水平存在正相关关系，也可能是因为企业本身具有较高的创新水平才会选择进入出口市场，即出口的"自我选择效应"。但我们希望检验出口能否促进企业创新，即是否存在"出口中学效应"，如果存在这种效应，那么出口企业通过学习国外先进技术与管理经验，从而使企业的创新能力得以提高。

为了控制出口的"自我选择效应"，我们运用倾向得分匹配的计量方法，构建一个对照组，使得对照组中的企业尽可能与新出口的企业在出口前的状态相似。同时，为了全面分析出口对创新的影响，我们将创新分为创新投入和创新产出两个方面：创新投入由研发部门支出和研发部门人员投入来衡量，创新产出由新产品收入和专利授权数量来衡量。研究发现，从平均水平来看，在制造业和服务业中出口行为均显著地促进了创新投入与创新产出。但由于即使在相同的大行业中，不同的细分行业情况也会不同。于是我们从制造业以及服务业中分别选出三个细分行业进行分析。在制造业中，我们选取了监控设备制造、电子元件制造以及测量设备制造；在服务业中，我们选取了电脑服务、应用软件服务、职业技术服务。我们发现在电脑服务业中，出口行为对创新水平的提升不显著。随后，我们又考察了出口的即期效应与持续效应。我们发现，出口对创新投入的提升会逐步增强，然后随着时间的推移而减弱，而对创新产出的影响可能存在周期性。但因为样本年份的限制，我们无法求证这一预测。

这里的实证分析还可以进一步扩展。例如为了进一步考察"出口中学效应"，我们可以搜集各个企业出口目的地的信息。如果出口企业通过学习国外消费者和生产者的先进科学技术提高自身的创新水平，那么出口到越发达的地区出口对创新的提升应该越大。但如果只存在出口的"自我选择效应"，那么出口目的地对企业创新水平的影响应该不显著。

本章研究的第二个内容是出口对企业成长的微观不确定性的影响。我们采用1998—2008年中国工业企业数据库，用企业销售额波动率来刻画微观不确定性。我们将企业分为三类：从不出口企业、新出口企业和持续出口企业，全面考察出口对企业销售额波动率的即期影响和长期影响。首先，研究发现，从即期效应来看，企业出口与企业销售额波动率有一个显著的正相关关系，新出口企业的销售额波动率比从不出口企业的销售额波动率要高。这是因为企业出口后会面临更多的外来冲击，如关税、汇率、出口政策的变动等；同时，出口企业会面临更多的海外市场竞争。其次，从长期效应来看，企业出口与企业销售额波动率有一个显著的负相关关系，持续出口企业的销售额波动率比从不出口企业销售额波动率要低。这是因为随着企业出口年份的增加，企业面临的海外市场竞争趋于稳定，同时，出口企业可以通过出口商品来缓冲国内市场的压力。例如，当国内经济形势不好时，国内市场销售额降低，但出口企业可以通过出口来使自己的销售额增多；当国内经济形势大好时，出口企业也可以通过减少出口来控制自己的销售额，这样出口企业的销售额增长会更加平稳。再次，从控制变量角度出发，企业年龄越大，全要素生产率越高，从业人数越多，企业的销售额波动率就越小。最后，从出口密度角度出发，随着出口密度的增加，企业销售额增长越来越稳定。

这些实证分析也可以进一步扩展。例如为了进一步考察出口对企业销售额波动率的持续效应，我们可以把新出口企业出口后，每年的销售额波动率与非出口企业做比较。如果企业持续出口可以减少销售额波动率，那么随着企业出口的年份增加，出口的持续效应就会更加显著。此外，还可以进一步将出口企业分为加工贸易和一般贸易，这两种贸易方式受国外市场宏观行情波动的影响存在区别，即出口对其销售额增长率波动的影响和传导机制会有所不同。

第四编
贸易开放与收入差距

第8章 贸易、技术进步与工资差距：
基于中国省级面板数据的分析

8.1 引言

2001 年加入世界贸易组织标志着我国正式实施贸易改革"走出去"战略，作为迈入 21 世纪以来对外开放的重要载体，我国对外贸易的整体规模正随着经济水平的发展和体制改革的不断深入而快速扩大。根据我国海关的统计数据，我国的进出口贸易总额在 2014 年度达到了 43030.4 亿美元，较 2000 年的 4742.9 亿美元增长超过 8 倍，而较之于改革开放伊始 1978 年的 206.4 亿美元增长超过 207 倍。对外贸易规模的迅猛扩大使得我国经济对世界经济的影响力稳固上升，在全球主要贸易国当中，我国的地位日益突出。而随着"一带一路"倡议的提出，我国的贸易发展必将上升到一个新的台阶。

贸易自由化程度的提高与对外贸易规模的扩大促进了我国科学技术水平的发展，推动了我国经济的高速发展以及社会福利的提升，既增加了国民的就业机会，又提高了整体收入水平。不仅如此，对外贸易还加速了我国经济产业结构的转型。然而，伴随贸易规模的扩大，也出现了一些显而易见的问题，例如，过高的国际贸易依存度加剧了我国经济中的固有矛盾，对不同地区、行业、城乡之间的收入不平等问题造成了深远影响。受经济全球化的影响，与外部市场接轨程度高的行业其工资水平趋近于西方市场，反之则增长较慢，这便拉大了行业间工资差距。2008 年，我国畜牧业职工平均工资为 10803 元，而证券业就业人员平均工资为 172123 元，两者差距达到了 14.93 倍。地区间的工资差距问题也非常明显，改革开放以后相当长一段时间，我国地区间收入差距不断扩大，东部地区工资水平远高于中西部地区。根据数据估算，1995 年我国工资最高省份的平均工资与最低省份的差距是 1.7 倍，相差 5145 元。到 2008 年，地区工资差距为 1.69 倍，相差 35565 元。随着产业结构调整和促进中部地区崛起、西部大开发战略的实施，地区间工资差距呈缩小趋势，2012 年工资最高地区与最低地区平均工资差距下降到 1.26 倍。

自 2000 年以来我国的贸易总额、进口、出口依存度稳步提高，在 2008 年达到最高值，其后在金融危机的冲击下开始出现下滑，但仍显著高于国际水平。在新的历史时期，有必要审视我国在全球一体化经济体系中的分工地位，以及伴随外贸规模的扩大和贸易条件的恶化所带来的问题。自改革开放以来的很长一段时间里，我国在全球产业链中都处于利润较低的劳动密集型环节，而随着整体贸易水平以及国际形势的改变，传统的成本优势减弱正迫使我国对传统产业结构进行优化调整，由劳动、资源密集型转向技术密集型。此外，我国在高新技术研发方面的投入逐年上升。一方面，技术进步带来了劳动生产效率的提高；另一方面，技术进步也对收入分配的现状产生了一定影响，以工资差距为代表的收入不平等问题日益凸显。

贸易、技术进步与工资差距的关系一直是国内外学者们研究的重点，但贸易和技术进步是否都会扩大工资差距，学者们并没有得出一致的结论。事实上，虽然我国的工资差距一直大于世界平均水平，但是近几年，无论是以熟练劳动力与非熟练劳动力工资水平之比表示的技能溢价，还是不同地区间的工资差距都有缩小的趋势。而与此同时，我们也观测到，虽然我国的贸易总额持续增长，但贸易依存度也有下降趋势。这种现象是否正好说明了贸易及其所带来的技术进步与工资差距是正相关的呢？贸易与技术进步对技能溢价和地区间工资差距到底起着怎样的作用呢？这是本章研究的主题。

本章梳理了既有的文献和经典理论模型，总结了贸易和技术进步对高、低技能工人工资差距的作用机制。在考虑贸易这一因素时，我们主要采用进出口总额、进口额和出口额作为指标。而工资差距是指劳动者工资性收入的差距，主要用熟练劳动力（也称高技能工人）与非熟练劳动力（也称低技能工人）的平均工资之比来衡量。由于这个比值体现了技能劳动力的超额收入，所以也称作技能溢价。在后面的分析中我们将"技能溢价"视同为高、低技能工人工资差距。目前，我国工资差距的表现主要体现在行业间、地区间和企业间三个层面，出于数据的可获得性，我们主要研究了地区间的工资差距情况，并通过地区内行业间的工资差距来研究技能溢价。

本章采用2003—2013年我国省级面板数据，以考察加入世界贸易组织对于贸易、技术进步和收入差距的短期效应；在实证分析中分别从全国整体层面和东部、中部、西部三个区域层面研究了贸易和技术进步对技能溢价的作用；最后，进一步将地区间的工资差距作为被解释变量，探讨贸易和技术进步对地区间工资不平等的影响。实证分析的结果表明：其一，贸易对高技能劳动的工资差距在不同区域有不同的影响，贸易提高了全国范围和中西部的技能溢价，而对东部地区内部的工资差距有缩小作用。对于地区间工资不平等的现象，贸易能够起到缩小和缓解的作用。其二，以研发投入表示的技术进步与我国高低技能工人的工资差距呈"U"形关系。对地区间工资不平等而言，技术进步有缩小工资差距的作用。

8.2 相关文献与理论综述

从 20 世纪七八十年代开始，以美国和英国为代表的大部分工业国家出现了工资差距持续扩大的现象。与此同时，一些发展中国家，如墨西哥、阿根廷等的工资结构也发生重大变化，收入分配不平等的现象日益加剧。世界性范围的工资差距扩大引起了经济学家们的广泛关注，他们试图找出工资差距形成的本质原因。纵观国内外的相关研究文献，国际贸易和技术进步是最受学者探讨和争论的两个原因。有的学者认为贸易是引起工资差距扩大的主要因素，有的则认为技术进步是主因，还有部分学者将贸易和技术进步纳入统一框架中研究它们的共同作用。

8.2.1 关于贸易与工资差距：各国经验与理论

最早从开放的角度来研究收入分配问题的是斯托尔帕和萨缪尔森，他们两人在《保护主义与实际工资》一文中首次提出关于关税影响生产要素价格的斯托尔珀-萨缪尔森定理（简称 S-S 定理），为日后经济学家们研究贸易对收入分配的影响奠定了理论基础。S-S 定理认为由于要素禀赋的差异，贸易对发达国家和发展中国家收入分配的影响不同，贸易对发达国家内部熟练劳动力与非熟练劳动力的工资差距有扩大的效果，另一方面却缩小了发展中国家工资差距。大部分文献证实了贸易对发达国家工资差距的扩大作用，但对发展中国家收入分配的作用却有悖于 S-S 理论。

8.2.1.1 贸易与发达国家的工资差距

关于贸易对发达国家工资差距的影响，大多数学者证实了对外贸易，特别是与发展中国家的贸易扩大了工资差距，也有少数研究认为贸易对工资差距无影响。

支持贸易扩大了发达国家工资差距的代表人物是 Leamer。Leamer(1996，2000)通过理论模型和实证分析的研究发现，与发展中国家的贸易减少了美国和英国等发达国家对非熟练劳动力的需求，使得这部分人失业增加、工资绝对和相对水平降低，从而扩大工资差距。他还发现，在 20 世纪 80 年代美国非熟练劳动力工资下降的原因中，贸易的影响作用大约占到了 40%，而技术的作用很小。Wood(1995，1998)也证实了 Leamer 的结论，他运用要素含量法，通过计算发达国家进出口商品中非熟练劳动力的要素含量，发现进出口份额的增加导致发达国家非熟练劳动力的需求降低了 22%。Beaulieu 等(2004)建立了一个修正的 HOS 模型，研究发现技能密集型部门关税的减少会扩大发达国家和发展中国家的工资差距。

然而也有一些学者发现，贸易对发达国家工资差距的影响不大或者没有影响，他们更看重技术进步的作用。Lawrence 和 Slaughter（1993）利用美国 20 世纪 80 年代的数据研究发现，贸易并不是导致其相对工资差距扩大的主要原因，反而更可能是技术进步导致了高低技能工人之间工资差距的扩大。Baldwin 和 Cain（2000）对美国的工资差距进行了分阶段研究。他们发现，1979—1996 年进出口贸易额的增长只能解释其工资差距扩大的 9%；而技术进步才是导致 20 世纪七八十年代美国工资差距扩大的主要原因。Krugman（2000）也认为贸易对发达国家工资差距的影响很小。因为美国从发展中国家的进口额只占从欧盟国家进口额的 2%，而与此同时工资差距上升了 30%。他发现要素偏向型的技术进步才是影响工资差距的重要原因，只有技术进步是偏向技能密集型时，才能导致一国工资差距的扩大。

8.2.1.2　贸易与发展中国家的工资差距

关于贸易对发展中国家高低技能工人工资差距的影响，学者们并没有得到一致的结论。国外方面，Robbins（1996）对多个发展中国家工资差距与贸易的关系进行的研究表明，在贸易开放后，哥斯达黎加、哥伦比亚、墨西哥、智利、马来西亚和乌拉圭这六个国家低技能工人的相对工资大幅下降，工资差距呈现扩大趋势。Beyer，Rojas 和 Vergara（1999）以及 Galiani 和 Sanguinetti（2003）分别对智利和阿根廷的高低技能工人工资进行了研究，发现工资差距与贸易的开放程度正相关。Goldberg 和 Pavicnik（2007）对 20 世纪八九十年代墨西哥、印度、阿根廷等发展中国家的收入不平等情况进行了实证分析，结果表明贸易的自由化对这些发展中国家低技能工人的就业和工资水平有负面效应。这些研究的结论与 S-S 定理的推测并不符合，发展中国家的工资差距呈扩大趋势，而非定理推论的缩小了工资差距。

国内方面，对国际贸易与工资差距关系的研究以实证研究为主。何璋和覃东海（2003）采用了 1999—2001 年各省份的工资和外贸截面数据，发现以外贸依存度表示的贸易自由化程度与收入分配差距之间存在着凹形关系：贸易自由化程度低时，贸易有助于缩小收入分配差距；而贸易自由化达到一定程度后会扩大收入差距。戴枫（2005）则采用了从改革开放开始 20 多年的时间序列数据，对贸易与收入不平等的关系进行了 Granger 因果检验。结果发现，以基尼系数测度的中国收入差距和以外贸依存度表示的开放程度之间存在着协整关系：滞后期取 1 时，外贸依存度是基尼系数的 Granger 原因。陈怡（2009）的研究则侧重于行业间的收入分配不均，她将制造业 27 个细分行业归类为资本密集型和技术密集型行业，利用 1998—2006 年的面板数据进行实证分析，发现进口促进资本密集型行业相对工资差距的扩大，缩小劳动密集型行业的工资差距；而出口对资本和劳动密集型行业的相对工资均有促进作用，且前者大于后者。也有部分学者认为贸易缩小了中国工资差距或对工资差距没有影响。翟银燕和孙卫（2004）采用中国 1997—2001 的数据分析了贸易、技术进步对收入分配的影响，发现虽然贸易在一定程度上加剧了收入不平等，但技术进步才是主因。胡超(2008)通过研究中国 1985—2005 的对外贸易数据，得出了与何璋和覃东海相反的结论，他发现，对外贸易先扩大后缩小了收入不平等。

8.2.1.3 新古典贸易理论：产业间贸易与工资差距

新古典贸易理论产生于 20 世纪二三十年代，是最早的系统性研究对外贸易收入分配效应的理论。这一理论从国家间要素禀赋差异的角度出发，在大卫·李嘉图的比较优势理论的基础上，引入要素的供给、需求等因素，探讨了贸易对不同要素价格的影响，为研究贸易与工资差距的关系奠定了理论基础。

新古典贸易理论中最具有代表性的两个理论分别是：瑞典经济学家赫克歇尔和他的学生俄林提出的赫克歇尔-俄林理论(简称 H-O 理论)和 S-S 定理。

H-O 理论，又称作要素禀赋理论。该理论认为在对外贸易中，各国的相对要素禀赋是其具有比较优势的基础，也就是说，一国将出口密集使用其丰裕要素生产的商品，进口密集使用其稀缺要素生产的商品。在 H-O 理论的研究基础上，S-S 定理将商品价格与要素价格直接联系在一起，认为贸易会通过影响商品的相对价格改变该商品密集使用的生产要素的供需情况，从而改变该要素的价格。所以 S-S 定理得出如下结论：通过对外贸易，一国丰裕的要素价格会上升，而稀缺要素的价格下降。因此，如果贸易发生在发达国家(资本相对丰裕)和发展中国家(劳动相对丰裕)之间，那么发达国家资本密集型部门工人(也就是高技能工人或熟练劳动力)的工资水平上升，而劳动密集型部门的工人(也就是低技能工人或非熟练劳动力)的工资水平下降；而发展中国家的劳动密集型部门工人的工资水平上升，资本密集型部门工人的工资水平下降。所以不同要素禀赋国家间的不同商品的进出口(产业间贸易)会拉大发达国家的工资差距，缩小发展中国家的工资差距。

然而，由 S-S 定理所推出的上述结论，与我国的现实并不相符。这是因为 S-S 定理所构建的贸易对工资差距的价格传递模型建立在许多严苛的假设之上，例如，两国、两要素、两产品模型，市场完全竞争，要素在国际上不会自由流动，规模收益不变等。这些假定使得商品价格的变化无法完全传递到要素市场，从而限制了 S-S 定理的解释能力。

8.2.1.4 新贸易理论：产业内贸易与工资差距

20 世纪 70 年代，随着全球贸易的不断发展，新的贸易形式——产业内贸易开始兴起，并迅速成为主流。在新的贸易模式下，古典贸易理论已不能解释发达国家既进口又出口相同产品的现象。此外，比较优势开始在不同国家间转移也让古典贸易失去了理论基础。于是以 Krugman 为代表的"新贸易理论"应运而生，该贸易理论突破了新古典贸易理论市场完全竞争和规模收益不变的假定，在商品市场不完全竞争和规模收益递增的前提下，探讨了产业内贸易对收入分配问题的影响。

传统的古典贸易模型强调商品价格机制对要素价格的影响，而新贸易理论引入了技术进步的机制。克鲁格曼(1979)认为由于规模经济的存在，各国的企业会分工生产其具有规模效应的商品以节省成本，从而要素禀赋相同的国家(同为发达或发展中国家)也会发生贸易(产业内贸易)。Dinopoulou，Syropoulos 和 Xu(1999)在垄断竞争的模型下，引入高技能工人和低技能工人两种生产要素，在产出-技能互补效应①的假定下，发现了产业内贸易通过扩张市场规模提高了企业的产出水平，从而提高全要素生产率和对高技能劳动的需求，带来不同技能工人收入水平差异扩大的现象。所以在新贸易理论的假定下，发达国家活跃的产业内贸易是工资差距拉大的原因之一，但是考虑到发展中国家最终产品的产业内贸易发展并不活跃，新贸易理论对其工资差距的现象缺乏解释力。

8.2.1.5 新新贸易理论：外包与工资差距

随着全球贸易的迅速发展，出现了一种新的贸易形式——外包②。外包是经济一体化和国际分工深化的产物，它的实质是中间产品贸易，即将同一种产品的生产在世界范围内进行分工。新新贸易理论中研究外包对工资差距影响的代表理论是 Feenstra 和 Hanson 建立的外包模型。

Feenstra 和 Hanson(1996)构建了一个基于 DFS 模型③的理论框架来研究中间产品贸易对高低技能工人工资差距的影响，模型推导了发包国(发达国家)的企业应对承包国(发展中国家)进口竞争的策略及这种策略对工资的影响。该模型假设市场完全竞争，生产投入要素包括高技能工人、低技能工人和资本三种，生产品为中间产品而非最终产品，所有的中间品按照其技能密集度来排序，它们经过组装后才成为最终产品。模型研究表明：发达国家的企业会采取将低技能密集型或劳动密集型的生产过程外包给发展中国家的策略以节省成本，从国外进口较低价格的中间产品会减少发达国家企业对低技能工人的需求，增大对高技能工人的需求，导致高技能工人工资水平上升，拉大工资差距。而对发展中国家来说，其承包的中间品是本国相对高技能密集型的，与本国的高技能工人互补，因此也拉大了高低技能工人的工资差距。所以，外包这种形式的中间产品贸易会同时拉大发达国家和不发达国家内部高低技能工人的工资差距。

8.2.1.6 新新贸易理论：企业异质性与工资差距

新古典和新贸易理论都是从宏观的层面探讨贸易对收入分配的影响，而 Melitz(2003)

---

① 产出-技能互补效应是指技术进步能够提高产出，说明生产具有规模效应。

② 外包通常表现为发包国(通常为发达国家)将某种最终产品生产过程中的某个环节交给承包国(通常为发展中国家)，利用承包国的劳动力和资源进行生产。

③ DFS 模型即 Dornbusch，Fischer 和 Samuelson(1980)所构建的连续 H-O 模型。

最早从微观角度研究新贸易理论，它将贸易理论的研究建立在了企业异质性的基础上，解释了企业的国际化路径选择。异质企业贸易理论认为，贸易的自由化会通过筛选提高厂商的生存门槛，生产率较低的厂商不会生产而退出市场，生产率高的厂商生产商品并出口，进一步扩大生产规模提高生产率。这种筛选作用使生产资源流向高效企业，从而使行业的结构得到优化，提高行业的整体工资水平。虽然异质企业贸易理论并没有直接地分析国际贸易与收入差距的关系，但是它为分析企业间工人的收入差异提供了新的思路，为从微观层面考虑贸易对工资差距的影响奠定了基础。

Helpman 等（2010）在 Melitz 的模型中引入了劳动力市场上存在的 Diamond-Mortensen-Pissaride 式搜索-匹配摩擦，来分析贸易对异质性企业间工资差距的影响。由于搜索-匹配摩擦的存在，企业的搜寻成本、企业筛选劳动力的机制、劳动力与企业之间谈判能力的高低等因素都将影响到被企业雇佣的工人的工资水平。研究发现大规模、高生产率企业往往付出更高的搜索成本、设置更完善的筛选机制，以获得生产能力高的工人（高技能工人），并支付相对更高的薪水；而小规模、低生产率的企业为了节约搜寻的成本，设置的筛选门槛较低，雇佣的工人的生产效率也往往较低（低技能工人），因此愿意提供的薪水相对较低。贸易开放后，出口导致企业销售量的增加会带来企业产出和利润的增加，因此，一方面，大规模、高生产率企业会进一步提高雇佣的门槛，而低生产率的边缘企业搜寻工人的努力减弱，产出减小，导致不同规模企业间的工资差距加大。另一方面，随着贸易带来的大规模、高生产率企业市场份额的扩张，它们将设置更严格的筛选机制和门槛，导致失业率上升，这将进一步加剧企业间工资的不平等。

8.2.2　关于技术进步与工资差距：各国经验与影响机制

除了不同形式的对外贸易，技术进步也是影响工资差距的一个重要因素。20 世纪 70 年代起，IT 的兴起、电脑的普及和信息技术的高速发展给整个世界，特别是美国等发达国家带来了大量技术进步。与此同时，经济学家们也发现在过去的三十多年，美国的高技能劳动的供给越来越多，工资越来越高。事实上，如果保持高低技能相对需求不变，高技能工人的大量供给会降低技能溢价，导致工资差距减小，但是我们观测到工资差距反而扩大了。因此国外学者普遍认为技术进步会通过影响高低技能工人的相对需求来影响工资差距。

8.2.2.1　各国经验

尽管许多学者进行了实证分析，但是国内外关于技术进步对工资差距的作用效果并没有得出一致结论。国外方面，Steven（2001）采用美国人口调查数据直接证明了 R&D 投入越多和资本劳动比越大的行业，以教育水平表示的高低技能工人的工资差距越大。然而，

Card 和 Dinardo(2002)则认为技术进步并不是 20 世纪 80 年代美国工资不平等现象加剧的主要原因，最低工资的实际价值下降才是决定因素。

国内方面，Zou 等(2009)采用中国 1987—2006 年的省级面板数据，将技能溢价作为工资差距的解释变量进行了实证研究，发现熟练劳动的相对供给增加会增加技能溢价，较发达的省份技能溢价较高，对外贸易及 FDI 都会使技能溢价上升。宋东林、王林辉、董直庆(2010)利用中国 1978—2007 年的数据检验了中国技能偏向型技术进步的存在性，同时研究了这种技术进步对技能溢价的影响。实证结果表明，中国生产率的提高和技术的进步引致高技能劳动的需求增长，从而改变了劳动力市场的收入结构，导致了技能溢价。徐舒(2010)从一般均衡模型入手来研究技能偏向型技术进步、技能劳动力相对供给以及教育对收入不平等的影响。研究表明技能偏向型的技术进步提高了教育的边际收益率，增加了高技能工人的供给比例和相对收入。此外，作者还用 1991—1993 年及 2004—2006 年两个阶段的数据进行了检验，实证结果与模型推导结果一致。

从过往的研究中我们发现，技术进步对工资差距的作用机理主要分为两类：一是将技术进步视为外生的，认为它来自非逐利的科学创造；另一种是将技术进步视为内生的，认为它是企业逐利过程中的产品研究所创造的。

8.2.2.2 外生技术进步与工资差距

外生技术进步影响工资差距的内在逻辑是：与低技能劳动相比，高技能劳动在与新技术的互补程度上有比较优势，较高的互补性增加了对高技能劳动的相对需求，从而提高技能溢价。

(1)资本—技能互补机制

Katz 和 Murphy(1992)以及 Katz 和 Autor(1999)在研究发达国家的技术进步作用机制时发现技术进步具有技能偏向性。而 Berman 和 Machin (1994)也证明了发展中国家技能偏向性技术进步的存在。Aghion 和 Howitt(1992)最早从外生性技术进步的角度研究技术进步与工资差距的关系。他们认为技术水平的提高会带来更先进的生产工具。而先进生产工具的生产与高技能工人互补性更高，从而对高技能工人有利。

资本—技能互补机制强调生产的全过程中设备资本与高技能工人的互补作用。Krusell等人(2000)最早提出这一机制，他们建立了一个包含结构资本、设备资本、高技能工人和低技能工人四种投入品的不变替代弹性(CES)生产函数模型：在完全竞争的假设下企业寻求利润的最大化。根据模型推出技能溢价与高低技能工人的相对生产率之比正相关、与高低技能工人的相对供给负相关。由于高技能工人与设备资本的互补程度远高于低技能工人，因此当生产过程中资本存量增加时，高技能工人的工资上升得更快。资本—技能互补机制的作用原理是：外生的技术进步→生产率提高→设备资本价格下降→设备使用增加

→ 技能溢价。

（2）Nelson-Phelps 机制

Nelson-Phelps（1996）提出了一个强调在外生的新技术引入初期而非整个生产过程中，高低技能工人适应新技术能力的差异性机制。他们认为在新的技术引入时，相对于低技能工人，高技能工人能够更快速、更低成本地掌握新技术以及更容易适应新技术带来的环境变化。对于外生的新技术，如信息技术的进步等，对企业来说，高技能工人相较于低技能工人的学习成本更低。假设在没有外生技术进步时，企业的所有部门均采用旧技术进行生产，发生技术进步后，高技能工人能以较低的成本迅速采用新技术进行生产，其生产效率更高，而高技能工人比较丰裕的部门生产率的提高将带动部门工资的提高，导致技能溢价扩大。但这种技能溢价是暂时的，随着掌握新技术的工人越来越多，技能溢价会降低，甚至会随着新技术的普及和旧技术的消失而消失。

8.2.2.3 内生技术进步与工资差距

内生技术进步也可以看作是有导向的技术进步，即技术进步的方向是由企业研发投入的方向决定，而研发资金的投入方向是企业利润最大化原则决定的。He 和 Liu（2008）从技术进步的内生性角度构建了一个统一的框架，发现在均衡条件下技能的积累和工资不平等是由投资偏向的技术进步导致的。有偏向的技术进步对不同技能工人工资差距有如下两种作用。

（1）价格效应

假设企业生产两种产品：技能密集型产品和劳动密集型产品，分别由高技能工人采用高技术设备进行生产和低技能工人采用低技术设备进行生产。由于高低技术设备的相对利润率会随着两种产品相对价格的改变而改变，因此对价格更高的产品所使用的技术设备进行改造和创新将对企业的利润有更大贡献。如果一国是技能劳动丰裕型，当高技能工人的相对供给增大，低技能工人的相对供给减少时，低技能工人供给的稀缺将导致劳动密集型产品价格上升，从而导致技术进步发生在该国的要素稀缺部门，即劳动密集型部门，也就是说这种技术进步是劳动偏向型的。

（2）市场规模效应

对于企业来说，研发产生的新技术如果有更大的市场规模，即能被更多的劳动力所使用，将会带来更大的利润。一项新技术的市场规模大小是由使用该技术的工人决定的，所以根据市场规模效应，有导向的技术进步发生在要素丰裕部门。

根据上面的分析，要素相对需求的增加既有价格效应，又有市场规模效应，技术进步的方向取决于两种效应的综合作用。如果高技能工人与低技能工人相互替代，市场规模效应将占主导地位。

8.2.3 关于贸易、技术进步与工资差距：理论与实证

经济学家们发现，随着全球化的发展，国际贸易和技能偏向型的技术进步一般不会单独发生，所以他们开始将贸易和技术进步放在一个统一的框架中，来研究它们对工资差距的共同作用。

理论方面，Pissarides(1997)构建了一个一般均衡模型，来研究贸易和技术进步与工资差距的关系，发现对发展中国家来说，与发达国家的贸易通过获得技术溢出增加了对高技能工人的相对需求。Acemoglu(1998，2003)为了研究贸易、技术进步两者对工资差距的影响，构建了一个内生的技术进步理论模型。模型结果表明，在开放的条件下，贸易会引致技能偏向型的技术进步，使技术创新偏向高技能劳动的方向。在没有知识产权保护的情况下，这种有偏向的技术创新会随着技术的自由溢出转移到发展中国家，导致发展中国家技能溢价提高。

不同于 Pissarides 和 Acemoglu 的完全竞争假定，Yeaple(2005)从垄断竞争和企业异质性的角度构建模型，他认为所有的企业都面临着四种选择：①是否生产；②技术的选择；③是否出口；④雇佣何种类型的工人。这四种选择的交互作用导致企业具有异质性，进行出口贸易的企业通常规模更大，技术水平较高，支付给员工的工资更高，生产效率也更高。此外，贸易开放程度的增加会促使企业进行技术转换，增加对高技能工人的相对需求，最终提高技能溢价。

殷德生、唐海燕(2006)建立了一个包含技术进步与产业内贸易的统一理论框架，通过将中间产品贸易与研发部门结合来分析工资不均衡的原因。他们分别用产品种类数目的增加和产品质量的提升来表示发展中国家和发达国家的技能偏向型技术进步。研究表明，贸易开放带来了技能偏向型技术进步，同时扩大了发达国家和发展中国家的工资差距。潘士远(2007)构建了一个理论模型来研究自由贸易如何通过有偏的学习效应来影响发展中国家熟练劳动与非熟练劳动的工资差距。他认为学习效应是有方向的，自由贸易使得发展中国家学习到更多与熟练劳动相匹配的技术知识，从而提高了生产这种知识的生产力水平，进而导致对熟练劳动需求的增加，并扩大工资差距。

国内从实证的角度将技术进步与工资差距结合起来研究的文献不多，且大部分是采用行业的数据，利用区域面板数据和企业层面微观数据的研究则更少。喻美辞(2008)运用制造业 27 个细分行业 2000—2005 年的数据研究了进出口贸易、技术与行业间工资差距的关系。实证结果显示从总体上来看，贸易导致高低技能工人工资差距扩大，而技术进步对工资差距的作用不明显；若将制造业行业细分为技术、资本、劳动密集型三种类型，进口将导致技术密集型行业工资差距扩大，出口导致劳动和资本密集型行业工资差距缩小；技术进步会缩小资本密集型行业工资差距，扩大技术密集型行业工资差距。王苍峰、司传宁

(2011)先从理论的角度研究了外贸外资与技术进步对熟练劳动与非熟练劳动工资差距的影响。然后利用2004年和2008年经济普查年鉴中100多个制造业中类行业面板数据进行了实证分析。实证结果显示，发生在中国制造业的技术进步是偏向于熟练劳动的，进口缩小了制造业整体层面的技能溢价，而低技术行业的出口则增大了技能溢价。

8.2.4 关于贸易引致的技术进步与工资差距：影响机制

前面的讨论中，我们独立地看待贸易和技术进步对技能溢价的作用。事实上，两者之间有着千丝万缕的联系，如Driffield和Taylor(2002)发现贸易本身会引致技术进步。也就是说，技术进步可以看作贸易影响工资差距的传导机制①之一。下面我们着重研究贸易引致的技术进步对工资差距的影响机制。

8.2.4.1 贸易的技术溢出效应与工资差距

贸易对技术进步的一个重要作用是能带来技术溢出，特别是对发展中国家来说，从发达国家进口先进的机器设备使发展中国家接触到更多的先进技术，通过模仿与学习，发展中国家生产和创造新技术的能力将提升。先进技术的生产主要依靠高技能劳动，所以这种技术溢出能增加对高技能工人的需求，带来其相对工资水平的上涨，拉大发展中国家的工资差距。贸易自由化带来的技术溢出效应改变了发展中国家劳动力市场上的需求结构，影响了技能溢价。不仅如此，知识的学习也是有偏的，贸易自由化带来的技术知识与高技能工人更加匹配，高技能工人通过学习能相对快速地掌握技术知识，这种有偏的学习效应使技术进步更加偏向高技能工人，从而提高技能溢价(潘士远，2007)。

8.2.4.2 贸易的技术创新效应与工资差距

贸易对技术进步的另一种作用是能促进一国技术的创新，而这种技术创新所带来的有偏向的技术进步有利于高技能工人相对生产率和工资水平的提高，从而拉大工资差距。贸易带来技能偏向型技术创新主要有竞争效应和防御效应两种机制。

(1)竞争效应(自主创新效应)。随着经济的一体化以及贸易的全球化，出口企业面临着更激烈的竞争，为了防止在竞争中被淘汰，企业会加大创新和研发的投入，提高自身的生产率，改善产品质量。一方面，R&D投入的增多及其带来的技术进步会通过增大对高技能工人的相对需求提高技能溢价；另一方面，在竞争中留存下的企业生产效率较高，需要雇佣更多的高技能工人，进一步增大高技能工人的相对需求，从而提高技能

---

① 冯晓华(2010)将贸易对工资差距的传导机制总结为四种：一是商品价格；二是技术进步；三是微观主体行为，包括企业行为和个人的需求偏好；四是其他机制，包括收入分配政策、教育以及劳动需求弹性等。

溢价。

（2）防御性效应。对发达国家来说，先进技术的溢出会被发展中国家的竞争者学习和模仿，从而对其自身的技术优势构成威胁。为了保持优势、防御威胁，发达国家会不断进行技术创新进而诱导技能偏向型技术进步，导致高低技能工人工资差距扩大。由于发展中国家并不具有技术上的比较优势，因此这种贸易驱动的防御性创新效应并不是发展中国家工资差距扩大的原因之一。

8.2.4.3　资本品进口和劳动力技能互补与工资差距

前面在分析技术进步对工资差距的影响时，提出了一个很重要的机制，即资本—技能互补机制。由于高技能工人与资本的互补性更强，随着贸易的开放，国际资本设备的价格下降，一国将进口更多的资本设备，导致资本积累增多，与资本设备相对更互补的高技能工人的生产率将提高，而低技能工人的生产率降低，所以一国对高技能工人的相对需求增大，最终加剧工资不平等。

综上所述，如果将技术进步看作国际贸易影响工资差距的一个作用机制的话，那么贸易主要通过驱动技术创新扩大发达国家工资差距，通过技术溢出和实现资本技能互补扩大发展中国家工资差距。下面我们用图形形象地整合这三种机制，并给出一个直观的传递图（见图 8.1）。

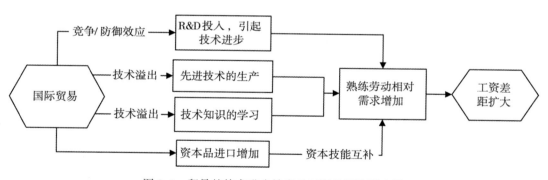

图 8.1　贸易的技术进步效应对工资差距的影响图

8.3　贸易、技术进步与工资差距：理论模型

我们将贸易、技术进步与工资差距放在一个理论模型中，综合考虑不同技能劳动力的相对供给和需求以建立一个统一的框架，并分别考虑了外生的技术进步与内生的技术进步的作用机制。

这里的模型参考 Acemoglu（1998，2003）、Gancia 和 Zilibotti（2005）的研究，并进行适

当的简化,构建了一个简单的两国模型来分析贸易开放和技术进步对高低技能工人相对工资差距的影响。我们发现,技能溢价是由贸易、技术进步以及不同技能劳动力的供给比例决定的。在技术进步外生给定的情况下,高技能工人相对供给比例增加会导致相对工资差距的减少;但是高技能工人相对供给的持续增加会导致技术进步,从而增加对高技能工人的需求。由此得出的最重要结论是,贸易开放能够引致技能偏向型技术进步①,并且扩大了发达国家与发展中国家的工资差距。

假设世界由北方(N)和南方(S)构成,北方代表发达国家,南方代表发展中国家。北方国家熟练劳动力丰裕,而南方国家非熟练劳动丰裕,即 $H^N/L^N > H^S/L^S$。

8.3.1 外生技术进步的情形

8.3.1.1 考虑封闭经济的情况

消费:假设两国所有消费者都有同样的效用函数,是不变替代弹性的。消费两种可替代产品:一种是劳动密集型产品,另一种是技能密集型产品。则两国加总的消费函数为:

$$C^i = \left[\gamma \left(C_l^i \right)^{\frac{\varepsilon-1}{\varepsilon}} + (1-\gamma) \left(C_h^i \right)^{\frac{\varepsilon-1}{\varepsilon}} \right]^{\frac{\varepsilon}{\varepsilon-1}}, \quad (i=N, S) \quad (8.1)$$

其中,C_l^i 和 C_h^i 分别表示两国消费者对劳动密集型和技能密集型产品的总消费,ε 表示劳动密集型和技能密集型产品的替代弹性。

假设两种产品的价格分别为:p_l^i 和 p_h^i。产品市场是完全竞争的,根据消费者追求效用最大化的一阶条件我们得到技能密集型产品的相对价格:

$$p^i = \frac{p_h^i}{p_l^i} = \frac{1-\gamma}{\gamma} \left(\frac{C_h^i}{C_l^i} \right)^{-\frac{1}{\varepsilon}} \quad (8.2)$$

生产:假设技能密集型产品全部由高技能工人(熟练劳动力)生产,劳动密集型产品全部由低技能工人(非熟练劳动力)生产。特别地,假设南北两国、两种产品的生产函数是:

$$Y_h^i = A_h^i H^i; \quad Y_l^i = A_l^i L^i, \quad (i=N, S) \quad (8.3)$$

其中 A_h^i 和 A_l^i 分别是熟练和非熟练劳动力的生产率,也代表外生的技术进步因素。对于南方国家和北方国家,由于技术进步是外生的,因此熟练和非熟练劳动力的生产率在两国相等:

$$\frac{A_h^S}{A_l^S} = \frac{A_h^N}{A_l^N} = \frac{A_h}{A_l} \quad (8.4)$$

均衡:所以在产品市场出清(即产品需求等于产品供给)的条件下,我们有技能密集型

① 我们说贸易导致技能偏好型的技术进步,是因为它导致了发达国家技能密集型产品相对价格的上涨,因此对技能密集型产品密集使用的技术的需求上涨,最终出现有偏向的技术进步。

产品的相对价格：

$$p^i = \frac{1-\gamma}{\gamma} \left(\frac{A_h H^i}{A_l L^i} \right)^{-\frac{1}{\varepsilon}} \tag{8.5}$$

由于劳动力市场完全竞争，熟练劳动力和非熟练劳动力的工资分别等于它们的边际产出价值，因此我们得到熟练劳动力的相对工资：

$$w^i = \frac{w_h^i}{w_l^i} = p^i \frac{A_h}{A_l} = \frac{1-\gamma}{\gamma} \left(\frac{A_h}{A_l} \right)^{\frac{\varepsilon-1}{\varepsilon}} \left(\frac{H^i}{L^i} \right)^{-\frac{1}{\varepsilon}} \tag{8.6}$$

因此由(8.6)式我们可以看出，技能溢价的大小是由技术进步与熟练劳动力相对供给决定的。当相对供给增加，即 H^i/L^i 增大时，高技能工人的相对工资降低，工资差距减小；而如果高技能工人与低技能工人生产的两种产品的替代弹性大于1①，即 $\varepsilon > 1$，那么我们有 $\frac{\partial w}{\partial A_h/A_l} > 0$，也就是说当技术进步偏向熟练劳动力时，即 A_h/A_l 增加，熟练工人的生产率较高，相对工资上升，工资差距扩大。

8.3.1.2 考虑贸易开放的情况

现在我们考虑贸易开放的情况。假设南、北两国可以无成本地进行贸易交换，自由贸易使两国产品市场成了统一的市场，那么两种产品的相对价格在南方国家和北方国家必然相同，两国所有的消费者对两种产品的消费比例也将一致。所以均衡条件下，技能密集型产品的相对价格：

$$\hat{p} = \frac{1-\gamma}{\gamma} \left(\frac{A_h(H^N + H^S)}{A_l(L^N + L^S)} \right)^{-\frac{1}{\varepsilon}} \tag{8.7}$$

劳动力市场出清，所以两国的技能溢价为：$\hat{w} = \hat{p} \dfrac{A_h}{A_l}$ \tag{8.8}

由于南方国家非熟练劳动力丰裕，北方国家熟练劳动力丰裕，并且 $\dfrac{H^N}{L^N} > \dfrac{H^S}{L^S}$，因此南方国家高技能工人的相对供给低于世界高技能工人相对供给的平均值 $\left(\text{记为} \dfrac{H^W}{L^W}，\text{其中} H^W = H^N + H^S, L^W = L^N + L^S \right)$。也就是说 $\dfrac{H^S}{L^S} < \dfrac{H^W}{L^W} < \dfrac{H^N}{L^N}$，因此可以得到：

$$w^N < \hat{w} = \frac{1-\gamma}{\gamma} \left(\frac{A_h}{A_l} \right)^{\frac{\varepsilon-1}{\varepsilon}} \left(\frac{H^W}{L^W} \right)^{-\frac{1}{\varepsilon}} < w^S \tag{8.9}$$

从(8.9)式我们可以看出，贸易开放后，南方国家高技能工人的相对工资下降，北方国家高技能工人的相对工资上升。这是因为贸易使南方国家内部劳动密集型产品价格上

---

① Feenstra(1996)等的实证研究表明，高技能工人与低技能工人的替代弹性大于1。

升，而北方国家技能密集型产品价格下降，从而提高了南方国家低技能工人的相对工资，降低了北方国家高技能工人的相对工资。所以，在外生技术进步下，南北贸易缩小了南方国家工资差距，而扩大了北方国家工资差距。

从封闭经济和贸易开放两种情况的模型分析结果，我们可以总结为如下命题。

命题 8.1：（1）技能溢价是高低技能工人相对供给的减函数，是技能型技术进步的增函数。当一国技术进步偏向熟练劳动力时，工资差距扩大，反之减小。（2）南北贸易扩大了相对发达的北方国家的工资差距，缩小了相对不发达的南方国家的工资差距。

事实上，这与现实状况并不符合，贸易常常扩大了发展中国家的工资差距。而上述推导之所以得出工资差距缩小的结论，有一部分原因是忽略了贸易对发展中国家技术进步的作用。

8.3.2　内生技术进步的情形

下面我们将技术进步内生化，来分析贸易开放前和贸易开放后技能溢价的变化。

8.3.2.1　考虑封闭经济的情况

考虑到技术内生化的问题，两种产品生产函数变为：

$$Y_l^i = \left(\int_0^1 q_l^i(j)^\beta x_l^i(j)^{1-\beta} dj\right)(L^i)^\beta, \quad Y_h^i = \left(\int_0^1 q_h^i(j)^\beta x_h^i(j)^{1-\beta} dj\right)(H^i)^\beta \quad (8.10)$$

这里 $x_l^i(j)$ 和 $x_h^i(j)$ 分别代表非熟练劳动力和熟练劳动力所使用的机器数量，而 $q_l^i(j)$ 和 $q_h^i(j)$ 分别代表非熟练劳动力和熟练劳动力所使用的机器质量。我们假设对两种机器的投入是连续的，一种与非熟练劳动力匹配，另一种与熟练劳动力匹配，其价格分别为 $m_l^i(q_l^i(j))$、$m_h^i(q_h^i(j))$。

厂商购买机器和雇佣劳动力来使其利润最大化，非熟练劳动力生产部门的利润函数：

$$\pi_l^i = p_l^i Y_l^i - w_l^i L^i - \int_0^1 m_l^i(q_l^i(j)) x_l^i(j) dj \quad (8.11)$$

熟练劳动力生产部门的利润函数：

$$\pi_h^i = p_h^i Y_h^i - w_h^i L^i - \int_0^1 m_h^i(q_h^i(j)) x_h^i(j) dj \quad (8.12)$$

根据利润最大化一阶条件可以推导出对机器的需求是其质量的函数，即

$$x_l^i(q_l^i(j)) = \left[\frac{(1-\beta)p_l^i}{m_l^i(q_l^i(j))}\right]^{\frac{1}{\beta}} q_l^i(j) L^i; \quad x_h^i(q_h^i(j)) = \left[\frac{(1-\beta)p_h^i}{m_h^i(q_h^i(j))}\right]^{\frac{1}{\beta}} q_h^i(j) H^i \quad (8.13)$$

其中，p_l^i 和 p_h^i 分别为两种产品的价格。根据利润最大化的一阶条件还可以推出机器的价格为：

$$m^i = 1 - \beta。 \quad (8.14)$$

所以我们有两种产品的生产函数为：

$$Y_l^i = (p_l^i)^{\frac{1-\beta}{\beta}} Q_l^i L^i, \quad Y_h^i = (p_h^i)^{\frac{1-\beta}{\beta}} Q_h^i H^i \tag{8.15}$$

其中 $Q_l^i = \int_0^1 q_l^i(j)\,dj$ 和 $Q_h^i = \int_0^1 q_h^i(j)\,dj$ 分别表示劳动密集型和技能密集型部门总的机器生产率。这里我们同样假设对于南方国家和北方国家，其劳动密集型和技能密集型部门的机器生产率成正比，即有 $\dfrac{Q_h^S}{Q_l^S} = \dfrac{Q_h^N}{Q_l^N} = \dfrac{Q_h}{Q_l}$

所以熟练劳动力相对工资为：

$$w^i = \frac{w_h^i}{w_l^i} = (p^i)^{1/\beta} \frac{Q_h}{Q_l} \tag{8.16}$$

由(8.2)式和(8.15)式，我们得到技能密集型产品的相对价格为：

$$p^i = \left[\left(\frac{1-\gamma}{\gamma} \right)^{-\varepsilon} \frac{Q_h}{Q_l} \frac{H^i}{L^i} \right]^{-\frac{\beta}{1+\beta(\varepsilon-1)}} \tag{8.17}$$

将(8.17)式代入(8.16)式，我们可以得到技能溢价为：

$$w^i = \left[\left(\frac{1-\gamma}{\gamma} \right)^{-\varepsilon} \frac{H^i}{L^i} \right]^{-\frac{\beta}{1+\beta(\varepsilon-1)}} \left(\frac{Q_h}{Q_l} \right)^{\frac{\beta(\varepsilon-1)}{1+\beta(\varepsilon-1)}} \tag{8.18}$$

由于 $0 < \beta \le 1$，$\varepsilon > 1$，我们有：

$$\frac{\partial w^i}{\partial \left(\dfrac{H^i}{L^i} \right)} < 0, \quad \frac{\partial w^i}{\partial \left(\dfrac{Q_h}{Q_l} \right)} > 0, \tag{8.19}$$

这说明，如果世界的技术进步偏向性给定，即 $\dfrac{Q_h}{Q_l}$ 给定，那么增加熟练劳动的相对供给会降低工资差距，与外生性技术进步的结论一致。

现在我们将技术进步内生化，研究企业追求利润最大化时内生技术进步的均衡选择。假设北方发达国家企业投入资金进行新技术的研发，而南方发展中国家无须支付任何费用即可引进新技术。

由于生产是一个长期过程，北方发达国家企业关注的不是即期利润，而是一个长期的净贴现值，我们称作技术价值，记作 V。

北方国家技能密集型部门和劳动密集型部门的技术价值由 Bellman 方程给定，即：

$$rV_s(q_s) = \pi_s(q_s) - z_s(q_s)\varphi(z_s(q_s))V_s(q_s) + \dot{V}_s(q_s), \quad (s = h, l) \tag{8.20}$$

其中，r 是利率，$z_s(q_s)\varphi(z_s(q_s))$ 是新技术的泊松到达，$\pi_s(q_s) = \beta(1-\beta)x_s(q_s)$。

假设研发活动是自由进入的，也即是说研发的边际成本应该等于其边际产出。所以我们有 $\varphi(z_s(q_s))V_s(q_s) = \beta(1-\beta)\lambda q_s$

在均衡的增长路径及 $\dot{V} = 0$ 的条件下，可以推出：

$$\frac{Q_h}{Q_l} = \left(\frac{1-\gamma}{\gamma}\right)^{\varepsilon} \left(\frac{H^N}{L^N}\right)^{\beta(\varepsilon-1)} \tag{8.21}$$

（8.21）式说明将技术进步内生化后，北方国家熟练劳动力的相对供给增加 $\left(\text{即} \dfrac{H^N}{L^N} \text{增大}\right)$ 会带来技能偏向型的技术进步 $\left(\text{即} \dfrac{Q_h}{Q_l} \text{增大}\right)$。

8.3.2.2 考虑贸易开放的情况

当南北两国进行自由贸易往来时，两国两种产品的价格将趋向均等。所以由（8.17）式可以得到技能密集型产品的相对价格为：

$$\hat{p} = \left[\left(\frac{1-\gamma}{\gamma}\right)^{-\varepsilon}\left(\frac{Q_h}{Q_l}\right)\left(\frac{H^W}{L^W}\right)\right]^{-\frac{\beta}{1+\beta(\varepsilon-1)}} \tag{8.22}$$

与前面的推导类似，我们可以得到贸易开放后实现均衡增长路径的技术的技能偏向性水平为：

$$\frac{\hat{Q}_h}{\hat{Q}_l} = \left(\frac{1-\gamma}{\gamma}\right)^{\varepsilon}\left(\frac{H^W}{L^W}\right)^{-1}\left(\frac{H^N}{L^N}\right)^{1+\beta(\varepsilon-1)} \tag{8.23}$$

对比可以发现 $\dfrac{\hat{Q}_h}{\hat{Q}_l} > \dfrac{Q_h}{Q_l}$，说明贸易开放后，技术的技能偏向性水平提高，南北两国不同技能劳动力的相对生产率均增大。也就是说，贸易引致了技能偏向型技术进步。这是因为贸易增加了技能密集型产品的相对价格，更高的相对价格进一步引致了技能偏向型的技术进步。

参照外生技术进步情形下的推导，根据（8.18）式和（8.23）式南北两国贸易发生后世界范围的熟练劳动力与非熟练劳动力的平均工资之比为：

$$\hat{w} = \left(\frac{1-\gamma}{\gamma}\right)^{\varepsilon}\left(\frac{H^N}{L^N}\right)^{\beta(\varepsilon-1)+1}\left(\frac{H^W}{L^W}\right)^{-1} \tag{8.24}$$

如果不考虑贸易，技能偏向型技术水平为 $\dfrac{Q_h}{Q_l}$ 时，北方国家和南方国家熟练劳动力与非熟练劳动力的工资之比分别为：

$$w^N = \left(\frac{1-\gamma}{\gamma}\right)^{\varepsilon}\left(\frac{H^N}{L^N}\right)^{\beta(\varepsilon-1)-1} \tag{8.25}$$

$$w^S = \left(\frac{1-\gamma}{\gamma}\right)^{\varepsilon}\left(\frac{H^N}{L^N}\right)^{\frac{\beta^2(\varepsilon-1)^2}{\beta(\varepsilon-1)+1}}\left(\frac{H^S}{L^S}\right)^{-\frac{1}{\beta(\varepsilon-1)+1}} \tag{8.26}$$

可以看出 $\hat{w} > w^N$；$\hat{w} > w^S$。

因此，贸易引致北方国家技能型技术进步，使得北方国家和南方国家的收入差距都增大。

综上所述，我们可以得到以下命题：

命题 8.2：技术作为内生变量引入时，国际贸易会引致发达国家技能偏向型技术进步，扩大熟练劳动力与非熟练劳动力的工资差距。此外，在没有知识产权保护作用下，技术进步也会导致发展中国家熟练劳动力的需求增加，拉大其工资差距。也就是说，发达国家与发展中国家贸易引致的内生技术进步同时扩大了两国的工资差距。

8.4　实证模型与变量描述

8.4.1　实证模型

从模型的分析我们可以看出，技能溢价是由贸易、技术进步以及不同技能劳动力的供给比例决定的。在技术进步外生给定的情况下，熟练工人相对供给比例的增加会导致技能溢价的减少，但是供给的持续增加会导致技术的进步，从而增加对高技能劳动力的需求。而前面的分析发现贸易开放能引致技能偏向型技术进步，也会导致对熟练劳动力的相对需求增加。所以我们将贸易、技术进步引入技能溢价的供需决定方程中来进行实证分析。

首先，根据(8.6)式我们得到：

$$\ln w = \frac{\varepsilon - 1}{\varepsilon}\ln\left(\frac{A_h}{A_l}\right) - \frac{1}{\varepsilon}\ln\left(\frac{H}{L}\right) \tag{8.27}$$

参考 Katz 和 Murphy(1992)的模型，我们用一个简单的供给和需求框架来研究中国的技能溢价问题。则(8.27)式可以表示为：

$$\ln w = \frac{1}{\varepsilon}\left[D - \ln\left(\frac{H}{L}\right)\right] \tag{8.28}$$

其中 D 是以对数形式表示的熟练劳动力与非熟练劳动力的相对需求。

基于前面的分析，我们采用 2003—2013 年中国各省区市的面板数据来研究工资差距，可以得到如下回归模型：

$$\ln w_{i,t} = \alpha + \beta\ln\left(\frac{H_{i,t}}{L_{i,t}}\right) + \lambda D_{i,t} + \varepsilon_{i,t} \tag{8.29}$$

其中 i 表示省区市，t 表示时间。进一步地，我们分析上述模型右边的变量。

(1)不同技能劳动力的相对供给(H/L)。技能劳动相对需求的改变来自两种途径。①部门内需求的变动。也就是说，企业引进的外生新技术对高技能劳动力的相对需求增大。②劳动力部门间转移。比如，由于农业部门是劳动密集型的，农业的规模缩小导致非熟练劳动力的相对需求减小。由于中国缺少不同职业的工资数据，这里我们主要考虑部门内部的变动。

（2）不同技能劳动力的相对需求。根据前面的分析，贸易和技术进步都会影响熟练劳动力的相对需求。而各地区的人均实际 GDP、外商直接投资额及资本存量水平也是很重要的影响因素，具体的影响途径将在下一节进行分析。

综上，我们的回归模型如下：

$$\ln w_{i,t} = \alpha + \beta \ln\left(\frac{H_{i,t}}{L_{i,t}}\right) + \lambda_1 \ln \text{gtrade}_{i,t} + \lambda_2 \ln \text{tech}_{i,t} + \lambda_3 \ln \text{ginv}_{i,t} \quad (8.30)$$
$$+ \lambda_4 \ln \text{gfdi}_{i,t} + \lambda_5 \ln \text{rjgdp}_{i,t} + \varepsilon_{i,t}$$

$$\ln w_{i,t} = \alpha + \beta \ln\left(\frac{H_{i,t}}{L_{i,t}}\right) + \lambda_0 \ln \text{imp}_{i,t} + \lambda_1 \ln \text{exp}_{i,t} + \lambda_2 \ln \text{tech}_{i,t} + \quad (8.31)$$
$$\lambda_3 \ln \text{ginv}_{i,t} + \lambda_4 \ln \text{gfdi}_{i,t} + \lambda_5 \ln \text{rjgdp}_{i,t} + \varepsilon_{i,t}$$

其中，α 表示常数截距项，$\text{gtrade}_{i,t}$，$\text{gexp}_{i,t}$，$\text{gimp}_{i,t}$，$\text{gfdi}_{i,t}$，$\text{ginv}_{i,t}$ 表示第 i 个省区市在时点 t 的进出口额、出口额、进口额、外商直接投资额、固定资产投资额占该年份该省区市生产总值的比；tech_{it} 表示第 i 个省区市在时点 t 的技术进步水平；rjgdp_{it} 表示第 i 个省区市在时点 t 的人均生产总值；$\varepsilon_{i,t}$ 代表随时间和个体改变的随机扰动项。

8.4.2 变量的选取及数据来源

8.4.2.1 被解释变量：工资差距

我们在研究工资差距时，既考虑高低技能工人的工资差距，即技能溢价，也考虑地区间的工资差距。我们对这两种类型的工资差距分别进行回归检验。

（1）高低技能工人工资差距是指高技能工人与低技能工人平均工资之比，这个比率反映了高技能工人较高的教育程度或技术能力所带来的超额回报，因此又被称为技能溢价（喻美辞和熊启泉，2012）。而对不同技能劳动者的区分，国内外文献常采用两种方法：一种是按生产性质分，非生产线工人为高技能工人，而生产线工人为低技能工人；另一种是按受教育程度分，将受过大专及以上教育的工人看作高技能工人，其他受教育程度的为低技能工人。我们采用第二种划分方法，将工资差距定义为大专以上就业人员与大专以下就业人员的工资之比。由于目前中国的统计年鉴和经济普查数据中均没有按受教育程度分类的工资数据，而按行业分的工资数据非常完善，所以基于数据的可获得性，我们选取行业的工资水平作为代理变量。参照 Zou and Liu（2009，2011）的选择方法，我们将不同行业工人的受教育水平进行排序，选择大专以上就业人员占比最多的行业工人的工资水平表示高技能工人的工资，而占比最少的行业的平均工资水平表示低技能工人的工资。

　　根据 2012 年版《国民经济行业分类》的 20 多个大类行业①，本章对 2003—2013 年城镇就业人员受教育程度进行分析，发现大专以上就业人员占比最高的三个行业是：教育、金融业、科学研究和技术服务业（在 2011 年以前被称作科学研究、技术服务和地质勘查业），占比超过 60%；占比最低的三个行业分别是：农林牧渔业、制造业以及住宿和餐饮业，占比小于 15%。考虑到教育、金融业、住宿和餐饮业的服务行业性质以及这些行业的贸易依存度非常小，我们不采用它们的工资作为研究指标。为此，我们用科学研究和技术服务业的城镇单位就业人员平均工资表示高技能工人工资，用农林牧渔业和制造业的城镇单位就业人员的工资加权平均值来表示低技能工人的工资。它们的比作为高低技能工人的平均工资之比，也就是技能溢价。本章对高低技能工人的工资差距取对数，并记为 $\ln w$。所有工资数据和行业受教育程度数据均来自历年《中国劳动统计年鉴》。

　　根据上述标准测算的全国 2003—2013 年高低技能工人的工资差距之比见图 8.2，可以看出，技能溢价先上升后下降，在 2008 年达到最高点，接近 2.0，而后技能溢价呈下降趋势，2013 年高低技能工人的平均工资之比甚至低于 2003 年。

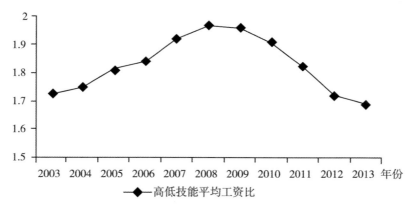

图 8.2　2003—2013 年全国高低技能平均工资之比

数据来源：根据历年《中国统计年鉴》计算。

　　（2）地区间工资差距：以 2003—2013 年各省区市城镇单位就业人员平均工资与全国城镇单位就业人员平均工资的比值衡量各地区之间工资差距。取对数，并记为 $\ln w1$。

　　由于地区经济发展水平的差异，改革开放以后相当长一段时间，中国地区间收入差距

---

　　① 根据 GB/T 4754—2011，国民经济行业可以分为：农林牧渔、采矿业、制造业、电力、热力、燃气及水生产和供应业、建筑业、批发和零售业、交通运输、仓储和邮政业、住宿和餐饮业、信息传输、软件和信息技术服务业、金融业、房地产业、租赁和商务服务业、科学研究和技术服务业 、水利、环境和公共设施管理业、居民服务、修理和其他服务业、教育、卫生和社会工作、文化、体育和娱乐业、公共管理、社会保障和社会组织、国际组织。

不断扩大，东部地区工资水平远高于中西部工资水平①。根据数据估算，1995 年中国工资最高省份的平均工资是最低省份的 2.7 倍，相差 5145 元。到 2008 年，工资最高省份的平均工资是最低省份的 2.69 倍，相差 35565 元。但是随着产业结构的调整和促进中部地区崛起、西部大开发战略的实施，地区间工资差距呈缩小趋势。从图 8.3 可以看出，2012 年高低地区平均工资之比下降到 2.26，而 2013 年只有 2.14。

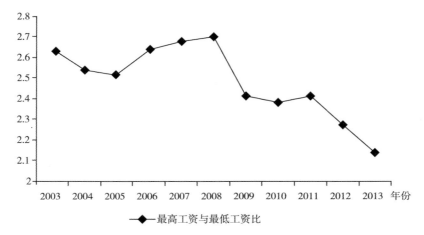

图 8.3　2003—2013 年中国最高工资省份与最低工资省份平均工资之比

数据来源：作者根据历年《中国劳动统计年鉴》计算。

8.4.2.2　解释变量

（1）外贸依存度。外贸依存度衡量的是一个地区经济对贸易的依赖程度。由于进口和出口对于工资差距会产生不同的影响，所以将外贸易依存度分为进口依存度和出口依存度。分别用各地区进出口总额、进口额和出口额与该地区生产总值（GDP）的比值作为贸易依存度的指标，并取对数记为 lngtrade、lngimp、lngexp。所有相关数据均来自历年《中国统计年鉴》。

图 8.4 显示了 2003—2013 年中国整体贸易依存度的走势情况。随着加入 WTO，中国对外贸易依存度持续增长，在 2006 年达到了 67% 的高点。随着 2007 年开始中国经济转型、内外需求结构调整，外贸依存度开始逐步回落。特别是受全球金融危机的影响，2009 年中国对外贸易依存度仅有 43.6%，比 2006 年跌了近 24%。虽然 2010 年外贸依存度有所上涨，但总体来说，中国外贸依存度呈下降走势。且外贸依存度、进口依存度和出口依存度走势一致。

---

①　中国 31 个省区市（未含中国港澳台地区，后同），根据地理位置不同分为东部、中部、西部三大地带。其中，东部地区包括北京、天津、河北、辽宁、上海、江苏、浙江、福建、山东、广东和海南等 11 个省市；中部地区包括山西、吉林、黑龙江、安徽、江西、河南、湖北和湖南 8 个省；西部地区包括四川、重庆、贵州、云南、西藏、陕西、甘肃、青海、宁夏、新疆、广西、内蒙古 12 个省区市。

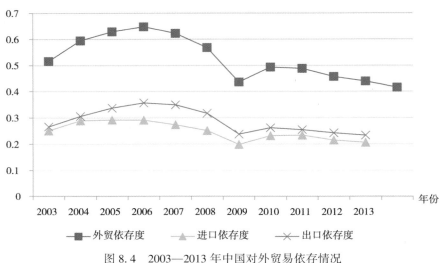

图 8.4　2003—2013 年中国对外贸易依存情况

数据来源：历年《中国统计年鉴》。

在地区对外贸易发展方面，中国存在较为严重的非均衡性。从 2013 年三大地区的进出口贸易额来看（见表 8.1），东部地区是对外贸易的主力军，占比超过全国总贸易额的 85%，而中西部贸易额加总不到 15%。一方面，从地理位置来说，东部沿海地区濒临海岸港口，与贸易发达国家毗邻；另一方面，从政策上来看，对外开放从东部地区首先开始实行，在"先富带动后富"的发展战略下，东部地区贸易呈显著优势。随着"西部大开发"和"促进中部地区崛起"战略的实施，中国西部地区和中部地区的贸易发展也逐步加快，近年增长速度超过东部地区。在贸易总额方面，2013 年，中西部地区进出口增速分别为 11.3% 和 17.7%，均超过 10%，分别高于全国增速 3.7 和 10.1 个百分点。在出口和进口方面，中西部地区虽然占比不高，但增速也高于东部地区，特别是西部地区的贸易增速约为东部地区的 2 倍。

表 8.1　　　　　　　　　　　　2013 年三大地区进出口情况

区域	进出口（亿美元）	增长（%）	占比（%）	出口（亿美元）	增长（%）	占比（%）	进口（亿美元）	增长（%）	占比（%）
东部	35977.4	6.6	86.5	18707.3	6.4	84.6	17270.2	6.9	88.6
中部	2844	11.3	6.8	1610.7	14.2	7.3	1233.5	7.7	6.3
西部	2781.5	17.7	6.7	1782.2	19.8	8.1	999.3	14	5.1
全国	41603.1	7.6		22100.2	7.9		19502.9	7.3	

（2）技术进步水平。由于我们考虑引致的技术进步即有偏向的技术进步对工资差距的影响，因此主要考虑这个技术进步的内生性，即为了利润而进行研发产生的技术进步。我们用各地区历年的研究与实验（R&D）经费内部支出与当地 GDP 的比来表示技术进步水平。取对数，并记为 lntech。数据来源于《中国科技统计年鉴》。从图 8.5 可以看出，不管是中国整体范围还是东部、中部、西部三大区域，研发投入占 GDP 的比重呈稳步上升趋势。其中东部地区研发投入比重一直大于 1%，2010 年后高于 2%，且远高于中西部地区。从2008 年开始，中部地区 R&D 投入超过地区生产总值的 1%，且研发投入的比重高于西部地区。从 2009 年开始，西部地区研发投入占比超过地区生产总值的 1%，但是增长缓慢。

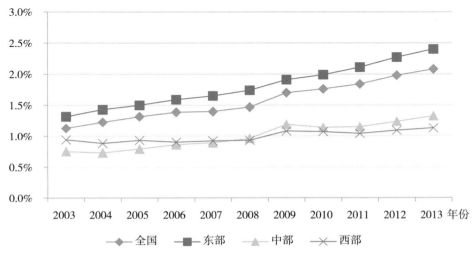

图 8.5　2003—2013 年全国及三大地区科研投入占 GDP 之比

数据来源：历年《中国统计年鉴》。

8.4.2.3　其他变量

（1）不同技能劳动力相对供给。因为高技能工人和低技能工人按教育水平来分，所以用某地区大专以上就业人口与大专以下就业人口的比作为该地区技能劳动的相对供给是合理的。取对数，并记为 lnhl。数据来源于《中国劳动统计年鉴》。

（2）人均 GDP。用来衡量地区的经济发展水平。以各地区每年的实际生产总值除以各地区当年的人口数计算。其中实际生产总值用名义生产总值除以定基居民消费价格指数来消胀，以 1978 年为基期。取对数，并记为 lnrjgdp。

（3）外商直接投资 FDI。用各地区当年外商投资额与各地区当年生产总值的比来衡量，由于收集到的外商投资额数据以美元为单位，而各地区 GDP 以人民币为单位，因此需要用当年人民币与美元的年平均汇率进行折算。将比值取对数，并记为 lngfdi。

（4）地区资本聚集情况。用各地区全社会的固定资产投资额表示。如果资本与技能互补，那么增加固定资产的投资能导致高技能劳动力相对需求的增加。用各地区全社会固定资产投资量除以该地区 GDP 来衡量，取对数并记为 lnginv。

8.4.3　变量的描述性统计

本章使用了 2003—2013 年 11 年间中国 31 个省区市的面板数据，表 8.2 列出了各变量的描述性统计结果。

表 8.2　　　　　　　　　　　　　各变量描述性统计结果

变量名称	变量表示	观察值	均值	方差	最小值	最大值
高低技能工人工资差距	lnw	341	0.470148	0.187379	0.015812	1.040117
进出口总额/GDP	lngtrade	341	−1.66343	1.004674	−3.33205	0.543185
出口/GDP	lngexp	341	−2.28621	0.986096	−4.211	−0.09946
进口/GDP	lngimp	341	−2.55827	1.150063	−5.5567	0.29145
FDI/GDP	lngfdi	341	−4.10356	1.024856	−7.30363	−2.50208
固定资产投资/GDP	lnginv	341	−0.58165	0.31839	−1.37209	0.116686
不同技能劳动力相对供给	lnhl	341	−2.34345	0.776231	−5.97381	0.143723
人均 GDP	lnrjgdp	341	8.359674	0.615133	6.737713	9.725933
技术进步	lntech	341	−4.64656	0.704619	−6.56733	−2.80066
地区间工资差距	lnw1	341	−0.03266	0.242092	−0.31925	0.690474

8.5　贸易、技术进步与工资差距：实证结果分析

8.5.1　全国整体实证分析结果

8.5.1.1　模型的修正

在进行初步的实证回归时，我们发现技术进步指标对高低技能工人工资差距的影响并不显著。通过对技术进步与工资差距散点图的分析（见图 8.6），我们发现技术进步与工资差距呈现"U"形关系，说明它们之间很可能存在二次项的关系，所以为了更好地研究技术进步对工资差距的影响，我们在上述实证模型中加入一个新的变量，lntech2，即技术进步水平对数的平方项。

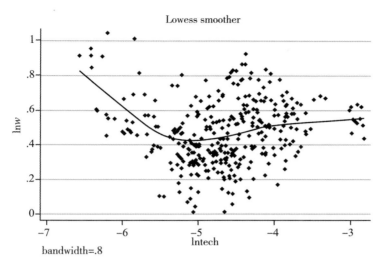

图 8.6 技能溢价对数与技术进步对数的散点图

调整后的实证模型为：

$$\ln w = \alpha + \beta \ln hl + + \lambda_1 \ln gtrade + \lambda_2 \ln tech + \varphi \ln tech2 + \lambda_3 \ln ginv \\ + \lambda_4 \ln gfdi + \lambda_5 \ln rjgdp + \varepsilon \tag{8.32}$$

$$\ln w = \alpha + \beta \ln hl + \lambda_0 \ln gimp + \lambda_1 \ln gexp + \lambda_2 \ln tech + \varphi \ln tech2 + \\ \lambda_3 \ln ginv + \lambda_4 \ln gfdi + \lambda_5 \ln rjgdp + \varepsilon \tag{8.33}$$

8.5.1.2 三种不同实证方法的结果

在选取的数据样本中，横截面的维度（31）要大于时间维度（11），且被解释变量不存在滞后性，因此我们的数据是典型的静态"短面板"数据。针对静态的"短面板"数据而言，其估计方法主要有三种，即混合回归（混合 OLS）、固定效应模型（FE）和随机效应模型（RE），首先只考虑贸易总额对工资差距的影响，而不单独考虑进口和出口的作用。将数据按照上述三种方法在 Stata 中分别进行回归，结果见表 8.3。

表 8.3 三种方法下全国整体数据的部分回归结果

变量	混合 OLS	FE	RE
	lnw	lnw	lnw
lntech2	0.0610 [**]	0.0586 [**]	0.0585 [***]
	(2.536)	(2.213)	(3.028)

续表

变量	混合 OLS lnw	FE lnw	RE lnw
lntech	0.533**	0.550*	0.532**
	(2.375)	(1.846)	(2.574)
lngtrade	0.0293	0.0210	0.0263*
	(0.862)	(0.944)	(1.896)
lnhl	−0.123***	−0.0397*	−0.0466**
	(−4.397)	(−1.737)	(−2.374)
lnrjgdp	0.127***	0.000814	0.0152
	(2.985)	(0.0153)	(0.366)
lnginv	−0.0966	−0.0627	−0.0632
	(−1.317)	(−0.842)	(−1.170)
lngfdi	0.0414*	0.0667***	0.0630***
	(1.906)	(3.373)	(3.496)
Constant	0.414	1.904**	1.678**
	(0.480)	(2.055)	(2.333)
Observations	341	341	341
R-squared	0.388	0.240	
Number of province		31	31

注：*** 表示 $p<0.01$，** 表示 $p<0.05$，* 表示 $p<0.1$。

8.5.1.3 最优回归方法的选择

从表 8.3 可以看出，三种方法的回归结果有一定的区别，那么究竟应该选择哪一种方法下的结果作为得出结论的基础呢？

(1)混合 OLS 模型与固定效应模型的选择

在进行固定效应模型回归时，如果输入的命令里面不包含选择项"vce（cluster province）"，则 Stata 的输出结果中还包含 F 检验，该检验是决定本研究是选择固定效应模型还是混合回归模型的主要依据。F 检验值的原假设" $H_0: \mu_i = 0$ "对于所有的个体均成立，即不存在个体效应，混合回归模型优于固定效应模型。

在本章中，Stata 输出的结果为" $F(30, 303) = 27.49.35$ ，Prob $>F = 0.0000$ "这表示我

们应该强烈拒绝原假设，即认为 FE 模型明显优于混合 OLS，也就是说每个省份都应该有单独的截距项。

（2）固定效应模型与随机效应模型的选择

通常用来选择 FE 还是 RE 模型的检验方法是 Hausman 检验，其原假设可以通俗地表达为"H_0：随机效应模型优于固定效应模型"。结果表明，Hausman 检验的 P 值为 0.3329，不能拒绝原假设，认为固定效应模型显著优于随机效应模型，所以我们认为采用随机效应模型比固定效应模型更加合理。

（3）随机效应模型与混合 OLS 回归的选择

Bresuch 和 Pagan 于 1980 年提出了一个检验个体效应的 LM 检验，其原假设为"H_0：$\sigma_u^2 2 = 0$"。如果拒绝原假设，则说明模型中存在一个体现个体特征的随机扰动项，从而随机效应模型要优于混合回归模型。基于本研究的数据，LM 检验的 P 值为 0.0000，表示强烈拒绝原假设，因此在随机效应模型和混合回归模型之间，应当选择随机效应模型。

通过上述三个检验，可以很明显地看出三个模型的优先顺序为：随机效应模型最优，固定效应模型次之，混合回归模型最差。因此，我们对全样本数据得出的结论主要依据是随机效应模型的回归结果（即表 8.3 中最后一列）。

8.5.1.4 实证分析结果

如果将贸易分为进口和出口来分别考虑其对工资差距的影响，我们仍然分别进行混合 OLS 回归、固定效应和随机效应模型回归，然后重复上一节中的 F 检验，Hausman 检验和 LM 检验，检验结果仍然表明随机效应模型最优。我们将结果列入表 8.4 中，其中回归（1）表示进口、出口依存度以及技术进步对高低技能工人工资差距的影响，回归（2）表示不考虑贸易的情况下，技术进步对工资差距的影响，回归（3）表示贸易总额与技术进步对工资差距的影响。

表 8.4 分解贸易后的回归结果

变量	回归（1）	回归（2）	回归（3）
	lnw	lnw	lnw
lngtrade			0.0263*
			(1.896)
lngexp	0.0280**		
	(2.036)		
lngimp	0.00835		
	(0.379)		

续表

变量	回归（1） lnw	回归（2） lnw	回归（3） lnw
lntech2	0.0578*** （2.714）	0.0580*** （3.058）	0.0585*** （3.028）
lntech	0.523** （2.332）	0.530*** （2.628）	0.532** （2.574）
lnhl	−0.0479*** （−2.576）	−0.0435** （−2.191）	−0.0466** （−2.374）
lnrjgdp	0.0172 （0.424）	0.0176 （0.420）	0.0152 （0.366）
lnginv	−0.0580 （−1.095）	−0.0761 （−1.487）	−0.0632 （−1.170）
lngfdi	0.0602*** （3.309）	0.0687*** （3.793）	0.0630*** （3.496）
Constant	1.663** （2.339）	1.641** （2.271）	1.678** （2.333）
Observations	341	341	341
Number of province	31	31	31

注：***表示 $p<0.01$，**表示 $p<0.05$，*表示 $p<0.1$。

从回归结果来看我们可以得到如下结论：

（1）贸易的开放程度与中国高低技能工人的工资差距正相关。三个回归的结果中出口依存度、进口依存度、进出口依存度的系数均为正，且出口依存度的系数在5%的水平上显著，进出口依存度在10%的水平上显著，出口依存度的系数大于进出口依存度和进口依存度的系数。这说明，对高低技能工人工资差距来说，出口的作用大于进出口总额和进口的作用。而前面的描述表明从2008年开始，中国高低技能工人的工资差距呈现下降趋势，贸易依存度也逐步下降，这种同步的下降趋势与我们的实证结论是相符的。

（2）技术进步与中国区域内熟练劳动力和非熟练劳动力的工资差距呈现"U"形关系。三个回归的结果都显示技术水平的二次项和一次项均与技能溢价高度正相关。由于我们采用研发的投入金额占GDP的比值来表示技术水平，因此这个回归结果说明当研发投入的金额较小时，研发投入导致的技术进步与高低技能工人工资差距负相关，当研发投入达到一定水平后，其导致的技术进步才会扩大高低技能工人的工资。实际上，根据得出的实证结果，lntech2 的系数为 0.058，lntech 的系数为 0.53，我们可以估算出，"U"形的最低点处 lntech 的值为-4.57。进一步计算可以得到，当研发投入超过 GDP 的 1%左右时，研发所带来的技术进步会导致技能溢价扩大。事实上，根据前面的描述分析，从 2002 年起，中国 R&D 经费内部支出与国内生产总值的比超过 1%，到 2013 年，已达到 2.08%。这说明，从全国范围来看，技术进步与高低技能工人的工资差距是正相关的，技术进步的规模效益占主导地位，研发投入比例的提高增加了对高技能工人的需求，提高了技能溢价。

（3）FDI 扩大了中国地区内部的工资差距。三个回归结果中 FDI 的系数都显著为正，这说明外资的引入显著加大了中国对高技能劳动力的需求，扩大了高低技能工人的工资差距。

（4）高低技能劳动力的相对供给与技能溢价负相关，也就是说工资差距随着高技能劳动力的增多而缩小，这个结果也和前面理论部分的分析是相符合的。

（5）各地区的固定资产投资额对地区内部高低技能工人工资差距有一定的抑制作用，但结果并不显著，说明影响不明显。而人均 GDP 与高低技能工人工资差距正相关，但不显著，说明越发达的地区，工资差距可能越大，这一点在后面分地区的实证检验中会进一步研究。

总而言之，贸易和技术进步都扩大了高低技能工人的工资差距，提高了技能溢价。

8.5.2 分地区的实证分析结果

考虑到中国地区间经济水平、土地资源、贸易开放情况的巨大差异，我们分别对东部11 个省市、中部 8 个省和西部 12 个省区市进行实证检验。

对于东部地区和西部地区，由于横截面的维度仍然大于或等于时间维度，且同样不存在滞后因素，因此仍然是静态"短面板"数据，因此分别进行混合回归、固定效应模型回归和随机效应模型回归，然后重复上一节中的 F 检验、Hausman 检验和 LM 检验，以选择最优的回归模型。检验结果表明（见表 8.5），东部地区和西部地区采用随机效应模型更适合。而对于中部地区，由于省份较少，横截面维度小于时间维度（8<11），说明数据是"长面板"数据，可以考虑组间异方差和组间同期相关的问题。所以采用"面板校正标准误差"模型（panel-corrected standard error，PCSE）是更为合适的。

表 8.5　　　　　　　　　　　　　　　分地区的回归结果

变量	东部地区		中部地区		西部地区	
	回归（4）	回归（5）	回归（6）	回归（7）	回归（8）	回归（9）
	ln$w$	ln$w$	ln$w$	ln$w$	ln$w$	ln$w$
lngtrade	−0.00799**		0.0104*		0.0228*	
	（−2.115）		（1.893）		（1.760）	

续表

变量	东部地区		中部地区		西部地区	
	回归（4）	回归（5）	回归（6）	回归（7）	回归（8）	回归（9）
	$\ln w$	$\ln w$	$\ln w$	$\ln w$	$\ln w$	$\ln w$
lngexp		−0.00420**		−0.00298		0.0322*
		(−2.112)		(−0.106)		(1.673)
lngimp		0.00182		0.0122**		0.0265
		(0.0375)		(2.333)		(0.783)
lntech2	0.0475***	0.0496***	0.0914*	0.102	0.0766	0.0705
	(2.957)	(3.138)	(1.911)	(1.518)	(1.239)	(1.250)
lntech	0.412**	0.428**	0.842*	0.938	0.758	0.682
	(2.230)	(2.288)	(1.783)	(1.457)	(1.092)	(1.110)
lnhl	−0.144***	−0.145***	−0.0977***	−0.101***	−0.0201	−0.0265**
	(−8.420)	(−8.844)	(−3.230)	(−3.306)	(−1.198)	(−2.040)
lnrjgdp	0.197***	0.198***	−0.322***	−0.314***	−0.0370	−0.0251
	(2.850)	(2.830)	(−3.397)	(−3.309)	(−0.675)	(−0.498)
lnginv	−0.184	−0.181	0.0302	0.0222	0.00149	0.00686
	(−1.444)	(−1.488)	(0.405)	(0.297)	(0.0229)	(0.117)
lngfdi	0.0816**	0.0813**	0.0222	0.0239	0.0733***	0.0718***
	(2.110)	(2.014)	(0.799)	(0.840)	(3.118)	(3.105)
Constant	−0.476	−0.449	−64.57*	−63.86**	2.938	2.721
	(−0.530)	(−0.489)	(−1.954)	(−1.982)	(1.452)	(1.612)
Observations	121	121	88	88	132	132
Number of province	11	11	8	8	12	12
R-squared			0.863	0.863		

注：***表示 $p<0.01$，**表示 $p<0.05$，*表示 $p<0.1$。

从回归结果我们得到如下结论：

（1）当考虑到地区的差异性时，贸易对高低技能工人的工资差距在东、中、西部有不同的影响。具体来说，贸易缩小了东部地区的工资差距，而扩大了中西部地区的工资差距。出口和进口依存度在不同地区也有不同影响，出口依存度在东部地区系数为负，且在5%的水平下显著，而西部在10%的水平下显著为正。这说明出口缩小了东部地区高低技能工人的工资差距，而扩大了西部地区的工资差距。这是因为自改革开放以来，中国加工贸易飞速发展，而加工贸易的主要聚集地是东部地区，以广东、福建、江苏为代表的沿海省份有着大量的皮革、造纸、纺织等劳动密集型行业，对以农民工为代表的低技能工人需求较多，从而提高了低技能工人的工资水平，降低了技能溢价。

（2）技术进步与东部和中部地区高低技能工人的工资差距呈"U"形关系，但是对西部地区工资差距的作用不明显。而由技术进步指标的系数我们可以算出东部地区和中部地区研发投入占 GDP 的临界值也在 1% 左右，与前面全国范围的结果一致。由于各地区的研发投入与 GDP 的比有明显的差异，因此无法推断技术进步水平对各地区工资差距的具体作用。

（3）对于东部、中部、西部地区来说，熟练劳动力的相对供给与工资差距均显著负相关。

（4）FDI 对东部和西部地区的高低技能工人的工资差距影响相同，均显著提高了技能溢价，而对中部地区的影响不显著。

（5）人均 GDP 与东部地区的高低技能工人工资差距显著正相关，与中部地区显著负相关，而对西部地区没有显著影响。说明对东部地区来说，经济越发达的地区，高低技能工人的工资差距越大，而经济越不发达的地区，差距越小；中部地区反之。

8.5.3 地区间工资差距的实证分析

前面我们分析了全国范围以及东部、中部、西部地区高低技能工人的工资差距情况，现在我们转向研究贸易和技术对地区之间工资差距的影响。这里我们的被解释变量变为各地区城镇单位就业人员平均工资与全国城镇单位就业人员平均工资的比值，记为 lnw1，计量模型为：

$$\ln w1 = \alpha + \beta \ln hl + \lambda_1 \ln trade + \lambda_2 \ln tech + \lambda_3 \ln inv + \lambda_4 \ln gfdi + \lambda_5 \ln rjgdp + \varepsilon$$

我们仍然对上述模型分别采用混合 OLS 模型、固定效应模型和随机效应模型进行回归，并依次进行 F 检验、Hausman 检验和 LM 检验，检验结果表明，这三个检验的 P 值均为 0.0000，说明在使用地区间面板数据作为样本时，FE 模型既优于混合 OLS 模型，又优于 RE 模型。所以采用固定效应回归模型是最合理的，具体的实证结果见表 8.6。

表 8.6　　　　　　　　　　　　地区间工资差距回归结果

变量	回归（10） lnw1	回归（11） lnw1
lngtrade	-0.0266^{*} (-1.819)	
lngexp		-0.0308^{***} (-2.697)

续表

变量	回归（10） $\ln w1$	回归（11） $\ln w1$
lngimp		0.0447*** （3.658）
lntech	−0.0630*** （−3.096）	−0.0542*** （−2.703）
lnhl	−0.0608*** （−6.524）	−0.0600*** （−6.629）
lnrjgdp	0.0378** （2.010）	0.0418** （2.276）
lnginv	0.0681*** （2.702）	0.0521** （2.087）
lngfdi	0.0111 （1.359）	0.0126 （1.584）
Constant	−0.743*** （−3.180）	−0.649*** （−2.821）
Observations	341	341
R-squared	0.202	0.239
Number of province	31	31

注：*** 表示 $p<0.01$，** 表示 $p<0.05$，* 表示 $p<0.1$。

从表 8.6 的回归结果我们可以得到如下结论：

（1）进出口总额缩小了地区间的工资差距，而进口扩大了地区间工资差距，出口缩小了地区间工资差距。从回归（10）和（11）可以看出，贸易依存度、出口依存度与地区间工资差距显著负相关，而进口依存度与地区间工资差距显著正相关。进口之所以扩大了地区间工资差距，是因为中国的进口产品大多数为技术密集型或资本密集型，经济发达地区从进口商品中获得了整体劳动生产率的提高，从而扩大了其与经济不发达地区的工资差距。

（2）技术进步缩小了中国地区间工资差距。回归（10）和（11）的系数都在 1% 的水平下显著为负，说明随着研发投入的增大，地区间工资差距会缩小。

（3）人均 GDP 扩大了中国地区间工资差距。各地区的人均 GDP 反映了其经济发展水平，经济发展水平会影响该地区的收入水平，经济越发达的地区，人均收入越高。所以经济发达地区与经济不发达地区的工资差距扩大。

（4）各地区不同技能劳动力的相对供给缩小了地区间收入差距。从回归结果可以看出，熟练劳动力相对供给的系数为负。本研究用地区大专及以上水平的就业工人来代表熟练劳动力，不同技能劳动力供给越高说明该地区就业人员的受教育程度越高，人力资本越丰富。由于改革开放以来，中国东部地区经济发展迅速，大量高端人才涌入，使得近年人力资源增长的潜力减小；而中西部地区在改革开放初期，经济发展相对缓慢，人才匮乏，人力资本的增长潜力较大。随着中西部地区经济的发展，其不同技能劳动力的相对供给大大增加，从而缩小了地区间工资差距。

（5）地区的资本规模对地区间工资差距有显著的扩大作用。FDI 对中国地区间工资差距可能有扩大作用，但结果不显著。

8.6　研究总结

本章从理论和实证两个角度来分析贸易、技术进步对工资差距的影响，目的是揭示开放经济条件下，技术进步对于发展中国家的工资水平、工资差距会产生怎样的影响。我们采用了 2003—2013 年 11 年间中国 31 个省区市的面板数据，并且将中国分为东部、中部和西部三个地区分别研究了地区内高低技能工人的工资差距和地区间工资差距的情况。通过理论和实证的研究，本章得出了如下结论：

（1）通过对以往理论的梳理我们知道，贸易通过技术进步对工资差距的影响主要有三种渠道：促进技术溢出、驱动技术创新、实现资本与技能互补。对发达国家来说，技术创新是贸易开放驱动技术进步的主要机制；对发展中国家来说，技术溢出与资本—技能互补是贸易的技术进步效应的主要实现途径。

（2）通过对理论模型的推导我们知道，技能溢价是由贸易、技术进步以及不同技能劳动力的供给比例决定的。在技术进步外生给定的情况下，熟练劳动力的供给比例增加会导致技能溢价的减少，但是熟练劳动力供给的持续增加会导致技术进步，从而增加对熟练劳动力的需求。贸易开放能够引致技能偏向型的技术进步，同时扩大发达国家和发展中国家高低技能工人的工资差距。

（3）通过对中国数据的实证检验我们知道，贸易对高低技能劳动力的工资差距在不同区域有不同的影响，贸易提高了全国范围和中西部地区的技能溢价，而对东部地区内部的工资差距有缩小作用。对于地区间工资不平等的现象，贸易能够起到缩小和缓解的作用。技术进步与中国高低技能工人的工资差距呈"U"形关系，对地区间工资差距来说，技术进步有缩小的作用。不同技能劳动力的相对供给不仅缩小了各地区内部的工资差距，同时也缩小了地区间的工资差距。而外商直接投资对地区内部和地区间的工资差距都有扩大作用。

第9章 贸易开放与工资残差不平等：基于城镇不同学历-经验组别的分析

9.1 引言

进入 21 世纪以来，加入 WTO 和金融危机两大事件对中国贸易开放产生了深刻影响。如图 9.1 所示，在 1994—2001 年，中国出口贸易出现多次起伏，一般贸易增速的波幅更大，而加工贸易增速变化较为平稳，加工贸易在规模上超过一般贸易。2001 年加入 WTO 之后，中国出口贸易开始呈井喷式发展，加工贸易的增幅较此前明显提高，2005 年贸易增幅高位下调，加工贸易与一般贸易的增速出现分化，但是加工贸易规模仍然超过一般贸易。2008 年金融危机的爆发对中国对外贸易造成了巨大冲击，出口增速下降甚至一度出现负增长。2009 年出口贸易再度反弹，而出口结构也发生明显变化，一般贸易在增速上较大幅度领先加工贸易，在规模上也反超加工贸易，中国出口贸易进入以一般贸易为主的时期。本章关注的问题是，中国的贸易开放和贸易结构变化，对异质性劳动者的工资差距产生了怎样的影响，以及影响的路径是什么？同时，在上一章采用省级面板数据分析的基础上，本章将采用微观居民户调查数据进行研究，以提供更多的经验证据。

理论上讲，贸易开放对工资差距产生影响的路径有两个方面。一方面，贸易开放增加出口行业的劳动力需求，进而影响工资差距。通常地，中低收入的发展中国家主要通过加工贸易进入国际市场，加工贸易对低技能劳动力需求增大，但是其工资水平的提高总体上比较平缓，因为这些国家的比较优势也正在于劳动力成本较低。然而随着经济发展水平提高，贸易方式逐步转向一般贸易，出口行业对具有较高知识技能的劳动力需求上升，由此就会引起学历间、技能间工资差距扩大(Currie & Harrison, 1997)。另一方面，贸易开放带来的技术进步会导致工资差距扩大。贸易开放将带来技能偏向型技术进步，由此提高技能劳动力的回报，这反过来会促进劳动力通过学校教育或者"边干边学"积累更多的技能，进而影响工资差距(Revanga, 1997; Galor & Moav, 2000; Violante, 2002)。然而在实证分析中，关于贸易开放究竟会怎样影响工资差距却存在许多分歧。有些学者认为贸易开放会扩大熟练劳动力与非熟练劳动力之间的工资差距(Wu, 2001; 包群和邵敏, 2008; 潘士远,

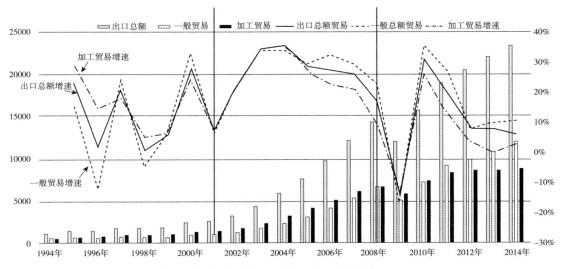

图 9.1　我国一般贸易和加工贸易出口额及其增速(1994—2014)

数据来源：历年《中国统计年鉴》。

2007；周禄松和郑亚莉，2014)。也有研究表明，贸易开放与异质性劳动力的工资差距无关(王苍峰，2011)。还有的研究表明，贸易开放会缩小熟练劳动力与非熟练劳动力之间的工资差距(Mitchener & Yan，2010；李磊、蒋殿春和王小洁，2015)，或者缩小学历间的工资差距(赵春明和李宏兵，2014)。

上述实证分析结果之所以存在较大差异，其中一个原因是许多研究只讨论贸易开放对工资不平等的影响，而没有通过研究工资残差不平等揭示贸易开放影响工资差距的内在机制。实际上，Mincer(1974)的经典研究发现，可观测的劳动者个体特征只能解释劳动者工资变动的 1/3，剩下的 2/3 来源于劳动者不可观测的异质性能力或其他随机冲击，也就是工资残差。具体而言，工资残差主要可分解成两部分：一是价格效应，即劳动力市场上不可观测的异质性能力的回报发生变化而造成的工资差距；二是结构效应，即个体特征的回报率不变时，由于劳动力市场的整体特征发生变化而出现的工资差距。

Mincer(1974)和 Juhn，Murphy 和 Pierce(1993)认为工资残差不平等是解释工资不平等的主要因素，在此研究基础上，各国学者对于工资残差的分析主要沿着两条线索展开。一条线索是着重讨论工资残差扩大的原因。一些学者认为技术进步会提高机器生产率的差距和技能回报率，降低劳动者的技能转移率，从而扩大工资残差不平等(Galor & Moav，2000；Violante，2002)。Uren 和 Virag(2011)认为随着技能偏向型技术进步加快，熟练劳动力的组内工资不平等(工资残差不平等)有扩大趋势，非熟练劳动力则刚好相反。还有的学者通过就业环境的安全性(McCall，2000)、终身工资的差别(Haider，2001)等来分析工资残差扩大的原因。另一条线索是对工资残差不平等的分解。Card 和 DiNardo（2002）发现，由劳动者不可观测的技能回报发生变化引起的价格效应贡献较大，结构效应的贡献相对较小。Autor，Katz 和 Kearney（2005）通过分位数分解法发现，美国工资不平等扩大的主要影响因素是组间工资不平等和组内工资收入的价格效应。然而，Lemiuex（2006）却发现工资残差不平等的主要影响因素是与受教育程度和工作经验相关的结构效应。

近年来，对中国工资残差的研究也引起了众多关注。Meng，Shen 和 Xue（2010）指出中国超过 80% 的工资不平等来自工资残差不平等。邢春冰和李实（2010）利用 1995—2007 年的 CHIP 数据进行的分析表明，工资残差不平等扩大的主要原因是技能价格上升，而这又主要源于国企改革和全球化。徐舒和朱南苗（2011）认为工资残差不平等扩大的主因是高学历劳动者不可观测特征的价格上升相对于低学历者更快。Cai，Chen 和 Zhou（2010）指出国企改革、城镇化和全球化均对城镇组间和组内收入不平等产生显著影响。魏下海、董志强和温伟华（2012）利用 CHNS 数据研究发现，价格效应是导致工资残差不平等的主要原因，他们把原因归结于财政支出和基础设施，而城镇化和外资的作用不显著。赵春明和李宏兵（2014）考察加入 WTO 和高等教育拓展前后，出口开放对学历工资差距的影响，指出学历工资差距的变化总体呈现"组间收敛，组内发散"的特征。

这些研究具有很多启示，但是仍存在以下问题。一是关于贸易影响工资残差不平等的内在机制的分析不足。例如研究中采用出口量或出口依存度等代理变量反映全球化的政策冲击，没有具体考察不同时期、不同贸易类型对工资残差不平等的影响路径。二是对劳动力异质性的考察不充分。尽管少数研究讨论了贸易开放对高低学历劳动者的影响（如赵春明和李宏兵，2014），但是他们所得出的"出口开放缩小了学历间工资差距"的结论有待商榷。我们认为，通过考虑劳动力的学历和经验两个维度、四个组群，能够对贸易开放影响工资差距变化的路径有更完整的认识（邹薇和谢倩，2019）。三是既有研究采用的都是 2008 年以前的数据，因此没有研究自金融危机以来，随着贸易形势、贸易结构的变化，对工资残差不平等产生的影响发生了什么变化。为此，本章纳入了 2013 年新一轮 CHIP 城镇住户调查数据进行分析，探讨贸易开放对不同"学历-经验"组别城镇居民工资和工资残差的影响。

本章的研究力图取得的贡献在于：其一，采用三期调查数据，分别对应中国加入 WTO 时加工贸易繁荣期（2002），受美国次贷危机影响出口增速放缓时期（2007）以及金融危机后的出口复苏期（2013），因此，与此前的文献相比，2002—2007 年体现了加入 WTO 背景下贸易开放提速对工资残差不平等的影响，而对 2007—2013 年的分析则首次捕捉了金融危机冲击对贸易开放、工资差距的影响。其二，考虑到人的生命周期中学历与工作经验是不可分割的，因此我们根据"学历-经验"将城镇居民分为四个组群以免出现选择偏误，将个体特征、测度贸易开放程度的合适指标及城市相关变量作为解释变量引入 Mincer 工资方程中，采用两阶段最小二乘法进行实证分析，并通过工具变量解决了内生性问题。其三，研究贸易开放对不同"学历-经验"组群、不同分位数工资差距的影响，由此揭示工资残差不平等加深的机制，发现在 2002—2007 年贸易开放缩小了低经验组群的学历间工资差距，但加深了工资残差不平等；在 2007—2013 年贸易开放拉大了学历间工资差距（控制住工作经验），进一步加深了工资残差不平等。其四，本章展开了稳健性分析，并利用 DFL 反事实分解方法对工资残差不平等进行分解，发现价格效应是影响工资残差不平等的主要因素。

9.2 不同学历-经验组别工资差距的统计描述

9.2.1 数据说明

本章使用的数据来源于中国家庭收入调查（CHIP）。该调查采用入户调查的方式收集城镇、农村家庭及个人信息。出于研究目的的需要及考虑变量的连续可比性，本章利用 2002 年、2007 年和 2013 年 CHIP 数据中城镇个人数据，并选用三次调查中均包含的七个省市，即安徽、重庆、广东、河南、湖北、江苏、四川。对数据进行如下筛选和处理：（1）将年龄限制在男性 16~60 岁、女性 16~55 岁；（2）根据通常的处理方法（赵耀辉，1997；邢春冰等，2010），定义工作经验=年龄-受教育年限-6；（3）剔除当年收入或工作时间为 0 的样本，剔除所需变量如性别、年龄、受教育程度、所在单位所有制、职业、所处行业为负或为空的样本；（4）剔除明显记录有误（例如年龄比受教育年限还小）的样本，剔除受教育年限和工作经验的极端值。

本章将所有样本按照受教育程度和工作经验分为四个组群：低学历低经验、低学历高经验、高学历低经验、高学历高经验。其中，高低学历以大专为界，高低经验以 20 年工作经验为界。由于不同年份调查工资的方式略有不同，本章统一采用小时工资，即采用当年总收入（包括奖金和津贴）除以当年工作小时数来衡量。历年的调查中有"您在 20××年实际工作几个月""您平均每月工作多少天（不包括周末休息）"以及"您平均每天工作几小时"，据此折算当年工作的总小时数。此外，考虑到通货膨胀对工资收入的影响，本章采用《中国统计年鉴》中历年省级居民消费价格指数（CPI）将年收入进行平减，再折算为小时工资。

为分析工资不平等的变化，采用基尼系数、泰尔指数、阿特金森指数来衡量绝对工资收入的不平等状况。对于对数工资和工资残差则采用方差和不同分位点之差的方法进行衡量，工资残差是利用 Mincer 工资收入方程进行回归后得到的残差。本章选取个体特征中的受教育年限、工作经验、工作经验的平方以及受教育年限和工作经验的交叉项作为解释变量。

9.2.2 工资及工资残差的统计描述

我们分析了 2002 年、2007 年及 2013 年总体和各学历经验组别的工资及工资残差不平等的有关统计量。从表 9.1 可以看出，城镇居民的平均年收入和小时工资都有较大幅度增长，总样本中，平均小时工资从 2002 年的 5.13 元增至 2007 年的 10.80 元、2013 年的13.56 元；在总样本和分组中，2002—2007 年的工资增幅均高于 2007—2013 年的增幅。不同于赵春明和李宏兵(2014)指出的"高低学历间的工资增长速度有收敛趋势"，我们发现"高学历高经验"组工资增幅最快，其次是"高学历低经验"组，而"低学历低经验"组的工资在 2002—2007 年增长较快，到 2007—2013 年则最慢。

就工资差距而言，高学历者工资较高，且差距在经验丰富时更明显；在低学历组群中，高经验者的工资比低经验者高，但差距不明显，表明当劳动力学历较低时，工作经验对工资产生的边际贡献不大；但在高学历组群中，高经验者的工资明显比低经验者高，这种差距在 2013 年尤为显著。基尼系数、泰尔指数、阿特金森指数均表明，不论是总体样本还是在各组群中，城镇居民工资差距在 2002—2007 年确有扩大，而在 2007—2013 年则呈缩小态势。在组群间比较，同为低经验的情形下，学历高低与工资不平等的关联无明显趋势，但同为高经验情形下，学历高者的工资差距相对较小。在同为低学历情形下，高经验者的工资差距较大，而同为高学历情形下，工资差距与经验无明显关联。

表 9.1(A)展示了对数工资的统计信息。总体来看，对数工资方差由 2002 年的 0.53上升到 2007 年的 0.62，2013 年略增至 0.63；样本主要分位点之差也表明，高低收入群体工资收入差距在 2002—2007 年均有扩大，但在 2007—2013 年有所缩小。同时发现，在总样本中工资的上半部分(90~50 分位)的贡献相对较大，表明中国高收入群体的工资差距占总体工资差距的大半。在分样本中，高学历低经验、低学历高经验组的工资差距主要来自上半分位，而高学历高经验组则主要来自下半分位。表 9.1(B)呈现了工资残差不平等的统计信息。总样本中工资残差的方差持续提高，但是不同组别工资残差不平等扩大的趋势有别。2002—2007 年工资残差上升较快的是低学历组群，尤其是低学历高经验组；而2007—2013 年工资残差上升较快的是高经验组群。低学历组群中，高经验者的工资残差不平等相对较严重；高经验组群中，高学历者的工资残差不平等程度则相对较低。

最后，表 9.1 还列示了方差比，结果发现工资残差的方差占工资方差的比重均在 77%以上，不论是总体样本还是分组群来看，整个考察期内该比值逐年上升。分组群比较来看，低学历组群的方差比上升更为迅速，到 2013 年低学历组(不论工作经验高低)的方差比均达到了 94%；高学历组群的方差比也持续上升，2013 年在 82%以上。由此可见，工资残差不平等对于中国城镇居民工资不平等的贡献度不仅高，而且不断上升。因此，要分析贸易开放对工资不平等的影响，应着重分析贸易开放对工资残差不平等的影响。

表 9.1 总体和各学历经验组别的工资和工资残差不平等（2002—2013 年）

	总样本			低学历低经验			低学历高经验			高学历低经验			高学历高经验		
年份	2002	2007	2013	2002	2007	2013	2002	2007	2013	2002	2007	2013	2002	2007	2013
基尼系数	0.40	0.42	0.41	0.39	0.41	0.34	0.38	0.43	0.42	0.45	0.38	0.37	0.37	0.38	0.35
泰尔指数	0.29	0.34	0.33	0.28	0.32	0.25	0.27	0.38	0.38	0.40	0.25	0.27	0.23	0.28	0.23
阿特金森指数	0.13	0.15	0.14	0.13	0.14	0.11	0.12	0.16	0.16	0.17	0.12	0.12	0.11	0.12	0.11
年总收入	10904	22898	29400	9987	19326	24045	10670	18312	25659	12974	28808	35179	13882	28620	41697
小时工资	5.13	10.80	13.56	4.60	8.60	10.36	5.00	8.59	11.75	6.48	13.57	16.66	6.62	14.46	19.86

A: 对数小时工资

	总样本			低学历低经验			低学历高经验			高学历低经验			高学历高经验		
平均值	1.36	2.06	2.30	1.26	1.86	2.11	1.36	1.83	2.14	1.50	2.36	2.55	1.66	2.42	2.75
90th–10th	1.75	1.91	1.77	1.74	1.74	1.40	1.72	1.83	1.73	1.99	1.69	1.60	1.68	1.74	1.56
90th–50th	0.90	0.98	0.90	0.85	0.95	0.66	0.87	0.97	0.88	1.09	0.91	0.83	0.79	0.81	0.76
50th–10th	0.86	0.93	0.88	0.89	0.79	0.74	0.85	0.86	0.85	0.90	0.78	0.77	0.89	0.93	0.80
方差 A	0.53	0.62	0.63	0.54	0.56	0.49	0.49	0.58	0.62	0.69	0.54	0.56	0.45	0.49	0.58

B: 工资残差

	总样本			低学历低经验			低学历高经验			高学历低经验			高学历高经验		
90th–10th	1.55	1.61	1.52	1.50	1.61	1.34	1.53	1.68	1.64	1.69	1.42	1.36	1.55	1.57	1.38
90th–50th	0.79	0.80	0.75	0.73	0.87	0.64	0.78	0.90	0.84	0.90	0.68	0.70	0.79	0.69	0.58
50th–10th	0.76	0.81	0.77	0.77	0.74	0.71	0.76	0.78	0.80	0.78	0.74	0.66	0.76	0.88	0.80
方差 B	0.41	0.48	0.53	0.41	0.46	0.46	0.40	0.49	0.58	0.53	0.43	0.46	0.36	0.41	0.50
方差 B/方差 A	0.77	0.78	0.84	0.77	0.82	0.94	0.81	0.84	0.94	0.77	0.80	0.82	0.80	0.82	0.86
样本数	3885	5239	4988	1061	1012	962	2209	2024	2269	375	1554	1222	240	649	535

9.3 计量模型与实证分析

9.3.1 计量模型

本章基于经典的 Mincer(1974) 的工资收入回归方程，结合 Hering 和 Poncet(2010)、Kamal 等(2012)、赵春明和李宏兵(2014)等的框架，构建贸易开放条件下工资水平的计量模型如下：

$$\ln w_{ijt} = \alpha_t + \beta_t \, \text{Export}_{jt} + \gamma \, \ln fdi_{jt} + \varphi_t \ln agdp_{jt} + \lambda_t \, X_{it} + \varepsilon_{ijt} \tag{9.1}$$

其中，下标 i 表示居民个体，j 表示城市，t 表示年份。被解释变量 w_{ijt} 代表在城市 j 的居民 i 在年份 t 取得的小时工资；α_t 和 ε_{ijt} 分别为常数项和残差项。模型中引入了 Export_{jt}，$\ln fdi_{jt}$ 和 $\ln agdp_{jt}$ 三个变量，分别代表城市 j 在年份 t 的出口依存度，利用外资金额对数和人均 GDP 的对数。出口依存度采用当期城市出口额与 GDP 总额比值来衡量，出口额按当年统计局公布的美元与人民币汇率年平均价折算为人民币。考虑到通货膨胀的影响，2002 年以后的人均国内生产总值和利用外资金额数据均平减到 2002 年的价格水平，利用外资金额还采用当年美元与人民币汇率年平均价进行折算①。变量 X_{it} 代表城镇居民 i 在年份 t 的可观测个体特征，包括性别、年龄、年龄的平方、是否结婚等。考虑到同一个省份省会城市跟其他城市之间可能存在差异，将是否省会城市纳入解释变量。同一年份不同组别之间的回归系数之间的差异采用加入虚拟变量系数法进行检验。表 9.2 报告了城市变量和城镇居民个体特征的描述性统计。

表 9.2 　　　　　城市变量及居民个体特征的描述性统计

年份	2002			2007			2013		
	样本	均值	标准差	样本	均值	标准差	样本	均值	标准差
出口依存度	3885	0.12	0.16	5239	0.37	0.50	4988	0.22	0.29
人均 GDP	3885	9.19	0.66	5239	10.23	0.57	4988	10.54	0.59
利用外资	3885	7.03	1.86	5239	8.94	1.02	4988	8.77	1.75
A：低学历低经验组									
对数工资	1061	1.26	0.73	1012	1.86	0.75	962	2.11	0.70
性别	1061	0.50	0.50	1012	0.50	0.50	962	0.52	0.50

---

① 由于各城市消费价格指数数据缺失较多，故统一采用省级消费价格指数进行平减。以上城市相关数据主要来源于各省市统计年鉴，部分数据来自《中国城市统计年鉴》《中国区域经济统计年鉴》以及各城市统计公报。省级消费价格指数和美元与人民币汇率年平均价都来源于《中国统计年鉴》。

续表

年份	2002			2007			2013		
	样本	均值	标准差	样本	均值	标准差	样本	均值	标准差
年龄	1061	31.21	5.03	1012	30.33	5.15	962	29.65	5.19
年龄的平方	1061	999.32	306.27	1012	946.12	303.01	962	906.19	304.10
是否结婚	1061	0.78	0.42	1012	0.79	0.40	962	0.78	0.42
受教育年数	1061	11.69	2.45	1012	11.42	2.05	962	10.91	1.82
工作经验	1061	13.52	5.33	1012	12.91	5.35	962	12.75	5.10
B：低学历高经验组									
对数工资	2209	1.36	0.70	2024	1.83	0.76	2269	2.14	0.79
性别	2209	0.59	0.49	2024	0.59	0.49	2269	0.58	0.49
年龄	2209	45.04	5.41	2024	45.85	5.72	2269	46.31	5.74
年龄的平方	2209	2057.58	494.40	2024	2134.76	532.98	2269	2177.65	542.49
是否结婚	2209	0.99	0.09	2024	0.99	0.09	2269	0.99	0.09
受教育年数	2209	9.61	2.49	2024	9.62	2.11	2269	9.21	2.23
工作经验	2209	29.43	5.79	2024	30.22	5.92	2269	31.10	6.29
C：高学历低经验组									
对数工资	375	1.50	0.83	1554	2.36	0.73	1222	2.55	0.75
性别	375	0.53	0.50	1554	0.54	0.50	1222	0.51	0.50
年龄	375	31.19	5.70	1554	31.56	5.55	1222	31.64	5.64
年龄的平方	375	1005.49	349.31	1554	1026.70	354.73	1222	1032.72	359.17
是否结婚	375	0.72	0.45	1554	0.76	0.42	1222	0.78	0.42
受教育年数	375	13.42	2.24	1554	15.21	2.00	1222	15.26	1.51
工作经验	375	11.78	5.47	1554	10.35	5.68	1222	10.38	5.73
D：高学历高经验组									
对数工资	240	1.66	0.67	649	2.42	0.70	535	2.75	0.76
性别	240	0.63	0.48	649	0.64	0.48	535	0.65	0.48
年龄	240	47.05	5.70	649	46.97	5.31	535	47.03	4.47
年龄的平方	240	2246.41	542.31	649	2234.14	509.95	535	2231.39	433.00
是否结婚	240	1.00	0.06	649	1.00	0.07	535	0.99	0.11
受教育年数	240	12.30	1.83	649	13.33	2.46	535	14.07	1.91
工作经验	240	28.76	5.52	649	27.63	5.31	535	26.95	4.64

9.3.2 基准回归结果

作为基准回归，表9.3报告了引入城市贸易开放和经济变量的普通最小二乘（OLS）回归结果。结果显示出口依存度对城镇居民工资具有显著的正向作用，但是不同年份比较，出口开放对工资差距的影响却不同。出口开放对工资差距的影响通过"学历"和"经验"两个机制传导。由于2001年底加入WTO之后中国加工贸易迅速发展，相对于学历，出口加工企业更注重劳动技能与企业需要的短期匹配度，因此，在一段时间中，出口对低学历、低经验者的工资产生的拉动作用更强，在2002—2007年出现了学历间、经验间工资差距缩小的现象。然而这并不是常态，在2008年金融危机冲击下，随着一般贸易更快发展和产业转型的需要，出口部门对劳动者学历、技能的要求提高，2007—2013年出口开放对工资的拉动作用在高学历组强于低学历组，在高经验组强于低经验组，即学历间、经验间工资差距转而扩大。

利用外资规模的系数在2002年的低学历组中显著为正，这与当时正值加入WTO后的FDI与加工贸易出口高涨期一致，但在2007年和2013年则呈现为负值，且显著性下降。人均GDP的系数在2002年仅对高经验组显著为正，而在2007年和2013年对所有学历经验组均显著为正，说明人均GDP对城镇居民工资水平有显著的拉升作用；从系数值来看，2007年人均GDP对提升工资的作用更大。在居民个体特征方面，性别对几乎所有组别的工资均有显著的正效应，并且2007年、2013年低学历组的性别系数都比高学历组大。当学历相同时，高经验组的性别系数则相对较大。这表明男性工资普遍比女性高，男性在学历较低时相对女性的优势更明显，而当学历相同时，工作经验丰富的男性相对女性的优势更明显。年龄变量的系数在少数组中显著，且工资水平与年龄呈先上升后下降的"倒U"形关系。"是否结婚"的系数也仅在少数组中显著为正，说明居民是否结婚对其工资水平无显著提升作用。"是否省会"在2007年和2013年显著为正，说明省会城市作为一省经济中心对于居民工资水平的提升作用明显。此外，表9.3中各回归方程的可决系数（R^2）基本上小于0.2，这正好表明在考察期内工资差异的80%以上包含于残差项中。

9.3.3 2SLS回归：解决内生性问题

考虑到出口开放度与城市居民工资水平密切相关，从而导致内生性问题，本章借鉴黄玖立和李坤望（2006）的研究，采用国外市场接近度作为出口依存度的工具变量。这样选取的原因在于，一是海运在中国对外运输中占据重要地位，一个城市到海岸线的距离基本决定了其对外开放水平；二是国内外经验均未得出任何地理因素本身与工资有关的结论。也就是说，国外市场接近度与出口开放度紧密相关，但是与工资无关，因此，用国外市场接近度作为出口开放度的工具变量可以解决内生性问题。具体地，国外市场接近度以各城市到海岸线的距离的倒数来度量①，运用两阶段最小二乘(2SLS)回归方法展开进一步分析。

此外，根据基本回归结果对个别变量进行了调整。考虑到在计算居民的工作经验时采用"年龄-受教育年限-6"计算，以及在表9.3中年龄仅在少数组中显著这一事实，我们认为在对工作经验进行分组后，可能使年龄这一变量对工资水平的影响有限，故将年龄及其平方项从个体特征变量中剔除。另外，在这里将居民的职业、单位所有制、行业这三个变量纳入控制变量。为了将各个年份的数据进行统一，我们按照居民职业所需技能将居民职业分为高技能职业和低技能职业2种，按照是否为国有经济将居民所在单位的所有制分为国有及其控股企业和非国有企业2种，按照行业主要投入的生产要素类型将居民所在行业分为3种：劳动密集型、资本密集型和其他。

表9.4报告了2SLS分析结果。结果显示，采用国外市场接近度作为出口依存度的工具变量，其系数均显著为正，且比表9.3中对应值要大。这说明，贸易开放对工资水平有显著的正向拉动作用，并且该作用在采用工具变量排除出口依存度的内生性后更强了。但是在不同年份，贸易对工资差距的影响机制呈现不同的状况。在2002年，贸易开放的系数值比其他年份都大，"低学历低经验"组的系数尤其大，发现加入WTO后加工贸易的发展，导致学历间、经验间工资差距均缩小。在2007年，贸易开放的系数在高经验、高学历组别显著为正，此时中国出口逐渐步入稳定发展时期，因此发现，同为低经验者，贸易开放导致学历间工资差距扩大，而同为高经验者，贸易开放导致学历间工资差距缩小。到2013年，贸易开放在各组别的系数均显著为正，且高学历组的系数较低学历组更大。在经历金融危机的冲击后，中国一般贸易增速和规模均超过加工贸易，对劳动力的技能要求提高，因而贸易开放拉大了学历间(控制工作经验)的工资差距，并且同为低学历者，经验间的工资差距也出现扩大。

利用外资规模在2007年和2013年多数组别中显著为负，说明多数外资企业处在价值链中低端，对城镇居民工资水平有拉低作用。在2002年，人均GDP仅在"低学历低经验"组与工资水平显著负相关，说明加入WTO后尽管出口和经济增长加快，但是低学历低经验劳动者的工资并未与人均GDP同步增长，原因是加工贸易之所以增长迅速，正是由于其低成本优势。然而，在2007年和2013年，人均GDP几乎对所有学历-经验组别均有显著的正向影响，尤其是2007年的系数值在各组别均较大，表明此时各组别城镇居民工资水平与人均GDP能够同步增长。

———————————

① 具体地，沿海港口城市的国外市场接近度就是其到海岸线距离的倒数，内陆城市的国外市场接近度则为其到最近的沿海港口城市的距离加上该港口城市到海岸线的距离，再取倒数。其中，沿海港口城市以2004年交通部发布的《关于发布全国主要港口名录的公告》中的沿海主要港口为准；内陆城市与港口城市之间的距离以电子地图测算的最短直线距离为依据，港口城市到海岸线的距离以电子地图测算的最短直线距离为准。

表 9.3 引入贸易开放和城市经济变量的 OLS 估计

	2002 年 低学历 低经验	2002 年 低学历 高经验	2002 年 高学历 低经验	2002 年 高学历 高经验	2007 年 低学历 低经验	2007 年 低学历 高经验	2007 年 高学历 低经验	2007 年 高学历 高经验	2013 年 低学历 低经验	2013 年 低学历 高经验	2013 年 高学历 低经验	2013 年 高学历 高经验
出口依存度	0.29* (1.81)	0.39*** (3.25)	1.55*** (5.21)	0.81** (2.55)	0.35*** (5.01)	0.34*** (5.93)	0.36*** (6.07)	0.19* (1.75)	0.48*** (4.5)	0.68*** (7.16)	0.60*** (6.7)	0.76*** (5.02)
利用外资规模	0.08*** (3.32)	0.07*** (4.41)	-0.02 (-0.46)	-0.02 (-0.44)	-0.01 (-0.21)	-0.08** (-2.04)	-0.08* (-1.83)	-0.10* (-1.68)	-0.04* (-1.87)	-0.06*** (-3.74)	-0.01 (-0.32)	-0.11*** (-2.92)
人均 GDP	0.11 (1.49)	0.12*** (2.6)	0.21 (1.55)	0.30** (2.07)	0.24*** (2.77)	0.38*** (5.97)	0.33*** (5.11)	0.45*** (4.22)	0.13** (2.19)	0.12*** (2.9)	0.09* (1.72)	0.23*** (2.81)
性别	0.13*** (3.13)	0.18*** (6.2)	0.21*** (2.7)	0.09 (1.06)	0.27*** (6.09)	0.28*** (8.65)	0.17*** (4.91)	0.21*** (3.77)	0.23*** (5.31)	0.39*** (11.88)	0.17*** (4.42)	0.22*** (3.43)
年龄	0.05 (1.12)	0.11*** (3.26)	-0.01 (-0.18)	-0.09 (-0.76)	0.04 (0.93)	0.02 (0.4)	0.15*** (4)	0.08 (1.13)	0.06 (1.25)	0.02 (0.5)	0.10** (2.1)	-0.03 (-0.29)
年龄的平方	-0.0002 (-0.28)	-0.0011*** (-3.02)	0.0007 (0.54)	0.0009 (0.8)	-0.0006 (-0.81)	-0.0001 (-0.33)	-0.0021*** (-3.64)	-0.0007 (-0.96)	-0.0006 (-0.78)	-0.0003 (-0.66)	-0.0011 (-1.56)	0.0005 (0.45)
是否结婚	-0.07 (-0.84)	-0.10 (-0.71)	0.26* (1.92)	-0.17 (-0.28)	0.16** (2.31)	-0.04 (-0.21)	0.10* (1.82)	0.46 (1.21)	-0.07 (-0.99)	0.04 (0.21)	0.03 (0.55)	0.57* (1.95)
是否省会	-0.02 (-0.4)	0.02 (0.47)	0.19** (2.04)	0.14 (1.44)	0.27*** (3.87)	0.22*** (4.22)	0.22*** (3.77)	-0.03 (-0.34)	0.19** (2.48)	0.29*** (5.39)	0.13** (2.16)	0.33*** (3.25)
常数	-1.77** (-2.05)	-3.0*** (-3.55)	-1.09 (-0.78)	0.91 (0.31)	-1.80** (-2.03)	-2.14** (-2.18)	-3.5*** (-4.82)	-4.17** (-2.09)	-0.24 (-0.27)	0.62 (0.61)	-0.63 (-0.72)	0.62 (0.21)

续表

	2002 年				2007 年				2013 年			
	低学历		高学历		低学历		高学历		低学历		高学历	
	低经验	高经验	低经验	高经验	低经验	高经验	低经验	高经验	低经验	高经验	低经验	高经验
样本数	1061	2209	375	240	1012	2024	1554	649	962	2269	1222	535
调整后 R^2	0.17	0.18	0.27	0.19	0.18	0.16	0.19	0.13	0.11	0.11	0.17	0.17
F 检验	28.36	60.10	16.77	7.95	28.75	48.22	47.59	13.55	15.2	34.59	31.22	14.57

注：括号内为 t 统计量。*，**，*** 分别表示在 10%，5% 和 1% 的显著性水平上显著，后同。

表 9.4　引入贸易开放和城市经济变量的 2SLS 估计结果

	2002 年				2007 年				2013 年			
	低学历		高学历		低学历		高学历		低学历		高学历	
	低经验	高经验	低经验	高经验	低经验	高经验	低经验	高经验	低经验	高经验	低经验	高经验
国外市场接近度	6.40***	2.18***	4.56***	2.63**	0.15	0.39***	0.47***	0.25**	0.43***	0.69***	0.86***	0.87***
	(3.42)	(4.03)	(4.49)	(2.08)	(1.35)	(3.41)	(6.39)	(2.02)	(3.48)	(5.16)	(7.71)	(4.57)
利用外资规模	−0.15*	0.04	−0.07	−0.06	0.03	−0.09**	−0.10**	−0.11*	−0.04*	−0.07***	−0.04	−0.12***
	(−1.86)	(1.6)	(−1.36)	(−1.07)	(0.53)	(−1.98)	(−2.39)	(−1.76)	(−1.66)	(−3.8)	(−1.54)	(−3.34)
人均 GDP	−0.38**	−0.08	−0.17	0.13	0.32***	0.38***	0.30***	0.45***	0.14**	0.11**	0.04	0.19**
	(−1.99)	(−1.12)	(−0.99)	(0.69)	(3.94)	(5.85)	(5.05)	(4.09)	(2.16)	(2.46)	(0.73)	(2.36)
性别	0.15**	0.14***	0.19**	0.05	0.25***	0.24***	0.17***	0.26***	0.23***	0.35***	0.20***	0.25***
	(2.27)	(4.83)	(2.19)	(0.64)	(5.61)	(7.66)	(5.19)	(4.79)	(5.25)	(10.96)	(5.03)	(4.12)

续表

	2002年				2007年				2013年			
	低学历		高学历		低学历		高学历		低学历		高学历	
	低经验	高经验	低经验	高经验	低经验	高经验	低经验	高经验	低经验	高经验	低经验	高经验
是否结婚	0.28*** (3.49)	-0.03 (-0.13)	0.36*** (3.54)	-0.14 (-0.91)	0.21*** (4.02)	-0.01 (-0.08)	0.26*** (6.54)	0.32*** (2.58)	0.11** (2.12)	-0.01 (-0.07)	0.25*** (5)	0.51** (1.99)
是否省会	0.45** (2.48)	0.08* (1.67)	0.38*** (3)	0.15 (1.33)	0.14* (1.66)	0.26*** (3.44)	0.30*** (4.76)	0.04 (0.41)	0.18** (2.33)	0.30*** (5.49)	0.26*** (3.66)	0.41*** (3.5)
所有制	0.36*** (5.4)	0.34*** (11.55)	0.26*** (2.87)	0.19** (2.12)	0.17*** (3.09)	0.13*** (3.41)	-0.02 (-0.34)	-0.01 (-0.14)	0.01 (0.17)	0.14*** (3.21)	0.14*** (2.79)	-0.04 (-0.43)
职业	0.23*** (3.1)	0.11*** (3.94)	0.19** (2.04)	0.05 (0.58)	0.15*** (2.92)	0.35*** (8.54)	0.28*** (8.43)	0.21*** (4.21)	0.22*** (2.58)	0.33*** (6.73)	0.20*** (4.92)	0.17*** (2.77)
劳动密集型	-0.13 (-1.27)	-0.02 (-0.51)	-0.41*** (-3.33)	-0.30** (-2.4)	0.01 (0.19)	-0.08* (-1.8)	-0.17*** (-3.52)	-0.27*** (-3.5)	0.06 (1.01)	0.10** (2.55)	-0.07 (-1.16)	-0.25** (-2.38)
资本密集型	0.02 (0.24)	0.10** (2.37)	-0.12 (-1.16)	-0.08 (-0.78)	0.02 (0.42)	0.07* (1.9)	-0.05 (-1.39)	-0.18*** (-2.91)	0.08 (1.41)	0.12*** (3.03)	-0.06 (-1.32)	0.07 (0.95)
常数	4.37** (2.33)	1.20** (1.97)	2.45* (1.74)	0.59 (0.35)	-2.17*** (-3.6)	-1.75*** (-3.08)	-0.60 (-1.34)	-1.81** (-2.09)	0.58 (0.95)	1.04** (2.26)	1.73*** (3.07)	0.68 (0.77)
Kleibergen-Paaprk LM	176.36 [0.00]	654.23 [0.00]	118.43 [0.00]	73.93 [0.00]	148.45 [0.00]	128.78 [0.00]	193.06 [0.00]	54.79 [0.00]	101.48 [0.00]	51.97 [0.00]	142.95 [0.00]	65.44 [0.00]
Kleibergen-Paaprk Wald F	19.22 {16.38}	51.31 {16.38}	9.12 {16.38}	5.54 {16.38}	385.84 {16.38}	629.64 {16.38}	558.16 {16.38}	211.35 {16.38}	1289.53 {16.38}	2897.52 {16.38}	1841.23 {16.38}	524.74 {16.38}
样本数	1061	2209	375	240	1012	2024	1554	649	962	2269	1222	535
F检验	14.63	65.00	16.46	8.59	22.29	44.33	61.91	18.65	12.45	33.26	29.79	14.69

居民的个体特征方面，在排除出口依存度的内生性后，性别依然对几乎所有组别的工资均有显著的正效应，说明男性工资普遍比女性高。"是否结婚"的系数在低经验组中显著为正，说明当居民刚进入劳动力市场时，结婚对其工资水平有显著的提升作用。"是否省会"这一变量显著为正，并且到 2013 年该作用对于各组别均非常显著，表明省会城市具有更多的提升工资的机会。

此外，从表 9.4 中可以看出，2002 年在国有及其控股企业工作的居民工资相对非国有单位的居民普遍要高，但是在 2007 年和 2013 年国企的优势就不那么明显了，只在低学历或低经验组有所体现。对于各种学历-经验组别，从事高技能职业的居民工资水平均显著较高。在劳动密集型行业，贸易开放对高学历者的工资具有显著的负效应。在资本密集型行业，贸易开放也仅对高经验者的工资提升作用比较显著。同时还可以看出，当居民的学历越高时，性别、单位所有制、职业类别等因素对其影响越小，表明当学历较高时，工资更多地是对能力的回报，而其他外部特征的影响较小。

9.4 工资残差不平等的分解与进一步分析

由于工资残差是构成居民工资差距的主要因素，我们对工资残差不平等进行分解，进一步揭示贸易开放引起工资残差不平等的内在机制。我们利用 DiNardo 等（1996）和 Fortin 等（2010）提出的反事实分解（DFL）方法对工资残差不平等进行分解，将其分解成价格效应和结构效应两部分，其中价格效应是指居民特征保持不变，而特征的回报率上升引起的工资差距变化；结构效应指特征回报率保持不变时，特征分布结构发生变化导致的工资差距变化。我们将数据分为 3 组（2002—2007 年，2002—2013 年以及 2007—2013 年）进行对比，为了突出金融危机对于中国贸易开放结构变化和工资残差不平等的影响，在这里着重展示 2007—2013 年的分解结果①。

图 9.2 展示了四个组别 2007 年、2013 年实际工资残差分布和反事实工资残差分布的密度函数图。其中，实线代表 2007 年实际工资残差分布，断点线代表 2013 年实际工资残差分布，长断线代表保持 2007 年特征的 2013 年反事实工资残差分布。因此，实线与长断线的分离程度表示价格效应，断点线与长断线的分离程度表示结构效应。图 9.2 中显示，对于各学历-经验组别，实线与长断线相差较大，说明价格效应突出；而断点线与长断线几乎重合，表明结构效应很小。

图 9.3 展示了根据 DFL 分解公式得出的工资残差的各个分位点之间的变化，以及该分位点对应的价格效应和结构效应的大小。其中实线表示总效应，即 2007—2013 年各个分

---

① 篇幅所限，此处略去构造反事实分解的具体数学推导。此外，2002—2007 年及 2002—2013 年的工资残差变化的图示与图 9.2 和图 9.3 类似，故略。

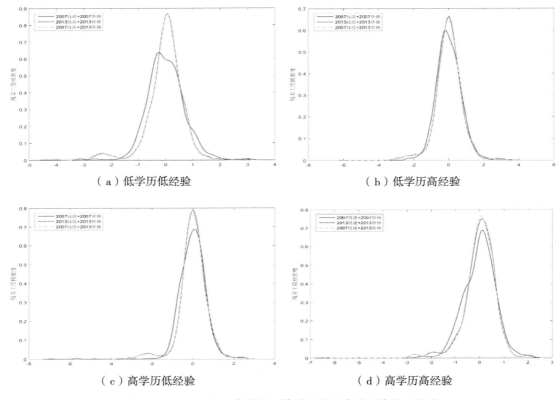

图 9.2　2007—2013 年实际工资残差与反事实工资残差密度

位点工资残差的实际变化；断点线表示结构效应，即各个分位点上 2013 年实际工资残差与保持 2007 年个体特征不变的反事实工资残差之差；长断线表示价格效应，即各个分位点上反事实工资残差与 2007 年实际工资残差之差。在图 9.3 中，各组别的结构效应基本在 0 附近上下波动，而价格效应与总效应非常接近。

因此，基于不同学历-经验组得出的结论是：价格效应（即劳动者异质性特征的回报率变化）是残差工资分布发生变化的主要原因，而结构效应对工资残差不平等的解释力相对较小。这与邢春冰等（2010）、魏下海等（2012）及赵春明等（2014）的研究结论一致，但是本章首次采用了 2013 年的数据，从而验证了金融危机之后，价格效应仍然是残差工资分布发生变化的主要原因。

下面考察贸易开放对工资残差不平等的影响，我们把对数工资残差作为被解释变量，将计量回归模型设定如下：

$$\varepsilon_{ijt} = \alpha_t + \beta_t \, \text{Export}_{jt} + \gamma_t \, \ln\!f\!di_{jt} + \varphi_t \, \ln\text{agdp}_{jt} + \lambda_t \, X_{it} + e_{ijt} \tag{9.2}$$

其中，下标 i 表示居民个体，下标 j 表示城市；下标 t 表示年份，取 2002 年、2007 年和 2013 年；被解释变量 ε_{ijt} 代表在城市 j 的居民 i 在年份 t 计算的对数工资残差；α_t 和 e_{ijt} 分

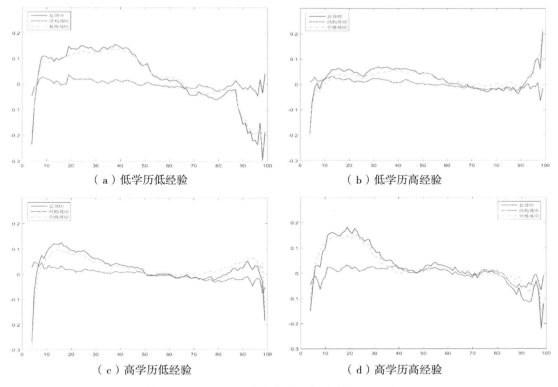

（a）低学历低经验　　（b）低学历高经验

（c）高学历低经验　　（d）高学历高经验

图 9.3　2007—2013 年各组别工资残差的 DFL 分解

别为常数项和残差项。模型中仍旧包含 Export_{jt}，lnfdi_{jt} 和 lnagdp_{jt} 三个城市相关的变量，其代表的意义分别为城市 j 在年份 t 的出口依存度，城市 j 在年份 t 利用外资金额的对数，以及城市 j 在年份 t 实现的人均 GDP 对数。这里仍然将居民所在城市是否为省会城市这一虚拟变量作为解释变量之一，将国外市场接近度作为出口依存度的工具变量纳入 2SLS 回归中。X_{it} 仍然代表城镇居民 i 在年份 t 的可观测个体特征，包括性别、是否结婚、所在单位所有制、职业类别、所处行业等。变量数据的处理与前面相同，具体结果见表 9.5。

从表 9.5 中发现，2002 年贸易开放的系数在"低学历高经验"组显著为负，对该组居民工资残差有拉低作用，缩小了该组别的组内工资差距，对其他组别的工资残差影响不显著。2007 年贸易开放在"低学历高经验"和"高学历低经验"组显著为正，对工资残差有拉升作用，具体地，若同为低经验劳动者，贸易开放对高学历的残差工资有显著提升作用，即拉大了低经验劳动者的学历间工资差距，而同为高经验组劳动者，贸易开放对低学历的残差工资有提升作用，即缩小了高经验劳动者的学历间工资差距。2013 年贸易开放的系数在各组群均显著为正，此时贸易开放导致各"学历-经验"组别的居民工资残差均上升。同时可以看出，当经验相同时，高学历组的系数较大；当学历相同时，高经验组的系数较大。因此，贸易开放既扩大了学历间（控制住经验）的工资残差不平等，又拉大了经验间（控制住学历）的工资残差不平等。

表 9.5 被解释变量为工资残差的 2SLS 估计结果

	2002 年 低学历 低经验	2002 年 低学历 高经验	2002 年 高学历 低经验	2002 年 高学历 高经验	2007 年 低学历 低经验	2007 年 低学历 高经验	2007 年 高学历 低经验	2007 年 高学历 高经验	2013 年 低学历 低经验	2013 年 低学历 高经验	2013 年 高学历 低经验	2013 年 高学历 高经验
出口依存度	1.28 (0.93)	-1.93*** (-3.14)	-0.15 (-0.14)	-1.84 (-1.41)	0.13 (1.28)	0.25** (2.34)	0.39*** (5.09)	0.16 (1.24)	0.34*** (2.82)	0.52*** (3.89)	0.51*** (4.96)	0.71*** (3.82)
利用外资规模	-0.09 (-1.54)	0.01 (0.65)	-0.06 (-1.31)	-0.05 (-0.89)	-0.10* (-1.85)	-0.10** (-2.37)	-0.10** (-2.34)	-0.05 (-0.84)	-0.04* (-1.85)	-0.05*** (-2.74)	-0.02 (-0.73)	-0.10*** (-2.93)
人均 GDP	0.14 (1.03)	0.41*** (5.24)	0.40** (2.43)	0.59*** (3.05)	0.14* (1.75)	0.07 (1.04)	-0.05 (-0.83)	0.01 (0.06)	0.05 (0.74)	0.01 (0.21)	-0.06 (-1)	-0.05 (-0.66)
性别	0.12*** (2.84)	0.10*** (3.58)	0.00 (-0.04)	0.04 (0.52)	0.23*** (5.25)	0.20*** (6.49)	0.13*** (4.01)	0.21*** (4.04)	0.22*** (4.98)	0.32*** (10.25)	0.17*** (4.64)	0.19*** (3.13)
是否结婚	0.01 (0.15)	-0.17 (-0.91)	0.09 (1.05)	-0.02 (-0.12)	0.11** (2.22)	-0.12 (-0.69)	0.00 (0.13)	0.30*** (4.39)	-0.03 (-0.68)	0.01 (0.05)	0.01 (0.21)	0.48 (1.47)
是否省会	0.15 (1.22)	-0.06 (-1.22)	0.17 (1.47)	0.09 (0.82)	0.29*** (3.44)	0.32*** (4.45)	0.34*** (4.99)	0.12 (1.14)	0.25*** (3.13)	0.22*** (4.09)	0.20*** (2.97)	0.44*** (3.93)
所有制	0.22*** (5.21)	0.20*** (6.81)	0.11 (1.39)	0.20** (2.38)	0.16*** (2.89)	0.11*** (3.12)	-0.01 (-0.17)	0.02 (0.25)	0.02 (0.31)	0.14*** (3.17)	0.14*** (2.86)	-0.04 (-0.41)
职业	0.10** (2.06)	0.09*** (3.02)	0.15* (1.89)	-0.01 (-0.15)	0.10** (2.11)	0.30*** (7.64)	0.26*** (7.92)	0.22*** (4.39)	0.20** (2.34)	0.29*** (5.61)	0.16*** (4.29)	0.17*** (2.77)
劳动密集型	-0.06 (-0.94)	0.01 (0.31)	-0.41*** (-3.72)	-0.34*** (-2.84)	0.05 (0.89)	-0.04 (-0.94)	-0.12** (-2.44)	-0.22*** (-2.81)	0.08 (1.41)	0.13*** (3.27)	-0.02 (-0.28)	-0.18 (-1.54)

续表

	2002 年				2007 年				2013 年			
	低学历		高学历		低学历		高学历		低学历		高学历	
	低经验	高经验	低经验	高经验	低经验	高经验	低经验	高经验	低经验	高经验	低经验	高经验
资本密集型	0.05	0.13***	-0.05	-0.05	0.04	0.08**	-0.03	-0.13**	0.08	0.12***	-0.02	0.10
	(0.98)	(3.29)	(-0.59)	(-0.48)	(0.8)	(2.3)	(-0.88)	(-2.26)	(1.47)	(3.19)	(-0.55)	(1.34)
常数	-1.12	-3.69***	-3.40**	-4.87***	-1.00*	-0.13	0.80*	-0.22	-0.43	-0.18	0.36	0.45
	(-0.81)	(-5.46)	(-2.45)	(-2.82)	(-1.73)	(-0.25)	(1.82)	(-0.26)	(-0.72)	(-0.4)	(0.66)	(0.5)
Kleibergen-Paaprk LM	176.36	654.23	118.43	73.93	148.45	128.78	193.06	54.79	101.48	51.97	142.95	65.44
	[0.00]	[0.00]	[0.00]	[0.00]	[0.00]	[0.00]	[0.00]	[0.00]	[0.00]	[0.00]	[0.00]	[0.00]
Kleibergen-Paaprk Wald F	19.22	51.31	9.12	5.54	385.84	629.64	558.16	211.35	1289.53	2897.52	1841.23	524.74
	{16.38}	{16.38}	{16.38}	{16.38}	{16.38}	{16.38}	{16.38}	{16.38}	{16.38}	{16.38}	{16.38}	{16.38}
样本数	1061	2209	375	240	1012	2024	1554	649	962	2269	1222	535
F 检验	9.41	25.38	8.70	10.07	7.91	19.65	14.02	15.71	7.71	22.32		

利用外资规模与工资残差水平负相关，说明利用外资规模产生了降低城镇居民工资残差的作用，这种作用在 2007 年和 2013 年的多数组别均显著。人均 GDP 在 2002 年与工资残差水平显著正相关，说明所在城市的经济发展水平对各组城镇居民工资残差有显著的拉升作用，但在 2007 年和 2013 年，人均 GDP 对各组群工资残差均无明显作用。但是，我们也发现，"是否省会"这一变量在 2002 年不显著，到 2007 年和 2013 年则在各组群均显著为正，说明 2007 年以来，省会城市的居民工资残差比非省会城市居民显著更高。

居民的个体特征方面，"性别"对 2002 年低经验组以及 2007 年和 2013 年各组群的工资残差具有显著的正效应，说明男性工资残差普遍比女性的工资残差大，就系数值而言，性别对于高学历者工资残差的影响比低学历者要小些。在各时期，"是否结婚"对工资残差的影响都不显著。就企业所有制而言，2002 年在国有及其控股企业工作的居民工资残差相对非国有单位的居民要高，但随着进一步对外开放，这一作用逐渐减小，在 2007 年和 2013 年只体现在低学历或低经验组群。就职业技能要求而言，高技能职业的居民工资残差更高，并且该作用在 2007 年、2013 年更趋显著，系数值也更大，表明 2007 年以来贸易开放更多地提高了技能劳动的需求。就行业而言，2002 年和 2007 年，劳动密集型行业降低了高学历者的工资残差，到 2013 年该作用不再显著；在资本密集型行业工作对于"低学历高经验"组的工资残差影响显著较大，但是对高学历者的工资残差并没有显著影响。总体上看，所处行业对于高学历者的工资残差影响不显著。

我们从两个方面对结论进行了稳健性检验：一是换成以本科为界对高低学历组进行重新划分；二是以 10 年为界对高低经验组进行重新划分，仍然考察贸易开放对四个"学历-经验"组别的工资水平、工资残差的影响。所得到的结论与表 9.4 和表 9.5 的结论基本一致，说明本章的结论稳健可靠①。

9.5 研究总结

进入 21 世纪以来，中国的贸易开放不论规模上还是结构上都发生了巨大变化。贸易开放的变化会改变劳动力市场的结构，尤其是加工贸易和一般贸易占比的变化，意味着对劳动技能和人力资本的市场需求发生变化，由此引起工资差距发生变化。本章发现，2002 年以来，中国工资残差在整体工资差距中占 77% 以上，并且逐渐上升至 80% 以上，因此，着重考察贸易开放影响工资残差不平等进而影响工资差距的机制。本章采用 CHIP（2002 年、2007 年、2013 年）数据进行实证研究，将居民分成四个"学历-经验"组群，分析贸易开放对工资和工资残差的影响，并利用 DFL 反事实分解方法分解影响工资残差不平等的价格效应与结构效应。

---

① 由于篇幅所限，此处未提供稳健性检验的结果。

　　实证研究显示：其一，贸易开放对工资收入有显著的正向拉动作用，但是不同于赵春明和李宏兵（2014）指出的"高低学历间的工资增长速度有收敛趋势"，我们发现"高学历高经验"组工资增幅最快，其次是"高学历低经验"组，而"低学历低经验"组的工资在2002—2007年增长较快，到2007—2013年则最慢。其二，不论是总体样本还是在各组群中，城镇居民工资差距在2002—2007年确有扩大，而在2007—2013年呈缩小态势。在组群间比较，同为低经验的情形下，学历高低与工资不平等的关联无明显趋势，但同为高经验情形下，学历高者的工资差距相对较小。在同为低学历情形下，高经验者的工资差距较大，而同为高学历情形下，则工资差距与经验无明显关联。其三，在不同时期，贸易开放对工资差距的影响机制呈现不同的特征。在2002年，加入WTO后加工贸易的发展，导致学历间、经验间工资差距缩小；在2007年，中国出口逐渐步入稳定发展时期，发现同为低经验者，贸易开放导致学历间工资差距扩大，而同为高经验者，贸易开放导致学历间工资差距缩小；到2013年，在经历金融危机的冲击后，中国一般贸易增速和规模均超过加工贸易，对劳动力的技能要求提高，因而贸易开放拉大了学历间（控制工作经验）的工资差距，并且同为低学历者，经验间的工资差距也出现扩大。其四，为了分析工资残差不平等的来源，根据DFL反事实分解方法比较了工资残差的各个分位点之间的变化，结果发现在2002—2013年，价格效应是导致工资残差不平等的主要原因。其五，进一步考察贸易开放对工资残差的影响，发现在2002年贸易开放缩小了"低学历高经验"组别的组内工资差距，而对其他组别影响不显著。在2007年，贸易开放在"低学历高经验"和"高学历低经验"组显著为正，贸易开放拉大了低经验劳动者的学历间工资差距，缩小了高经验劳动者的学历间工资差距；到2013年，贸易开放导致各"学历-经验"组别的居民工资残差均上升，既扩大了学历间（控制住经验）的工资残差不平等，又拉大了经验间（控制住学历）的工资残差不平等。可见，贸易开放正在由依靠低劳动力成本的加工贸易转向依靠竞争优势的一般贸易，因此，一方面，劳动经验对于学历的替代性减弱，贸易开放对各组群的工资残差都产生更为显著的影响，另一方面，学历间、经验间的经济回报差距也在不断扩大。

　　从上述结果不难看出，贸易开放对工资差距的影响主要体现为对工资残差不平等的影响，而后者又主要来自价格效应的影响。因此，中国既要进一步提高高等教育的数量和质量，提高劳动力整体的学历水平，适应现阶段贸易开放和全球竞争对高端、专业化人力资本的需求；同时也要注重加强中高级职业技能培训，适应一般贸易对于熟练技术工人和管理人员的需求，促进中国的出口制造业迈向产业链中高端。

第五编
制度、政策与经济发展

第 10 章　无效率制度、政策与发展的障碍：理论研究综述

为什么有些国家实行了"好"的经济制度和政策，从而促进了经济的持续增长与发展，而许多国家和地区则选择了"坏"的经济制度和政策，使得经济发展缓慢甚至停滞衰退？长期以来，各国学者从不同角度探索制度因素在经济发展中的作用，分析制度变迁的路径及其影响经济发展的机制，但是早期许多研究把制度视为外生因素。自 20 世纪 80 年代中期新增长理论兴起以来，把制度因素内生化的理论研究引起了广泛关注，许多学者通过分析各种"无效率的制度与政策"的来源，进而阐释一些国家遇到的发展障碍，解释世界各国尤其是中等收入水平的国家在发展路径上的"大分叉"。这个研究思路关注的不是注入资本积累、人力投入、资源要素等直接的增长因素，而是把握经济发展的根本源泉，通过更加一致的理论框架，对各国长期经济增长与发展的路径给出解释。

10.1　制度与各国发展的路径分叉

在 1800 年以前，马尔萨斯陷阱是世界经济的基本特征，各国人均收入几乎没有增长，并且人均收入的跨国差异也很小（Maddison，2003）。然而，自工业革命以来，一些西欧国家摆脱了马尔萨斯陷阱，实现了向现代经济增长的转型，逐步从贫穷走向了富裕。但是，当今世界许多国家仍然生产率低下，物质资本及人力资本积累缓慢，好的技术未被大范围采用，经济增长难以为继，从而导致人均收入低下。在图 10.1 中，世界各国被分成七大类，可明显看出在工业革命后，一些国家快速增长（如 Group 1），而另一些国家则发展缓慢（如 Group 6 的非洲国家）。如果我们对比单个国家，则差异更明显，图 10.2 比较了五个国家自 1600 年后的人均 GDP。在 1820 年前，这五个国家人均 GDP 类似（英国要高些），但是此后英国、日本和阿根廷快速上升，而中国和印度则被远远地抛在背后。

在探寻经济增长与发展的原因时，我们需要区分直接原因（proximate causes）和更深层的或根本的原因（fundamental causes）。有关发展与增长的研究表明，物资资本、技术和人力资本的差异，是导致巨大的人均收入的跨国差异和跨期差异的直接原因（Mankiw，et al.，1992；Hall & Jones，1999）。但是，为什么有的国家能积累充足的资本和采用先进的技术，

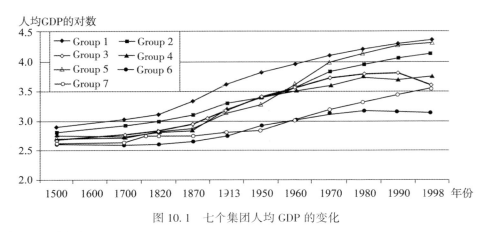

图 10.1　七个集团人均 GDP 的变化

说明：1. 数据来源于 Ngai(2004)；

2. 纵轴为人均 GDP 的对数(以 1990 年国际美元计算)；

3. 七个集团分别为：Group 1 包括 4 个欧洲移民国家和 12 个西欧国家；Group 2 包括 17 个西欧国家，Group 3 包括东欧国家和前苏联国家，Group 4 包括 44 个拉丁美洲国家，Group 5 仅包括日本，Group 6 包括 57 个非洲国家，Group 7 则包括所有亚洲国家或地区(除日本外)。

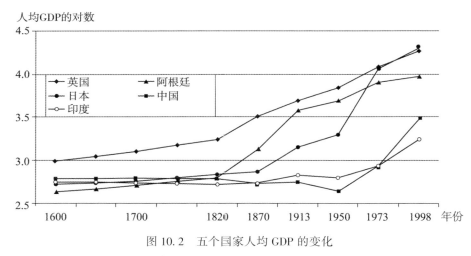

图 10.2　五个国家人均 GDP 的变化

说明：1. 数据来源于 Ngai(2004)；

2. 纵轴为人均 GDP 的对数(以 1990 年国际美元计算)。

从而实现了持续增长，而有的国家则发展缓慢甚至停滞衰退？阻碍经济发展的根本原因是什么？经济学家们分别从地理(Sachs, 2001；Gallup & Sachs, 2000)、文化(Putnam, 1993；North, Summerhill & Weingast, 2000；Barro & McCleary, 2006；Greif, 2006)、运气(多重均衡)(Murphy, Shleifer and Vishny, 1989；Matsuyama, 1996)，以及制度和政策(North,

1981；Parente & Prescott，1999；Persson & Tabellini，2000；Ngai，2004；Olson，2000；Acemoglu，et al.，2001，2002，2005)四个方面进行了分析和考察。这四种因素都能对资本积累和技术进步产生重要响，从而影响经济发展。

然而，在对许多经验特征事实进行考察，或者同时将制度和政策考虑到计量检验模型中时，就能发现，地理、文化和运气都仍然无法解释人均收入的跨国差异。相反地，尽管不存在完全一致的看法，但近年来越来越多的经济学家相信，制度和政策是影响经济发展的最为根本的因素，因而也是导致巨大的跨国人均收入差异的基本原因。一些无效率的经济制度和政策造成了各种各样的壁垒，使得资源和租金从民众(工人)转移到利益集团和精英(掌握政治权力或具有政治影响力的人)手中。这些制度和政策扭曲了经济激励，阻碍了技术引进和创新，也阻碍了人力资本和物质资本的积累，并使市场组织方式处于无效率状态。

10.2 经济增长的直接因素

在探讨经济增长的因素时，最直接的因素是物质资本、人力资本和技术，它们的数量和相互作用(生产方式)直接导致产出。自亚当·斯密开始，经济学家就强调资本积累、劳动分工等对于经济增长的作用(A. Smith，1776)。早期的发展经济学研究者，例如 Harrod (1939)、Domar (1946)、Nurkse (1953)、Lewis (1954)、Leibenstein (1957)、Rostow (1960)和 Rosenstei-Rodan(1943，1961)等，都强调物质资本的重要性，认为储蓄和物质资本的持续积累是导致经济持续增长和经济发展的关键因素，反过来，物质资本的稀缺正是穷国的产业不能转型，从而经济落后的关键原因。Nurkse(1953)的"贫困陷阱理论"得出了一个悲观的结论："一国穷是因为它穷"(A country is poor because it is poor.)。后期的许多文献(Murphy et al.，1989；Matsuyama，1991；Chen & Shimomura，1998)则沿着这条路线进行了扩展，认为多重均衡的存在表明，即使物质资本积累和多部门同时发展的"大推进"，也不一定能实现工业化。这些文献仍然是强调物质资本在产业升级和转型从而在经济发展中的决定性作用。Basu 和 Weil (1998)认为物质资本稀缺是发展中国家不能采用更先进技术的关键原因，因为由发达国家研发的先进技术更多地与物质资本相匹配，发展中国家由于资本稀缺的约束，无法实现产业升级和转型。

然而，新古典经济增长理论(Solow，1956；Cass，1965；Koopmans，1965)及后来的经验研究(Klenow & Rodriguez-Clare，1997；Hall & Jones，1999)却不支持物质资本在长期经济增长中具有决定性作用。经济学家于是开始转向人力资本和技术的研究，认为技术进步或全要素生产率(TFP)的提高是经济持续增长的源泉。Becker(1965)，Mincer(1974)，Lucas(1988)等强调了人力资本对于经济增长的重要性，认为人力资本投资、人力资本的外部性、"边干边学"效应等构成经济持续增长的主要源泉。还有一些经济学家则转向了技术进步的深入研究，他们认为以索罗（Solow，1956）为代表的包含外生技术进步的经济增长模型不足以解释长期经济增长，因而开始建立关于内生技术进步的理论研究框架。如 Romer（1987，1990），Aghion 和 Howitt（1991），Grossman 和 Helpman（1991）等，认为技术其实是内生的，有目的的研发（R&D）和知识积累可以持续地推动技术进步，而技术进步可以提高人均产出，从而实现持续的经济增长，由此可见，内生技术进步是长期经济增长的主要源泉。

尽管物质资本、人力资本和技术进步都是经济增长的直接因素，但是它们对于经济增长的影响大小则不同。Hall 和 Jones（1999）以及 Acemoglu 和 Melissa Dell（2009）等通过有力的证据表明，人均收入的跨期差异和跨国差异，主要源于技术或生产率的差异，其次是人力资本和物质资本的差异。也就是说，技术是导致经济持续增长的主要源泉，而人力资本和物质资本则其次。如图 10.3 所示，因为社会基础设施（包括制度和技术等）决定生产率，从而刻画了生产率与人均产出之间的正相关关系。可以看到，那些高收入国家或地区（例如美国、加拿大和西欧发达国家）都具有较高的生产率水平；而生产率水平很低的国家或地区主要集中在南撒哈拉非洲低收入国家或地区；众多的中等收入水平国家或地区，在生产率水平上也处在中间水平。

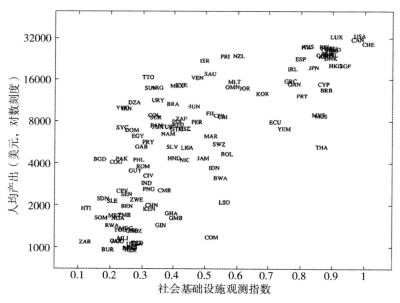

图 10.3　跨国人均产出与生产率（以社会基础设施等来衡量）的关系

说明：1. 数据来源于 Hall & Jones（1999）；

2. 图中的简写字母代表各个国家或地区。后同。

　　而表 10.1 则表明，发达国家或地区在人均 GDP 水平上比较接近，同时也发现它们在资本密集度和生产率水平上也是各有千秋。而考察发展中国家或地区与发达国家或地区的收入差距，发现主要差距体现为生产率的差异(生产率与人均 GDP 增长之间的相关性最高)；而且各国或地区在生产率上的差异性也最明显。就中国与美国相比，中国的劳动生产率只有美国的 0.106，而两国之间人力资本和物质资本密集度的差异则相对较小。

表 10.1　　各国或地区人均 **GDP** 差距及其贡献度分解(相对于美国，**1988** 年数据)

国家或地区	人均 GDP	贡献度拆分		
		资本密集度	劳动密集度	生产率
美国	1.000	1.000	1.000	1.000
加拿大	0.941	1.002	0.908	1.034
中国香港	0.608	0.741	0.735	1.115
新加坡	0.608	1.031	0.545	1.078
日本	0.587	1.119	0.797	0.658
印度	0.086	0.709	0.454	0.267
中国	0.060	0.891	0.632	0.106
127 个国家或地区平均值	0.296	0.853	0.565	0.616
标准差	0.268	0.234	0.168	0.325
与人均 GDP 的相关系数	1.000	0.624	0.798	0.889
与生产率的相关系数	0.889	0.248	0.522	1.000

资料来源：Hall & Jones(1999)。

　　既然经济增长的直接原因是技术进步、人力资本和物质资本，那么，是什么因素导致了不同的社会或者同一个社会在不同时期，它们的技术和资本积累不同呢？也就是说，经济增长的最根本和基本的因素是什么？从根本上看，资本和技术这些直接因素本身应该是内生的，我们把影响这些直接因素的力量(地理、文化、运气或制度和政策)称为经济发展的基本因素(或根本原因)。正如 North 和 Thomas(1973)最早批评增长理论只强调直接原因而忽视了经济增长的基本原因时所说："我们已经探讨的因素(创新、规模经济、教育、资本积累等)不是增长的原因，而是增长本身。"越来越多的学者开始区分(例如 Diamond(1997)对经济发展的直接原因和基本原因做了区分)和深入研究那些影响经济增长的根本原因。

10.3 经济增长的基本(根本)因素

10.3.1 运气与多重均衡假说

第一种有关经济发展与增长的基本原因的假说认为，人均收入的跨国差异或者跨期差异，源于一些小的不确定性，或者源于在多重均衡中的不同选择。许多文献强调，现代经济在生产和投资方面都存在外部性和互补性，从而如果经济代理人之间的协同失败，或者信贷市场不完全，则多重均衡或多重稳态将会出现。这些模型表明，给定各种参数，一个经济体能够展现出完全不同的行为：或者高的人均产出和持续的增长，或者贫穷和停滞。为更好地理解这些思想，考虑表 10.2 所示的一个简单的投资博弈的例子。每个经济行为人在投资方面做出决策：高投资或者低投资，并且假定 $y^H > y^L$，$\varepsilon > 0$。

表 10.2 多 重 均 衡

		所有其他经济主体	
		高投资	低投资
任何一个经济主体	高投资	y^H, y^H	$y^L - \varepsilon$, y^L
	低投资	y^L, $y^L - \varepsilon$	y^L, y^L

资料来源：Acemoglu(2009)。

由表 10.2 可知，这个博弈存在两个对称的(纯策略)纳什均衡：(高投资，高投资)和(低投资，低投资)。一方面，如果每个经济行为人预期所有其他经济行为人将进行高投资的话，并且不存在信贷约束，那么他也会进行高投资，从而(高投资，高投资)便是这个经济实现的均衡，经济将实现高的人均产出和持续的增长。相反，另一方面，如果每个经济行为人预期所有(或足够多的)其他经济行为人将进行低投资的话，那么他也会选择低投资，从而(低投资，低投资)便是这个经济实现的均衡，贫穷和停滞将成为这个经济的均衡结果。进一步地，如果信贷市场不完全，从而存在信贷约束，那么即使一个经济行为人预期所有其他经济行为人将进行高投资，他也将进行低投资，预期到这一点，其他行为人将进行低投资。所以，由预期或其他因素(如信贷市场不完全)导致的协同失败，将导致贫穷和停滞。

许多学者围绕多种均衡与长期增长路径展开了研究，包括 Murphy，Shleifer 和 Vishny(1989)，Azariadis，C. 和 A. Drazen (1990)，Matsuyama，K.（1991）等。在 Murphy 等(1989)的研究中，他们将"大推进"思想模型化，假定现代产业(或现代技术)存在规模经济,因而要使得现代产业有利可图,则必须有足够的需求。如果经济中没有足够多的产业采用现代技术进行生产,那么整个经济对那些已经采用现代技术的产业的产品需求将非常有限,从而将会使得这些现代产业发生亏损或无利可图。预期到这一点,所有这些现代产业也将不会出现。因而,由于协同投资于现代产业的失败,经济将长期处在传统的产业中无法自拔,低收入和停滞的陷阱将长期存在。相反,如果经济中有足够多的现代产业出现,由于需求的互补性,那么这些现代产业生产的产品将面临足够多的需求,从而将使得投资现代产业的厂商有利可图。进一步地,一旦有足够多的现代产业出现,那些还未进行产业升级或转型的产业,其产品的需求会下降,从而继续运行传统技术进行生产将无利可图,而进行产业升级或投资于现代生产技术将能获利。因此,一旦有足够多的产业进行协同投资,经济将逐渐地收敛于现代产业的均衡中。

类似地,Azariadis 和 Drazen(1990)在人力资本积累存在外部性,Matsuyama(1991)在现代产业中劳动的边际产品存在规模经济,以及 Redding(1996)在工人的人力资本与企业的生产技术在产品的生产过程中存在互补性等假定下,同样得出了"预期和信贷市场不完全会导致多重均衡的出现"的结论。其他文献还包括 Ghiglino, C. & G. Sorger(2002)等的研究。Ciccone, A. 和 K. Matsuyama.(1996)对这些文献进行了很好的回顾,并提出了其他可能会导致协同问题从而多重均衡的原因。

综上,运气和多重均衡假说认为,当存在由于预期、信贷市场不完全或初始条件所导致的协同失败时,经济将收敛于低水平均衡陷阱,反之,经济将能实现"起飞"和转型,高水平和持续增长的均衡将会出现。所以,预期、信贷市场不完全程度或者其他初始条件(即运气和多重均衡),将决定(人力和物质)资本的积累和技术进步与采用,从而决定经济发展与增长。

运气和多重均衡假说为我们理解经济发展提供了一个独特的视角,它强调了运气和历史的作用。然而,该假说并不能为巨大的人均收入的跨国差异提供合理的解释。我们应该认为美国和尼日利亚巨大的人均收入差异,是因为美国非常幸运而尼日利亚则非常不幸吗?或者说,当今的富国之所以富有是因为它们在几十年前或两百年前由于运气实现了对增长要素的整合,从而摆脱了低水平均衡,而当今的穷国之所以贫穷是因为它们自有历史以来从来都处于坏的运气中,从而从没有摆脱低水平均衡?我们很难相信这种解释。

特别是,多重均衡模型都强调投资在多个部门的协同是跨越低水平陷阱的关键,在现实中,计划经济的国家更能解决协同投资问题,而在私有制的民主国家,决策分散的市场经济更难以解决协同问题,然而为什么多数计划经济的国家陷于贫穷之中无法自拔,而许多市场经济的民主国家却实现了持续的增长从而变得富裕?更重要的是,在许多多重均衡模型中存在帕累托排序的多重均衡(Pareto-ranked equilibria),那么,为什么对于所有人更好的均衡在长期中都无法实现?这些都是运气和多重均衡假说所无法解释的。因而,无须用其他的假说(即后文将论述的文化、地理，以及制度和政策假说)来对比，仅仅以简单的经验事实为依据，运气和多重均衡假说作为经济发展与增长的基本原因，受到了许多学者的质疑(Easterly & Levine，2002；Acemoglu & Robinson，2005)。

10.3.2　文化与社会资本假说

经济增长与发展的基本原因的第二种假说强调的是，不同社会(民族)具有不同的历史经历或宗教信仰，从而具有不同的文化。许多社会学家和经济学家认为文化是价值观、偏好以及信念的一个关键的决定因素，而后者对经济绩效具有重要作用，所以，文化差异可能会导致经济绩效的差异。

将文化与经济发展联系在一起的学者中，最著名的是 Weber(1930)。Weber 认为，工业化起源于西欧可归因于文化因素，即新教改革和加尔文主义(Calvinism)的兴起，英国人的虔诚和新教伦理是资本主义发展的重要驱动力。新教伦理产生了一组信念和价值观，强调努力工作、节俭和储蓄，并且将经济成功理解为与上帝的意愿和选择是一致的。而且，许多历史学家和学者认为，不仅仅是资本主义的兴起，而且包括经济增长过程和工业化在内，都与文化和宗教信仰密切相关。Weber(1930、1958)对宗教对经济发展的作用进行了精彩论述，此后的许多其他学者发展了这个思想，这包括 Harrison 和 Huntington(2001)以及 Landes(1998)等，比如，Landes(1998)试图以文化和宗教变量来解释西方的兴起，但这个证据受到 Acemoglu，Johnson 和 Robinson(2005)的批评。

文化假说意味着，如果一个社会的文化价值观和信念体系不鼓励合作和协调，那么社会会变得"运转不良(dysfunctional)"，从而导致差的经济绩效 (Edgerton，1992)。这种观点最早是由 Banfield(1958)在对意大利南部的贫穷的考察中发展起来的，他认为意大利南部的贫穷主要是因为那里的人们接受了一种家庭主义(amoral familiarism)文化：人们仅信任自己家庭中的成员，拒绝与家庭外的人合作。这个思想后来由 Putnam(1993)和 Greif(2006)等进行了发展，并将能导致合作和其他"好的结果"的文化态度和价值观定义为"社会资本"。这些思想的许多版本出现在经济学文献中，包括 Veliz(1994)，North，Summerhill 和 Weingast(2000)，以及 Wiarda(2001)等在内，都强调文化因素在解释拉丁美洲国家经济落后方面的重要性。Knack 和 Keefer(1997)与 Durlauf 和 Fafchamps(2005)得出了社会资本与经济绩效正相关的结论，Barro 和 McCleary(2006)提供了宗教信仰与经济发展之间正相关的证据，但是没有证据表明它们具有因果关系，因为社会资本、文化和宗教信仰存在潜在的内生性问题，它们可能内生于其他决定经济结果和收入差异的基本原因之中(Hill，1961)。最近许多文献试图去克服这些困难，包括 Guiso，Sapienza 和 Zingales(2004) 以及 Tabellini (2007)的研究，但都没有取得满意的结果。

同时，在比较殖民地各国的发展的时候，一方面，有些人会认为文化也许在殖民地的经济经历方面起了一个重要作用，因为欧洲人不仅是带来了新的制度，也带来了他们自己的"文化"，这种观点解释了为什么信仰天主教和伊比利亚(Iberian)文化的拉丁美洲要比信仰盎格鲁-撒克逊(Anglo-Saxon)新教的北美(美国、加拿大)穷。然而，Acemoglu，Johnson和Robinson(2001)的研究表明，一旦将经济制度考虑进来，文化并不能对经济发展的跨国差异产生直接影响。另一方面，尽管新加坡只有很少的欧洲人，但现在却是处于最富有的国家之列，而具有很多欧洲后代的阿根廷和乌拉圭，却要穷得多。这进一步说明，殖民者的文化和宗教信仰并不是殖民地如今的跨国收入差异的根源。

进一步地，以文化来解释经济增长的理论还面临两个主要挑战。第一个挑战是对文化测度的困难。尽管 Putnam 以及其他一些经济学家在测度某些文化特征方面取得了一定的进展，但是存在同义反复的问题和危险。第二个困难和挑战在于如何有效解释增长奇迹，比如中国、韩国和新加坡。如果亚洲文化价值观是这些国家成功的增长经历的主要原因之一，那么，很难解释为什么亚洲文化没有导致这些国家在更早的时候开始持续的经济增长？为什么这些价值观没有推动其他亚洲国家的经济增长？为什么朝鲜与韩国在经济增长业绩上极为悬殊，尽管它们在分裂时具有相同的经济条件(Acemoglu，2009)？这些困难和挑战或许是可以克服的，然而相关模型如今仍然没有发展出来。

综上，文化和宗教信仰虽然能对经济发展产生重要影响，但该假说一方面还缺乏规范的理论模型，另一方面，无论是在简单的国别比较方面，还是在考虑到制度和政策差异的计量检验方面，都还无法对许多经验事实作出合理解释。因而，文化、宗教信仰和社会资本假说作为经济发展与增长的基本因素，也面临一些质疑。

10.3.3 地理因素假说

关于经济增长的跨国与跨期差异的基本原因，第三种假说强调地理因素。地理因素假说宣称，经济成就的差别反映了各国之间地理、气候和生态等因素的差异。这样的假设有许多不同版本，最普遍的一种观点是，气候和地理对于人们的工作努力、激励和生产率等有重要影响，因此对收入水平产生了直接影响。这样的观点可以上溯到 Machiavelli(1519)和 Montesquieu(1748)，而 Toynbee(1934)和 Marshall(1890)也强调过气候对于工作努力程度和生产效率的重要性。发展经济学的先驱之一 Myrdal(1968)也非常重视地理因素对农业生产力的影响，他说，"在认真研究欠发达地区的问题时，我们应该考虑气候及其对土地、植被、动物、人类和物质资产的影响，简单地说，就是对经济发展的各种条件的影响"。相对于前两种假说(运气假说和文化假说)，地理因素假说是较为具有代表性的观点。

(1)简单地理因素假说：不随时间变化的地理因素

近年来，Diamond(1997)和 Sachs(2000，2001)又提出了地理假设的其他版本。例如，Diamond(1997)认为，地理因素决定了定居农业的时机和性质，进而决定了一个社会是否能够发展出复杂的组织、先进的文明和技术，从而对于经济和社会发展有着持续的影响。而 Sachs(2000，2001)强调地理因素对流行病、交通费用和技术的影响，"这世界的某些地方具有地理优势，包括靠近重要的资源、靠近海岸线、拥有适合航行的河流、紧邻其他成功的经济体、有利于发展农业的自然条件，以及对人类健康有利的因素等"。特别地，Bloom 和 Sachs（1998）、Gallup 和 Sachs（2001）以及 Sachs（2000）认为流行疾病（如疟疾）和低寿命预期会导致热带的非洲国家无法积累充足的人力资本和物质资本，从而导致了低的人均收入。Gallup 和 Sachs(2001)的实证研究表明，位于热带地区的土地、疟疾、麻疹等疾病的患病率对经济增长存在显著的负面影响；而"居住在距离海岸线 100 公里以内"则对经济增长有正效应。

这类简化的地理因素假说意味着，某个地区的经济表现将保持稳定，因为对于经济发展而言，许多重要的地理因素本身是非常恒定的，这意味着，过去那些比较富裕的地区今天依旧会比较繁荣，过去比较贫穷的地区今天依旧会比较贫穷。然而，各地区相对贫富水平的逆转这一经验事实并不支持这种假设 Acemoglu et al.，2002)。如图 10.4 和图 10.5 所示，如果以城市化水平和人口密度来度量富裕程度，则 1995 年与 1500 年相比，就明显出现了财富的逆转：一些在 1500 年前相对贫穷的国家或地区（如加拿大、澳大利亚等）在1995 年都变得相对富裕。

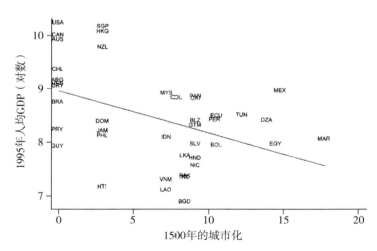

图 10.4　1500 年的城市化与 1995 年人均 GDP(对数)的关系

资料来源：Acemoglu, et al. (2002)。

而且，注重地理因素的文献都特别强调地理因素对农业生产力的影响，然而，研究表明，跨国经济增长差异主要源于工业化时期，那些今天是穷的国家不是因为农业落后，而是因为它们未能实现工业化。进一步地，不利的地理因素导致的低农业生产率应该意味着

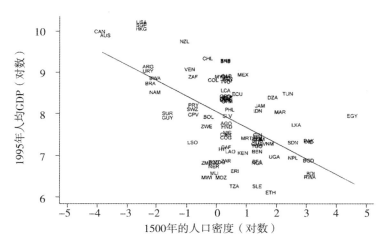

图 10.5　1500 年的人口密度(对数)与 1995 年人均 GDP(对数)的关系

资料来源：Acemoglu，et al.（2002）。

工业部门具有比较优势，从而应该鼓励那些具有不利的地理因素的国家发展工业，从而实现产业转型和经济增长，而不是相反。Acemoglu 等（2002）对此也进行了检验，他们提供的证据表明，对于前殖民地国家而言，让它们在今天获得富裕(贫穷)的因素与 1500 年时对它们有利(不利)的因素应该有很大不同。① 所以，简单地理因素假说不符合各国经济发展的经验特征事实。

（2）复杂的地理因素假说：地理条件随时间变化

还有一些研究认为，地理因素是可以随时间变化的，因此，国家之间(比如前殖民地国家)财富逆转现象未必能推翻更复杂的地理因素假说。在过去(比如 1500 年时)对经济发展无用甚至有害的某些地理因素到后来可能变成有利条件。第一种复杂的地理因素假说是"温带转移假说"，它的含义是，与热带地区相反，温带地区将在后来逐渐成为经济活动的中心，随着一些技术的出现，地理位置的作用会更加明显。例如，有人提出，对早期文明而言，热带地区的环境最适合经济发展——人类毕竟起源于热带地区，那里需要的卡路里摄入量也比较低。但随着更多技术的出现，温带地区的生产力获得了提高，这其中包括深耕、轮作、牛羊等家畜的饲养、小麦和大麦等高产量的欧洲谷物的出现等。尽管这些技术对于温带地区的发展起到了重要的作用，它们对热带地区却影响甚微（Lewis，1978）。Sachs（2001）也表示了类似的观点，他借鉴了 Diamond（1997）关于技术在不同生态环境里进行推广的论点："农业、医疗以及相关领域的某些技术可能适合在同一个生态环境里进

---

① 有证据表明，疾病和健康不良本身可能是贫穷的结果，而不只是贫穷的原因，所以，它们本身是内生的（Acemoglu & Johnson，2006）。

行推广，而不适合在其他的生态里进行推广，因此，经济发展的成果扩散到了广大温带地区，而对热带地区却没有效果。"然而，Acemoglu 等（2002）提供的证据表明，贫富的逆转并不是适合温带地区的农业技术的出现所导致的结果。首先，实证的结果表明，逆转与地理因素没有什么联系。其次，"温带转移假说"预示着，逆转应该与欧洲农业技术的扩散有关，但实际上，欧洲的农业技术在 16—18 世纪推广到各殖民地，而贫富的逆转主要是发生在 18 世纪后期到 19 世纪早期，是与工业化有关的现象。因而，"温带转移假说"也与经验事实不符。

考虑到经济增长逆转现象与工业化有关，第二种复杂的地理因素假说版本是，存在某些地理因素，它们对工业化比较有利。首先，我们可以设想，工业的发展需要更多的分工空间，而专业化的分工需要贸易的支持，如果各国的交通便利程度不同，那么交通成本比较低的国家就可以在工业化时代率先起飞。但这种论点并不完全具有说服力，因为实际的经济增长逆转与这些地理因素并没有什么联系。而且，那些之前比较繁荣却没有成功走向工业化的殖民地中包括许多岛国，如加勒比群岛等，以及中美洲各国、印度、印度尼西亚等具有天然港口的国家。此外，许多没有走向工业化的国家的交通运输成本其实并不高（Pomeranz，2000）。其次，我们还可以假定，有的国家可能缺乏工业化所必需的某些资源，特别是煤炭等（Pomeranz，2000；Wrigley，1988），因此耽误了工业化进程。然而，煤炭是世界上最常见的一种资源，在世界 100 多个国家有储量，50 多个国家在从事开采（World Coal Institute，2000）。Acemoglu 等（2002）的研究表明，缺乏煤炭或者其他（对工业化而言）重要的资源并不能解释财富分配的逆转或人均收入的跨国差异。因此，这些复杂的地理因素假说都缺乏数据及经验支持。

总之，地理因素（气候、疾病、资源和地形等）虽然会对人们的经济活动产生重要影响，但与文化和宗教信仰假说类似，一方面地理因素无法与一些重要的特征事实相符，另一方面如果把制度因素考虑进去，地理因素对跨国人均收入差异的直接效应很小。

10.3.4 制度与政策假说

得到比较广泛认同的一种看法是，制度和政策是造成人均收入的跨国差异和跨期差异的根本原因，因而"坏的"或无效率的制度和政策是发展的根本障碍。制度和政策决定了经济活动的成本与收益的分配，从而决定了经济行为人在劳动供给、物质资本和人力资本积累、对技术的采用和创新、对风险的承担，以及解决集体行动问题的能力并提供公共品等方面的行为。持续的经济增长离不开"好的"制度，比如，私有产权保护能够确保任何经济行为人获得其活动的收益，这会激励各种投资和增加产出的活动。相反，掠夺性制度和政策意味着大多数人的投资收益或产出将会被剥夺，这导致投资不足和低的生产率，从而阻碍经济发展。尽管不存在完全一致的看法，但是越来越多的经济学家认为制度和政策是造成不同经济绩效的根本原因。一些经济制度和政策造成了各种各样的壁垒，使得资源和租金从民众(工人)转移到利益集团(掌握政治权力或具有政治影响力的人)手中。这些制度和政策扭曲了经济激励，阻碍了技术引进和创新，也阻碍了人力资本和物质资本的积累，并使市场组织方式处于无效率状态。

强调制度是经济发展的关键的思想由来已久(Smith, 1776; John S. Mill, 1817)。近几十年来，越来越多的学者对制度在经济发展中的作用展开了深层次研究，有代表性的如North 和 Thomas(1973)，Jones(1981)，North(1981, 1990)，Olson(1982, 1993, 2000)以及North 和 Weingast(1989)等。他们都强调，能促进经济持续增长和发展的"好的"制度可能不会被选择，因为这些制度可能会对制定政策和制度的掌权阶层不利。Persson 和 Tabellini(2000)，Eggertsson(2005)，Dixit(2004)，Acemoglu(2007)以及 Acemoglu 等(2000, 2005)等通过理论模型探讨了为什么"好的"制度可能会对掌权阶层不利，并提供了明确的影响机制。在经验研究方面，Knack 和 Keefer(1995)，Mauro(1995)，Barro(1999)，Hall 和 Jones(1999)，Alcemoglu 等(2001, 2002)，Ngai(2004)以及 Persson(2005)等研究发现，各种无效率的制度和政策是导致人均收入跨国差异和跨期差异的决定因素。

自从亚当·斯密以来，许多经济学家强调过制度和政策对经济的重要影响，尤其是自North 和 Thomas(1973)开始，经济学家对制度和政策进行了详尽的分析。North 和 Thomas(1973)认为经济条件的变化，如相对价格和技术的变化，会引起制度变化，而制度变化(特别是产权制度)反过来决定了经济绩效。在他们看来，荷兰和英国在 1500—1700 年比法国和西班牙发展更快的原因，就在于当时荷兰和英国进行了有效的所有权制度变迁，而法国和西班牙"这两个专制君主国家在被卷入的争夺政治统治的斗争中不能创建一套提高经济效率的所有权制度，结果它们的经济陷入了停顿"。

Olson(1982)认为利益集团会通过游说或直接制定政策等方式，设置各种进入壁垒和管制，从而造成一国经济的停滞和衰退，并以此论证西方发达民主国家的经济兴衰。Olson(2000)更进一步将民主国家和非民主国家放在了一起进行分析，他发现，解释国家间贫富差别的道理虽然有很多，只有一条是放之四海而皆准的：在任何一个社会里，只要巧取豪夺比生产建设来得容易，掠夺活动就会使投资、分工、合作等创造活动萎缩，经济就不发达，社会就贫穷。反之，只要存在激励机制诱使企业和个人积极地进行生产创造，经济就繁荣，社会就富足。他还发现，投资、融资、研发新产品等生产活动只活跃于那些私人财产受到绝对保护、商业合同得到严格执行的国家。由此可见，政府对经济发展起着十分重要的作用，制度和政策与经济绩效有着非常密切的关系。

沿着这些思路，其他经济学家对制度和政策进行了更为规范和细致的分析，探讨了不好的制度是怎样阻碍经济要素的配置或技术进步的。Parente 和 Prescott(1999)考察了(劳动)要素供给的垄断对新技术和生产率的提高的阻碍，根据他们的模型，穷国穷是因为在许多行业存在要素供给的垄断，从而导致有效的技术未能采用，并且采用的劣质技术也未能有效使用。通过校准发现，如果排除这些垄断，穷国的产出能增加三倍。这说明无效率制度和政策会造成一国贫穷及各国经济发展的差异。

Ngai（2004）认为各国物质资本积累的壁垒的差异，可以足够解释跨国收入差异。在她的模型中，假定生产既可以使用 Malthus 技术（传统技术），也可以使用 Solow 技术（现代技术），两种技术使用不同类型的资本。通过模型及计量检验发现，对不同类型的资本积累设置不同的壁垒和障碍，会导致不同的经济转型启动的时间和经济转型的速度，从而解释了巨大的人均收入差异。Adamopoulos（2007）则指出对资本品进口限制和障碍的差异，是导致阿根廷和加拿大自 20 世纪以来经济存在差异的主要原因。

有关制度和政策是决定经济增长绩效的最基本原因，Acemoglu 等（2001，2002，2005）开展了持续的理论和实证研究，他们在一系列的文章中探讨了产权制度、民主政治以及宪政对经济发展的影响。Acemoglu，Simon 和 Robinson（2001）考察了 64 个前殖民地国家和地区的经济差异，认为欧洲殖民者在殖民地所建立的制度，决定了殖民地后来的经济绩效。他们以欧洲殖民者在殖民地的死亡率作为工具变量，发现当死亡率越高时，欧洲殖民者倾向于在殖民地建立掠夺性制度；反之，死亡率越低，则越倾向于建立保护私有产权的制度。这些制度一旦建立，它们在殖民地独立后仍然存在或发挥重要影响。通过实证发现，当时的死亡率与殖民地国家在 1995 年的人均 GDP 负相关，并且结果是稳健的（robust）。这表明制度和政策的差异，是导致前殖民地国家经济存在差异的主要因素。如图 10.6 中，跨国数据表明，欧洲殖民者的死亡率（对数）与 1995 年时的人均 GDP（对数）具有显著的正相关性；而在图 10.7 中，欧洲殖民者的死亡率（对数）与 1985—1995 年的平均掠夺风险得分（得分越高，风险越小）具有显著的负相关性。

随后 Acemoglu，Simon 和 Robinson（2002）考察了 1500 年以来前欧洲殖民地国家或地区的财富逆转现象：在公元 1500 年左右许多相对富裕的国家或地区现在变得相对贫困起来，而那些相对贫穷的国家或地区则变得相对富裕。与 Acemoglu，Simon 和 Robinson（2001）考察殖民地的流行病对欧洲人的定居从而制度发展的影响不同，Acemoglu，Simon 和 Robinson（2002）则强调的是当地的人口密度和经济繁荣程度对欧洲人后来采纳的政策的影响。在那些原先比较贫穷的地区，人口十分稀少，让欧洲人可以大量移民过来，殖民者因而引进了私有产权制度；而那些原先人口稠密、比较富裕的地区，建立掠夺性制度对于殖民者而言则更加有利可图。因而，欧洲殖民者的到来，带来了一种"制度安排的颠倒"，使得原本富裕的地区因殖民者建立的掠夺性制度而在随后变得相对贫穷，而那些原本贫穷的地区则因殖民者建立的私有产权制度而变得相对富裕。这再次说明，制度和政策是导致前殖民地国家经济绩效存在差异的根本原因。

与 Acemoglu 等持类似看法的学者还包括前文提到的 Rodrik 等（2002），Easterly 和

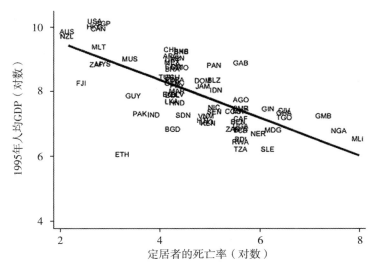

图 10.6 定居者的死亡率(对数)与 1995 年人均 GDP(对数)的显著正相关
资料来源：Acemoglu, et al.（2001）。

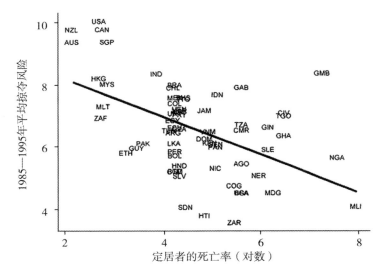

图 10.7 定居者的死亡率(对数)与 1985—1995 年平均掠夺风险显著正相关
资料来源：Acemoglu, et al.（2001）。
说明：平均掠夺风险得分，介于 0 到 10 之间，分数越小，则风险越大。

Levine（2002）以及 Sokoloff 和 Engerman（2000）等。综上，经济学家们分别从理论和实证方面表明，制度和政策对经济发展有着根本的影响。相对于前三种假说，制度和政策假说能够解释国别之间的许多特征事实，也能解释巨大的跨国收入差异。因而，制度和政策是经济发展与增长的基本原因。

10.3.5 四种假说的综合述评

运气(多重均衡)、地理、文化(宗教信仰)以及制度和政策都会对人力资本积累、物质资本积累和技术进步等经济活动产生重要影响，从而影响经济发展与增长。然而，运气、地理和文化都不足以产生持续和巨大的人均收入的跨国差异和跨期差异，无法解释世界各国经济发展的历史，因而不能成为经济发展与增长的基本因素。相反，制度和政策假说能很好地解释人均收入的差异、殖民地的经济发展差异以及1500年以来世界财富的逆转。越来越多的经济学家相信，制度和政策是经济发展与增长的基本因素。制度和政策假说得到了最广泛的研究，经济学家在该理论方面取得了较大的进展。

然而，强调制度和政策作为经济发展的主要基本因素，并不意味着运气、地理和文化不重要。事实上，这四个基本因素是潜在互补的，它们对经济发展都有潜在影响。更进一步地，制度和政策本身是内生的，并且可能会受到运气、地理和文化的影响。首先，不同的运气产生不同的均衡，而不同的均衡可能会进一步产生不同的制度和政策，比如低水平均衡可能产生掠夺性制度，而高水平均衡产生促进生产的私有产权制度；运气和文化还会通过影响收益分配，从而影响经济行为人之间的冲突，因而会进一步地影响制度和政策。其次，地理(包括气候、疾病等)也会影响人们经济活动的收益，从而影响制度和政策。恶劣的地理条件可能会降低预期寿命，从而降低人力资本投资的收益，以至于促进人力资本积累的制度(如强制教育、教育补贴制度等)难以建立。进一步地，低的教育水平和人力资本，不仅对产出产生直接影响，也会使得政治制度更难以从专制向民主制度转型(Lipset，1959；Acemoglu & Robinson，2006)，这进一步使得有害的制度和政策得以长期持续存在。最后，文化和宗教信仰会影响人们的偏好、价值观、道德和人们交往合作的方式，从而影响制度和政策。比如，好的文化鼓励合作和有节制的掠夺，因而经济行为人之间的冲突就更小，保护合同和契约的法律制度以及私有产权制度就更容易建立。因此，在分析各国经济发展差异时，不仅应重点考虑制度和政策这个基本因素，还应同时考虑运气、地理和文化等因素对经济发展的直接影响和间接影响(通过影响制度和政策)。反过来，制度和政策也可能影响多重均衡(运气)、地理和文化。比如，好的制度(如金融制度)可能有助于经济活动人之间的协同，从而使经济达到高水平均衡(魏福成、邹薇等，2014)。

尽管有关经济发展与增长的研究取得了如上所述的进展和成果，但仍有许多问题有待研究。首先，有些运气、文化和地理也可能是内生的，而目前并没有与之相关的正式模型发展出来。比如，人均收入较低时，人们没有足够的财力用于疾病(地理因素)方面的防治，如非洲的疟疾。所以，对某些运气和多重均衡、文化和宗教信仰，以及地理和疾病等进行内生化，从而揭示一些国家和地区因这三个因素的影响而难以实现经济增长与发展的机制，是未来的一个重要研究方向。其次、运气、文化、地理和制度与政策相互之间的复杂的直接影响和间接影响，我们仍知之甚少，需要仔细考察。再次，有关政治制度的决定方面，还需建立一些更为丰富的模型。最后，无论是在分析一国的经济发展，还是在进行经济发展的跨国分析时，应尽量将多个方面结合在一起进行考察，而目前的文献中这样的工作还未曾见到。

10.4　对内生的制度与政策的研究

10.4.1　无效率经济制度与政策的来源

根据制度与政策假说，由于制度与政策是导致经济增长与发展的基本因素，因此，无效率制度与政策的出现，是导致发展缓慢或停滞的根源。然而，为什么会出现无效率的制度或政策呢？具有政治影响力的利益集团和政策制定者（政府），为什么不愿意采用新技术或取消无效率的制度和政策，以促进技术进步和资本积累，然后通过税收和再分配手段获得更大的租金？

第一种可能的原因是政府缺乏直接和有效的财政工具，以致"政府能力"（state capacity）不足以收取足够的租金（Olson，1982；Acemoglu，2005，2007；Besley and Persson，2010），从而导致各种有害的间接分配工具的使用，阻碍了经济的发展。Olson（1982）指出，由于西方民主国家权力制衡，政府缺乏有效的财政工具（即政府能力）去征集足够的税收，这会导致具有政治影响力优势的利益集团谋求进入壁垒和管制，以维护他们的垄断地位来获取更大的租金。然而，这些有害的进入壁垒和障碍降低了社会的投资、创新以及新技术的采用，从而降低了经济绩效。

Acemoglu（2005）认为弱政府和强政府对于经济发展都是有害的。"弱政府"使得自利的统治者（利益集团）通过征税获得的收益很有限，因而统治者不愿提供足够的公共品（这些公共品为经济发展所必需），并可能设置各种进入壁垒和障碍，以维护利益集团（具有政治影响力优势的集团）的市场垄断地位，获得垄断利润。进一步地，Acemoglu（2007）认为即使政府有足够的征收能力，但当利益集团获得的税收份额有限时，利益集团也会设置较高的进入壁垒和障碍，以降低普通企业家对生产要素的需求量，同时会对普通企业家在创新和研发、引进新技术等方面设置有害的壁垒和障碍，以降低普通企业家的生产率，从而也会导致普通企业家降低对生产要素的需求量。这些都会降低要素价格（即要素价格操控），从而提高利益集团的利润（因为他们也经营企业）。Acemoglu（2010）更进一步认为政府能力和有效财政工具的可获得性增强，虽然可消除无效率的制度和政策，但未必能提高经济效率，因为它们会改变政治均衡，导致政治权力的争夺更加激烈。Besley 和 Persson（2010）将

"政府能力"内生化，分析了经济发展水平、市场规模、纯公共品的预期效用、收入不平等以及政治稳定程度等因素是怎样影响在位政府对下一期政府能力的投资的。

第二种解释是从政治影响力或掌权的角度进行考虑：取消无效率的政策和制度会使利益集团面临一个权衡。尽管取消这些造成经济无效率的壁垒和障碍，能促进新技术的引入（人力资本的积累以及其他经济条件的变化）从而改进经济效率，并实现持续的经济增长，但是这些经济变化可能会对利益集团未来掌握政治权力产生不利影响。一旦利益集团失去政治权力，便不能获得租金。因而，掌权的利益集团如果提高技术和人力资本水平，将面临一个权衡：一方面可以提高利益集团未来掌握政治权力时的收益（租金），但另一方面却会降低未来掌权的概率。如果后者的效应足够大，那么利益集团就会阻碍生产率的提高。大量事实说明，在许多国家中利益集团出于对掌权的考量，设置了许多壁垒和障碍阻止技术进步或人力资本积累。例如，奥斯曼帝国时期，印刷术和出版业被打击，因为统治者将它们看作传播危险思想的工具（Jones，1931）。在工业革命时期，俄国和匈牙利的政治精英把工业化看作反抗力量，"工业化会将具有革命思想的工人集聚在城市，铁路（技术）会方便地运送这些革命力量，而教育则会创造反对贵族的对立物"（Gregory，1998；Gerschenkron，1970）。又如，许多欠发达国家的教育投入不足和教育质量低下，主要原因在于大众教育水平的提高有可能损害掌权的利益集团未来的政治权力（Lipset，1959）。在巴基斯坦，"掌权精英们发现，让识字率一直保持在比较低的水平是一件很有利的事情。受教育的人口比例越低，则掌权精英们被取代的可能性就越低"（Husain，1999）。更进一步地，最明显的例子是扎伊尔（现为刚果民主共和国）。当卢旺达的 Juvenal Habyarimana 总统请求武装支持以对抗暴动的时候，扎伊尔独裁者 Mobutu 回答说："我告诉你不要修任何路……修路没有任何好处……我在扎伊尔掌权已经 30 年了，我一条路也没修过。现在他们沿着这些路来抓你"（Jeune Afrique，1991；Robinson，2001）。

从掌权利益集团的角度展开研究的文献近年来较多，包括 Acemoglu 和 Robinson（2000）、Bourgignon 和 Verdier（2000）、Robinson（2001）、Eicher，Cecilia Garcia-Penalosa 和 Tanguy van Ypersele（2009）等的研究。Acemoglu 和 Robinson（2000）构造一个简化的两期框架，论证了技术进步和其他有利的经济变化是否产生，取决于该变化对政权的影响。因为潜在竞争对手对新技术的引入，会使利益集团失去产品垄断者的地位，并降低掌权的利益集团在下一期的掌权概率。Bourgignon 和 Verdier（2000）建立了一个模型，认为"寡头政治"会反对普及型教育，因为寡头精英需要对穷人的教育进行补贴，而且受教育的人更有可能对政治权力产生需求，在政治上表现得更加活跃，并为实现收入和权力由寡头向民众转移（再分配）而进行投票。Eicher，Cecilia Garcia-Penalosa 和 Tanguy van Ypersele（2009）分析了民主政治下，受教育的民众人数的增加，使得在位的腐败政党面临一个权衡：一方面提高了腐败所能获得的租金，另一方面增加了腐败被发现的可能性，从而降低了掌握政权的概率。如果后者的效应足够大，腐败的在位政党就会阻止对大众教育进行补贴，这会降低社会(特别是收入不平等较为严重的社会)的人力资本存量，从而阻碍经济发展。因而，这些从政治经济学角度进行的分析表明，有害的制度和政策的长期存在并不能通过提高"政府能力"解决，即使掌权的利益集团具有有效的财政工具，出于对其未来掌权概率的考虑，也可能不会取消有害的制度和政策。实际上在许多专制国家，政府都有足够的征税和公共支出能力，但是这些国家却也是各种壁垒最多的国家，很多独裁者把国家的落后看作是维持对国家控制权的关键。"对掠夺性政府来说，低水平均衡陷阱不是要摆脱的东西，而是渴望的东西。"(Evans，1995；Robinson，2001)更一般地，在所有国家(不仅是专制国家)，经济发展的根本障碍都可能来自政治权力受到威胁的集团(Besley and Coate，1998)。

然而，以上文献也存在一些不足之处。Acemoglu 和 Robinson(2000)以及 Bourgignon 和 Verdier(2000)的模型的局限性在于只考虑了两期，并且简单假定寡头精英的掌权概率是外生的或退化的，从而既不符合现实，也不存在任何互动和重复博弈，失去了许多可能的含义和结论，许多经验事实无法得到解释。比如，过去20多年来世界技术不断进步的同时，为什么许多欠发达国家经济增长反而放慢和停滞？为什么一个社会越不稳定，经济发展越缓慢？为什么在劳动密集型产业为主的经济中，其经济增长缓慢？这些问题还有待进一步探讨。另外，Eicher, C. G-P. 和 T. van Ypersele (2009) 的研究的一个主要缺陷是分析对象仅限于运转良好的民主体制：在位政党的腐败行为一旦被发现，民众便能无成本地将其取代。然而，增长缓慢或停滞现象，常常发生在民主运转不良或非民主国家，因而他们的模型并不能很好地解释现实情形。如何在一个更一般的环境里考察重复博弈(无限期)情况下，经济发展条件的改善对在位的利益集团(政府)的收益和政治权力的影响，从而对经济政策的影响，这是下一步研究值得思考的问题。

第三种解释则强调政客为了选举或维持执政而采取有偏向性的政策，会导致政客采取的经济政策对富人(利益集团)和穷人(民众)都不利。比如，许多发展中国家采取了民粹主义政策，特别是在一些拉美国家中民粹主义占据重要的分量。Acemoglu, D., G. Egorov 和 K. Sonin (2011) 在民主体制下(多数投票规则)建立了一个两期模型：由于民众并不了解在位政客的类型(左翼还是右翼、腐败还是诚实)，那么在位政客为了赢得下一期的连任，会将经济政策过度向"左"偏倚(即民粹主义)，从而偏离帕累托最优，导致包括富人(利益集团)和穷人(民众)在内的整个社会都受损。该理论可以一般化地推广到任何政治体制和政治过程的情形。这意味着，在位政府或政客类型的信息不对称，会导致无效率经济制度和政策的出现。这一理论拓展和加深了我们对无效率经济制度来源的认识和理解，意味着我们必须将信息不对称或信息不完全考虑进来。

然而，这种解释思路也存在一些不足之处。首先，该理论对拉美等国家的民粹主义政策具有一定的解释力，但是用来解释其他国家无效率经济制度和政策，则缺乏经验研究作为支撑，目前还没有相关的经验研究分析在位政府或政客的信息不对称是怎样影响经济政策的。实际上，在许多国家，一个政党长期掌控着政府，民众对政党的类型具有充分的了解。其次，该模型是一个两期模型，如果能将模型扩展到多期或无限期情形，或许能给我们带来更多丰富的结论，也更符合现实。事实上，一方面许多国家存在法律上的弹劾机制，另一方面也存在事实上的被颠覆的可能，这都意味着在位政府或政客(政党)经常面临被取代的可能，所以多期或无限期模型更符合现实情形。

以上三种理论都有助于解释无效率经济制度和政策产生的原因，但同时也各有不足之处。除此之外，还有没有其他可能的来源导致了无效率经济制度和政策？以上的理论中都隐含着这么一个前提：如果经济发展条件的改善，不会导致以上三种对利益集团或在位政府的不利影响，那么经济发展条件的改善将提高利益集团和在位政府的收益。然而实际上，即使假定政府具有足够的能力进行征税，不存在政权冲击，经济发展条件的改善(资本积累、技术进步或产业升级等)也并不一定能给利益集团和在位政府带来更大的预期收益。因此，利益集团和在位政府就仍然会设置有害的制度和政策，阻止经济效率的改善和经济发展。例如，掠夺性的政府①可能会采取税收最大化和对中间品价格进行操控的政策，进而阻碍技术进步、产业升级。原因是，一方面，产业升级会提高企业投资和生产对税率的敏感度(假定不存在套牢)，从而降低均衡税率，这有可能降低利益集团或在位政府通过税收获得的再分配收益；另一方面，欠发达国家许多重要的中间品的生产和自然资源都掌握在利益集团手中，而产业升级有可能降低对这些中间品和自然资源的需求，从而降低其价格，导致利益集团的利润下降。在这样的情况下，利益集团和在位政府就会使用政治权力阻止产业升级。关于这些不好的政策阻碍产业升级、不利于经济增长的机制，还有待深入研究。

10.4.2 内生的政治制度

更进一步地，既然经济制度和政策是经济发展与否的根源，那么，为什么有的国家的利益集团或在位政府能够选择有利于他们自身而不利于整个社会的有害的经济制度和政策，而其他国家的利益集团则无法做到这一点？比如说，为什么美国、澳大利亚和西欧国家选择了"好的"制度和政策，从而促进了资本积累和技术进步，使得经济摆脱了马尔萨斯陷阱，逐步从贫穷走向了富裕，而菲律宾、缅甸以及非洲大部分国家选择了"坏的"制度和政策，阻碍了技术进步和资本积累，使得经济处于贫穷之中？这就要求考察政治制度的差异和变迁，因为政治制度决定了利益集团(在位政府)和民众之间的政治权力关系，从而决定了经济制度和政策。我们可以把制度分为政治制度和经济制度(政策)，政治制度决定经

---

① 即便一国的中央政府不是掠夺性的，其对地方政府的恰当激励也可能使得整个国家是掠夺性的，比如以税收额或短期 GDP 来考核地方政府的绩效。

济制度和政策，而后者决定经济绩效。

几乎所有的政策和改革都会有(相对的)输家和赢家，因而几乎不存在完全一致的认同，即经济人之间存在冲突。根据 Acemoglu 和 Robinson(2005)的研究，政治制度和财富分配分别决定了书面的(或法律上的，de jure)政治权力和实际的(de facto)政治权力①，二者又反过来决定了政治制度，而政治制度决定了经济制度和政策，从而决定了经济绩效和收入(财富)分配，如图 10.8 所示：

$$t\ \text{期的政治制度} \rightarrow t\ \text{期的法律或书面的政治权力}$$
$$t\ \text{期的收入分配} \rightarrow t\ \text{期的事实或实际的政治权力}\left.\right\} \Rightarrow \begin{matrix} t\ \text{期的经济制度} \\ t+1\ \text{期的政治制度} \end{matrix} \Rightarrow \begin{matrix} t\ \text{期的经济绩效} \\ t+1\ \text{期的收入分配} \end{matrix}$$

图 10.8 制度与经济绩效的关系

政治制度对利益集团和在位政府的政治权力具有重要的决定性作用，好的政治制度能够有效制衡利益集团和政府，从而使得它们设置有害的经济制度和政策的可能性或能力降低，而坏的政治制度则相反。政治制度可以分为民主政治和非民主政治(寡头政治或专制体制)，在非民主政治下，政治权力掌握在少数的利益集团和政府手中，因而它们具有极大的能力去设置有害的政策和经济制度，而在民主制度下，政治权力很分散，利益集团的政治权力受到有效的制衡，因而有害的经济制度和政策便不容易出现。那么，是什么因素决定了政治制度？为什么有些国家成功地从非民主政治向民主政治转型，而有些国家则没有？政治科学家如 Lipset (1960) 和 Moore (1966)都研究过民主的起源，但是缺乏经济学的视角。经济学家 North 和 Thomas(1973)认为包括政治制度在内的制度变迁，是为了适应新的环境以节省交易费用而发生的。随后，North(1981，1990)、North 和 Weingast (1989)等认为相对价格的变化，是导致制度变迁的主要原因。Olson(1993)认为由于偶然因素，几个帮派之间可能会出现势均力敌的状态，为了避免没有赢家的战争或自相残杀，几个帮派就会通过某种方法或制度分享权力，这种政治制度即是一种民主体制。然而，这些文献都缺乏一个严格的模型，而且没有给出更为细致和丰富的能使社会从非民主走向民主的条件。其他类似的研究包括 Evans(1983)、Lee(1994)、Lang(1999)等对英国以及 Collier (2000)对西欧和南美等文献对政治制度的一般性探讨。

有关政治制度内生化或转型，Acemoglu 等(2000，2005，2006)提供了比较全面的分析。他们在一系列文章中考察了一个社会从寡头(非民主体制)向民主体制转型的可能性，并给出了严格的模型、丰富的条件和较有力的经验证据。Acemoglu 和 Robinson(2000)认为西欧在 19 世纪扩展了选举权(即向民主体制转型)是政治精英为阻止和避免广泛的社会动

---

① 法律上的政治权力具有持久性，而实际的政治权力是暂时的。

荡和可能的革命而采取的策略性决策。① 由于暂时的财富转移(从利益集团到民众)或妥协并不能保证未来的财富转移和妥协能够继续，因此，掌权的利益集团和在位政府为了避免革命，主动改变政治体制(从寡头或非民主体制向民主体制转型)，因为民主政治能够给予民众法律上的政治权力，使得民众在未来更可能获得对他们有利的再分配等政策。② 沿着这一思路，Acemoglu, Daron, Simon Johnson 和 James A. Robinson (2005) 认为西方兴起的一个主要原因是，大西洋贸易导致了政治制度的变革。大西洋贸易给商人阶层带来了极大的利益，为了保护财富不受到君主和贵族的掠夺，商人阶层具有极大的动力寻求产权保护，这就要求改变政治制度，以约束和限制君主和贵族的政治权力。并且，商人阶层由于具有了很多财富和掌握了大西洋贸易的渠道，使得君主集团和权贵阶层没有太大的动力使用暴力去镇压商人阶层的诉求。在这些条件下，政治制度便发生了变革，使得商人阶层的政治权力扩大，而君主集团的权力缩小和受到限制，即由专制统治向更民主的政治体制转型。Acemoglu 和 Robinson(2006)在 Acemoglu 和 Robinson(2000)的基础上，对民主化及民主的巩固给出了更细致的考察。他们认为，市民社会越发达、中产阶层的扩大、全球化、利益集团内部的不平等和冲突、社会冲击与危机，都将要么增强民众的集体行动能力或者实际的政治权力，要么降低利益集团的协同能力，这些都将使得革命或革命威胁更加有效，而镇压则会面临极大的成本或者失败，从而导致寡头或专制政治向民主政治转变。进一步地，利益集团的收入来源与财富构成也会影响他们对民主化的态度。如果利益集团的主要收入来源于土地，那么他们会更加有动力反对民主化，因为土地更容易被征税，而一旦政治制度转向了民主体制，则土地精英们将会被征收太多的税收。相反，如果利益集团的主要收入来源于(物质的或人力的)资本，那么利益集团中的资本家阶层通过镇压反对民主化的动力就会减小，因为一方面资本不容易征税，这意味着民主化使得利益集团的收益下降幅度有限，另一方面一旦发生镇压和冲突，他们的资本很容易被摧毁，所以反对民主化的成本会很高。

Acemoglu 等的研究给了我们一个很好的视角，使得我们能够更好更细致地理解政治制度的变迁和巩固。然而，这些文献的一个共同缺陷是，认为民众的集体行动一旦成功，民主便出现，即民众内部在革命成功后不存在异质性或冲突。因而，这些研究无法解释为什么在历史上许多国家在民众通过集体行动取代原先的专制统治之后，并没有实现民主政治，而是由那些运动的领袖和领导层(即新的精英或利益集团)建立了另一个非民主(或专制)体制？比如许多国家在历史上的改朝换代，很多时候是民众领导的集体行动(如革命)

---

① Therborn(1977)、Rueschemeyer 和 Stephens (1992)都强调过社会冲突在民主转型中的作用。

② 其他三种民主化的理论包括：精英阶层价值观的变化、精英阶层的内部政治竞争导致需收买外部的集团进入政治体系(Himmelfarb，1965；Collier，1999)以及中产阶层的出现(Moore，1966)。这些理论都无法很好地解释历史事实，并且同样缺乏严格的模型。

所致，这些国家在运动成功后，却仍然延续着历史的传统和宿命，专制又得以建立，甚至比之前更甚，而并没有走向民主体制。①

　　根据许多经济学家和历史学家的观点，社会的基本政治经济制度，是由各政治和经济精英（利益集团）根据自己的利益相互作用和选择的结果。所以在考察政治制度的变迁时出发点应该是：在给定时期，政治制度由掌权的利益集团和精英②决定。在这里，掌权的利益集团可以包括民众运动中取得胜利的领导层和领袖（即新的统治阶层），尽管之前他们是民众，而并非仅指原来（革命前）的统治者。掌权的利益集团可以在平均主义制、专制（极端地，奴隶制）和民主政治（即自由劳动制）三大基本制度中进行选择③。因而，民众的集体行动成功后，运动中的领导层和领袖（即新的精英）面临选择政治制度的问题。人类社会最重要的（政治）制度转型，无疑是从平均主义制度到专制（奴隶制）最后到现代自由劳动制度（民主）的转型。这三种基本的制度定义了各种可供选择的经济制度和政策的集合。

　　奴隶制与专制（或非民主）本质上是相同的，工人（民众）所获得的工资低于其劳动的边际产品（Rodrik，1999；J. C. Rockey，2007）；而自由劳动制即为民主政治，因为工人（民众）获得的工资与劳动的边际报酬是一致的。那么，为什么在有些时候（人类早期），具有政治影响力优势的利益集团会选择平均主义制度，既不占有财产，也不奴役民众，而有些时候则选择奴役和专制制度，既占有财富又强迫民众劳动，以及在近一百多年里有些社会则选择了自由劳动制度（民主）呢？即这三种制度为何会发生转型？对利益集团而言，不同制度的成本和收益是什么呢？对此，Lagerlof（2009）以长期视角对三种制度进行了模型化。他将人口和技术（生产率）内生化比较了不同制度带给掌权的利益集团的收益大小及其对均衡制度选择的决定作用。他认为随着人口和（土地）生产率这两个关键因素的作用上升，利益集团所选择的制度会从平均主义转向奴隶制（专制），在一定的假设下，最终转向自由劳动制度（民主）。

　　然而他的研究存在的重大缺陷之一是，与Domar（1970）类似，他认为劳动的相对稀缺程度的下降（绝对人口规模的上升），是奴隶制（从而专制）兴起的关键，但却同时也认为人口规模如果足够高时，会导致奴隶制的衰退（从而民主或自由劳动制的兴起），这又与North 和 Thomas（1973）等的观点类似。然而，这些理论都无法解释为什么实行民主（自由劳动制）的国家，有人口多的大国（如美国），也有人口少的小国（如意大利）？（专制或奴役的情形也是如此）。而且，为什么具有大致相同技术（生产率）的国家，有的是非民主体制，而有的是民主体制？更重要的是，这些文献都无法解释为什么同一个社会（国家）在民

---

①　参见 Hannah Arendt. The origins of totalitarianism. New York：Harvest，1966.

②　即指拥有政治优势或暴力优势的人。

③　在平均主义制度下，财产是公有的，劳动力产权归经济主体自己所有，共同劳作，平均分配产出；在奴隶制下，土地归政治经济精英所有，非精英则受到强迫劳动，即非精英的劳动力产权归精英所有；而在自由劳动下，土地归精英所有，但非精英的人身从而劳动力是自由的。

主与非民主之间反复交替的经验事实(如阿根廷等拉美一些国家)。

　　进一步的研究需要建立一个长期视角，分析内生化的劳动生产率、民众占人口的比例，是怎样影响三大制度带给利益集团的成本和收益的，从而决定了掌权的利益集团对三大制度的选择。这样的分析将表明，当劳动生产率很低时，无论民众占的人口比例为多少，利益集团都将选择平均主义制；当劳动生产率处于中等水平时，随着民众占人口的比例从较小值开始不断上升，利益集团对制度的选择会从平均主义到奴隶制(专制)最后到自由劳动制(民主)；最后，当劳动生产率足够高时，如果利益集团在奴隶制与自由劳动制下付出的成本之比不断上升，则利益集团对制度的选择将从奴隶制(专制)转向自由劳动制(民主)，否则，自由劳动制不会出现。总之，这样的理论模型将强调劳动生产率、民众占人口的比例这两个关键因素，通过影响制度成本和总产出，从而决定了专制(奴隶制)与民主(自由劳动)是否出现。这能从理论上有效解释为什么具有相似的人口规模或劳动生产率的不同国家(或一国的不同时期)，由于民众与利益集团的人口比例不同，而选择不同的政治制度。

第 11 章　税收、中间品价格操控
与产业升级的障碍

持续的产业升级是一国摆脱贫穷的关键，发展中国家需要随着经济发展的进程，不断推动产业迭代和升级，从产业链、价值链的低端逐渐迈向中高端。然而在许多发展中国家，尤其是在进入中等收入水平发展阶段之后，产业升级出现滞缓甚至停滞现象，阻碍了经济转型和经济发展的进程。各国经验表明，产业升级的障碍是出现"中等收入陷阱"的一个主要原因。

本章构造了一个新政治经济学理论框架，分析了政府税收最大化和利益集团对中间品价格操控造成产业升级障碍的传导机制。本章的分析表明，在三种情形下，产业升级会导致政府税收收益或利益集团的利润下降，从而会阻止产业升级：(1)产业升级导致的资本份额的上升幅度较大，或者技术进步的幅度较小；(2)给定其他条件不变，初始产业状态中的资本份额足够大；(3)企业家购买资本的价格较高，政府从征税中获得或留存的税收比例较大，或者利益集团经营的中间品的生产率较低。因而，本章模型为发展中国家产业升级缓慢甚至停滞、经济增长面临"中等收入陷阱"，以及出现"二元化"的产业升级与经济结构等经验事实，提供了一个理论解释。同时，中国的财政分权会强化"地方政府税收最大化的动机"或使得"地方政府更容易被利益集团俘获"，从而会阻碍产业升级和转型，因此本章模型也为研究中国的财政分权对各地区产业升级、经济增长可能导致的不利影响提供了一个新的视角。最后，本章提出了降低政府和利益集团阻碍产业升级和转型的动力与能力的政策建议和制度安排。

11.1　引言

发达国家的经验表明，持续的经济增长常常伴随着持续的产业升级和转型。图 11.1 显示了美国过去 200 年来三次产业就业份额的变化，从中可以看出第一产业就业份额不断下降，而第二、三产业就业份额则不断上升，并且在过去几十年里，第三产业就业占比超过第二产业并不断上升。因为产业升级使得资本(物质资本和人力资本)在生产中的份额提高的同时，生产率和技术也相应地上升，从而人均收入得以提高，所以产业转型和升级是实现长期持续经济增长的关键。

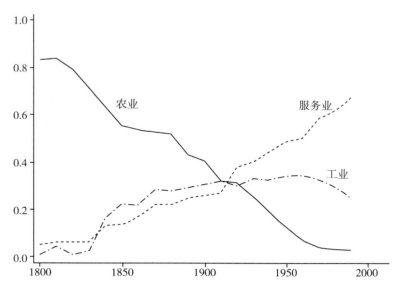

图 11.1 美国就业份额在农业、工业和服务业中的变化(1800—2000 年)

注：(1)数据来源于 Acemoglu(2009)；(2)纵轴为就业份额，横轴为年份。

然而现实表明，富国和穷国的一个显著差别是，相对于富国，穷国使用的技术和生产率落后，经济长期处于劳动密集型的传统产业中，产业升级缓慢甚至停滞。表 11.1 给出了部分国家在 2000 年和 2009 年三次产业对经济增长的贡献率。尽管发达国家产业升级的边际收益有限，但在西班牙、英国和法国 3 个发达国家，第三产业对 GDP 增长的贡献率都大幅度上升。而在表 11.1 中的 9 个发展中国家，第三产业对 GDP 增长的贡献率不但没有上升反而下降了，特别是巴西、泰国和委内瑞拉 3 国，下降幅度都超过 22 个百分点。

表 11.1 　　　　　　　　　部分国家三次产业对 GDP 增长的贡献率

国家	第一产业对 GDP 增长的贡献率		第二产业对 GDP 增长的贡献率		第三产业对 GDP 增长的贡献率	
	2000 年	2009 年	2000 年	2009 年	2000 年	2009 年
中国	4.6	4.3	50.9	53.3	44.5	42.4
泰国	15.2	-3	49.2	89.4	35.6	13.6
埃及	8.9	11.2	30.5	37.4	60.7	51.5
南非	1.9	14.2	21.7	25.3	76.4	60.5
巴西	1.9	-2.5	16.9	109.1	81.2	-6.7

续表

国家	第一产业对 GDP 增长的贡献率		第二产业对 GDP 增长的贡献率		第三产业对 GDP 增长的贡献率	
	2000 年	2009 年	2000 年	2009 年	2000 年	2009 年
委内瑞拉	9.6	1.3	50.2	76.6	40.2	22.2
捷克	4.3	3.5	70.5	73.2	25.3	23.3
波兰	−4.8	3.9	35.3	53.4	69.5	42.8
土耳其	13.8	−8.2	32.2	69.4	54.1	38.8
法国	−1.1	13.7	26.9	−78.2	74.2	164.5
英国	−0.2	0.2	11.3	−84.8	89	184.6
西班牙	6.2	−1.9	27.2	−71.2	66.6	173.7

数据来源：世界银行 WDI 数据库。

那么，是什么因素阻碍了产业的升级和转型呢？现有文献主要是从两个方面来分析和考察产业升级和转型的障碍：一是资本（物质资本及人力资本）的不足；二是政府对产业升级的阻碍。

早期有关产业转型（以及经济起飞）的文献，包括 Harrod（1939）、Domar（1946）、Nurkse（1953）、Lewis（1954）、Leibenstein（1957）、Rostow（1960）和 Rosenstei-Rodan（1943，1961）等，都强调物质资本的重要性，认为物质资本的稀缺是产业不能升级、从而经济落后的关键原因。Nurkse 的"贫困陷阱理论"得出了一个悲观的结论："一国穷是因为它穷。"较为近期的文献（Murphy et al.，1989；Matsuyama，1991；Chen & Shimomura，1998）则沿着这条路线进行了扩展，认为多重均衡的存在表明"大推进"有助于实现工业化。这些文献仍然是强调物质资本在产业升级和转型过程中的决定性作用。Basu 和 Weil（1998）认为物质资本稀缺是导致发展中国家不能采用更先进技术的关键原因（从而无法实现产业升级和转型），因为由发达国家研发的先进技术更多地与物质资本相匹配。

新古典经济增长理论（Solow，1956；Cass，1965；Koopmans，1965）及后来的经验研究（Klenow & Rodriguez-Clare，1997；Hall & Jones，1999）则不支持物质资本在长期经济增长中具有决定性作用，经济学家开始转向人力资本的研究。Becker（1965），Mincer（1974），Lucas（1988）等强调了人力资本对于经济增长的重要性。沿着这个思路，Acemoglu 和 Zilibotti（2001）认为由于发达国家研发的技术只是考虑到发达国家的要素禀赋结构（熟练劳动力与非熟练劳动力的比例）的最优使用，而发展中国家在熟练劳动力占比与人力资本积累方面低于发达国家，导致所采用的技术不能有效使用，从而阻碍产业升级和转型。Wang 和 Xie（2004）则同时考虑了物质资本与人力资本（技能劳动）稀缺，认为两种资本的稀缺是穷国不能进行产业升级和转型的原因。然而，如果物资资本和人力资本的稀缺是穷国不能有效进行产业升级和转型的直接原因，那么，为什么这些国家长期以来都没有实现资本的充分积累从而实现产业升级呢？许多学者从市场壁垒或要素垄断的视角展开探讨。Ngai(2004)分析了政策对物质资本积累的障碍和壁垒，指出这些壁垒会推迟产业转型启动的时间和减缓产业转型的速度。Adamopoulos(2007)则指出对资本品进口限制的差异，是导致阿根廷和加拿大经济存在差异的主要原因。而 Parente 和 Prescott(1999)考察了(劳动)要素供给的垄断对新技术引进的阻碍(从而阻止产业转型)。

但是，进一步的问题在于，政府为什么会设置这些市场壁垒或障碍？具有政治影响力的利益集团为什么不允许产业转型，然后通过税收和再分配政策获得更大的租金？近年来越来越多的文献从政治经济学的角度对比进行了分析和考察，认为资本的提高和技术的进步(更一般地，经济发展条件的改善)可能会降低利益集团掌握政治权力的概率或利益集团游说(或俘获)政府的概率，从而导致政府会阻止资本积累和技术进步。Bourgignon 和 Verdier(2000)认为"寡头政治"会反对普及型教育(从而阻止人力资本的提高)，因为寡头精英不但需要对穷人的教育进行补贴，而且受教育的民众更有可能对政治权力产生需求，在政治上表现得更加活跃，并为实现收入和权力由寡头向民众转移(再分配)而进行投票。Acemoglu 和 Robinson (2000)、Eicher, Garcia-Penalosa 和 Tanguy van Ypersele (2009)认为技术进步或人力资本积累(经济发展条件)使利益集团面临一个权衡：技术进步一方面会提高利益集团掌握权力或俘获政府时的收益，另一方面可能会降低他们掌权的概率；如果后一个效应足够大，则利益集团将阻止技术进步。

以上研究有一个前提，即产业升级(经济发展条件的改善)能提高利益集团(或在位政府)掌权或利益集团俘获政府时的收益。但是，即使产业升级能够提高经济效率和改善社会福利，并且不会对利益集团的政治权力产生冲击，只要该产业升级不能给利益集团(及在位政府)带来更大的预期收益，他们就仍会阻止产业升级。本章考察政府或利益集团阻碍产业升级的两种因素：政府的税收最大化①和利益集团②对中间品价格的操控。一方面，产业升级会提高企业投资和生产对税率的敏感度，从而降低均衡税率，这有可能会降低政府和利益集团③通过税收获得的收益；另一方面，欠发达国家许多重要的中间品的生产和自然资源都由利益集团所垄断，而产业升级有可能降低对这些中间品和自然资源的需求，从而降低其价格，导致利益集团的利润下降。在这里，我们将政府和利益集团看作一体的，即假定它们结盟和协调一致，这可能是因为官僚被利益集团俘获，也可能是因为官僚本身就是利益集团。

---

① 即便一国的中央政府不是以税收最大化为目标，但其对地方政府的不恰当激励也可能使得整个国家是以税收最大化为目标的，比如以税收额或税收增长率来考核地方政府的绩效。

② 如垄断国有企业、官僚阶层等。

③ 非政府部门的利益集团，如国有企业，可通过补贴或其他公共品从税收中获得收益。

税收最大化是许多政治经济学文献的出发点，一方面政府和官僚机构本身是一个自利的组织，能够从税收中获得收益；另一方面，中央政府对地方政府或财政部门所设置的不恰当的考核指标，如税收增长率或短期 GDP 增长率，或者其他需要资金支持的考核项目，会造成各地方政府在其任期内变相地以税收最大化作为手段或目标之一，这可能导致地方政府会制定一些有害的政策，阻碍产业升级和转型。同时，垄断经营中间品的利益集团不仅会通过游说方式俘获政府，而且它们具有强大的经济影响力，因而在位官员和政府需要它们的政治经济支持。

大量政治经济学研究文献（Olson，1982，1993，2000；Bourgignon & Verdier，2000；Acemoglu & Robinson，2000）表明，利益集团掌握政治权力、控制政府，左右制度和政策的决策，因此，利益集团与掠夺性政府是造成发展障碍的根源。许多国家历史上曾长期处于"披头散发的流窜匪帮"与"戴上皇冠的常驻匪帮"的反复交替之中，只是工业革命以来，部分欧洲国家以及世界其他少数国家建立的民主体制，才实现了真正的对政府权力和利益集团的制衡，结束了这种"匪帮"统治和掠夺，步入现代经济增长从而变得富裕（Olson，2000）[1]。可见，只有利益集团的掠夺行为能够得到控制，才能实现经济转型和长期增长；反之，如果利益集团的权力没有得到有效制衡，经济增长便难以为继（Acemoglu，2009）。

Acemoglu（2007，2010）指出，掌握政治权力的利益集团确立的制度或政策，在一些产业设立了很高的进入壁垒，或者通过对要素价格进行操控，将社会资源掌握在自己手中。进一步地，政府"财政能力"的提高不仅不可能消除反而可能加强这种非效率的扭曲。本章与 Acemoglu 的不同之处在于：（1）本章注重研究在位政府和利益集团对中间品价格的操控。之所以如此，是源于普遍的现实情形。在许多发展中国家，政府和利益集团都经营着中间品行业，比如钢铁、石油、铁路、通信等对国民经济至关重要的行业，控制了这些行业便控制了经济命脉，从而在位政府和利益集团能获得更高的收益。并且本章的分析表明，在同时考虑税收最大化和对中间品价格操控的情形下，向政府和利益集团进行再分配的财政工具可获得性（即权力向利益集团集中的程度）的增强，会增加它们阻碍产业升级的动力，从而增大无效率制度和政策出现的可能性。这一点在已有文献中尚未充分考虑，因而本章是对无效率经济制度和政策的来源的一个贡献[2]。（2）在 Acemoglu 的研究（2007）中，因为资本在生产中的份额保持不变，所以，出于税收最大化的目的，利益集团不但不会阻止技术进步，反而会鼓励技术进步，这无法解释许多发展中国家产业升级为什么会处于停滞状态。与之不同，本章通过对产业升级的分析，指出技术进步常常伴随着要素在生

---

[1]　一些发展中国家仍然延续着"流窜匪帮"与"常驻匪帮"的交替，还有一些发展中国家尽管有选举制度，但是并没有对权贵阶层的行为或政府的掠夺进行有效的制衡，结果出现了持续的经济停滞和衰退。

[2]　其他几个无效率的来源包括税收掠夺、在位政府的信号发送以及价格操控等。

产中的份额发生变化(资本份额上升)，在位政府和利益集团出于税收最大化的目的，可能会阻止技术进步。因此，本章为我们解释许多发展中国家产业升级长期停滞提供了一个思路。

本章的分析表明，第一，给定产业升级带来的技术、生产率和产出的提高，如果产业升级导致的资本份额的上升幅度足够大，则产业升级有可能降低政府和利益集团的收益。第二，给定其他条件不变，初始产业状态中的资本份额足够大时，产业升级更可能降低政府和利益集团的收益。第三，企业家（中间阶层）购买的资本的价格越大，政府和利益集团从征税中获得的税收比例(从而有效的财政工具的可获得性)越大，以及利益集团经营的中间品的生产率越低，则产业升级越可能导致政府和利益集团的总收益下降。在以上三种情形下，产业升级都会导致政府和利益集团收益下降，致使它们阻止产业升级。这些结果与许多发展中国家的经验事实相一致。

本章的模型不仅适用于政府内部或利益集团内部不存在冲突和协调一致的情形，也适用于中央政府仁慈(以社会福利最大化为目标)而地方政府受到不合理的激励和缺乏监督的情形，所以本章的模型具有普遍性。如果地方政府从税收征收和地方政府支出中能够获得较多的腐败收益和租金，或者地方政府受到不合理的激励，或者更容易与利益集团合谋，那么地方政府就会阻碍产业升级。就中国的情形而言，财政分权、以 GDP 对地方政府进行考核的机制以及地方政府的任期制度等，使得中国的地方政府有动力追求税收最大化，也更有可能为经营中间品的利益集团所俘获，从而地方政府有动力阻止产业升级。这一点是以往研究未曾考虑到的。所以，本章模型也对中国的财政分权提供了一个新的研究视角。

在(物质或人力)资本份额(作用)上升和技术提高的产业升级情形下，本章通过分析政府和利益集团的税收最大化及其对中间品的价格操控，为发展中国家普遍存在的产业升级缓慢甚至停滞、二元产业升级和技术进步以及部分国家出现的中等收入陷阱提供了一个理论解释，并刻画了阻碍产业升级的传导机制和条件。

最后，本章提出了消除阻碍产业升级的障碍的政策措施和制度安排，即降低政府和利益集团阻碍产业升级的动力和能力。这包括：(1)研发和改造适宜的技术，以使得技术提高的同时，资本份额不至于上升到太大；(2)国际援助或中央对地方的转移支付，应将对象定位于民营企业家经营的项目；(3)改革金融系统，降低企业家购买的资本的价格；(4)提高利益集团经营的中间品行业的技术和生产率；(5)对地方政府和官员提供合适的激励，以降低地方政府阻碍产业升级的动力和能力；(6)对国有企业进行改革，或者对国有企业加强反垄断监管；(7)以限制政府和利益集团的政治权力为目标的改革，不但能够降低政府和利益集团阻止产业升级的能力，而且能降低政府和利益集团阻止产业升级的动力。

本章余下部分的安排如下：第 11.2 节在只考虑税收最大化的情形下，建立基本模型，首先通过构造单部门(或总量经济)的模型，研究了产业升级可能导致政府和利益集团的税收收益下降的条件，或者它们阻碍产业升级的条件；进而通过两部门模型，考察了"二元经济"的产业升级和技术进步现象。第 11.3 节则将政府和利益集团的税收最大化和对中间品价格的操控结合在一起，进一步研究了政府和利益集团阻止产业升级的其他因素，并将这些结果与经验事实相对照。在第 11.4 节，我们考察了在现有政治体制和行政体制情形下，中国的财政分权对地方政府和利益集团阻止产业升级的动力和能力的影响，从而对中国财政分权提供了一个新的研究视角。最后是总结和政策建议，提出了降低政府和利益集团阻止产业升级的动力和能力的政策措施和建议。

11.2 基本模型

考虑代理人为无限寿命的经济，在这个经济中有三类经济主体：工人、企业家(中间阶层)、政府和利益集团。工人、企业家的人口数量分别为 1 和 K_t。在每一期，工人都有一单位不可分的劳动禀赋，并对劳动供给作出决策；企业家雇佣工人；政府和利益集团掌握政治权力，制定政策和税率。假定每个企业家经营一个企业，且企业同质，代表性企业的生产函数[①]为

$$y_t = \frac{1}{\alpha} A k_1^{\alpha} l_t^{1-\alpha} \tag{11.1}$$

不同产业所处的层次不同，表现为资本(包括人力资本)在生产中的作用和份额不同。一方面，产业升级即意味着资本在生产中的份额 α 上升，劳动的份额 $1-\alpha$ 下降。另一方面，产业升级与技术进步是一枚硬币的两面，所以产业升级也意味着技术进步，即 A 上升。因而，我们用资本份额和技术参数的组合 (α, A) 表示经济所处的产业状态。如果产业升级发生，则组合 (α, A) 变化。这里我们假设在产业升级时，政府和利益集团未来掌握政治权力的概率不会受到影响[②]。

为分析方便，假定资本价格 L 由世界市场决定。令资本的租金为 r，并假定每期的时间跨度足够长，从而使得资本折旧率为 $\delta = 1$，则 $R = r + 1 > 1$。政府和利益集团对企业的销售征收比例税，税率为 τ。在每一期，这个经济的序贯博弈展开如下：

(A)在期初，政府和利益集团设定税率 τ，资本价格 R 由世界市场决定；

[①] (11.1)式表示的生产函数中如果去掉 $1/\alpha$，则后面所有的 A 只需换成 αA 即可，这并不会影响本章的结论。

[②] 关于技术进步(或更一般地，经济发展条件的改善)会影响权贵掌权的概率，进而使权贵面临一个权衡的研究，请参见 Bourguignon 和 Verdier(2000)、Acemoglu 和 Robinson(2000)以及邹薇和魏福成(2013)的文章。

（B）企业家作出雇佣劳动力和使用资本数量的决策；

（C）如果工资大于零，则每个工人供应一单位不可分的劳动；否则，劳动供应量为零；

（D）产出实现，税收被征集并全部由政府和利益集团获得①。

在这个博弈中，我们假定政府和利益集团在每期期初设定的税率是可信的，即不存在套牢问题②。

11.2.1 单部门或总量经济情形

我们首先在单部门或总量经济情形下，分析政府和利益集团出于税收最大化的目的而可能阻止产业升级的条件。假定经济只有一个最终品生产部门，产出既可以用于消费，也可用于投资。因为资本折旧率为1，从而不存在动态资本积累问题，所以代表性企业最大化一生的利润，可以分解为在每一期最大化当期利润。在 t 期，给定政府和利益集团设置的税率 $\tau_t \in [0, 1]$，代表性企业的规划问题为：

$$\max_{k_t, \ l_t} (1 - \tau_t) \frac{1}{\alpha} A k_t^\alpha l_t^{1-\alpha} - w_t l_t - R k_t \tag{11.2}$$

其中 w_t 为劳动工资，生产要素价格和税率给定，因而这个最大化问题的一阶条件为：

$$k_t = \left(\frac{1 - \tau_t}{R} A\right)^{1/1-\alpha} l_t \tag{11.3}$$

劳动市场出清和企业利润为零意味着：

$$w_t = R \frac{1 - \alpha}{\alpha} \left(\frac{1 - \tau_t}{R} A\right)^{1/1-\alpha} \tag{11.4}$$

因为企业同质，且劳动工资大于零，所以每个企业的劳动雇佣量为：

$$l_t = \frac{1}{\theta_m} \tag{11.5}$$

同样因为不存在资本的跨期联系，政府和利益集团最大化的一生收入，便可以分解为在每一期都最大化当期收入，所以政府和利益集团的规划问题为：

$$\max_{\tau_t} T_t(\alpha, A) = \theta_m \tau_t \frac{1}{\alpha} A k_t^\alpha l_t^{1-\alpha} = \frac{1}{\alpha} A \tau_t \left(\frac{1 - \tau_t}{R} A\right)^{\alpha/1-\alpha} \tag{11.6}$$

其中 $T_t(\alpha, A)$ 表示在 t 期给定产业状态为 (α, A) 时的税收总额，(11.6)式的第二个

---

① 在现实中政府和利益集团可能并没有获得全部税收收益，但是即使它们只能获得部分税收收益，也不会影响我们在第二部分的结论。在第三部分我们将放松这个假定。

② 重复博弈可以在一定程度上解决套牢问题。如果承诺的税率不可信，则在事后（企业做出生产投资决策后），政府和利益集团将征收100%的税率。预期到这一点，企业将不会进行生产，从而总产出为零。

等号使用了(11.3)式和(11.5)式。由一阶条件可得:

$$\tau_t = 1 - \alpha \tag{11.7}$$

这说明,均衡时的税率与资本在生产中的份额呈反向关系,而与劳动份额呈正向关系。其背后的经济逻辑是:均衡时厂商雇佣的劳动力固定为 $l_t = \dfrac{1}{\theta_m}$,而雇佣的资本总量会受到税率的负面影响,并且资本在生产中的份额 α 越大,则税率对资本雇佣量的影响越大[①]。

由(11.6)式和(11.7)式,给定产业状态 (α, A),政府和利益集团从征税中获得的总收益为:

$$T_t(\alpha, A) = R^{-\alpha/1-\alpha} A^{1/1-\alpha} (1-\alpha) \alpha^{\frac{\alpha}{1-\alpha}-1} \tag{11.8}$$

假定在某个 t 期以前,经济所处的产业状态为 (α_1, A_1)。在 t 期期初,存在产业升级的机会,政府和利益集团在是否允许产业升级方面做出的选择为 $S \in \{0, 1\}$。

如果政府和利益集团允许产业升级,则 $S = 1$,产业从状态 (α_1, A_1) 升级到 (α_2, A_2) 状态(其中,$\alpha_2 > \alpha_1$,$A_2 > A_1$),那么由(11.8)式,政府和利益集团获得的总租金为:

$$T_t(\alpha_2, A_2) = R^{-\alpha_2/1-\alpha_2} A_2^{1/1-\alpha_2} (1-\alpha_2) \alpha_2^{\frac{\alpha_2}{1-\alpha_2}-1} \tag{11.9}$$

如果政府和利益集团阻止产业升级,则 $S = 0$,政府和利益集团获得的总租金为:

$$T_t(\alpha_1, A_1) = R^{-\alpha_1/1-\alpha_1} A_1^{1/1-\alpha_1} (1-\alpha_1) \alpha_1^{\frac{\alpha_1}{1-\alpha_1}-1} \tag{11.10}$$

所以,由(11.9)式和(11.10)式,政府和利益集团是否阻止产业升级,取决于(11.11)式是否小于1:

$$\frac{T_t(\alpha_2, A_2)}{T_t(\alpha_1, A_1)} = R^{\frac{\alpha_1-\alpha_2}{(1-\alpha_1)(1-\alpha_2)}} \cdot \frac{(1-\alpha_2)\alpha_2^{\frac{\alpha_2}{1-\alpha_2}-1}}{(1-\alpha_1)\alpha_1^{\frac{\alpha_1}{1-\alpha_1}-1}} \cdot \frac{A_2^{1/1-\alpha_2}}{A_1^{1/1-\alpha_1}} \tag{11.11}$$

首先,根据 $R > 1$ 的假定,有:

$$H(\alpha_1, \alpha_2, R) \equiv R^{\frac{\alpha_1-\alpha_2}{(1-\alpha_1)(1-\alpha_2)}} < 1 \tag{11.12}$$

且

$$\frac{\partial H(\alpha_1, \alpha_2, R)}{\partial \alpha_2} < 0 \tag{11.13}$$

其次,令 $F(\alpha) = (1-\alpha)\alpha^{\frac{\alpha}{1-\alpha}-1}$,则 $F'(\alpha) = \alpha^{\frac{\alpha}{1-\alpha}-1}\left(\dfrac{\ln\alpha}{1-\alpha} - \dfrac{1-\alpha}{\alpha}\right) < 0$(因为 $\alpha < 1$),故有:

$$\frac{F(\alpha_2)}{F(\alpha_1)} \equiv \frac{(1-\alpha_2)\alpha_2^{\frac{\alpha_2}{1-\alpha_2}-1}}{(1-\alpha_1)\alpha_1^{\frac{\alpha_1}{1-\alpha_1}-1}} < 1 \tag{11.14}$$

[①] 由(11.3)式,$\dfrac{\partial^2 k_t}{\partial \tau_t \partial \alpha} = \dfrac{1}{(1-\alpha)^2} \dfrac{1}{(1-\tau_t)^2} k_t \left[\dfrac{R}{A} - (1-\tau_t)\right]$。如果 $\dfrac{R}{A} > (1-\tau_t) \dfrac{\partial^2 k_t}{\partial \tau_t \partial \alpha} > 0$,则 α 越大,税率 τ_t 对资本雇佣量 k_t 的影响越大。

最后，因为 $A_2 > A_1$，$\dfrac{1}{1-\alpha_2} > \dfrac{1}{1-\alpha_1}$，有：

（ i ）如果 $A_1 > 1$，或者 $A_1 < 1$ 且 $A_2 > A_1^{1-\alpha_2/1-\alpha_1}$，则 $\dfrac{A_2^{1/1-\alpha_2}}{A_1^{1/1-\alpha_1}} > 1$ （11.15）

（ ii ）如果 $A_1 < 1$ 且 $A_2 < A_1^{1-\alpha_2/1-\alpha_1}$，则 $\dfrac{A_2^{1/1-\alpha_2}}{A_1^{1/1-\alpha_1}} < 1$ （11.16）

（iii）给定 A_1，α_1，α_2 的值，A_2 越大，则 $\dfrac{A_2^{1/1-\alpha_2}}{A_1^{1/1-\alpha_1}}$ 越大。

因此，给定 α_2，α_1，R，从而 $\dfrac{F(\alpha_2)}{F(\alpha_1)}$ 和 $H(\alpha_1，\alpha_2，R)$ 给定，那么，在确保 $A_2 > A_1$ 的前提下，如果 A_2 充分小，则 $\dfrac{A_2^{1/1-\alpha_2}}{A_1^{1/1-\alpha_1}}$ 将充分小（仍大于 1，如果（11.15）式成立的话）。给定其他参数，R 越大，则 $H(\alpha_1，\alpha_2，R)$ 越小。因而，由（11.11）式、（11.12）式、（11.14）式、（11.15）式和（11.16）式，可得如下命题：

命题 11.1：给定 α_2，α_1，R，技术参数存在某个数值 $\tilde{A}$ [①]，使得当 $A_1 < A_2 < \tilde{A}$（即在确保 $A_2 > A_1$ 的前提下，A_2 充分小时）或者当给定其他参数，R 越大时，有：

$$\frac{T_t(\alpha_2，A_2)}{T_t(\alpha_1，A_1)} < 1 \qquad (11.17)$$

那么，产业升级会降低政府和利益集团获得的税收收益，从而政府和利益集团会选择 $S = 0$，即阻止产业升级。

命题 11.1 表明，如果（11.17）式成立，产业从 $(\alpha_1，A_1)$ 升级到 $(\alpha_2，A_2)$ 时，给定资本份额的上升幅度以及均衡税率的下降幅度，那么，技术的上升幅度越小，则产业升级导致政府和利益集团获得的税收收益（租金）越小，从而政府和利益集团将越可能阻止产业升级，即 $S = 0$。从经济逻辑来看，这是因为技术的上升幅度越小，代表性企业雇佣的资本量上升幅度就越小（由（11.3）式），两者一起导致产出上升幅度越小，在均衡税率下，产业升级就越可能导致政府和利益集团的税收收益下降。反之，如果 $A_2 > \tilde{A}$ 即 A_2 充分大时，（11.17）式不成立，那么政府和利益集团将不会阻止产业升级，即 $S = 1$。因此，产业升级导致的资本份额上升幅度与技术参数上升幅度的相对大小，是政府和利益集团是否阻止产业升级的关键因素。此外，由（11.11）式、（11.12）式可见，企业家获得的资本价格 R 越大，则（11.17）式越可能成立。这是因为 R 越大，则一方面技术上升导致的产出上升幅度就越小，另一方面资本份额上升也导致资本雇佣量的变化幅度越小，从而产出的上升幅

---

① 不难证明：$\tilde{A} = \dfrac{A_1^{1/1-\alpha_1}}{H(R，\alpha_1，\alpha_2)} \cdot \dfrac{F(\alpha_1)}{F(\alpha_2)}$。

度更小。同样地，在均衡税率下，产业升级就越可能导致政府和利益集团的税收收益下降。

基于上面的分析，我们可以探讨一下产业升级的可能路径。其一，在多种产业状态并存的情况下，政府和利益集团可能阻止产业升级一步到位。假如在 t 期，同时存在产业状态 (α_3, A_3) 可供选择，其中 $\alpha_3 > \alpha_2$，$A_3 > A_2$，且满足如下两个条件：$\dfrac{T_t(\alpha_3, A_3)}{T_t(\alpha_1, A_1)} < 1$；

$\dfrac{T_t(\alpha_2, A_2)}{T_t(\alpha_1, A_1)} > 1$，即(11.17)式不成立[①]，那么政府和利益集团会允许产业从 (α_1, A_1) 升级到 (α_2, A_2)，但不会允许产业升级到 (α_3, A_3) 状态，即产业升级并没有一步到位。

其二，我们发现，新的产业状态出现，或者资本价格下降，有可能导致产业渐进的升级。一方面，如果出现了新的产业状态 (α_4, A_4) 可供选择，并且 $\dfrac{T_t(\alpha_4, A_4)}{T_t(\alpha_2, A_{12})} < 1$，则政府和利益集团将会允许产业从 (α_2, A_2) 升级到 (α_4, A_4)，即产业渐进升级路径为：$(\alpha_1, A_1) \Rightarrow (\alpha_2, A_2) \Rightarrow (\alpha_4, A_4)$。另一方面，如果出现 R 下降，因为 $R\downarrow \Rightarrow \dfrac{T_t(\alpha_3, A_3)}{T_t(\alpha_2, A_2)}\uparrow$，有可能导致 $\dfrac{T_t(\alpha_3, A_3)}{T_t(\alpha_2, A_{12})} > 1$，那么政府和利益集团会允许产业从 (α_2, A_2) 升级到 (α_3, A_3)，即产业的渐进升级路径为：$(\alpha_1, A_1) \Rightarrow (\alpha_2, A_2) \Rightarrow (\alpha_3, A_3)$。

11.2.2 "二元经济"中的产业升级与技术进步

上述模型探讨了一个经济整体上出现产业升级滞缓的条件，但是进一步的考察表明，在许多发展中国家存在所谓的"二元产业升级"现象，即不同的产业具有不同的升级路径：有的产业升级迅速，推进到了世界前沿的产业状态；而另一些产业则升级缓慢，甚至长期停留在落后状态。我们通过将上面的模型进行扩展来证明：政府和利益集团为了使税收最大化，会对不同产业的升级采取不同的态度，从而为许多发展中国家普遍存在的二元产业升级现象提供了一个理论解释。

为简化分析，我们假定企业家(中产阶层)经营两个最终产品产业：产业 i 和产业 j，并且产品不能储存到下一期。产业 i 的生产函数即为(11.1)式，而产业 j 的生产函数为：

$$y_t^j = \frac{1}{\alpha^j} A^j (k_t^j)^{\alpha^j} \tag{11.18}$$

(11.18)式意味着产业 j 和产业 i 无须在劳动力方面进行竞争，这将简化我们的分析。假定消费者具有相同的效用函数：

① 这意味着 $\dfrac{T_t(\alpha_3, A_3)}{T_t(\alpha_2, A_{12})} < 1$。

$$U_s = \sum_s^\infty \rho^{t-s} \ln(c_t^i + c_t^j) \tag{11.19}$$

其中，U_s 表示在时期 s 时一生效用的贴现值，ρ 为贴现因子，c_t^i，c_t^j 分别表示在 t 期对最终产品 i 和 j 的消费。由消费者的效用最大化可知，只要 c_i，$c_j > 0$，则两种产品的相对价格固定为 1。以产业 j 的产品作为计价物，那么产业 j 中代表性企业的规划问题为：

$$\max_{k_t^j} (1 - \tau_t^j) \frac{1}{\alpha^j} A^j (k_t^j)^{\alpha^j} - R k_t^j \tag{11.20}$$

其中 τ_t^j 为对产业 j 征收的税率。

因为两个产业之间不存在生产要素的竞争，也不存在产品价格的竞争，从而这两个产业之间是独立的。那么，政府和利益集团对两个产业设定的最优税率是独立的，即 τ_t^j 与 τ_t^i 之间是独立的。

根据(11.20)式，由一阶条件可得①：

$$k_t^j = \left(\frac{1 - \tau_t^j}{R} A^j \right)^{1/1 - \alpha^j} \tag{11.21}$$

政府和利益集团的总租金为：$T_t = T_t^i(\alpha^i, A^i) + T_t^j(\alpha^j, A^j)$，其中 $T_t^i(\alpha^i, A^i)$ 为从产业 i 中征得的税收总额，它由(11.6)式(或(11.8)式)给出。$T_t^j(\alpha^j, A^j)$ 为从产业 j 中征得的税收总额。

同样因为不存在资本的跨期联系，所以政府和利益集团最大化从产业 j 中获得的一生税收收入，便可以分解为在每一期都最大化当期从产业 j 中获得的税收收入，因而它们的规划问题为：

$$\max_{\tau_t} T_t^j(\alpha^j, A^j) = \theta_m \tau_t^j \frac{1}{\alpha^j} A^j (k_t^j)^{\alpha^j} = \theta_m \frac{1}{\alpha^j} A^j \tau_t^j \left(\frac{1 - \tau_t^j}{R} A^j \right)^{\alpha^j/1 - \alpha^j} \tag{11.22}$$

(11.22)式和(11.6)式分别为政府和利益集团从产业 j 和产业 i 中获得税收收益的规划问题。对比这两个式子，(11.22)式除了多了 θ_m 这个参数外，其余均与(11.6)式相似。因而，前文关于政府和利益集团是否允许产业 i 进行产业升级的分析，同样适用于在产业 j 中的情形。

令产业 $j(i)$ 在 t 期期初所处的产业状态和可供选择的更先进的产业状态分别为：(α_0^j, A_0^j)，(α_*^j, A_*^j)；(α_0^i, A_0^i)，(α_*^i, A_*^i)。由(11.22)式可见，在产业 j 中(11.17)式的条件更容易满足。如果 $\dfrac{T_t(\alpha_*^j, A_*^j)}{T_t(\alpha_0^j, A_0^j)} < 1$ 且 $\dfrac{T_t(\alpha_*^i, A_*^i)}{T_t(\alpha_0^i, A_0^i)} > 1$，则政府和利益集团将阻止产业 j 升级到 (α_*^j, A_*^j) 状态；而产业 i 将被允许升级到 (α_*^i, A_*^i) 状态，从而出现了"二元

---

① 将(11.21)式代入(11.20)式，产业 j 获得的利润大于零。我们可以假定权贵对产业 j 中的企业获得的利润进行征税，设定税率为 1，那么产业 j 的税后利润就变为零，这并不会影响企业的行为。

产业升级"现象。

综上，政府和利益集团为了使税收最大化，很可能会对不同产业的升级采取不同的态度。因为产业升级导致的资本份额上升幅度与技术参数上升幅度的相对大小，是政府和利益集团是否阻止产业升级的关键因素，所以不同的产业升级性质，决定了政府和利益集团对不同产业的升级采取不同的政策。这为许多发展中国家普遍存在的二元产业升级现象提供了一个理论解释。

11.3 扩展模型：引入中间品价格操控

这里我们进一步引入利益集团对中间品价格的操控，对前面的模型进行扩展。我们将证明：当利益集团经营中间品的生产并操控其价格时，即使(11.17)式不成立，政府和利益集团也可能会阻止产业升级。

一般而言，利益集团或政府也掌控着一些产业，特别是许多中间品和自然资源产业，比如石油、煤炭、电力、水资源、钢铁、航空、铁路以及土地等自然资源。假定政府和利益集团垄断中间品的生产，中间品的生产函数为：

$$x_t = A_x k_t^m \tag{11.23}$$

其中，x_t 为中间品产出，A_x 为中间品的生产效率和技术，k_t^m 为生产中间品而进行的资本投入。我们假定中间品生产只使用资本而不使用劳动，目的是强调利益集团对中间品价格的操控，会导致对产业升级的阻碍。实际上，如果中间品生产也使用劳动，则产业升级可能导致对劳动的需求上升，进而政府和利益集团就会有动力阻止技术进步和(或)产业升级，这与 Acemoglu(2007)的分析一致。

因为考虑到中间品，我们将(11.1)式表示的生产函数修改为：

$$y_t = \frac{1}{\alpha} A k_t^\alpha x_t^\beta l_t^{1-\alpha-\beta} \tag{11.24}$$

其中 $\alpha, \beta \in (0, 1)$。在每一期，生产最终产品的代表性企业的规划问题变为：

$$\max_{k_t, l_t} (1 - \tau_t) \frac{1}{\alpha} A k_t^\alpha x_t^\beta l_t^{1-\alpha-\beta} - w_t l_t - R k_t - p_t x_t \tag{11.25}$$

其中 p_t 为以最终产品为计价物的中间品价格。一阶条件为：

$$R = \frac{1 - \tau_t}{\alpha} A \alpha k_t^{\alpha-1} x_t^\beta l_t^{1-\alpha-\beta} \tag{11.26}$$

$$p_t = \frac{1 - \tau_t}{\alpha} \beta A k_t^\alpha x_t^{\beta-1} l_t^{1-\alpha-\beta} \tag{11.27}$$

$$w_t = \frac{1 - \tau_t}{\alpha} (1 - \alpha - \beta) A k_t^\alpha x_t^{\beta-1} l_t^{-\alpha-\beta} \tag{11.28}$$

因而由(11.26)式和(11.27)式可推知代表性企业对中间品的需求为：

$$x_t = \frac{\beta}{\alpha} \cdot \frac{R}{p_t} k_t \tag{11.29}$$

这表明，给定 R，p_t 不变，且给定 k_t 的上升（下降）幅度，那么，无论 β 如何变化，只要产业升级导致 $\frac{\beta}{\alpha}$ 的下降幅度足够大，则代表性企业对中间品的需求将会下降。显然，本章这个结论扩展了关于经济转型条件的认识。Hansen 和 Prescott(1999) 曾假定，从 Malthus 技术到 Solow 技术会导致土地等资源在生产中的作用或绝对份额（β）下降，从而会降低对土地的需求，这可能导致土地等资源的所有者阻止经济采纳 Solow 技术，从而推迟经济转型。但本章的研究则表明，即使土地或中间品的绝对份额不下降，只要相对份额 $\left(\frac{\beta}{\alpha}\right)$ 下降，也可能导致对这些中间品需求的下降。将(11.29)式代入(11.26)式有：

$$k_t = \left[\frac{1 - \tau_t}{R^{1-\beta}} A \left(\frac{\beta}{\alpha} \right)^{\beta} p_t^{-\beta} \right]^{\frac{1}{1-\alpha-\beta}} \theta_m^{-1} \tag{11.30}$$

中间品厂商的利润为：

$$\pi_t = p_t \theta_m x_t - R \frac{\theta_m x_t}{A_x} = \theta_m R \frac{\beta}{\alpha} \left(1 - \frac{R}{p_t A_x} \right) k_t \tag{11.31}$$

在本部分我们假定政府和利益集团只能获得总税收额的一个固定比例 $\phi \in [0, 1]$，这有助于我们考察再分配工具的可获得性对产业升级的影响。政府和利益集团从征税及中间品生产中获得的总收益为：

$$M = \phi \theta_m \tau_t \frac{1}{\alpha} A k_t^{\alpha} x_t^{\beta} l_t^{1-\alpha-\beta} + \pi_t$$

$$= \phi \theta_m \frac{\tau_t}{1 - \tau_t} \frac{R}{\alpha} k_t + \theta_m R \frac{\beta}{\alpha} \left(1 - \frac{R}{p_t A_x} \right) k_t \tag{11.32}$$

一阶条件意味着：

$$\frac{\partial M}{\partial p_t} = \theta_m \frac{R}{\alpha} \left[\frac{\phi \tau_t}{1 - \tau_t} + \beta \left(1 - \frac{R}{p_t A_x} \right) - \frac{R}{p_t A_x} (1 - \alpha - \beta) \right] \frac{\partial k_t}{\partial p_t} \leq 0 \tag{11.33}$$

并满足互补松弛条件。因为由(11.30)式，$\frac{\partial k_t}{\partial p_t} = -\frac{\beta}{p_t} \frac{k_t}{1 - \alpha - \beta} < 0$，所以如果 $p_t = 0$，那么(11.33)式将不能成立。因而，$p_t > 0$ 一定成立，即(11.33)式取等号，从而有：$p_t = \frac{R(1-\alpha)}{A_x} \cdot \frac{1}{\beta + \phi \frac{\tau_t}{1 - \tau_t}}$。并且：

$$\frac{\partial M}{\partial \tau_t} = \theta_m \frac{R}{\alpha} \frac{1}{1 - \tau_t} \frac{k_t}{1 - \alpha - \beta} \left[\frac{\phi}{1 - \tau_t} (1 - \alpha - \beta - \tau_t) - \beta \left(1 - \frac{R}{p_t A_x} \right) \right] \leq 0 \tag{11.34}$$

并满足互补松弛条件。所以，如果 $\phi < \dfrac{\beta}{1-\alpha}$，则 $\dfrac{\partial M}{\partial \tau_t} < 0$，$\tau_t = 0$；如果 $\phi > \dfrac{\beta}{1-\alpha}$，则 $\dfrac{\partial M}{\partial \tau_t} = 0$，$\tau_t > 0$。由(11.33)式和(11.34)式及 $p_t > 0$，并假定 $\phi > \dfrac{\beta}{1-\alpha}$ 成立(从而 $\tau_t > 0$)[①]，可得：

$$\tau_t = \frac{\phi(1-\alpha)-\beta}{\phi-\beta} \tag{11.35}$$

$$p_t = \frac{R}{A_x}\frac{\alpha}{\phi-\beta} \tag{11.36}$$

由(11.35)式可知，向政府和利益集团进行再分配的有效财政工具的可获得性增强，即 ϕ 上升时，均衡税率也会上升，这与 Acemoglu(2007)的研究则正好相反。这是因为在 Acemoglu 那里，政府和利益集团与中间阶层在生产要素(劳动)市场上进行竞争(从而税率越高越好)，所以 ϕ 越大，税收越重要，而中间阶层对生产要素需求的重要性则下降，因而均衡税率下降。但是在本章中，政府和利益集团设定的税率越低，从而最终品生产企业(中间阶层)对中间品的需求越大，则政府和利益集团通过中间品生产获得的收益就越高，所以在 ϕ 上升时，税收的重要性上升，而通过中间品生产获得收益的重要性就下降，那么最优税率也会上升。

将上述两式代入(11.30)式，则代表性企业的资本雇佣量为：

$$k_t = \left[\phi A\,(A_x)^\beta R^{-1}\left(\frac{\beta}{\alpha}\right)^\beta\left(\frac{\alpha}{\phi-\beta}\right)^{1-\beta}\right]^{\frac{1}{1-\alpha-\beta}}\theta_m^{-1} \tag{11.37}$$

将(11.35)式、(11.36)式和(11.37)式代入(11.32)式，有：

$$M(\alpha,\ \beta,\ A) = \theta_m\frac{R}{\alpha^2}(1-\alpha-\beta)(\phi-\beta)k_t$$

$$= \left(\frac{1}{R}\right)^{\frac{\alpha+\beta}{1-\alpha-\beta}}\frac{1-\alpha-\beta}{\alpha}\left(\frac{\alpha}{\phi\beta}\right)^{\frac{\alpha}{1-\alpha-\beta}}\left(\frac{\beta}{\alpha}\right)^{\frac{\beta}{1-\alpha-\beta}}\left[\phi A(A_x)^\beta\right]^{\frac{1}{1-\alpha-\beta}} \tag{11.38}$$

(11.38)式分别对 α 和 A 求导，可得：

$$\frac{\partial M(\alpha,\ \beta,\ A)}{\partial\alpha} = \frac{M}{1-\alpha-\beta}\left\{-\frac{1-\alpha}{\alpha}-\frac{\ln R}{1-\alpha-\beta}+\frac{1}{1-\alpha-\beta}\right.$$

$$\left.\ln\left[A\phi\,(A_x)^\beta\left(\frac{\beta}{\alpha}\right)^\beta\left(\frac{\alpha}{\phi-\beta}\right)^{1-\beta}\right]\right\} \tag{11.39}$$

$$\frac{\partial M(\alpha,\ \beta,\ A)}{\partial A} = M\frac{1}{1-\alpha-\beta}A^{-1} > 0 \tag{11.40}$$

因为我们强调的是，中间品在最终品生产中的相对份额(而不是绝对份额)的变化会引起中

---

① 有关 $\phi < \dfrac{\beta}{1-\alpha}$，从而 $\tau_t = 0$ 的情形，请参见附录。

间品需求发生变化，从而导致政府和利益集团(中间品生产商)出于对中间品价格操控的目的而阻止产业升级，所以为分析方便，我们假定产业升级并不会使 β 变化。那么，政府和利益集团会阻止产业升级(即 $S=0$) 的充分必要条件是：

$$dM(\alpha,\ \beta,\ A) = \frac{\partial M(\alpha,\ \beta,\ A)}{\partial \alpha}d\alpha + \frac{\partial M(\alpha,\ \beta,\ A)}{\partial A}dA$$

$$= \frac{M}{1-\alpha-\beta}\left\{-\frac{1-\alpha}{\alpha} - \frac{\ln R}{1-\alpha-\beta} + \frac{1}{1-\alpha-\beta}\right.$$

$$\left.\ln\left[\phi A\left(\frac{\beta}{\alpha}A_x\right)^{\beta}\left(\frac{\alpha}{\phi-\beta}\right)^{1-\beta}\right] + \frac{1}{A}\frac{dA}{d\alpha}\right\}d\alpha < 0 \qquad (11.41)$$

由此，我们得到如下命题：

命题 11.2：在同时考虑政府和利益集团的税收最大化和对中间品价格操控的情形下，政府和利益集团选择 $S=0$ 即阻碍产业升级(即(11.41)式成立)的条件如下：

(i)给定 $\frac{\partial M(\alpha,\ \beta,\ A)}{\partial \alpha} < 0$ 和 x，而资本份额的上升幅度 ψ 较大，或技术的上升幅度 dA 较小时；或者

(ii)给定其他条件不变，而 R 较大、φ 较大，或 A_x 较低时；或者

(iii)给定其他条件不变，则 δ 充分大时。

命题 11.2 的第(i)部分结论与前面只考虑税收最大化的情形(命题 11.1)的结论类似，其经济逻辑是：一方面，技术的上升幅度越小，则最终品的产出(从而可用于征税的税基)上升幅度以及中间品的需求上升幅度就越小，那么政府和利益集团获得的收益上升幅度就越小；另一方面，资本份额的上升幅度越大，则企业投资对税率和中间品价格的敏感度越大，从而使均衡税率下降幅度和中间品的需求下降幅度越大，那么政府和利益集团的收益下降幅度就越大。在这两种情况下，政府和利益集团获得的收益更有可能下降，即不等式(11.41)式更有可能成立。

命题 11.2 的第(ii)部分的经济逻辑可通过(11.37)式来分析。R 越大，一方面使得资本份额的上升导致的中间阶层企业家的资本雇佣量变化幅度越小，并且技术的上升导致的资本雇佣量的上升幅度也越小，从而通过征税获得的收益越可能下降(给定均衡税率)；另一方面使得资本份额的上升导致中间品价格上升的幅度越大(由(11.36)式)，则通过中间品获得的收益越可能上升。如果通过税收获得的收益的下降幅度，超过通过中间品价格操控获得的收益的上升幅度，则政府和利益集团的总收益因产业升级而下降。在许多发展中国家，政府和利益集团垄断和管制了资本市场或其他中间品，这导致中间阶层购买资本的价格较高，而根据我们的模型，这种情形下，产业升级更会遇到政府和利益集团的阻碍(即 $S=0$)。进一步地，国际社会对发展中国家的资金援助，如果不是提供给中间阶层，而是由政府和利益集团(如国有企业)获得和控制了，那么中间阶层面临的资本价格并不会

下降，因而并不会有助于发展中国家的产业升级和转型。这解释了为什么许多国际援助项目并没有取得有效的成绩(Easterly，2007)。

同时，发展中国家政府和利益集团垄断经营的中间品的生产普遍效率低下①(即 A_x 较低)，与 R 较大的情形相似，A_x 较低也预示着这些国家的产业升级难以进行。φ 的高低衡量产业升级对政府和利益集团税收收益变化的影响，φ 较大情形仍与 R 较大情形的影响机制相似②，不必赘述。但是值得注意的是，φ 越大，则资本份额的上升导致中间品价格上升的幅度越小(由(11.36)式)，因而产业升级越有可能降低政府和利益集团的总收益。这说明向利益集团进行再分配的有效财政工具的可获得性越强，政府和利益集团越可能会阻止产业升级，从而越可能产生无效率制度和政策，这与已有文献的观点相反(Olson，1982；Acemoglu，2007；Besley & Torsten. Persson，2010)，而与邹薇和魏福成(2010)的研究一致。在许多发展中国家，政府和利益集团的政治权力没有受到有效的制衡，它们可以获得大部分的税收租金，即 φ 很大，根据我们的分析，这意味着这些国家更可能阻止产业升级，而这与经验事实相一致。

命题 11.2 的第(iii)部分的经济逻辑是，如果令 $\Omega(\alpha) = -\dfrac{1-\alpha}{\alpha} - \dfrac{\ln R}{1-\alpha-\beta} + \dfrac{1}{1-\alpha-\beta}\ln\left[\phi A\left(\dfrac{\beta}{\alpha}A_x\right)^{\beta}\left(\dfrac{\alpha}{\phi-\beta}\right)^{1-\beta}\right]$，则 $\Omega'(\alpha) < 0$，所以，α 充分大时，$\Omega(\alpha)$ 充分小，从而不等式(11.41)式更有可能成立。这说明初始产业状态中的资本份额会影响政府和利益集团是否会阻止产业升级。在许多发展中国家，由低资本份额的传统产业(农业、劳动密集型产业)进行升级往往还比较容易，可是一旦产业升级到一定程度后就徘徊不前。一个可能的原因是资本份额上升到了一定程度，进一步的产业升级会降低政府和利益集团的收益，从而导致它们会以更大动力去阻碍产业升级。这一结果也为许多陷入"中等收入陷阱"的国家提供了一个理论解释。拉美的巴西、阿根廷、墨西哥、智利和东南亚的马来西亚等国家都在经济发展到一定阶段后停滞不前。基于本章模型研究，是由于这些国家产业升级从而经济发展到一定阶段后，没有进行政治体制改革以限制和约束政府和利益集团的政治权力，从而它们出于税收最大化和对中间品价格操控的目的，而阻止了产业进一步升级和转型。

由此，我们通过考虑税收最大化和中间品价格操控两个因素对政府和利益集团收益的影响，论证了政府和利益集团获得的总收益有可能会因产业升级而下降，从而会阻止产业

---

① 这有许多原因，比如它们会将许多资源(包括自身的时间和精力)用于权力巩固方面，而不是用于企业经营；或者企业家才能存在随机波动，参见 Acemoglu，D. (2008)。

② 因为由(11.38)式，$\dfrac{\partial k}{\partial R} < 0$，$\dfrac{\partial k}{\partial \phi} < 0$。

升级。

11.4　对中国式财政分权与产业升级障碍的分析

上面的模型从新政治经济学的角度给出了政府和利益集团阻碍产业升级的机制。在那里我们实际上假定了政府内部或利益集团内部不存在冲突和协调一致，中央政府、地方政府和利益集团的目标是一致的。然而，如果一国的中央政府是仁慈的（既以社会福利最大化为目标），那么我们以上的模型和所揭示的产业升级障碍的机制，是否依然成立？利益集团和政府是否还会出于税收最大化和对中间品操控的目的而阻碍产业升级？答案取决于地方政府是否能被有效监督和得到合理的激励。如果地方政府从税收征收和其支出中能够获得较多的腐败收益和租金，或者地方政府受到不合理的激励，或者更容易与利益集团合谋，那么回答就是肯定的。就中国的情形而言，中国的财政分权、以 GDP 对地方政府进行考核的机制以及地方政府的任期制度等，使得中国的地方政府有动力追求税收最大化，也更有可能为经营中间品的利益集团所俘获，从而有动力阻止产业升级。这一点是以往研究未曾考虑到的。

中国 40 多年的改革开放和经济增长，是伴随着中央政府与地方政府之间的财政分权而进行的。财政分权既包括收入上的分叉，也包括支出上的分权。有不少研究认为，中国的财政分权制度是一种维护市场型的财政联邦主义，因而是中国经济持续增长的重要推动因素（Qian & Weingast，1997；Blanchard & Shleifer，2001）。然而实际上，无论是在理论上还是在实践上，财政分权与经济增长的关系都没有统一的定论。在理论上，一方面 Tiebout（1956）、Buchanan（1965）、Oates（1972）等认为，地方政府具有信息优势，能更好地获得本地区居民的偏好，财政分权将有利于提高经济效率，推动经济增长；后来给出的标尺效应等观点认为分权经济下政府部门之间的模仿和竞争能提高政府运作效率，削减预算赤字，防止滥用权力。但另一方面，Gorden（1983）、Conyers（1990）、Bardhan 和 Mookherjee（1999）等认为财政分权会导致地方政府财政竞争的负外部性，地方政府容易被少数利益集团俘获以及高估地方公共品供给成本和腐败等。在经验方面，就中国的情形而言，Zhang 和 Zou（1998）的经验研究结果表明中国的财政分权对经济增长具有副作用，而 Lin 和 Liu（2000）的计量结果则认为财政分权推动了中国的经济发展，张晏和龚六堂（2005）的研究则综合了前二者的结果，认为中国的财政分权对经济增长的影响存在跨时差异和跨地差异。然而，无论是在理论方面还是在经验方面，以往研究都没有考察财政分权对产业升级的影响。

中国的政治体制和行政管理体制意味着上级（中央政府）对下级（地方政府）的考核是决定性的。同时，中央政府对地方政府和官员的主要考核指标是其任期内的 GDP 增长率

（Li & Zhou，2005；周黎安、李宏彬和陈烨，2005）。因此，在财政支出分权体制下，地方官员和地方政府会尽最大努力地动用一切资源推动其任期里地方经济的增长，从而可能导致地方政府阻止产业升级。

首先，在财政支出分权的情况下，地方政府会将其所能获得的资源偏向于基础设施建设、对大企业的财政补贴等生产性支出方面，而教育卫生健康支出方面则严重不足（傅勇和张晏，2007）。这不利于人力资本和健康资本的积累，从而不利于产业升级，因为产业升级要求有足够多的劳动力具有足够的人力资本。同时，地方政府的生产性支出，也主要是偏向于现有的产业结构和企业，因为它能在短期内（任期内）取得成效，而不愿意在产业升级方面进行必要的财政和法规支持，因为产业升级常常需要较长的时间，可能在官员的任期结束后才会开始见效（GDP 较快增长）。更进一步地，因为产业升级和转型存在货币外部性和规模经济（Murphy et al.，1989），只有在全国有充分多的地区进行产业升级和转型，一个地区的产业升级和转型才能成功，所以在财政分权体制下，即使有部分地区的地方政府支持产业升级和转型，这些地方仍将陷于现有产业结构状态。

其次，由于在生产性方面的支出越大，地方 GDP 在短期内的增长就越快，因而在财政分权体制下（财政收入分权），地方政府会有充分动力去筹得资金和税收。由于产业升级至少需要几年的时间，并且更高级的产业状态有可能会降低地方政府的税收（如前文所述）①，产业升级和转型会降低地方政府和官员在其任期内的财政收入，因此地方政府有动力阻止产业升级。

再次，财政分权使得地方政府拥有更大的能力影响本地区的产业结构和产业升级，这会激励经营中间品的利益集团对地方政府的游说和俘获。如本章模型所述，如果产业升级会降低经营中间品的企业（利益集团）的利润，那么在地方政府有充分的能力影响产业升级时，经营中间品的利益集团就会有更大的动力对地方政府进行游说，或者向地方政府和官员输送贿赂。由于地方政府和官员缺乏有效的监督，他们容易被利益集团俘获，从而阻止产业升级和转型。因此，本章的研究为那些拥有丰富自然资源的地区落后的产业结构提供了一个理论解释。经验事实表明，山西、新疆等自然资源丰富的地区和其他地区的部分县市，生产技术低下与产业结构落后现象更明显。

最后，由于少数地方政府和官员缺乏足够有效的监督，更容易从地方财政收入和财政支出中获得巨大的腐败收益和租金。那么在财政分权体制下，地方政府和官员就有动力去最大化其任期内的税收收入（包括预算外收入），因为税收越多，财政支出就越大，从而就能获得更多的腐败收益（如贪污、回扣等）。随着近年来中国地方政府的税收不断上升，贪污金额较大，本章的理论为此提供了一个解释。

---

① 中国的税收体制是以流转税（增值税）为主，相对于其他产业，第二产业和高耗能产业的流转税额更高。

综上，在中国现有政治体制和行政体制下，财政分权使得地方政府不但具有更大的动力而且有更大的能力去阻碍产业升级和转型，降低了地方政府对市场的"援助之手"，而提高了地方政府的"攫取之手"。陈抗、Arye L. Hillman 和顾清扬（2002）计算了 1985—1998 年两个时期地方政府援助之手或攫取之手的变化，表 11.2 给出了 1985—1998 年中国部分省区市对市场支持（从而产业升级）的"援助之手"指标。从中可以看出，在 1994 年分税制改革以后，各地方政府的"援助之手"降低，即"攫取之手"加强。地方政府对税收最大化目标的追逐，导致了过去十几年来财政收入占 GDP 的比重不断上升。表 11.3 给出了自分税制改革以来全国财政收入占 GDP 的比重。与之相对照，中国 2000—2009 年，产业结构没有实质性的变化（见表 11.1）。

表 11.2　　　　　　　　　　　中国部分省区市的"援助之手"指标

省区市	1985—1993 年	1994—1998 年
安徽	0.72	0.44
北京	0.83	0.68
福建	0.68	0.32
广东	0.8	0.6
甘肃	0.74	0.45
广西	0.7	0.32
贵州	0.78	0.48
海南	0.72	0.53
河北	0.69	0.4
河南	0.76	0.46
黑龙江	0.8	0.4
湖北	0.72	0.33
湖南	0.73	0.41
吉林	0.89	0.45
江苏	0.61	0.33
江西	0.76	0.42
辽宁	0.61	0.38
内蒙古	0.78	0.48
宁夏	0.7	0.42
青海	0.73	0.4
四川	0.8	0.4

省区市	1985—1993 年	1994—1998 年
山东	0.73	0.43
上海	0.92	0.61
陕西	0.73	0.5
山西	0.67	0.4
天津	0.65	0.33
新疆	0.63	0.3
云南	0.76	0.58
浙江	0.73	0.44
全国平均值	0.73	0.43

数据来源：陈抗，Arye L. Hillman 和顾清扬（2002）。

表 11.3　　　　　　　　　历年来全国财政收入占 GDP 比重

年份	1995	1996	1997	1998	1999	2000	2001	2002
全国财政收入占 GDP 比重	10.3	10.4	11	11.7	12.8	13.5	14.9	15.7
年份	2003	2004	2005	2006	2007	2008	2009	
全国财政收入占 GDP 比重	16	16.5	17.3	18.3	20.6	20.4	21	

数据来源：新中国 60 年资料汇编。

　　尽管中央政府多年来一直强调要调整和优化产业结构，进行产业结构升级和转型，比如，要从高耗能、高污染的粗放式产业结构，向低耗能、低污染的产业结构转型，以及要减小第一二产业的比重，扩大和发展第三产业，然而，2000—2009 年中国的产业结构并没有多大的改善，产业升级和转型发展缓慢。本章的理论则从"财政分权强化了地方政府的税收最大化目标和被经营中间品的利益集团俘获"的角度，为此现象提供了一个解释。

　　本章的模型不仅适用于政府内部或利益集团内部不存在冲突和协调一致的情形，也适用于中央政府仁慈（以社会福利最大化为目标）而地方政府受到不合理的激励等情形，因而本章的模型具有普遍性。

11.5　研究总结与政策建议

　　广大发展中国家普遍存在的现实特征是，经济总体上处于传统产业中，产业升级长期停滞，或者在"二元经济"中的产业升级也出现二元化，以致许多传统产业得不到改造和提升，经济难以摆脱贫困和实现持续增长，或者即使维持了增长，但造成了严重的污染和腐败。本章考察了拥有政治权力或暴力优势的政府和利益集团的税收掠取和中间品价格操控，在一般均衡框架下论证了政府和利益集团阻碍产业升级的条件，从而揭示了许多发展中国家产业升级停滞的根源。

一方面，产业升级虽然意味着技术进步和生产率的提高，从而扩大了可征税的税基或产出（给定其他条件不变），但是产业升级也意味着人力资本或物质资本在生产中作用（即资本份额 α）上升，均衡时的税率与资本在生产中的份额呈反向关系，雇佣的资本总量会受到税率的负面影响。因此，给定产业升级带来的资本份额上升幅度，如果产业升级导致的技术或生产率的上升幅度不是充分大，那么政府所征得的税收会低于维持现有产业时的税收。这意味着，税收最大化会成为政府和利益集团阻碍产业升级的一个关键因素。

另一方面，本章引入了政府和利益集团对中间品价格操控。在这种情形下，即使产业升级能使税收提高，由于产业升级可能降低对中间品的需求，从而降低政府和利益集团通过中间品获得的利润。那么，给定产业升级带来的税收上升（下降）幅度，如果产业升级导致最终品生产企业对中间品的需求下降幅度足够大（或上升幅度足够小），则政府和利益集团通过征税和操控中间品所获得的总收益就会下降。在以上情况下，政府和利益集团就会制定各种政策，阻止产业升级。

本章分析了产业升级对政府和利益集团收益产生影响的机制。其一，产业升级带来的技术（生产率）与资本份额的相对上升幅度，是影响产业升级是否会导致政府和利益集团收益下降的关键因素。给定其他条件不变，产业升级导致的生产率提高，不仅提高了最终品的产出从而提高了税基，也增大了对中间品的需求；但是产业升级也提高了资本在生产中的份额，从而降低了税率并降低了对中间品的需求；如果资本的份额上升幅度足够大或技术上升幅度足够小，则会导致税收以及从中间品生产中获得的利润都下降。其二，给定其他条件不变，初始产业状态中的资本份额 α 会影响产业升级能否提高政府和利益集团的收益。当 α 足够大时，产业升级更可能降低政府和利益集团的收益。这解释了为什么在许多发展中国家，产业升级到一定程度后就出现停滞，以及中等收入陷阱现象。其三，企业家购买资本的价格 R 越高、政府和利益集团从征税中获得的税收比例 ϕ 越大，以及政府和利益集团经营的中间品的生产率 A_x 越低，则产业升级越可能导致政府和利益集团的总收益下降。本章的模型不仅适用于政府内部或利益集团内部不存在冲突和协调一致的情形，也适用于中央政府仁慈（以社会福利最大化为目标）而地方政府受到不合理的激励等情形，所以本章的模型具有普遍性。

基于本章的理论模型，可以提出如下政策建议。

第一，因为发达国家资本（包括人力资本）丰裕，其研发所带来的技术进步意味着资本份额的较大幅度上升，所以发展中国家不应一味地寄望于引进发达国家的技术和产业，而应该自己进行一定的研发或对发达国家研发的技术进行一定的改造，以使得技术提高的同时，资本份额不至于上升太大，从而减小利益集团阻碍产业升级的动力。

第二，国际社会针对发展中国家的援助，应该将援助对象定位于这些国家中民营企业家经营的项目，而不是政府和利益集团经营的项目。同时，帮助发展中国家改革其金融系统，以使得民营企业家更容易进行融资。这些都可以降低企业家购买的资本的价格 R，减少产业升级对政府和利益集团收益的不利影响，因而降低政府和利益集团对产业升级的阻碍。就一国内而言，中央政府对地方政府生产性支出的补贴和转移支付，也应将对象定位于当地的民营企业家经营的项目。

第三，政府和利益集团提高它们经营的中间品行业的技术和生产率，有助于减轻产业升级对政府和利益集团收益的负面影响。

第四，对地方政府提供合适的激励，比如取消主要以"GDP"对地方政府进行考核的方式，延长地方官员的任期，或对财政分权体制进行改革，以降低地方政府阻碍产业升级的动力和能力。

第五，国有企业常常控制和经营中间品，对国有企业进行改革，或者加强对国有企业反垄断监管，这些都将降低经营中间品的企业（利益集团）的政治影响力和游说能力，降低地方政府或国家部委被俘获的可能性，从而降低政府阻碍产业升级的动力。

第六，以限制政府和利益集团的政治权力为目标的政治体制改革，不但能够降低政府和利益集团阻止产业升级的能力，从根本上消除产业升级的障碍，而且也能降低政府和利益集团所获得的税收再分配份额 ϕ，从而降低政府和利益集团阻止产业升级的动力。发展中国家如要避免中等收入陷阱，必须进行改革，以消除产业升级的阻碍。

在未来的研究中，可以考虑从以下方面进行扩展，以期得到更为丰富的结论。比如可以考虑利益集团和中间阶层在要素市场上存在竞争的情形；还可以考虑对可供选择的产业状态 (α, A) 进行内生化，这有助于解释为什么发展中国家未能形成合适的产业状态以进行产业升级；对财政分权与产业升级进行跨国经验研究，或者就中国的情形进行跨省的经验研究，以便验证本章所提出的财政分权对产业升级的阻碍，这也是我们正在着手的工作。

本章附录

对" $\phi < \dfrac{\beta}{\alpha}$，从而 $\tau_t = 0$ 的情形"的证明。

当 $\phi \le \dfrac{\beta}{1 - \alpha}$ 时，由(11.34)式，有：

$$\tau_t = 0 \tag{11A.1}$$

代入(11.33)式, 有:

$$p_t = \frac{R(1-\alpha)}{A_x\beta} \tag{11A.2}$$

将上述两式代入(11.30)式, 可得:

$$k_t = \left[\frac{A}{R}\left(\frac{\beta A_x}{1-\alpha}\right)^{\beta}\left(\frac{\beta}{\alpha}\right)^{\beta}\right]^{\frac{1}{1-\alpha-\beta}}\theta_m^{-1} \tag{11A.3}$$

将(11A.1)式、(11A.2)式和(11A.3)式代入(11.32)式, 有:

$$M(\alpha, \beta, A) = \left(\frac{1}{R}\right)^{\frac{\alpha+\beta}{1-\alpha-\beta}}(1-\alpha-\beta)\left(\frac{\beta}{\alpha}\right)^{\frac{1-\alpha}{1-\alpha-\beta}}\left(\frac{1}{1-\alpha}\right)^{\frac{1-\alpha}{1-\alpha-\beta}}\left[A\left(\beta A_x\right)^{\beta}\right]^{\frac{1}{1-\alpha-\beta}}$$

$$\tag{11A.4}$$

(11A.4)式对 α 和 A 分别求导, 可得:

$$\frac{\partial M(\alpha, \beta, A)}{\partial \alpha} = \frac{M}{1-\alpha-\beta}\left\{-\frac{1-\alpha}{\alpha}-\frac{\ln R}{1-\alpha-\beta}+\frac{1}{1-\alpha-\beta}\ln\left[A\left(\frac{\beta}{\alpha}A_x\right)^{\beta}\left(\frac{\beta}{1-\alpha}\right)^{\beta}\right]\right\}$$

$$\tag{11A.5}$$

$$\frac{\partial M(\alpha, \beta, A)}{\partial A} = M\frac{1}{1-\alpha-\beta}A^{-1} > 0 \tag{11A.6}$$

同样, 由于我们强调的是中间品在最终品生产中的相对份额(而不是绝对份额)的变化会引起对中间品的需求发生变化, 从而导致政府和利益集团出于中间品价格操控的目的而阻止产业升级。因此, 为分析方便, 我们假定产业升级时 β 保持不变。那么, 政府和利益集团会阻止产业升级的充分必要条件是:

$$dM(\alpha, \beta, A) = \frac{\partial M(\alpha, \beta, A)}{\partial \alpha}d\alpha + \frac{\partial M(\alpha, \beta, A)}{\partial A}dA$$

$$= \frac{M(\alpha, \beta, A)}{1-\alpha-\beta}\left\{-\frac{1-\alpha}{\alpha}-\frac{\ln R}{1-\alpha-\beta}+\frac{1}{1-\alpha-\beta}\right.$$

$$\left.\ln\left[A\left(\frac{\beta}{\alpha}A_x\right)^{\beta}\left(\frac{\beta}{1-\alpha}\right)^{\beta}\right]+\frac{1}{A}\frac{dA}{d\alpha}\right\}d\alpha < 0 \tag{11A.7}$$

对比(11.41)式和(11A.7)式, 两个不等式的主要不同在于, (11.41)式中的 $\ln\left[\phi A\left(\frac{\beta}{\alpha}A_x\right)^{\beta}\left(\frac{\alpha}{\phi-\beta}\right)^{1-\beta}\right]$ 在(11A.7)式中则变成了 $\ln\left[A\left(\frac{\beta}{\alpha}A_x\right)^{\beta}\left(\frac{\beta}{1-\alpha}\right)^{\beta}\right]$, 因此, 除了 ϕ 的大小不影响(11A.7)式外, 命题11.2中的结论, 在 $\phi \leqslant \frac{\beta}{1-\alpha}$ 的情形时, 也都成立。

第 12 章 集体行动、政治竞争与发展的障碍：基于新政治经济学的研究

12.1 引言

在这一章里，我们将在 Acemoglu 和 Robinson（2008）的研究基础上，引入"技术进步（更一般地，经济发展条件的改善）使政治精英或利益集团面临一个权衡"的思想，建立一个无限期界的内生化的利益集团掌权概率的模型。本章的模型假定，技术进步一方面可以提高利益集团未来掌握政治权力时的收益（租金），另一方面却可能会降低其未来掌权的概率，如果后者的效应足够大，那么利益集团就会阻碍生产率提高与经济发展。

与既有的研究相比，本章模型的不同之处在于：在一般化的环境里，引入了不确定性从而内生化掌权概率，并构造无限期界模型，克服了两期模型存在的缺陷，从而引入了重复博弈和经济人之间的互动。这能揭示为什么掌权的利益集团可能不会选择好的制度和先进的技术，以致出现长期经济停滞局面；从政治经济学角度解释了在过去 20 多年来世界技术不断进步的同时，为什么许多低收入国家、中等收入水平国家经济增长反而放慢和停滞；为什么一个社会越不稳定，经济发展越缓慢；为什么在劳动密集型产业或以劳动密集型为主的经济中，其经济增长较缓慢以及为什么发展中国家会出现"二元技术进步"现象。本章的研究并不是把不利于经济增长的制度和政策的长期存在归结于"政府能力"的不足，而是表明，即使掌权的利益集团拥有有效的财政工具，也可能由于担心未来掌权概率受到不利影响而不会取消对增长有害的制度和政策。本章的最后提出了限制利益集团阻止技术进步的能力或动力的一些改革建议。

本章余下部分的安排是：第 12.2 节对相关文献进行述评，提出本章模型的创新点；第 12.3 节构造本章的基准模型；第 12.4 节将"技术进步"影响政治权力的观点引入基准模型，考察均衡时的状态，探讨利益集团阻止新技术引进的条件；第 12.5 节对均衡进行比较静态分析，讨论模型的理论和政策含义；第 12.6 节简单总结本章内容。为简洁起见，所有的证明都放在本章附录里。

12.2 相关文献述评

自工业革命以来，一些西欧国家摆脱了马尔萨斯陷阱，实现了向现代经济增长的转型，逐步从贫穷走向了富裕。然而，当今世界许多国家仍然生产率低下，物质资本及人力资本积累缓慢，新技术未被大范围采用，经济增长难以为继。为什么有的国家能持续增长，而有的国家则发展缓慢甚至停滞衰退？阻碍经济发展的根本原因是什么？经济学家们分别从地理（Sachs，2001；Gallup & Sachs，2000）、文化（Putnam，1993；North, Summerhill & Weingast，2000；Barro & McCleary，2003；Greif，2006）、运气（多重均衡）（Murphy, Shleifer and Vishny，1989；Matsuyama，1996），以及制度和政策（North，1981；Parente & Prescott，1999；Persson & Tabellini，2000；Ngai，2004；Olson，2000；Acemoglu, et. al 2001, 2002，2005）四个方面进行了分析。尽管不存在完全一致的看法，但是越来越多的经济学家认同这样一个观点：制度和政策是造成不同经济绩效的根本原因。一些经济制度和政策造成了各种各样的壁垒，使得资源和租金从民众（工人）转移到利益集团（掌握政治权力或具有政治影响力的人）手中。这些制度和政策扭曲了经济激励，阻碍了技术引进和创新，也阻碍了人力资本和物质资本的积累，并使市场组织方式处于无效率状态。

进一步的问题是，利益集团既然掌握政治权力或具有政治影响力，为什么不取消这些有害的经济制度和政策，然后直接使用税收和再分配手段来获取更多的租金？一个可能的原因是政府缺乏直接和有效的财政工具，以致"政府能力"（state capacity）不足以收取足够的租金（Olson，1982；Acemoglu，2007，2010；Besley and Persson，2010）。然而，一个更有解释力的原因是：尽管取消这些造成经济无效率的壁垒和障碍，能促进新技术的引入（人力资本的积累以及其他经济条件的变化）从而改进经济效率，并实现持续的经济增长，但是这些经济变化可能会对利益集团未来掌握政治权力产生不利影响。一旦利益集团失去政治权力，便不能获得租金。因而，掌权的利益集团如果提高技术和人力资本水平，将面临一个权衡：一方面可以提高利益集团未来掌握政治权力时的收益（租金），但另一方面却会降低未来掌权的概率。如果后者的效应足够大，那么利益集团就会阻碍生产率的提高。

大量事实说明，许多国家技术进步或人力资本积累的停滞迟缓与利益集团的阻碍有关。例如，奥斯曼帝国时期，印刷术和出版业被打击，因为统治者将它们看作传播危险思想的工具（Jones，1981）。在工业革命时期，俄国和匈牙利的政治精英把工业化看作是反抗力量，"工业化会将具有革命思想的工人集聚在城市，铁路（技术）会方便地运送这些革命力量，而教育则会创造反对贵族的对立物"（Gregory，1998；Gerschenkron，1970）。又如，许多欠发达国家的教育投入不足和教育质量低下，主要原因在于大众教育水平的提高有可能损害掌权精英和利益集团未来的政治权力（Lipset，1959）。在巴基斯坦，"掌权精英们发现，让识字率一直保持在比较低的水平是一件很有利的事情。受教育的人口比例越低，则掌权精英们被取代的可能性就越低"（Husain，1999）。此外，许多欠发达国家（例如印度、马来西亚、孟加拉国和巴拿马等）控制技术标准，对新技术的引进设置了许多障碍（Parente & Prescott，1999）。

近年来，越来越多的文献考察和分析了制度和政策对发展的影响。Parente 和 Prescott（1999）考察了（劳动）要素供给的垄断对新技术引进的阻碍。Ngai（2004）分析了各国物质资本积累的壁垒，指出这些壁垒会推迟经济转型启动的时间和减缓经济转型的速度。Adamopoulos（2007）则指出对资本品进口限制的差异，是阿根廷和加拿大的经济存在差异的主要原因。然而这些文献都没有解释政府为什么会这么做，具有政治影响力的利益集团为什么不愿意采用新技术，然后通过税收和再分配政策获得更大的租金。近年来，经济学家从新政治经济学角度对此进行了考察，主要包括 Acemoglu 和 Robinson（2000）、Bourgignon 和 Verdier（2000）、Robinson（2001）、Eicher 和 Ypersele（2009）等。

Acemoglu 和 Robinson（2000）构造了一个简化的两期框架，论证了技术进步和其他有利的经济变化是否产生，取决于该变化对政治权力的影响。因为潜在竞争对手对新技术的引入，会使利益集团失去产品垄断者的地位，并降低掌权的利益集团在下一期的掌权概率。但是，该模型存在几个方面的不足。第一，该模型中利益集团掌权的概率是外生给定的，即利益集团只能被动接受技术变化对掌权概率的冲击，这使得模型失去了许多重要的含义，也不符合现实情形。第二，该模型只有两期，掌权的利益集团只是单方面在第一期决定是否阻止新技术的引入，而不存在任何互动或重复博弈，因此也无法对一些经验事实作出解释，比如，尽管世界技术前沿突飞猛进，然而为什么许多欠发达国家的经济增长速度反而放慢甚至陷入停滞衰退？全要素生产率反而下降？第三，该模型假定，新技术只能由潜在竞争对手引入，从而使掌权利益集团的产品垄断地位丧失，这并不符合现实。实际上，欠发达国家的大多数重要技术是从发达国家引入，利益集团在新技术的引进或模仿方面应更具有优势。

Bourgignon 和 Verdier（2000）建立了一个模型，认为"寡头政治"会反对普及型教育，因为寡头精英需要对穷人的教育进行补贴，而且受教育的人更有可能对政治权力产生需求，在政治上表现得更加活跃，并为实现收入和权力由寡头向民众转移（再分配）而进行投票。但是该模型的局限性是只考虑了两期，并且简单假定寡头利益集团的掌权概率是不断退化的。

Eicher 和 Ypersele（2009）分析了民主政治下，受教育的民众人数的增加使得在位的腐败政党面临一个权衡：这一方面提高了腐败所能获得的租金，但另一方面增加了腐败被发现的可能性，从而降低了掌握政权的概率。如果后者的效应足够大，腐败的在位政党就会阻止对大众教育进行补贴，这会降低社会（特别是收入不平等较为严重的社会）的人力资本存量，从而阻碍经济发展。

以上研究都有两个共同的缺陷和不足：或者只有两期，或者利益集团掌握政治权力（或政治影响力优势）的概率是外生的或退化的。这使得利益集团和民众之间不存在互动和重复博弈，从而失去了许多重要的洞见。

在政治权力或政治影响力优势的竞争方面，Acemoglu 和 Robinson（2008）引入利益集团（精英）与民众（非精英）的权力竞争，把利益集团掌权概率加以内生化，指出均衡的经济制度是实际的或事实上的与法律上的政治权力交互作用的结果。他们指出，即使政治制度发生变化（比如由非民主转化为民主制度），改变了法律上的政治权力分配，利益集团也可以增加对事实上的政治权力的投资（例如进行院外活动、动用武力等），以部分或全部地抵消其法律上的政治权力的损失。由此他们解释了在许多发展中国家出现的政治制度变化并没有对经济制度的均衡产生影响的现象，称之为经济制度的"不变性"（invariance）。他们的模型的另一个结论是，如果政治制度的变化比经济制度的变化更困难（比如在拉美一些国家、利比亚等），则可能出现"被俘获的民主"（captured democracy），即民主政体建立了，但是它总是选择有利于利益集团的经济制度。然而，该模型尽管考察了政治制度与经济制度的相互作用，但是并未考虑到技术进步、生产率提高等因素有可能改变利益集团未来掌权的概率和影响实际政治权力。

基于此，本章将在 Acemoglu 和 Robinson（2008）的研究基础上，建立一个无限期界的内生化利益集团掌权概率的模型，将技术进步和生产率提高纳入利益集团与民众的政治权力竞争的模型框架。本章的理论模型将论证，由于技术进步（更一般地，经济条件的改善）使利益集团面临一个权衡：一方面可能获取更高的未来收益（租金）；另一方面可能降低未来掌权的概率，如果后一效应足够大，那么利益集团就会阻碍生产率的提高和经济发展。由此，本章刻画了掌权的利益集团阻止技术提高和经济进步的条件，并得出了丰富的且与经验事实相一致的结论和洞见。其一，模型从对政权冲击的角度表明：一个社会越不稳定，掌权的利益集团就越可能阻止技术进步，从而导致低的技术和生产率，以及人力资本和物质资本积累不足，经济发展缓慢甚至陷入贫穷陷阱。其二，由于潜在的经济变化（如新技术出现）对未来掌权概率的冲击，即使掌权的利益集团暂时阻止了新技术，他们也会增加对政治权力的投资，从社会角度而言，这些投资是纯浪费性的，从而导致经济效率下降。其三，分析表明，给定"技术"对利益集团掌权概率影响的条件下，越是劳动密集型经济，利益集团所获得的收益越小，从而他们越可能阻碍技术进步。其四，模型还表明，促进社会经济发展的有效改革，必须能够克服掌权的利益集团的阻碍（限制其政治影响力，或者降低利益集团阻碍改革的动力）。其五，模型也能为欠发达国家、中等收入水平国家在经济增长路径上存在的许多问题给出一个政治经济学的解释，比如教育投入不足和教育质量低下问题，对外资优惠而对内资打压的政策等。

与既有的研究相比，本章模型的不同在于：引入不确定性，从而内生化了技术进步和生产率提高对掌权概率和政治投资的影响；构造无限期界模型，克服了两期模型存在的缺陷。在内生化掌权概率的政治经济学理论框架下，揭示了为什么掌权的利益集团可能不会选择好的制度和先进的技术，以致出现长期经济停滞局面。本章的分析并不是把不利于经济增长的制度和政策的长期存在归结于"政府能力"的不足，而是表明，即使掌权的利益集团具有有效的财政工具，也可能由于担心未来掌权概率受到不利影响而不会取消有害增长的制度和政策。North(1981)通过经济史分析强调了"好的制度可能不会被政治精英和利益集团选择"的观点，本章的思想与之相近，但是我们提出了严格的理论模型，分析了在什么条件下利益集团会阻碍经济发展，解释了各国经济发展进程何以在长期出现巨大的差距。为分析方便，本章后文中出现的"技术进步"，既指代纯粹的技术进步，也指代任何经济发展条件的改善。

12. 3 基准模型

本章的基准模型在政治竞争的环境下，研究均衡的政治投资、掌权概率和利益集团一生的预期收入。我们在离散时间里考虑这样一个经济：假设人的寿命是无限的，总人口为 $L_1 + L_2$，其中 L_1 为利益集团人口数量，L_2 为民众人口数量。在利益集团内部所有人同质，而在民众集团内部所有民众是同质的。在任一时期，每个民众都拥有一单位不可分的劳动禀赋，而每个利益集团成员都作为企业家雇佣民众①，产出为：$A \cdot l$，其中 l 为雇佣的工人数量，A 可以理解为技术、人力资本、劳动生产率或任何其他要素的综合指数。为了方便，在后文涉及 A 的变化时，我们都把它表述为"技术进步"。

遵循 Acemoglu 和 Robinson(2008)的研究，假定存在两种经济制度：有利于民众的竞争性劳动市场制度和有利于利益集团的压制劳动的经济制度。在竞争性劳动市场情形下，工人(民众)获得劳动的边际产品收入，而每个企业家(利益集团成员)获得零利润。因此工人获得的工资为 $w_c = A$，而企业家获得的收益为 $R_c = 0$。在压制劳动的经济制度下，利益集团能够使用他们的政治权力去降低工人的工资。但是这种扭曲的经济制度会产生一个效率损失，令这个损失占潜在产出 $A \cdot l$ 的比例为 $\delta \in [0, 1)$。因而在这种经济制度下，工人的工资为 $w_e = \lambda(1-\delta)A$，其中 $\lambda \in (0, 1)$ 为工人收入占产出的份额。每个企业家获得的收益为 $R_e = (1 - \lambda)(1 - \delta)\dfrac{AL_2}{L_1}$。我们令有利于民众的经济制度带来的收益增量为：

$$\Delta w \equiv w_c - w_e = (1 - \lambda(1 - \delta))A > 0 \tag{12.1}$$

---

① 只要(12.1)式中的 Δw 和(12.2)式中的 ΔR 与相关参数和变量的正反关系不变，则放松这个假定并不会影响本章的实质结论。

而有利于利益集团的经济制度带采的收益增量为：

$$\Delta R \equiv R_e - R_c = (1 - \lambda)(1 - \delta)\frac{AL_2}{L_1} > 0 \tag{12.2}$$

12.3.1　政治权力的竞争

因为政治权力会影响经济制度，所以在每一期利益集团与民众会对实际政治权力进行竞争。令 N 表示有利于利益集团的政治制度或政治措施，而 D 表示有利于民众的政治制度，每一期的政治制度由上一期掌握实际政治权力的集团决定。不同于 Acemoglu 和 Robinson（2008）的研究，在这里政治制度并非只是简单地指民主制度或非民主制度这两种基本政体，也指在基本政治制度不变的情况下，任何其他衍生的政治经济制度或某项具体措施。

利益集团成员和民众都会对实际政治权力进行投资，令在 t 期利益集团的政治影响力为：

$$P_t^e(s) = \varphi^e(s)\sum_{i \in E}\theta_t^i(s) \tag{12.3}$$

其中，$s = N \text{ or } D$，表示本期的政治制度（由上期决定），E 为利益集团成员的集合，$\theta_t^i(s) \geq 0$，表示利益集团成员 $i(i \in E)$ 对利益集团政治影响力的投资，$\phi^e(s) > 0$，表示在政治制度为 s 时投资的效率，且 $\phi^e(N) > \varphi^e(D)$。

与利益集团不同，民众的政治影响力有三个方面的来源：一是民众在政治影响力方面的投资；二是由于民众人数众多，即使他们不做任何投资，当政治制度 $s = D$ 时，相对于政治制度 N，民众集团会获得一个额外的政治影响力；三是同样由于民众人数众多，他们在协调集体行动问题方面的能力是随机的，因此其政治影响力存在随机波动（Olson，1965）。因而在 t 期，民众集团的政治影响力可表示为：

$$P_t^e(s) = \varphi^c(s)\sum_{j \in C}\theta_t^j(s) + \eta I + \omega_t \tag{12.4}$$

其中：$\theta_t^j(s) \geq 0$，表示民众 $j(j \in C)$ 对民众集团政治影响力的投资（C 为民众成员的集合），$\theta_t^c(s) \geq 0$，表示在政治制度为 k_t 时对政治影响力投资的效率，$\phi^c(N) > \phi^c(D)$。$\eta > 0$，而 I 为虚拟变量：当 $s = N$ 时，$I = 0$；当 $s = D$ 时，$I = 1$，这体现了民众政治影响力的第二个来源。而随机变量 ω_t 即为民众政治影响力的第三个来源：随机波动（扰动）。假定 ω_t 是独立同分布的，其分布函数为 $F(\cdot)$。

如果 $P_t^e(s) \geq P_t^c(s)$，即利益集团的政治影响力大于民众集团的政治影响力，则利益集团掌握实际的政治权力；反之，如果 $P_t^e(s) < P_t^c(s)$，则民众集团掌握实际的政治权力。在任意时期 t，博弈顺序如下：

（a）本期的政治制度 s 由上一期掌权集团决定；

（b）每一个利益集团成员 i 和每一个民众 j 同时选择对政治影响力进行投资，分别为 $\theta^i_t(s)$ 和 $\theta^c_t(s)$，根据（12.3）式，$P^e_t(s)$ 确定；

（c）随机变量 ω_t 实现，从而根据（12.4）式，$P^c_t(s)$ 确定；

（d）如果 $P^e_t(s) \geqslant P^c_t(s)$，则利益集团掌握实际的政治权力，利益集团选择本期的经济制度和下一期的政治制度；如果 $P^e_t(s) < P^c_t(s)$，则民众掌握实际的政治权力，民众集团选择本期的经济制度和下一期的政治制度；

（e）给定本期经济制度，工人（民众）的工资 w_t 和企业家的收益 R_t 被决定。

12.3.2 均衡

因为假定利益集团成员同质以及民众同质，在本章中考虑对称的均衡，我们的分析从单个利益集团成员及单个民众所面临的规划问题着手。根据上面的博弈顺序，我们可采用逆向归纳法来解这个博弈。

首先，对于单个利益集团成员而言，因为由（12.2）式 $\Delta R > 0$，以及根据假定 $\phi^e(N) > \phi^e(D)$，故在上面博弈的第（d）步中，如果利益集团掌握了实际政治权力，便会选择压制劳动的经济制度，并选择 N 作为下一期的政治制度。相反，由（12.1）式 $\Delta w > 0$，以及根据（12.4）式，故在博弈的第（d）步中，民众一旦掌握了实际政治权力，则会选择竞争性劳动制度，并选择 D 作为下一期的政治制度。

其次，给定第（d）步中利益集团和民众对本期经济制度和下期政治制度的选择，在第（c）步中两个集团中的成员同时选择对政治影响力的投资。在任意时期，给定民众的投资 $\theta^c(s)$ 以及其他利益集团成员的投资（或努力）$\theta^e(s)$，代表性利益集团成员 i 选择的投入为 $\theta^i(s)(\theta^i(s) \geqslant 0)$，则利益集团总的政治影响力为：$P^e(\theta^i, \theta^e(s), \theta^c(s) \mid s) = \phi^e(s)((L_1 - 1)\theta^e(s) + \theta^i)$。利益集团掌握实际政治权力的条件是：$P^e(\theta^i, \theta^e(s), \theta^c(s) \mid s) \geqslant P^c(s) = \phi^c(s)L_2\theta^c(s) + \eta I + \omega_t$。

即：$\phi^e(s)((L_1 - 1)\theta^e(s) + \theta^i) - \phi^c(s)L_2\theta^c(s) - \eta I \geqslant \omega_t$。因为随机变量 ω_t 的分布函数为 $F(\cdot)$，故利益集团掌握政治权力的概率为：

$$p(\theta^i, \theta^e(s), \theta^c(s) \mid s) \equiv F[\phi^e(s)((L_1 - 1)\theta^e(s) + \theta^i) - \phi^c(s)L_2\theta^c(s) - \eta I]$$

（12.5）

我们假定利益集团成员和民众的效用函数都定义在消费上，因而无论是利益集团成员还是民众，最大化一生效用都要求最大化一生收入。因为政治制度影响经济主体对政治影响力的投资效率，所以，我们需要分别在 N 和 D 两种政治制度情况下分析各经济主体的规划问题。在任意时期 t，如果政治制度为 N，则利益集团成员 i 面临如下规划问题：

$$V^e(N \mid \theta^e, \theta^c) = \max_{\theta^i \geqslant 0} \left\{ \begin{array}{l} -\theta^i + p(\theta^i, \theta^e(N), \theta^c(N) \mid N)[R_e + \beta V^e(N \mid \theta^e, \theta^c)] \\ + (1 - p(\theta^i, \theta^e(N), \theta^c(N) \mid N))[R_c + \beta V^e(D \mid \theta^e, \theta^c)] \end{array} \right\}$$

（12.6）

其中 $V^e(N \mid \theta^e, \theta^c)$ 和 $V^e(D \mid \theta^e, \theta^c)$ 分别表示利益集团成员 i 在政治制度为 N 和政治制度为 D 的情况下一生收入的预期贴现值。因为在相同的政治制度下，每一期的预期收入都一样，所以我们省略了时间下标。$\dfrac{\theta_s}{\theta_f}$ 为代理人的贴现因子，并假定利益集团成员和民众的贴现因子相同。同时，令民众 j 的投资 $\theta^c(s)$ 对利益集团掌握政治权力的概率的影响为：

$$p_0(\theta^j, \theta^e(s), \theta^c(s) \mid s) \equiv F[\phi^e(s)L_1\theta^e(s) - \phi^c(s)((L_2 - 1)\theta^c(s) + \theta^j(s)) - \eta I].$$

则民众 j 的规划问题为：

$$V^c(N \mid \theta^e, \theta^c) = \max_{\theta^j \geq 0} \left\{ \begin{array}{l} -\theta^j + p_0(\theta^j, \theta^e(N), \theta^c(N) \mid N)[w_e + \beta V^c(N \mid \theta^e, \theta^c)] \\ + (1 - p_0(\theta^j, \theta^e(N), \theta^c(N) \mid N))[w_c + \beta V^c(D \mid \theta^e, \theta^c)] \end{array} \right\}$$

(12.7)

其中，$V^c(N \mid \theta^e, \theta^c)$ 和 $V^c(D \mid \theta^e, \theta^c)$ 分别表示民众 j 在政治制度为 N 和政治制度为 D 的情况下一生收入的预期贴现值。与前面一样，我们省略时间下标。

类似地，在任意时期 t，如果政治制度为 D，则利益集团成员 i 的规划问题为：

$$V^e(D \mid \theta^e, \theta^c) = \max_{\theta^i \geq 0} \left\{ \begin{array}{l} -\theta^i + p(\theta^i, \theta^e(D), \theta^c(D) \mid D)[R_e + \beta V^e(N \mid \theta^e, \theta^c)] \\ + (1 - p(\theta^i, \theta^e(D), \theta^c(D) \mid N))[R_c + \beta V^e(D \mid \theta^e, \theta^c)] \end{array} \right\}$$

(12.8)

同样，民众 j 的规划问题为：

$$V^c(D \mid \theta^e, \theta^c) = \max_{\theta^j \geq 0} \left\{ \begin{array}{l} -\theta^j + p_0(\theta^j, \theta^e(D), \theta^c(D) \mid D)[w_e + \beta V^c(N \mid \theta^e, \theta^c)] \\ + (1 - p_0(\theta^j, \theta^e(D), \theta^c(D) \mid N))[w_c + \beta V^c(D \mid \theta^e, \theta^c)] \end{array} \right\}$$

(12.9)

因为存在代表性利益集团成员，且给定政治制度 s，每一期都面临相同的规划问题，故均衡时有：

$$\theta^i(s) = \theta^{i'}(s) \text{ for } \forall i, \ i' \in E, \text{ 且 } \theta_{t'}^i(s) = \theta_t^i(s) \text{ for } \forall t' > t$$

因而，我们令 $\theta^e(N)$，$\theta^e(D)$ 分别表示均衡时单个利益集团成员在政治制度为 N 或 D 时的投资；类似地，令 $\theta^c(N)$，$\theta^c(D)$ 分别表示均衡时单个民众在政治制度为 N 或 D 时的投资。

命题 12.1 概括了掌权利益集团对经济制度和政治制度的选择，证明参见本章附录。

命题 12.1 假定 $L_2 \gg L_1$，$F(\cdot)$ 是严格递增且二阶连续可微的，其密度函数 $F(\cdot)$ 是单峰的且 $\lim\limits_{\omega \to \infty} f(\omega) = 0$，则均衡时，有：

（Ⅰ）$\theta^c(N) = \theta^c(D) = 0$ \hfill (12.10)

（Ⅱ）（假定存在内点解）$\theta^e(N)$，$\theta^e(D)$ 由下面两式决定：

$$\phi^e(N)f(\phi^e(N)L_1\theta^e(N))(\Delta R + \beta \Delta V^e) = 1$$ \hfill (12.11)

$$\phi^e(D)f(\phi^e(D)L_1\theta^e(D) - \eta)(\Delta R + \beta\Delta V^e) = 1 \tag{12.12}$$

其中，ΔR 由 (12.2) 式给出，

$$\Delta V^e \equiv V^e(N \mid \theta^e, \theta^c) - V^e(D \mid \theta^e, \theta^c) = \frac{-\theta^e(N) + \theta^e(D) + \Delta R(p(N) - p(D))}{1 - \beta(p(N) - p(D))}$$

$$\tag{12.13}$$

其中，$\quad p(N) \equiv p(\theta^i, \theta^e(N), \theta^c(N) \mid N) = F[\phi^e(N)L_1\theta^e(N)] \tag{12.14}$

$$p(D) \equiv p(\theta^i, \theta^e(D), \theta^c(D) \mid D) = F[\phi^e(D)L_1\theta^e(D) - \eta] \tag{12.15}$$

（Ⅲ）$f'(\cdot) < 0$（根据二阶条件） $\tag{12.16}$

（Ⅳ）如果利益集团掌权，会为本期选择压制劳动的经济制度，以及为下一期选择政治制度 N；相反，如果民众掌权，会为本期选择竞争性劳动市场的经济制度，以及为下一期选择政治制度 D。

12.4 扩展的模型："技术进步"影响实际权力

12.4.1 基本框架

我们将"'技术进步'影响实际政治权力"的思想引入基准模型，考察在什么条件下，掌握政治权力的利益集团会阻止技术进步。

我们假定初始状态下，技术 $A = A_1$，在时期 t 时，具有更高生产率的技术 $A_2(A_2 > A_1)$ 出现。但是我们假定，如果 A_2 被采用，那么民众集团政治影响力来源的外生因素 ω_t 的分散度会扩大，即其密度函数会变得比在 A_1 情形下平坦。具体而言，我们令 $A = A_1$ 时，与基准模型一样，ω_t 的分布函数为 $F(\cdot)$，密度函数为 $f(\cdot)$；而在 $A = A_2$ 时，ω_t 的分布函数为 $G(\cdot)$，密度函数为 $g(\cdot)$，且有 $g(\omega + h) = f(\omega)$，从而有 $g(\omega) = f(\omega - h)$，$G(\omega) = F(\omega - h)$，其中 $h \geq 0$。也就是说，引入技术 A_2，会使得随机变量的密度函数向右平移 h 个单位，因而给定所有人对政治影响力的投资，利益集团掌握实际政治权力的概率会下降，即 $G[\phi^e(s)L_1\theta^e(s) - \phi^c(s)L_2\theta^c(s) - \eta I] < F[\phi^e(s)L_1\theta^e(s) - \phi^c(s)L_2\theta^c(s) - \eta I]$，无论 $s = N$ or D。为分析方便，假定 A_2 一旦被采用，便不能被放弃，放松这一假定并不会影响本章的实质性结论。我们将技术选择决策引入博弈，基准模型中描述过的博弈的（d）和（e）被分别修改为：

（d'）如果 $P_t^e(s) \geq P_t^c(s)$，则利益集团掌握实际的政治权力，利益集团选择本期的经济制度和下一期的政治制度，而且如果在此之前 A_2 未被采用，则做出是否在本期引进技术 A_2 的决策；如果 $P_t^e(s) < P_t^c(s)$，民众掌握实际的政治权力，则由民众做上述技

术决策。

（e'）给定掌权集团对经济制度、技术的选择，工人（民众）的工资 w_t 和企业家（利益集团成员）的收益 R_t 由此被决定。

12.4.2 制度选择与均衡

不难看出，有关本期经济制度和下一期政治制度选择的分析同基准模型类似，这里不进行详细阐述。我们着重分析民众和利益集团对技术 A_2 的选择。

首先我们看到，因为 $G(\omega) = F(\omega - h) < F(\omega)$，新技术 A_2 一旦引入，不但会降低利益集团以后每一期掌握政治权力的概率（给定其他条件不变），而且会提高民众掌权时的收益（因为 $w_c = A$），以及他们没有掌权时的收益（因为 $w_e = \lambda(1 - \delta)A$）。因而在时期 t，如果民众掌握了实际的政治权力，他们绝不会阻碍而是会积极引入新技术 A_2。

然而，对于利益集团而言，技术 A_2 的出现使他们面临一个权衡：一方面，在给定投资努力的情况下，A_2 的引入会降低他们以后每期掌权的概率；另一方面，如果 A_2 被引入，则会提高他们任一时期掌握了政治权力时的收益 $\left(\text{因为 } R_e = (1 - \lambda)(1 - \delta)\frac{L_2}{L_1}A\right)$。为此，利益集团对技术的选择值得特别加以分析。假定在时期 t，博弈的第（c）阶段已经结束，利益集团掌握了政治权力，毫无疑问，在第（d'）阶段利益集团会为本期选择压制劳动的经济制度从而获得 R_e 的收益，并选择 N 作为下期（$t+1$ 期）的政治制度，而对于是否引进技术 A_2，则取决于预期收益情况。

其一，如果利益集团选择 A_1，即不引进 A_2，则代表性利益集团成员一生的收入预期值为：

$$V^e(A_1) = R_e(A_1) + \beta V^e_{t+1}(N, A_1) \tag{12.17}$$

其中：

$$V^e_{t+1}(N, A_1) = \max_{\theta^i \geq 0} \left\{ \begin{array}{l} -\theta^i + p(\theta^i, \theta^e(N), \theta^c(N) \mid N, A_1)[R_e(A_1) + \beta V^e_{t+2}(N, A_1)] \\ + (1 - p(\theta^i, \theta^e(N), \theta^c(N) \mid N, A_1))[R_c(A_2) + \beta V^e_{t+2}(D, A_2)] \end{array} \right\} \tag{12.18}$$

$V^e_{t+1}(N, A_1)$ 表示在 $t+1$ 期且初始技术为 A_1 时一生的收入预期值，$p(\theta^i, \theta^e(N), \theta^c(N) \mid N, A_1)$ 表示在 $t+1$ 期政治制度为 N 和技术为 A_1 时，利益集团在政治权力的竞争中获胜的概率，即 $s = N$ 时的（12.5）式。因为在 $t+1$ 期利益集团获胜时所面临的环境与在 t 期相同，所以如果在 t 期利益集团选择不引进技术 A_2 是最优的，则在 $t+1$ 期利益集团同样会阻止技术 A_2 的引进，故 $t+1$ 期的预期收益为 $R_e(A_1) + \beta V^e_{t+2}(N, A_1)$。若在 $t+1$ 期民众获得政治权力，则根据前面的论述，技术 A_2 会被引入，并选择 D 作为 $t+2$ 期的政治制度,此后不管哪一方掌握政治权力,技术一直为 A_2(根据假定),因而,$t+1$ 期时利益集团的预期收益为 $R_e(A_2) + \beta V_{t+2}^e(D, A_2)$(其中 $V_{t+2}^e(D, A_2)$ 表示在 $t+2$ 期政治制度为 D 和技术为 A_2 时,利益集团成员一生的预期收入)。因为每一期都面临相同的环境,故 $V_{t+1}^e(N, A_1) = V_{t+k}^e(N, A_1)$ for $\forall k \geqslant 2$,以及 $V_{t+2}^e(D, A_2) = V_{t+k}^e(D, A_2)$ for $\forall k \geqslant 3$。因而,一阶条件为:

$$\phi^e(N)f\left[\begin{array}{c} \phi^e(N)((L_1 - 1)\theta^e(N) + \theta^i(N)) \\ -\phi^c(N)L_2\theta^e(N) \end{array}\right][R_e(A_1) - R_c(A_2) + \beta V_{t+2}^e(N, A_1) -$$

$$\beta V_{t+2}^e(D, A_2)] - 1 \leqslant 0 \tag{12.19}$$

并满足互补松弛条件。

其二,如果利益集团选择引进技术 A_2,则代表性利益集团成员一生的收入预期值为:

$$V^e(A_2) = R_e(A_2) + \beta V_{t+1}^e(N, A_2) \tag{12.20}$$

其中:

$$V_{t+1}^e(N, A_2) = \max_{\theta^i \geqslant 0}\left\{\begin{array}{l} -\theta^i + p(\theta^i, \theta^e(N), \theta^c(N) \mid N, A_2)[R_e(A_2) + \beta V_{t+2}^e(N, A_2)] \\ + (1 - p(\theta^i, \theta^e(N), \theta^c(N) \mid N, A_2))[R_c(A_2) + \beta V_{t+2}^e(D, A_2)] \end{array}\right\}$$

$$\tag{12.21}$$

$V_{t+1}^e(N, A_2)$ 表示在 $t+1$ 期且初始技术为 A_2 时利益集团成员的终生收入预期值,类似地,$p(\theta^i, \theta^e(N), \theta^c(N) \mid N, A_2) \equiv G[\phi^e(N)((L_1 - 1)\theta^e(N) + \theta^i(N)) - \phi^c(N)L_2\theta^e(N) - \eta I]$ 表示在 $t+1$ 期政治制度为 N 和技术为 A_2 时利益集团在政治权力的竞争中获胜的概率。因为在 $t+1$ 期利益集团成员获胜时所面临的环境与在 t 期相同,所以如果在 t 期利益集团选择了引进技术 A_2,根据假定技术 A_2 一旦引入便不能被抛弃,故 $t+1$ 期的预期收益为 $R_e(A_2) + \beta V_{t+2}^e(N, A_2)$。而一旦民众集团在政治竞争中获胜,则在 $t+1$ 期代表性利益集团成员的预期收入为 $R_c(A_2) + \beta V_{t+2}^e(D, A_2)$。同样,因为此后每期面临相同的规划问题,故 $V_{t+1}^e(N, A_2) = V_{t+k}^e(N, A_2)$ for $\forall k \geqslant 2$,以及 $V_{t+2}^e(D, A_2) = V_{t+k}^e(D, A_2)$ for $\forall k \geqslant 3$。因而,一阶条件为:

$$\phi^e(N)g\left[\begin{array}{c} \phi^e(N)((L_1 - 1)\theta^e(N) + \theta^i(N)) \\ -\phi^c(N)L_2\theta^e(N) \end{array}\right]\left[\begin{array}{c} R_e(A_2) - R_c(A_2) + \\ \beta V_{t+2}^e(N, A_2) - \beta V_{t+2}^e(D, A_2) \end{array}\right] - 1 \leqslant 0$$

$$\tag{12.22}$$

并满足互补松弛条件。

在以上两种情况下,即博弈的第(d')阶段,民众在 t 期已经进行了决策,需等到 $t+1$ 期才能再做决策。我们可以类似于在基准模型(12.7)式中那样,分别就 $A = A_1$ 和 $A = A_2$ 情

形写出民众在 $t+1$ 期政治制度为 N 时的规划问题。① 可以证明，与命题 1 类似，无论技术为 A_1 还是 A_2，只要 $L_2 \gg L_1$ 成立，均衡时一定有 $\theta^e(N) = \theta^e(D) = 0$。定义利益集团成员引进或不引进新技术的预期收益之差为：

$$\Delta V(A) \equiv V^e(A_1) - V^e(A_2) \tag{12.23}$$

$\theta^e(N, A_1)$ 为该期的政治制度为 N 和初始技术为 A_1（即在上一期掌权利益集团阻止了技术 A_2 的引入）时，均衡时单个利益集团成员的投资；$\theta^e(N, A_2)$ 为该期的政治制度为 N 和初始技术为 A_2（即在上一期掌权利益集团选择了引进技术 A_2）时，均衡时单个利益集团成员的投资。

我们以命题 12.2 给出制度选择的均衡结果，证明请参见本章附录。

命题 12.2　在命题 1 中的假设成立，且出现新技术 $A_2 > A_1$ 的情况下，均衡时满足：

（Ⅰ）$\theta^e(N) = \theta^e(D) = 0$，无论技术为 A_1 还是 A_2；

（Ⅱ）（假定存在内点解）$\theta^e(N, A_1)$ 和 $\theta^e(N, A_2)$ 由下面两式决定：

$$\phi^e(N)f[\phi^e(N)L_1\theta^e(N, A_1)] [R_e(A_2) - R_c(A_2) + \beta\Delta V^e + \Delta V(A)] = 1 \tag{12.24}$$

$$\phi^e(N)f[\phi^e(N)L_1\theta^e(N, A_2) - h] [R_e(A_2) - R_c(A_2) + \beta\Delta V^e] = 1 \tag{12.25}$$

其中，$\Delta V^e \equiv V^e_{t+2}(N, A_2) - V^e_{t+2}(D, A_2)$，即为在技术为 A_2 时的（12.13）式。同样，均衡时有 $f'(\cdot) < 0$（二阶条件）。

12.4.3　利益集团对技术的选择

如果存在某个 h^* 使得 $\Delta V(A) = 0$，则由（12.24）式和（12.25）式，有：

$$f[\phi^e(N)L_1\theta^e(N, A_1)] = f[\phi^e(N)L_1\theta^e(N, A_2) - h^*] \tag{12.26}$$

由（12.23）式和（12.26）式，可得 $\theta^e(N, A_2) - \theta^e(N, A_1) = \dfrac{h^*}{L_1\phi^e(N)} = \dfrac{R_e(A_2) - R_e(A_1)}{\beta}$，所以，$\Delta V(A) = 0$ 的条件是：

$$h^* = \frac{R_e(A_2) - R_e(A_1)}{\beta}L_1\phi^e(N) \tag{12.27}$$

我们令 $p(N, A_1) \equiv F[\phi^e(N)L_1\theta^e(N, A_1)]$ 表示政治制度为 N 且技术为 A_1 时均衡的利益集团获胜的概率；$p(N, A_2) \equiv F[\varphi^e(N)L_1\theta^e(N, A_2) - h]$ 表示政治制度为 N 且技术为 A_2 时均衡的利益集团获胜的概率，则由（12.26）式，当 $h = h^*$ 时，有：

$$p(N, A_1) = p(N, A_2) \tag{12.28}$$

这说明，当 $\Delta V(A) = 0$ 即单个利益集团成员在"引进 A_2"与"不引进 A_2"两个备选项之间无

---

① 具体参见附录对命题 12.2 的证明中的（12B.1）和（12B.7）。

差异时，在两种技术下均衡的利益集团获胜概率相同。

接下来我们讨论，在什么条件下，利益集团会选择"阻止引进 A_2"。在 h^* 处 $\Delta V(A)$ 对 h 求导，有：

$$\frac{\partial \Delta V(A)}{\partial h} = \frac{\beta}{1 - \beta p(N, A_1)}\left[2\frac{\partial \theta(N, A_2)}{\partial h} - \frac{1}{\phi^e(N)} - \frac{R_e(A_2) - R_e(A_1)}{\beta}\right] \quad (12.29)$$

在 h^* 处 $\theta(N, A_2)$ 对 h 求导，有：

$$\frac{\partial \theta(N, A_2)}{\partial h} = -\beta \cdot \frac{f^2(\phi^e(N)L_1\theta^e(N, A_2) - h^*)}{f'(\phi^e(N)L_1\theta^e(N, A_2) - h^*)}\frac{\partial \Delta V^e}{\partial h} + \frac{1}{\phi^e(N)} \quad (12.30)$$

在 h^* 处 ΔV^e 对 h 求导，有：

$$\frac{\partial \Delta V^e}{\partial h} = \frac{1}{1 - \beta[p(N, A_2) - p(D, A_2)]}\left(\frac{1}{\phi^e(D)} - \frac{1}{\phi^e(N)}\right) \quad (12.31)$$

其中，$p(D, A_2) \equiv F[\phi^e(D)L_1\theta^e(D, A_2) - h - \eta]$ 表示在 h^* 处，政治制度为 D 且技术为 A_2 时均衡的利益集团获胜的概率。所以，由（12.29）式、（12.30）式和（12.31）式，在 h^* 处 $\frac{\partial \Delta V(A)}{\partial h} > 0$ 的充分必要条件是：

$$\frac{1}{2\phi^e(N)}\left(1 - \frac{h^*}{L_1}\right) > \beta\left(\frac{1}{\phi^e(D)} - \frac{1}{\phi^e(N)}\right)\frac{1}{1 - \beta[p(N, A_2) - p(D, A_2)]}$$

$$\frac{f^2(\phi^e(N)L_1\theta^e(N, A_2) - h^*)}{f'(\phi^e(N)L_1\theta^e(N, A_2) - h^*)} \quad (12.32)$$

其中，所有变量均在 h^* 处取值。由此可得，只要 $h > h^*$，就有 $\Delta V(A) > 0$，不等式（12.32）成立，则利益集团会阻碍技术 A_2 的采用和引进。

12.5 讨论与政策含义

12.5.1 讨论

基于我们对利益集团阻止技术进步的条件的分析，可以得出以下结论和含义。

第一，我们的模型解释了为什么在世界技术前沿迅速推进之时，一些国家对新技术的采用却非常迟钝，经济增长不断放慢甚至陷入停滞和衰退。

由（12.24）式、（12.25）式及（12.31）式可知，$f[\phi^e(N)L_1\theta^e(N, A_1)]$，$f[\phi^e(N)L_1\theta^e(N, A_2) - h]$ 均小于其各自在 $h = h^*$ 时的值，因而 $p(N, A_1)$，$p(N, A_2)$ 均大于其各自在 $h = h^*$ 时的值（由均衡时 $f'(\cdot) < 0$ 可得），$\theta^e(N, A_1)$，$\theta^e(N, A_2)$ 也均大于其各自在 $h = h^*$ 时的值。

一方面，之所以 $p(N, A_1)$ 大于其在 $h = h^*$ 时的值，是因为尽管利益集团掌权时技术 A_2 不被引入，但是由于担心一旦民众掌权而导致技术 A_2 的引入，会降低利益集团未来掌权的概率（给定其他条件不变），因此尽管会降低利益集团掌权概率的技术 A_2 没有被引入，但利益集团也会增加政治投资 $\theta''(N, A_1)$，以提高自己掌权的概率。$\theta''(N, A_1)$ 的上升意味着掌权利益集团会增加对政治权力的争夺和投资，从社会角度而言，这些投资是纯浪费性的。

另一方面，$p(N, A_2)$ 大于其在 $h = h^*$ 时的值，是因为技术 A_2 的引入虽然降低了利益集团掌权的概率（给定其他条件不变），但是如果由此带来的提高掌权时收益的效应更大，则既得利益者投资 $\theta''(N, A_2)$ 的增加所带来的掌权概率的提高，大于技术 A_2 的引入带来的掌权概率的降低，从而综合结果是 $p(N, A_2)$ 提高。

因此，在一些国家，技术进步（特别是互联网、无线通信技术）被认为是有助于民众增加政治影响力的，可称之为"偏向民众型的技术进步"，掌权的利益集团使用社会资源追加政治投资以稳固政治权力，并且阻止或延迟对新技术的采纳，以致在世界技术进步快速推进的时期，反而出现了许多发展中国家经济衰退的现象①。

不妨采用各国数据进行分析。表 12.1 中我们给出了历年来美国专利局授予的专利数量及其年均增长率和部分国家人均 GDP 的年均增长率。由于美国是科技发明和创新最活跃的国家，也是创新前沿，故可大体代表整个世界科技发明和创新情况。表 12.1 的上部分第一行是美国专利局授予美国本土和美国以外的个人和组织的专利数量（每十年），第二行是各十年期相对于前十年期的专利授予数量的年均增长率。这表明，在 20 世纪 90 年代世界科技发明和创新的速度最快，其次是 21 世纪的前十年。表 12.1 的下部分是部分国家在各个时期人均 GDP 的年均增长率。发达国家澳大利亚的人均 GDP 增长率的变化方向，很好地对应于世界科技发明和创新的速度变化方向：在 20 世纪 90 年代速度最快，21 世纪前几年其次，然后是 20 世纪 80 年代。与此相反，表 12.1 中除澳大利亚以外的其他国家，相对于 20 世纪 80 年代，它们都在 20 世纪 90 年代人均 GDP 增长率放缓。以本章视角来看，这很可能是由于利益集团担心一旦民众掌权而导致新技术的引入，会降低利益集团未来掌权的概率（给定其他条件不变），因此即使新技术没有被引入，掌权利益集团也会增加对政治权力的争夺和投资，从而导致经济效率下降。

---

① 撒哈拉以南非洲 1965—1998 年人均 GDP 年均增长率为 -0.3%（科特迪瓦为 -0.8%，埃塞俄比亚为 -0.5%，加纳为 -0.8%，赞比亚为 -2.0%）。20 世纪 70 年代中后期，非洲国家出现了普遍衰退的现象。20 世纪 80 年代被认为是"失去发展的十年"，这 10 年中，撒哈拉以南非洲国家（南非除外）国内生产总值年均增长率由 1973 年的 6.1% 降到 0.8%，人均收入下降约 25%。类似的现象也出现在一些拉美国家（数据引自：罗德里克. 探索经济的繁荣：对经济增长的描述性分析[M]. 张宇，译. 北京：中信出版社，2009）。

表 12.1 专利授予数量与部分国家人均 GDP 增长率

美国专利局授予美国本土和美国以外的个人和组织的专利数量			
	1971—1980	1981—1990	1991—2000	2001—2010
专利授予数量	730951	798346	1305228	1895168
专利授予数量年均增长率		9.22%	63.49%	45.20%

部分国家不同时间段的年均 GDP 增长率			
国家	1972—1980	1981—1990	1991—2000	2001—2007
澳大利亚	1.54	1.49	2.35	2.28
蒙古	1.21	1.98	−1.47	4.10
印度尼西亚	5.75	4.41	2.74	3.67
泰国	4.66	6.18	3.44	4.14
新加坡	7.05	4.87	4.70	2.44
巴基斯坦	2.50	3.19	1.44	3.17
阿富汗	−0.88	1.03	−1.59	7.23
不丹	4.75	5.21	3.94	4.78
马尔代夫	5.99	6.79	4.11	2.29
马绍尔群岛	−1.32	3.12	−2.49	−0.03
密联邦	−1.55	−3.11	−3.86	−3.03
帕劳	1.07	0.69	−0.52	1.06
所罗门群岛	2.24	2.99	−1.43	−0.75
汤加	1.32	1.79	1.54	0.43
瓦努阿图	1.35	3.56	3.47	0.98
土耳其	1.72	3.02	1.95	3.66
阿曼	2.24	4.71	0.98	0.41
阿尔及尼亚	5.11	−0.13	−0.20	3.87
埃及	4.45	2.52	2.27	2.69
摩洛哥	3.13	1.52	0.40	2.71
安哥拉	0.27	0.28	−0.35	10.96
博茨瓦纳	8.98	6.47	2.78	4.92
布隆迪	0.38	1.98	−3.41	0.39

续表

国家	1972—1980	1981—1990	1991—2000	2001—2007
喀麦隆	4.29	0.48	-1.11	1.79
乍得	-3.71	2.65	-0.93	8.40
科摩罗	-1.77	0.40	-2.79	-0.42
厄立特里亚	0.34	0.49	-1.70	0.94
冈比亚	2.16	0.12	-0.40	1.40
几内亚比绍	-0.77	2.70	-0.39	-1.20
莱索托	5.86	1.92	1.73	2.64
毛里求斯	4.82	4.91	4.13	2.96
莫森比克	3.60	5.59	1.45	1.73
圣多美和普林西比	-0.80	-0.62	-1.07	1.50
塞拉利昂	0.38	-0.53	-5.12	3.34
斯威士兰	2.25	2.68	0.84	1.82
坦桑尼亚	-0.01	0.53	0.22	4.44
刚果(金)	-1.98	-1.16	-5.89	1.46
津巴布韦	0.05	0.91	-0.32	-5.44

说明：（1）专利数据来源于美国专利局，专利授予对象既包括美国公司和个人，也包括美国以外的公司和个人；（2）人均 GDP 增长率来源于世界银行。

第二，尽管技术 A_2 更先进，A_2 情形下利益集团的掌权概率有可能小于在 A_1 情形下。由（12.24）式和（12.25）式，有 $f[\phi^e(N)L_1 6^e(N,A_1)] < f[\phi^e(N)L_1\theta^e(N,A_2)-h]$，因而 $\theta^e(N,A_2)-\theta^e(N,A_1) < \dfrac{h}{L_1\phi^e(N)}$，且 $p(N,A_1) > p(N,A_2)$。由于在 A_2 时 h 的上升，降低了利益集团掌权的概率（给定其他条件不变），以及 $\theta^e(N,A_2)$ 可能的上升幅度不是足够大，因此在 A_2 情形下利益集团的掌权概率小于在 A_1 情形下。

第三，我们的模型表明，一个社会越不稳定，掌权的利益集团就越可能阻止采用新技术，从而导致低的技术和生产率，使经济发展缓慢甚至长期陷入贫穷陷阱。如果我们以 $f(\cdot)$ 的扩散度作为衡量社会政治不稳定的测度：社会越不稳定，$f(\cdot)$ 越"胖"（平坦），那么给定 $h=h^*$，社会越不稳定，$f^2(\cdot)$ 就会越大，$|f'(\cdot)|$ 就越小（假定均衡时 $f(\cdot)$ 足够小），而且 $p(N,A_2)-p(D,A_2)$ 也会越大。则（12.32）式的右边就越小，因而（12.32）式所表示的条件就越容易满足。有关社会政治不稳定不利于经济增长的理论与经验文献，都

是强调不稳定对经济活动收益的不利的直接影响，并不存在掌权利益集团对经济增长的阻碍（Barror，1991；Mauro，1993；Alesina & Perotti，1996，Alesina et al.，1996）。与此不同，本章的模型则是从社会政治不稳定导致经济增长或有利的经济条件的改善会降低利益集团未来掌权概率的角度，得出了不稳定对经济增长或发展的不利影响。

大量经验事实说明，一些国家（例如非洲的苏丹、肯尼亚、埃塞俄比亚、加纳和索马里等，拉丁美洲的海地、厄瓜多尔、秘鲁等，南亚的巴基斯坦、阿富汗，以及东南亚的缅甸等）长期处于社会不稳定状态，其技术和全要素生产率低下，人均收入长期处于较低水平状态。图 12.1 显示了部分国家 2002—2008 年的 TFP 年均增长率与年均社会稳定指数构成的散点图，可以看出二者存在正相关性。

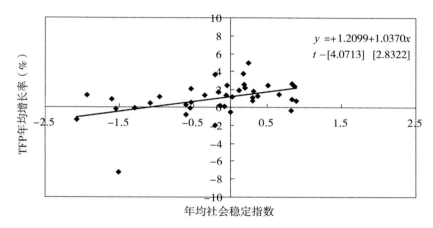

图 12.1 社会稳定指数与 TFP 年均增长率构成的散点图

数据来源：（1）社会稳定指数来源于世界银行 Governance matters Ⅷ：aggregate and individual governance Indicators 1996-2008 http：//info. worldbank. org/governance/wgi/index. asp；指数数值介于［-2.5，2.5］，数值越小，社会越不稳定。

（2）TFP 增长率来源于 The conference board total economy database，http：//www. conference-board. org/data/economydatabase/.

第四，给定社会的不稳定程度，即给定 $f(\cdot)$ 的形状，λ（或 δ）上升会导致 $R_e(A_2) - R_e(A_1)$ 下降从而 h^* 也下降，所以（12.32）式的左边上升，而（在合理假设下）右边却下降①，于是（12.32）式所表示的条件更可能得到满足，利益集团更有可能阻止技术的提高和生产率的改善。直观地，λ 上升意味着在压制性劳动制度下（利益集团掌握政治权力），技术进步带来的收益增量会变小，给定技术进步对掌权概率的影响，则利益集团更可能阻止技术进步。由此推论，在劳动密集型产业中，以及以劳动密集型产业为主的经济中，工

---

① 证明见本章附录。

人和农民(民众)的收入份额较大，即 λ 较大，技术进步较慢和生产率较低。因此我们的模型预测：在发展中国家会出现"二元技术进步"状况：一些产业(资本和技术密集型产业)引进国外最先进技术，生产率水平较高，而另一些产业(劳动密集型产业)技术进步或引进缓慢，生产率停滞不前。这与我们观察到的经验事实一致。一方面，低收入国家主要以劳动密集型产业为主，因而技术进步带给利益集团的收益有限；另一方面，在一些发展中国家，尽管全要素生产率和增长速度得到了提高，但其劳动密集型产业的生产率低下、技术进步缓慢。如在印度，尽管其 IT 等服务业排在世界的前列，但其纺织业等劳动密集型产业效率低下。

第五，我们的模型也能为欠发达国家存在的许多问题给出一个政治经济学解释。许多欠发达国家技术和生产率落后的另一个主要原因是资本不足，特别是人力资本不足，缺乏足够的熟练工人。在完全市场条件下，人力资本的不足意味着人力资本投资的回报会较高，进而诱致人力资本投资的增加和人均收入持续增长。那么，为什么许多发展中国家长期存在教育投入不足和教育质量低下问题呢？掌权的利益集团的阻碍和限制是一个解释。因为民众人力资本的提高，会有助于他们解决或缓解集体行动时所产生的问题，提高他们的决策水平，$f(\cdot)$ 会向右移动，即提高民众在政治权力竞争中获胜的可能性，因而掌权的利益集团可能会阻止民众人力资本水平的提高，尽管民众人力资本的上升也会提高利益集团掌权时能够获得的租金。在这一点上，本章与 Bourgignon 和 Verdier(2000)得出的"寡头政治"会反对普及型教育的结论是一致的。

另外，我们还看到一个似乎矛盾的现象，一些发展中国家对外资企业(FDI)提供各种税收和土地优惠，但是却对本国民众的创业和投资活动采取大量抑制性政策。其实，掌权的利益集团之所以压制民众的经营投资活动(尽管这样会减少利益集团的税收和租金收入)，一个原因是担心民众在经营管理和投资上的成功会对利益集团的政治权力产生不利影响，即降低利益集团将来掌权的概率。

第六，我们的分析表明，有害的制度和政策的长期存在并不能通过提高"政府能力"解决。许多学者认为只要增加了政府能力，使得掌握政治权力的利益集团具有有效的再分配工具将资源和租金转移到自己的手中，就能够取消阻止技术进步和不利于增长的政策(Olson，1982；Acemoglu，2007；Besley and Torsten & Persson，2010)。Acemoglu(2010)则认为，政府能力的增强和有效财政工具的可获得性的增加，有可能使得利益集团增加对政治权力的争夺，因而可能会降低资源配置效率。本章则更进一步表明，即使掌权的利益集团具有有效的财政工具，出于对其未来掌权概率的考虑，也可能不会取消有害的制度和政策。实际上在许多权力向利益集团集中的国家，政府都有足够的征税和公共支出能力，但是这些国家却也是各种壁垒最多的国家。因此我们主张，从政治经济学的角度分析各项政策对掌权的利益集团的政治权力的影响，这样才能把握取消有害政策的关键。

最后，掌权的利益集团可能性的频繁变动，会使得利益集团类似于奥尔森（Olson，1993，2000）所提到的"流窜的匪帮"，他们不会像"常驻的匪帮"那样，为了将来获得更大的收益而改进生产率和提高民众的人力资本（以及其他经济条件），因为这样做会降低他们将来掌权的概率。很多利益集团把国家的落后看作是维持对国家控制权的关键。"对掠夺性政府来说，低水平均衡陷阱不是要摆脱的东西，而是渴望的东西"（Evans，1995；Robinson，2001）。更一般地，在所有国家，经济发展的根本障碍都可能来自政治权力受到威胁的利益集团（Besley and Coate，1998；Acemoglu and Robinson，2000b）。

12.5.2 政策建议

综上所述，掌权的利益集团因担心未来掌权的可能性降低，从而有可能阻碍技术进步、人力资本积累以及其他可能的生产率提升，导致经济发展缓慢甚至陷入衰退。本章的模型提出了摆脱利益集团的阻碍，实现经济效率的提高和合意的增长的改革思路。

其一，如果大幅度的改革不能有效克服掌权的利益集团的反对和抵制，那么采用渐进式的改革可能会是一条可行的道路。苏联解体后，许多前社会主义的东欧国家实行了激进改革，但是结果令人大为失望：产出下降，收入不平等急剧扩大，通货膨胀严重，资源和国家资产被寡头侵吞。以本章的视角来看，可能的原因在于，激进的改革一旦推行，会严重削弱利益集团将来掌权的可能性，从而遭到他们的抵制和出现严重扭曲，所以这些改革难以达到预想效果。

其二，一个社会的稳定程度会影响利益集团对技术引进（或其他经济条件的改善）的态度：社会越不稳定，利益集团越会阻碍生产率的提高。所以，一个国家如果不能克服掌权的利益集团的阻碍和抵制，但又要实现持续的经济增长，那么，首先应使社会的不稳定程度降低（即 $f(\cdot)$ 更"瘦"）。在许多经济学家和改革者那里存在广泛的一致看法：经济落后是社会不稳定的主要根源之一，经济发展是实现社会稳定的必要条件，但是我们的模型表明，不实现社会稳定，很难实现持续经济发展。

其三，促进社会经济发展的有效改革，必须能够克服利益集团的阻碍和扭曲：要么打击利益集团阻碍技术变革的能力（通过提高民众的组织能力和政治参与能力），要么降低利益集团阻碍技术变革的动力（通过更快地推进技术进步和生产率提高，提高利益集团掌权后的租金收益）。

12.6 研究总结

近年来有关增长和发展的文献，越来越多地关注制度和政策的影响。有害的经济制度和政策造成了各种各样的壁垒，扭曲了经济激励，阻碍了技术进步和生产率提高，导致资源和租金从工人（民众）那里转移到掌握政治权力的利益集团手中。以 Acemoglu 和 Robinson（2008）的模型为基准模型，本章在一个无限期界里，将"技术进步（更一般地，经济条件的改善）使利益集团面临一个权衡"这一思想，引入一个内生化的利益集团掌权概率的模型中。技术进步和经济发展环境的改善，一方面可以提高利益集团未来掌握政治权力时的收益（租金），但另一方面却可能降低利益集团未来掌权的概率。如果后者的效应足够大，那么利益集团就会阻碍技术进步和生产率的提高。

本章刻画了掌权的利益集团阻止技术进步的条件，并得出了许多与经验事实相一致的结论。第一，即使掌权的利益集团选择了阻止新技术的引进，但因为他们担心一旦民众掌权而导致新技术的引入，会降低（给定其他条件）利益集团掌权的概率，所以利益集团也会增加对政治权力的投资，以确保或提高利益集团自己掌权的概率。从社会角度而言，这些投资是纯浪费性的，从而导致经济效率下降。第二，本章的模型预测：一个社会越不稳定，掌权的利益集团就越可能阻止新技术的引进，从而导致低的技术和生产率，使经济发展缓慢甚至陷入贫穷陷阱。第三，本章的分析表明，给定技术进步对利益集团掌权概率的影响，越是以劳动密集型产业为主的经济，利益集团所获得的收益越小，他们越可能阻碍技术进步，这也同时解释了"二元技术进步或经济结构"的现象。第四，本章的模型也能为欠发达国家存在的许多问题给出一个政治经济学解释，比如教育投入不足和教育质量低下问题，对外资优惠而对内资打压的政策等。第五，许多研究认为政府能力的提高能够改善资源配置，但是本章的分析表明，即使利益集团具有有效的财政工具，有害的政策和壁垒也可能会长期存在，因为取消这些政策和制度，可能会对利益集团掌握政治权力造成不利影响。

本章从技术进步（更一般地，经济发展环境的改善）给利益集团带来双重效应入手，分析了许多发展中国家技术进步缓慢和经济发展持续停滞的原因，提出了克服利益集团的阻碍，促进经济发展的有效改革的思路。本章的研究还有一些可扩展的空间，比如可以分解不同的技术类型或人力资本类型对利益集团未来掌权概率的影响，从而可以对发展中国家的不同情况作出分类研究；可以在开放经济条件下，考虑利益集团阶层的制度选择所受到的影响。

本章附录

A. 命题 12.1 的证明：

假定 $L_2 \gg L_1$，$f(\cdot)$ 是严格递增且二阶连续可微的，其密度函数 $f(\cdot)$ 是单峰的且 $\lim\limits_{\omega \to \infty} f(\omega) = 0$。

A.1 首先证明 $\theta^c(N) = \theta^c(D) = 0$

A.1.1　当政治制度为 N，由正文(12.6)式，代表性利益集团成员最大化一生收入的一阶条件为：

$$\phi^e(N)f[\phi^e(N)L_1\theta^e(N) - \phi^c(N)L_2\theta^c(N)][\Delta R + \beta\Delta V^e] - 1 \leqslant 0 \qquad (12A.1)$$

并满足互补松弛条件。其中，$\Delta V^e \equiv V^e(N \mid \theta^e, \theta^c) - V^e(D \mid \theta^e, \theta^c) > 0$。

由正文(12.7)式，代表性民众最大化一生收入的一阶条件为：

$$\phi^c(N)f[\phi^e(N)L_1\theta^e(N) - \phi^c(N)L_2\theta^c(N)][\Delta w + \beta\Delta V^c] - 1 \leqslant 0 \qquad (12A.2)$$

并满足互补松弛条件。其中，$\Delta V^c \equiv V^c(D \mid \theta^e, \theta^c) - V^c(N \mid \theta^e, \theta^c) > 0$。

下面我们要证明，(12A.1)式和(12A.2)式一般不会同时取等号。进一步地，如果 $L_2 \gg L_1$，$f(\cdot)$ 是严格递增且二阶连续可微的，其密度函数 $f(\cdot)$ 是单峰的且 $\lim\limits_{\omega \to \infty}f(\omega) = 0$，则(12A.2)式不会取等号，即民众对政治影响力的投资为零。

如果代表性民众对政治影响力的投资 $\theta^j > 0(j \in C)$，则由(12A.2)式有：

$$\phi^c(N)f[\phi^e(N)L_1\theta^e(N) - \phi^c(N)L_2\theta^c(N)][\Delta w + \beta\Delta V^c] = 1 \qquad (12A.3)$$

由(12A.1)式和(12A.3)式，且 $\Delta V^e > 0$ 有：

$$\frac{\phi^e(N)[\Delta R + \beta\Delta V^e]}{\phi^c(N)[\Delta w + \beta\Delta V^c]} \leqslant 1 \Rightarrow \frac{\phi^e(N)\Delta R}{\phi^c(N)[\Delta w + \beta\Delta V^c]} < 1 \qquad (12A.4)$$

对于民众而言，最差的情形是：每期利益集团都以 1 的概率掌权，则代表性民众一生的收入为 $\dfrac{w_e}{1-\beta}$；最好的情形是：每期利益集团都以 0 的概率掌权，则代表性民众一生的收入为 $\dfrac{w_c}{1-\beta}$，因而：

$$\frac{w_e}{1-\beta} \leqslant V^c(N \mid \theta^e, \theta^c), \quad V^c(D \mid \theta^e, \theta^c) \leqslant \frac{w_c}{1-\beta} \qquad (12A.5)$$

所以可得：

$$\Delta V^c \leqslant \frac{\Delta w}{1-\beta} \qquad (12A.6)$$

则由(12A.4)式和(12A.6)式，有：

$$\frac{\phi^e(N)(1-\beta)\Delta R}{\phi^c(N)\Delta w} < 1 \qquad (12A.7)$$

将(12.1)式和(12.2)式代入(12A.7)可得：

$$\frac{\phi^e(N)(1-\beta)(1-\lambda)(1-\delta)}{\phi^c(N)(1-\lambda(1-\delta))}\frac{L_2}{L_1} < 1 \qquad (12A.8)$$

(12A.8)式即为 $\theta^j > 0$ 的必要条件。

A.1.2　当政治制度为 D 时，与前面的论述步骤相同，我们可以得到 $\theta^j > 0$ 的必要条件为：

$$\frac{\phi^e(D)(1-\beta)(1-\lambda)(1-\delta)}{\phi^c(D)(1-\lambda(1-\delta))}\frac{L_2}{L_1} < 1 \qquad (12A.9)$$

A.1.3 我们令 $\overline{L} = \dfrac{(1-\lambda(1-\delta))L_1}{(1-\beta)(1-\lambda)(1-\delta)}\mathrm{Max}\left\{\dfrac{\phi^c(D)}{\phi^c(D)}, \dfrac{\phi^c(N)}{\phi^c(N)}\right\}$，则 $L_2 \geqslant \overline{L}$ 时，（12A.8）式和（12A.9）式都不成立，那么无论政治制度为 N 还是 D，均衡时都有：对于 $\forall j \in C$，$\theta^j = 0$，即 $\theta^e(N) = \theta^e(D) = 0$，从而命题 12.1 的（I）即正文（12.10）式得证。

A.2 命题 12.1 的（II）的证明

根据 A.1 的证明，$\theta^e(N) = \theta^e(D) = 0$，因而，如果利益集团的均衡投资存在内点解的话，则由（12A.1）式，有：

$$\phi^e(N)f[\phi^e(N)L_1\theta^e(N)][\Delta R + \beta\Delta V^e] = 1,\quad 即正文的（12.11）式成立。$$

类似地，在政治制度为 D 时，如果存在内点解，那么由（12.8）式，均衡时代表性利益集团成员对政治影响力投资的一阶条件为：

$$\phi^e(D)f[\phi^e(D)L_1\theta^e(D) - \eta][\Delta R + \beta\Delta V^e] = 1,\quad 即正文的（12.12）式成立。$$

因而，均衡时，$\theta^e(N)$，$\theta^e(D)$ 由（12.11）式和（12.12）式决定，即命题 12.1 的（II）得证。

A.3 证明二阶条件成立

当政治制度为 N 时，由（12A.1）式可知，单个利益集团成员最大化一生收入的二阶条件为：

$$[\phi^e(N)]^2 f'[\phi^e(N)L_1\theta^e(N) - \phi^c(N)L_2\theta^e(N)][\Delta R + \beta\Delta V^e] < 0$$

即要求：

$$f'[\phi^e(N)L_1\theta^e(N) - \phi^c(N)L_2\theta^e(N)] < 0$$

类似地，当政治制度为 D 时，单个利益集团成员最大化一生收入的二阶条件为：

$$f'[\phi^e(D)L_1\theta^e(D) - \phi^c(D)L_2\theta^e(D) - \eta] < 0$$

所以，无论政治制度为 N 还是 D，均衡时都有 $f'(\cdot) < 0$，从而命题 12.1 的第（III）部分即正文（12.16）式得证。

B. 命题 12.2 的证明：

仍然假定 $L_2 \gg L_1 v, f(\cdot)$ 是严格递增且二阶连续可微的，其密度函数 $f(\cdot)$ 是单峰的且 $\lim\limits_{\omega \to \infty} f(\omega) = 0$。

B.1 证明无论技术为 A_1 还是 A_2，都有 $\theta^e(N) = \theta^e(D) = 0$

B.1.1 如果利益集团在 t 期选择"阻止技术 A_2 的引入"，即保持 A_1 技术不变，则在 $t+1$ 期，代表性民众的规划问题为最大化一生收入的预期值：

$$V_{t+1}^c(N, A_1) = \max_{\theta^j \geqslant 0}\left\{\begin{array}{l} -\theta^j + p_0(\theta^j, \theta^e(N), \theta^c(N) \mid N, A_1)[w_e(A_1) + \beta V_{t+2}^c(N, A_1)] \\ + (1 - p_0(\theta^j, \theta^e(N), \theta^c(N) \mid N, A_1))[w_c(A_2) + \beta V_{t+2}^c(D, A_2)] \end{array}\right\}$$

$$(12B.1)$$

其一阶条件为：

$$\phi^c(N)f[\phi^e(N)L_1\theta^e(N) - \phi^c(N)((L_2-1)\theta^e(N) + \theta^j(N))]$$

$$\begin{bmatrix} w_c(A_2) - w_e(A_1) \\ + \beta V^c_{t+2}(D, A_2) - \beta V^c_{t+2}(N, A_1) \end{bmatrix} - 1 \leqslant 0 \tag{12B.2}$$

并满足互补松弛条件。

与命题 12.1 的证明类似，接下来我们找出 $\theta^j > 0$ 的必要条件。如果代表性民众对政治影响力的投资 $\theta^j > 0$，则（12B.2）式取等号，结合（12.19）式，那么有：

$$\frac{\phi^e(N)[R_e(A_1) - R_c(A_2) + \beta V^e_{t+2}(N, A_1) - \beta V^e_{t+2}(D, A_2)]}{\phi^c(N)[w_c(A_2) - w_e(A_1) + \beta V^c_{t+2}(D, A_2) - \beta V^c_{t+2}(N, A_1)]} \leqslant 1$$

$$\Rightarrow \frac{\phi^e(N)[R_e(A_1) - R_c(A_2)]}{\phi^c(N)[w_c(A_2) - w_e(A_1) + \beta V^c_{t+2}(D, A_2) - \beta V^c_{t+2}(N, A_1)]} < 1 \tag{12B.3}$$

因为对于民众而言，最差的情形是：在每一期，利益集团都以 1 的概率掌权。在这种情况下，代表性民众一生的收入为 $\dfrac{w_e(A_1)}{1-\beta}$；最好的情形是：每期利益集团都以 0 的概率掌权。在这种情况下，代表性民众一生的收入为 $\dfrac{w_c(A_2)}{1-\beta}$，因而有：

$$\frac{w_e(A_1)}{1-\beta} \leqslant V^c_{t+2}(D, A_2), \quad V^c_{t+2}(N, A_1) \leqslant \frac{w_c(A_2)}{1-\beta} \tag{12B.4}$$

所以可得：

$$V^c_{t+2}(D, A_2) - V^c_{t+2}(N, A_1) \leqslant \frac{w_c(A_2) - w_e(A_1)}{1-\beta} \tag{12B.5}$$

则由（12B.3）式和（12B.5）式，有：

$$\frac{\phi^e(N)(1-\beta)(1-\lambda)(1-\delta)A_1}{\phi^c(N)(A_2 - \lambda(1-\delta)A_1)} \frac{L_2}{L_1} < 1 \tag{12B.6}$$

（12B.6）式即为均衡时 $\theta^j > 0$ 的必要条件。

B.1.2 如果利益集团在 t 期选择"引进技术 A_2"，则在 $t+1$ 期，代表性民众的规划问题为最大化一生收入的预期值：

$$V^c_{t+1}(N, A_2) = \max_{\theta^j \geqslant 0} \left\{ \begin{array}{l} -\theta^j + p_0(\theta^j, \theta^e(N), \theta^c(N) \mid N, A_2)[w_e(A_2) + \beta V^c_{t+2}(N, A_2)] \\ + (1 - p_0(\theta^j, \theta^e(N), \theta^c(N) \mid N, A_2))[w_c(A_2) + \beta V^c_{t+2}(D, A_2)] \end{array} \right\} \tag{12B.7}$$

其一阶条件为：

$$\phi^c(N)f[\phi^e(N)L_1\theta^e(N) - \phi^c(N)((L_2-1)\theta^e(N) + \theta^j(N)) - h]$$

$$\begin{bmatrix} w_c(A_2) - w_e(A_2) + \\ \beta V^c_{t+2}(D, A_2) - \beta V^c_{t+2}(N, A_2) \end{bmatrix} - 1 \leqslant 0 \tag{12B.8}$$

并满足互补松弛条件。

与上面的证明类似，需要找出 $\theta^j > 0$ 的必要条件。如果代表性民众对政治影响力的投资 $\theta^j > 0$，则（12B.8）式取等号，结合正文（12.22）式以及 $V_{t+2}^e(N, A_2) - V_{t+2}^e(D, A_2) > 0$，则有：

$$\frac{\phi^e(N)[R_e(A_2) - R_c(A_2) + \beta V_{t+2}^e(N, A_2) - \beta V_{t+2}^e(D, A_2)]}{\phi^c(N)[w_c(A_2) - w_e(A_2) + \beta V_{t+2}^e(D, A_2) - \beta V_{t+2}^e(N, A_2)]} \leqslant 1$$

$$\Rightarrow \frac{\phi^e(N)[R_z(A_2) - R_c(A_2)]}{\phi^c(N)[w_c(A_2) - w_e(A_2) + \beta V_{t+2}^e(D, A_2) - \beta V_{t+2}^e(N, A_2)]} < 1 \quad (12B.9)$$

因为在最差的情形下，代表性民众一生的收入为 $\dfrac{w_e(A_2)}{1-\beta}$；在最好的情形下，代表性民众一生的收入为 $\dfrac{w_c(A_2)}{1-\beta}$，所以可得：

$$V_{t+2}^e(D, A_2) - V_{t+2}^e(N, A_2) \leqslant \frac{w_c(A_2) - w_e(A_2)}{1-\beta} \quad (12B.10)$$

则由（12B.9）式和（12B.10）式，有：

$$\frac{\phi^e(N)(1-\beta)(1-\lambda)(1-\delta)}{\phi^c(N)(1-\lambda(1-\delta))} \frac{L_2}{L_1} < 1 \quad (12B.11)$$

（12B.11）式即为均衡时 $\theta^j > 0$ 的必要条件。

B.1.3　注意到 $\dfrac{A_2}{A_1} > 1$，我们令 $\hat{L} = \dfrac{L_1}{(1-\beta)(1-\lambda)(1-\delta))} \dfrac{\phi^c(N)}{\phi^e(N)}\left[\dfrac{A_2}{A_1} - \lambda(1-\delta)\right]$，则 $L_2 \geqslant \hat{L}$ 时，（12B.6）式和（12B.11）式都不成立，那么在 $s = N$ 时，无论利益集团是引进技术 A_2 还是选择"阻止技术 A_2 的引进"，均衡时都有：对于 $\forall j \in C$，$\theta^j = 0$，即 $\theta^e(N) = 0$。

一旦在某期 $s = D$ 时，民众集团掌权，技术 A_2 就会被引入，此后无论哪一个集团掌握政权，技术都一直保持 A_2 不变（根据假定）。那么此后任一期，如果 $s = N$，利益集团和民众的规划问题分别与（12.6）式和（12.7）式相同；如果 $s = D$，利益集团和民众的规划问题分别与（12.8）式和（12.9）式相同；但是所有的变量在 $A = A_2$ 时取值，外生随机冲击的密度函数不再是 $f(\cdot)$，而是 $g(\cdot)$，根据我们的假定，$g(\omega) = f(\omega - h)$。我们在（12A.1）式对命题 12.1 中的 $\theta^e(D) = 0$ 的证明，并不依赖于技术的具体数值，也不依赖于外生随机冲击的密度函数的具体数值，那么，同样地，在 $A = A_2$ 以及外生随机冲击的密度函数是 $f(\omega - h)$ 时，我们能以完全相同的步骤证明 $\theta^e(D) = 0$，这里不再累述。

综上，命题 12.2 的（Ⅰ）得证。

B.2　证明命题 12.2 的（12.24）式和（12.25）式。

将 $\theta^e(N) = \theta^e(D) = 0$、$g(\omega) = f(\omega - h)$，（12.17）式、（12.20）式和（12.23）式代入（12.19）式和（12.22）式，并假定存在内点解，则可直接得到（12.24）式和（12.25）式。

B. 3 由(12.19)式和(12.22)式，可知二阶条件意味着 $f'(\cdot) < 0$。

综上，命题 12.2 得证。

C. 证明：

给定社会的不稳定程度，即给定 $f(\cdot)$ 的形状，λ（或 δ）上升会导致 $R_e(A_2) - R_e(A_1)$ 下降从而 h^* 也下降，所以不等式(12.32)的左边上升，而（在合理假设下）右边却下降。

首先，均衡时在 $h = h^*$ 处，

$$\frac{\partial \Delta V^e}{\partial \Delta R(A_2)} = \frac{(p(N, A_2) - p(D, A_2))}{1 - \beta(p(N, A_2) - p(D, A_2))} > 0 \tag{12C.1}$$

如果 λ 或 δ 上升，则会导致 $R_e(A_2) = \Delta R(A_2)$ 下降，所以由(12C.1)式，ΔV^e 也会下降，从而根据(12.25)式，会导致 $f(\cdot)$ 也上升，这意味着 $x(N) \equiv \phi^e(N)L_1\theta^e(N, A_2) - h^*$ 下降（因为均衡时 $f'(\cdot) < 0$）。

假设 C.1：$f''(\cdot) < \dfrac{2\,(f'(\cdot))^2}{f(\cdot)}$

因为 $\dfrac{\partial\left(\dfrac{f^2(\cdot)}{f'(\cdot)}\right)}{\partial x(N)} = \dfrac{f^2(\cdot)}{(f'(\cdot))^2}\left[\dfrac{2\,(f'(\cdot))^2}{f(\cdot)} - f''(\cdot)\right]$，所以，如果假设(12C.1)成立，则

$\dfrac{\partial\left(\dfrac{f^2(\cdot)}{f'(\cdot)}\right)}{\partial x(N)} > 0$，那么 λ 或 δ 上升 $\Rightarrow x(N)$ 下降 $\Rightarrow \dfrac{f^2(\cdot)}{f'(\cdot)}$ 下降。

其次，由定义 $p(N, A_2) \equiv F[\phi^e(N)L_1\theta^e(N, A_2) - h]$，则在 $h = h^*$ 时，可得：

$$\frac{\partial p(N, A_2)}{\partial \Delta R(A_2)} = f(x(N))\left[\phi^e(N)L_1\frac{\partial\theta^e(N, A_2)}{\partial\Delta R(A_2)} - \frac{L_1\phi^e(N)}{\beta}\left(1 - \frac{A_1}{A_2}\right)\right] \tag{12C.2}$$

类似地，

$$\frac{\partial p(D, A_2)}{\partial \Delta R(A_2)} = f(x(D))\left[\phi^e(D)L_1\frac{\partial\theta^e(D, A_2)}{\partial\Delta R(A_2)} - \frac{L_1\phi^e(N)}{\beta}\left(1 - \frac{A_1}{A_2}\right)\right] \tag{12C.3}$$

其中，$x(D) \equiv \phi^e(D)L_1\theta^e(D, A_2) - h^* - \eta$。所以由(12C.2)式和(12C.3)式，并注意到 $\phi^e(N)f(x(N)) = \phi^e(D)f(x(D))$，可得：

$$\frac{\partial(p(N, A_2) - p(D, A_2))}{\partial\Delta R(A_2)} = \frac{L_1\phi^e(N)}{\beta}\left(1 - \frac{A_1}{A_2}\right)(f(x(D)) - f(x(N)))$$

$$+ f(x(N))\phi^e(N)L_1\left(\frac{\partial\theta^e(N, A_2)}{\partial\Delta R(A_2)} - \frac{\partial\theta^e(D, A_2)}{\partial\Delta R(A_2)}\right)$$

$$\tag{12C.4}$$

由正文(12.25)式，对 $\Delta R(A_2)$ 求导，可得：

$$f'(x(N))\frac{\partial\theta^e(N, A_2)}{\partial\Delta R(A_2)}\frac{1}{f^2(x(N))} + 1 + \beta\frac{\partial\Delta V^e}{\partial\Delta R(A_2)} = 0 \tag{12C.5}$$

将(12C.1)式代入(12C.5)式，得到：

$$\frac{\partial \theta^e(N, A_2)}{\partial \Delta R(A_2)} = -\frac{1}{1 - \beta(p(N, A_2) - p(D, A_2))}\frac{f^2(x(N))}{f'(x(N))} \quad (12C.6)$$

类似地，

$$\frac{\partial \theta^e(D, A_2)}{\partial \Delta R(A_2)} = -\frac{1}{1 - \beta(p(N, A_2) - p(D, A_2))}\frac{f^2(x(D))}{f'(x(D))} \quad (12C.7)$$

将(12C.6)式和(12C.7)式代入(12C.4)式，并注意到 $\phi^e(N)f(x(N)) = \phi^e(D)f(x(D))$，则可得：

$$\frac{\partial(p(N, A_2) - p(D, A_2))}{\partial \Delta R(A_2)} = L_1 f(x(N))\phi^e(N) \left\{ \frac{\begin{array}{c}\dfrac{\phi^e(N)}{\beta}(1 - A_1/A_2)\left(\dfrac{1}{\phi^e(D)} - \dfrac{1}{\phi^e(N)}\right) + \\ \dfrac{1}{1 - \beta(p(N, A_2) - p(D, A_2))} \cdot \dfrac{f^2(x(N))}{-f'(x(N))}\end{array}}{\left(1 - \left(\dfrac{\phi^e(N)}{\phi^e(D)}\right)^2\dfrac{f'(x(N))}{f'(x(D))}\right)} \right\}$$

$$(12C.4')$$

假设 C.2：

$$\frac{\phi^e(N)}{\beta}(1 - A_1/A_2)\left(\frac{1}{\phi^e(D)} - \frac{1}{\phi^e(N)}\right) < \frac{1}{1 - \beta(p(N, A_2) - p(D, A_2))} \cdot$$

$$\frac{f^2(x(N))}{-f'(x(N))}\left(\left(\frac{\phi^e(N)}{\phi^e(D)}\right)^2\frac{f'(x(N))}{f'(x(D))} - 1\right)$$

如果假设 C.2 成立，则由(12C.4′)式，有 $\dfrac{\partial(p(N, A_2) - p(D, A_2))}{\partial \Delta R(A_2)} < 0$，那么，$\lambda$ 或 δ 上升导致 $R_e(A_2) = \Delta R(A_2)$ 下降 $\Rightarrow p(N, A_2) - p(D, A_2)$ 上升 $\Rightarrow \dfrac{1}{1 - \beta(p(N, A_2) - p(D, A_2))}$ 上升。

因为 $\dfrac{f^2(\cdot)}{f'(\cdot)} < 0$，所以，$\dfrac{f^2(\cdot)}{f'(\cdot)}$ 下降和 $\dfrac{1}{1 - \beta(p(N, A_2) - p(D, A_2))}$ 上升会导致不等式(12.32)的右边下降。

综上，在假设 C.1 和假设 C.2 成立时，λ 或 δ 上升会导致不等式(12.32)的右边下降。

第 13 章　土地财政、地方策略性竞争与经济增长：基于中国地级市的时空动态面板分析

13.1　引言

改革开放以来，社会资源要素的有效配置对我国经济长期发展具有重要意义。其中自 20 世纪 90 年代末起，我国土地成交价款持续攀升，城市蔓延与经济发展所需土地要素的释放，有助于建设资金的积累，吸引外来务工农民进城，在中国工业化、城市化进程中扮演了极其重要的角色。但是随之而来的土地财政问题也日益引发关注。有关统计资料显示，2014 年，全国土地出让收入 42940.30 亿元，同比增长 3.1%，土地出让总收入达到了历史最高点。2015 年，全国国有土地使用权出让收入 32547 亿元，同比减少 8840 亿元，下降 21.4%；全国国有建设用地供应 53.4 万公顷，同比下降 12.5%，其中，工矿仓储用地 12.5 万公顷，同比下降 15.2%；房地产用地 12.0 万公顷，同比下降 20.9%。由此可见，尽管土地财政的"拐点"已经出现，但 2015 年土地财政收入占地方财政收入的比重仍达到了 39.9%。面对如此巨额的"土地盛宴"，城市发展对土地的依赖依然处于较高的水平，而土地出让收入流向是否有助于经济增长与发展尚待更准确的分析，"土地财政模式"已是我国现阶段经济转型过程中亟待解决的问题。

一般而言，土地财政被解释为地方政府依靠增量土地所创造的财政收入，包括土地出让收入与建筑业、房地产带来的相关税费。从理论上讲，我国政府作为土地要素的所有者，由于土地资源配置而取得相关收入本无可厚非。然而，如果地方政府过度依赖土地财政来促进经济增长，就会产生过度挤占农用地、土地补偿机制缺位、房地产价格上升过快、土地抵押贷款引致宏观风险增加等问题。

为什么会形成所谓"土地财政"？许多学者认为原因在于 1994 年分税制改革的不完善所导致的地方政府事权与财权不匹配。也有一些学者认为，现行的政绩考核方式迫使地方政府盲目追求"GDP 政绩观"，对地方政府形成财政与政治两方面的激励与约束（Blanchard and Shleifer，2000；Tsui and Wang，2004），为地方政府开发土地财政提供了动因。还有一些学者认为现行土地管理制度所存在的问题是土地财政形成的内因。地方政府作为负责国有土地管理与经营的主体，当农用地转城镇建设用地时，拥有土地一级市场的垄断力量，为其追求土地收益最大化提供了潜在的职能便利。更进一步，由于土地占用、建筑业和房地产业的营业税、所得税和耕地占用税等均为地方享有，这就使得地方政府有动机采取"低征用高出让"做法和过度倚重建筑业与房地产业，形成恶性循环，导致房价过高现象。孙秀林和周飞舟（2013）从深层次的财政体系角度出发，通过实证研究发现，分税制下转移支付体系所存在的结构性问题由于不能对地方财政收入起到"解渴"的作用，最后造成了地方政府"以地生财"。

在分税制背景下，从1994年起地方政府开始出现预算内财政收支赤字缺口，21世纪以来该财政收支缺口一直处于70%左右（宫汝凯，2012）。由于地方政府将75%的增值税和60%的企业所得税上划中央①，地方财政收入占全国财政总收入比重由1993年的77.98%下降到2012年的52.09%，其中2002年的45.04%为1994年分税制改革后地方财政收入占财政总收入的最低比重。然而，在地方财政收入占比大幅度降低的同时，地方财政支出占财政总支出的比重反而由1993年的71.74%提高到2012年的85.10%。地方支出占国家支出的比重较高迫使向上负责的地方政府不得不将"攫取之手"伸向预算外收入，造成了土地财政的无奈之举（武康平和闫勇，2012；贾康和刘微，2012）②。从2000年起，城镇房地产事业的推动以及工业化与城镇化进程快速推进，为土地财政创造了膨胀的借口。

显而易见，对土地财政问题的研究与分析，是理解中国财政体制改革与地方经济发展的核心要素之一。土地要素作为有限资源，其合理配置关乎中国城市化进程能否有效推动。从经济发展角度出发，土地作为一个独特的生产要素，其合理的利用和规划将有利于发挥资本和劳动的潜在价值，从而保证经济长期、稳定和可持续的发展（邹薇和刘红艺，2014）。围绕土地财政的相关研究很多，本章主要关注的是："以地生财"的发展模式对于地方政府而言是否长期有效。特别地，本章将引入空间计量、时空动态面板分析方法，探讨土地财政在中国空间上的策略性竞争或策略性外溢对经济增长、城市化与产业结构的影响机制，全面地"问症"土地财政，这对深入了解中国土地财政问题以及未来走势具有重要的现实意义。

---

① 国务院决定，从2004年起，中央与地方所得税收入分享比例继续按中央分享60%，地方分享40%执行。参见2003年11月13日国发〔2003〕26号文。

② 虽然2007年1月1日起，土地出让金全额进入地方预算，但国有土地出让收益的分配和管理机制没有明确细化，相对预算内资金而言，仍比较灵活。后文不再赘述。

13.2 文献综述

土地财政问题一直是国内外学术界关注的一个热点。国内学者对土地财政问题的研究更注重把中国特定的经济制度环境与土地财政问题联系起来。从研究内容上看，大致可分为如下五类：（1）土地征地行为的探讨；（2）土地财政与经济增长关系的研究；（3）土地财政与私人投资关系的研究；（4）土地财政对经济制度或宏观经济因素的影响；（5）土地制度改革的研究。而国外文献除了涉及上述五个部分内容以外，还强调了土地使用权与土地价值等问题。尽管"土地制度"各国都有，但是"土地财政"是中国特色的经济问题，所以我们对国内与国外的研究分别展开综述。

13.2.1 国内学者对土地财政问题的研究

13.2.1.1 土地征地行为的探讨

这类文献主要致力于反映土地在征收过程中所产生的相关负外部性问题，以此揭示土地财政作为"第二财政"的矛盾所在。黄祖辉和汪晖（2002）、王克强（2005）从土地征收对农民福利影响的视角出发，认为随着土地价值的上升，农民对于土地的重视程度极大地提高。而土地"涨价归公"的错误理念导致了非公益性征地行为，其对农民土地发展权产生了侵害，从而降低了农民的福利。一旦土地征地行为没有得到严格的控制，加之中央推行的土地出让市场化，这些因素导致地方官员参与的土地违法事件增加，加重了土地违法的危害，不利于土地资源长期的有效配置（梁若冰，2010；张莉和徐现祥，2011）。由此反映了土地财政的大规模增长趋势必然引发一系列影响经济发展的问题。

13.2.1.2 土地财政与经济增长关系的研究

大多数文献认为，土地财政对经济增长具有促进作用。杜雪君等人（2009）发现，中国土地财政对经济增长存在显著的正向影响。陶然等人（2007）发现，协议出让土地对未来税收增加具有显著的影响，而在进一步深入的研究中，他们指出土地以低价协议出让的方式已成为地区竞争的一种重要手段之一（陶然等，2009）。梁若冰和韩文博（2011）探讨了土地出让的空间效应，发现土地出让对城市经济增长有着正向的促进作用，并指出商住用地出让的地区差异将扩大现存的地区经济差距。陈志勇和陈莉莉（2011）研究发现，财税体制的调整驱使地方政府通过土地出让收入促进经济增长。中国经济增长前沿课题组（2011）则认为随着中国近年来进入大力发展城镇化阶段，土地要素被重估，导致了政府的"土地财政"，扩张了公共基础设施的投资，推动了土地城市化和区域经济增长。李勇刚等人

（2013）发现晋升激励与土地财政同样对经济增长产生正向影响，且存在区域差异情况：东部地区小于中西部地区。

13.2.1.3 土地财政与私人投资关系的研究

多数实证研究单纯考察土地出让收入与地区经济增长的关联，忽略了一个非常值得关注的问题，即目前中国工业化用地"廉价"供应的"土地财政"模式是否有利于私人投资增长和产业升级。左翔和殷醒民（2013）研究发现地方政府垄断更多的国有土地转让将会增加经济性公共品的供给。关于土地财政对私人投资的影响，目前国内外的研究还存在许多分歧。从国内学者的研究来看，陈浪南和杨子晖（2007）通过实证研究发现，政府公共投资对私人投资具有"挤进效应"，而社会文教费则具有挤出影响。张勇和古明明（2011）认为以追逐 GDP 为目标的地方政府过度的公共投资挤出了私人资本，是私人投资不足的主要原因。陈屹立和邵同尧（2012）则从官员腐败的角度分析了其对私人投资的抑制影响。此外，罗长远和赵红军（2003）通过构建一个甄别机制模型，发现地方政府一旦追求"剩余"最大化就会导致不同实力的投资者产生分离，致使私人投资低于社会最优水平。

13.2.1.4 土地财政对经济制度或宏观经济因素的影响

对于中国土地财政成因及其与宏观经济之间关系的研究中，大多数学者将地方政府"以地生财"的问题归结于现行的分权式财税制度。吴群和李永乐（2010）、张莉等（2011）、傅勇和张晏（2007）分别强调了地方政府在政绩与财政双重激励的诱惑下将"攫取之手"伸向了土地财政。除此之外，蒋省三等（2007）和李郇等（2013）还分别从现存土地制度以及房地产价格对土地财政的策略性拉动出发进行了相关考察。吉瑞等（2015）认为财政赤字缺口加大了地方政府融资约束，进而造成地方政府将"攫取之手"伸向了土地财政。由此可以说明，土地财政的依赖程度在一定程度上取决于本级地方政府的财政分权水平。

土地财政对宏观经济的影响研究，主要着重于探讨土地财政与经济增长、城市化与产业结构之间的关系。杜雪君等（2009）、陈志勇和陈莉莉（2011）的研究均发现中国土地出让收入对经济增长存在显著的正向促进关系。中国经济增长前沿课题组（2011）则认为随着中国近年来进入大力发展城镇化阶段，土地要素被重估，导致政府的"土地财政"，扩张了公共基础设施的投资，推动了土地城市化和区域经济增长。宫汝凯（2012）研究发现中国当前城市化进程的典型特征是高房价和与之相联系的较大规模的土地财政规模。顾乃华和陈秀英（2015）从经济聚集密度和劳动生产率出发，研究发现地方政府发展土地财政是城市扩张的主要动机。刘志彪（2010）则强调了土地财政在城市化与产业转型中所发挥的历史作用。关于土地财政和产业结构方面的研究，一方面，蒋震（2014）认为高速的工业化发展伴随着大量的土地需要，从而引发土地出让收入快速增长，是土地财政的源泉。另一方面，夏方舟等（2014）和丘海雄等（2012）的研究表明，土地出让规模的扩大必须建立于以产业转型升级为导向，进而促进经济增长。

13.2.1.5 土地制度改革的研究

这类研究主要分析了中国现阶段土地制度的突出问题，讨论了可行的公共政策取向。具体而言，陶然等（2009）指出地方政府提供低价土地等吸引资金的发展模式，不具备经济的可持续发展性。还有不少学者认为，土地财政所带来的经济负效应预示其终将难以为继，应当采取相关的土地房产税等措施来约束地方政府获取财政风险性收入的行为（娄成武和王玉波，2013；张黎娜和千慧雄，2013）。除此之外，对于地方政府所面临的财政赤字问题，应当大力发展金融市场以改善本地的融资条件，形成有效的地方政府投资模式（吉瑞等，2015）。另外值得注意的是，吴炳辉和何建敏（2015）的研究发现"以地生财"的发展模式并不能从根本上平衡地方的财政赤字和政府债务问题。换言之，一旦土地出让的价格出现结构性的下降，地方政府就很有可能面临信用违约风险，从而造成流向房地产的资金在短期内无法回笼，最终面临严峻的金融冲击。因此，研究土地财政与地方政府行为、经济增长的关联，对于中国当前的土地制度改革显得尤为重要。

13.2.2 国外学者对土地问题的研究

13.2.2.1 土地经济学与出让行为

由于大部分其他国家或地区的土地所有权为私有制，因此它们并不存在地方政府的土地财政问题。然而，土地作为经济产出的基本要素之一，其在经济发展中的地位显得至关重要（Hibbard et al. 1926；Ely et al. 1928），因此，国外关于土地的相关研究在一定程度上也适用于中国的经济体制。在土地使用权方面，值得注意的是，根据《中华人民共和国城镇国有土地使用权出让和转让暂行条例》第 12 条规定，中国土地使用权出让存在最高年限，例如居住用地 70 年，工业用地 50 年，商业、旅游和娱乐用地 40 年等，在某种意义上类似国外的土地固定租赁合同。Vollrath（2012）通过简化的增长模型，发现只有在规模收益递增的情况下，土地固定租赁合同才会导致更高的增长率，否则只会减少人均产出，降低资本积累，这也给中国现行土地政策提出了预警。从中国的土地出让行为看，Cai 等（2013）的研究发现对于中国目前的"招拍挂"出让土地方式而言，二级拍卖方式将导致低竞争性的投标和相比于英式拍卖更低的收入。研究结果建议应当废除二级拍卖方式，转而采用英式拍卖，否则较低的成交收入将导致较大的地方政府和竞标商勾结而滋生腐败的可能。Perry 和 Robison（2001）对土地交易与土地交易双方间的关系进行了研究。他们认为土地市场上具有亲密关系的买卖双方容易产生土地交易的溢价。他们的研究从一定程度上解释了中国目前地方官员与土地开发商间合谋所产生的土地违法现象。

13.2.2.2 土地与经济增长关系的研究

土地要素与经济增长的关系是一个活跃的研究领域。Nichols(1970)通过将土地纳入新古典增长模型当中，研究得出长期平衡增长路径的条件是土地的几何增长速率与产出增长速率相同。反观中国目前的土地财政，无论是土地出让收入还是出让价格，都显著地超过了产出增长率，这从一个侧面反映了土地财政难以为继。在经验研究上，Geisler(1995)和Miller(2011)通过实证研究验证了土地对种族和贫富差距的影响，结果表明土地配置过于集中，例如大量土地流向房地产，将导致经济社会中贫富阶层的差距逐渐拉大。这些研究对于我们反思由土地财政刺激的高房价和贫富差距问题，具有启发意义。

13.2.2.3 土地与私人投资关系的研究

该部分文献主要分析土地价格冲击与公共投资、私人投资的关系。Devarajan 等(1996)研究认为，基础的工业和农业为效率低下的国有企业经营，公共投资与私人投资表现出的是替代关系，即公共投资"挤出"私人投资。Lin(1994)、Aschauer(1989)则认为，用于公共服务的政府支出扩张能够提高其对私人投资产生的外溢效应，提高资本的边际产出，即公共资本"挤进"了私人投资。此外，基于美国公司的实证研究发现，正的土地价格冲击将会对私人投资产生正的直接冲击(Liu et al.，2011)，原因是美国70%的商业和工业以抵押资产担保贷款(Berger and Ucell，1990)，他们通过公司的资产负债表发现土地为私人投资提供了重要的抵押贷款价值，说明土地在一定程度上为私人投资创造了融资平台。

13.2.2.4 土地对经济制度或宏观经济因素的影响

Van Sickle(1927)指出一旦土地价值超过资本化的经济租，土地就必须根据不同价值的超额土地征收财产税，以促进土地市场有效发展。Lee(2003)在前者基础上针对是否应该对土地和资本征收相同税率的财产税进行了探讨，研究发现两种要素的单一税率下的总体经济情况要好于差别税率。从理论研究的进展来看，Rhee(1991)通过理论模型的推导，反驳了存在土地要素的经济体将不可能存在资本的过度积累的论断。该文同时还强调，如果一个经济体存在有限的土地资源和保持增长的人口，最终土地价格将出现泡沫，对经济产生冲击；而排除动态无效率的经济稳态的办法要么是土地收入的比重不会出现渐进退化的情况，要么是针对资本化的土地实行差别化定价。

从中国农村土地市场出发，Yao（2000）尝试将土地市场放入一般均衡的框架里，研究了当前中国土地市场及土地政策与劳动力市场的关系。他的研究表明某地区劳动力市场的匹配越充分，即摩擦性失业越小，就越是能够吸引更多的劳动力与私人企业进入该地区，尤其是农村地区，这将刺激更多的土地出让，有效推动均衡条件下的经济发展。因此，针对土地租赁市场的相关政策应该与其他要素市场紧密联系起来，通过吸引其他要素的积累更好地促进市场改革。

13.2.2.5　土地制度改革的研究

土地财政问题的持续膨胀表明中国土地制度迫切需要进行新的改革。我国土地改革依然处于进行阶段，而国外的相关研究正好为中国未来土地改革提供了很好的理论和经验基础。Flores（1970）总结了土地改革所必须满足的三个条件：其一，土地改革的对象必须是生产性土地；其二，土地改革的完成周期要快、覆盖面要广，比如 10～20 年；其三，伴随有关农业和其他行业的大力发展政策。Besley 和 Burgess（2000）考察了印度 1958—1992 年的面板数据，实证研究结果发现贫困的大幅降低与土地改革相关。对于土地改革的有效性，Grossman（1994）研究认为土地改革能够帮助减少由土地挪用所导致的产出降低。

13.2.3　简述

综合上述文献回顾来看，广泛的国内文献已经针对土地财政问题进行了多视角的深入探讨，并且是基于中国特定的财政体系以及政治环境进行考察。然而，结合国外文献来看，现有文献存在以下不足之处：

其一，中国土地归国家所有，地方政府有权力与能力利用土地出让或向银行抵押贷款，为基础设施建设等公共投资融资，因此，中国土地财政影响地区经济增长的具体机制尚待研究。

其二，尽管中国城市化率（以中国城镇人口占总人口的比例计算）已经从改革开放之初的 17.92% 上升到 2022 年的 65.22%，但是仅从单个指标测度城市化进程并不全面。城市化必须与工业化、信息化、农业现代化相伴相生，应当推动相应产业的发展与非农收入的增长，刺激经济中最具活力的私人投资，这样才能长期提高城市发展水平与人民生活质量，形成可持续增长的城市化。如果"以地生财"只是解决地方公共投资资金的来源，而没有带动私人投资的增长和产业升级，其后果实际上是"伪城市化"。土地财政对于经济增长究竟是"援助之手"还是"攫取之手"，还值得进一步探讨。

其三，总体而言，目前关于土地财政的实证研究，主要是致力于探讨土地财政对经济增速或者房价水平等变量的影响，均没有考虑"土地的城市化"与"人的城市化"的差异及其对产业结构转型和城市化路径的影响，均忽略了宏观经济变量在空间中的外溢与辐射作用，没有考虑地方政府之间的"策略性模仿"或"策略性竞争"过程。我们认为，尽管国有土地出让能够在一定程度上促进城市化进程和解决地方公共投融资等问题，但是仅仅片面地考察土地财政对某个宏观经济变量的影响，并不能真正地回答土地财政是否为"饮鸩止渴"的问题。而且，考虑到地方政府为了更多地出让土地以牟取更多的出让收入，具有潜在的动机去开发更多的土地资源，遗漏空间外溢的影响将势必造成实证模型的设定上出现偏误，导致估计产生偏差。因此，有必要沿用新经济地理学诠释区域间的空间聚集以及空间相关性现象（诸如经济带、城市圈与产业集聚）的思路（Krugman，1991），将空间影响因素纳入实证分析模型。

大量事实表明，各地的城市在土地财政上存在着相互模仿、竞争甚至攀比的行为，不仅特大城市"地王"频现，不少二线、三线城市的土地拍卖也持续热度不减。为了探讨这种现象，本章考察地方政府间在土地财政上的"策略性模仿"或"策略性竞争"过程，即空间效应。不仅如此，为了更好地问"症"土地财政，本章考察了土地财政对多个经济变量的影响，并分别采用空间面板模型和时空动态面板模型，以此将空间影响因素纳入实证研究。实证结果表明，土地财政对经济增长、城市化进程、第二、第三产业占比变化均存在明显的时空动态效应和"门限效应"；各经济指标主要存在来自本地的收敛效应，本地的"以地生财"效应，即短期内能够对经济增长和城市化产生推动作用，抑制了第三产业发展，不利于形成资源有效配置的产业结构。

13.3　空间动态面板计量模型设定及估计方法

中国地方政府在追求政绩目标或者晋升目标时，均会考虑其他地区的发展情况，尤其是相邻或相近地区，以寻求区域发展的聚集与规模效应（邹薇和刘红艺，2014；2015）。故此，只要不同地区间存在横向的标尺行为，地区 i 的宏观经济指标效果 f_i 将受其他地区的宏观经济指标效果 f_{-i} 影响，由此我们构造空间互动的经济指标决策效果函数：$f_i = g(f_{-i}, X)$，其中 X 是控制变量，表示经济要素、财政分权指标以及土地财政指标。常见的回归方程刻画的是个体变量自身的影响，在此已不再适用。本章遵循 Anselin（1988）引入空间计量方法的思路，将一般的空间面板模型设定如下：

$$f_{it} = \alpha + \rho \sum_{j=1}^{N} w_{ij} f_{jt} + X_{it}\varphi + \sum_{j=1}^{N} (w_{ij} X_{ijt}) \theta + c_i + \mu_t + v_{it}$$

$$v_{it} = \lambda \sum_{j=1}^{N} w_{ij} v_{jt} + \varepsilon_{it}$$

(13.1)

这里 i 是截面维度（空间地区数），$i = 1, 2, \cdots, N$，而 t 是时间维度指标（时期），$t = 1, 2, \cdots, T$。α 为常数项，c_i 是空间个体效应，捕捉空间各地区不可观测的个体异质性，与此对应的是，μ_t 反映的是空间时间效应，以此表示空间全部个体在特定时期所接收的不可观测的相同信息量，而 $\varepsilon_{it} \sim N(0, \sigma^2)$。$\boldsymbol{X}_{it}$ 是 $1 \times K$ 的解释变量的行向量，其中 K 为解释变量个数，w_{ij} 表示的是空间权重矩阵 $\boldsymbol{W}$ 的第 i 行，第 j 列元素，$\boldsymbol{W}$ 为 NT×NT 矩阵，而权重矩阵表征的是地区间经济指标效果的互动形式。$\sum_j w_{ij} f_{jt}$ 表示的是本地区经济指标效果与其他地区经济指标效果的交互作用，而 ρ 则是该经济指标效果的空间相关系数。另外，$\boldsymbol{\varphi}$ 与 $\boldsymbol{\theta}$ 分别表示控制变量与其空间反应变量的估计系数向量，$\boldsymbol{\varphi}$ 与 $\boldsymbol{\theta}$ 均为 $K \times 1$ 的列向量。后一个方程表示扰动项 v_{it} 可能受到来自其他地区不可观测冲击的影响，并包含特质部分 ε_{it}，其中 λ 称为空间自回归系数。

通过对方程(13.1)的反应参数与空间自回归系数的适当约束，我们将得到四类不同的空间面板模型：

其一，当 $\boldsymbol{\theta} = 0$，$\lambda = 0$ 时，方程(13.1)将变为空间自回归模型(SAR)或称为空间滞后模型(SLM)：

$$f_{it} = \alpha + \rho \sum_{j=1}^{N} w_{ij} f_{jt} + \boldsymbol{X}_{it} \boldsymbol{\varphi} + c_i + \mu_t + \varepsilon_{it} \tag{13.2}$$

其二，当 $\lambda = 0$ 时，得到空间杜宾模型(SDM)：

$$f_{it} = \alpha + \rho \sum_{j=1}^{N} w_{ij} f_{jt} + \boldsymbol{X}_{it} \boldsymbol{\varphi} + \sum_{j=1}^{N} (w_{ij} X_{ijt}) \boldsymbol{\theta} + c_i + \mu_t + \varepsilon_{it} \tag{13.3}$$

其三，当 $\rho = 0$，$\theta = 0$ 时，得到空间误差模型(SEM)：

$$f_{it} = \alpha + \boldsymbol{X}_{it} \boldsymbol{\varphi} + c_i + \mu_t + v_{it}$$
$$v_{it} = \lambda \sum_{j=1}^{N} w_{ij} v_{jt} + \varepsilon_{it} \tag{13.4}$$

其四，当 $\rho = 0$，$\lambda = 0$ 时，得到空间自变量滞后模型(SLX)：

$$f_{it} = \alpha + \boldsymbol{X}_{it} \boldsymbol{\varphi} + \sum_{j=1}^{N} (w_{ij} X_{ijt}) \boldsymbol{\theta} + c_i + \mu_t + \varepsilon_{it} \tag{13.5}$$

对于以上四类空间面板模型，为了更好地解决空间滞后变量与非线性模型所带来的内生性以及有偏问题，现有相关文献主要提供了三种方法进行估计，分别是基于最大似然估计(MLE)的方法(Anselin, 1988)、贝叶斯估计(LeSage and Pace, 2009)以及基于工具变量或者广义矩估计法的方法(IV/GMM)(Kelejian and Prucha, 1998; Kelejian and Prucha, 1999; Kapoor et al., 2007)。然而，考虑到本章研究问题的实际情况，土地财政对各经济指标影响可能存在个体固定效应和时空固定效应，因此将主要基于 Elhorst(2010)的方法，对模型进行相关估计及检验。原因是，目前的 GMM 方法对空间面板模型的估计，仍没有考虑到空间固定效应或随机效应，而这两种效应在面板数据的研究中显得越来越重要；另外 LeSage 和 Pace(2009)分别利用贝叶斯方法中的马尔科夫链蒙特卡洛(MCMC)与 MLE 方法进行估计，将得到的结果进行了对比，发现两者具有高度相似性。关于以上四类空间面板模型的选取，本章将采取三个步骤来选择适合样本类型的空间模型①。

13.4　空间动态面板模型中的外溢效应

空间外溢效应的数学表达式为 $\dfrac{\partial f_{i,\,t}}{\partial X_{j,\,t}} \neq 0$，即其他地区对本地区的经济指标效果存在明显的影响，这里 $i \neq j$。针对传统的非空间面板模型来说，解释变量对因变量的边际效应则通过变量对应的估计系数反映。值得注意的是，针对空间计量模型，变量对应的估计系数再也不能单纯地涵盖变量间的边际效应。针对本章而言，土地财政在空间中对经济指标所产生的边际效应，需要考虑本地以及其他地区的影响。为此，对于前述四类空间面板模型，土地财政变量与相关控制变量 X 所产生的边际外溢效应如表 13.1 所示：

表 13.1　　　　　　　　　　　　　　空间面板模型的边际外溢效应

模　型	边　际　效　应
SAR	$\dfrac{\partial f}{\partial X'} = (I_N - \rho W)^{-1} I_{N\times K}\boldsymbol{\varphi}$
SDM	$\dfrac{\partial f}{\partial X'} = (I_N - \rho W)^{-1}(I_{N\times K}\boldsymbol{\varphi} + W I_{N\times K}\boldsymbol{\theta})$
SEM	$\dfrac{\partial f}{\partial X'} = I_{N\times K}\boldsymbol{\varphi}$
SLX	$\dfrac{\partial f}{\partial X'} = I_{N\times K}\boldsymbol{\varphi} + W I_{N\times K}\boldsymbol{\theta}$

通过观察表 13.1 可以发现，空间外溢效应可以分为两种：全局外溢（LeSage and Pace，2009）和局部外溢（LeSage and Fischer，2012）。全局外溢效应主要是通过 $(I_N - \rho W)^{-1}$ 进行捕获，可以通过空间里昂惕夫逆矩阵展开得到 $I + \rho W + \rho^2 W^2 + \cdots$ 其经济含义为地区经济指标效果的决定因素，不仅受到来自本地区经济要素以及决策变量 X 的影响，还受到来自相邻地区的影响（ρW），还有其他相邻地区的影响（$\rho^2 W^2$），以此类推。

---

① 具体地，第一个步骤分为两种办法，一是基于非空间模型的残差，利用古典拉格朗日乘子和稳健拉格朗日乘子分别对空间滞后模型与空间误差模型进行交互检验；二是利用空间滞后或空间误差模型的最大似然残差进行检验；第二个步骤是针对空间杜宾模型建立两个约束的假设检验：$H_0: \boldsymbol{\theta} = \boldsymbol{0}$ 和 $H_0:$ $\boldsymbol{\theta} + \rho\boldsymbol{\varphi} = \boldsymbol{0}$，前者检验空间杜宾模型能否简化为空间滞后模型，后者检验空间杜宾模型能否简化为空间误差模型。两个原假设的检验统计量均服从自由度为 K 的卡方分布。最后如若 SDM、SAR 与 SEM 模型均被检验拒绝，我们将基于稳健性原则选择 SLX 模型，仅考虑解释变量对经济指标效果的空间效应，并给出相应检验结果。

又因为 $\rho < 1$，所以这种空间逐次的传递效应将随着地区距离的增长而退灭。基于以上分析，LeSage 和 Pace(2009)将边际外溢效应进行了相应分解，分为直接效应、间接效应和总体效应。我们定义数学表达式为：$\frac{\partial f_i}{\partial x_{jr}} = S_r(\boldsymbol{W})_{ij}$，$\frac{\partial f_i}{\partial x_{ir}} = S_r(\boldsymbol{W})_{ii}$，分别表示其他地区 j 的第 r 个经济要素变量对本地区 i 的经济指标效果的边际影响与本地区 i 的第 r 个经济要素变量对本地区 i 的经济指标效果的边际影响。非对角线元素的平均值与对角线元素的平均值则分别表示间接效应与直接效应，而总体效应则为二者加总。相比于全局外溢，局部外溢则是强调仅仅来自相邻或相近地区的影响。

13.5 时空动态面板模型设定及估计方法

我们通过上述空间动态模型来捕获经济变量在地理空间中的外溢影响，然而与此同时，经济增长过程中所具有的序列相关性，也正得到越来越多的关注。本章基于 Lee 和 Yu(2010)提出的时空动态面板模型，考察时空动态下土地财政对各经济指标的作用情况，并通过分析对应的时空动态面板模型的误差修正模型以计算得到经济发展的收敛效应。故此，我们对方程(13.1)进行重建，得到时空动态面板模型如下：

$$f_{it} = \alpha + \tau f_{i,\,t-1} + \rho \sum_{j=1}^{N} w_{ij} f_{jt} + \eta \sum_{j=1}^{N} w_{ij} f_{j,\,t-1} + \boldsymbol{X}_{it}\boldsymbol{\varphi} + c_i + \mu_t + \varepsilon_{it} \qquad (13.6)$$

此处 τ 为经济变量一阶滞后项的反应参数，被假定在区间 $(-1, 1)$。而 η 为滞后的空间自相关系数，其余参数与方程(13.1)的说明基本相似，在此不再赘述。另外，为了保证所估计样本的平稳性，$[(I - \rho W)^{-1}(\tau I + \eta W)]$ 的特征值必须置于单位圆之内。

关于该模型参数的估计，Yu 等(2008)考虑了方程(13.6)的对数似然函数，纳入了反映 $\sum_{j=1}^{N} w_{ij} f_{jt}$ 内生性的雅克比项，推导得到准极大似然估计量(QMLE)。然而他们发现在空间个体 N 和时间点 T 同时趋于无穷，且满足 $0 < \lim(N/T) < \infty$ 有界时，QMLE 存在偏差。他们随即提出了"偏差修正的 QMLE"，采用此种修正偏差的估计量的前提是，方程(13.6)必须是稳定的，即 $\tau + \rho + \eta < 1$。当平稳性条件 $\tau + \rho + \eta < 1$ 无法满足时，偏差修正的 QMLE 就必须做进一步的调整。对此，Lee，Yu 和 Yu 等提出通过变换空间一阶差分的办法，来解决时空动态面板模型的不稳定问题，数学上等价于方程(13.7)（为了便于说明，从下文开始用矩阵符号来表示模型）。特别地，在 $\tau + \rho + \eta = 1$ 成立时，Yu 等定义此为空间协整模型，本章将用双边 Wald 检验来判断模型的稳定性以及空间协整模型是否存在。

$$(I - W)f_t = \tau(I - W)f_{t-1} + \rho W(I - W)f_t + \eta W(I - W)f_{t-1}$$
$$+ (I - W)\boldsymbol{X}_t\boldsymbol{\varphi} + (I - W)c + (I - W)\varepsilon_t \qquad (13.7)$$

方程(13.7)中用到了 $(I - W)W = W(I - W)$ 的性质，另外，时间效应也从模型之中被消除。而新扰动项的方差为 $\sigma^2 \Sigma$，$\Sigma = (I - W)(I - W)'$。关于方程(13.7)的估计，由于矩阵 $(I - W)$ 至少存在一个特征值为 0，意味着该矩阵不再是满秩的，由此引入变换矩阵对 $(I - W)$ 实现降维，在方程(13.7)两端乘以变换矩阵，以保证能够对时空动态模型进行估计，其中变换矩阵为 $Tr = \Lambda_{N-p}^{-1/2} E'_{N, N-p}$ ①。从而有 $f_t^* = Tr(I - W)f_t$，同样对其他变量变换分别得到 X_t^*，c_t^* 和 ε_t^*。又因为 $W^* \equiv TrW(I - W) = \Lambda^{-1/2} E'_{N, N-p} W E_{N, N-p} \Lambda^{1/2}$（参见 Lee and Yu(2010)）。故我们可以得到方程(13.7)的变换方程：

$$f_t^* = \tau f_{t-1}^* + \rho W^* f_t^* + \eta W^* f_{t-1} + X_t^* \varphi + c^* + \varepsilon_t^* \qquad (13.8)$$

总而言之，本章将根据不同经济发展指标在时空动态下所反映的平稳性与非平稳性来决定采用模型(13.7)或模型(13.8)进行估计，稳定性的相关检验会置于回归结果中。

13.6 时空动态空间模型的外溢效应与收敛效应

除了考虑经济发展指标在空间中的交互效应，纳入时空效应将使模型中解释变量对因变量的解释显得更加复杂。Yu 等(2012)研究指出方程(13.6)所呈现的时空动态面板模型能够通过误差修正模型形式表示：

$$\Delta f_t = (I - \rho W)^{-1} [(\tau - 1)I + (\rho + \eta)W]f_{-1} + (I - \rho W)^{-1} X_t \varphi + (I - \rho W)^{-1}(c + \mu_t + \varepsilon_t) \qquad (13.9)$$

这样一来，我们可以将解释变量对因变量的边际效应解释转换为对其一阶差分 Δf_t 的探讨，即对各经济指标的变动情况进行分析。借鉴 LeSage 和 Pace(2009)提出的直接效应、间接效应与总体效应，我们把解释变量集 X_t 基于误差修正模型对经济指标的变动分解为 $(I - \rho W)^{-1} \varphi_k$，而具体的直接效应、间接效应以及总体效应的计算方法与前述的空间动态的外溢效应表述相同，故在此不再赘述。

相似地，我们可以通过误差修正模型来计算收敛效应：

$$\partial \Delta f_t / \partial f_{t-1} = (I - \rho W)^{-1} [(\tau - 1)I + (\rho + \eta)W] \qquad (13.10)$$

矩阵对角线元素的平均值测算了本地区的收敛强度，而非对角线元素的行向量的平均和则表示其他地区的收敛效应。一种特殊情况是当模型为空间协整模型时，即 $\tau + \rho + \eta = 1$，则收敛效应将变为：

$$\partial \Delta f_t / \partial f_{t-1} = (\tau - 1)(I - \rho W)^{-1}(I - W) \qquad (13.11)$$

从中可以发现，对于行标准化的权重矩阵，方程(13.11)的总体效应为零，因为单位矩阵 I 的对角线元素为 1，而 W 的对角线元素为 0，且矩阵 $(I - W)$ 的完美线性组合将决定

---

① A_{N-p} 记为 $\sum$ 的非零特征值的对角线矩阵，$E_{N, N-p}$ 则为相应的标准正交化的特征向量，p 则表示特征值为 0 的个数。

直接效应为 1，间接效应为-1。由此意味着如果经济变量符合空间协整模型的设定，在时空中该经济变量不会发生收敛现象。

13.7 变量选取、数据说明及空间权重矩阵设定

13.7.1 变量选取与说明

本章选取 2003—2011 年全国 283 个地级市的城市面板数据作为研究样本，除土地数据外，其他数据均为城市市辖区数据，部分城市由于数据缺失非常严重，故不列入样本范围。对于经济指标效果的选取，为了体现稀缺的土地要素对经济增长、产业转型与产业集聚、城市化等的影响，分别选用人均实际 GDP 增长 g、人口城市化率 ur（非农人口/人口数）、第二产业比重 s2g 以及第三产业比重 t2g 作为计量分析的被解释变量。

至于基本控制变量的选取，本章基于扩展的索洛模型（Mankiw et al.，1992；Doppelhofer et al.，2000），考虑了前一期的人均实际生产总值水平（Lpgdp）、人力资本（sh）、物质资本（sk）以及人口增长、技术进步和折旧（$n+\gamma+\delta$）等因素。其中人力资本与物质资本分别通过在校高等教育人数比重与全社会固定资产投资占 GDP 比重来衡量；技术进步率与资本折旧率设定为5%（Mankiw et al.，1992）。

对于土地财政问题的代理变量，现有文献对此指标选取并未取得一致的意见，本章将以较广泛使用的"土地出让收入"（lp）来作为土地财政的代理指标，以此反映"以地生财"效应。另外，为了体现分税制改革对于土地财政问题的影响，加入地方财政自由度（fd）（陈硕，2010），并在模型中纳入财政分权指标与土地财政变量的交互项。地方财政自由度的计算为：地方财政预算内收入/地方财政预算内支出。本章对于以现价表示的名义变量，均使用相应的价格指数平减为实际值，而部分控制变量在实际模型中均进行了对数变化。以上经济社会数据大部分取自历年《中国城市统计年鉴》，部分数据来自中经网统计数据库，而土地相关数据均来自历年《中国国土资源年鉴》。表 13.2 为上述数据的描述性统计。

表 13.2 数据描述性统计

变量名	观测值	均值	标准差	最小值	最大值
生产总值（亿元）	2541	590.9	1353	12.22	18972
固定资产投资（亿元）	2545	300.9	590.2	2.638	6505
第二产业比重（%）	2540	50.93	12.66	8.050	90.97
第三产业比重（%）	2540	41.13	10.65	8.580	80.89
地方财政预算内收入（万元）	2547	537123	1.868e+06	2220	3.390e+07

续表

变量名	观测值	均值	标准差	最小值	最大值
地方财政预算内支出(万元)	2547	699451	2.092e+06	14345	3.820e+07
非农业人口数(万人)	2504	98.93	141.1	5.040	1761
年末总人口数(万人)	2547	130.9	163.8	14.08	1771
在校高等教育人数(人)	2453	63486	117780	0	920373
土地出让成交价款(万元)	2518	484949	1.125e+06	0.800	1.560e+07

注：为了数据直观表述，本表中相应的变量均没有经过对数变换，在实证检验中将采用对数形式。

13.7.2 空间权重矩阵选取

空间权重矩阵度量不同地区经济发展情况在空间中的联系程度。考虑到中国各地级市城市化和不同地域间城市的发展差异，本章主要设置了两种权重矩阵，即地理距离权重矩阵和经济距离权重矩阵，分别通过这两个权重来刻画土地财政在空间上对经济发展的作用机制。

关于地理距离权重矩阵，定义为各个地级市及以上城市间的大圆弧距离平方的倒数 W_{ij}^d，通过各城市的经度和纬度计算得到，其中 d_{ij}^{geo} 为两个城市间的空间地理距离。为了简化模型与易于解释，通常对空间权重矩阵进行标准化处理，即每行元素之和为 1，记为 $W_{ij}^{'d}$：

$$
\begin{cases}
W_{ij}^d = \left(\dfrac{1}{d_{ij}^{\mathrm{geo}}}\right)^2 ; \quad W_{ij}^{'d} = \dfrac{W_{ij}^d}{\sum\limits_{j} W_{ij}^d}, \quad \text{if } i \neq j \\[3mm]
W_{ij}^{'d} = 0, \quad \text{if } i = j
\end{cases}
\tag{13.12}
$$

经济距离权重矩阵的引入，主要是考虑到各种非地理因素对经济发展的影响。一方面，土地财政产生的一个动因就是欠发达地区缺少相应的产业支撑，于是通过土地出让来牟利；另一方面，在沿海经济发达地区，过热的房地产市场同样对政府高估地价有激励作用。为了考察经济发展水平差异在空间的辐射作用，本章定义的空间经济距离权重矩阵 W^e 如下：

$$
\begin{cases}
W^e = W^d \mathrm{diag}\left(\dfrac{\overline{Y}_1}{\overline{Y}}, \ \dfrac{\overline{Y}_2}{\overline{Y}}, \ \cdots, \ \dfrac{\overline{Y}_n}{\overline{Y}}\right) ; \quad W_{ij}^{'e} = \dfrac{W_{ij}^e}{\sum\limits_{j} W_{ij}^e}, \quad \text{if } i \neq j \\[3mm]
W_{ij}^{'e} = 0, \quad \text{if } i = j
\end{cases}
\tag{13.13}
$$

其中，$W_{ij}^{'e}$ 是进行标准化后的结果，$\overline{Y}_i = \dfrac{1}{t_1 - t_0 + 1} \times \sum\limits_{t=t_0}^{t_1} Y_{it}$ 表示的是观测期内第 i 个地区的 GDP 均值，$\overline{Y} = \dfrac{1}{t_1 - t_0 + 1} \times \sum\limits_{i=1}^{n} \sum\limits_{t=t_0}^{t_1} Y_{it}$ 为总观测期内全国 GDP 的均值。

13.8 实证分析结果

13.8.1 土地财政的静态效应

我们首先对模型进行静态的面板分析，表 13.3 中报告了土地出让收入分别对经济增长、城市化和第二、三产业结构变化的作用结果，分别由列（1）、（2）、（3）和（4）表示。

表 13.3 土地财政在经济增长、城市化与产业转型中的静态效应

变量名	（1）g_feg	（2）u_feur	（3）s_fes2g	（4）t_fet2g
lnLpgdp	−41.27***（5.179）	5.361（3.925）	5.611***（1.222）	−2.048*（1.091）
lnsk	−5.561***（1.689）	3.002（2.098）	1.941***（0.684）	−1.452**（0.663）
lnsh	9.752**（3.995）	6.715***（2.243）	0.339（0.474）	0.814（0.675）
$\ln(n+\gamma+\delta)$	0.0217（0.628）	−0.886（1.076）	−0.706*（0.411）	0.796**（0.394）
fd	0.445***（0.136）	1.362***（0.256）	0.519***（0.0912）	−0.429***（0.0835）
lnlp	2.293***（0.790）	5.858***（1.369）	2.437***（0.437）	−2.045***（0.396）
fd×lnlp	−0.0354***（0.0115）	−0.119***（0.0209）	−0.0432***（0.00736）	0.0356***（0.00673）
Constant	413.8***（50.84）	−25.57（42.57）	−26.53**（12.97）	83.63***（11.85）
Hausman_p	0.0000	0.0000	0.0000	0.0000
Time effect	Yes	Yes	Yes	Yes
R-squared	0.242	0.685	0.159	0.109
F	10.47	62.75	20.88	17.40

注：（1）***，**，*分别表示在 1%，5% 和 10% 的水平上显著；（2）括号中为标准误；（3）全部面板模型的 Hausman 检验均拒绝了原假设，即接受了固定效应模型，表中均为固定效应结果。

可以看出，土地出让收入及其与地方财政自由度的系数在 1% 显著性水平上均为显著，说明地方政府所牟取的土地出让收入并没有对经济发展形成一蹴而就的影响，对四类经济指标的影响均存在显著的"门限效应"，即只有当地方政府的财政自由度低于某个水平时，出让土地所获得的收入对经济发展才具有正向影响，反之则会产生负面影响。以经济增长情况为例，当地方财政自由度水平低于 64.77% 时，土地财政才能对经济增长具有促进作用，也就是说，地方政府的预算内收入实在无法维持本级财政支出时，土地财政才能发挥"解渴"作用，更多地表现为"无奈之举"。

针对本章研究样本而言，9 年的 283 个城市的数据中，有 971 个地方财政自由度的数

据大于64.77%，说明38.12%的城市样本在本级预算内财政收入相对缓和的情况下，依然过度依赖土地财政，造成了与促进经济增长背道而驰的局面，政府土地财政表现为"攫取之手"。除此之外，在城市化进程与第二产业结构的经验结果中，表现出了与经济增长类似的"上限门限值"的情况，二者的地方财政自由度临界值水平分别为49.22%和56.41%，换言之，只有在地方财政自由度低于相应的临界值水平时，土地财政才能有利于相关经济指标的发展。不同的情况是，从列(4)显示的第三产业的结果来看，土地出让收入的系数为负，与财政自由度的交互项的系数为正，门限效应则表现为"下限门限值"，即当财政自主权超过某个临界水平时，才能促进第三产业结构的变化，计算得到的临界值水平为57.44%，高于城市化与第二产业的临界值水平。对比来看，以房地产业、交通运输行业和商业服务业为首的第三产业，更多时候依靠土地资源的大规模释放，将土地转化为在建建筑与运输路段，进而促进服务业的发展。另外，土地出让收入激增所导致的政府收入占GDP比重过高，无形中将抑制经济中的民间资本，不利于提高经济效率；而"变地为楼"的"造城"，如果没有第二产业的支撑，土地出让收入会沦为地方经济发展短时期内的"止痛药"，并不能长期促进经济持续发展。

从其他控制变量的回归系数来看，首先，前一期人均GDP对经济增长的系数为负，而对第二产业的系数为正。这表明中国城市经济增长存在显著的"追赶效应"，即贫穷地区增长速度高于发达地区；但是越是发达地区的城市，第二产业的发展越快。其次，物质资本水平对第二产业有显著促进作用，但是对经济增长存在明显的抑制作用。这表明，尽管第二产业仍然是中国主要的产业，但是社会固定资产投资大量投入第二产业中，物质资本的粗放式利用和低效配置，并没有给经济增长带来显著的动力。再次，人力资本投入在经济增长、城市化进程中发挥了显著的积极作用，而且对于第二、三产业的发展也有正面影响(不过显著性不高)。最后，地方财政自由度对经济增长、城市化和第二产业发展均有显著促进作用，只是对于第三产业的影响显著为负。这说明地方政府主要是通过发展工业和推进城市化来促进经济增长。

13.8.2　土地财政的空间动态效应估计结果

我们通过空间面板模型来研究土地财政对经济发展的空间效应。表13.4中报告的是在两种不同空间权重矩阵设定下，土地出让收入对这四个经济指标的作用情况。对于表中的估计结果，我们已根据前文所述的空间面板模型的选取策略，得到了各研究对象的最优模型①。

---

① 根据Lee和Yu(2010)的研究结果，在本章数据所体现的"大N(样本数)小T(年份数)"情况下，对空间个体效应进行空间滞后或空间误差的直接估计将得到一个非一致的方差参数估计，故我们采用了偏差校正的办法，对含有个体固定效应的空间滞后、空间误差以及空间杜宾模型均进行了校正处理。

表 13.4　　　　　　土地出让收入对经济增长、城市化与产业结构进程中的空间效应

模型	地理距离权重矩阵				经济距离权重矩阵			
	(1) SAR	(2) SDM	(3) SDM	(4) SDM	(5) SLX	(6) SDM	(7) SAR	(8) SAR
变量名	g	ur	s2g	t2g	g	ur	s2g	t2g
$W \times$ dep. var.	0.05159**	0.3446***	0.1697***	0.1227***		0.3119***	0.2010***	0.1560***
	(2.156)	(16.6909)	(7.3633)	(5.2249)		(14.3512)	(8.6375)	(6.5562)
lnLpgdp	−1.298**	0.5528	−0.7343***	−0.9062***	−0.7077*	0.6069	−0.7258***	−0.9024***
	(−2.556)	(0.8473)	(−3.3930)	(−4.6585)	(−1.9483)	(0.9130)	(−3.3551)	(−4.6412)
Lnsk	−0.5391	4.3973***	0.1270	−1.7072***	1.1612*	4.5554***	0.4012	−1.9986***
	(−0.4853)	(2.9769)	(0.2591)	(−3.8741)	(1.7320)	(3.0370)	(0.8472)	(−4.6943)
Lnsh	1.291***	1.6986***	0.3430**	−0.0311	0.3755*	1.7792***	0.3581**	−0.0459
	(3.503)	(3.5786)	(2.1783)	(−0.2194)	(1.8156)	(3.6596)	(2.2803)	(−0.3253)
$\ln(n+\gamma+\delta)$	−0.9219	−0.5958	−0.7331**	0.8116**	−0.4215	−0.5770	−0.7135**	0.9179***
	(−1.097)	(−0.5442)	(−2.0185)	(2.4855)	(−0.6828)	(−0.5151)	(−1.9919)	(2.8511)
fd	0.1691*	0.7261***	0.2573***	−0.1554***	0.1661***	0.7361***	0.2623***	−0.1608***
	(1.798)	(5.9148)	(6.3190)	(−4.2438)	(2.6238)	(5.8880)	(6.5441)	(−4.4641)
lnlp	0.7093	2.9783***	1.1836***	−0.8118***	0.4250	3.1003***	1.1172***	−0.7107***
	(1.537)	(4.3584)	(5.2213)	(−3.9841)	(1.1398)	(4.5577)	(5.6813)	(−4.0208)
fd×lnlp	−0.01464*	−0.0629***	−0.0203***	0.0130***	−0.0129**	−0.0646***	−0.0209***	0.0134***
	(−1.890)	(−6.1892)	(−6.0197)	(4.2916)	(−2.4809)	(−6.2512)	(−6.3431)	(4.5088)
$W \times$ lnLpgdp		1.2386	−0.2575	0.1816	0.6819	2.6519		
		(1.0890)	(−0.6818)	(0.5345)	(1.2550)	(1.1946)		
$W \times$ lnsk		1.7704	1.4922**	−1.5439**	0.1409	2.7892		
		(0.7874)	(2.0032)	(−2.2983)	(0.1445)	(1.0891)		
$W \times$ lnsh		−0.3069	0.0367	0.1442	−0.0408	0.2116		
		(−0.4623)	(0.1670)	(0.7298)	(−0.1238)	(0.2776)		
$W \times \ln(n+\gamma+\delta)$		2.1636	−0.1858	0.7781	−0.9601	2.1496		
		(1.2681)	(−0.3281)	(1.5271)	(−1.0898)	(1.0408)		
$W \times$ fd		−0.4303**	0.0056	−0.0276	0.2043**	−0.4860**		
		(−2.1770)	(0.0854)	(−0.4686)	(2.4892)	(−2.1769)		
$W \times$ lnlp		−0.8162	−0.0598	0.1127	0.8887*	−1.3027		
		(−0.8233)	(−0.1816)	(0.3815)	(1.7315)	(−1.0153)		
$W \times$ fdlnlp		0.0235	−0.0025	0.0023	−0.0151**	0.0264		
		(1.4690)	(−0.4791)	(0.4887)	(−2.3973)	(1.5150)		
log$L$	−8590.5757	−9203.3837	−6666.8566	−6420.0969		−9233.1713	−6672.8446	−6425.1877
R^2	0.1561	0.7794	0.8750	0.8595	0.0131	0.7710	0.8747	0.8592

续表

模型	地理距离权重矩阵				经济距离权重矩阵			
	(1) SAR	(2) SDM	(3) SDM	(4) SDM	(5) SLX	(6) SDM	(7) SAR	(8) SAR
变量名	g	ur	s2g	t2g	g	ur	s2g	t2g
Time effect	Yes	Yes	Yes	Yes	Yes	Yes	Yes	Yes
Spatial fixed effect	Yes	Yes	Yes	Yes	Yes	Yes	Yes	Yes
LM_spatial lag	3.228*	254.356***	56.1100***	27.2793***	0.9960	209.5294***	47.1926***	27.9195***
Robust_LM spatial_lag	2.060	7.379***	7.9961***	10.8627***	1.5196	4.8053**	2.7756*	5.2135**
LM_spatial_error _p	2.827*	247.063***	51.3271***	22.7777***	0.8166	204.7855***	44.8402***	25.0167***
Robust _ LM _ spatial_error	1.660	0.087	3.2132*	6.3611**	1.3401	0.0614	0.4233	2.3106
Wald_spatial_lag	5.838	14.030*	9.4500	12.2604*	3.3907	15.0759**	3.0647	5.9531
LR_spatial_lag	6.633	16.031**	10.77C7	14.1393**	3.9336	17.3278**	3.5097	6.8798
Wald _ spatial _ error	6.198	14.909**	12.3402*	15.8397**	3.5811	18.0799**	4.6940	8.2726
LR_spatial_error	7.063	17.025**	14.0389*	18.1496**	4.1138	17.6375**	4.4855	9.2592

注：(1) ***，**，*分别表示在 1%、5% 和 10% 的水平上显著；(2) 括号中为 t 统计量；(3) 全部模型的空间个体固定与时间固定的 LR 联合检验均拒绝了原假设，即模型均具有时空固定效应。

从表 13.4 可以看出，四类经济指标在两种不同权重矩阵下，除列 (5) 的 SLX 模型外，其余模型的因变量的空间自相关系数显著为正，说明现阶段中国各城市经济发展之间存在明显的横向正关联性，进而说明中国地级市的发展具有相互模仿的特征。值得注意的是，在空间计量模型中，各系数的显著性水平相比静态面板而言，均发生了明显的变动；不仅如此，在两种非同质的权重矩阵的估计下，经济增长、第二产业以及第三产业的最优模型选择各自也不相同。为了分析各解释变量对于经济增长、城市化、第二、三产业发展的边际效应，我们借鉴 LeSage 和 Pace(2009) 的做法，在具有全局外溢效应的模型中，分解了各变量的直接效应、间接效应以及总体效应(如表 13.5、表 13.6、表 13.7 和表 13.8 所示)。

表 13.5 空间动态模型下土地出让收入对经济增长的直接效应、间接效应和总体效应

变量	地理距离权重矩阵 SAR(g)		
	直接效应	间接效应	总体效应
lnLpgdp	-1.2796*** (-2.56)	-0.0689(-1.47)	-1.3485*** (-2.54)
lnsk	-0.4927(-0.44)	-0.0265(-0.40)	-0.5192(-0.44)

续表

变量	地理距离权重矩阵 SAR(g)		
	直接效应	间接效应	总体效应
lnsh	1.2912***(3.45)	0.0689*(1.74)	1.36***(3.45)
ln($n+\gamma+\delta$)	−0.9178(−1.08)	−0.0492(−0.88)	−0.967(−1.08)
fd	0.1742*(1.85)	0.0094(1.23)	0.1835*(1.84)
lnlp	0.735(1.58)	0.0399(1.17)	0.7749(1.58)
fd×lnlp	−0.0150*(−1.94)	−0.0008(−1.33)	−0.0159*(−1.93)

注：(1)***，**，*分别表示在1%，5%和10%的水平上显著；(2)括号中为 t 统计量。

表 13.6　空间动态模型下土地出让收入对城市化的直接效应、间接效应和总体效应

变量	地理距离权重矩阵 SDM(ur)			经济距离权重矩阵 SDM(ur)		
	直接效应	间接效应	总体效应	直接效应	间接效应	总体效应
lnLpgdp	0.7185 (1.04)	2.0257 (1.27)	2.7442 (1.37)	0.8759 (1.19)	3.8459 (1.25)	4.7218 (1.39)
lnsk	4.8544*** (3.27)	4.3518 (1.48)	9.2061*** (2.59)	4.9865*** (3.33)	5.5372* (1.71)	10.5236*** (2.84)
lnsh	1.703*** (3.39)	0.3678 (0.38)	2.0708* (1.64)	1.8748*** (3.44)	1.0642 (1.02)	2.939** (2.20)
ln ($n+\gamma+\delta$)	−0.3508 (−0.31)	2.7295 (1.16)	2.3787 (0.82)	−0.3963 (−0.36)	2.6504 (0.97)	2.2541 (0.73)
fd	0.7141*** (5.60)	−0.2434 (−0.890)	0.4707 (1.42)	0.7061*** (5.78)	−0.3572 (−1.20)	0.3489 (1.02)
lnlp	3.0467*** (4.44)	0.2846 (0.22)	3.3313** (2.26)	3.0189*** (4.65)	−0.4855 (−0.30)	2.5334 (1.46)
fd×lnlp	−0.0634*** (−6.02)	0.0019 (0.085)	−0.0616** (−2.31)	−0.0636*** (−6.28)	0.0092 (0.40)	−0.0544** (−2.05)

注：(1)***，**，*分别表示在1%，5%和10%的水平上显著；(2)括号中为 t 统计量。

表 13.7　空间动态模型下土地出让收入对第二产业的直接效应、间接效应和总体效应

变量	地理距离权重矩阵 SDM（s2g）			经济距离权重矩阵 SAR（s2g）		
	直接效应	间接效应	总体效应	直接效应	间接效应	总体效应
lnLpgdp	-0.776 *** (-3.47)	-0.4664 (-1.09)	-1.2424 ** (-2.35)	-0.7279 *** (-3.36)	-0.1725 *** (-2.98)	-0.9004 *** (-3.34)
lnsk	0.1978 (0.40)	1.7563 ** (2.06)	1.9542 ** (2.06)	0.3949 (0.83)	0.0927 (0.81)	0.4877 (0.83)
lnsh	0.3523 ** (2.20)	0.1174 (0.46)	0.4696 (1.40)	0.3552 ** (2.21)	0.0842 ** (2.09)	0.4395 ** (2.21)
ln $(n+\gamma+\delta)$	-0.7699 ** (-2.07)	-0.3621 (-0.56)	-1.1319 (-1.51)	-0.7125 ** (-2.03)	-0.169 * (-1.92)	-0.8815 * (-2.02)
fd	0.2619 *** (6.50)	0.0544 (0.73)	0.3163 *** (3.63)	0.2642 *** (6.46)	0.0626 *** (4.75)	0.3268 *** (6.35)
lnlp	1.1963 *** (5.37)	0.1558 (0.42)	1.3521 *** (3.49)	1.1271 *** (5.69)	0.2671 *** (4.36)	1.3942 *** (5.59)
fd×lnlp	-0.0208 *** (-6.20)	-0.0067 (-1.11)	-0.0275 *** (-3.90)	-0.0211 *** (-6.28)	-0.005 *** (-4.66)	-0.0261 *** (-6.17)

注：（1）***，**，* 分别表示在1%，5%和10%的水平上显著；（2）括号中为 t 统计量。

表 13.8　空间动态模型下土地出让收入对第三产业的直接效应、间接效应和总体效应

变量	地理距离权重矩阵 SDM（t2g）			经济距离权重矩阵 SAR（t2g）		
	直接效应	间接效应	总体效应	直接效应	间接效应	总体效应
lnLpgdp	-0.9008 *** (-4.62)	0.067 (0.18)	-0.8338 * (-1.83)	-0.9207 *** (-4.61)	-0.1642 *** (-3.52)	-1.0848 *** (-4.57)
lnsk	-1.7615 *** (-3.84)	-1.9184 *** (-2.65)	-3.6799 *** (-4.55)	-2.033 *** (-4.70)	-0.3628 *** (-3.55)	-2.3958 *** (-4.65)
lnsh	-0.0267 (-0.18)	0.1513 (0.68)	0.1245 (0.42)	-0.0476 (-0.33)	-0.0086 (-0.33)	-0.0562 (-0.33)
ln $(n+\gamma+\delta)$	0.8585 *** (2.58)	0.9849 * (1.78)	1.8434 *** (2.96)	0.9337 *** (2.90)	0.1668 ** (2.54)	1.1005 *** (2.89)

续表

变量	地理距离权重矩阵 SDM(t2g)			经济距离权重矩阵 SAR(t2g)		
	直接效应	间接效应	总体效应	直接效应	间接效应	总体效应
fd	−0.1588***	−0.0509	−0.2097***	−0.1613***	−0.0288***	−0.1901***
	(−4.23)	(−0.79)	(−2.83)	(−4.43)	(−3.41)	(−4.39)
lnlp	−0.817***	0.0118	−0.8052**	−0.7138***	−0.1273***	−0.8411***
	(−4.01)	(0.037)	(−2.45)	(−4.13)	(−3.27)	(−4.090)
fd×lnlp	0.0133***	0.0043	0.0176***	0.0134***	0.0024***	0.0158***
	(4.28)	(0.83)	(2.92)	(4.49)	(3.46)	(4.46)

注：（1）***，**，*分别表示在1%、5%和10%的水平上显著；（2）括号中为 t 统计量。

　　表13.5分解土地财政影响经济增长的直接效应、间接效应和总效应。在表13.4的第 (5)列列示了当考虑空间上其他城市的经济行为之后，本地土地出让收入对四类经济发展指标的影响。由于在经济距离权重矩阵的设定下，对经济增长的最优模型选择策略均接受了原假设，即不存在空间杜宾、空间滞后以及空间误差模型，基于稳健性原则，忽略空间自变量的影响，可能对模型造成偏差，所以我们最后选择了 SLX 模型进行估计。由于经济距离权重矩阵的结果不能分解出来自本地和其他地区的反馈效应，我们不能直接判断土地变量对经济增长的边际影响。然而单从表13.4列(5)的回归来看，空间中土地出让收入仍然显著地依赖于地方财政自由度，且存在"门限效应"，只是相比于静态结构而言，显著性明显降低。反观地理距离权重矩阵（表13.5采用），城市经济增长主要依赖于来自本地与外地的人力资本积累，土地出让收入不再存在依赖于地方财政自由度的"门限效应"，二者交互项 fd×lnlp 的系数为负，说明过高的土地出让收入将会抑制经济的增长。由此综合上述分析，我们可以得出，虽然土地财政能够替本级财政缓解压力，但过度依赖卖地来缓解财政压力，最终只会造成收入层面上"饮鸩止渴"的事实。

　　进一步分析土地出让收入对城市化进程的结果，如表13.6所示。我们注意到，两种权重矩阵下，土地财政对城市化的影响主要来自本地的直接效应，由此反映了当前中国城市化过程中各地区"遍地开花"的现象，虽然形成了人口在城市间的空间分布，但经济要素间却没有横向的反馈作用，体现了分权制下各地政府一味地追求经济指标的锦标赛（周黎安，2007），却忽视了基本经济要素在空间中所形成集群效应，从而导致社会资源配置的低效现象。另外，地理距离权重矩阵得到的"门限值"水平高于经济距离权重矩阵。由于不同城市间彼此的经济实力不同，要素作用的结果也不尽相同，因此通过经济距离矩阵计算得到的结果是较合理的，侧面反映了地理距离权重矩阵的结果将会高估土地财政对城市化进程有效作用的范围。

接下来，我们分析土地出让收入对产业结构的影响情况，表 13.7 和表 13.8 分别报告的是对第二产业和第三产业的结果。对比来看，虽然第二、三产业在地理距离权重矩阵设定下的模型均为 SDM 模型，但从实际得到的估计结果来看，除物质资本水平以外，各地区的产业结构发展并未受到来自其他地区经济要素的外溢效应影响，仅仅强调了本地经济要素的直接投入和产业比重在空间中的相关性。反观经济距离权重矩阵估计的结果，二者的模型均为 SAR 模型，而各经济要素和相关指标对产业结构的影响均十分显著。具体来看，第二产业与第三产业对土地出让收入的依赖受到来自地方财政自由度的约束。从总体效应来看，地方财政自由度水平低于 53.42% 水平下，土地出让收入才能有助于第二产业比重的增加；然而土地财政对第三产业发展的最低门槛则为 53.23%。就实际情况来看，本章所研究的 2547 个城市样本中，有 1439 个（占 56.50%）城市在53.23% 的门槛值水平之上，即超过一半的样本说明土地财政主要流向了第三产业；仅有 3 个样本落入区间（53.23%，53.42%）内，也就是说只有 3 个样本存在土地财政同时有利于推动产业结构发展的情形；而剩下的 1105 个样本城市中，当前土地财政实质是抑制了以工业为主的第二产业的发展。由此可见，地方政府的"以地生财"，实质上是在损害第二产业比重前提下才使得第三产业得以发展，也预示着这种"拆东墙补西墙"的产业结构发展模式终将难以为继。另外，从物质资本和人力资本水平来看，第二产业并没有得到物质资本水平的有效推动，而以服务业为主的第三产业同样没有有效利用人力资本，这反映了地方财政过度依赖土地出让，导致第二、三产业总体发展失衡，且物质资本和人力资本要素资源均没有得到有效利用的局面。

13.8.3 土地出让收入的时空动态空间面板的估计结果

近年来，随着时空动态空间计量方法的逐渐完善，在实证研究中考虑时间的空间模型已得到越来越多学者的重视（Cohen and Paul，2004；Parent and LeSage，2010；Brady，2011；Elhorst et al.，2013）。本章在这部分考察时空动态空间面板模型，以把握中国近年来地区经济发展的时间序列和空间差异因素，进一步"问症"土地财政。

表 13.9 报告了时空动态模型的估计结果以及相关检验结果。从对数似然比来看，在相同模型设定下，用经济距离权重矩阵来描述各经济发展变量在时空的交互影响表现得更好（除第二产业结果以外，经济距离权重的似然比绝大多数大于地理距离权重的情形，但似然比十分接近）。值得注意的是，根据对原假设 $\tau + \rho + \eta = 1$ 的双边 Wald 检验来看，除列（3）外，其余模型均在 1% 显著性水平下拒绝原假设，说明时空动态模型是平稳的，即采用模型（13.6）能够有效进行估计。而列（3）对应的第二产业在地理距离权重矩阵估计下的结果则意味着模型为空间协整模型。

表 13.9　　土地出让收入在经济增长、城市化与产业结构进程中的时空动态空间效应

变量名	地理距离权重矩阵				经济距离权重矩阵			
	g(1)	ur(1)	s2g(3)	t2g(4)	g(5)	ur(6)	s2g(7)	t2g(8)
W×dep. var.	0.06662 ***	0.3177 ***	0.09124 ***	0.07973 ***	0.04313	0.27342 ***	0.1319 ***	0.1086 ***
	(2.6008)	(12.5577)	(3.6015)	(2.9816)	(1.3803)	(10.3825)	(4.6991)	(3.8329)
dep. var (t−1)	−0.07969 ***	0.6137 ***	0.9545 ***	0.5831 ***	−0.08295 ***	0.6233 ***	0.9479 ***	0.5802 ***
	(−8.9036)	(17.1775)	(22.8629)	(17.6879)	(−9.0258)	(17.7568)	(22.8065)	(17.6675)
W×dep. var (t−1)	0.08928 **	−0.1359 *	0.005213	0.03637	0.08794 **	−0.1345 **	0.03570	0.02679
	(2.4211)	(−1.8837)	(1.1513)	(1.6021)	(2.2222)	(−1.9889)	(1.2503)	(1.1647)
lnLpgdp	−1.3128 **	−0.03504	−6.2640 ***	−3.1377 ***	−0.9778	0.005865	−6.2397 ***	−3.1291 ***
	(−2.3158)	(0.2055)	(−18.1742)	(−13.7903)	(−1.2414)	(0.3133)	(−18.2244)	(−13.8046)
lnsk	−1.4441	2.8926 **	−0.9824 *	−1.4641 ***	−0.9115	3.2026 ***	−1.0234 *	−1.4519 ***
	(−1.5094)	(2.4027)	(−1.7397)	(−3.6151)	(−0.6027)	(2.6209)	(−1.7873)	(−3.58526)
lnsh	1.6327 ***	0.9634 **	−0.2869	0.05865	1.7552 ***	0.9877 **	−0.2654	0.05138
	(4.3226)	(2.4711)	(−0.6974)	(0.1961)	(4.6944)	(2.4938)	(−0.5283)	(0.1359)
ln(n+γ+δ)	−1.5661 **	0.5459	−0.1979	0.3178	−1.2371	0.7576	−0.1761	0.3145
	(−2.0027)	(0.1653)	(−1.1859)	(1.5871)	(−1.6367)	(0.3052)	(−1.1099)	(1.5748)
fd	0.2354 ***	0.3592 ***	0.06886 ***	−0.07959 ***	0.2005 **	0.3631 ***	0.06381 ***	−0.07838 ***
	(3.0806)	(4.5031)	(4.5319)	(−3.4962)	(2.5642)	(4.4620)	(4.4601)	(−3.4680)
lnlp	1.0182 ***	1.6235 ***	0.2580 ***	−0.3385 ***	0.9276 **	1.6775 ***	0.2381 ***	−0.3294 ***
	(2.6277)	(4.1537)	(3.7373)	(−3.0557)	(2.4280)	(4.2130)	(3.6847)	(−3.0059)
fd×lnlp	−0.01912 ***	−0.03187 ***	−0.00399 ***	0.006254 ***	−0.01697 ***	−0.03268 ***	−0.00359 ***	0.006155 ***
	(−3.0100)	(−4.8292)	(−3.9212)	(3.3505)	(−2.6342)	(−4.8487)	(−3.8546)	(3.3207)
logL	−7537.2107	−7125.7644	−4960.4314	−4741.0824	−6580.1834	−7100.4214	−4960.4546	−4744.0325
R^2	0.1946	0.8021	0.9105	0.8979	0.2008	0.7943	0.9110	0.8982
Time effect	No	Yes	Yes	Yes	Yes	Yes	Yes	Yes
Spatial fixed effect	Yes	Yes	Yes	Yes	Yes	Yes	Yes	Yes
$\tau+\rho+\eta$	0.0631	0.7955	1.0509	0.6992	0.0481	0.7622	1.1154	0.7156
Wald test $\tau+\rho+\eta=1$	284.270 ***	40.537 ***	1.8114	58.564 ***	281.962 ***	52.929 ***	7.739 ***	46.477 ***

注：（1）***，**，* 分别表示在 1%，5% 和 10% 的水平上显著；（2）括号中为 t 统计量；（3）全部模型的空间个体的 LR 联合检验均拒绝了原假设，即模型均具有个体固定效应；（4）全部估计量均为偏差修正的准最大似然估计量。

首先，从空间相关性来看，注意到除经济增长的结果以外，其他结果所表现的空间同期相关性都十分显著，且小于表 13.4 所列的空间动态结果。原因主要是来自两方面的影响：其一，与本章期初的预期相符，四个经济指标在不同权重矩阵下的一阶滞后项均显著存在，说明中国城市经济的发展存在明显的惯性，一阶滞后项对当期的经济指标的边际贡献均显著高于空间滞后项的影响。其二，因变量滞后一阶的空间滞后项在经济增长与城市化水平的模型中分别显著为正和显著为负，表明中国城市经济增长不仅存在空间上的关联性，还存在时空上的空间效应。其中城市化的时空滞后效应为负，反映了中国目前大部分地区城市化进程发展迅猛，尤其是从人口城市化角度来看，人口涌向城市，出现了城市人口密度过大的问题，城市内部的人口城市化在时空上趋近收敛。综合来看，如果仅仅考虑空间动态模型，将会低估中国各城市经济增长在空间中的关联性，而相应地高估了城市化与产业结构在空间上集聚的影响。由此表明，考虑了时空动态效应的模型，将更好地反映中国城市经济的实际发展。

其次，除经济增长模型以外，其他模型的地方财政自由度、土地出让收入以及二者的交互项系数的显著性与符号，大致与表 13.4 的空间动态模型一致，而四类经济指标均存在显著的"门限效应"。特别地，从经济距离权重矩阵下所估计的结果来看，即使在时空动态的因素下，土地财政依然不是经济发展过程中的"万金油"，其始终受到本级地方财政自由度的约束，并非经济长期发展的长远之策。此外，虽然经济增长、城市化与第二产业的"上限门限值"均比表 13.4 中有所提高，但由于表 13.9 的结果涵盖了本地和其他地区的影响，因此非线性模型不能反映各变量的实际边际效应，故不存在可比性。

至于其他变量，物质资本程度主要停留于对人口城市化的推动作用，而对其他经济发展指标均存在不同程度的抑制作用，体现了中国地级市目前没有对物质资本实现有效利用；而人力资本对经济发展的促进作用，仍只停留在经济增长与城市化当中，并没有对产业发展和产业结构转型起到积极作用。

由于表 13.9 的估计结果不能体现各解释变量的实际边际效应，在此利用 Yu 等（2012）针对时空动态模型所推导得到的误差修正模型，并借鉴 LeSage 和 Pace（2009）对空间计量模型所提出的直接效应、间接效应与总体效应，来分析各变量对经济发展变动情况的影响。表 13.10 至表 13.13 分别汇报了土地财政对经济增长、城市化进程、第二产业与第三产业比重变动产生影响的结果。

其一，对于城市经济增长而言，总体上经济增长存在显著的收敛效应，而收敛效应主要来自本地区，其他地区所产生的影响比重较小；本地人力资本对经济增长变动的系数显著为正，表明人才对于城市经济的作用正在凸显。此外，在短期，本地地方财政自由度与土地财政收入同样有助于提高同期的经济增长率，这也反映了地方政府开启"以地生财"模式的动因。

表 13.10 时空动态空间模型下土地出让收入对经济增长的直接效应、间接效应和总体效应

变量名	地理距离权重矩阵(Δg)			经济距离权重矩阵(Δg)		
	直接效应	间接效应	总体效应	直接效应	间接效应	总体效应
convergence effect	−0.926***	−0.0862***	−1.0122***	−0.9126***	−0.0801*	−0.9927***
	(−18.01)	(−1.94)	(−12.32)	(−17.26)	(−1.85)	(−11.86)
lnLpgdp	−0.9023*	−0.0558	−0.9581*	−0.9835*	−0.0347	−1.0182*
	(−1.74)	(−0.69)	(−1.71)	(−1.86)	(−0.37)	(−1.84)
lnsk	−1.0135	−0.0612	−1.0747	−0.9064	−0.0369	−0.9433
	(−0.80)	(−0.44)	(−0.79)	(−0.72)	(−0.26)	(−0.72)
lnsh	1.6993***	0.1005	1.7997***	1.8191***	0.068	1.8871***
	(3.76)	(0.82)	(3.63)	(4.11)	(0.42)	(3.82)
$\ln(n+\gamma+\delta)$	−1.2822	−0.0763	−1.3585	−1.1062	−0.0368	−1.143
	(−1.50)	(−0.66)	(−1.49)	(−1.26)	(−0.31)	(−1.25)
fd	0.1967*	0.0129	0.2096*	0.1998**	0.0077	0.2075*
	(1.92)	(0.72)	(1.87)	(1.96)	(0.39)	(1.92)
lnlp	0.9401*	0.0565	0.9966*	0.9338*	0.0329	0.9666*
	(1.94)	(0.71)	(1.92)	(1.91)	(0.37)	(1.89)
fd×lnlp	−0.0182	0.0001	−0.0181	−0.0177	0.0004	−0.0173
	(−0.54)	(0.02)	(−0.52)	(−0.53)	(0.12)	(−0.51)

注:(1)***,**,*分别表示在1%,5%和10%的水平上显著;(2)括号中为 t 统计量。

表 13.11 时空动态空间模型下土地出让收入对城市化的直接效应、间接效应和总体效应

变量名	地理距离权重矩阵(Δur)			经济距离权重矩阵(Δur)		
	直接效应	间接效应	总体效应	直接效应	间接效应	总体效应
convergence effect	−1.0673***	0.7743***	−0.293**	−1.0735***	0.7655***	−0.308**
	(−16.61)	(7.91)	(−2.04)	(−17.63)	(8.61)	(−2.47)
lnLpgdp	−0.0277	−0.0073	−0.0351	−0.0862	−0.0297	−0.1159
	(−0.04)	(−0.02)	(−0.04)	(−0.13)	(−0.12)	(−0.13)
lnsk	3.1071*	1.3367	4.4438*	3.2229**	1.1357	4.3585*
	(1.92)	(1.54)	(1.85)	(1.98)	(1.52)	(1.93)
lnsh	1.0677*	0.4577	1.5254*	1.0641*	0.3745	1.4386*
	(1.90)	(1.58)	(1.85)	(1.95)	(1.48)	(1.89)

续表

变量名	地理距离权重矩阵（Δur）			经济距离权重矩阵（Δur）		
	直接效应	间接效应	总体效应	直接效应	间接效应	总体效应
$\ln(n+\gamma+\delta)$	0.5924	0.2501	0.8425	1.0457	0.3677	1.4133
	（0.51）	（0.48）	（0.51）	（0.90）	（0.80）	（0.89）
fd	0.3655***	0.1586**	0.5241***	0.3761***	0.1329*	0.509***
	（2.78）	（1.96）	（2.59）	（2.78）	（1.82）	（2.62）
lnlp	1.6197***	0.696**	2.3157**	1.689***	0.5936*	2.2826**
	（2.57）	（1.97）	（2.47）	（2.69）	（1.82）	（2.56）
fd×lnlp	−0.0311	−0.0114	−0.0425	−0.0334	−0.01	−0.0434
	（−0.87）	（−0.75）	（−0.85）	（−1.01）	（−0.86）	（−0.99）

注：（1）***，**，*分别表示在1%，5%和10%的水平上显著；（2）括号中为 t 统计量。

表13.12　　时空动态空间模型下土地出让收入对第二产业的直接效应、间接效应和总体效应

变量名	地理距离权重矩阵（Δs2g）			经济距离权重矩阵（Δs2g）		
	直接效应	间接效应	总体效应	直接效应	间接效应	总体效应
convergence effect	−0.9876***	0.9876***	0	−0.9189***	1.0619***	0.1429
	（−19.81）	（19.81）	（−0.12）	（−12.93）	（11.65）	（1.12）
lnLpgdp	−6.2033***	−0.4676	−6.6709***	−6.2277***	−0.8767*	−7.1044***
	（−27.00）	（−1.30）	（−16.39）	（−25.82）	（−1.73）	（−12.10）
lnsk	−0.8714*	−0.065	−0.9364*	−1.0217**	−0.1428	−1.1646**
	（−1.94）	（−0.99）	（−1.93）	（−2.25）	（−1.29）	（−2.21）
lnsh	−0.2779*	−0.0194	−0.2972*	−0.2583	−0.0346	−0.2929
	（−1.66）	（−0.91）	（−1.67）	（−1.57）	（−1.05）	（−1.56）
$\ln(n+\gamma+\delta)$	−0.2143	−0.0144	−0.2287	−0.1274	−0.0166	−0.1441
	（−0.68）	（−0.45）	（−0.68）	（−0.39）	（−0.31）	（−0.39）
fd	0.077*	0.0068	0.0838	0.0613	0.0096	0.0709
	（1.67）	（0.93）	（1.62）	（1.21）	（0.92）	（1.20）
lnlp	0.2915*	0.0231	0.3146	0.2307	0.0335	0.2641
	（1.66）	（0.92）	（1.64）	（1.21）	（0.91）	（1.20）
fd×lnlp	−0.0049	0.0006	−0.0043	−0.0036	0.0006	−0.003
	（−0.16）	（0.20）	（−0.13）	（−0.11）	（0.12）	（−0.08）

注：（1）***，**，*分别表示在1%，5%和10%的水平上显著；（2）括号中为 t 统计量；（3）地理距离权重矩阵的结果是采用约束条件 $\tau+\rho+\eta=1$ 成立下的空间协整模型计算得到的。

表 13.13　　时空动态空间模型下土地出让收入对第三产业的直接效应、间接效应和总体效应

变量名	地理距离权重矩阵(Δt2g)			经济距离权重矩阵(Δt2g)		
	直接效应	间接效应	总体效应	直接效应	间接效应	总体效应
convergence effect	−0.9545 ***	0.6172 ***	−0.3372 ***	−0.9656 ***	0.6385 ***	−0.3271 ***
	(−17.20)	(9.73)	(−3.26)	(−16.07)	(9.31)	(−3.03)
lnLpgdp	−3.1374 ***	−0.2408	−3.3782 ***	−3.1681 ***	−0.3865	−3.5545 ***
	(−16.43)	(−1.05)	(−11.22)	(−16.79)	(−1.63)	(−11.43)
lnsk	−1.6122 ***	−0.1202	−1.7325 ***	−1.4869 ***	−0.1805	−1.6674 ***
	(−3.72)	(−0.99)	(−3.72)	(−3.44)	(−1.44)	(−3.38)
lnsh	0.0205	0.0028	0.0233	0.0371	0.0057	0.0428
	(0.14)	(0.17)	(0.14)	(0.25)	(0.26)	(0.26)
ln($n+\gamma+\delta$)	0.3002	0.0243	0.3245	0.2542	0.0315	0.2857
	(1.05)	(0.64)	(1.05)	(0.83)	(0.61)	(0.82)
fd	−0.0775 *	−0.0048	−0.0823 *	−0.0769 *	−0.0083	−0.0852 *
	(−1.69)	(−0.75)	(−1.72)	(−1.64)	(−1.08)	(−1.66)
lnlp	−0.3163 **	−0.0233	−0.3396 **	−0.3155 *	−0.0371	−0.3526 *
	(−2.01)	(−0.84)	(−2.00)	(−1.88)	(−1.14)	(−1.87)
fd×lnlp	0.0057	0.0017	0.0074	0.0058	0.0018	0.0076
	(0.18)	(0.42)	(0.21)	(0.18)	(0.35)	(0.21)

注：（1）***，**，* 分别表示在 1%，5% 和 10% 的水平上显著；（2）括号中为 t 统计量。

其二，从表 13.11 报告的城市化结果来看，各城市城市化进程的总体收敛效应被分为本地的收敛与其他地区的发散影响，由此表明，中国现有城市化进程主要是城市周边地区的人口向已有大城市的不断涌入。再从土地出让行为来看，地方政府出让土地所获得的收入用以促进城市化发展，受到了来自本地以及其他地区显著的推动作用，相比而言，物质资本与人力资本仍局限于本地的资本积累，且显著性低于土地财政。

其三，第二产业在时空中的发展，总体上而言并没有表现出收敛特征，收敛效应在两种权重矩阵下均不显著(见表 13.12)。第二产业在经济发展中的波动程度则表现出时空上的协整关系。特别地，经济距离权重矩阵下土地财政在第二产业比重的动态变化中所产生的影响并不明显。而物质和人力资本的积累对第二产业规模发展的对应系数为负，体现了作为经济发展的基本要素，物质资本与人力资本对以工业为主的第二产业的推动作用逐渐面临瓶颈。

其四，表 13.13 汇报了关于第三产业比重动态变化的相应分解结果。我们可以发现第

三产业的收敛效应与城市化相似，都体现为来自本地的收敛效应与来自其他地区的发散效应。第三产业依托于城市而发展，但是中国多数城市依然高度依赖工业，第三产业的发展有低端、同质倾向，结果只会造成人口流向城市却没有获得合适的工作。进一步地，注意到本地土地财政对第三产业比重变动的影响为抑制作用（系数显著为负），这一方面表明地方政府出让土地的收入仍趋向于投资基础设施建设和工业，而主要不是用于发展服务业；另一方面，高的土地出让收入必然对应高的土地出让价格，土地价格的增加导致服务业发展受挫，因此，土地出让收入对以服务业为主的第三产业比重变动的影响为负。

13.9　研究总结

本章通过 2003—2011 年中国 283 个地级市的数据，研究城市间"以地生财"效应分别对经济增长、城市化与产业结构的影响，并且分别采用"空间动态"与"时空动态"面板模型，以涵盖空间与时空上的各种因素，通过分解宏观经济变量在空间中的外溢与辐射作用，考察地方政府之间的"策略性模仿"或"策略性竞争"过程，揭示地方政府所开启的土地财政模式难以为继的根源。

本章的实证研究发现：（1）在空间动态模型设定下，土地财政对城市化、第二产业与第三产业存在显著的"门限效应"，即土地财政对城市化进程、第二、第三产业占比变化的影响都受限于地方财政自由度，而对经济增长却存在直接的抑制作用；（2）在时空动态模型的估计下，土地财政对经济增长、城市化进程、第二、第三产业占比变化均存在明显的时空动态效应和"门限效应"；（3）通过对空间误差修正模型结果的分解得出，各经济指标主要存在来自本地的收敛效应，本级地区的"以地生财"效应即使短期内能够对经济增长和城市化产生推动作用，但却抑制了第三产业发展，不利于形成资源有效配置的产业结构。

基于本章的空间计量实证分析，中国各地现阶段利用稀缺土地出让而为地方财政减压的模式并非中国可持续发展的长远之策。具体表现为，在经济发展的时空动态变化过程中，土地财政分别对经济增长、城市化与产业结构的作用，不同程度地受制于来自地方财政自由度的约束，且表现出了不同的"上、下限门限值"的影响。也就是说，只有当地方政府的预算内收入实在无法维持本级的财政支出之时，土地财政才有可能发挥"解渴"作用，而这还是在损害其他经济发展指标的情况下才能实现。如果地方政府过度推进土地财政，则形成了"攫取之手"。另外，从经济发展的长期收敛过程来看，土地财政模式能促进短期的经济增长与城市化进程，却忽视了实现第二、三产业的均衡发展和资源有效配置，不利于长期经济增长。为此，必须尽快消除"土地财政依赖症"，一方面，要深化财税体制改革，形成稳定的地方税收体系的收入流量，确保地方政府的财权和事权统一；另一方面，要求地方政府集约使用土地，提高基础设施建设水平和公共服务水平，在城市化进程中为产业集聚、产业结构调整创造条件，发挥市场机制在资源配置中的决定性作用，通过产业协调发展、就业机会充足、居民收入增长和民间投资活跃来开辟可持续的地方财政收入渠道，实现城市的长期发展。

第六编
迈向高质量发展

第 14 章 加大基础设施建设，优化企业生产率的空间分布：基于高铁开通与市场准入的研究

14.1 引言

改革开放 40 多年来，中国发展过程中的一个显著特征是，持续的经济增长与领先于经济发展的交通基础设施建设并存。我们关注中国交通基础设施大规模建设，不仅是因为在投资驱动经济增长的过程中，交通基础设施投资扮演着非常重要的角色，而且是因为随着以高速铁路为代表的新一代交通基础设施迅速形成网络，企业在市场中的竞争、定位和扩张也随之发生变化，由此带来企业生产率的空间分布发生变化，为中国推进高质量发展构建微观基础。

事实上，世界各国正将大量的支出用于基础设施投资，其中新兴经济体用于建造新的基础设施，而发达国家则升级已有的基础设施，以期促进本国的经济发展。近年来，中国政府正积极推动的亚洲基础设施投资银行（AIIB）、"一带一路"倡议等合作项目，都突出了基础设施投资建设在当今全球经济发展中的重要作用。交通基础设施作为基础设施最重要的组成部分①，最近 10 多年来在中国经历了突飞猛进的发展，其中高速铁路的建设尤为瞩目。截至 2018 年年底，中国的高速铁路总里程达到 29246 千米，约占全球商业运营高铁总里程的 2/3，成为全球高铁营运里程最长，高铁网络密度最高的国家②。到 2025 年，高速铁路营业里程将达到 3.8 万千米，覆盖所有大中城市，更好发挥对经济社会的促进作用。

根据新古典增长理论，一个国家实现经济长期增长的根本动力来自其企业生产率的不断提升（Romer，1986；Lucas，1988），因此能否对企业生产率产生影响是评价交通基础设施绩效的一个重要方面。同时，一般认为中国经济的快速增长主要是依靠生产要素投入增

---

① 基础设施建设投资主要涉及交通运输、机场、港口、桥梁、通信、水利及城市供排水、供气、供电设施等领域，是企业、单位和居民生产经营和生活的基础和保证。

② 数据来源中国铁路总公司。

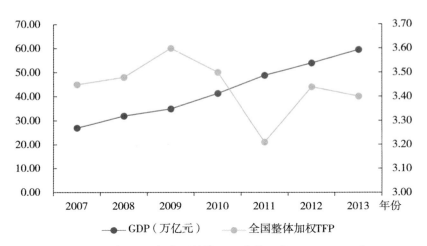

图 14.1　历年 GDP 与全国整体 TFP 趋势比较(2007—2013 年)

加带来的粗放型经济增长，而非来自生产率提升的内生增长模式。从图 14.1 可知，2007年到 2013 年间中国的国内生产总值经历了从 27.01 万亿元上升到 59.30 万亿元的平稳快速增长，同时期我们采用国家统计局数据测算的全国整体加权全要素生产率(TFP)却表现为先增加后下降的态势。具体而言，2009 年以后生产率快速下降，但经济同样保持平稳增长。众所周知，2008 年国际金融危机发生后，为维持经济平稳发展中国推出了"四万亿投资"的经济刺激计划。那么，在中国经济发展过程中，生产率与经济增长之间的关系究竟是怎样的？特别是"四万亿投资"计划对这种关系的影响如何？在这个阶段，中国的交通基础设施投资主要用于高速铁路建设，因此有必要从高速铁路的视角探究高速铁路对生产率和经济增长的影响。

由此，本章将中国高速铁路这一重大交通基础设施视作一项准自然实验，基于异质性企业的多部门贸易模型，研究高速铁路引致的市场准入变化如何以及多大程度影响企业生产率和产出的空间分布。事实上，Barro (1990)将政府公共支出作为一种投入要素纳入生产函数，发现政府公共支出的增加可带来产出的规模报酬递增。此外，大量文献从理论、实证等角度研究交通基础设施对降低运输成本、提高经济效率进而促进经济的发展作用(Fogel，1964；Aschauer，1989；Barron，1990；张学良，2012；张天华等，2018；张勋等，2018)。这些研究大多从宏观层面考察交通基础设施与经济增长、生产率的关系，从总体上探究交通基础设施在经济增长过程中扮演的角色。但这些研究忽视了对交通基础设施对经济增长影响的内在机制探讨，也没有探究交通基础设施发挥效应的微观机制和具体渠道，本章的研究旨在填补这一研究空白。

在经济学研究中，交通基础设施建设的主要作用是降低区域之间的运输成本，而运输成本的变化会影响企业的选址、企业在每个地区进入和生产的选择，从而重塑经济体中企业生产率和产出的空间分布(参见邹薇和陈亮恒，2020；Zou et al.，2021，2024)。具体而言，区域之间贸易成本的变化对企业生产率和生产的分布产生两个相互抵消的效应。当贸易成本下降时，一方面，当地的消费者付出较少的支出就能买到其他地区竞争企业生产的商品，或者当地的企业将面临更多来自其他地区企业的竞争，称这种效应为"进口竞争"。对于每个地区，更强的进口竞争意味着只有生产率更高的企业进入和生产，从而导致当地平均生产力水平的提高，并使得每个存活下来的企业产出缩减。另一方面，贸易成本的下降使得当地的企业更容易把自己的产品卖到其他地区的市场，称此种效应为"出口准入"。对于每个地区，更好的出口准入允许生产力较低的企业存活下来，从而导致当地平均生产力水平的下降，并使得存活下来企业的产出增加。表面上看这两种效应是相互抵消的，但进口竞争与出口准入之间是通过收入—支出链条达到相互关联的：即一个地区拥有高生产率的企业越多，这些企业就会给其他地区的企业施加更高的竞争压力；与此同时，拥有高生产力的企业越多，就能为当地的消费者带来更多的收入，从而使得当地的消费者能够购买更多来自其他地区竞争企业的产品。基于以上的经济直觉，Huang 和 Xiong (2018)根据企业异质性和贸易框架提出两种"市场准入"测度指标，其中消费者市场准入(CMA)用以捕获贸易成本下降带来的进口竞争，而企业市场准入(FMA)捕获另一种出口准入效应。根据理论模型推导的计量关系式，他们使用该方法考察了中国高速公路对生产活动空间分布的影响，发现高速公路的扩张提升了生产率水平，降低了行业之间生产率的离散度并提高了企业产出。

自 2007 年以来，高速铁路建设已经成为中国道路基础设施建设中规模最大、覆盖范围扩展最快、对生产和生活影响最大的重要领域。然而迄今为止，还没有文献对高速铁路如何影响企业生产率和生产空间分布展开研究。为此，本章聚焦高铁这一具有显著中国特色的交通基础设施建设，探讨其对于企业生产率空间分布的影响及其传递机制。具体的逻辑路径和传导机制如图 14.2 所示。

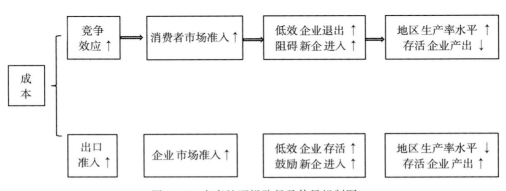

图 14.2　本章的逻辑路径及传导机制图

本章将中国的高速铁路视为一项准自然实验，借鉴 Huang 和 Xiong 研究中国高速公路的思路，采用量化空间一般均衡模型，手动整理和系统测算 2007—2013 年陆续开通的 110 个地级及以上城市的运输成本矩阵、消费者市场准入和企业市场准入矩阵，并与 110 个城市的微观企业及城市数据匹配，以探究高速铁路开通对企业生产率和产出空间分布影响的内在机制和具体渠道。我们的主要研究结论如下：其一，在保持企业市场准入不变的情况下，消费者市场准入与当地平均生产率水平之间存在正相关，即消费者市场准入每增加一个百分点，当地的平均生产率水平增加 0.0267 个百分点；相比之下，保持消费者市场准入不变时，企业市场准入与当地平均生产率水平之间是负相关的，即企业市场准入每提高一个百分点，当地的平均生产率水平下降 0.0429 个百分点。其二，在控制个体企业生产率的情况下，企业市场准入与该企业的产出之间存在正相关关系，即企业市场准入每增加一个百分点，导致企业产出增加 0.0695（变化的市场准入）或 0.00735（固定的市场准入），且存活下来的企业中生产率较低的企业增加更多。其三，消费者市场准入的增加或者企业市场准入的减少更容易促进低生产率企业的退出，同时阻碍企业的进入。其四，考察高速铁路对区域影响的异质性，发现高速铁路对中部区域的影响最大，其次是东部区域，影响最小的是西部区域；而考察对要素密集度的影响，发现高速铁路对技术密集型行业的影响最大，资本密集型行业次之，劳动密集型行业影响最小。其五，考虑金融危机这一特殊事件的影响，探究经济增长与生产率背离的现象，发现高速铁路引致的企业市场准入优于消费者市场准入是导致背离的原因。

与既有文献相比，本章研究的贡献有以下四点：一是本章力图研究中国高速铁路对企业生产率和产出空间分布的影响机制，填补该领域的研究空白。Huang 和 Xiong（2018）研究的是以货运为主的中国高速公路（1998—2007 年）的经济影响，而本章的研究是近年来正在快速发展中的以客运为主的高速铁路（2007 年以来）的影响，不管是所处的时代背景还是研究对象都存在明显差异。二是基于空间一般均衡模型的理论框架，探讨了中国高速铁路通过何种路径或渠道对企业生产率和产出空间分布产生影响，并从微观层面的实证分析检验了理论预测的影响路径，同时考察了影响的异质性。三是基于高速铁路的视角，解释了本章所研究的时期经济增长与生产率之间背离的现象，发现表示市场规模扩大的企业市场准入优于代表竞争效应的消费者市场准入是导致背离的原因。四是手动搜索、整理 110 个地级市 2007—2013 年的高铁信息，采用"逐年替代"法计算了地级市之间的最短时间距离，得到 7 个年度的 110×110 的高铁最短运行时间矩阵，并将之转换成 7 个年度 110×110 的运输成本矩阵。同时，匹配该时段 110 个城市层面的数据和中国工业企业数据，并测算出 110 个地级市 7 年的"消费者市场准入"和"企业市场准入"矩阵。

本章的后续部分如下：第二节为文献综述；第三节构建测度市场准入与国内贸易的理论模型；第四节给出实证策略和数据来源与处理；第五节实证分析市场准入与企业生产率空间分布的关联；第六节进行稳健性检验；第七节展开机制验证及进一步讨论；第八节是

研究总结与政策建议。

14.2 相关文献评述

长期以来，企业的空间分布一直是经济地理学的一个活跃领域，并且经常与企业的生产率联系在一起。大量的经济地理学文献提出了关于企业选址决策的各种理论，许多理论认为企业选址应在其生产效率最高的地方。Puga（2010）全面回顾了生产活动中地理集聚的规模和原因。Redding 和 Turner（2015）提供了关于运输成本与经济活动的空间分布关系的详细述评。本章的研究与上述文献的不同在于，我们认为，通过确定企业的选址，企业可以选择离竞争对手和产品市场的空间距离有多近，从而影响其他企业的选址。对于一个拥有高生产率企业的地区，如果它的周围拥有许多竞争者或者其产品市场较远，那么这个地区就不是理想的。换句话说，一个地区影响企业的发展不只是其拥有的不可移动的禀赋，还包括该地区与其他地区的连接，而更好的连接意味着较低的贸易成本。

本章的研究还与企业异质性相关。现有的大量文献从技术、政策扭曲、管理实践、劳动力流动等不同的视角解释了企业之间生产率差异（Eaton & Kortum，2002；Hsieh & Klenow，2009；Bloom et al.，2013；Tombe & Zhu，2015）。但是，地理在重塑企业生产率分布中发挥怎样的作用，已有文献关于这个方面的研究还比较缺乏。为此，本章采用基于地理的市场准入，测算了 110 个地级市 2007—2013 年的消费者市场准入和企业市场准入，讨论其各自对企业生产率和生产空间分布的影响。

本章将高速铁路这一交通基础设施作为市场准入变化的重要来源，故也与研究交通基础设施经济效应的文献有关。关于交通基础设施经济效应的研究，大多数文献探究其对区域经济增长、区域之间的贸易、劳动力市场流动、制造业活动、城市形成和发展等方面的影响（Duranton & Turner，2012；Faber，2014；Donaldson，2018；Michael，2008；Baum-Snow，2007）。而对于高速铁路经济效应的探究，由于其发展正快速重塑人们的生活方式和经济结构，对其各方面的考察正受到越来越多研究者的重视。如 Zheng（2013）验证了高速铁路的开通促进市场一体化，并发现高速铁路的修建导致房价上升。Lin（2014）基于双重差分法考察高速铁路如何影响就业模式和城市专业化，研究表明高速铁路增加了城市就业。Lin 等（2015）考察高铁技术的引入对本国创新的影响，发现技术的转移导致高铁相关专利的显著增长。Qin（2017）从高速铁路引入的分布效应角度考察高铁对周围区域的影响，研究表明高铁加剧了大城市对沿途县城的集聚，导致铁路沿线城市收入降低，服务部门表现得尤其明显。上述研究从不同的角度、不同的方法探究了交通基础设施对经济发展各方面的效应。

交通基础设施对企业生产率的影响的研究文献，与本章也有密切关联。Fernald

（1999）使用美国行业数据考察交通基础设施的经济影响，发现交通基础设施对更倚重运输行业的企业生产率影响最大。高翔等（2015）研究高速公路对服务业的影响，发现高速公路的开通对服务业企业的生产率有促进作用。Holl（2016）使用西班牙制造业的微观数据考察高速公路对企业生产率的影响，研究表明高速公路的开通直接提升企业的生产率。贾俊雪（2017）基于异质性企业家的理论模型，数值模拟发现公共基础设施投资与企业生产率之间存在"倒 U 形"关系。张梦婷等（2018）探究高速铁路对企业生产率的影响，发现高速铁路由于虹吸效应对企业生产率产生负向影响。张睿等（2018）从市场扩张和竞争的视角探究交通基础设施对企业生产率的影响，发现扩张效应提升了企业的生产率，而竞争效应则降低了企业生产率。以上研究从实证、理论等方面探究交通基础设施对企业生产率的影响，但尚未有文献从微观视角考察中国高速铁路对企业生产率的影响途径和具体渠道。

许多关于交通基础设施的文献尝试识别由交通基础设施引致的贸易成本冲击的局部效应，为达此目的，理想的情况是交通基础设施的设置是随机的，通过比较连接和未连接交通基础设施就能得到结果。然而，在一个交通运输网络中，每个地区都受到各个地区之间全局性的贸易成本矩阵影响。也就是说两个地区之间贸易成本的变化不只是直接影响这两个地区，还能对其他地区产生溢出效应，而简单的处理——控制（交通基础设施连接与否）的比较不能捕获这种间接的溢出效应，并且也不能揭示交通基础设施影响的内在机制。本章采用 Donaldson 和 Hornbeck（2016）等提出的市场准入法以探究中国高速铁路影响企业生产率和产出分布的内在机制和具体渠道。该方法可以得到交通基础设施对经济增长总效应的简化式测度，即每个地区的市场准入是其贸易伙伴收入、双边交易成本和目的地市场准入的加总。因此，该方法能够估计交通基础设施的网络效应，捕获交通基础设施的直接效应和间接效应并能提供影响的内在机制。鉴于市场准入法的如上优点，近年来许多学者使用该方法考察中国高速公路、印度高速公路对经济发展的影响（Baum-Snow et al.，2016；Alder，2017）。以上文献都是考察交通基础设施对总土地价值、GDP 增长等宏观经济变量的影响，为了分析的简便，他们的理论模型仅设定一个贸易部门，且每个地区只有一种市场准入，研究发现交通基础设施引致的市场准入改善了宏观经济变量。

然而，现实的情况是即使一个行业内企业的生产率差异也是很大的。为了分析不同企业生产率变化的差异，Huang 和 Xiong（2018）基于异质性企业的多部门模型推导出两种具有相互抵消效应的市场准入（CMA、FMA）的表达式①。尽管贸易成本的下降会同时提高一个地区的 CMA 和 FMA，但如果该地区的进口竞争（CMA 测度）相比出口准入（FMA 测度）占优时，该地区企业的收入就不会增加。例如，地区 d 的某个行业 j 拥有较多高效率的企业，而其他行业拥有的企业较少，当地区 o 与地区 d 之间连接比较好时，地区 d 的 j 行业企业就会对地区 o 的 j 行业企业施加巨大的压力，但地区 d 却只能为地区 o 的 j 行业企业提

---

① 在一个部门的环境下，消费者市场准入与企业市场准入之间是成比例关系的。

供较少的出口市场。当企业的地理分布随行业变化时，贸易成本对既定区域冲击的总效应也会发生变化。因此，本章使用能够测度的网络效应的市场准入方法，能够探究地区 o 的市场准入的变化如何影响其他地区的市场准入，而其他地区市场准入的变化又将如何影响地区 o 的市场准入的动态效应。同时，该方法能够考察高速铁路引致的市场准入变化如何影响企业生产率和产出的空间分布，并给出影响的内在机制和具体渠道。

14.3 理论模型

当地区之间的贸易成本下降时，一方面该地区的企业面临其他地区企业的更多进口竞争，另一方面该地区的企业也获得了其他地方更大的出口准入。Huang 和 Xiong（2018）基于 Melitz（2003）异质性企业的框架，推导出捕获进口竞争的消费者市场准入和捕获出口准入的企业市场准入的表达式。理论模型表明两种市场准入如何影响企业的选择，从而影响地方企业生产率和产出的空间分布。我们借鉴该模型方法，以探究中国高速铁路开通对企业生产率、产品分布影响的内在机制和具体影响路径。

14.3.1 消费者偏好

代表性消费者的偏好定义成 j 行业所生产的产品的消费，其中 $j \in \{0, 1, 2, \cdots, J\}$。行业 $j = 0$ 表示生产的是同质商品，在地区之间自由贸易并作为基准产品。每个行业 $j(\geqslant 1)$ 连续地生产有差异的产品，且每个企业生产一种产品。假定包括 N 个地区，使用 o（初始地）或 d（目的地）（$\in \{1, 2, \cdots, N\}$）表示，且 o 与 d 之间的贸易成本 τ_{od} 是对称的。代表性消费者对所有的行业拥有 Cobb-Douglas 的效用函数：

$$U = \sum_j \beta_j \ln Q_j, \quad \sum_j^J \beta_j = 1, \quad \beta_j \in (0, 1) \tag{14.1}$$

在地区 o，对行业 j 产品的支出满足 $X_{jo} = \beta_j I_o$，其中 I_o 为地区 o 的总收入。

在每个有差异的行业 j 里，对这些产品的加总满足不变替代弹性（CES）形式：

$$Q_j = \left[\int_{\omega \in \Omega_j} q(\omega)^{(\sigma_j-1)/\sigma_j} \mathrm{d}\omega \right]^{\sigma_j/(\sigma_j-1)} \tag{14.2}$$

其中个体企业 $\omega \in \Omega_j$，$\sigma_j > 1$ 表示行业内的不变替代弹性。行业 j 产品的价格指数为：

$$P_j = \left[\int_{\omega \in \Omega_j} p(\omega)^{1-\sigma_j} \mathrm{d}\omega \right]^{1/(1-\sigma_j)} \tag{14.3}$$

其中 $p(\omega)$ 为企业 ω 产品的价格。

14.3.2 生产者

在地区 o 的行业 j 中，生产的单位成本或复合投入价格是 c_{jo}，且存在一个潜在企业生产率的分布$G_{jo}(\varphi)$和潜在企业数量S_{jo}。对于一个生产率分布为φ_{jow}的潜在进入企业，假设该企业进入j行业需要支付f_{jo}的固定成本，且以$\dfrac{c_{jo}}{\varphi_{jow}}$的单位产出成本选择生产。因此，一个企业只有预期收入至少覆盖生产的固定成本，才会选择开始生产。假定地区o与地区d之间的贸易成本为τ_{od}，从而在地区o生产q单位的产品并卖到地区d需要的成本为：

$$c_{j,\,od} = f_{jo} + q\,\frac{c_{jo}}{\varphi_{jow}}\,\tau_{od} \tag{14.4}$$

地区o的代表性消费者的效用最大化是一个受约束的最优化问题，对其求解得到两种产品的相对需求满足如下的关系式：

$$\frac{q_j(\omega_1)}{q_j(\omega_2)} = \left(\frac{p_j(\omega_1)}{p_j(\omega_2)}\right)^{-\sigma_j} \tag{14.5}$$

在(14.5)式的两边均乘以$p_j(\omega_1)$，并整理得到：

$$X_{jo} = \beta_j\,I_o = \int_{\omega_1 \in \Omega_j} p_j(\omega_1)\,q_j(\omega_1)\,\mathrm{d}\omega_1 = p_j(\omega_2)^{\sigma_j}\,q_j(\omega_2)\int_{\omega_1 \in \Omega_j} p_j(\omega_1)^{1-\sigma_j}\mathrm{d}\omega_1 \tag{14.6}$$

其中地区d的行业j的产品价格指数$P_{j,\,d} = \left[\int_{\omega_1 \in \Omega_j} p(\omega_1)^{1-\sigma_j}\mathrm{d}\omega_1\right]^{1/(1-\sigma_j)}$，从而得到地区$o$生产的产品$\omega$在地区$d$的需求：

$$q_{j,\,od}(\omega) = X_{j,\,c}\,(P_{j,\,d})^{\sigma_j-1}\,p_{j,\,od}(\omega)^{-\sigma_j} \tag{14.7}$$

在 CES 需求和垄断竞争情况下，我们求解企业利润最大化问题，得到企业最优价格在边际成本的基础上还将索要一个不变的价格加成，即为边际成本乘以价格加成。因此，地区o的行业j中企业ω的产品在地区d的价格为：

$$p_{j,\,od}(\varphi_{jow}) = \frac{\sigma_j}{\sigma_j - 1}\,\frac{c_{jo}}{\varphi_{jow}}\,\tau_{od} \tag{14.8}$$

(14.8)式表示，地区o生产的产品在地区d销售的价格为价格加成、边际成本与地区(o,d)之间贸易成本的乘积。当地区之间的贸易成本τ_{od}下降时，两地之间的价格差异下降，表明地区之间的竞争程度加剧。

14.3.3 企业市场准入

本部分将刻画行业均衡的情况，为符号简便去掉行业下标j。虽然 Melitz 模型为每对地区之间设定了固定的出口成本，但为了得到清晰的市场准入表达式，我们做了一个关键的简化假设：地区之间的贸易只受冰山贸易成本的影响，而不受出口固定成本的影响。换句话说，只要企业选择生产，就能将其生产的产品卖到经济体中的所有地区。

由上述分析，我们有地区o中生产率为φ的企业在地区d的均衡收益为：

$$r_{od}(\varphi) = q_{od}(\varphi)\,p_{od}(\varphi) = X_d\,(P_d)^{1-\sigma}\,p_{od}(\varphi)^{1-\sigma}$$

$$= \left(\frac{c_o}{\varphi}\right)^{1-\sigma} \left(\frac{\sigma}{\sigma-1}\right)^{1-\sigma} \tau_{od}^{1-\sigma} \frac{X_d}{P_d^{1-\sigma}} \tag{14.9}$$

其中 $\sigma > 1$，（14.9）式表示地区 o 的企业在地区 d 的均衡收益与企业的单位生产成本（c_o）、地区之间的贸易成本（τ_{od}）存在反向关系，而与地区 d 的支出（X_d）成正比，即地区 o 的企业在地区 d 的收益随单位生产成本、贸易成本的下降而上升，随地区 d 的支出下降而下降。

对所有目的地区域加总，便得到地区 o 中生产率为 φ 的企业总收益，从而有：

$$r_o(\varphi) = \left(\frac{c_o}{\varphi}\right)^{1-\sigma} \left(\frac{\sigma}{\sigma-1}\right)^{1-\sigma} \sum_d \tau_{od}^{1-\sigma} \frac{X_d}{P_d^{1-\sigma}} = \left(\frac{c_o}{\varphi}\right)^{1-\sigma} \mathrm{FMA}_o \tag{14.10}$$

其中 FMA_o 称为地区 o 的企业市场准入（firm market access，FMA_o），记为

$$\mathrm{FMA}_o \equiv \left(\frac{\sigma}{\sigma-1}\right)^{1-\sigma} \sum_d \tau_{od}^{1-\sigma} \frac{X_d}{P_d^{1-\sigma}} \tag{14.11}$$

（14.10）式表示企业的收益 $r_o(\varphi)$ 与该地区的企业市场准入存在正向关系，随企业市场准入的提高而增加。（14.11）式表示地区 o 的企业市场准入为目的地 d 的支出（X_d）、地区之间的贸易成本（τ_{od}）与目的地 d 价格指数的加总，并有地区 o 的企业市场准入随地区之间的贸易成本的下降而增加，而随目的地 d 的价格指数、支出增加而增加。其中，贸易成本下降表示地区之间连接的便利程度提高，目的地 d 的支出增加体现该地区对地区 o 产品的需求增加，而目的地 d 的价格水平提高则表明该地区的竞争下降。直觉上，即使地区 d 对地区 o 产品的需求很大，但如果地区 d 处于较高的竞争水平或者有较低的价格水平，对地区 o 的企业也很难有市场空间。因此，企业市场准入捕获了地方企业所能达到的潜在市场总规模。

基于（14.10）式求解得到地区 o 中生产率为 φ 的企业总收益，从而地区 o 所有企业的总收益为：

$$R_o(\varphi) = S_o \int_\varphi \left(\frac{c_o}{\varphi}\right)^{1-\sigma} \mathrm{FMA}_o \, \mathrm{d}\, G_o(\varphi) \tag{14.12}$$

14.3.4 消费者市场准入

每个目的地 d 的价格指数是卖产品到地区 d 的个体企业价格的 CES 加总，企业的竞争降低了价格指数并提高当地消费者的福利。因此，我们将一个地方的价格指数与其消费者市场准入（consumer market access，CMA）联系起来：

$$P_d^{1-\sigma} = \sum_o \left[S_o \int p_{od}(\varphi)^{1-\sigma} \mathrm{d}G_o(\varphi) \right]$$

$$= \sum_o \left[S_o \int \left(\frac{\sigma}{\sigma-1} \frac{c_o \tau_{od}}{\varphi}\right)^{1-\sigma} \mathrm{d}G_o(\varphi) \right] \equiv \mathrm{CMA}_d \tag{14.13}$$

将(14.10)式、(14.12)式代入(14.13)式整理，得到如下消费者市场准入（CMA_d）的表达式：

$$\mathrm{CMA}_d = \left(\frac{\sigma}{\sigma-1}\right)^{1-\sigma} \sum_o \tau_{\mathrm{od}}^{1-\sigma} \frac{R_o}{\mathrm{FMA}_o} \tag{14.14}$$

该式表示地区 d 消费者市场准入由地区之间的贸易成本、其他地区 o 的总收益和其他地区 o 企业市场准入的加总，衡量地区 d 的竞争状态。一个地区要有更高的消费者市场准入或更多的竞争，取决于三个因素：一是该地区与其他地区有更好的连接，表现在较低的贸易成本（τ_{od}）；二是其他地区拥有较大的竞争企业，体现在该地区有更大的总收益（R_o）；三是其他地区的企业仅仅能够到达较小的市场，表现为较小的企业市场准入（FMA_o）。也即是消费者市场准入（CMA_d）与地区间贸易成本（τ_{od}）、企业市场准入存在反向关系，而与其他地区的总收益（R_o）之间则是正向关系。直觉上，如果一个地区拥有许多大企业，同时该地区的企业能够卖产品到一个非常大的市场，则当地企业对其他地区企业的竞争压力较小。

由于 $P_d^{1-\sigma} \equiv \mathrm{CMA}_d$，结合(14.11)式，将 FMA_o 变形为：

$$\mathrm{FMA}_o = \left(\frac{\sigma}{\sigma-1}\right)^{1-\sigma} \sum_d \tau_{\mathrm{od}}^{1-\sigma} \frac{X_d}{\mathrm{CMA}_d} \tag{14.15}$$

方程(14.14)与方程(14.15)说明，如果各地区行业之间总收益（R_o）与总支出（X_o）之间满足成比例关系，则 CMA 与 FMA 之间也是成比例的，此时就是 Donaldson 和 Hornbeck (2016)探讨单个贸易部门的情形。由于地区之间企业的生产一般是不均衡分布的，故消费者市场准入与企业市场准入一般是不同的。

在实证分析时，由于消费者市场准入是一个递归指数，很难进行测度。结合(14.10)式和(14.14)式，将消费者市场准入转换为单位生产成本表示：

$$\mathrm{CMA}_d = \left(\frac{\sigma}{\sigma-1}\right)^{1-\sigma} \sum_o \tau_{\mathrm{od}}^{1-\sigma} \left(\sum_{\omega \in \Omega_o} \left(\frac{\varphi_{\mathrm{ow}}}{c_o}\right)^{\sigma-1}\right) \tag{14.16}$$

从上述表达式可知，如果地区 d 与地区 o 有较好的连接（较低的 τ_{od}），且地区 o 拥有许多高效的生产率企业（较大的生产率加总），则地区 d 的消费者市场准入（CMA_d）较大。

14.3.5　企业生产率分布与市场准入

在观测到企业生产率后，企业决定是否退出市场或继续生产销售产品。一个企业在地方的生产率边界值是企业获得的利润（$\pi(\varphi_o^*)$）恰好可以抵消企业生产的固定成本（f_o），从而得到如下的关系式：

$$\pi(\varphi_c^*) = \frac{r(\varphi_o^*)}{\sigma} - f_o = 0 \tag{14.17}$$

根据(14.10)式,有 $r_o(\varphi) = \left(\dfrac{c_o}{\varphi}\right)^{1-\sigma} \text{FMA}_o$,将其代入(14.17)式,得到:

$$(\varphi_o^*)^{\sigma-1} = \frac{(c_o)^{\sigma-1}\sigma f_o}{\text{FMA}_o} \Rightarrow \varphi_o^* \propto (\text{FMA}_o)^{\frac{1}{1-\sigma}} \tag{14.18}$$

由此可知,在其他条件不变的情况下,企业市场准入的增加降低了企业的生产率边界值,这是由于更大的市场规模允许当地的企业将它们生产的固定成本分散到更多的生产单位,从而低效率的企业也能进入或生存下来。

因此,从理论模型出发,根据方程(14.10)、方程(14.18),我们发现企业市场准入的提高降低了地区的平均生产率,并且增加了存活企业的产出。而根据方程(14.15)可知,企业市场准入是随消费者市场准入的增加而递减的,因此消费者市场准入的增加提高了地区的平均生产率。这是因为更多的竞争使得低效率的企业更难进入或者生存,只有拥有较高生产率的企业能够进入并开展生产活动,故促使地区整体生产率提升;同时,企业面临更多高生产率企业的竞争,其产出自然下降。所以结合方程(14.15)、方程(14.18)和方程(14.10),我们发现消费者市场准入的提高增加了地区的平均生产率,同时降低了存活企业的产出。

14.4 实证策略和数据来源与处理

14.4.1 实证策略

基于上述的理论分析,本部分将介绍实证分析时使用的计量方程设定、估计方法、数据来源及处理,为后续的实证分析提供必要的技术方法和数据支撑。首先,基于异质性企业的多部门贸易模型推导出的消费者市场准入、企业市场准入与企业生产率、生产空间分布的关系,设定相应的计量模型;其次,详细介绍实证分析中使用的变量的数据来源、处理方法及步骤。

14.4.1.1 市场准入与企业生产率的空间分布

首先,我们考察市场准入如何影响地区生产率的分布。基于理论预测,在其他条件不变的情况下,企业市场准入降低了企业生产率的边界值,从而降低了地区的平均生产率,而消费者市场准入则提高地区的平均生产率。由于各个地区存在许多行业,而不同行业拥有数量不等的企业,因此测度最低生产率往往有噪声,也就是常会出现极端异常值。故本部分考察市场准入与地区行业生产率均值的关系,其回归方程设定如下:

$$\overline{\varphi}_{\text{jot}} = b_1 \text{CMA}_{\text{jot}} + b_2 \text{FMA}_{\text{jot}} + \varepsilon_{\text{jot}} \tag{14.19}$$

其中，$\overline{\varphi}_{jot}$ 为地区 o 的行业 j 在 t 年的平均生产率，CMA_{jot} 为地区 o 的行业 j 在 t 年的消费者市场准入，FMA_{jot} 为地区 o 的行业 j 在 t 年的企业市场准入，ε_{jot} 为扰动项。根据理论模型预测，待估系数 b_1 的值为正，表示消费者市场准入促进地区行业平均生产率的提升；而待估系数 b_2 的值为负，表示企业市场准入与地区行业的平均生产率之间存在负向关系。实证分析中采用面板数据模型方法，以控制不随时间变化的变量，同时还控制了城市、行业的固定效应。

14.4.1.2　解决内生性问题的策略

识别交通基础设施的经济效应时可能面临内生性问题的挑战，我们从以下几个方面进行探讨并给出相应的解决方法。首先，使用微观数据探究中国高速铁路对企业生产率空间分布的影响，这就能够较好地避免可能的反向因果带来的内生性问题，即企业不太可能影响高速铁路的建设，但高速铁路的开通能够影响到企业的生产活动。其次，一般大企业都位于大城市，如果高速铁路的建设是为了连接发达城市，这就产生了可能因为大企业集聚的发达城市吸引高速铁路建设的担忧。对此问题，将采用 Chandra 和 Thompson（2000）、Michaels（2008）等提出来的选取无关紧要区域的识别策略，去掉各省会城市、直辖市等节点城市，因为中国高铁主要是以连接省会城市为目标，再覆盖到周边地区。该方法也广泛应用于中国和印度的交通基础设施经济效应的研究中（Banerjee et al., 2012；Asturias et al., 2014；Ghani et al., 2016）。再次，本章的消费者市场准入是由地区之间贸易成本、企业生产率的加总得到，而企业的市场准入则是由地区之间贸易成本、目的地的消费者市场准入与支出的加总。当存在空间相关的生产率冲击时，市场准入与地区平均生产率之间的关系可能受空间冲击而非高速铁路的变化影响。为解决这一担忧，我们在计算市场准入时将生产率固定在 2007 年的状态，从而使得市场准入与地区平均生产率之间的关系受高速铁路变化带来的贸易成本变化影响。另外，在理论模型分析中，地区生产率分布与市场准入在均衡的情况下是联合决定的。如果只是将地方的生产率与其市场准入做回归分析，就会产生内生性偏差。对此，我们在计算消费者市场准入和企业市场准入时，分别去除地区 o 自己的贡献，即去掉 $\left(\dfrac{R}{\mathrm{CMA}}\right)_{jo}$，$\left(\dfrac{X}{\mathrm{FMA}}\right)_{io}$ 等项。最后，本章采用面板数据的方法控制不随时间变化的个体特征，以减少遗漏变量问题的干扰，同时还控制了城市、行业的固定效应。

14.4.2　数据来源与处理

1. 城市样本选取

2007 年 4 月 18 日，全国铁路第六次大提速和"和谐号"动车组的运行，标志着中国高铁元年的到来①。本章选择在2007—2013年开通高铁和普通铁路的110个地级市，样本覆盖了23个省（自治区、直辖市），其中19个省（自治区）和4个直辖市。地级市的数据来源各省（自治区）统计年鉴，模型的被解释变量是各地级市的实际GDP（名义GDP除以GDP平减指数②），表示各地级市的实际收入水平。详细的城市样本以及2007—2013年历年开通高铁的线路和运行速度，参考本章附表14.A1和14.A2。

2. 企业生产率的测算

本章企业层面的数据来自中国工业企业数据库，样本期为2007—2013年。该数据库可获取的下迄年份即2013年，它包括所有国有及销售额超500万元的非国有的工业企业数据。但是该数据库存在匹配混乱、指标缺失、变量定义模糊等一系列问题（聂辉华等，2012），因此在使用其数据之前，本章对该数据库做了如下的处理：（1）由于数据库中部分企业代码发生混乱，参考Brandt等（2012）和杨汝岱（2015）的做法，采用企业法人代码、企业名称、地区码、电话、行业代码、开业年、乡镇及主要产品名称等指标构建新的面板数据，并产生新的企业识别码；（2）参照Brandt等（2012）的做法，将企业职工人数小于8的样本删除；（3）参考Cai等（2009）的做法，删除工业总产值、总资产、销售额等变量缺失的样本。经过一系列数据处理后，得到的工业企业样本量为1405432，并与110个地级市的城市层面数据匹配，最终实证研究的样本为893698个观测值。此外，计算以1999年为基年的固定资产投资价格指数和工业品出厂价格指数，从而在计算企业全要素生产率时对各名义变量进行平减。对于企业全要素生产率的计算，常见的方法有OLS、FE、OP、LP、GMM等，各种方法估计TFP值的关系见附表14.A3、附图14.A1、附图14.A2。一般认为，OLS和FE方法计算的生产率有重大缺陷，不能解决同时性偏差和样本选择偏差。OP和LP方法能克服上述问题，并广为研究者接受，因此本章采用OP和LP方法计算全要素生产率。根据计算的企业生产率，即可得到各地区各行业生产率的算术平均值。同时，选择特定的权重因子可以测算出各地区各行业生产率的加权平均值，本章采用企业就业人员占所在地区所属行业就业总量的比例作为权重。

3. 贸易成本

根据（14.15）式、（14.16）式可知，如果要计算各地的企业市场准入、消费者市场准入，首先需要知道各地级市之间的双边贸易成本。为此，本章采用Roberts等（2012）提出

---

① 根据《中国高速铁路：建设成本分析》（2014），中国的高铁项目开始于2003年，并且在2004年通过了《中国铁路中长期发展规划》，在2008年进行了调整，截至2013年，中国已经建成了大约10000千米高速铁路网，且高铁项目还在进行中。2007年4月18日，全国铁路第六次大提速和"和谐号"动车组的运行，使得繁忙干线（京沪线沪宁段、陇海线、京广线北京至武汉、京哈线、胶济线、广深线、沪昆线上海至长沙）提速到每小时200至250千米，标志着中国高铁元年的到来，故本章选择将2007年定为正式开通运行第一条高铁线路的时间节点。

② GDP平减指数选择世行指标。网址：http://data.worldbank.org/indicator/NY.GDP.DEFL.ZS。

的计算方法，用地区之间最短运行时间衡量贸易成本，该方法认为交通基础设施的建设存在规模效应，即随着区域间运行时间变长（区域距离变大），运输成本的增加幅度会减少。因此，地区 o 到地区 d 之间运输成本的计算公式为：

$$\tau_{od} = 1 + t_{od}^{0.6} \tag{14.20}$$

其中 τ_{od} 表示城市 o 到城市 d 的双边运输成本，t_{od} 表示最短运行时间，并有 $t_{oo} = 0$，$\tau_{oo} = 1$。由（14.20）式可知，如果要测度双边运输成本，需要先测算两地之间的最短运行时间。本章首先测度 2006 年仅有普通铁路时各地的最短运行时间，得到一个 110×110 的时间矩阵。该矩阵对角线均为 0，表示各地到自身的时间距离，每一行表示某个地区到其他 109 个地区的普通铁路最短运行时间。其次对于 2007 年到 2013 年间开通高铁的地级市，采用逐步替代的方法用高速铁路运行的时间代替普通火车运行的时间，从而得到相应年份地区之间的最短运行时间矩阵①。最后，根据（14.20）式，将地级市之间历年最短运行时间矩阵转换为相应的双边运输成本矩阵，即得到 8 个 110×110 的运输成本矩阵。其中，地区之间的最短运行时间来自中国铁路客户服务中心。

4. 市场准入的测度

根据（14.15）式、（14.16）式可知，只要知道地区之间的双边贸易成本、贸易弹性系数 σ、企业的生产率、目的地的支出，就能计算消费者市场准入、企业市场准入。对于贸易弹性系数 σ，本章使用 Broda 和 Weinstein（2006）估计的系数 4 作为行业之间的弹性值。由于消费者市场准入是地区之间贸易成本和各地企业生产率的加总，如果使用随时间变化的生产率，得到的是随生产率变化的消费者市场准入，由此计算的企业市场准入也是随历年生产率变化的。当然，为了避免空间生产率冲击对实证分析的干扰，可将企业生产率固定到基准年份 2007 年，从而得到仅因高速铁路变化引致的消费者市场准入；在得到不随生产率变化的消费者市场准入后，在固定目的地支出为 2007 年水平的情况下，即可得到不随生产率变化的企业市场准入。随生产率变化的消费者市场准入、企业市场准入、不随生产率变化的消费者市场准入和企业市场准入等指标的详细测算见附表 14. A4 至 14. A7。各主要变量的描述性统计如表 14. 1 所示。

表 14. 1　　　　　　　　　　主要变量的描述性统计

变量	定　义	观测值	均值	标准差	最小值	最大值
tfp_op	OP 法计算的企业全要素生产率	893598	3. 24	0. 903	0. 1116496	8. 121206
lpy	地方行业生产率算术平均值	893698	3. 24	0. 398	0. 4825145	6. 632627

---

①　关于 2006—2013 年 110 个地级及以上城市万年双边高铁/铁路最短运行时间矩阵的测算方法，详见本章附录 14B。

变量	定　义	观测值	均值	标准差	最小值	最大值
tfp_ipy	地方行业生产率加权平均值	893698	4.07	0.512	0.4825145	7.343421
lrev	企业收益	893698	10.78	1.064	0	15.39672
lncma	随生产率变化的消费者市场准入	893698	5.58	1.443	2.3078	8.490869
lnfma	随生产率变化的企业市场准入	893698	7.48	0.601	5.770151	9.45241
lncma2	固定生产率的消费者市场准入	893698	5.31	1.469	2.224366	8.028588
lnfma2	固定生产率的企业市场准入	893698	7.25	0.591	5.451123	9.399114
lsize	就业人口	893698	4.43	0.962	2.302585	7.46451
loutput	销售值	893698	10.35	1.187	0	16.71444

14.5　实证分析

作为分析的起点，我们首先探究高速铁路引致消费者市场准入、企业市场准入变化对企业生产率空间分布的影响。方程(14.19)中的 b_1、b_2 分别表示消费者市场准入、企业市场准入对地区行业平均生产率的弹性，其估计结果如表 14.2 所示。前两列表示使用随生产率变化的消费者市场准入和企业市场准入的情形。第一列考察随生产率变化的消费者市场准入、企业市场准入对地区行业生产率的算术平均值的影响，在保持企业市场准入不变的情况下，消费者市场准入与地区行业平均生产率之间存在正向关系，即消费者市场准入每增加一个百分点，地方行业的平均生产率水平增加 0.784 个百分点；相比之下，保持消费者市场准入不变时，企业市场准入与地区行业平均生产率之间是负相关的，即企业市场准入每提高一个百分点，当地的平均生产率水平下降 1.56 个百分点。与地区行业生产率的算术平均值不同，地区行业生产率的加权平均值同时考虑到企业生产率和个体企业在行业中的市场份额。第二列表示随生产率变动的消费者市场准入、企业市场准入对地区行业生产率的加权平均值的影响。与第一列相比，估计系数的统计显著性没有明显变化，而估计系数也只是略微变化。

与前两列主要解释变量不同，第三、四列考察不随生产率变化的消费者市场准入、企业市场准入对地区行业平均生产率的影响，发现主要解释变量估计系数的统计显著性无明显变化，但估计系数值的变化比较明显。其中，第三列与第一列均是使用地区行业生产率的算术平均值作为因变量的情况下，消费者市场准入的估计系数从 0.00784 上升到 0.0267，而企业市场准入的估计系数由 0.0156 上升为 0.0429，表明使用不随生产率变化的消费者市场准入、企业市场准入对企业生产率空间分布的影响更大。第四列与第三列相比，采用不同的因变量进行考察，发现主要解释变量估计系数的统计显著性及系数值并无明显变化。根据前述分析，使用不随生产率变化的市场准入能够更准确测度高速铁路带来变化，因此使用不随生产率变化的消费者市场准入、企业市场准入等指标探究高速铁路对企业生产率空间分布的效应，就能得到更准确的量化结果。

表 14.2 市场准入与地区行业平均生产率

	Varying		Fixed	
	Ipy	tfp_ipy	Ipy	tfp_ipy
lncma	0.00784***	0.00516***	0.0267***	0.0232***
	(8.88)	(4.60)	(29.92)	(20.71)
lnfma	−0.0156***	−0.0159***	−0.0429***	−0.0393***
	(−11.71)	(−9.57)	(−33.24)	(−24.14)
_cons	3.202***	3.394***	3.303***	3.470***
	(40.87)	(28.85)	(42.64)	(29.72)
city	Y	Y	Y	Y
industry	Y	Y	Y	Y
year	Y	Y	Y	Y
N	893698	893698	893698	893698
R^2	0.263	0.479	0.264	0.479

注：括号内为 t 统计值。***、**、* 分别代表 1%、5%、10% 的显著性水平。

一个可能的内生性问题是交通基础设施的反向因果关系，即是否存在高企业生产率带来高速铁路的开通。事实上，高速铁路的修建是由国家主导，其目的是连接各省会城市和特大城市，因此高速铁路的修建不太可能是由高企业生产率带来的。但是否由大型且生产率较高企业集聚带来高速铁路的开通呢？大型且生产率较高企业集聚的地方一般都是省会或者特大城市，对此问题，本章采用 Chandra 和 Thompson(2000)、Michaels(2008) 等提出来的选取无关紧要区域的识别策略，去掉各省会城市、直辖市等节点城市，剩下的地区对高速铁路的影响力就较小了，从而反向因果的可能性就较小。利用这一策略，得到表 14.3 的回归结果，可以发现主要解释变量的统计显著性并无明显差异，但表 14.3 中各列的估计系数值均比表 14.2 相应列的更大。对于不随生产率变化的市场准入的影响，其中不随生产率变化的消费者市场准入的估计系数从表 14.2 的 0.0267 上升为表 14.3 的 0.0486，而企业市场准入的估计系数由表 14.2 的 0.0429 上升到 0.0710，同时发现表 14.3 中第四列的情形与第三列的类似。这表明相比于省会、直辖市等大城市，高速铁路的开通为中小企业较多的中小城市彼此之间带来更激烈的竞争，同时也促进中小企业更加积极地进行市场扩张。

表 14.3　　　　　　市场准入与地区行业平均生产率(删除省会、直辖市等)

	Varying		Fixed	
	lpy	tfp_ipy	lpy	tfp_ipy
lncma	0.0290***	0.0332***	0.0486***	0.0521***
	(27.80)	(25.22)	(46.94)	(40.14)
lnfma	−0.0472***	−0.0537***	−0.0710***	−0.0735***
	(−31.40)	(−28.47)	(−49.23)	(−40.23)
_cons	3.165***	3.384***	3.238***	3.432***
	(46.55)	(42.26)	(47.78)	(42.96)
city	Y	Y	Y	Y
industry	Y	Y	Y	Y
year	Y	Y	Y	Y
N	593474	593474	593474	593474
R^2	0.251	0.433	0.254	0.434

注：括号内为 t 统计值。***、**、* 分别代表1%、5%、10%的显著性水平。

14.6　稳健性检验

上述部分考察了高速铁路引致的消费者市场准入、企业市场准入的变化如何影响企业生产率分布，本部分将从区域异质性、行业异质性的角度进一步探究其影响渠道及强度。

14.6.1　高速铁路影响企业生产率分布的区域异质性

相比于高速公路、飞机等交通运输工具，高速铁路的比较优势是中长距离的运输，而这个距离一般都涉及跨省流动，因此高速铁路对区域内或区域之间人流、物流的影响应该比较大。同时，企业所在地的经济发展水平、其他交通基础设施的发展状况等都会影响高速铁路对企业生产率分布发挥作用的程度。为此，本部分探究高速铁路对不同区域企业影响的异质性，其具体效应如表 14.4 所示。该结果是基于不随生产率变化的市场准入得到的，我们发现高速铁路引致的消费者市场准入、企业市场准入的变化对中部区域的企业生产率分布的影响最大，东部区域的影响次之，而西部区域的影响最小。仅就因变量为地区行业生产率的加权平均值进行讨论，其中中部区域的消费者市场准入的估计系数为0.0503，东部区域的系数为0.0220，而西部区域的系数0.00415但不显著；对于企业市场准入的估计系数，我们发现中部区域的估计系数为-0.0812，东部区域的估计系数为-0.0282，西部区域的系数值较小且不显著为-0.000158。对于因变量为地区行业生产率的算术均值，同样得到类似的结果。这可能是由于截至2013年年底，中部的各种交通基础设施正在发展，对当前正快速发展的高速铁路依赖较大；而东部区域拥有比较发达、完善的各种交通基础设施，企业之间各种产品、要素的流动可以选择其他交通工具，对高速铁路的依赖程度没有中部强。西部区域则是各种交通基础设施都比较缺乏，尤其是高速铁路的发展，因此高速铁路对企业生产率分布的影响不是很明显。

表14.4　　　　　　　　　　市场准入与企业生产率分布的区域异质性

	东部		中部		西部	
	Ipy	tfp_ipy	Ipy	tfp_ipy	Ipy	tfp_ipy
lncma	0.0159 ***	0.0220 ***	0.0454 ***	0.0503 ***	0.0469 ***	0.00415
	(17.35)	(18.88)	(10.80)	(9.60)	(4.94)	(0.35)
lnfma	-0.0245 ***	-0.0282 ***	-0.0753 ***	-0.0812 ***	-0.0209	-0.000158
	(-19.54)	(-17.53)	(-9.55)	(-8.71)	(-1.48)	(-0.01)
_cons	3.223 ***	3.392 ***	3.664 ***	3.805 ***	3.177 ***	3.332 ***
	(35.25)	(25.59)	(85.45)	(76.91)	(41.45)	(36.54)
city	Y	Y	Y	Y	Y	Y
industry	Y	Y	Y	Y	Y	Y
year	Y	Y	Y	Y	Y	Y
N	702141	702141	124291	124291	67266	67266
R^2	0.311	0.550	0.203	0.277	0.224	0.387

注：括号内为 t 统计值。***、**、*分别代表1%、5%、10%的显著性水平。

14.6.2　高速铁路影响企业生产率分布的行业异质性

高速铁路的建造通过缩短地区之间的运输时间，促进资本、人员、物流等各种要素的快速流动，从而提高地区之间的经济运行效率，进而促进地区的经济发展。但作为一种以客运为主的交通运输工具，其对各行业的影响可能存在差异性。针对这一问题，本部分探究高速铁路对劳动密集型、资本密集型与技术密集型①等几大行业的影响，其实证结果如表 14.5 所示。整体上，高速铁路对技术密集型行业的影响最大，资本密集型行业的影响次之，而劳动密集型的影响最小。单从因变量为地区行业生产率的算术平均值（Ipy）来看，对于消费者市场准入变量的估计系数，技术密集型行业的系数达到 0.0420，资本密集型的系数为 0.0408，劳动密集型的系数最小仅为 0.0112。而对于企业市场准入变量的系数，可以发现高速铁路通过企业市场准入对资本密集型行业的影响最大，其系数达到 -0.0676；技术密集型行业的估计系数为 -0.0601，同样劳动密集型行业的系数最小为 -0.0201。同时，我们发现使用地区行业生产率的加权平均值（tfp_ipy）可以得到类似的结论。之所以有这种情况，可能是因为高速铁路作为一种新型快速的交通工具，其开通将会大幅度地压缩地区之间的时空距离，促进信息、技术人员、资本等要素的快速流动，从而对技术密集型和资本密集型行业的影响较大。同时，高速铁路由于票价较高，对于劳动密集型行业的就业人员的影响较小。

表 14.5　　　　　　　市场准入与企业生产率分布的行业异质性

	劳动密集型		资本密集型		技术密集型	
	Ipy	tfp_ipy	Ipy	tfp_ipy	Ipy	tfp_ipy
lncma	0.0112 ***	0.0125 ***	0.0408 ***	0.0286 ***	0.0420 ***	0.0413 ***
	(8.31)	(7.16)	(26.77)	(14.89)	(24.71)	(19.49)
lnfma	-0.0201 ***	-0.0357 ***	-0.0676 ***	-0.0496 ***	-0.0601 ***	-0.0456 ***
	(-9.32)	(-13.63)	(-31.19)	(-17.66)	(-28.00)	(-16.13)
_cons	3.081 ***	3.613 ***	3.672 ***	3.894 ***	3.682 ***	3.728 ***
	(84.21)	(59.08)	(163.99)	(157.47)	(201.69)	(73.81)
city	Y	Y	Y	Y	Y	Y
industry	Y	Y	Y	Y	Y	Y
year	Y	Y	Y	Y	Y	Y

①　参考郭晓丹等（2019）对行业的分类，其中劳动密集型包括：农副食品加工业（13）、食品制造业（14）、饮料制造业（15）、纺织业（17）、纺织服装、鞋、帽制造业（18）、皮革、毛皮、羽毛（绒）及其制造业（19）木材加工及木、竹、藤、棕、草制品业（20）、家具制造业（21）、文教体育用品制造业（24）、工艺品及其他制造业（42）；资本密集型包括：烟草制造业（16）、造纸及纸制品业（22）、印刷业和记录媒介的复制（23）、石油加工、炼焦及核燃料加工业（25）、化学原料及化学制品制造业（26）、化学纤维制造业（28）、橡胶制品业（29）、塑料制品业（30）、非金属矿物制品业（31）、黑色金属冶炼及压延加工业（32）、有色金属冶炼及压延加工业（33）、金属制品业（34）；技术密集型包括：医药制造业（27）、通用设备制造业（35）、专用设备制造业（36）、交通运输设备制造业（37）、电气机械及器材制造业（39）、通信设备、计算机及其他电子设备制造业（40）、仪器仪表及文化、办公用机械制造业（41）。

续表

	劳动密集型		资本密集型		技术密集型	
	Ipy	tfp_ipy	Ipy	tfp_ipy	Ipy	tfp_ipy
N	272737	272737	322606	322606	257367	257367
R^2	0.373	0.497	0.236	0.536	0.335	0.520

注：括号内为 t 统计值。***、**、* 分别代表 1%、5%、10%的显著性水平。

14.7　机制验证及进一步讨论

14.7.1　市场准入与企业产出的关系

在本节，我们将探究高速铁路引致的消费者市场准入、企业市场准入变化对企业产出的影响。根据前述的理论分析，在其他条件不变的情况下，消费者市场准入的提高由于促使地区企业面临激烈的竞争而使得存活企业的产出减少，而企业市场准入的改善为存活企业提供了更大的市场而促进企业产出的增加。基于方程(14.10)将计量回归设定类似于(14.19)式，区别是此时的因变量为企业的收益，同时在方程的右边增加控制每个企业生产率的变量，得到如表 14.6 所示的结果。表 14.6 的第一列表示使用随生产率变化的市场准入，在控制企业生产率的情况下，企业收益与消费者市场准入之间存在反向关系，而与企业市场准入之间的关系是正向的。具体而言，在保持其他条件不变的情况下，消费者市场准入每增加一个百分点，企业收益下降 0.0476 个百分点；企业市场准入每增加一个百分点，企业收益增加 0.0695 个百分点。同时，使用不随生产率变化的市场准入指标得到类似的结论。这与理论模型预测的一致，为理论模型提供了实证支持。

表 14.6　　　　　　　　　　　　　　　市场准入与企业产出

	varying lrev	fixed lrev
tfp_op	0.505 ***	0.729 ***
	(178.69)	(251.56)
lncma	−0.0476 ***	−0.0205 ***
	(−17.63)	(−7.96)
lnfma	0.0695 ***	0.0186 ***
	(16.18)	(4.67)

续表

	varying lrev	fixed lrev
_cons	8.944*** (45.50)	7.614*** (57.23)
city	Y	Y
industry	Y	Y
year	Y	Y
N	893698	893698
R^2	0.601	0.664

注：括号内为 t 统计值。***、**、* 分别代表1%、5%、10%的显著性水平。

以上部分考察了高速铁路引致的消费者市场准入与企业市场准入变化对企业产出的效应，很有必要进一步探究不同生产率水平的企业在面对高速铁路变化时，企业对高速铁路引致的两个影响渠道的反应是否存在差异。为此，我们将企业按生产率水平的三分位数分为三组企业，并分别考察属于不同分位的企业组对高速铁路引致的消费者市场准入、企业市场准入变化的效应，具体结果如表14.7所示。其中第一列表示位于第一分位的企业，第二、三列则分别表示第二、三分位的企业。从表中可以发现，第一分位和第三分位的企业对高速铁路引致的消费者市场准入与企业市场准入变化的反应较大，而处于第二分位的企业反应较平淡。此种现象的原因可能是，生产率较低的企业面对高速铁路冲击时为了生存表现得比较积极，而高速铁路对技术密集型或资本密集型等高生产率的企业的效应就比较明显，呼应了表14.5的结论。

表 14.7　　　　　　　　　　**市场准入与企业产出的异质性**

	1st tertile lrev	2nd tertile lrev	3rd tertile lrev
tfp_op	0.276*** (67.98)	0.323*** (65.51)	0.358*** (67.08)
lncma	−0.0249*** (−9.25)	−0.0184*** (−5.48)	−0.0279*** (−6.41)
lnfma	0.0271*** (5.23)	0.0114** (2.09)	0.0190*** (2.96)
_cons	10.10*** (303.64)	9.069*** (225.75)	8.367*** (130.14)

续表

	1st tertile lrev	2nd tertile lrev	3rd tertile lrev
city	Y	Y	Y
industry	Y	Y	Y
year	Y	Y	Y
N	297898	297987	297813
R^2	0.483	0.674	0.795

注：括号内为 t 统计值。***、**、* 分别代表 1%、5%、10% 的显著性水平。

14.7.2 市场准入与企业的进入、退出

高速铁路引致的市场准入变化通过促进或延迟企业的进入、退出来影响企业生产率和产出的空间分布。理论分析表明，更高的消费者市场准入更可能促进低生产率的企业退出，而更高的企业市场准入更容易使得这些企业存活下来。本章研究的是 2007 年到 2013 年间的工业企业样本，我们定义企业的退出为 2007 年存在样本中而 2013 年未在样本中出现，并将退出企业的 exit 变量赋值为 1，其他为 0，具体的回归结果如表 14.8 所示。我们将 2007 年企业的生产率按三分位数方法分为三组，发现第一分位的最低生产率组受高速铁路带来的消费者市场准入的影响最大，其估计系数值达到 0.623，表明生产率最低的企业在面对其他企业激烈的竞争时最容易退出市场。随着生产率的提高，企业面临竞争时退出的概率在递减，处于第二分位企业的消费者市场准入的估计系数减少为 0.564；而生产率较高的第三分位企业，其对测度市场竞争的 CMA 估计系数不显著，表示同样面对其他企业的竞争，生产率较高的企业不容易退出。而对于测度企业可能拥有的市场规模扩大的企业市场准入（FMA）指标，我们发现位于生产率最低的第一分位企业其 FMA 系数不显著，表明生产率太低的企业面临竞争就已经退出市场很难生存下来并进行扩张。而处于第二分位生产率的企业在市场规模扩大时更不容易退出。对于生产率较高的第三分位企业，其 FMA 的估计系数不显著，表明该水平的企业生产规模扩大与否均不影响企业自身的生存。

对于企业进入的探讨，我们将 2013 年在研究样本中而 2007 年没有在样本中的企业定义为进入企业。根据理论分析，更高的消费者市场准入阻碍企业的进入，而更高的企业市场准入鼓励企业的进入。从表 14.8 的第四列可知，消费者市场准入每增加一个百分点，企业进入的概率就下降 0.215 个百分点；而企业市场准入每增加一个百分点，企业进入的概率就增加 0.139 个百分点。因此，高速铁路引致的消费者市场准入、企业市场准入可以影响企业的进入、退出，进而影响企业生产率和产出的空间分布。

表 14.8 市场准入与企业进入退出

	1st tertile exit	2nd tertile exit	3rd tertile exit	entry
lncma	0.623 **	0.564 ***	0.301	−0.215 ***
	(2.09)	(3.03)	(1.49)	(−11.50)
lnfma	−0.446	−1.251 **	−0.924	0.139 ***
	(−0.88)	(−2.06)	(−1.50)	(5.47)
_cons	3.357	8.994 *	7.527 *	−1.481 ***
	(1.15)	(1.79)	(1.66)	(−164.46)
city	Y	Y	Y	Y
industry	Y	Y	Y	Y
year	Y	Y	Y	Y
N	35920	36284	35456	7256
R^2	0.1416	0.1146	0.0953	0.0032

注：括号内为 t 统计值。 *** 、 ** 、 * 分别代表 1%、5%、10% 的显著性水平。

14.7.3 中国经济增长与生产率背离的解释

到此为止，本章已经考察了高速铁路引致的消费者市场准入、企业市场准入通过影响企业的选择来影响企业生产率、产出的空间分布，但并未探究高速铁路引致的哪一种效应占主导作用。根据图 14.1 所示，2007—2013 年中国经历了平稳的经济增长，同时却发现生产率水平表现为先增加后下降的趋势，即 2007—2009 年生产率上升，2009 年后呈现下降趋势。根据内生增长模型，经济的增长由劳动、资本和技术水平决定，在 2009 年生产率水平下降的情况下经济仍能保持平稳发展，必定是由于劳动、资本等生产要素投入的增加而得以维持。因此，2008 年金融危机后中国政府实施的"四万亿投资"的经济刺激计划维持了该时期经济的平稳发展。

本部分将探究高速铁路引致的消费者市场准入、企业市场准入是如何影响经济增长与生产率背离的。为此，我们将考察阶段以 2009 年划分，前阶段为 2007 年、2008 年和 2009 年，而后阶段包含 2010—2013 年，分别考察高速铁路引致的两种效应如何影响生产率和产出。由表 14.9 可知，两个阶段主要变量的估计系数均显著，但后面阶段的估计系数值明显比前一阶段小很多。从两个主要解释变量估计系数值的比较看，前一阶段表示市场规模扩大的企业市场准入(lnfma)与表示市场竞争的消费者市场准入(lncma)估计系数值大小差不多，但后一阶段企业市场准入的估计系数值明显比消费者市场准入的大很多，差不多是后者的两倍。表明后面阶段市场扩张效应大于市场竞争效应。

表 14.9 分阶段考察市场准入与生产率分布的关系

	2007—2009 年		2010—2013 年	
	lpy	tfp_ipy	lpy	tfp_ipy
lncma	0.226***	0.156***	0.0139***	0.0249***
	(49.75)	(30.80)	(16.99)	(21.42)
lnfma	−0.233***	−0.171***	−0.0292***	−0.0387***
	(−62.89)	(−40.85)	(−19.97)	(−19.48)
_cons	3.767***	3.825***	3.377***	3.649***
	(235.82)	(196.81)	(421.61)	(335.59)
city	Y	Y	Y	Y
industry	Y	Y	Y	Y
year	Y	Y	Y	Y
N	384338	384338	509360	509360
R^2	0.138	0.140	0.457	0.604

注：括号内为 t 统计值。***、**、* 分别代表 1%、5%、10% 的显著性水平。

接下来，分阶段考察高速铁路引致的消费者市场准入、企业市场准入如何影响销售量，此处使用销售量作为因变量是因为该变量更能体现企业的经营状况。从理论模型可知，消费者市场准入的增加表示企业的竞争加剧，存活下来的企业产出下降；企业市场准入的提高表示市场规模的扩大，使得存活下来的企业产出增加。由表 14.10 可知，2009 年以前消费者市场准入（lncma）的估计系数值大小是企业市场准入（lnfma）估计系数值大小的两倍多，而 2009 年后则是后者比前者的系数值大，这表明金融危机后更多企业选择通过扩大市场规模的路径保持产出水平。表 14.9 和表 14.10 的结果表明，在本章的研究阶段中国的经济增长主要是采用积极扩张市场规模的粗放型增长模式，金融危机后实施的"四万亿投资"也主要是通过扩大市场规模这条路径产生作用。同时也表明，研究时段经济增长与生产率水平的背离主要是表示市场规模扩大的企业市场准入大于代表竞争效应的消费者市场准入所导致。

表 14.10　　　　　　　　　　分阶段考察市场准入与产出的关系

	2007—2009 年	2010—2013 年
	loutput	loutput
tfp_op	1.002***	−1.707***
	(402.57)	(−251.48)
lncma	−0.0523***	−0.0161***
	(−9.72)	(−3.22)
lnfma	0.0211***	0.0295***
	(4.05)	(3.86)
_cons	7.062***	15.82***
	(148.91)	(333.05)
city	Y	Y
industry	Y	Y
year	Y	Y
N	384338	509360
R^2	0.772	0.355

注：括号内为 t 统计值。***、**、* 分别代表 1%、5%、10%的显著性水平。

14.8　研究总结与政策建议

14.8.1　研究总结

各国经济发展实践表明，交通基础设施投资是推动经济发展的重要手段，交通基础设施的缺乏对许多国家或地区的发展是一种严重制约。本质上，交通基础设施的建设主要是降低区域之间的运输成本，而运输成本的变化会影响企业的选址、企业在每个地区进入和生产的选择，从而重塑经济体中企业生产率的空间分布。具体而言，当贸易成本下降时，一方面当地的企业由于"进口竞争"效应而面临更多来自其他地区企业的竞争，从而导致该地区的平均生产率水平提高，存活下来的企业产出下降。另一方面，贸易成本的下降使得当地企业通过"出口准入"效应而能更容易地将自己的产品卖到其他地区，从而导致当地的平均生产率水平下降，存活下来的企业产出增加。这两种相互抵消的效应通过收入—支出链条联系在一起。

自 2007 年以来，高速铁路建设已经成为中国道路基础设施建设中规模最大、覆盖范围扩展最快、对生产和生活影响最大的重要领域。然而迄今为止，还没有文献对高速铁路如何影响企业生产率和生产空间分布展开研究。本章将中国的高速铁路视为一项准自然实验，借鉴 Huang 和 Xiong（2018）研究中国高速公路的思路，采用量化空间一般均衡模型，手动整理和系统测算 2007—2013 年陆续开通高速铁路的 110 个地级及以上城市的运输成本矩阵、消费者市场准入和企业市场准入矩阵，并与 110 个城市的微观企业及城市数据匹配，以探究高速铁路开通对企业生产率和产出空间分布影响的内在机制和具体渠道。

实证研究发现：其一，在保持企业市场准入不变的情况下，消费者市场准入与当地平均生产率水平之间存在正相关关系，即消费者市场准入每增加一个百分点，当地的平均生产率水平增加 0.0267 个百分点；相比之下，保持消费者市场准入不变时，企业市场准入与当地平均生产率水平之间是负相关的，即企业市场准入每提高一个百分点，当地的平均生产率水平下降 0.0429 个百分点。其二，在控制个体企业生产率的情况下，企业市场准入与该企业的产出之间存在正相关关系，即企业市场准入每增加一个百分点，导致企业产出增加 0.0695（变化的市场准入）或 0.00735（固定的市场准入），且存活下来的企业中生产率较低的企业增加更多。其三，消费者市场准入的增加或者企业市场准入的减少更容易促进低生产率企业的退出，同时阻碍企业的进入。其四，考察高速铁路对区域影响的异质性，发现高速铁路对中部区域的影响最大，其次是东部区域，影响最小的是西部区域；而考察对要素密集度的影响，发现高速铁路对资本密集型行业的影响最大，技术密集型次之，劳动密集型的影响最小。其五，考虑金融危机这一特殊事件的影响，探究经济增长与生产率背离的现象，发现高速铁路引致的企业市场准入优于消费者市场准入是导致背离的原因。

14.8.2　政策建议

基于本章的研究结论，有如下的政策建议：首先，中国应该进一步加快高速铁路网络的建设，促进产品和要素在区域内的快速流动。本章的实证分析表明，高速铁路的建设具有明显的外溢效应，能够对高速铁路网络内的各个地区产生影响。同时，研究表明中国高速铁路对区域的影响存在异质性，因此对不同地区高速铁路的建设应有不同的侧重点。

其次，本章的研究发现高速铁路带来的"进口竞争"和"出口准入"两种效应，对企业生产率和产出的空间分布产生相互抵消的效应，地方政府应制定相应的配套政策进一步发挥其促进生产率的效应，同时尽量规避或减弱消极效应的作用。

再次，研究表明高速铁路对资本密集型、技术密集型行业的影响最大，而这些行业往往都是高新技术产业。因此地方在考虑产业布局时，应将高速铁路与这些高新技术产业对接，更好地发挥高速铁路的积极作用。

最后，从高速铁路的视角探究经济增长与生产率背离的原因，发现代表市场扩张的企业市场准入优于表示市场竞争的消费者市场准入。这说明在本章考察的时段（2007—2013

年），中国经济主要是以推动市场扩张的途径促进经济增长，是一种依靠投入要素增加的粗放型增长模式，而非主要依赖于通过促进生产率提高推动经济发展的内生增长模式。以高铁为代表的新一代基础设施的发展为推动经济发展提供了重要条件，但是要改变粗放型增长模式，还需要大力发展实体经济，提高全要素生产率水平。2015 年以来中国提出推动供给侧结构性改革，大力实施创新驱动发展战略，积极推动生产率水平提高以促进经济的内生增长，中国经济正在由中高速增长迈向高质量发展的新阶段。

本章附录

14A　附表、附图

附表 14. A1　　　　　　　　**110 个地级市所属省、自治区、直辖市**

省、自治区、直辖市	选取的地级市
直辖市	上海　北京　天津　重庆
广东	广州　东莞　深圳　惠州　肇庆　韶关　清远
江苏	南京　苏州　无锡　徐州　常州　镇江
湖南	长沙　衡阳　郴州　岳阳　怀化　娄底　湘潭　邵阳　株洲　永州
浙江	杭州　嘉兴　宁波　金华　绍兴　温州
山东	济南　青岛　潍坊　淄博　泰安　枣庄　烟台　威海　德州
湖北	武汉　咸宁　孝感　宜昌　天门　恩施
河北	石家庄　保定　沧州　廊坊　邢台　秦皇岛　邯郸　唐山
河南	郑州　信阳　驻马店　安阳　漯河　新乡　鹤壁　许昌　三门峡　洛阳
山西	太原　临汾　运城　阳泉
辽宁	沈阳　大连　辽阳　铁岭　葫芦岛　鞍山　营口　锦州　盘锦
安徽	合肥　蚌埠　淮南　滁州　六安　宿州
陕西	西安　咸阳　渭南　宝鸡
江西	南昌　上饶　鹰潭　新余　萍乡　宜春
吉林	长春　四平　吉林
黑龙江	哈尔滨
四川	成都
贵州	贵阳

续表

省、自治区、直辖市	选取的地级市
广西	南宁　柳州　贺州　桂林　贵港　梧州
福建	福州　莆田　厦门

附表 14. A2　　　　　　　　　**2007—2013 年高铁开通的线路**

开通时间	线路名称	起点	终点	线路长度（千米）	设计时速（千米/时）
2007.4.18	京沪线沪宁段	上海	南京	301	200
2007.4.18	陇海线	西安	宝鸡	173	200
2007.4.18	京广线北京至武汉	北京	武汉	1199	200
2007.4.18	京哈线	北京	哈尔滨	1248	200
2007.4.18	胶济线	济南	四方	384	200
2007.4.18	广深线	广州	深圳	147	200
2007.4.18	沪昆线上海至长沙	上海	长沙	1207	200
2008.4.18	合宁客运专线	合肥	南京	166	200
2008.8.1	京津城际铁路	北京	天津	113.5	350
2008.12.21	胶济客运专线	胶州	济南	362.5	200
2009.4.1	石太客运专线	石家庄	太原	225	200
2009.4.1	合武快速铁路	合肥	武汉	359.4	250
2009.9.28	甬台温铁路	宁波	温州	275	250
2009.9.28	温福铁路	温州	福州	298.4	250
2009.12.26	武广客运专线	武汉	广州	1068.8	350
2009.12.28	郑西客运专线	郑州	西安	505	350
2010.4.26	福厦铁路	福州	厦门	226	250
2010.5.13	成灌城际铁路	成都	都江堰	68	200
2010.7.1	沪宁城际高速铁路	上海	南京	301	350
2010.9.20	昌九城际铁路	南昌	九江	131.3	250
2010.10.26	沪昆高铁沪杭段	上海	杭州	169	350
2010.12.30	长吉城际铁路	长春	吉林	112.5	250
2010.12.30	海南东环铁路	海口	三亚	308.1	250
2011.6.30	京沪高铁	北京	上海	1318	380
2011.12.26	广深港高铁广深段	广州	深圳	116	350
2012.7.1	龙厦铁路	龙岩	厦门	171	200

续表

开通时间	线路名称	起点	终点	线路长度（千米）	设计时速（千米/时）
2012. 7. 1	汉宜铁路	武汉	宜昌	291. 8	200
2012. 10. 16	合蚌客运专线	合肥	蚌埠	130. 7	300
2012. 9. 28	石武高铁郑武段	郑州	武汉	482. 7	350
2012. 12. 1	哈大客运专线	哈尔滨	大连	921	350
2012. 12. 26	石武高铁石郑段	石家庄	郑州	358	350
2012. 12. 26	京石客运专线	北京	石家庄	281	350
2012. 12. 30	遂渝铁路二线	遂宁	重庆	131	200
2012. 12. 31	广珠城际铁路	广州	珠海	177. 3	200
2013. 7. 1	杭甬客运专线	杭州	宁波	149. 8	350
2013. 7. 1	宁杭客运专线	南京	杭州	256	350
2013. 9. 11	盘营客运专线	盘锦	营口	89. 3	350
2013. 9. 26	昌福铁路	南昌	福州	632. 4	200
2013. 12. 1	津秦客运专线	天津	秦皇岛	261. 3	350
2013. 12. 28	厦深铁路	厦门	深圳	514	250
2013. 12. 28	渝利铁路	重庆	利川	264. 4	200
2013. 12. 28	武咸城际铁路	武汉	咸宁	91	250
2013. 12. 28	茂湛快速铁路	茂名	湛江	103	200
2013. 12. 28	西宝高铁	西安	宝鸡	120. 2	250
2013. 12. 28	衡柳铁路	衡阳	柳州	1013	200
2013. 12. 30	广西沿海城际铁路	南宁	北海	262	250
2013. 12. 30	柳南城际铁路	柳州	南宁	226	250

附表 14. A3　　　　　　　　**各种方法下 TFP 估计值的相关性**

	tfp_ols	tfp_fe	tfp_op	tfp_lp	Y_labor	Y_capital
tfp_ols	1					
tfp_fe	0. 9274	1				
tfp_op	0. 9609	0. 9673	1			
tfp_lp	0. 9352	0. 9998	0. 9699	1		
Y_labor	0. 5041	0. 4224	0. 5164	0. 4274	1	
Y_capital	0. 0556	0. 0445	0. 0360	0. 0457	0. 0230	1

注：Y_labor、Y_capital 分别为劳动、资本生产率。

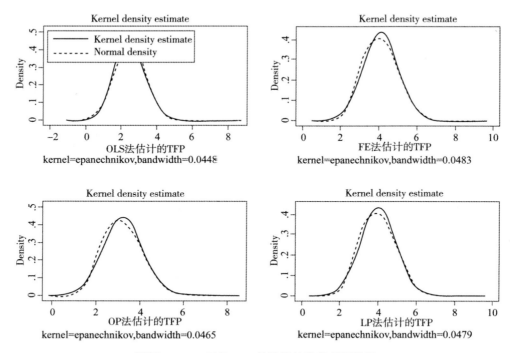

附图 14. A1　四种 TFP 估计值的核密度函数图

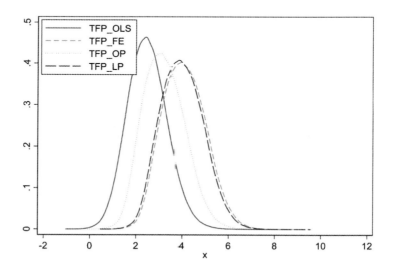

附图 14. A2　TFP 估计值的核密度函数图：多种方法比较

附表 14. A4　　　　　消费者市场准入（随生产率变化）的描述性统计

变量		样本量	均值	标准差	最小值	最大值
lncma		893698	5.58	1.443	2.3078	8.490869
按年度 lncma	2007 年	114634	5.08	1.365	2.424692	8.086823
	2008 年	134462	5.41	1.526	2.57658	8.439287
	2009 年	135242	5.56	1.384	2.663473	8.379281
	2010 年	146192	5.70	1.431	2.656132	8.418721
	2011 年	133694	5.87	1.452	2.687536	8.490869
	2012 年	115589	5.67	1.398	2.374512	8.154962
	2013 年	113885	5.74	1.386	2.3078	8.09042
按区域 lncma	东部	702141	5.92	1.360	2.669007	8.490869
	中部	124291	4.83	0.752	2.876021	8.22735
	西部	67266	3.47	0.776	2.3078	7.329654
按省区市 lncma	上海	58943	7.05	0.189	5.530024	8.439287
	北京	22789	5.93	0.165	4.694559	7.329654
	天津	22288	6.18	0.202	4.519841	6.545785
	重庆	20660	3.14	0.146	2.911224	3.290573
	广东	69587	5.30	0.565	2.911224	6.831493
	江苏	130056	7.85	0.792	3.000188	8.490869
	湖南	32479	4.63	0.791	2.876021	5.992055
	浙江	184815	5.43	1.050	2.687263	7.402374
	山东	100669	5.05	0.902	2.669007	6.807759
	湖北	17328	4.47	0.517	3.494578	5.428975
	河北	36827	5.58	0.612	4.685934	7.065904
	河南	42260	5.21	0.457	3.790772	6.206277
	山西	4781	3.68	0.658	2.902138	8.22735
	辽宁	55686	4.94	0.941	2.911224	7.193106
	安徽	13675	5.52	0.715	4.154061	6.805245
	陕西	7372	4.43	0.551	3.280501	5.169223
	江西	13768	4.27	0.212	3.671465	4.628163
	吉林	8588	4.67	0.755	3.118666	5.701761
	黑龙江	3940	4.22	0.112	2.88227	4.354487
	四川	13556	2.87	0.143	2.669007	3.038589

续表

变量		样本量	均值	标准差	最小值	最大值
按省区市 lncma	贵州	1859	2.54	0.146	2.3078	2.687536
	广西	11288	3.12	0.274	2.64693	3.549728
	福建	20481	4.12	0.748	2.687263	5.959595

附表 14. A5　　　　**消费者市场准入（固定生产率）的描述性统计**

变量		样本量	均值	标准差	最小值	最大值
lncma		893698	5.31	1.469	2.224366	8.028588
按年度 lncma	2007 年	114634	4.92	1.407	2.224366	8.004562
	2008 年	134462	5.09	1.523	2.224366	8.007006
	2009 年	135242	5.17	1.419	2.224366	8.007006
	2010 年	146192	5.31	1.462	2.224366	8.018723
	2011 年	133694	5.44	1.473	2.224366	8.028588
	2012 年	115589	5.57	1.421	2.224366	8.028588
	2013 年	113885	5.70	1.415	2.224366	8.028588
按区域 lncma	东部	702141	5.66	1.375	2.422812	8.028588
	中部	124291	4.55	0.770	2.820508	7.859227
	西部	67266	3.08	0.726	2.224366	7.049228
按省区市 lncma	上海	58943	6.78	0.131	5.401141	8.007006
	北京	22789	5.71	0.202	4.604105	6.89696
	天津	22288	5.97	0.223	4.407141	6.245308
	重庆	20660	2.81	0.006	2.800886	2.813325
	广东	69587	5.02	0.570	2.813325	6.560534
	江苏	130056	7.60	0.775	2.800886	8.028588
	湖南	32479	4.36	0.778	2.820508	5.542198
	浙江	184815	5.23	1.073	2.422812	7.049228
	山东	100669	4.79	0.907	2.422812	6.442811
	湖北	17328	4.18	0.557	3.26436	5.286448
	河北	36827	5.35	0.649	4.548481	6.741831
	河南	42260	4.93	0.542	3.575629	6.0231
	山西	4781	3.47	0.672	2.889333	7.859227
	辽宁	55686	4.45	0.912	2.813325	6.817275

续表

变量		样本量	均值	标准差	最小值	最大值
按省区市 lncma	安徽	13675	5.24	0.737	4.071589	6.45341
	陕西	7372	4.02	0.546	3.059264	4.800801
	江西	13768	3.96	0.153	3.597578	4.473945
	吉林	8588	4.18	0.702	2.869375	5.075798
	黑龙江	3940	3.74	0.071	2.422812	3.856949
	四川	13556	2.42	0.000	2.422812	2.422812
	贵州	1859	2.22	0.000	2.224366	2.224366
	广西	11288	2.81	0.263	2.479311	3.262958
	福建	20481	3.84	0.734	2.422812	5.67088

附表 14.A6 　　　　　　　　企业市场准入（随生产率变化）的描述性统计

变量		样本量	均值	标准差	最小值	最大值
lnfma		893698	7.48	0.601	5.770151	9.45241
按年度 lncma	2007 年	114634	7.24	0.634	5.820248	8.470987
	2008 年	134462	7.24	0.612	5.770151	8.423424
	2009 年	135242	7.29	0.526	5.781178	9.098409
	2010 年	146192	7.62	0.542	5.99964	9.45241
	2011 年	133694	7.55	0.543	5.854815	8.631929
	2012 年	115589	7.70	0.534	5.821656	8.808342
	2013 年	113885	7.75	0.569	5.838602	8.854973
按区域 lncma	东部	702141	7.54	0.609	5.770151	9.45241
	中部	124291	7.44	0.479	6.085788	8.483358
	西部	67266	6.97	0.451	5.864119	8.169235
按省区市 lncma	上海	58943	7.51	0.191	7.224828	8.423424
	北京	22789	7.73	0.154	7.149486	8.777049
	天津	22288	7.97	0.164	6.595317	8.162698
	重庆	20660	7.04	0.141	6.841343	7.201611
	广东	69587	7.66	0.507	6.392777	9.45241
	江苏	130056	8.01	0.306	5.821656	8.414877
	湖南	32479	7.46	0.536	6.276038	8.483358
	浙江	184815	7.31	0.584	5.770151	8.305263

续表

变量		样本量	均值	标准差	最小值	最大值
按省区市 lncma	山东	100669	7.33	0.738	5.781178	8.446454
	湖北	17328	7.38	0.384	6.63728	8.056586
	河北	36827	7.72	0.396	7.175863	8.777049
	河南	42260	7.71	0.334	6.748309	8.356297
	山西	4781	6.61	0.456	6.085788	7.925978
	辽宁	55686	7.25	0.773	5.941913	8.708558
	安徽	13675	7.17	0.300	6.480348	7.655279
	陕西	7372	7.43	0.531	6.413272	8.024032
	江西	13768	7.16	0.295	6.666793	7.876665
	吉林	8588	7.17	0.682	5.870184	7.965309
	黑龙江	3940	6.64	0.121	6.473058	6.78547
	四川	13556	6.88	0.236	6.586321	7.187877
	贵州	1859	6.05	0.143	5.864119	6.19814
	广西	11288	6.77	0.401	6.087255	7.691988
	福建	20481	7.06	0.748	5.778592	8.565748

附表 14. A7　　　　企业市场准入（固定生产率）的描述性统计

变量		样本量	均值	标准差	最小值	最大值
lnfma		893698	7.25	0.591	5.451123	9.399114
按年度 lncma	2007 年	114634	7.20	0.642	5.765987	8.472794
	2008 年	134462	7.23	0.644	5.756636	8.448368
	2009 年	135242	7.27	0.561	5.702537	9.399114
	2010 年	146192	7.27	0.568	5.664083	9.397322
	2011 年	133694	7.26	0.570	5.594971	8.608024
	2012 年	115589	7.27	0.558	5.482899	8.587829
	2013 年	113885	7.25	0.592	5.451123	8.579597
按区域 lncma	东部	702141	7.33	0.592	5.451123	9.399114
	中部	124291	7.14	0.439	5.819253	8.010866
	西部	67266	6.65	0.438	5.525301	7.874372

变量		样本量	均值	标准差	最小值	最大值
按省区市 lncma	上海	58943	7.26	0.061	7.12616	8.440968
	北京	22789	7.49	0.051	6.838023	8.448368
	天津	22288	7.74	0.045	6.54776	7.781338
	重庆	20660	6.82	0.038	6.761834	6.868515
	广东	69587	7.51	0.508	6.080887	9.399114
	江苏	130056	7.83	0.281	5.451123	8.167553
	湖南	32479	7.14	0.504	5.946201	7.946231
	浙江	184815	7.09	0.553	5.756636	7.846275
	山东	100669	7.15	0.717	5.451123	8.01142
	湖北	17328	7.07	0.322	6.417339	7.451296
	河北	36827	7.49	0.350	6.970869	8.472794
	河南	42260	7.43	0.259	6.646535	8.010866
	山西	4781	6.48	0.446	5.819253	7.819413
	辽宁	55686	6.94	0.713	5.779859	8.330701
	安徽	13675	6.93	0.282	5.97672	7.299313
	陕西	7372	7.17	0.486	6.104714	7.874372
	江西	13768	6.80	0.267	6.25599	7.242457
	吉林	8588	6.88	0.591	5.81271	7.575612
	黑龙江	3940	6.33	0.081	6.192123	6.456343
	四川	13556	6.40	0.045	6.33397	6.458914
	贵州	1859	5.66	0.088	5.525301	5.789614
	广西	11288	6.39	0.322	5.876287	7.006144
	福建	20481	6.79	0.618	5.763102	8.440968

14B 数据测算方法

我们在研究中手动整理、匹配了大量数据。在此简要介绍 2006—2013 年，110 个地级及以上城市历年双边高铁/铁路最短运行时间矩阵的测算方法。

为了得到所有城市之间的双边贸易成本，我们需要知道这些城市两两之间的最短运行时间。本章直接采用中国铁路客户服务中心的数据，先得到可以直达的城市之间高铁或动车（即"G""D"开头的列车）的最短运行时间，对于需要转车一次或两次的城市，相比于路上的时间距离，转车过程的中间等待时间可以忽略不计，即考虑所有可以当成中转站的点与这两个城市的直达时间之和的最小值作为最短运行时间。考虑到高铁开通后的变化不大，我们将当前高铁开通运行的时间(2018 年)视作平常高铁的运行时间。

但是 2006 年开通高铁之前的最短铁路运行时间比较难获得，我们决定采用一个替代的办法。2007 年之后的高铁项目一直在进行，但是普通铁路并没有非常显著的变化，所以我们直接用目前的普通铁路运行时间代替 2006 年的铁路最短运行时间，具体表现为中国铁路客户服务中心提供的快车、特快、直达列车(即"K""T""Z"开头的列车)数据。需要注意的是，一般来说，开通了高铁的城市之前也是有普通列车的，所以这种替代是可行的，但是不排除少数城市站点名称有变化，我们就需要做一些特殊处理，比如广东省潮州市之前的普通列车站叫做"潮州站"，开通高铁的站点叫"潮汕站"，并且该站点只有高铁没有普通列车。对于这种情况我们以城市这一元素为主，不考虑站点之间的差异。

现在有了高铁项目之前(2006 年)的城市间最短运行时间以及最新的(2013 年)城市间最短运行时间，但我们还缺少中间的每一年城市间最短运行时间。只有知道了每一年的数据，我们才能构建一个面板数据，更好地分析每一年的高铁相对于普通列车带给区域经济的改变。不仅如此，我们还能分析高铁项目带给区域经济总的变化，以及对中国总体经济的影响。所以我们决定采用"逐年替代"的办法，构建每一年的城市间最短时间距离，具体步骤如下：

(1)找到每一年开通的高铁线路，并列出线路上的所有在我们研究范围内的城市，尤其是相对于前一年新开通高铁的城市站点；

(2)若起点终点两个城市都在那一年新开通站点列表里，则将时间距离从前一年数据改为 2013 年数据；

(3)若起点终点两个城市不是都在那一年新开通站点列表里，则我们考虑中转一次的情况。若起点终点中转点这三个城市中至少有两个在那一年新开通站点列表里，说明高铁对于这条线路肯定会有一定的推动作用，最短时间会降低，为了简化我们会用 2013 年这条线路的高铁数据代替，虽然这一年真实数据可能略高于替代数据，但是误差不会很大。若起点终点中转点这三个城市中最多只有一个在那一年新开通站点列表里，那么高铁对这条线路肯定没有任何推动作用，我们就保持这条线路数据和前一年一样；

(4)对于步骤 3 中的情况，我们并不考虑中转两次的情形。理由是这个过程高铁起的作用相对较低可以忽视；

(5)不断重复步骤(2)至(4)，每一年的城市间最短时间距离矩阵都可以在前一年的基础上做出一定改动，将高铁对时间距离的影响充分考虑进去。最终得到 2007 年到 2013 年的数据。

第 15 章　优化营商环境与改善资源错配：
基于中国行业层面的分析

15.1　引言

营商环境是市场经济的肥沃土壤，是市场主体的生命之水。中国政府高度重视优化营商环境，强调营商环境没有最好只有更好。《中共中央关于制定国民经济和社会发展第十四个五年规划和二〇三五年远景目标的建议》明确要求持续优化市场化法治化国际化营商环境。近 10 多年来，全国各省区市纷纷出台优化营商环境的各种政策，不断探索改革创新举措，践行新发展理念。优化营商环境是中国不断解放生产力、提高竞争力、提升软实力，迈向高质量发展的关键举措。

同时，优化营商环境对于促进中国产业转型升级，由"制造大国"转向"制造强国"至关重要。经过改革开放以来的持续高速发展，中国建成了门类齐全、独立完整的制造业体系。2010 年，中国制造业产出占世界的 19.8%，首次超过美国的 19.6%，成为并至今保持世界第一制造业大国地位。然而，中国制造业仍存在一些突出矛盾和限制因素，一些地区制造业规模扩张并没有伴随着效率提高，粗放型生产特征依然明显，在一些关键核心技术领域面临"卡脖子"短板，严重制约了中国制造业的转型升级和可持续发展。在"再工业化"和全球化合作竞争背景下，如何通过优化营商环境，降低资源错配，通过提升资源配置效率为产业寻求更大发展机遇，是当下产业转型升级的重点(邹薇和雷浩，2021；Zou et al.，2023)。

为此，本章中我们将营商环境纳入资源错配理论研究框架，将分省份市场化指数(营商环境的代理变量)与中国工业企业数据库进行匹配，实证检验营商环境对行业资源错配的影响。我们还在营商环境背景下，采用要素相对扭曲指数构建行业资源错配的测度，并分解资本错配与劳动力错配，比较资本(劳动力)配置不足(过度)的不同组合情形，通过中介效应揭示营商环境影响资源配置的传导机制。研究发现：提升营商环境对行业资源错配有改善作用，营商环境每提升一个百分点，行业资源错配降低 0.742%。中部地区的效应最为明显、东部次之、西部不显著；对资本密集型行业的效应强于劳动密集型行业；对资本错配的改善强于劳动力错配改善，就改善扭曲的类型而言，主要改善资本和劳动力的配置不足，而不是配置过度。营商环境通过降低企业利息负担和企业负担的地方税率两条路径改善行业资源错配，前者能同时改善资本和劳动力错配，而后者仅能改善行业劳动力错配。本章将基于实证研究，提出持续推进营商环境优化的政策建议。

15.2　相关文献述评

15.2.1　营商环境的界定与指标体系

营商环境实际上是经济主体从事经济行为的制度背景和市场条件的总称。经济研究主要关注的是为经济活动提供服务的制度，从宏观国家治理层面分析，Easterly 和 Levine (2003)构建了全球制度质量指数(global institutional quality index)；从微观企业经营层面分析，企业从事经营活动过程中的营商制度环境尤其受关注。学者们采用了一系列达成共识的维度来测度国家或地区的营商环境，包括基础设施建设、法律制度、金融系统、宏微观政策环境、社会环境等。按上述维度测算营商环境水平的，除世界银行发布的营商环境报告外，总部位于日内瓦的世界经济论坛自 1979 年起每年均发布全球竞争力报告①，其被认为是最早的营商环境评价体系。英国《经济学人》杂志旗下研究和咨询公司(the economist intelligence unit，EIU)，每 5 年公布 1 次营商环境排名，对全球 82 个经济体进行评价。关于中国各省区市营商环境的评价，主要有《中国分省份市场化指数报告》，该项目从 2000 年起，已经持续了 20 多年。另外，《中国分省企业经营环境指数报告》对企业经营环境有全面的跟踪分析和评价比较，该项目最早起源于 2006 年开始对全国范围企业进行的调查研究，该项目已形成 3 个报告。近年来，经济学界围绕营商环境展开大量实证研究，用营商制度环境、制度软环境、城市商业制度环境等具体界定，从不同层面考虑营商环境及其各分项指标对于经济增长的影响。

世界银行提出的营商环境评价指标体系和国别排名，具有广泛影响。自 2003 年起，世界银行推出"Doing Business"项目，对各经济体中企业面临的商业监管环境进行评估。经过 10 多年的发展，世界银行营商环境报告从开始的包括 5 项评价指标、覆盖全球 133 个经济体，发展到如今包括 12 项评价指标(雇用员工和政府采购两项指标不纳入营商环境综合指标的计算和排名中)、覆盖全球 190 个经济体。世界银行营商环境报告，虽然在许多重要的政策领域并未涉及(宏观经济稳定性、金融体系发展、劳动力质量、市场规模、安

---

① 全球竞争力包含的主要指标有：制度、基础设施、宏观经济环境、健康保障与基础教育、高等教育与职业培训、商品市场效率、劳动力市场效率、金融市场成熟度、技术就绪指数、市场规模、商业成熟度及创新能力等。

全性缺失等），但是作为当前最权威的营商环境评估报告，为研究人员、新闻传媒、民营企业经营者及其他关注各国营商环境的人士提供了重要考察依据。

该评价体系采用平均法给各项指标赋权重，运用"前沿距离"将收集的数据标准化，进而计算各经济体的营商环境便利度得分和排名。世界银行营商环境评价指标体系如表15.1所示。

表 15.1　　　　　　　　　　　　世界银行营商环境评价指标体系

一级指标	衡量内容	二级指标
开办企业	男性和女性成立有限责任公司的程序、耗时、完成各步骤的费用和最低实缴资本	程序（数目）、耗时（日数）、完成各步骤的费用（占人均收入的百分比值）、最低实缴资本（占人均收入的百分比值）
办理施工许可证	合规建设仓库的所有程序、耗时、完成各步骤的费用以及建筑质量可衡量控制指标	程序（数目）、耗时（日数）、完成各步骤的费用（占仓库价值的百分比值）、建筑质量控制和安全机制指标（0～15）
获得电力	连接电网的程序、耗时和完成各步骤的费用，电力供应的稳定性以及电费的透明度	程序（数目）、耗时（日数）、完成各步骤的费用（占人均收入的百分比值）、电力供应稳定性和电费透明度指标（0～8）
登记财产	土地转让事务办理的程序、耗时和完成各步骤的费用及土地管理系统的质量	程序（数目）、耗时（日数）、完成各步骤的费用（占财产价值的百分比值）、土地行政质量指标（0～30）
获得信贷	动产抵押法律和信用信息系统	借方和贷方合法权利指标（0～12）、征信机构信贷信息深度指标（0～8）、征信机构覆盖率（占成年人的百分比）、信贷登记机构覆盖率（占成年人的百分比）
保护少数投资者	公司透明程度和治理水平对少数股东权益的保护措施力度	披露程度指标（0～10）、董事责任程度指标（0～10）、股东诉讼便利度指标（0～10）、股东权益指标（0～10）、所有权和控制管理权指标（0～10）、公司透明度指标（0～10）
纳税	公司在遵守所有税收法规的经营过程中的缴费次数、耗时、总税收和缴费率以及报税后的流程	缴税次数（年度）、耗时（年度小时数）、总税收和缴费率（占利润的百分比值）、报税后流程指标（0～100）
跨境贸易	进出口货物整个物流过程的耗时和成本	出口耗时（单证合规、边界合规）、出口成本（单证合规、边界合规）、进口耗时（单证合规、边界合规）、进口成本（单证合规、边界合规）

续表

一级指标	衡量内容	二级指标
执行合同	解决商业纠纷的时间和成本以及男性和女性在履行司法程序时的质量	耗时(日数)、成本(索赔价值的百分比例)、司法系统质量指标(0-18)
办理破产	通过重组、清算或债务执行实现破产程序的时间、成本	收回债务所需的时间(年)、成本(占债务人财产的百分比)、债权人的追偿率(百分比)、破产框架强度指标(0~16)

资料来源：世界银行《2020营商环境报告》。

中国分省份市场化指数参考了世界银行指标并结合实际，是中国各省区市营商环境的一个评价体系。中国市场化指数课题起始于2000年，对中国31个省区市(未含中国港澳台地区)的市场化情况进行评价和分析。为保证评价的客观和准确性，基础的数据均来自企业调查和权威机构统计，避免了专家主观评价。基础指数计算以基准年度为参考，按相对差距0~10评分，反映了各省区市之间的相对差距。后续年份评分仍以基期年份为基准，在给定的时间区间内市场化指数具有跨年度可比性。

市场化指数由5个指标组成，分别关注政府和市场对资源以及经济活动的干预程度，非国有经济在国民经济中占据的比重，产品市场是否存在价格管制和受到地方保护，要素市场中金融支持、人力资源保障、技术成果转化水平，市场中介机构和组织的支持力度和法治水平。中国分省份市场化指数体系如表15.2所示。

表15.2   中国分省份市场化指数体系

一级指标	二级指标	衡量方法
政府与市场的关系	市场分配经济资源的比重	一般公共预算支出和政府性基金形成的支出占当地GDP比例的剩余项
	减少政府对企业的干预	"行政审批手续方便简捷情况"调查问卷
	缩小政府规模	公共管理、社会保障以及社会组织从业人员
非国有经济的发展	非国有经济占工业企业主营业务收入的比例	1-(国有及国有控股工业企业主营业务收入/规模以上工业企业主营业务收入)
	非国有经济在全社会固定资产投资领域中的比例	注：非国有经济中未去除国有控股的股份制企业和有限责任公司
	非国有经济就业人数在城镇总就业人数中的比重	注：非国有经济中未去除国有控股的股份制公司和有限责任公司，同时不包括农村就业

续表

一级指标	二级指标	衡 量 方 法
产品市场的发育程度	价格由市场决定的程度	社会零售商品中价格由市场化确定的部分所占百分比(0.45)
		生产资料中价格由市场化确定的部分所占百分比(0.45)
		农产品中价格由市场化确定的部分所占百分比(0.1)
	减少商品市场上的地方保护	地方抽样调查样本企业在国内省区市销售产品时遭遇的地方保护政策(每个省份的陈述件数占总体陈述件数的比例)与对应省份的 GDP 之比
要素市场的发育程度	金融业的市场化	金融领域市场竞争程度(非国有金融机构吸纳存款占所有金融机构吸纳存款的比重)
		信贷资金配置竞争程度(金融机构非国有贷款比重)
	人力资源供应条件	技术人员供应情况(问卷调查)
		管理人员供应情况(问卷调查)
		熟练工人供应情况(问卷调查)
	技术成果市场化	科技市场成交额与本地科技工作者数目的比例
市场中介组织的发育和法律制度环境	市场中介组织的发育	律师事务所、会计师事务所等市场中介组织服务水平(问卷调查)
		行业协会对企业的助力水平(问卷调查)
	维护市场的法治环境	企业对当地司法和行政执法机关公正执法和执法效率的评价(问卷调查)
	知识产权保护	三类专利申请批准数目与科学技术工作者数目的比值

资料来源:《中国分省份市场化指数报告(2016)》。

15.2.2 营商环境的经济影响研究

首先,就国家或地区层面的研究而论,各国学者展开了跨国实证分析。Gabriel(2004)采用类似"城市宜居性"的测度方法构建营商环境测度,发现对企业有吸引力的城市往往不是宜居型的,而营商环境的改善能提升区域劳动力水平。Reynolds(2014)用类似方法研究税收的影响,发现税收刺激通过财产价值和均衡工资的变化对美国联邦授权区的营商环境有明显提升,公民的福利和对公司的吸引力得到改善,而对该区域居民的宜居环境的作用十分微弱。蒋冠宏(2012)和周超(2017)重点考察了被投资国制度对中国 OFDI 的作用,发现被投资国营商环境总体上对促进中国对外直接投资有正向影响。但是,若按投资动机划分,则影响的结果存在差异;另外,被投资国营商环境的分项指标对中国对外直接投资的作用也不相同。Gani(2013)检验营商环境与注入海湾合作委员会国家的外国直接投资的关系，实证结果显示，执行合同时间、开办企业时间、财产注册时间以及处理破产时间与外国直接投资的流入负相关。Bah(2015)建立一般均衡模型和模拟仿真研究，评估商贸环境(包含法律法规、违法犯罪、贪污腐败、基础设施建设和融资渠道)对撒哈拉以南非洲区域的作用，发现全要素生产率受营商环境中金融条件的影响最为显著，仅融资渠道就占数据输出变化的39%。Munemo(2012)分析营商环境分项指标与非洲私人国内投资之间的关系，发现商业法规改革、合同执行、税收管理、企业准入、劳动力市场以及私营部门，对非洲的私人国内投资有积极影响。董志强(2012)使用城市开埠通商历史作为营商环境的工具变量，克服可能存在的内生性问题分析营商环境与经济增长的关联性发现，优良的城市营商环境对城市经济增长有明显的提升效用。Gillanders(2014)在排除内生性的情况下，检验发现1960年以来营商环境对地区经济增长具有足够的解释力。

其次，在行业层面，各国学者主要是针对不同区域的产业链或者不同的产业特征，探讨营商环境的影响机制。史长宽(2013)利用中国部分省份的截面数据，验证营商环境与外贸进口之间的联系，发现提升政府行政效率，减少行政审批时间促使各省份进口企业开办时间减少，对企业增加进口有正向而积极的作用。Zhang(2012)运用混合整数规划模型，从供应链的角度研究营商环境改变对珠三角地区产业链的影响，发现对劳动密集型企业有显著作用，导致该类企业倾向转移到中国的低成本地区、亚洲的低成本国家或地区和接近终端市场的地区。珠三角地区凭借其产业集群的形成，在高油价下相对于中国内地或亚洲低成本国家或地区的比较优势增强，仍然吸引着企业。Nguimkeu(2016)使用2009年喀麦隆零售企业家调查问卷数据，验证营商环境对零售行业绩效的影响发现，监管成本、腐败、信用限制、基础设施不完善对企业毛利率有不利影响，竞争环境促进企业毛利率增长。江静(2017)基于2003—2006年世界银行《营商环境报告》数据，考察了营商环境对服务业的效应，分析表明，如果营商环境名次上升一个百分点，服务业在GDP中的占比将上升0.236%。营商环境二级指标中，登记财产、获取信贷、保护少数投资者、纳税和执行合同对服务业在GDP中占比的提升有明显的正向影响。所有样本国的回归分析表明，投资者保护指数对服务业发展的作用最强，登记财产指数对OECD国家服务业发展的促进作用最强而合同执行则对金砖国家服务业发展的推动效应最为显著。鲍新仁(2007)研究"长三角"商务成本与经济发展发现，提升营商环境、降低商务成本有助于吸引投资、优化产业结构、促进就业、提升企业收益，"长三角"地区间商务成本的差异主导了"长三角"地区经济组成和业态分布。黄志启(2007)研究商务成本与资本地区流动的关系，发现减少商务成本中要素成本和交易成本能吸引资本选择性流入，产生资本集聚。

最后，在企业微观层面，尽管理论上讲，优良的营商环境对企业绩效应该有明显促进作用，但是在各国实证研究中却并没有得到一致结论。Clarke(2016)发现经济集聚特别是大城市中经济活动的集中和容量集聚对创造就业有促进作用，而营商环境对创造就业的影响却不是十分稳健，营商环境的许多领域，包括腐败、宏观经济稳定和基础设施与就业增长的相关性都不显著，仅劳动力市场份额分项指标的提升能增加就业。Commander(2011)运用世界银行数据和美国传统基金数据对照检验，发现营商环境对企业绩效的影响不如城市和时间固定效应、教育、医疗水平的作用大。曹琪格等(2014)和夏后学等(2019)研究营商环境对技术创新的作用，发现市场中介组织和要素市场发育对企业技术创新产生明显促进作用，但引进外资的水平和劳动力迁移没有展现理论上预期的效应。另外，优化营商环境显著减弱寻租行为，激励企业进行不同类型的创新活动有利于无寻租企业开展自主创新。魏下海等(2014)利用世界银行测算的2008年中国30个城市营商环境数据，发现优良的商业制度能够同时改善国有和非国有经济部门劳动者工资扭曲，抑制工资偏离。魏下海等(2015)比较营商环境对民营企业家生产性活动和非生产性活动的影响，发现优良的营商环境会使企业家的经济活动时间增加，并且在经济活动时间中用来进行生产经营的运营管理时间占比将提高，而营商环境不良条件下情况正好相反。此外，何轩(2018)基于2002—2010年中国私营企业调查数据库，运用制度经济学理论研究了企业家对制度环境的反塑作用，发现企业家已经不再是制度环境的被动接受者，也能利用主观能动性联合企业内部基层党组织、行业协会和工商联，以"制度化"和"组织化"方式协助执政党共同推进营商环境建设和市场化改革。Hoffman(2016)以美国特许经营公司为样本，运用制度和交易成本理论，建立了商业环境和经济不稳定对国际扩张影响的模型。研究发现，一国的营商环境是预测外国特许经营企业向该国扩张的重要指标。

15.2.3 资源错配的相关研究

资源配置关系到市场运行的效率，许多研究者从资源错配的视角探讨不同国家经济增长存在的差异。现有文献对"错配"主要有两种不同定义。第一类错配为"内涵型错配"，最有代表性的是 Hsieh 和 Klenow(2009)的研究，他们引入资本和劳动力扭曲，运用 C-D 生产函数构建了内涵型资源错配的框架，即满足最有效率的配置是生产要素在每个企业的边际产出是相等的，不然就表明总产量存在提升空间，也就是说产生了错配。运用以上模型揭示出中国与美国全要素生产率差异的49%是资源配置效率的差异造成的。第二类错配为"外延型错配"，Banerjee 和 Moll(2010)指出市场中的企业在要素边际产出相同情况下，如果对要素重新分配会带来产量的增加，并从理论上论证"内涵型错配"会逐渐消失，而"外延型错配"会一直存在。

15.2.3.1 资源错配的经济绩效研究

Hopenhayn(2014)、Jovanovic(2014)认为资源错配会严重影响生产率，而有效率的分配有助于长期快速增长，以及降低人力资本分配中的换手率。Eden(2017)发现资源错配会加剧产出相对于投入的波动性。Shenoy(2017)构造要素市场错配测度和金融市场错配测度,并计算得出,若按最佳的资源配置,能使泰国的水稻种植村庄增加产出约 19%。Micco 和 Repetto(2012)分析了 1979—2007 年智利制造工厂的劳动力配置不当的程度,发现货币政策行为和能源市场的发展促进了劳动力市场效率的提升,但仍留存严重的劳动力错配,如果使劳动力得到充分配置,那么智利的生产率将提升 25% 左右。Sahin 等(2011)研究美国劳动力市场上求职者与空缺之间的不匹配情况,发现各行业和职位之间的错配程度较高,导致失业率上升 0.8 至 1.4 个百分点,而地理因素造成的错配效应不明显。另外,受教育程度不同对失业率的影响有显著差异,失业率上升主要是受过高等教育的工人造成的,受教育程度较低的工人对失业率上升的作用不明显。Sandleris 和 Wright(2014)研究金融危机背景下资源配置对阿根廷经济效率的影响,测算出阿根廷由于 2001 年的危机,全要素生产率下降了大约 11%,其中一半以上是部门之间和部门内部资源配置水平下降造成的。朱喜等(2011)使用 2003—2007 年全国农村固定跟踪观察农户数据,研究中国不同区域农户家庭生产资源要素错配与产出 TFP 的相关性,发现不同地域农户家庭的资源错配水平存在明显差异,东部和西部的错配水平更高,中部和东北地区的错配水平相对较低。如果能够完全去除资本和劳动力错配,农户家庭的产出 TFP 将增长超过 20%,东部和西部地区更是可以增加 30%。降低农户家庭资源错配的关键取决于农村非农就业机会、金融市场和土地规模。

15.2.3.2 企业改革措施对资源错配影响的研究

聂辉华等(2011)运用 TFP 分布进行测算,结果显示国有企业资源错配水平高,不同区域的资源错配程度和 TFP 呈现清晰的收敛态势。刘贯春等(2017)研究发现,最低工资标准能够通过提升低效企业退离市场的概率和对企业生产效率的非均衡强化效应两类方式,驱使企业间生产效率差异逐步减少,进而降低资源错配。靳来群等(2015)、韩剑等(2014)认为行政部门设置市场进入壁垒、管制市场价格会导致资本要素和劳动要素的错配。韩超等(2017)认为,一定的差异性环境对降低资源错配、提升生产率产生正向效应。David 等(2016、2019)发现,在不完全信息情况下做出劳动决定,企业损失会明显增加,不完全信息造成中国的生产率水平降低 7%,产出降低 10%。Barseghyan 和 Dicecio(2009)构造了具有准入成本和公司运营决策的模型,并对其进行校准以匹配美国,检验由于进入成本导致生产要素的错配进而对 TFP 产生影响。在该模型中,进入成本位于分布十分位数最低国家的 TFP 是分布最高十分位数国家的 2.32 倍。

Guner 等(2008)使用具有内生性生产单位规模分布的增长模型,研究政府规模管制政策对资源错配的影响。研究发现,各国平均管制政策会减少企业规模 20%,将降低企业的产出 8.1% 到 25.6%,同时导致企业数目大幅度增加(23.5%)。Peek 和 Rosengren(2005)

研究日本银行信贷机制对资源配置的影响，发现银行为避免资产负债表上出现损失，更有可能为财务状况不佳的企业提供额外信贷，造成宝贵的信贷资源更多流向无效率的企业，造成了错配，阻碍了企业正常竞争。Yang(2011)指出，由于政府对某些企业提供政策上倾斜，导致资源会从不活跃的生产性企业向活跃的非生产性企业转移，造成生产效率上的损失。运用校准模型检验印度尼西亚的微观企业数据显示，政策倾斜引起的错配达到整体TFP 耗损的 40% 以上。

袁志刚等(2011)使用改革开放以来的宏观经济和产业相关数据，研究劳动力错配对TFP 的作用。研究表明，由于户籍制度的限制，将劳动力过度配置到农业生产部门，对TFP 产生明显的负效应，通过测算发现，该效应的取值范围为 −18% ~ −2%，同时表现出增加的态势。进一步将上述效应拆分为薪资差距与部门占有份额差异显示，劳动力对全要素生产率的负效应集中归咎于部门间的薪资差距。鄢萍(2012)验证了企业资本结构变化耗费、投资不可逆程度和企业利息差别对资本错配的影响。通过数值模拟显示，企业利息差别是导致资本错配的最突出因素，投资不可逆程度其次，资本结构变化耗费的作用最弱。针对企业利息差别，不同性质的企业也有差异，民营企业的利率高于其他类型的企业，表明信贷机构的歧视可能是导致企业资本错配的重要因素。罗德明等(2012)在随机动态一般均衡模型架构下，研究中国政策法规倾斜对企业生产的影响。使用制造业企业微观数据并校准企业 TFP 的随机增长的定量模型显示，政策倾斜引起的资源错配造成了巨大的效率损失。

15.2.3.3　出口和对外开放政策对资源错配的影响研究

一些文献采用 Melitz(2003)的异质性企业贸易框架，从微观企业层面探讨了输出贸易对资源错配的效应。例如，李春顶(2010)基于中国制造业 30 个行业 1998—2007 年企业数据，研究中国外贸企业产出效率整体小于非外贸企业的"生产率悖论"问题。发现加工出口企业数量过大是导致"生产率悖论"的主要因素，将加工出口企业从样本删除后，外贸企业产出效率明显高于非外贸企业生产率。进一步通过相关实证分析发现，出口并不能提升企业产出效率，出口规模大的企业产出效率并不一定高。王雅琦等(2015)基于 2003—2004年规模以上数据和出口退税率的调整数据，用 DID 方法分析出口退税对企业生产率和行业资源配置效率的作用，结果表明，出口退税率减少能提高出口企业的产出效率，提升行业内资源配置效率，以上效应在越是充分竞争的市场，表现越强烈。

张杰(2011)分析了中国要素市场化改革进程中要素市场扭曲现象，研究显示要素市场扭曲刺激了中国本土企业出口，同时也刺激了外资企业出口，但外资企业受到的刺激效应较小。要素市场化进程相对落后的地区，地方出口企业的利润率相对较低，通过扭曲逐步占据出口先机的进程中，相当大份额利润却未被本土企业获取。宋结焱等(2014)运用中国工业企业数据检验企业出口与资源错配的关系。研究表明，企业出口降低了资源配置效率，该效应在出口依赖行业和东部区域显现得格外强烈。出现以上情况的主要原因是，由要素市场价格扭曲、行政介入等非市场因素助推的出口贸易增长，导致了资源配置的低效率。白俊红等（2018）运用 2003—2014 中国部分省份面板数据，通过测算各地区资本和劳动力错配程度，分析对外直接投资对地区资源错配的效应。发现对外直接投资能有效改善中国整体资本错配和劳动力错配，但改善效应在不同地区存在差异，东部地区资本错配程度较小，劳动力错配程度偏大，中、西部区域资本错配程度偏大，劳动力错配程度较小。需要推进要素市场化改革进程，减少不合理的政府干预，使要素在东、中、西部地区流通顺畅，充分体现市场机制在资源配置中的决定性作用。

15.2.3.4 产业结构对资源错配的影响研究

一些研究者基于 Krugman（1991）的不完全竞争与产业研究视角，指出产业集聚等特征对企业资源错配具有影响。徐盈之等（2011）运用 1978—2008 年中国省级数据检验威廉姆森假说，即产业集聚对经济成长前期的效用有突出促进作用，但当到达某个阈值以后，产业集聚对经济进一步提升的效应明显减弱，甚至会抑制经济增长。经验证发现，威廉姆森假说对中国经济同样成立，产业集聚对中国经济的效应是非线性的，由规模效应到拥挤效应的转变会加剧资源错配。季书涵等（2016）研究发现，中国 69% 的行业劳动力供大于求，72% 的行业资本供给存在短缺；资本密集型行业主要表现出资本供大于求，劳动密集型行业表现为资本供给短缺，技术密集型行业面临劳动力供给短缺；产业集聚通过降低资本进入门槛、整合劳动力资源改善资本供给过度和劳动力供给不足，当资本供给不足或劳动力供给过度时，产业集聚会激化资源错配。还有学者研究了资源错配与产业转移、产业特性等的关联性，例如孟辉等（2017）通过测算 2009—2014 年中国光电产业资源错配指数发现，中国光电产业资源错配较为严重，虽然"双反"促进光电产业市场竞争，对改善光电产业资源错配有一定帮助，但是政府扶持与地区间竞争所引致的投资扩张造成光电产业资源配置效率低下。张文彬等（2019）运用能源化工产业高级化测度计算，发现资源条件的先天优势造成了能源化工产业技术水平的"低端锁定"，能源资源丰富地区的产业高级化程度与能源资源不丰富地区的差距十分明显，能源化工产业存在鲜明的空间错配。将能源化工产业分成能源开采、能源加工和化工产业，当能源开采业占化工产业比重的 20%～40%，能源化工高级化水平达到 1.05～1.15 时，能源化工产业高级化对经济增长的促进效应最强。

谢呈阳等（2014）研究产业转移与要素迁移不匹配的问题，通过将劳动力分成高端人才与普通劳动力，建立带有要素价格扭曲的行业-地区生产模型。以江苏为例，研究显示，要素资源在经济先发地区配置短缺，在后发地区存在一定程度过剩，说明产业转移的速度相对滞后于要素流动的速度。优化产业转移中要素资源的空间错配能增加不同传统产业

10%至41%的产出。高端人才配置不当对经济增长带来的负面效应要高于普通劳动力错配和资本错配。周新苗等(2017)发现，制造业细分领域的错配扭曲水平不尽相同，低附加值行业只有通过管控低价获得有关资源，才能提升资源配置效率。简泽(2011)运用企业层面微观非平衡面板数据检验企业间生产率差异、资源错配与产业总量生产率之间的关系。发现企业间生产率的差异激发了跨企业的资源再配置，实现了以生产率为基础的产业重组，改善了资源错配，提升了产业总量生产率。但是，由于市场扭曲的存在，以生产率为基础的产业重组被削弱，因此通过改革消除竞争扭曲是优化产业结构、提升行业总量生产率的关键。

15.2.3.5　宏观政策和政务服务对资源错配的影响研究

步晓宁等(2019)运用Hsieh和Klenow(2009)内涵型资源错配框架，引入中间投入品检验中国高速公路建设对要素优化配置产生的总量生产率的提升效应。发现中国通过高速公路建设极大提升了资源配置效率，主要是通过改善劳动投入扭曲和中间品投入扭曲实现的，2001年至2007年间平均每年提升资源配置效率达到了13.23%，企业距离高速公路的距离每降低10公里，能够修正中间投入扭曲2.33倍、劳动投入扭曲15.17倍。按异质性角度分析，高速公路建设能提升小企业的规模经济效应，抑制大企业的规模不经济效应；中西部区域资源配置效率提升程度要明显大于东部区域；股份制企业和私营企业的资源配置效率提升程度最大；对中小城市的效应要高于大型城市；对劳动密集型的重工业提升效应要低于资本密集型的轻工业。江艇等(2018)发现行政级别高的城市，政府补贴更多、人才优势更大、融资便利更多、地方税负更小，制造业企业TFP相对更高，但是制造业企业的资源错配程度更严重。按照企业性质划分，城市级别高对国有企业、外资企业和港澳台企业资源配置有不利影响，对民营企业资源配置具有提升效应。

Adamopoulos等(2017)采用最大化条件下TFP和实际TFP的比值衡量错配程度，研究发现中国农村土地制度与资本市场存在巨大的摩擦，限制了生产力更高的农民，造成土地在中国农民中严重分配不足，平等的土地使用权对生产力水平更高的农民带来更大的错配。另外，土地制度与资本市场间的摩擦会对工人的职业选择产生影响，特别是从事农业生产经营的农民，进而实质性扩大了政策扭曲的静态资源错配效应。Bai等(2016)根据中国三大产业的相关指标构建劳动力错配指数，测算发现中国劳动力错配在20世纪80年代的前五年出现大幅下降，而之后的改善趋势不明显。第一、二、三产业间薪资差别是造成劳动力配置不当的重要因素。城市化水平提高、第三产业发展、贸易开放度提高和非国有部门增长有助于提高劳动力分配效率。

相较于既有文献，本章的主要贡献有三点。第一，将中国分省份市场化指数与中国工业企业数据库进行匹配，并且按照制造业30个二位数行业分别测算和分解全国各省区市各行业错配指数，揭示营商环境与资源错配的关系。第二，探讨影响资源错配的深层原因。现有文献通常将资源错配的原因分别归结到产业集聚、企业是否出口、市场不完善、政府干预等因素上，而营商环境不仅涵盖企业生存全周期，而且影响要素在各行业的配置，因此本章在营商环境背景下研究不同地区、不同行业资源错配，并将资源错配分解为资本错配和劳动力错配，比较资本（劳动力）配置不足（过度）的不同情形，揭示营商环境影响资源错配的异质性作用。第三，本章还将选取两套营商环境的测度数据来展开稳健性检验，使用前一期营商环境指标和开埠通商历史作为工具变量等多种计量方法，克服分析中可能存在的内生性、遗漏变量等问题。此外，通过中介效应检验发现，营商环境通过降低企业利息负担和企业负担的地方税率两条路径改善行业资源错配，由此进一步探讨了中国现阶段优化营商环境的可行政策。

15.3 中国行业资源错配的测度

我们采用 Hsieh 和 Klenow（2009）内涵型资源配置框架，参照季书涵等（2016）对同一行业生产函数相同、不同行业生产函数不同的设定，测度行业资源错配程度。企业通过投入资本、劳动两种生产要素进行生产，同时企业是要素市场上的价格接受者。在规模报酬不变条件下，建立带有要素价格扭曲的制造业企业生产的竞争均衡模型，推导各要素价格相对扭曲指数，并进一步测算资本和劳动力的错配指数。

其一，建立模型框架。构建一个地区行业 i 中企业的柯布-道格拉斯生产函数如下：

$$Y_i = \text{TFP}_i\, K_i^{\beta_{Ki}} L_i^{\beta_{Li}} = \text{TFP}_i\, K_i^{\beta_{Ki}} L_i^{1-\beta_{Ki}} \tag{15.1}$$

其中，Y_i 代表产出，TFP_i 为企业的全要素生产率，K_i、L_i 分别表示企业的资本和劳动力投入。β_{Ki} 和 β_{Li} 分别为资本和劳动力要素的产出弹性，假设该生产函数是规模报酬不变的，即满足：$\beta_{Ki} + \beta_{Li} = 1$。企业的利润最大化问题为：

$$\max_{K_i,\, L_i} \left\{ p_i Y_i - (1 + \tau_{Ki}) p_K K_i - (1 + \tau_{Li}) p_L L_i \right\} \tag{15.2}$$

此处 p_i、p_K 和 p_L 分别是行业 i 的产品价格、资本和劳动力两种基本要素的价格。假定产品市场价格不存在扭曲，τ_{Ki}、τ_{Li} 分别表示资本要素价格和劳动力要素价格的扭曲程度。以上问题最优解的一阶条件为：

$$\beta_{Ki}\, p_i \text{TFP} \cdot K_i^{\beta_{Ki}-1} L_i^{\beta_{Li}} = (1 + \tau_{Ki}) p_K \tag{15.3}$$

$$\beta_{Li}\, p_i \text{TFP} \cdot K_i^{\beta_{Ki}} L_i^{\beta_{Li}-1} = (1 + \tau_{Li}) p_L \tag{15.4}$$

其二，设定总生产函数。地区生产总值为各个行业产值的加总，总生产函数为：

$$Y = \sum_{i=1}^{N} p_i Y_i \tag{15.5}$$

此时，Y 是经济的总产量，作为社会最终产品，计价为 1。$\partial Y / \partial Y_i = p_i$ 表明总生产函数满足规模报酬不变。

其三，考察资源约束条件。假设一个地区的资本和劳动力生产要素均是外生给定的，有如下约束条件：

$$\sum_{i=1}^{N} K_i = K, \quad \sum_{i=1}^{N} L_i = L \tag{15.6}$$

其四，确定竞争均衡。通过以上条件的设定，我们可以建立带有要素价格扭曲的竞争均衡如下：假定地区有 N 个行业，每个行业的全要素生产率 TFP_i、资本要素价格扭曲度 τ_{Ki}、劳动力要素价格扭曲度 τ_{Li} 以及区域资本 K、劳动力 L 均是给定的，该竞争均衡 $\{K_i、L_i; p_i、p_K、p_L; Y\}$ 满足：

（a）地区 N 个行业的最优化一阶条件，即(15.3)式和(15.4)式；

（b）总生产函数的规模报酬不变性，即(15.5)式；

（c）生产要素资源的约束条件，即(15.6)式。

可以得出竞争均衡条件下的 K_i 和 L_i 分别为：

$$K_i = \frac{\dfrac{p_i \beta_{Ki} Y_i}{(1+\tau_{Ki}) p_K}}{\displaystyle\sum_{j=1}^{N} \dfrac{p_j \beta_{Kj} Y_j}{(1+\tau_{Kj}) p_K}} K; \quad L_i = \frac{\dfrac{p_i \beta_{Li} Y_i}{(1+\tau_{Li}) p_L}}{\displaystyle\sum_{j=1}^{N} \dfrac{p_j \beta_{Lj} Y_j}{(1+\tau_{Lj}) p_L}} L \tag{15.7}$$

其五，测算资源扭曲指数和资源错配指数。行业 i 的资本绝对扭曲指数和劳动力绝对扭曲指数分别定义为：

$$\gamma_{Ki} = \frac{1}{1+\tau_{Ki}} \text{ 和 } \gamma_{Li} = \frac{1}{1+\tau_{Li}} \tag{15.8}$$

在竞争均衡条件下，记行业 i 在地区经济产值中所占有的份额为：$s_i = \dfrac{p_i Y_i}{Y}$。资本和劳动力要素弹性可用产出加权表示为：

$$\beta_K = \sum_{i=1}^{N} s_i \beta_{Ki} \text{ 和 } \beta_L = \sum_{i=1}^{N} s_i \beta_{Li} \tag{15.9}$$

结合(15.9)式，(15.7)式可改写为：

$$K_i = \frac{s_i \beta_{Ki}}{\beta_K} \frac{\gamma_{Ki}}{\displaystyle\sum_{j=1}^{N} \left(\dfrac{s_j \beta_{Kj}}{\beta_K} \right) \gamma_{Kj}} K; \quad L_i = \frac{s_i \beta_{Li}}{\beta_L} \frac{\gamma_{Li}}{\displaystyle\sum_{j=1}^{N} \left(\dfrac{s_j \beta_{Lj}}{\beta_L} \right) \gamma_{Lj}} L \tag{15.10}$$

行业 i 的资本相对扭曲指数和劳动力相对扭曲指数分别定义为：

$$\hat{\gamma}_{Ki} = \frac{\gamma_{Ki}}{\displaystyle\sum_{j=1}^{N} \left(\dfrac{s_j \beta_{Kj}}{\beta_K} \right) \gamma_{Kj}}; \quad \hat{\gamma}_{Li} = \frac{\gamma_{Li}}{\displaystyle\sum_{j=1}^{N} \left(\dfrac{s_j \beta_{Lj}}{\beta_L} \right) \gamma_{Lj}} \tag{15.11}$$

将 $\hat{\gamma}_{Ki}$ 和 $\hat{\gamma}_{Li}$ 代入(15.10)式，得到：

$$\hat{\gamma}_{Ki} = \left(\frac{K_i}{K}\right) \bigg/ \left(\frac{s_i \beta_{Ki}}{\beta_K}\right) \text{ 和 } \hat{\gamma}_{Li} = \left(\frac{L_i}{L}\right) \bigg/ \left(\frac{s_i \beta_{Li}}{\beta_L}\right) \tag{15.12}$$

将资本错配指数和劳动力错配指数分别定义为：

$$\hat{\tau}_K = \frac{1}{\hat{\gamma}_K} - 1 \text{ 和 } \hat{\tau}_L = \frac{1}{\hat{\gamma}_L} - 1 \tag{15.13}$$

资本错配指数和劳动力错配指数均有正有负，表示的经济学含义不尽相同，但是可以据此分解行业资源错配程度。我们通过对指数取绝对值的方式测度偏离平均水平的程度，行业资源错配程度可做如下分解：

$$\tau = |\hat{\tau}_K| + |\hat{\tau}_L| \tag{15.14}$$

15.4　特征化事实与模型设定

本节将介绍中国各省份(未含西藏及港澳台地区)资源错配、营商环境水平，初步探讨两者间的相关性，并对实证分析使用的计量模型、估计方法、数据来源进行说明。

15.4.1　特征化事实

基于上述行业资源错配指数的计算方法，首先需要对全国各省份所有行业的资本和劳动力产出弹性进行估计。我们将每个省份中的所有行业资源错配指数求平均值，代表该省份的资源错配程度。经过计算发现，各省份资源错配指数的平均值由 2010 年的 2.85 上升到 2012 年的 3.16，错配程度略有加剧①。按照东、中、西部划分②，显示存在明显差距，东部地区的资源错配程度最低，两个年度的平均资源错配程度仅为 1.81；中部地区的资源错配程度次之，两个年度的平均资源错配程度为 2.53；西部地区的错配程度最高，两个年度的平均资源错配程度为 4.54。

营商环境水平客观反映了企业开办、经营的难易程度，覆盖企业整个生命周期，企业能否生存和发展与市场中要素资源的流动性以及企业能否有效利用要素资源息息相关。观察 2010 年和 2012 两个年度营商环境指标(市场化指数)发现，2012 年中国各省份营商环境总体上较 2010 年有改善，但改善水平各地区参差不齐，东部地区的营商环境水平最高，

---

① 中国工业企业数据库包含中国规模以上工业企业的详细经营数据，具有覆盖面广、行业齐全的特点，在研究中得到广泛采用。在研究中将 2010—2012 年中国分省份市场化指数(该指数两年一轮)与中国工业企业数据库相应年份进行匹配。

② 东部地区包括 11 个省市：北京、天津、河北、上海、江苏、浙江、山东、福建、广东、海南、辽宁；中部地区包括 8 个省：山西、安徽、江西、河南、湖北、湖南、吉林、黑龙江；西部地区包括 11 个省区市：内蒙古、广西、重庆、四川、贵州、云南、陕西、甘肃、青海、宁夏、新疆。

两个年度的平均水平为 7.48；中部地区次之，两个年度的平均水平为 5.66；西部地区水平最低，两个年度的平均水平为 4.49。对照发现，各地区营商环境与资源错配有一定的相关性。

为进一步了解营商环境和资源错配的关系，我们对营商环境做细化分析，营商环境包含 5 个二级分项指标，依据分项指标做全国省份两个年度的聚类分析，采用平均联结法将全国省份分为三个类型，两个年度的分类基本一致。处在第一类型省份的营商环境水平较高；第二类型地区包含我国的大多数省份，营商环境处在中等水平；第三类型地区包含的省份较少，是营商环境水平较低的省份。我们将各省份的资源错配指数与营商环境聚类分组结合展示其相关性，如图 15.1 所示。两年度省份的错配程度几乎没出现明显变化，线段基本重合①。营商环境水平高的第一类地区资源错配程度普遍较低。在第二、三类型地区，资源错配程度与营商环境水平的关系仍具有关联性，云南、广西和山西营商环境水平低于平均水平，其资源错配程度也明显高于一般水平。基于以上分析，验证营商环境对资源错配的改善效应，解释地区资源错配异质性的原因，并试图找出营商环境影响资源错配的作用机制。

此外，考察 2010 年和 2012 年这两轮营商环境省际评估的特殊意义在于，这两个时间节点反映了中国经历国际金融危机冲击，宏观经济政策从强调政府干预，到刺激政策效应减弱，转向加快市场化建设的变化。2008 年由美国次贷危机引起的金融危机在全球范围扩散，中国于 2008 年年底推出扩大内需、刺激经济增长的一揽子计划，其中包括在 2008 年 11 月出台、延续至 2010 年年底的"四万亿"投资计划。大规模公共投资计划实施后，中国经济出现"V 形"反转。考察"四万亿"投资计划实施效果的重要指标是第二产业对 GDP 的贡献率，在刺激计划实施的周期内，第二产业对 GDP 的贡献率逐年增加，从 2008 年的 48.6%、2009 年的 52.3% 到 2010 年的峰值 57.4%。之后两年，第二产业对 GDP 的贡献率逐年递减，2012 年为 50%，基本与全球金融危机发生前 2007 年的 50.1% 持平②。从党的十八大开始，中国经济进入经济增速换挡期、结构调整阵痛期和前期刺激政策消化期三期叠加的新常态，发挥市场在资源配置中的决定性作用成为深化改革的重要方向。因此，采用 2010 年、2012 年的省级营商环境数据，并与对应时期中国工业企业数据相匹配，可以量化考察中国宏观经济调控由较强的政府干预转向更多地发挥市场机制作用的政策取向变化，对行业层面的资源错配产生的影响。

---

① 仅云南 2012 年比 2010 年资源错配明显加剧，云南也是 30 个省份中唯一一个营商环境指数明显恶化的省份，符合营商环境与资源错配关联的假设。

② 数据来源：国家统计局网站，http://data.stats.gov.cn/easyquery.htm? cn=C01。

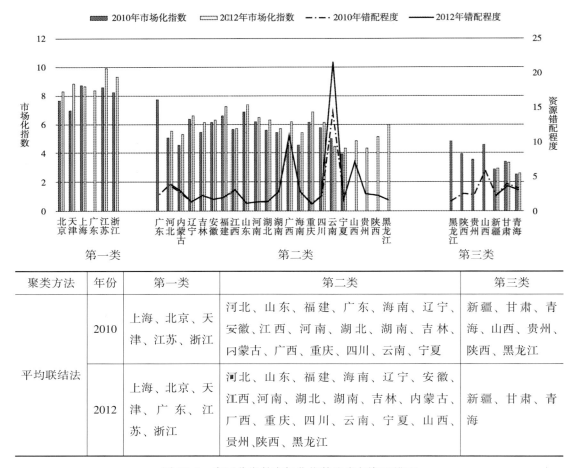

图 15.1 中国分省份市场化指数聚类与资源错配

聚类方法	年份	第一类	第二类	第三类
平均联结法	2010	上海、北京、天津、江苏、浙江	河北、山东、福建、广东、海南、辽宁、安徽、江西、河南、湖北、湖南、吉林、内蒙古、广西、重庆、四川、云南、宁夏	新疆、甘肃、青海、山西、贵州、陕西、黑龙江
	2012	上海、北京、天津、广东、江苏、浙江	河北、山东、福建、海南、辽宁、安徽、江西、河南、湖北、湖南、吉林、内蒙古、广西、重庆、四川、云南、宁夏、山西、贵州、陕西、黑龙江	新疆、甘肃、青海

注：左轴为市场化指数，以柱状图呈现；右轴为资源错配指数，以折线呈现。

15.4.2 模型设定与变量选择

为了检验营商环境对行业资源错配的影响，本章使用如下的基本计量模型：

$$\tau_{it} = \alpha_0 + \alpha_1\, \mathrm{ENV}_{it} + \alpha_2 \ln \mathrm{EX}_{it} + \alpha_3 \ln \mathrm{HHI}_{it} + \alpha_4 \ln \mathrm{YR}_{it} + \alpha_5 \ln \mathrm{SAL}_{it}$$
$$+ \alpha_6 \ln \mathrm{GDP}_{st} + \alpha_7 \ln \mathrm{UE}_{st} + \varepsilon_{it} \tag{15.15}$$

其中 i、s、t 分别表示观测到的行业、企业所在的省份、时间。被解释变量 τ_{it} 表示资源错配的程度，采用 LP 方法先测算资本产出弹性和劳动力产出弹性，再运用 H-K 框架计算行业资源错配指数。其中，行业的界定按照国民经济行业分类标准划分，选取其中制造业 30 个二位数行业。

核心解释变量 ENV_{it} 是企业所在省份的营商环境指标。我们选取《中国分省份市场化指数报告(2016)》中市场化指数表示营商环境。市场化指数由政府与市场的关系、非国有经济的发展、产品市场的发育程度、要素市场的发育程度、市场中介组织的发育和法律制度环境等 5 个方面指标权重合成。

鉴于许多研究表明，产业集聚可能是影响企业资源错配的一个因素(例如季书涵，2016；徐盈之等，2011)，我们采用赫芬达尔指数(HHI)反映行业集聚程度。其计算公式为 $HHI_{it} = \sum_{k=1}^{n} (y_k/y)^2$，其中 y_k 为企业的生产值、y 为行业的生产总值。该指数越大，表明行业的集聚度越高。此外，对企业所在行业的控制变量还包括：EX_{it}、YR_{it} 和 SAL_{it}，分别衡量行业中企业出口平均水平、行业中企业成立时间的平均值、行业中企业销售额的平均值，其中 EX_{it} 所代表的出口指数，采用 Commander(2011)构造的公式(1+出口货值/总产值)，并取地区行业的平均值进行测算，原始数据均来自中国工业企业数据库。企业所处地域的控制变量包括 GDP_{st} 和 UE_{st}，分别表示企业所在省份的 GDP 和城镇登记失业率，数据均来自《中国统计年鉴》对应年份。ε_{it} 为其他所有的随机误差。

本章选取 2010 年和 2012 年工业企业数据库，借鉴 Brandt 等(2012)和杨汝岱(2015)的方法，对两个年度的数据进行匹配，获得工业企业样本量超过 45 万的非平衡面板数据集。然后，将《中国分省份市场化指数报告(2016)》与上述非平衡面板数据集匹配，得到经验研究的数据集。为了进一步研究营商环境对资源错配的影响，对于企业样本按照地域、企业所处的行业类型进行划分。具体地，按地域划分为东、中、西三个地区；按类型将企业所处行业划分为劳动密集型行业和资本密集型行业①(参照步晓宁等，2016)。利用以上得到的非平衡面板数据，测算经验研究所需要的行业层面数据，主要变量的描述性统计见表15.3。

表 15.3 变量的描述性统计

	观测值	均值	标准差	最小值	中位数	最大值
资源错配指数	1334	2.90	8.61	0.06	1.27	218.37
资本错配指数	1334	0.57	4.04	−52.45	0.12	54.77
劳动力错配指数	1334	0.22	7.76	−217.89	−0.09	48.21
Ln 赫芬达尔指数	1334	−2.76	1.28	−6.4	−2.63	−0.07
Ln(1+出口货值/工业总产值)	1334	0.07	0.09	0	0.04	0.57

---

① 资本密集型行业包括：饮料制造业(15)；烟草制品业(16)；皮革、毛皮、羽毛制造业(19)；木材加工制造业(20)；家具制造业(21)；造纸及纸制品业(22)；石油加工业(25)；化学原料及化学制品制造业(26)；化学纤维制造业(28)；黑色金属冶炼业(32)；有色金属冶炼业(33)；通用设备制造业(35)；专用设备制造业(36)；交通运输设备制造业(37)；电气机械及器材制造业(39)；通信设备、计算机及其他电子设备制造业(40)。其他制造业二位数行业划为劳动密集型行业。

续表

	观测值	均值	标准差	最小值	中位数	最大值
Ln 企业成立时间	1334	2.36	0.24	1.23	2.35	3.24
Ln 企业销售额	1334	11.48	0.97	9.36	11.31	15.46
LnGDP	1334	9.57	0.73	7.21	9.58	10.95
Ln 失业率	1334	1.23	0.23	0.24	1.28	1.47

15.5 实证分析及稳健性检验

本部分主要验证营商环境综合指标和分项指标对资源错配的影响，展开异质性分析，将资源错配指标拆分，并对稳健性进行检验。

15.5.1 营商环境分项指标对资源错配的影响

表 15.4 展示了营商环境分项指标对全样本行业资源错配的影响。由回归结果可以看出，当五个分项指标分别加入模型时，分项指标的系数均为负值，表明提升营商环境的各维度能改善行业资源错配。其中，产品市场发育程度的作用最为突出，系数绝对值高达 1.195，说明美国次贷危机后，为抵御国际金融危机对中国产生的不利影响，在传统出口导向和投资驱动的增长模式不具有可持续性条件下，产品市场完善有助于扩大内需、改善行业资源错配、促进经济增长。市场中介组织的发育和法律制度环境对改善资源错配的效应也十分显著，凸显了维护市场法制环境、保护知识产权、行业协会对企业的帮助以及律师、会计师等市场中介组织服务水平对改善企业资源错配的重要性。非国有经济的发展、政府与市场的关系指标系数的显著性不及以上分析的两个指标。然而，要素市场发育程度的系数不显著。在理论上，鼓励竞争、促进金融行业的市场化，人力资源供应结构的优化，技术创新成果市场化水平提高，应该有助于改善行业间的资源错配。这里要素市场提升对改善资源错配的效应不显著，一个可能的原因是，2008—2010 年以"四万亿"投资为代表的大幅度固定资产投资和扩张性财政政策，挤出了私人投资和市场的资源配置机制，对要素市场的发育形成了抑制性的长尾效应（Bai et al., 2016）。因此，在所考察的年份，要素市场发育依然不充分，尚未产生改善资源错配的效应。将五个分项指标同时加入模型（回归 6）发现，各项指标系数的符号和显著性出现了变化。这种系数符号的变化可能源于五项指标包含的二级基础指标之间存在相关性，因此，在后续的分析中，我们主要采纳回归 1~5 的结果。

表 15.4   营商环境各分项指标对资源错配的影响：全样本

	（1）	（2）	（3）	（4）	（5）	（6）
lnEX	11.931***	11.912***	12.226***	11.175***	12.486***	14.640***
	（2.733）	（2.702）	（2.683）	（2.682）	（2.734）	（2.763）
lnHHI	0.653***	0.612***	0.609***	0.752***	0.691***	0.606**
	（0.236）	（0.237）	（0.234）	（0.235）	（0.233）	（0.240）
lnYR	1.46	1.266	1.076	1.832*	1.904*	1.641
	（0.981）	（0.987）	（0.983）	（0.994）	（0.983）	（1.016）
lnSAL	2.076***	2.126***	2.158***	1.997***	2.017***	2.152***
	（0.276）	（0.278）	（0.276）	（0.275）	（0.274）	（0.279）
LnGDP	−0.401	−0.036	0.228	−0.495	−0.241	1.516***
	（0.429）	（0.481）	（0.458）	（0.428）	（0.428）	（0.575）
lnUE	1.747*	1.388	3.028***	1.136	0.739	1.247
	（1.039）	（1.045）	（1.090）	（1.129）	（1.099）	（1.192）
政府与市场的关系	−0.335*					0.289
	（0.189）					（0.247）
非国有经济的发展		−0.403**				−0.11
		（0.167）				（0.190）
产品市场的发育程度			−1.195***			−1.658***
			（0.310）			（0.352）
要素市场的发育程度				−0.18		−0.27
				（0.141）		（0.171）
市场中介组织的发育和 法律制度环境					−0.216***	−0.297***
					（0.082）	（0.107）
Cons.	−19.650***	−22.445***	−20.114***	−18.892***	−21.284***	−26.381***
	（5.082）	（5.318）	（5.010）	（5.047）	（5.143）	（5.346）
Obs.	1334	1334	1334	1334	1334	1334
R-squared	0.085	0.087	0.093	0.084	0.088	0.105

注：*** 表示 $p<0.01$，** 表示 $p<0.05$，* 表示 $p<0.1$；括号内为标准差。

在所有回归模型中，其他控制变量的表现具有较强的一致性。我们发现，企业出口与资源错配正相关。张杰等（2011）指出要素市场扭曲现状是促使中国企业出口的重要原因，这意味着低生产效率企业通过压低要素收入来实现出口贸易，加剧了行业资源错配。赫芬达尔指数代表了行业集聚程度，该项指标与行业资源错配正相关，表明行业集聚程度越高，行业资源错配的程度也越大。按 Krugman（1991）开创的新经济地理学理论解释，产业集聚带来的空间溢出效应，加速资本和劳动力在不同区域的流动，降低区域外企业的进入门槛，提高资源利用效率。然而，随着集聚程度的不断加强，集聚产生的正外部效应会被环境污染、地价昂贵和交通不便等拥挤效应所抵消。测算结果表明，该时期中国企业行业集聚产生的拥挤效应占主导地位。企业销售额与行业资源错配正相关，表明规模较大的行业可能为追求利润而忽视资源利用效率，造成了资源错配。企业成立时间长短和反映企业所在地的经济总体规模的 GDP 均与行业资源错配关系不显著。各省份的城镇登记失业率作为就业指标，在一定程度上反映了劳动力供给水平、市场内需水平，在回归（1）和回归（3）中该指标的系数符号显著为正，表明伴随政府与市场关系水平的提升和产品市场发育不断完善，城镇登记失业率上升会进一步加剧行业资源错配。

15.5.2 营商环境对资源错配的异质性影响

表 15.5 对全样本的回归结果显示，营商环境与资源错配存在逆向关系，即营商环境指数提升一个百分点，能带来资源错配 0.742% 的改善。初步证实，营商环境提升能够改善行业资源错配。进一步考察营商环境对不同地区、不同类型行业资源错配的异质性影响。营商环境对不同地区行业资源错配影响的差异非常明显，对中部地区行业的效应最大，对东部地区行业的效应次之，对西部地区行业的效应不显著。就出口因素而言，西部地区影响最大且显著为正，说明西部压低要素收入实现出口贸易，严重加剧行业资源错配。东部和中部企业受到出口贸易两方面作用共同影响：一是市场竞争使要素资源从低效企业流入高效出口企业，改善资源配置；二是低效企业通过压低要素收入实现出口，恶化资源配置，这两个反向作用的结果是，出口贸易对东部行业有微弱的加剧资源错配作用，而对中部的作用不显著。就行业集聚而言，西部地区行业集聚程度较低，对资源配置的影响不显著。东、中部主要表现出行业集聚的规模不经济效应，一定程度上恶化了资源配置。

表 15.5　　　　　　　　　　　　营商环境对资源错配的整体影响

	全样本	不同地区			行业类型	
		东部	中部	西部	资本密集型	劳动密集型
ENV	-0.742^{***}	-0.347^{***}	-2.979^{***}	-0.485	-1.088^{***}	-0.418^{***}
	(0.218)	(0.088)	(0.541)	(0.726)	(0.408)	(0.101)
lnEX	13.168^{***}	1.877^{*}	5.58	38.101^{***}	20.857^{***}	5.092^{***}
	(2.745)	(0.981)	(3.914)	(9.280)	(6.354)	(1.111)

续表

	全样本	不同地区			行业类型	
		东部	中部	西部	资本密集型	劳动密集型
lnHHI	0.646***	0.418***	1.127***	0.652	0.46	0.620***
	(0.233)	(0.103)	(0.219)	(0.753)	(0.484)	(0.100)
lnYR	1.736*	−0.831	−4.474***	5.886***	4.418**	−1.729***
	(0.975)	(0.575)	(1.012)	(2.212)	(1.857)	(0.451)
lnSAL	2.080***	0.704***	0.224	4.468***	2.681***	−0.338*
	(0.274)	(0.139)	(0.279)	(0.671)	(0.479)	(0.196)
lnGDP	0.312	0.369*	1.887**	1.671	0.312	0.373
	(0.492)	(0.201)	(0.834)	(1.321)	(0.899)	(0.233)
lnUE	0.643	−0.616*	−6.753***	9.835*	0.958	0.054
	(1.081)	(0.340)	(1.992)	(5.858)	(2.013)	(0.500)
Cons.	−23.511***	−3.598	20.656***	−86.276***	−36.070***	10.361***
	(5.238)	(2.585)	(7.482)	(15.447)	(8.984)	(2.954)
Obs.	1334	502	392	440	696	638
R-squared	0.091	0.201	0.213	0.156	0.105	0.165

注：*** 表示 $p<0.01$，** 表示 $p<0.05$，* 表示 $p<0.1$；括号内为标准差。

表 15.5 还呈现了营商环境对不同行业类型影响的差异。营商环境对资本密集型行业资源错配的改善作用要明显高于劳动密集型行业。出口会加剧两种类型行业资源错配，而资本密集型行业受到的影响更大。行业集聚对资本密集型行业的影响不显著，但对劳动密集型行业有较大影响。资本密集型行业尚未形成区域比较优势或溢出效应，对资源错配影响不显著。劳动密集型行业的集聚产生了劳动力的低端锁定，难以吸收高技术人才改善劳动力配置，加剧了错配。

由于营商环境提升对西部地区行业资源错配的改善作用不显著，我们将西部地区的企业从样本中排除，区分资本和劳动力错配的不同情形，分析营商环境对东、中部的影响。西部地区留在后文特别处理。表 15.6 展示了不同错配情况下的回归结果，营商环境仅在资本配置过度、劳动力配置不足时（回归4），对资源错配的改善效果不显著，其他情况下均有显著作用。结合回归1、回归4和回归2、回归3，我们发现营商环境对资本配置不足情况下资源错配改善程度要大于资本配置过度情况。

表 15.6 营商环境对资源错配的影响：不同错配情形视角

	$\tau_K > 0$, $\tau_L > 0$	$\tau_K > 0$, $\tau_L < 0$	$\tau_K < 0$, $\tau_L < 0$	$\tau_K < 0$, $\tau_L > 0$
	(1)	(2)	(3)	(4)
ENV	−1.014***	−0.530***	−0.232**	0.222
	(0.324)	(0.159)	(0.114)	(0.190)
lnEX	8.708*	4.371***	1.088	0.407
	(4.765)	(1.351)	(1.317)	(3.290)
lnHHI	1.290***	0.457***	0.586***	0.680***
	(0.336)	(0.139)	(0.121)	(0.212)
lnYR	−3.243*	−0.251	−1.012*	−4.693***
	(1.706)	(0.782)	(0.563)	(0.903)
lnSAL	−0.079	−0.319	−0.124	1.286***
	(0.425)	(0.260)	(0.196)	(0.264)
lnGDP	1.479*	0.197	0.401	−0.587
	(0.763)	(0.359)	(0.308)	(0.362)
lnUE	−2.213	−0.145	−0.859*	−2.195**
	(1.665)	(0.549)	(0.467)	(0.925)
Cons.	9.389	8.684**	5.478*	6.483
	(8.829)	(3.679)	(3.187)	(4.409)
Obs.	256	269	221	148
R-squared	0.130	0.141	0.179	0.526

注：*** 表示 $p<0.01$，** p 表示 <0.05，* 表示 $p<0.1$；括号内为标准差。

当资本配置和劳动力配置均不足时（回归 1），营商环境对资源错配的改善作用最强。此时由于两种要素资源有限，行业集聚会加剧匮乏资源的错配。当资本配置不足、劳动力配置过度时（回归 2），提升营商环境仍能够有效改善资源错配。但当资本配置不足时，行业集聚度对应着大量劳动力的低端锁定，劳动力无法实现高效配置，加剧资源错配。另外，观察出口的回归系数发现，通过压低劳动要素收益实现出口贸易会进一步加剧资源错配。当资本配置和劳动力配置均过度时（回归 3），营商环境对资源错配的改善作用较弱。这种情况下，对应的行业可以考虑降低准入门槛吸收新企业进入，消化过剩的要素资源，改善资源错配。当资本配置过度、劳动力配置不足时（回归 4），营商环境对资源错配的改善作用不显著。这类企业资金充足，但是难以招到足够的技能劳动力与其资金、技术相匹配。

15.5.3 营商环境对资本错配和劳动力错配的影响

我们将资源错配拆分为资本错配和劳动力错配，讨论营商环境对资本配置和劳动力配置的异质性作用。表 15.7 显示，营商环境对资本错配的改善效果比对劳动力错配的改善效果更显著；同时，营商环境提升仅在资本配置和劳动力配置处于不足状态下有改善作用，在资本配置和劳动力配置过度状态下影响微弱且不显著。这与中国发展的阶段性特征相关。改革开放以来，多数地区发展面临着资金不足的困难，地方政府采取招商引资政策引进海内外投资，以项目建设创造劳动机会，以改善资源配置，促进产业发展。但是一个不容忽视的问题是，由于各地竞争性地招商引资，在许多行业出现了日益突出的投资过热和结构性产能过剩，主要集中在钢铁、煤炭、水泥、电解铝、平板玻璃等行业。在中国市场经济日益完善，社会组织发育日益成熟的背景下，各地区要因地制宜，优化营商环境不仅要着眼于资本配置和劳动力配置不足的情形，而且要应对资本配置和劳动力配置过度的问题，政府优化营商环境要学习"造环境"的新本领。

表 15.7 营商环境对资本错配和劳动力错配的影响

	资 本 配 置			劳 动 力 配 置		
	全样本	过度	不足	全样本	过度	不足
	$\lvert\tau_K\rvert$	$\lvert\tau_K\rvert$	$\lvert\tau_K\rvert$	$\lvert\tau_L\rvert$	$\lvert\tau_L\rvert$	$\lvert\tau_L\rvert$
ENV	−0.387***	−0.09	−0.529***	−0.355*	−0.101	−0.303**
	(0.099)	(0.132)	(0.148)	(0.194)	(0.323)	(0.138)
lnEX	6.332***	0.089	9.020***	6.836***	10.531***	−0.813
	(1.242)	(2.011)	(1.594)	(2.434)	(3.620)	(2.273)
lnHHI	0.440***	0.277*	0.583***	0.206	0.227	0.401***
	(0.106)	(0.157)	(0.141)	(0.207)	(0.338)	(0.152)
lnYR	−1.500***	−1.470**	−1.325**	3.237***	5.813***	−1.407**
	(0.441)	(0.581)	(0.656)	(0.865)	(1.492)	(0.605)
lnSAL	−0.006	0.092	−0.106	2.086***	3.900***	0.802***
	(0.124)	(0.186)	(0.166)	(0.243)	(0.478)	(0.170)
lnGDP	0.388*	0.061	0.352	−0.076	−0.674	0.207
	(0.223)	(0.290)	(0.340)	(0.437)	(0.738)	(0.303)
lnUE	−0.295	−0.563	−0.016	0.938	1.419	0.1
	(0.489)	(0.702)	(0.682)	(0.958)	(1.482)	(0.769)
Cons.	4.785**	4.851	6.875**	−28.296***	−50.976***	−3.63
	(2.37)	(3.225)	(3.449)	(4.644)	(7.821)	(3.437)

续表

	资 本 配 置			劳动力配置		
	全样本	过度	不足	全样本	过度	不足
	$|\tau_K|$	$|\tau_K|$	$|\tau_K|$	$|\tau_L|$	$|\tau_L|$	$|\tau_L|$
Obs.	1334	571	763	1334	727	607
R-squared	0.054	0.027	0.089	0.089	0.133	0.125

注：*** 表示 $p<0.01$，** 表示 $p<0.05$，* 表示 $p<0.1$；括号内为标准差。

15.5.4 稳健性检验

要准确把握营商环境对资源配置的影响，就必须克服营商环境与资源配置可能存在双向反馈机制所带来的内生性问题。其一，我们采用开埠通商历史作为营商环境的工具变量。制度具有路径依赖的特性，营商环境或多或少会受到开埠通商历史的影响，开埠通商的历史越久，说明向西方学习的时间越长，其受商业意识和市场意识影响程度更深，很可能由此产生良好的商业制度、优良的营商环境（董志强等，2012）。开埠通商历史通过影响营商环境间接对资源错配产生影响；而资源错配不能够对开埠通商历史产生影响，因此，将开埠通商历史作为工具变量是可行的。各省份开埠通商历史的计算，按照从开埠通商之日到 2010 年 12 月 31 日和到 2012 年 12 月 31 日之间的年份计算再取对数值。其二，考虑到营商环境对资源配置的影响可能存在滞后性，要素从接收到市场信号到实现流动和资源重组需要反应时间，此外，不同要素的流动速度也不相同。我们选择前一期的市场化指数（分别以 2008 年、2010 年代替 2010 年、2012 年）作为营商环境的代理变量，验证提升营商环境对资源错配的改善作用。其三，市场化指数侧重从制度和政策制定角度体现营商环境状态，我们进一步采用侧重企业感受的"企业经营指数"作为营商环境的代理变量，考察其对于行业资源错配的效应。建立指数的基础数据来自全国各地各类企业的问卷调查，每项基础指数来自一个问题，由样本企业经营者（企业董事长、总经理或 CEO）对当地某一特定领域企业经营环境的评价或提供的信息形成。表 15.8 显示，经三种方法检验均证实营商环境提升对资源错配具有改善作用。

表 15.8　　　　　　　　　　稳健性检验

	IV：开埠历史		前一期市场化指数	企业经营指数
	第一阶段	第二阶段		
	ENV	τ	τ	τ
ENV		-1.826^{**} (0.733)	-0.628^{**} (0.248)	

续表

	IV：开埠历史		前一期市场化指数	企业经营指数
	第一阶段	第二阶段		
	ENV	τ	τ	τ
lnEX	2.357***	16.433***	12.738***	13.023***
	(0.325)	(3.475)	(2.764)	(2.750)
lnHHI	−0.098***	0.540**	0.626***	0.668***
	(0.028)	(0.244)	(0.236)	(0.234)
lnYR	0.190	1.921*	1.543	2.045**
	(0.117)	(0.989)	(0.977)	(0.987)
lnSAL	0.075**	2.166***	2.096***	2.131***
	(0.033)	(0.281)	(0.276)	(0.280)
lnGDP	1.282***	1.825*	−0.069	−0.356
	(0.047)	(1.095)	(0.466)	(0.440)
lnUE	−0.972***	−0.902	0.901	1.02
	(0.130)	(1.476)	(1.084)	(1.050)
IV	1.769***			
	(0.155)			
ENV1				−8.397***
				(2.062)
Cons.	−15.186***	−31.446***	−20.840***	2.13
	(0.911)	(7.351)	(5.115)	(6.923)
Obs.	1334	1334	1334	1316
R-squared	0.642	0.074	0.088	0.097

注：*** 表示 $p<0.01$，** 表示 $p<0.05$，* 表示 $p<0.1$；括号内为标准差。

15.6　进一步的分析

以上分析证实了营商环境提升能够改善资源错配。本节进一步就营商环境对不同要素弹性行业资源错配的影响展开研究，并讨论营商环境对资源错配产生影响的作用机制。

15.6.1 营商环境对不同要素产出弹性水平下资源错配的影响

要素产出弹性体现了要素投入的转化效率，与资源配置密切相关。前文我们按照资本密集型和劳动密集型划分研究营商环境对行业资源配置的作用，现在对不同行业按要素产出弹性划分做进一步研究。我们选取要素产出弹性处于 0～1 的行业，采用滚动回归的方式，检验营商环境对不同要素产出弹性行业资源配置的影响。运用滚动回归，首先需要确定滚动区间范围，再进一步确认窗宽和移动步长。经过多次的尝试，本章确认的资本产出弹性的滚动区间为 0.45～0.65，劳动力产出弹性的滚动区间为 0.35～0.6，资本和劳动力产出弹性的窗宽和移动步长完全相同，均为 0.1 和 0.05。

滚动回归结果如表 15.9 所示，从资本产出弹性的三个滚动区间可以看出，尽管处在不同的产出弹性水平，营商环境提升均能改善资源错配。同时，营商环境回归系数的绝对值呈倒 U 形趋势，在区间 0.5～0.6 达到最大值。按劳动力产出弹性滚动区间划分相对更复杂一些，随着弹性系数的上升，营商环境回归系数的绝对值由倒 U 形趋势转化为正 U 形。其中，在区间 0.45～0.55 为最小值且不显著，在区间 0.55～0.65 达到最大值。综合上述两种产出弹性情况下的滚动回归结果，可以寻找出受营商环境影响的资源错配改善最为显著的行业，即同时满足资本产出弹性位于 0.5～0.6，劳动力产出弹性位于 0.55～0.65 的行业，并找出各省份这些行业的分布情况。统计得出，满足上述条件的行业，江苏、福建、重庆为 2 个，北京、天津、内蒙古、安徽、广西、浙江、湖北、甘肃、贵州、辽宁、陕西为 1 个。从行业的角度看，电气机械及器材制造业在 4 个省份处于上述要素弹性区间，农副产品加工业在 3 个省份满足条件，医药制造业和交通运输设备制造业在 2 个省份满足条件，其余满足条件的行业均只出现在单一省份。

表 15.9   营商环境对资源错配的影响：不同要素弹性下的滚动回归结果

滚动区间	资本产出弹性			滚动区间	劳动力产出弹性		
	α_1 系数	系数绝对值趋势	R-squared		α_1 系数	系数绝对值趋势	R-squared
0.45～0.55	−0.207*	↗	0.193	0.35～0.45	−0.290***	↗	0.156
0.5～0.6	−0.406***	最大值	0.279	0.4～0.5	−0.194*	↘	0.133
0.55～0.65	−0.243**	↘	0.195	0.45～0.55	−0.085	最小值	0.163
				0.5～0.6	−0.337***	↗	0.227
				0.55～0.65	−0.522***	最大值	0.19

注：*** 表示 $p<0.01$，** 表示 $p<0.05$，* 表示 $p<0.1$。

15.6.2 营商环境对资源错配影响的机制分析

我们已经证实了营商环境提升对资源错配的改善作用，但是，营商环境是通过哪些路径影响资源错配的呢？本节主要验证两条路径：一是营商环境对企业利息负担率水平产生影响，由此影响资源配置；二是营商环境对企业所负担的地方税率水平产生影响，进而对资源错配产生效应。利息负担率，即企业每获取的一单位收入中需要支付多少给金融机构，用以衡量企业的利息负担。使用企业利息支出除以总收入，再计算地区所有企业的平均值(百分比表示)来度量。采用企业税金除以总收入，再计算地区所有企业的平均值(百分比表示)作为企业负担的地方税率。

借鉴温忠麟等(2004)提出的中介效应模型进行检验，验证营商环境能否通过地区企业利息负担率和企业负担的地方税率两条路径影响资源错配。模型构造除(15.15)式之外，还要引入(15.16)式、(15.17)式：

$$RATES_{it} = \delta_0 + \delta_1 ENV_{it} + \delta_2 \ln EX_{it} + \delta_3 \ln HHI_{it} + \delta_4 \ln YR_{it} + \delta_5 \ln SAL_{it} + \delta_6 \ln GDP_{st}$$
$$+ \delta_7 \ln UE_{st} + \varepsilon_{it} \tag{15.16}$$

$$\tau_{it} = \rho_0 + \rho_1 ENV_{it} + \rho_2 RATES_{it} + \rho_3 \ln EX_{it} + \rho_4 \ln HHI_{it} + \rho_5 \ln YR_{it} + \rho_6 \ln SAL_{it}$$
$$+ \rho_7 \ln GDP_{st} + \rho_8 \ln UE_{st} + \varepsilon_{it} \tag{15.17}$$

具体实证分析分三步。第一步对模型(15.15)回归，检验营商环境系数 α_1 是否显著为负，即营商环境提升能否改善资源错配。这一步骤的结果表 15.5 已展示，α_1 显著且为负，证实了营商环境提升能优化资源配置。第二步对模型(15.16)回归，考察营商环境对中介变量的影响。中介变量包括企业的利息负担和企业负担的地方税率。预期此时营商环境的回归系数 δ_1 为负值，即提升营商环境会降低企业的利息负担和企业负担的地方税率。第三步对模型(15.17)回归，如果中介变量的系数 ρ_2 和第二步中的 δ_1 均显著，营商环境回归系数 ρ_1 小于第一步中的 α_1，就说明存在中介效应。若 ρ_2 和 δ_1 中至少有一个不显著，就需要通过 Sobel 检验确认中介效应的显著性。

检验营商环境通过中介效应对资源错配的影响，如表 15.10 所示。步骤 1 证实提升营商环境能够改善资源错配，前文已具体分析。步骤 2 验证营商环境与中介变量的相关性，结果显示提升营商环境能够降低地区企业利息负担率和企业负担的地方税率。步骤 3 同时将营商环境和中介变量加入模型，检验对资源错配的影响。发现在使用不同中介变量条件下，营商环境的估计系数均显著且绝对值小于步骤 1 中的系数绝对值。同时，两种中介变量的回归系数均显著，即证实了营商环境通过降低地区企业利息负担率和企业负担的地方税率两条路径，改善了行业资源错配。

表 15.10　　　　　　　　　　营商环境通过中介效应对资源错配的影响

| | 步骤 1 | 步骤 2 | | 步骤 3 | |
	τ	RATE	TAX	τ	τ
ENV	−0.742 ***	−0.040 ***	−0.067 ***	−0.471 **	−0.538 **
	(0.218)	(0.004)	(0.004)	(0.223)	(0.238)
lnEX	13.168 ***	0.058	−0.290 ***	12.771 ***	14.043 ***
	(2.745)	(0.056)	(0.053)	(2.721)	(2.772)
lnHHI	0.646 ***	0.003	−0.007	0.623 ***	0.667 ***
	(0.233)	(0.005)	(0.005)	(0.231)	(0.233)
lnYR	1.736 *	0.076 ***	−0.097 ***	1.215	2.028 **
	(0.975)	(0.020)	(0.019)	(0.972)	(0.984)
lnSAL	2.080 ***	−0.018 ***	−0.001	2.205 ***	2.083 ***
	(0.274)	(0.006)	(0.005)	(0.273)	(0.274)
lnGDP	0.312	−0.073 ***	0.096 ***	0.812	0.022
	(0.492)	(0.010)	(0.010)	(0.498)	(0.510)
lnUE	0.643	0.101 ***	0.174 ***	−0.045	0.117
	(1.081)	(0.022)	(0.021)	(1.080)	(1.107)
RATE				6.818 ***	
				(1.344)	
TAX					3.022 **
					(1.413)
Cons.	−23.511 ***	1.586 ***	0.225 **	−34.328 ***	−24.192 ***
	(5.238)	(0.106)	(0.102)	(5.611)	(5.241)
Obs.	1334	1334	1334	1334	1334
R-squared	0.091	0.355	0.322	0.108	0.094

注：　*** 表示 $p<0.01$，** 表示 $p<0.05$，* 表示 $p<0.1$；括号内为标准差。

接下来我们验证营商环境通过中介效应对资本错配和劳动力错配的影响。检验结果如表 15.11 所示，其中步骤 2 由于与表 15.8 相同在这里省略了。按照前文的分析方式，可以发现，营商环境通过降低地区企业利息负担率，改善了行业资本错配。而在步骤 3 中，企业负担的地方税率的估计系数不显著，需要通过 Sobel 检验进一步确认。Sobel 检验显示，Z 值为 −1.305，p 值为 0.19，未能通过显著性检验，营商环境通过企业负担的地方税率的中介效应影响行业资本错配的路径并不存在。综合看来，企业面临的融资难、融资贵的难题，一定程度上造成了行业资本错配。企业的融资渠道主要有两条，一是向银行机构贷款，二是在资本市场发行股票。当前，中国企业的资金需求绝大多数还是通过向银行贷款的间接融资渠道获得的，2019 年社会融资规模增量累计为 25.58 万亿元，对实体经济发放的人民币贷款占同期社会融资规模的 66%①。而直接融资渠道对民营和中小微企业尤为困难。值得注意的是，企业向银行获取融资的财务成本和时间成本仍相当高。2019 年 10 月，世界银行发布的《2020 年营商环境报告》显示，中国在获取信贷方面在全球 190 个经济体中排名第 80 位，在各分项指标中相对靠后。2019 年 12 月，中国财政科学研究院发布的《降低实体企业融资成本调研报告》称，2018 年制造业样本企业的银行短期贷款利率和长期贷款利率分别为 5.92% 和 6.16%，处于较高水平。另外发现，营商环境通过降低地区企业利息负担率和企业负担的地方税率两条路径均能改善行业劳动力错配。融资成本高、税费成本高会加重企业的运营成本，进而挤压了企业支付劳动报酬的薪金空间，扭曲了劳动力要素价格，最终产生了劳动力错配。《2020 年营商环境报告》显示，中国在纳税领域仅排名第 105 位。虽然该项指标的设计未考虑经济体的社会体制、税费制度方面差异，例如中国的增值税留抵退税制度、鼓励研发的优惠政策等，但不能否认中国在税费制度改革领域还有进一步提升空间。

表 15.11　　　　营商环境通过中介效应对资本错配和劳动力错配的影响

	资本错配			劳动力错配		
	步骤 1	步骤 3		步骤 1	步骤 3	
	$\lvert\tau_K\rvert$	$\lvert\tau_K\rvert$	$\lvert\tau_K\rvert$	$\lvert\tau_L\rvert$	$\lvert\tau_L\rvert$	$\lvert\tau_L\rvert$
ENV	−0.387***	−0.347***	−0.330***	−0.355*	−0.124	−0.208
	(0.099)	(0.102)	(0.108)	(0.194)	(0.198)	(0.211)
lnEX	6.332***	6.273***	6.575***	6.836***	6.498***	7.468***
	(1.242)	(1.242)	(1.256)	(2.434)	(2.414)	(2.459)
lnHHI	0.440***	0.436***	0.446***	0.206	0.187	0.222
	(0.106)	(0.105)	(0.106)	(0.207)	(0.205)	(0.207)
lnYR	−1.500***	−1.577***	−1.419***	3.237***	2.792***	3.448***
	(0.441)	(0.444)	(0.446)	(0.865)	(0.862)	(0.873)
lnSAL	−0.006	0.013	−0.005	2.086***	2.193***	2.088***
	(0.124)	(0.124)	(0.124)	(0.243)	(0.242)	(0.243)

---

①　资料来源：2019 年社会融资规模增长．中国人民银行网，http：//www.pbc.gov.cn/goutongjiaoliu/113456/113469/3960224/index.html.

续表

	资本错配			劳动力错配		
	步骤 1	步骤 3		步骤 1	步骤 3	
	$|\tau_K|$	$|\tau_K|$	$|\tau_K|$	$|\tau_L|$	$|\tau_L|$	$|\tau_L|$
lnGDP	0.388*	0.462**	0.308	−0.076	0.349	−0.286
	(0.223)	(0.227)	(0.231)	(0.437)	(0.442)	(0.452)
lnUE	−0.295	−0.397	−0.441	0.938	0.352	0.558
	(0.489)	(0.493)	(0.502)	(0.958)	(0.958)	(0.982)
RATE		1.011*			5.807***	
		(0.614)			(1.193)	
TAX			0.838			2.184*
			(0.640)			(1.254)
Cons.	4.785**	3.181	4.596*	−28.296***	−37.508***	−28.788***
	(2.370)	(2.561)	(2.374)	(4.644)	(4.978)	(4.649)
Obs.	1334	1334	1334	1334	1334	1334
R-squared	0.054	0.056	0.055	0.089	0.105	0.091

注：*** 表示 $p<0.01$，** 表示 $p<0.05$，* p 表示 <0.1；括号内为标准差。

15.6.3　西部地区和劳动力配置过度情况的再检验

前文检验发现营商环境提升对西部地区和劳动力配置过度条件下资源错配的改善不显著，同时发现降低地区企业利息负担率和企业负担的地方税率两条路径能有效促进资源配置。我们再次检验上述两条路径对西部地区和劳动力配置过度情况的效应。

劳动力配置过度情形和西部地区的检验如表 15.12 所示，当劳动力配置过度时，企业利息负担率与劳动力错配显著正相关，即降低企业利息负担率能有效改善劳动力错配。对西部地区分析发现，企业利息负担率、企业负担的地方税率的回归系数均为正且显著，即降低企业利息负担率、企业负担的地方税率能提升西部地区资源配置效率。在全样本条件下，除了资本配置过度的情况，是由于地方政府控制和干预造成过度投资而不能通过降低融资成本和税费成本的途径来改善以外，其他资源错配、劳动力错配的所有情形均能通过降低地区企业利息负担率或企业负担的地方税率得到改善，充分证明了以上两条路径对改善资源错配、提升资源配置效率的有效性。而营商环境在西部地区和劳动力配置过度情况下效应不显著，更需要通过降低企业利息负担率和负担的地方税率实现优化资源配置的效果。

表 15.12 西部地区和劳动力配置过度情况的再检验

	劳动力配置过度	西 部	
	$\vert\tau_L\vert$	τ	τ
lnEX	10. 381 ***	39. 643 ***	34. 344 ***
	(3. 472)	(9. 148)	(8. 912)
lnHHI	0. 294	0. 407	1. 124
	(0. 335)	(0. 748)	(0. 729)
lnYR	5. 388 ***	4. 756 **	5. 267 **
	(1. 487)	(2. 210)	(2. 133)
lnSAL	3. 943 ***	4. 699 ***	4. 498 ***
	(0. 474)	(0. 666)	(0. 646)
lnGDP	0. 239	4. 056 ***	−0. 169
	(0. 683)	(1. 330)	(0. 992)
lnUE	0. 776	2. 23	−0. 723
	(1. 434)	(5. 873)	(5. 639)
RATE	6. 528 ***	16. 186 ***	
	(2. 135)	(4. 841)	
TAX			40. 920 ***
			(6. 984)
Cons.	−63. 483 ***	−114. 859 ***	−85. 444 ***
	(8. 703)	(16. 991)	(13. 512)
Obs.	727	440	440
R-squared	0. 144	0. 176	0. 217

注： *** 表示 $p<0.01$，** 表示 $p<0.05$，* 表示 $p<0.1$；括号内为标准差。

15.7 研究总结与政策建议

15.7.1 研究总结

近年来，中国高度重视营商环境建设，提出建立国际化、法治化、透明性、可预期的营商环境，激发市场活力，促进高质量发展。市场中要素资源流动性不足和配置效率不高制约了企业生存发展，不利于产业升级和结构转型。中国采取了各种改革措施，旨在突破限制资源要素有效再配置的制度约束，促进要素资源按照市场规律从低效率部门向高效率部门转移，加快经济增长方式转变。为此，我们围绕营商环境对行业、地区资源错配的异质性作用、不同资源错配类型的分解、营商环境对资源错配的作用机制展开了实证分析。

基于所考察时段的特殊代表性，以及数据的可获得性，本章运用 2010 年、2012 年中国工业企业数据库和市场化指数的匹配数据，分析营商环境对资源错配的改善效应和作用机制。主要研究发现：其一，提升营商环境有利于改善行业的资源错配，营商环境指数提升一个百分点，能带来资源错配 0.742% 的改善。按地区划分，对中部地区行业资源错配的影响最大、东部地区次之，不过对西部地区的效应不显著；按行业类型划分，该效应对资本密集型行业要强于劳动密集型行业。其二，整体上看，营商环境提升对资本错配改善的效应强于劳动力错配，主要改善了资本配置不足和劳动力配置不足。其三，营商环境通过降低企业利息负担和企业负担的地方税率两条路径，均能改善行业资源错配。其四，西部地区营商环境水平更低，更需要逼过降低企业利息负担和企业负担的地方税率提高行业资源配置效率。在行业劳动力配置过度的情况下，可以通过降低企业利息负担的方式来改善。

15.7.2　政策建议

基于本章的实证研究，我们发现优化营商环境能够有效地改善资源错配，提高要素利用效率和行业生产率水平，促进高质量发展。优化营商环境永远在路上，这是一项长期的工作，为此提出以下政策建议。

首先，政府需要从招商引资向优化营商环境进行角色转变。长期以来，招商引资政策为中国经济发展做出重大贡献，不过现阶段，中低端制造业的在不同省份重复建设，以致出现了产能过剩与中高端有效供给不足并存的问题。有必要通过营商环境的建设，促使资本要素按照市场配置规律进行再分配，有效降低行业资本错配。同时，我们发现优化营商环境对资本密集型行业改善资源错配作用更大，特别是在电气机械及器材制造业、医药制造业和交通运输设备制造业等行业，显著提高了资源配置效率，这对于中国促进产业升级具有启示意义。

其次，要逐渐调整出口结构，扩大国内市场需求，以改善资源错配。研究表明，以劳动密集型、中低端加工贸易为主的出口加剧了资源错配。一些地区为扩大出口规模，通过要素价格扭曲和非市场动力推动，只会不断加剧行业资源错配程度，这在西部地区尤为突出。需要更加注重贸易结构，而不是一味追求贸易规模，培植可持续的市场动力，才能提升资源配置效率，获取长期的贸易利益。

再次，优化产业集聚程度，发挥规模效应，防止拥挤效应，以改善资源错配。研究表明，我国行业集聚更多地体现出规模不经济，恶化了资源错配。因此，要促进各省份之间要素、商品自由流动，建设统一国内大市场，形成国内大循环，促进国内国际双循环相互促进。一方面，在国内市场充分发挥市场在资源配置中的决定性地位，使产业升级和区域协调发展相结合，围绕京津冀、长三角和珠三角城市群，促进城市群内、城市间功能协调，实现区域一体化，优化资源配置效率；另一方面，对外推进国际合作，使我国更好融入国际产业分工体系中，推进产业链向全球价值链的中高端迈进。

最后，优化营商环境重点需要降低市场主体企业的经营成本，主要通过减税降费政策和降低实体企业融资成本实现。中介效应验证了，优化营商环境主要通过切实减轻企业税负而发生作用。降低税率，核心是缩小名义税率和实际税率的差距。长期以来，因为征管措施不到位，通过制定较高名义税率避免税收收入流失，偏高的名义税率对企业经营造成沉重负担，随着税务征管能力提升，降低名义税率刻不容缓。降低实体企业融资成本，需要推动金融供给侧改革，金融体系更多是服务于房地产和基础设施建设领域，服务实体企业的规模还不足，需要完善资本市场的顶层设计，构造广覆盖、多层级、有差异的金融服务体系。

第16章 提高居民生活品质与促进城市高质量发展：基于一般均衡模型的理论与实证分析

16.1 引言

随着中国经济从高速增长阶段向高质量发展阶段转型，生活质量开始受到广泛关注。党的十九大报告指出，现阶段社会主要矛盾是人民日益增长的美好生活需要和不平衡不充分的发展之间的矛盾。我们紧紧围绕这个社会主要矛盾推进各项工作，不断丰富和发展人类文明新形态。因此，在迈向高质量发展的进程中，提高居民生活品质与提高企业生产率水平同样重要。

城市聚集了人口、产业和资源要素，是国民经济、政治和社会生活的中心，城镇化的程度体现了一个国家和地区的经济发展水平与核心竞争力。对城市的发展和城镇化的推进，是经济社会发展的重要阶段和必然过程，也是推动我国现代化进程的必由之路。在我国经济发展获得巨大提升的同时，城镇化进程不断加快，国家统计局数据显示，截至2019年，全国共有城市672个，城镇常住人口超过8.4亿，城镇化率达到60.6%。2021年政府工作报告指出，"十四五"期间要坚持推进以人为核心的新型城镇化发展战略，加快农业转移人口市民化，将常住人口城镇化率提高到65%，发展壮大城市群和都市圈，发挥中心城市和城市群的综合带动作用，提升城镇化发展质量，让城市更宜业宜居（邹薇等，2022；Zou and Yang，2024）。

在城市的发展中，"以人为本"的新型城镇化发展理念对城市的舒适性、安全性，生活的便捷性、和谐性以及环境的生态化等都提出了更高的要求，在开展城市经济建设的同时，城市的生态环境、社会的安全保障、居民的精神文明需求等也是高质量发展的重要目标。因此，城市的高质量发展，既要看增量也要看质量，兼顾经济发展和人民幸福，在关注经济总量的前提下，统筹兼顾生活、生态、安全等多元需求，促进区域协调同步发展，优化经济发展质量，提升城市生活品质。基于此，本章从"生活质量"和"经济便利性"两个方面研究城市的高质量发展，以及提高居民生活品质与促进城市高质量发展的路径和实现机制。这对我国实现新型城镇化、全面建成小康社会以及推进社会主义现代化具有重要的实践意义。

生活质量,指城市特征带给居民的生活舒适度和便利性,如优美的生活环境、安全的社会保障、便利的交通设施、丰富的娱乐休闲服务等,体现在居民为居住在某一城市、享受其特征而愿意支付的更多生活成本。经济便利性,指城市特征带给企业的生产优势和生产效率,经济便利性高的城市具有良好的营商环境、优化的产业结构、宽松的贸易限制等优势,给企业生产创造条件,进而提高生产总量和效率。值得注意的是,经济便利性从不同的角度体现了企业的生产率水平,因此,Albouy(2013,2016)曾使用"企业生产率"(firm productivity)、"贸易生产率"(trade productivity)、"本地生产率"(local productivity)等概念,通过可贸易商品的运输成本代表城市的经济便利性。但是,与"全要素生产率"(total factor productivity,TFP)不同,经济便利性考察的是城市特征带来的生产便利性和增加的产出,而不是生产要素带来的效率和产出,所以为区分二者的差异,本章使用"经济便利性"来描述城市特征带给企业的生产优势和生产效率。

一个好的城市既能提升居民的生活环境和生活质量,也能促进企业提高生产率,因此居民的高品质生活和企业的高效生产率对城市发展同等重要。在中国城镇化的推进过程中,城市的膨胀、经济的集聚和人口的迁移在带来高生产率的同时,也造成了诸多负面效应,如高昂的房价、拥挤的交通、高密度的产业等。不少人认为高速发展经济会在一定程度上牺牲居民的生活环境和质量,而一味追求城市的生态文明建设势必放慢工业生产的脚步。那么企业和居民对城市特征的偏好是否不同?城市的宜商性与宜居性是否不能同时兼顾?城市特征对城市宜商性和宜居性的发展有何影响?基于上述问题,本章扩展 Rosen-Roback 一般均衡模型,构建包含城市宜商性与宜居性的统一理论模型,测算居民生活质量和企业贸易生产率,检验二者相关性并分析城市总价值。

16.2 相关文献述评

16.2.1 关于城市生活质量的研究

随着社会经济的发展和物质水平的改善,人民对美好生活的需求逐渐多样化,学者们对从前采用经济总量和人均收入来评估生活品质的方式提出质疑。"伊斯特林悖论"(Easterlin Paradox)指出,经济的增长并没有带来更大的幸福,低收入国家的国民幸福水平与高收入国家几乎一样(Easterlin,1974)。学者们还发现西方国家过去几十年国民收入的增长并没有相应地提高人们的幸福水平,这一认识引起了广泛的研究和争论,这表明生活质量不单单反映在经济发展程度上,还体现在除经济因素之外的其他多个方面,如生活环境、居住条件、居民素质、精神建设等。

16.2.1.1　生活质量的内涵

对城市居民生活质量的研究开始于 20 世纪 50 年代的美国和一些欧洲国家，美国经济学家 Galbraith 在 1958 年发表的《富裕社会》中最早提出"生活质量"的概念，认为生活质量是人们的生活舒适性和便利性，以及在精神上获取的享受和乐趣（Galbraith 1958）。随着社会指标运动的兴起，生活质量逐渐受到学术界的关注，Bauer（1966）对生活质量开展深入的研究，将其作为衡量社会发展程度的指标。至此，城市的生活质量在西方国家引起了广泛的社会反响，英国、法国、意大利、西班牙、加拿大等二十多个发达国家也相继开启对生活质量的探索，并逐步将对生活质量的量化和评估当成独立的研究领域进行讨论。从 1970 年起，一些机构和西方发达国家开始分析讨论城市生活质量的内涵和定义，并逐渐形成了一些较为权威的指标体系，比如，联合国开发计划署提出的"人类发展指数"（Human Development Index，HDI）、美国海外开发委员会提出的"物质生活质量指数"（Physical Quality of Life Index，PQLI）、美国社会健康协会提出的"综合评价指标体系"、美国社会学家 Alex Inkeles 提出的"现代化指标体系"、世界银行发布的"世界发展指标"（World Development Indicators，WDI）等，这些指标体系不仅包含民生福利的经济内涵，还包含教育、贫困、社会与自然环境等影响人们生活条件的诸多非经济要素。由此可见，城市居民的生活质量是一个复杂的多维度概念，其内涵广泛，覆盖居民生活的方方面面，是社会经济发展的综合评价指标。Campbell（1976）认为城市生活质量由居民的生活满意度、幸福度和社会存在感三个部分组成　衡量人们对生活幸福的总体感受。Levi（1987）将生活质量看作个人或群体在身体、心理、精神和社会等多个方面中所感受到的综合适应状态。

从 20 世纪 90 年代起，城市生活质量的研究进一步拓展，更加强调全面发展的协调理念，提出了"以人为本"的发展观，认为经济的发展应该以提高人民福利为最终目的。世界卫生组织（1993）将生活质量定义为不同文化和价值体系中的个人对其目标、期望、标准和与所关心的事物密切相关的生存状态等方面的感受程度，包含个人身心健康程度、社会环境、信仰和能力等多个因素。诺贝尔经济学奖得主森在《生活质量》一书（Sen，1993）中表示生活质量的内涵包含个体的收入、消费以及获得的能力和机会等多个方面。Rapley（2003）对生活质量的研究进行了系统的回顾和分析，讨论生活质量的定义、内涵以及影响因素等。Mulligan（2004）提出生活质量是个人在自然和社会环境中获得的满足感，对企业和居民等经济体的空间决策产生影响。Filho（2013）在欧洲环境署的报告中指出，欧洲的生活环境存在巨大差异，较差的生活环境对人们的健康、生活方式，乃至经济社会地位都可能有不好的影响，因此城市的可持续发展应该从关注个人危害转移到关注环境、生活方式等因素对我们的综合影响。Majeed（2017）从经济、社会和政治三个维度讨论了全球化与生活质量的关系，他使用 44 个国家 1970—2010 年的面板数据进行不同的技术评估，发现在控制工资收入、抚养比例、文化程度、医生数量等因素时，经济和政治的全球化对生活质量有强大的积极影响，而社会全球化则对改善生活质量无明显作用。随着经济的发展和社会的进步，越来越多的学者对生活质量的内涵、测量标准、内容、范围以及具体化和实用化的方式进行了系统的跨学科研究，探索居民收入、城市特征等方面对生活质量的影响。

我国对城市生活质量的研究开始于 1980 年以后，一是受到国外学界的研究影响，将生活质量的理论和概念引入国内，二是我国在改革开放后经济增长迅速，企业生产率大幅提高，人民的生活水平逐渐提升，因此，对城市居民生活品质的评估和改善逐渐成为社会各界关注的核心问题和经济发展的目标。北京社会科学院（1986）在"首都社会发展战略"的课题研究中提出"生活质量是全面衡量生活优劣的尺度，既有物质水平提高，又有精神道德的内容。物质条件是生活质量的基础，生活质量的提高又促进物质生产的发展"。著名经济学家厉以宁在《社会主义政治经济学》中从资源配置的角度解释生活质量，认为城市生活质量体现了人民的生活和福利状态，当居民实际收入不变时，人们的生活质量和社会福利会随着城市文化、服务、环境、治安等方面的改善而提高（厉以宁，1986）。卢淑华和韦鲁英（1992）表示生活质量反映了生活等级，取决于物质生产水平。当物质生产较为发达时，居民会追求更高的精神需求，对城市生活质量有更多样化的要求。罗萍等（2000）从主观、客观、小康等方面评析生活质量指标体系，并根据自己的理解重新构建指标体系，认为生活质量结合主观和客观因素，反映在收入、消费、住房、婚姻、社会服务、健康、文化教育以及经济环境等八个方面。周长城（2003，2011）认为应该将提升生活质量以及物质水平作为经济社会发展的终极目标。范柏乃（2006）使用量化分析方法构建生活质量评价体系，并对我国城市的生活质量进行了测算。杨京英等（2012）通过分析经济合作与发展组织提出的生活质量指数，研究生活质量与人均国民收入的关系，发现生活质量指数随着收入的上升而有所提高，但呈非线性特征且存在显著的门限效应。陈程和吴瑞君（2015）将个人价值的主观满意度与客观指标相结合，提出一种测算综合满意指数的方法，以实现不同群体间满意度的可评价性。李金昌等（2019）从高质量发展的内涵着手，针对人民日益增长的美好生活需要和不平衡不充分的发展之间的矛盾，建立高质量发展评价指标体系，包含经济活力、创新效率、绿色发展、人民生活和社会和谐五个方面。随后，更多的国内学者基于对城市生活质量概念的理解，提出各自的理念，选取各个城市的特征指标建立评价体系，测量居民的城市生活质量，并对其影响因素进行探讨（师博和张冰瑶，2019；李陈等，2020 等）。

综上，关于城市生活质量的内涵，国内外学者有不同的理解，有学者认为生活质量反映人们物质和精神生活的客观条件，是生活条件的综合体现，也有学者认为生活质量反映了人民生活舒适度和便利度的主观感受，体现一种精神上的享受和愉悦，还有学者结合客观条件和主观感受认为生活质量综合体现了社会个体追求基本生存和社会发展时所必需的多项特征，是社会成员在保障物质生活条件的基础上对自身和社会环境的认同感。

16.2.1.2　生活质量的指标体系与量化测算

在对城市生活质量的量化研究中，多数学者构建指标体系，结合客观城市环境与主观个人感受，从衣食住行、服务保障、社会环境到幸福感、满意度、自我认知、人际关系等诸多方面构建不同的综合指数测算生活质量。本章对全球权威机构和组织建立的与城市生活质量相关的指标体系进行梳理和回顾（见表 16.1）。目前，测度居民生活质量和美好生活的指数方法较多，通常分为主观和客观两类指标体系。主观指标体系通过访谈和调查问卷等形式建立，主要反映居民对生活、社会、环境等方面的满意度和幸福度，如不丹王国发布的国民幸福指数、经济合作与发展组织提出的生活质量指数等，由于容易受到研究对象的状态和对概念的不同理解等因素的干扰，不少学者对该类指标体系测算结果的可信度提出质疑。客观指标体系使用公开的统计信息，通过计算公式建立，主要反映居民的物质生活条件，如美国海外开发委员会的物质生活质量指数、联合国开发计划署的人类发展指数等，该类指标体系能有效刻画居民的生活质量、收入消费、教育卫生等客观环境，但较难对政府治理、安全感受，以及对工作婚姻的满意度等进行量化。除此之外，还有将主观和客观因素相结合的指标体系，如中国民生指数、中国城市生活质量指数等，该类指标体系有效弥补了前两者的不足，但需要注意对主观和客观因素的权重进行协调。

表 16.1　　　　　　　　　国内外有代表性的生活质量指标体系

指数	机构	年份	指　　标
国民幸福指数	不丹王国	20 世纪 70 年代	4 个方面：政府善治、经济增长、文化发展、环境保护
物质生活质量指数	美国海外开发委员会	1975	3 个指标：婴儿死亡率、平均预期寿命、识字率
综合评价指标体系	美国社会健康协会		6 个指标：就业率、识字率、平均预期寿命、人均 GNP 增长率、人口出生率、婴儿死亡率
人类发展指数	联合国开发计划署	1990	3 个指标：预期寿命、成人识字率和实际人均 GDP

续表

指数	机构	年份	指 标
国民幸福指数	美国经济学家 Daniel Kahneman，Alan B. Krueger	2006	4 个方面：社会健康指数、社会福利指数、社会文明指数、生态环境指数
生活质量指数	经济合作与发展组织（OECD）	2013	11 个方面：住房条件、家庭收入、工作、社区环境、教育、自然环境、公民参与、健康、生活满意度、安全度、工作生活平衡度
中国民生指数	全国人大财经委员会	2009	4 个一级指标：居民生活、生态环境、社会环境、公共服务
中国民生发展指数	国家统计局	2011	6 个一级指标：经济发展、民生改善、社会进步、生态文明、科技创新、公共评价
中国城市生活质量指数	中国社科院经济所和首都经贸大学	2011	7 个主观指标：收入现状、收入预期、生活成本、生活改善、生活环境、生活节奏、生活便利 6 个客观指标：生活水平、生活改善、生活成本、生活便利、人力资本、生活环境
中国平衡发展指数	清华大学中国经济社会数据研究中心	2019	4 个方面：经济、社会、生态、民生

20 世纪 70 年代，不丹国王针对 GDP 不能反映国民生活质量，提出国民幸福指数，用于衡量居民生活幸福快乐的程度。1975 年，美国海外开发委员会为了评估贫困居民的物质福利水平，提出物质生活质量指数，对指标进行简单的算术平均，衡量一个国家居民的营养、卫生和受教育水平，该指数未反映国家的全部社会福利，仅适用于最为贫困的国家。随后，美国社会健康协会在其基础上增加社会经济发展指标，提出综合评价指标体系。1990 年，联合国开发计划署提出人类发展指数，衡量世界各国的经济社会发展水平，该指数每年公布，反映各国的健康、知识和生活水平，对推动经济社会的发展有重要意义。2006 年，美国经济学家 Daniel Kahneman 和 Alan B. Krueger 编制国民幸福指数，结合客观指标评估居民的生活质量和满意度。2011 年，经济合作与发展组织提出生活质量指数，并在 2013 年对其成员的居民幸福感进行评估，发现瑞士、挪威、冰岛、瑞典、丹麦等北欧国家的居民生活最幸福。

国内也有机构对中国居民的生活质量、幸福感以及平衡发展进行测算评估。全国人大财经委员会在 2009 年构建"中国民生指数"，选取 44 个三级指标评估我国民生福祉和发展情况。2011 年，国家统计局发布"中国民生发展指数"，对居民生活质量和生活满意度进行刻画，评估中国发展和民生状况（唐任伍，2011）。同年，中国社科院经济所和首都经贸大学联合发布我国首个《中国城市生活质量指数报告》，该指数结合客观和主观指标，从生活水平、生活成本、生活改善、生活环境、生活便利等方面，评估我国城市生活质量水平，并持续对全国 35 个主要城市进行了跟踪调查，认为我国城市生活质量指数稳中有升，经济的快速增长与生活质量存在反差，而且居民的实际生活质量与主观感受存在差异（张自然等，2011）。2019 年，清华大学中国经济社会数据研究中心从经济、社会、生态、民生四个方面选取 49 个三级指标构建"中国平衡发展指数"，衡量我国发展的不平衡不充分程度，认为我国存在资本产出率低、城乡二元结构突出等问题（许宪春等，2019）。除了这些权威机构和组织，也有众多学者通过自己对生活质量的理解和研究，从不同角度分析建立居民生活质量的指标体系，对生活质量进行量化评估（罗萍等，2000；周长城，2003；范柏乃，2006；李陈等，2020 等）。

16.2.2 关于城市经济便利性与经济增长的研究

经济便利性体现在城市给予企业进行生产活动的便捷程度和生产优势，可以提高企业的生产效率，是城市经济增长的重要指标。在许多文献中企业生产率通常是指全要素生产率，与我们所研究的企业生产便利性不同。我们关注城市特征带来的生产效率和给生产要素带来的产出增加，因此，使用"经济便利性"描述城市特征带给企业的生产优势和生产效率。

目前，关于企业生产率的测算研究颇多且方法各异，但都是通过企业的生产要素进行测量和分析，并未考虑城市特征的影响，无法衡量城市带来的企业生产效率，与本章想要分析的经济便利性存在一定差异。此外，关于生产率的研究多从经济增长、技术进步等视角进行分析，较少使用特征价格模型或影子价格的方法对企业的生产效率进行测量研究。因此，企业生产率与城市生活质量的研究不在一个理论框架内，这导致二者在模型上不可比较，且与城市带来的生产效率有一定的差异，不能将 TFP 作为经济便利性讨论其与生活质量的关系。

经济便利性衡量企业的生产便利程度和城市特征带来的生产效率，尽管与 TFP 和人均产出不一样，但仍然可以体现企业的生产效率，反映一个城市的经济增长水平。基于此，本小节从经济便利性和经济增长的角度梳理已有文献，深入分析城市发展带来的经济效应。

16.2.2.1 城市经济增长的影响因素

提高经济便利性能提高企业的生产效率，促进城市的经济增长，为了实现经济增长和民生改善的均衡发展，有必要分析城市经济增长的影响因素。国内外学者们的研究表明，技术进步、企业的研究与开发、对外贸易、外商直接投资、政策制度等对城市的经济增长和经济便利性有着显著影响。

技术进步，不仅可以提高劳动力、资本等有形生产要素，更是经济增长不可缺少的内生条件和重要源泉。Glaeser 等(1992)认为知识的溢出效应在城市较为显著，地方竞争和技术进步促进了工业就业增长。Basu 和 Weil(1998)使用增长和技术扩散模型研究技术进步与经济增长之间的关系，认为技术进步的促进效应会逐渐扩散，初始收入不同国家的人均收入最终会趋同。Artis 等(2004)对欧洲样本建立了跨区域经济的生产外部性模型，发现技术的溢出效应在地区内稳健，会导致空间总体的规模非递减。严兵(2008)表示前沿技术进步可以带来 80%～90%的生产率增长，进而提高经济增长速度。邵军和徐康宁(2010)通过测算我国城市 TFP，发现技术水平下降是经济增长减慢的主要原因。

企业的研究与开发(Research and Development，R&D)，是企业技术创新的重要组成部分，通过对新技术、新产品的研究开发，企业可以更高效地从事生产活动，从而促进城市经济增长。通常情况下，研发投入越多，科技创新的成果越丰富，生产率水平的提升也就越显著。张海洋(2005)对我国工业部门进行实证分析，认为企业的研发能推动技术进步，进而提高企业生产率，带来经济增长。金雪军等(2006)讨论企业生产率、技术进步与研发投入的关系，认为我国技术引进和研发投入的比例不合理，研发投入仅提高知识和技术的存量，没有完全转化为生产率的增加。白俊红等(2009)通过测算我国部分省区市的研发效率与生产率，发现二者有缓慢的小幅增长，认为 R&D 投入带来的技术进步是经济增长的主要动力。Bronzini (2009)估计了 1980—2001 年意大利的 TFP、R&D 等多个因素之间的长期关系，发现 R&D 对生产率水平有显著的正向影响，二者之间存在长期均衡关系。

外商直接投资(Foreign Direct Investment，FDI)，通过技术的溢出效应和行业内的竞争效应，推动产业的技术进步和科技发展，提高经济增长速度。外商对中国的投资在带来FDI 流入的同时，一方面会引进国外的先进技术和管理模式，另一方面也会加剧产业和行业内的竞争，从而促使国内的企业增加技术投入和科技研发，优化资源配置，从而提高生产效率。刘巳洋(2008)使用 OP 法对近百万个制造业企业测算 TFP，发现 FDI 的流入能增加邻近城市同行业企业的 TFP，而对较远的行业企业影响不大。陈继勇和盛杨怿(2008)发现，FDI 造成的知识溢出效应对 TFP 的影响不显著，地区自身的技术进步才是提高生产效率和经济增长的主要因素。

对外贸易同 FDI 一样，主要是通过扩大经济规模、增加技术溢出和竞争压力等途径影响全要素生产率，进而影响经济的增长。刘晓鹏(2001)使用协整分析和误差修正模型发现增加进口有助于提高生产率和经济增长率。与此相反，刘舜佳(2008)使用 DEA 法测算我国部分省区市的 TFP，认为 FDI 在短期内有助于增加但长期会降低生产率，FDI 与生产率的下降之间存在长期因果关系。

此外，影响城市经济增长的因素还有政策制度、土地投入等多个方面。在制度方面，学者认为良好的制度环境通过降低交易成本、提供服务条件、保护知识产权、创建激励机制等方法改善营商环境，增加企业的经济便利性，进而提高企业的生产效率，带来经济增长。在土地投入方面，认为土地作为企业生产的投入要素，其配置效率与 TFP 密切相关，城市的建设用地也会影响企业的生产率和地区的经济增长，当人均土地资源较少时，城市经济增长较慢。

16.2.2.2　城市经济增长与城市发展

1. 城市规模

Sveikauskas（1975）实证研究美国城市发现，城市规模与经济增长正相关，当规模增加一倍时，TFP 会显著提高 6%～7%，带来城市的经济增长。Henderson（2003）使用面板数据估计了机械和高科技行业的生产函数，发现集聚效应能提高企业生产率，促进经济增长。Combes 等（2012）表示规模大的城市企业生产率更高，一是由于大城市的竞争激烈，选择效应促使生产率高的企业进入市场并生存下来，二是由于集聚带来的经济效应，大城市里的强选择效应会向左缩短企业的生产分布，而强集聚效应会右移并扩大生产分布。Angel（2016）强调了在规模较大的城市中劳动力的通勤时间和企业的区位对提高市场生产率的重要性。金相郁（2006）研究我国 222 个城市 1990—2001 年的城市规模效率，发现由城市规模带来的经济效率存在较大的地区差异。陈良文和杨开忠（2008）表示我国制造业大多数产业存在经济集聚效应，产业自身和其他产业的规模与劳动生产率正相关。孙威和董冠鹏（2010）采取 DEA-Malmquist 指数法分析我国 24 个资源型城市的效率，发现只有少数城市达到综合效率最优，城市的经济效率在不同地区和资源类型间存在差异，并且认为人口规模能提高城市效率。

2. 集聚经济

随着城市规模的逐步扩大，生产要素和资源也在不断地流入，带来经济和要素的集聚效应，因此，不仅城市规模可以提高企业的生产效率，经济的集聚效应也能促进地区的经济增长。Fujita 和 Krugman（1995）发现集聚效应与经济增长存在内生作用，企业愿意向市场潜力大的地区迁移，而聚集的企业又能提升地区的市场潜力。Martin 和 Ottaviano（2001）建立理论模型讨论经济增长与地理集聚的内生关系，发现地区的经济集聚，通过货币外部性降低交易成本和创新成本，进而带来经济增长；反过来，经济增长也会带来集聚效应，因为企业在扩张时会向需求量大、技术创新活跃的地区集聚。Elisabet（2004）讨论不同类型的集聚对西班牙城市制造业区位的影响，认为集聚经济可以促进企业高效生产，所以企业愿意在产业集聚的地方生产。朱英明（2009）将产业集聚效应分为共有集聚经济和城市化经济，认为前者对 TFP 和规模经济的增长有抑制效果，而后者有促进作用。

考虑到集聚效应主要是由规模经济和外部性构成，因此，相邻地区经济发展的外部性和溢出效应对本地的发展至关重要。随着城市经济学的发展，空间计量方法也逐渐成为学者们在研究城市或地区集聚经济与经济增长时的主要方法。刘建国（2010）表示城市的经济效率可能存在空间溢出效应，即经济效率较高的城市或地区可能会提高周边其他区域的经济效率。

3. 基础设施

在城市的发展中，基础设施的建设也起到了重要作用，有学者就基础设施对企业生产率和地区经济增长的作用进行探讨，研究表明增加基础设施的建设对经济增长有正向的外部效应。Roller 和 Waverman（2001）对 OECD 国家研究发现，电信基建对经济增长有积极的因果效应。Hulten 等（2006）研究印度道路和电力基建的外溢效应，发现 1972—1992 年公路和发电能力的增长能解释印度制造业剩余生产率的近 50%。Bronzini（2009）估计了意大利 TFP、研发、人力资本和公共基础设施建设之间的长期关系，发现公共基础设施建设对区域经济增长有显著的正向影响。刘生龙和胡鞍钢（2010）实证检验了我国交通、信息和能源基础设施与生产率和经济增长之间的关系，发现前两者能提高生产率，而能源由于使用效率较低，对经济增长的溢出性不显著。刘秉镰等（2010）则认为完善的城市交通基础设施有利于提高我国生产率。

4. 人力资本

人力资本作为生产投入的要素，能直接影响 TFP，提高经济的增长速度。早在 20 世纪 90 年代，就有学者讨论人力资本对 TFP 的影响，并通过理论模型和实证分析表明人力资本能显著提高城市的经济增长（Adams，1990；Benhabib and Spiegel，1994）。陈钊等（2004）实证研究我国 1987—2001 年的教育发展，认为较大的人力资本差异会导致地区间经济发展和人均收入不均衡。Veugelers 和 Cassiman（2005）使用比利时的数据讨论企业与大学的关系，发现企业与大学的合作能提高企业的创新活动和生产效率。燕安和黄武俊（2010）表示人力资本有利于提升企业生产率和外商投资，因此提高城市的人力资本，能带来技术进步，进而推动 FDI，提高 TFP。魏下海（2009）使用 Malmquist 指数和 VAR 模型测算并讨论 TFP 与贸易开放和人力资本之间的关系，认为人力资本不仅能提高企业生产率，也有利于对外贸易的开放，进而推动地区经济发展。

综上，目前我国关于城市经济增长的研究较多且较为成熟。首先，关于企业生产率或经济增长的研究热度居高不下，在 2016—2019 年中国知网期刊库有关 TFP 的发文量每年大于 400 篇，且文章具有较高的学术价值（翟柱玉等，2019）；其次，研究领域逐渐扩大，从早期对农业、制造业生产率的研究逐步发展到服务业、能源环保、金融等领域，衍生出绿色生产率、碳排放生产率、可持续经济增长等概念；最后，对城市经济增长的研究日益细化，对其影响因素的分析也更加充分、仔细，从原先的技术进步、规模效应到知识溢出、制度政策以及地区空间的差异性等，研究内容更加丰富，有助于更好地解决实际问题。

16.2.3 关于城市高质量发展的研究

高质量发展是我国在"十四五"乃至更长时期内经济社会发展的主题，关系我国社会主义现代化建设全局。近年来，我国政府多次强调，"高质量发展不只是一个经济要求，而是对经济社会发展方方面面的总要求，不是只对经济发达地区的要求，而是所有地区发展都必须贯彻的要求，不是一时一事的要求，而是必须长期坚持的要求"①。随着经济社会的不断发展，人们对美好生活的向往和追求更加丰富，在提升物质生活水平的同时，也对城市的生态环境、社会安全、民主法治等方面提出更深层次的要求，我国社会主要矛盾已经转化为人民日益增长的美好生活需要和不平衡不充分的发展之间的矛盾。因此，城市的发展需要在经济、社会、文化、生态等各个方面贯彻高质量发展理论，始终以广大人民根本利益为中心，坚定不移增进民生福祉，紧密结合城市的高质量发展和高品质生活，满足人民美好生活的需要，提升城市国际竞争力和综合价值。金碚（2018）表示经济发展的本质是追求一定经济条件下的更高质量目标，高质量发展要可持续并有效地满足人民不断增长的多方面需求，要从经济发展能否满足人民日益增长的美好生活需要判断发展质量的高低。高培勇等（2020）通过研究经济、社会和治理高质量发展的互补性关联，认为经济发展服务于社会发展，城市化的本质是提高民生福利，应该协同发展高质量社会和高质量经济。

16.2.3.1 城市建设与高质量发展

近年来，随着"高质量发展"这一理念的提出和受到重视，学界开始关注城市的发展策略，从经济、民生、环境等多个方面讨论城市的高质量发展路径，选取不同的视角对各个城市、省份以及城市群等的发展趋势与战略路径进行定性或定量的分析（李国平，2018；安树伟，2019；杭栓柱，2020；师博等 2021 等）。

许多学者从城市建设的角度考察高质量发展，认为城市的环境污染、基础设施建设、创新能力、人力资本等要素会影响城市的高质量发展。陈诗一和陈登科（2018）对我国2004—2013 年 286 个地级城市雾霾污染对经济发展质量的影响和传导机制进行实证研究，认为雾霾污染会降低城市化和人力资本，从而降低经济发展质量，对大中城市影响显著，但通过政府的环境治理可以降低雾霾污染，提升经济发展质量。盛晓菲和史书华（2021）使用我国 270 个地级市面板数据讨论了城市交通基础建设、雾霾污染与高质量发展的关系，认为经济发展质量与交通建设正相关，与雾霾污染呈倒 U 形关系，交通基建与环境污染有

---

① 报告内容详见 http://www.gov.cn/xinwen/2021-03/07/content_5591271.htm？gov。

显著的正向协同效应。吴传清和邓明亮（2019）对长江经济带 108 个地级市进行实证分析，认为科技创新和对外开放有助于提高城市绿色全要素生产率，且三者存在显著的空间异质性。张婷婷和张所地（2019）将人才集聚程度作为中介变量，使用我国 284 个城市 2008—2016 年的面板数据衡量城市公共性不动产结构对经济高质量发展的影响，发现人才集聚度在两者间有正向中介作用。

另外，城市化带来的集聚效应也对经济的高质量发展至关重要，不少学者从新型城镇化、区域一体化以及城市群建设的角度研究城市的高质量发展。赵倩和沈坤荣（2018）考察了城市群建设对区域经济高质量发展的影响，认为城市群建设应该以功能区划分，强调目标管理和创新意识，加强基础设施的互联互通，优化市场与政府的关系。姜安印和杨志良（2020）使用双重差分法对我国 2014 年新型城镇化试点进行量化研究，发现新型城镇化建设通过要素驱动 TFP，提高工资水平，进而显著提升城市的经济增长质量，且政策效应随时间逐渐增强。姚鹏（2020）等分析了长三角区域一体化的高质量发展路径，对其取得的成就和存在的问题进行探讨，认为要打破传统行政区划带来的隔离，推进要素高效配置，补齐外贸合作经济短板，进而实现城市群的高质量发展。

16.2.3.2 城市生活质量与经济增长的权衡

根据前文对已有文献的整理，发现尽管代表城市经济增长的企业生产率测算方法众多，但是存在两个方面的问题。一方面，它与代表城市高品质生活的居民生活质量不在同一理论框架中，导致两者在模型上不可比较；另一方面，企业生产率通过生产要素的投入与产出进行度量，与城市特征带来的生产优势和生产效率有所偏差，不能代表城市的经济便利性。因此，直接分析城市高品质生活与高质量发展的文献相对较少，多数学者选取城市的经济总量代表城市的经济发展程度或宜商性来研究其与居民生活质量的关系，而且研究目标多为单一城市内部，或在小区域范围的城市群内进行讨论分析。

有学者从定性的角度分析宜居城市的概念及其与经济发展的关系。李雪铭和李婉娜（2005），喻超和王发曾（2014）等学者定性评价了大连、信阳等单一城市的居住环境与经济的协调发展情况并预测其趋势变化。王世营等（2010）对比国内外宜居城市的概念和评价体系，建立以经济发展为基础，以社会文化、生态和治理为支柱的模型，并从空间结构、生态环境、文化建设、交通系统和住房体系等方面提出相关的建设规划和基本思路。陶小军（2017）提出经济增长、文化建设与生活质量存在双向互动关系，表示经济增长是改善生活质量的基础与前提，而以生活质量为目标的发展有利于提高劳动力的积极性，刺激消费带动经济增长。

也有学者定量研究城市宜居性和经济的协调发展度，由于居民生活质量不易观测，大多数研究通过调查问卷建立主观指标体系衡量城市宜居性。刘承良等（2009），张正勇等

（2011）、范晓莉（2015）等建立指标体系定量分析了武汉城市圈、乌鲁木齐、天津等城市的宜居性、城镇化质量与经济的协调发展度。宋伟轩等（2013）基于耦合理论实证分析了我国长三角地区 16 个地级市在 2003—2010 年的经济与民生协调关系。张荣天和焦华富（2015）以泛长三角地区为例，分析经济增长与生态环境两个系统的耦合协调度以及演变情况。李娜和张仲伍（2018）使用熵值法和协调发展度测算了我国"丝绸之路经济带"城市在 2005—2015 年的经济发展程度与城市生活质量，以及二者在时间和空间上的演变情况，认为经济发展和生活质量的协调度有所上升，且东西差异明显。刘传明等（2019）考察江苏省城市的公共服务与经济发展的耦合机制，并刻画二者在时空上的分布特征，发现二者既相互促进又相互制约，在不同经济实力的城市有较大差异。张欢等（2019）采取融合协同度、单位根检验等技术方法探究我国长三角城市群宜业和宜居的融合协同发展水平及其收敛性。唐杰等（2019）使用我国治理质量综合指数考察治理质量对经济增长的影响，发现二者呈倒 U 形，固定资产投资、人力资本积累都能促进我国经济高质量发展。万媛媛等（2020）使用因子分析、熵权法实证评价我国生态文明建设和经济高质量发展的协调关系。胡宗义等（2020）选取"一带一路"沿线中国 93 个城市 2005—2017 年的宏观数据，使用 Lasso 回归选出城市高质量发展的影响指标，评估中国城市高质量发展的时空协同效应。

不少研究发现城市的宜居性和宜商性确实存在一定的负相关性。Gabriel 和 Rosenthal（2004）使用美国年度面板数据分析 1977—1995 年 37 个城市的宜居性和宜商性关系，发现受居民欢迎的城市并不吸引企业，反之亦然，并且劳动力规模会提升城市的宜商性，年轻人多的城市吸引企业，而不吸引企业的城市则更适合已退休的老年人居住。廖远涛（2008）指出改善居民生活质量能显著加快城市的经济增长，推动城市发展，反过来，城市赶超式的经济增长却在较大水平上降低居民生活质量，减缓城市的进一步发展，在城市的建设和规划中，纳入生活质量因素有助于减少城市扩展的负面效应。2011 年中国城市生活质量课题组结合主观和客观指标，测量并分析了中国部分省会城市的生活质量指数，发现我国居民的生活品质与经济的快速发展之间存在反差，居民实际的生活质量与其主观感受之间也存在反差。因此在未来继续保持经济快速稳定增长的同时，加快转变经济发展方式是提高居民生活质量的关键（张自然等，2011）。余泳泽等（2019）使用 SBM 模型评估我国 2003—2016 年 230 个城市的绿色全要素生产率，发现我国城市在经济快速发展的阶段对其高质量增长不够重视，在追求高质量发展时多数城市的经济增长速度明显减缓。田鑫（2020）使用因子 K 均值法对长三角 26 个城市的高质量发展进行评估和聚类，发现经济实力强的城市具有较低的经济活力和创新，但绿色发展水平和民生发展质量相对较高，相反经济活力高的城市民生发展质量较低。

16. 2. 4　基于特征价格的研究方法

在发展经济学的研究中，对城市生活质量的量化通常使用特征价格模型（hedonic price model，HPM），在动态空间均衡假设下，通过房价和工资等可观测的价格变量推算城市生活质量的隐含价值。

美国经济学家 Rosen 最早使用这一方法测算了不同地区的生活质量指数，他根据居民效用最大化和企业利润最大化建立一般均衡模型，用工资数据测量生活质量的隐含价格（Rosen，1979）。Roback（1982）在其基础上加入住房市场，建立房价、工资和城市生活质量的一般空间均衡，认为居民生活质量的价值反映在城市的房价和工资中，当开放经济体达到均衡状态时，住房成本差异和由工资反映的生产力水平差异能够很好地体现在城市生活质量差异上。在 Roback 提出这一空间均衡理论后，对整个城市生活质量的量化成为发展经济学重要的研究内容之一，不少学者运用上述方法选取不同的方程形式和城市数据实证测量了不同地区的居民生活质量。Blomquist 等（1988）将城市的集聚效应加入 Roback 模型中，基于工资和住房成本建立简化的 Hedonic 方程，使用 1980 年美国 185 个大都市的截面数据构建了家庭、企业与城市的结构模型，实证检验了气温、日照时长等自然便利性和城市基础建设，如教育、犯罪率、垃圾处理率，对居民工资的影响，发现城市特征对生活质量的影响在统计学和经济学上均是显著的，认为生活质量较差的家庭可以从较高的工资或较低的土地价格中得到补偿。Albouy（2013）使用特征价格模型测算了加拿大大都市地区的生活质量和生产率差异，发现加拿大居民更关心城市气候和文化氛围，维多利亚、蒙特利尔和温哥华的英语、法语和多语言居民生活质量最高，而多伦多的城市生产率最高。随后，他将税率和本地生产的非贸易商品加入一般均衡模型中，使用工资和房价推断土地租金、本地生产率以及城市便利设施的总价值，发现美国大都市之间的工资和房价差异更多地是由生产率差异造成的，而不是生活质量差异，最具生产率和价值的城市通常是沿海、阳光充足、温暖以及教育资源丰富的大城市（Albouy，2016）。Emilio（2014）等使用特征价格的方法，测算了意大利的城市生活质量，评价城市生活质量在气候、环境、服务与社会四大方面的补偿性差异，发现不同地方的生活质量差异甚大。

国内也有学者通过特征价格的方法分析城市生活质量。周京奎（2009）利用我国 1999—2006 年 233 个城市的面板数据实证分析了城市便利性与工资和房价的关系，发现城市便利性对工资和房价的影响具有明显的地区差异，东部城市显著高于西部城市。Zheng 等（2009）和郑思齐（2008）认为城市生产力水平和生活质量可以用城市房价和土地成本表示，研究发现中国居民对生活质量有显著的支付意愿，居民愿意为居住在更舒适的城市支付更高的房价和生活成本。王丽艳等（2019）使用偏好理论建立城市生活质量指数，采用经济地理大数据测算天津市各居住点的生活质量，发现居住地离中央商务区越近、城市服务设施与环境越好，生活质量越高，高学历人才与创意阶层对生活质量支付意愿高而流动人口的支付意愿较低。

16.2.5 文献小结

目前，国内外对城市居民生活质量的研究较为成熟，一方面关注对城市生活质量的评估与量化，另一方面聚焦于城市生活质量对人才和资源的吸引，从而提升城市竞争力，推动城市的高质量发展。但已有对生活质量的研究存在几点不足：一是对生活质量的量化多采用调查问卷和建立指标体系的方法，尽管有学者使用特征价格模型进行研究，但多用于实证检验城市生活质量、房价和工资水平之间的补偿关系，并未系统测算中国城市的生活质量；二是研究对象多聚焦于美国、加拿大、意大利、德国等高收入的发达国家，对发展中国家的研究相对较少，然而全球有大量人口居住在中等收入国家，因此，以中国为代表分析如何在谋求经济发展的同时保障人民生活质量，对中等收入国家的经济和社会发展有示范作用和参考价值，对推动全球城市发展至关重要；三是在考察居民生活质量对城市发展的影响时多使用回归分析，而简单的回归分析只能推断变量间的相关关系，在无法对其他干扰变量进行有效控制的情况下，并不能很好地解释其因果效应，即较好的生活质量是推动地区发展的原因，因此，需要更合适的计量方法对其因果效应进行深层次的讨论。

已有对城市经济增长和企业生产率的测算和评估文献较多，但多使用全要素生产率即产出投入比进行度量，一方面不能体现城市特征对生产效率的作用，如无法刻画城市的经济便利性，另一方面测算方法多根据生产函数定义，而非特征价格模型，导致城市宜居性和宜商性在模型框架上无法统一，进而在理论层面不可比较。因此，研究城市生活质量和经济便利性耦合关系的文献相对匮乏，尚无完整、系统的理论模型对二者的权衡关系进行分析和刻画。

此外，已有对城市生活质量和经济发展的研究存在三点不足：一是对城市经济发展的衡量多使用国内生产总值、人均 GDP、人均收入等单一指标进行刻画，不能完整反映城市的经济状况和生产效率，而且经济总量与居民生活质量间存在一定内生性，即城市的经济发展水平是人们物质生活的保障，极大影响人民的生活品质；二是研究方法多使用简单的相关性分析和统计学方法，并未考虑城市特征的影响，也未考虑变量在地区和空间上的异质性，对其地区差异和空间效应的研究较少；三是研究对象主要局限于省会等国内主要大城市，或只对单一城市内部、小范围城市圈进行讨论，缺乏对中小城市的研究，样本量小且数据多为城市层面的宏观数据，较少关注到微观个体层面，结果不具有代表性。

基于此，本章研究城市的公共特征和城市发展给居民和企业带来的便利性和优势，以理论模型分析二者的权衡关系，以经济学理论测算居民生活质量和经济便利性，并使用中国地级城市样本讨论城市生活质量和经济便利性的关系。本章的创新主要有以下几点：第一，模型方面，在一般均衡基础上将生活质量和贸易生产率这两个不同系统结合在同一框架中，用住房价格和工资水平将变量货币化，通过衡量居民的支付意愿和变量的隐含价格测算生活质量和贸易生产率；第二，数据方面，已有文献多选取主要城市数据进行测算，样本小且数据过于宏观，本章手动整合了 111 个地级以上城市样本，将微观个体收入数据（户籍、教育、工作等）、房屋信息（楼层、朝向、房龄等）与宏观城市特征结合进行测算，样本量大，数据更完备，更具说服力；第三，对生活质量的测算，已有文献多通过主观意愿建立指标体系进行分析，本章的研究不含主观评价和个人意愿，使用均衡模型和价格变量进行量化计算，结果更客观；第四，对贸易生产率的测算，已有文献多用 TFP 进行测算，考虑到 TFP 测算方法较多，路径不统一，与生活质量不可比，本章使用统一口径基于价格测算贸易生产率，并进行关联研究。

16.3 模型、变量与数据

16.3.1 模型设定

假定居民在城市 j 中消费贸易商品 x（价格标准化为 1）和不可贸易的本地商品 y（价格为 p^j，由住房成本衡量），企业在城市 j 中使用土地 L、资本 K 和劳动力 N 三个要素生产商品，土地 L 价格为 r^j，不可移动且在城市内同质，资本 K 完全流动，以固定的价格弹性 $\bar{\iota}$ 供应，居民 N 在城市间自由流动，提供一单位劳动力并获得工资收入 ω^j。此外居民还拥有由土地和资本产生的非劳动收入 R 和 I，与城市特征无关，因此居民总收入为 $m^j = \omega^j + R + I$，并一次性缴纳个人所得税 $\tau(m^j)$。城市在生活质量 Q^j、贸易商品生产率 A_X^j 和本地商品生产率 A_Y^j 三个特征变量上存在差异，这些特征变量取决于城市的便利性特征向量 $\mathbf{Z}^j = (Z_1^j, \cdots, Z_K^j)$。根据一般均衡条件我们将价格变量（$r^j$，$\omega^j$，$p^j$）与城市属性（$Q^j$，$A_X^j$，$A_Y^j$）建立关联，这样当三个价格可观测时，就能准确识别出城市的生活质量和生产率。

消费者偏好用效用函数 $U(x, y; Q^j)$ 表示，函数对 x，y 拟凹，对 Q^j 递增，支出函数衡量居民获得效用 u 的消费成本：$e(p^j, u; Q^j) \equiv \min_{x, y}\{x + p^j y : U(x, y; Q^j) \geqslant u\}$，随 p^j 递增，Q^j 递减。居民对不同城市的偏好无差异，均衡时获得相同效用 $\bar{u}^*$，因此在拥有较高生活成本或较低生活质量的城市，企业需补偿工人更高的工资：$e(p^j, \bar{u}; Q^j) = m^j - \tau(m^j)$。企业在完全竞争条件下生产商品 x 和 y，生产函数分别为：$X = A_X^j F_X(L_X, N_X, K_X)$，$Y = A_Y^j F_Y(L_Y, N_Y, K_Y)$。生产贸易商品的单位成本为：$c_X(r^j, \omega^j, \bar{\iota}; A_X^j) \equiv$

$\min_{L,\,N,\,K}\{r^j L + \omega^j N + \bar{\iota} K : X = 1\} = c_X(r^j,\ \omega^j,\ \bar{\iota})\,/\,A_X^j$，本地商品 y 有相同的单位成本 c_Y。均衡时企业利润为零，在产出价格一定的情况下，生产率高的城市要支付更高的租金和工资。由零利润条件得到：$c_X(r^j,\ \omega^j,\ \bar{\iota})\,/\,A_X^j = 1$，$c_Y(r^j,\ \omega^j,\ \bar{\iota})\,/\,A_Y^j = P^j$。我们将支出函数和成本函数对数线性化，把每个城市的价格差异与特征差异关联起来，这些差异用对数形式表示，用^表示城市 j 的价格或属性 z^j 相对于全国平均水平 $\bar{z}$ 的百分比差异：$\hat{z}^j = \mathrm{d}\ln z^j = \mathrm{d}z^j\,/\,\bar{z} \cong (z^j - \bar{z})\,/\,\bar{z}$。

由均衡时消费者自由流动即偏好无差异和企业生产零利润得到下列一阶条件方程：

$$\hat{Q}^j = -s_\omega(1 - \tau')\,\hat{\omega}^j + s_y\,\hat{p}^j \tag{16.1}$$

$$\hat{A}_X^j = \theta_L\,\hat{r}^j + \theta_N\,\hat{\omega}^j \tag{16.2}$$

$$\hat{A}_Y^j = \phi_L\,\hat{r}^j + \phi_N\,\hat{\omega}^j - \hat{p}^j \tag{16.3}$$

其中 s_ω 为居民的劳动收入占比，s_y 为消费者对 y 的支出份额，θ_L、θ_N 和 ϕ_L、ϕ_N 分别表示企业用于生产商品 x 和 y 的土地和劳动成本份额。上述均衡条件为相对全国平均水平的一阶近似，这些参数我们选取全国层面的份额占比，具体的参数含义和赋值在后文详细探讨。以上均衡条件表明城市便利性的相对价值是由居民或企业的支付意愿间接衡量的：（16.1）式表明生活质量 $\hat{Q}^j$ 体现在消费者愿意支付的比税后名义收入 $s_\omega(1 - \tau')\,\hat{\omega}^j$ 更高的生活成本 $s_y\,\hat{p}^j$；（16.2）式表明贸易商品生产率 $\hat{A}_X^j$ 体现在企业愿意投入的劳动成本 $\theta_N\,\hat{\omega}^j$ 和土地成本 $\theta_L\,\hat{r}^j$；（16.3）式说明本地生产率 $\hat{A}_Y^j$ 体现在企业愿意投入的比本地商品价格 $\hat{p}^j$ 更高的劳动成本 $\phi_N\,\hat{\omega}^j$ 和土地成本 $\phi_L\,\hat{r}^j$。这样，通过 $\hat{\omega}^j$、$\hat{p}^j$ 和 $\hat{r}^j$，可以计算出城市属性变量 $\hat{Q}^j$、$\hat{A}_X^j$ 和 $\hat{A}_Y^j$。

考虑到土地租金价值 $\hat{r}^j$ 不可观测，我们用住房成本 $\hat{p}^j$ 来推断 $\hat{r}^j$ 和 $\hat{A}_X^j$，将（16.3）式变形为：

$$\hat{r}^j = \frac{1}{\phi_L}(\hat{p}^j - \phi_N\,\hat{\omega}^j) + \frac{1}{\phi_L}\hat{A}_Y^j \tag{16.4}$$

（16.4）式表示用住房成本差异 $\hat{p}^j$ 推断土地租金 $\hat{r}^j$ 要先扣除劳动成本 $\phi_N\,\hat{\omega}^j$，保留土地价值带来的成本差异，并对剩余部分 $\hat{p}^j - \varphi_N\,\hat{\omega}^j$ 按土地成本比例放大，也就是说若 1% 的房价差异来自土地价值，而土地投入占企业生产总成本的 1/4，那么土地的租金成本差异就为 4%，再对本地生产率 $\hat{A}_Y^j$ 进行调整得到 $\hat{r}^j$。将 $\hat{r}^j$ 代入（16.2）式有：

$$\hat{A}_X^j = \frac{\theta_L}{\phi_L}\hat{p}^j + \left(\theta_N - \phi_N\frac{\theta_L}{\phi_L}\right)\hat{\omega}^j + \frac{\theta_L}{\phi_L}\hat{A}_Y^j \tag{16.5}$$

再计算居民的生活质量和企业生产率加权总和，得到城市总价值：

$$\Omega^j \equiv \hat{Q}^j + s_x \hat{A}_x^j + s_y \hat{A}_y^j = \frac{s_R}{\phi_L} \hat{p}^j + \left(\tau' s_\omega - \frac{s_R \phi_N}{\phi_L}\right) \hat{\omega}^j + \frac{s_R}{\phi_L} \hat{A}_Y^j = s_R \hat{r}^j + \frac{d \tau^j}{m} \quad (16.6)$$

16. 3. 2　参数赋值

在模型的建立过程中，我们定义了一些份额参数。对于居民，消费在贸易商品 x 和本地商品 y 的支出比例为 $s_x \equiv x/m^j$，$s_y \equiv p^j y/m^j$，从土地、劳动和资本获得的收入比例分别为 $s_R \equiv R/m^j$，$s_\omega \equiv \omega^j/m^j$，$s_I \equiv I/m^j$。对于企业，用于生产贸易商品 x 的土地、劳动和资本的投入比例为 $\lambda_L \equiv L_X/L$，$\lambda_N \equiv N_X/N$，$\lambda_K \equiv K_X/K$，其成本比例分别为 $\theta_L \equiv r^j L_X/X$，$\theta_N \equiv \omega^j N_X/X$，$\theta_K \equiv \bar{\iota} K_X/X$，同样的，定义 ϕ_L、ϕ_N、ϕ_K 为生产本地商品 y 的要素成本比例。这样参数之间满足以下条件：（1）$s_R + s_\omega + s_I = 1$；（2）$\theta_L + \theta_N + \theta_K = 1$；（3）$\phi_L + \phi_N + \phi_K = 1$；（4）$s_\omega = s_x \theta_N + s_y \phi_N$；（5）$s_R = s_x \theta_L + s_y \phi_L$；（6）$s_I = s_x \theta_K + s_y \phi_K$；（7）$\lambda_L = s_x \theta_L / s_R$；（8）$\lambda_N = s_x \theta_N / s_\omega$。

我们对份额参数进行赋值，首先讨论居民收入和支出份额参数 s。工资收入份额 s_ω 和资本收入份额 s_I 用工资性收入与经营性收入总和以及财产性收入在居民可支配收入中的占比计算，由《中国统计年鉴 2018》有 $s_\omega = 0.74$，$s_I = 0.08$，土地收入份额 $s_R = 1 - s_\omega - s_I = 0.18$。对于支出份额系数，本章将本地商品分为住房和非贸易商品：$s_y \hat{p}^j = s_{\text{house}} \hat{p}_{\text{hous}}^j + s_{\text{oth}} \hat{p}_{\text{oth}}^j$。用于居住的消费支出比为 $s_{\text{house}} = $ 居民人均居住支出／居民可支配收入 $= 0.16$，用于其他非贸易商品的消费支出比为 $s_{\text{oth}} = $ 居民其他消费支出／居民可支配收入 $= 0.55$，剩下的 0. 29 用于储蓄或税收。由于其他非贸易商品的价格差异无法观测，我们参考 Albouy（2008）通过住房成本 $\hat{p}_{\text{hous}}^j$ 来推断预测非贸易商品的价格差异 $\hat{p}_{\text{oth}}^j$。用其他非贸易商品价格对住房商品价格回归得到：$\ln(p_{\text{oth}}^j) = 3.57 + 0.263 \ln(p_{\text{house}}^j) + \varepsilon$。我们将系数 $b = 0.263$ 代入 $s_y = s_{\text{house}} + s_{\text{oth}} b$，从而有：$s_y = 0.3$，$s_x = 1 - s_y = 0.7$。

接着我们考察企业的成本份额，参考 Albouy（2016），我们选取生产 x 的土地成本份额为 $\theta_L = 2.5\%$，根据条件（5）我们有生产 y 的土地成本份额 $\phi_L = 54.2\%$。对于资本的成本份额，由于无法区分生产本地商品和贸易商品的资本投入，不妨令两者相等，根据条件（6）我们有 $\theta_K = \phi_K = s_I = 0.08$。最后，根据参数关系我们有 $\theta_N = 1 - \theta_L - \theta_K = 0.895$，$\phi_N = 1 - \phi_L - \phi_K = 0.378$。关于税率 τ'，我国对居民工资收入征收个人所得税，由于不同收入水平的个税税率不同，且不同居民的专项附加扣除不同（根据个人情况有所减免），因此我们用个人所得税的政府税收占就业人员工资总额的比例计算：$\tau' = 9.2\%$。

综上，具体的参数赋值见表 16.1，将参数代入模型有：

$$\hat{r}^j = 1.85 \hat{p}^j - 0.7 \hat{\omega}^j (+ 1.85 \hat{A}_Y^j) \quad (16.7)$$

$$\hat{A}_X^j = 0.05 \hat{p}^j + 0.88 \hat{\omega}^j (+ 0.05 \hat{A}_Y^j) \quad (16.8)$$

$$\hat{Q}^j = 0.3\,\hat{p}^j - 0.67\,\hat{\omega}^j \tag{16.9}$$

$$\Omega^j \equiv \hat{Q}^j + s_x\,\hat{A}_X^j + s_y\,\hat{A}_y^j = 0.33\,\hat{p}^j - 0.057\,\hat{\omega}^j(\,+\,0.33\,\hat{A}_Y^j) \tag{16.10}$$

表 16.1   参数赋值情况

参数	变量	本章赋值	Albouy(2016)赋值
本地商品消费比重	s_y	0.3	0.36
劳动收入份额	s_ω	0.74	0.75
土地收入份额	s_R	0.18	0.1
贸易商品的土地成本份额	θ_L	0.025	0.025
贸易商品的劳动成本份额	θ_N	0.895	0.825
本地商品的土地成本份额	ϕ_L	0.542	0.233
本地商品的劳动成本份额	ϕ_N	0.378	0.617
工资收入税率	τ'	0.092	0.361

由于土地价值 $\hat{r}^j$ 的数据不可观测，我们假定各个城市的本地生产率相同，即 $\hat{A}_Y^j = 0$。(16.7)式、(16.8)式和(16.10)式括号中表示本地生产率 $\hat{A}_Y^j$ 带来的偏差，对 $\hat{r}^j$ 的影响最大，对 $\hat{A}_X^j$ 影响最小，对 $\hat{Q}^j$ 的测量无影响。本章赋值的参数与 Albouy(2016)的美国数据参数相比，在本地商品消费比重上略低，在土地收入份额上较高，这使得本地商品的要素成本份额有较大出入。此外本章参数中的税率与美国数据相比差距较大，可能是由于我国农民比重高且低收入人群占比较大，较多居民的工资水平未达到起征点，没有计算到政府个税税收中，使得税收比例较低(仅9.2%)。

16.3.3 工资和住房成本差异

考虑到劳动力市场上工人的工资受到企业生产率的影响，工人在不同生产率水平的城市中工资收入也不同。为了刻画各城市间的工资差异，本章将影响工资差异的变量分为个人特征变量 X_i^j，如受教育程度、工作经验、行业、性别等微观因素和城市特征变量 Z^j，如自然环境、基础建设、医疗教育等宏观因素，参考 Mincer 收入方程，我们建立如下半对数特征价格模型：

$$\ln\omega_i^j = \beta_0 + \beta_1\,Z^j + \beta_2\,X_i^j + \varepsilon \tag{16.11}$$

因变量 ω_i^j 为工资水平，自变量 Z^j、X_i^j 分别为城市和个人特征变量，其系数表示在其他特征不变时，某一特征变动一单位时工资水平变动的百分比。在此，我们用城市特征

变量的系数 β_1 表示工资差异水平，代表城市特征带来的工资增长率，即个体为了追求一单位城市特征而愿意放弃或接受的工资变动。考虑到个人特征变量数据为个体微观数据，而城市特征变量为市级宏观数据，我们先用工人工资对其个人特征回归，控制城市变量预测出各个城市平均工资水平，再用预测值对城市特征变量回归，得到不同城市的工资差异。

跟工资差异一样，本章把影响住房成本差异的变量分为房屋特征变量 Y_i^j，如房屋面积、房龄、楼层、房间数、朝向等微观因素和城市特征变量 Z^j，如自然环境、基础建设、医疗教育等宏观因素：$\ln p_i^j = \gamma_0 + \gamma_1 Z^j + \gamma_2 Y_i^j + \epsilon$。因变量 p_i^j 为房价水平，自变量 Z^j、Y_i^j 分别为城市和房屋特征变量，我们用系数 γ_1 表示住房成本差异水平，代表城市特征带来的房价增长率，即个体为了追求一单位城市特征而愿意放弃或接受的房价变动。

16.3.4 变量和数据说明

本章使用 2013 年中国家庭住户收入调查数据（CHIP2013）测算工资差异，数据来自城市住户、农村住户和流动人口调查，不同性质的住户均有样本获得工资性收入，我们将全部调查问卷纳入考察对象，选取年龄在 18~60 周岁的全职工人（一年至少工作 6 个月，每个月至少工作 15 天），在剔除缺失值和异常值后，数据样本包含北京、山西、辽宁、江苏、安徽、山东、河南、湖北、湖南、广东、重庆、四川、云南、甘肃在内的 14 个省（市）111 个地级市的 20030 个观察样本。我们使用网络爬虫软件从安居客网站上搜集了上述地级市的 7400 个二手房价格及特征来测算住房成本。考虑到新房楼盘在未开盘的情况下无法准确定价，而租房数据受到合租人群不固定、租期不稳定以及数据不可得等因素影响，不作为考察对象。城市特征变量的数据来源于《中国城市统计年鉴2013》《中国环境统计年鉴 2013》《中国城市建设统计年鉴 2013》和中国气象局。

关于变量的选取，本章使用时薪对数计算工资水平 $\ln \omega_i^j$，即工资年收入除以一年内的工作小时数后取对数，选取性别、时薪对数、受教育年限、工作经验、工作行业、婚姻状况、民族、户籍性质和健康状况 9 个变量为个人特征 X_i^j。房价 $\ln p_i^j$ 我们选取二手房挂牌总价，房屋特征 Y_i^j 选取城市、挂牌价格、房屋单价、房龄、住房类型、房间数、客厅数、卫生间数、面积、朝向、楼层和装修程度 12 个变量。本章将城市特征 Z_j 分为自然、社会和人文宜居三个方面，考察城市地理条件、基建治安、生态环境和医疗教育等影响工资和房价的 26 个因素。各变量情况和描述详见表 16.2 至表 16.4。

表 16.2　　　　　　　　　　　　　**个人特征变量描述**

变量			样本数	均值	最小值	最大值	说明
性别	女性	female	7855	0.39	0	1	虚拟变量：女性为1
时薪对数		lhrwage	20030	2.6	0.7	6.4	工资收入/一年工作时数
受教育年限		educ_year	20030	10.2	0	21	
工作经验		wkexp	20030	22	0	54	年龄-受教育年限-6
个人特征变量 / 工作行业	行业 1	ind_1	517	0.03	0	1	虚拟变量：1 为农林牧渔业；2 为采矿业；3 为制造业；4 为电力、燃气及水的生产和供应业；5 为建筑业；6 为批发和零售业；7 为交通运输、仓储和邮政业；8 为住宿和餐饮业；9 为信息传输、软件和信息技术服务业；10 为金融业；11 为房地产业；12 为租赁和商务服务业；13 为科学研究和技术服务业；14 为水利、环境和公共设施管理业；15 为居民服务、修理和其他服务业；16 为教育；17 为卫生和社会工作；18 为文化、体育和娱乐业；19 为公共管理、社会保障和社会组织；20 为国际组织
	行业 2	ind_2	534	0.03	0	1	
	行业 3	ind_3	4495	0.22	0	1	
	行业 4	ind_4	371	0.02	0	1	
	行业 5	ind_5	2498	0.12	0	1	
	行业 6	ind_6	2295	0.11	0	1	
	行业 7	ind_7	1482	0.07	0	1	
	行业 8	ind_8	1116	0.06	0	1	
	行业 9	ind_9	494	0.02	0	1	
	行业 10	ind_10	339	0.02	0	1	
	行业 11	ind_11	190	0.01	0	1	
	行业 12	ind_12	506	0.03	0	1	
	行业 13	ind_13	107	0.01	0	1	
	行业 14	ind_14	175	0.01	0	1	
	行业 15	ind_15	2084	0.10	0	1	
	行业 16	ind_16	724	0.04	0	1	
	行业 17	ind_17	554	0.03	0	1	
	行业 18	ind_18	279	0.01	0	1	
	行业 19	ind_19	1258	0.06	0	1	
	行业 20	ind_20	4	0.00	0	1	
婚姻状况	已婚	mar_pre	16504	0.82	0	1	
	离异	mar_div	361	0.02	0	1	
	丧偶	mar_wid	135	0.01	0	1	
	单身	mar_sing	3030	0.15	0	1	
民族	汉族	nat_han	19331	0.97	0	1	
	其他	nat_oth	238	0.01	0	1	

		变量		样本数	均值	最小值	最大值	说明
个人特征变量	户籍性质	农村	hh_rur	10311	0.51	0	1	
		城市	hh_urban	7119	0.36	0	1	
		其他	hh_oth	2600	0.13	0	1	
	健康状况	好	health_good	16965	0.85	0	1	
		中	health_med	2728	0.14	0	1	
		差	health_bad	335	0.02	0	1	

资料来源：2013 年中国家庭住户收入调查数据。

表 16.3 **房屋特征变量描述**

		变量		样本数	均值	最小值	最大值	说明
房屋特征变量		城市	coun	111	3681.14	1101	6211	
		挂牌价格	price	7400	110.10	8	4000	万元
		房屋单价	uni_price	7400	9908.75	1067	163753	元
		房龄	year	7400	7.68	0	39	"2019-建造年代"计算
		房间数	bdroom	7400	2.76	1	10	
		客厅数	lvroom	7400	1.86	0	11	
		卫生间数	wc	7400	1.44	0	9	
		面积	area	7400	110.31	15	875	
	朝向	南北	dir_snth	4122	0.56	0	1	南北双向
		南	dir_sth	2849	0.39	0	1	仅朝南，或东南、西南
		东西	dir_eawe	301	0.04	0	1	仅东西朝向
		北	dir_nth	128	0.02	0	1	仅朝北，或东北、西北
	住房类型	普通住宅	tp_com	7190	0.97	0	1	
		别墅	tp_vil	88	0.01	0	1	
		公寓	tp_lod	115	0.02	0	1	
		其他	tp_oth	7	0.00	0	1	
	楼层	低层	fl_l	1893	0.26	0	1	
		中层	fl_m	2590	0.35	0	1	
		高层	fl_h	2482	0.34	0	1	
		其他	fl_oth	435	0.06	0	1	

续表

变量			样本数	均值	最小值	最大值	说明
房屋特征变量	装修程度	毛坯　dec_raw	2167	0.29	0	1	
		简单装修　dec_smp	1061	0.14	0	1	
		精装修　dec_ref	3678	0.50	0	1	
		豪华装修　dec_lux	379	0.05	0	1	

资料来源：作者采用网络爬虫软件从安居客网站逐个城市收集和整理而成。

表 16.4　　　　　　　　　　　　　　**城市特征变量描述**

变量		标签	单位
自然宜居	年平均气温	X1	℃
	日均峰值日照时数	X2	小时
	全年降水量	X3	mm
社会宜居	每万人拥有公共汽车	X4	辆
	人均城市道路面积	X5	平方米
	移动电话年末用户数	X6	万户
	互联网宽带接入用户数	X7	万户
	用水普及率(%)	X8	
	燃气普及率(%)	X9	
	建成区排水管道密度	X10	公里/平方公里
	人均公园绿地面积	X11	平方米
	建成区绿化覆盖率(%)	X12	
	工业废水排放量	X13	万吨
	工业二氧化硫排放量	X14	吨
	污水处理厂集中处理率(%)	X15	
	生活垃圾无害化处理率(%)	X16	
	城镇失业人数占比	X17	人/万人
	人口密度	X18	人/平方公里
人文宜居	剧场、影剧院数	X19	个
	每百人公共图书馆藏书	X20	册
	医院、卫生院数	X21	个
	每万人医院、卫生院床位	X22	张/万人
	每万人医生数	X23	人/万人
	每万人在校大学生数	X24	人
	每万人普通高校专任教师数	X25	人
	第三产业从业人员比重(%)	X26	

资料来源：《中国城市统计年鉴 2013》《中国环境统计年鉴 2013》《中国城市建设统计年鉴 2013》、国家气象局。

16.4　城市居民生活质量的测算和分析

通过回归我们计算出各个城市的工资差异 $\hat{\omega}^j$ 和住房成本差异 $\hat{p}^j$，①图 16.1 为工资和住房成本差异的散点图，横轴为工资差异$\hat{\omega}^j$，纵轴为住房成本差异 $\hat{p}^j$，我们发现几乎所有人口不超过 300 万的小型城市，工资和住房成本都低于平均水平，而在人口超过 500 万的大型特大城市房价普遍偏高，省会和东部城市尤为明显，其房价高出均值一倍多，个别中部城市如岳阳、株洲、郴州、信阳等工资水平高而房价低，但工资波动范围小仅高出均值不到 10%。

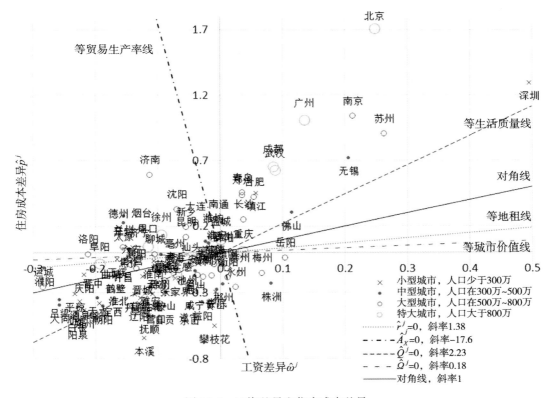

图 16.1　工资差异和住房成本差异

16.4.1　生活质量差异的测算

假定本地商品生产率差异 $\hat{A}_Y^j$ 为 0，即各个城市的本地生产率水平一致，根据估计出的

---

① 因篇幅所限，未列出各城市工资和房价的回归结果和计算数值。

工资和住房成本差异以及(16.9)式，我们计算出各个城市的生活质量差异 $\hat{Q}^j$。①在图16.1中我们绘制了四条均值线，分别描述了(16.7)式至(16.10)式中左侧的城市特征变量 $\hat{r}^j$、$\hat{Q}^j$、$\hat{A}_x^j$ 和 $\hat{\Omega}^j$ 均为0，即处于全国平均水平时的 $(\hat{\omega}^j, \hat{p}^j)$ 价格组合。图中的"等生活质量线"上城市的生活质量处于平均水平 $\hat{Q}^j = 0$。由均衡时消费者偏好无差异((16.1)式)得到斜率为 $s_\omega(1-\tau')/s_y$，表示当工资上涨时，为保持相同的实际消费水平和支付意愿而提高的本地生活成本(住房成本)。各城市到虚线的垂直距离表示生活质量的差异程度，左上方的城市生活质量高于均值，居民要支付比工资水平更高的消费溢价，说明他们享受正向生活质量的支付意愿，而右下方的城市生活质量低于均值，这些城市的居民对城市舒适性的支付意愿较低。根据定义，生活质量是指居民愿意支付的比收入更多的生活成本，因此收入和生活成本(房价)差距大的地区生活质量高，而在生活质量较低的地区收入和生活成本相近。

我们发现111个样本城市中有72个城市高于均值，省会及直辖市的生活质量较好，其中北京、济南、广州位居前三位，高出均值20%以上。不难发现山东、河南的表现较好，部分非一线城市如德州、濮阳、烟台、洛阳、开封等有突出的表现，工资和房价均较高的江苏省生活质量并不高，仅南京和徐州两个城市排在前20且靠后。值得注意的是一线城市深圳的生活质量并未排在前列，可能深圳的收入水平高导致房价工资差较低，居民对城市的支付意愿较低。表16.5罗列了部分主要城市的测算结果，也按城市人口和城市经济总量对样本城市分类，我们发现人口多、经济总量高的地区生活质量高，这些地区房价收入差距大，居民为追求城市优势付出的生活成本高，其中特大城市拥有的经济集聚、就业机会、医疗教育资源、人力资本等明显优势使居民的生活质量有显著的提升，高出其他类型城市近一倍。

表 16.5　　　　　　　　　　主要城市及地区的价格、城市变量与总价值情况

主要城市	观测价格		土地租金 $\hat{r}^j$	城市变量		城市总价值 $\hat{\Omega}^j$	总排名	城市描述		
	工资差异 $\hat{\omega}^j$	房价差异 $\hat{p}^j$		贸易生产率 $\hat{A}_x^j$	生活质量 $\hat{Q}^j$			平均人口 (万人)	经济总量 Ln(GDP)	行政面积 (km²)
北京	0.25	1.71	2.99	0.30	0.35	0.55	1	1288	19.00	16411
深圳	0.49	1.30	2.05	0.50	0.06	0.40	2	278	18.68	1997
南京	0.21	1.04	1.77	0.24	0.17	0.33	3	637	18.09	6587
广州	0.13	1.01	1.77	0.17	0.21	0.33	4	818	18.72	7434
苏州	0.26	0.90	1.48	0.28	0.09	0.28	5	645	18.60	8488

---

①　因篇幅所限，未列出各城市生活质量差异的详细计算结果。

续表

主要城市	观测价格		土地租金 $\hat{r}^j$	城市变量		城市总价值 $\hat{\Omega}^j$	总排名	城市描述		
	工资差异 $\hat{\omega}^j$	房价差异 $\hat{p}^j$		贸易生产率 $\hat{A}_X^j$	生活质量 $\hat{Q}^j$			平均人口（万人）	经济总量 Ln（GDP）	行政面积（km²）
成都	0.09	0.66	1.15	0.11	0.14	0.21	7	1168	18.21	12121
济南	−0.11	0.59	1.17	−0.07	0.25	0.20	8	608	17.69	8177
武汉	0.09	0.63	1.10	0.11	0.13	0.20	9	825	18.20	8494
青岛	0.04	0.45	0.81	0.05	0.11	0.15	10	768	18.11	11282
郑州	0.04	0.43	0.78	0.05	0.11	0.14	12	763	17.83	7446
合肥	0.05	0.42	0.74	0.07	0.09	0.14	13	708	17.54	11445
沈阳	−0.07	0.33	0.65	−0.04	0.14	0.11	14	724	18.01	12980
兰州	−0.15	0.28	0.62	−0.12	0.19	0.10	15	322	16.57	13086
太原	−0.15	0.23	0.53	−0.12	0.17	0.08	17	365	16.96	6977
长沙	0.04	0.25	0.43	0.05	0.05	0.08	19	659	17.97	11816
大连	−0.04	0.23	0.46	−0.02	0.08	0.08	20	589	18.06	12574
昆明	−0.05	0.12	0.26	−0.04	0.07	0.04	26	544	17.22	21012
重庆	0.04	0.01	0.00	0.03	−0.02	0.00	41	3337	18.55	82374
按人口分布的平均值[①]										样本数
小型城市	−0.11	−0.21	−0.32	−0.11	0.01	−0.06		206	15.87	32
中型城市	−0.08	−0.11	−0.14	−0.08	0.02	−0.03		381	16.48	30
大型城市	−0.04	0.07	0.16	−0.03	0.05	0.03		635	16.97	37
特大城市	0	0.35	0.65	0.02	0.11	0.12		1180	17.61	12
按经济总量分布的平均值[②]										
欠发展地区	−0.14	−0.26	−0.39	−0.13	0.01	−0.08		304	15.62	34
发展中地区	−0.08	−0.17	−0.26	−0.08	0.00	−0.05		482	16.40	38
发达地区	0.01	0.32	0.58	0.03	0.09	0.10		693	17.62	39

注：①小型城市人口<300 万；中型城市人口在 300 万~500 万；大型城市人口在 500 万~800 万；特大城市人口>800 万。

②欠发展地区城市 GDP<1000 亿元；发展中地区城市 GDP 在 1000 亿~2000 亿元；发达地区城市 GDP>2000 亿元。

16.4.2 稳健性检验

16.4.2.1 与美国参数计算结果的对比

我们按照 Albouy（2016）的参数赋值重新计算了各城市的生活质量差异，并对比本章参数的结果来分析模型的稳健性。结果显示使用美国参数计算出的生活质量差异波动幅度更大，高出均值的城市个数减少到 59 个，但排名顺序变化不大，仍是省会和直辖市位居前列，这在美国参数计算的结果中更为显著，德州、濮阳、烟台、洛阳等在原有排名中位列前 12 的非省会城市在美国参数计算结果中均后移至 12 名以后。图 16.2 对比了两种参数赋值下的生活质量测算结果，横轴和纵轴分别为本章和美国参数计算的生活质量差异。不难发现本章参数计算的生活质量在人口低于 500 万的中小型城市中较高，而对于人口大于 500 万的大型特大型城市，两种结果大致相同。由于本章选取的税率只有 9.2%，比美国参数中的 36.1% 低很多，这导致在计算生活质量差异时本章所得的收入系数比美国参数高出 20%，因此相对收入水平居民愿意为生活质量支出的消费要少。多数中小型城市的工资收入都低于均值即 $\hat{\omega} < 0$，因此，较大的收入差异系数会放大生活质量的差异程度，使结果偏大；而在大型特大型城市中房价高出均值的程度比工资大，因此较大的工资系数会缩小房价工资差距从而降低生活质量水平，使本章参数计算的生活质量差异与美国参数结果类似。

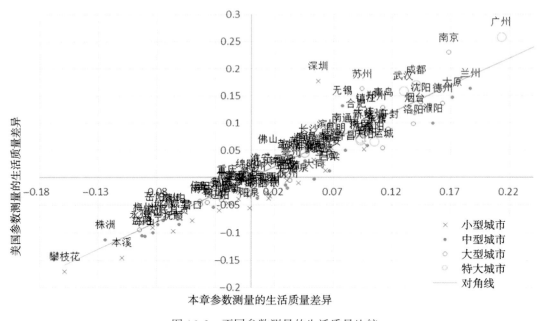

图 16.2 不同参数测量的生活质量比较

16.4.2.2 与国内各类大众排名的对比

目前国内有很多机构对城市的生活质量、宜居性、综合实力等方面进行分析和排名，我们选取部分国内主流的大众排名对比分析本章计算的生活质量排名，进行稳健性检验。

表 16.6 显示了本章计算的 $\hat{Q}^j$ 与官方发布的大众排名的相关性。相关性越高，说明我们的城市生活质量排名与大众排名越趋于一致，越低说明排名存在较大差异。

表 16.6 **生活质量排名与大众排名的相关性**

	相关性	$\hat{Q}^j$	Albouy $\hat{Q}^j$	样本数
1	Albouy $\hat{Q}^j$	0.9571		111
2	2005 年中国 100 城市生活质量排行榜①	0.7043	0.6901	47
3	2006 年 287 个城市生活质量综合分析②	0.6023	0.5689	111
4	2013 年中国城市竞争力蓝皮书③	0.6005	0.4576	111
5	2019 年中国百强城市排行榜④	0.7668	0.6348	49

表 16.6 第 1 行显示本章参数计算的 $\hat{Q}^j$ 与美国参数计算的 Albouy $\hat{Q}^j$ 的相关性为 0.9571，说明除个别城市外两种计算结果基本一致。我们选取 2005 年《中国城市生活质量报告》中的 47 个城市样本对比本章排名，发现相关性高达 0.7043（表 16.6 第 2 行），说明通过房价和工资差异计算出的生活质量排名与大众排名较为一致，而美国参数计算的结果相关性略低，为 0.6901，说明排名与我国实情更吻合。考虑到 2005 年的排名样本有限，我们对比了 2006 年 287 个城市的生活质量情况（表 16.6 第 3 行），0.6023 的相关性说明样本量增加后排名有些许差异但仍保持较为一致的顺序。为匹配 2013 年的数据情况，我们再次对比了 2013 年中国城市竞争力蓝皮书中宜居竞争力排名（表 16.6 第 4 行），111 个地级市样本仍保持 0.6005 的相关性。最后我们用最新的 2019 年中国百强城市排行榜进行对比（表 16.6 第 5 行），虽然这个榜单强调城市的经济指标和综合实力，并未从生活质量的角度进行分析，但城市的经济指标对住房成本和工资水平影响较大，且科教文卫等软经济指标也是影响城市生活质量的重要因素，因此我们仍对 49 个样本进行对比分析，发现相关性达到 0.7668，说明本章计算的生活质量与城市经济指标有较大关联，房价和工资水平

---

① 《2005 年中国 100 城市生活质量排行榜》由中国城市论坛北京峰会发布，该报告是北京国际城市发展研究院对中国 100 个城市进行分析考察和网上调查所得，包含主观评价和客观量化，是我国第一部关于城市生活质量的研究报告。

② 《2006 年 287 个城市生活质量综合分析》由中国城市论坛北京峰会发布，此次排名对消费收入、教育医疗、公共安全、环境就业等 12 项子系统进行量化分析，并导入互联网公众调查，让市民为自己居住和生活的城市打分。

③ 《2013 年中国城市竞争力蓝皮书》由中国社会科学院财经战略研究院、社会科学文献出版社与中国社会科学院城市与竞争力研究中心联合发布，对 2012 年全国 293 个城市的综合经济竞争力和 287 个城市的可持续竞争力排名，包含宜居、宜商、和谐、生态、知识、全域、信息和文化 8 个方面。

④ 《2019 年中国百强城市排行榜》由华顿经济研究院编制，选取 GDP 总量前 100 的城市从经济指标和科教文卫等方面进行综合排名。

对城市的综合实力也有较大影响。

综上所述，本章通过住房成本和工资收入差异计算的生活质量排名与大众排名情况较为一致，相关性在 0.6 以上，测算结果稳健。考虑到大众排名包含较多主观评价和个人意愿，本章的计算方法全部由模型数据推导验算而得，排名结果更具客观性且与城市经济发展程度有较强关联，同时也说明住房成本和工资水平是城市综合竞争力的重要因素。

16.5　企业贸易生产率的测算和分析

根据 (16.8) 式我们计算出各城市的企业贸易生产率 $\hat{A}_X$（见表 16.5），图 16.1 中的点虚线 "-·-·-" 表示具有平均贸易生产率水平 $\hat{A}_X = 0$ 的城市。由均衡时企业零利润条件（(16.5) 式）得到其斜率为 $\phi_N - \phi_L \theta_N / \theta_L < 0$，表示企业为了平衡工资水平而需要降低的土地成本（用住房成本计算）。在这条线上方的城市住房成本高于均值，说明这些城市的贸易生产率较高，大部分中小型城市在斜线下方，说明人口少的城市由于缺乏劳动力导致贸易生产率较低，也有部分大型城市生产率低于均值。

我们发现 111 个样本城市中，只有 26 个城市贸易生产率高于均值，深圳、北京、苏州、南京和无锡位居前 5，高出均值 20% 以上（其中深圳超出 50%）。大部分省会和直辖市的生产率较高，东部省份江苏和广东较其他省份具有更高的生产率水平，而西部省份山西、甘肃的生产率较低，这与我国东西部发展不均衡相符，GDP 总量较高的发达省份生产率高，而 GDP 较低的发展中省份生产率较低。从表 16.5 也可发现，经济发展好的发达地区贸易生产率高于均值，且大幅领先其他地区，在经济发展较弱的欠发展和发展中地区则低于均值。此外，贸易生产率在人口大于 800 万的特大城市中也显著高于其他规模的城市，这是由于人口基数大人力资本高，劳动力投入多从而生产率高。

进一步我们考察贸易生产率 $\hat{A}_X$ 和生活质量 $\hat{Q}$ 之间的关系，虽然两者均由住房成本和工资水平推算得出，但贸易生产率为两者之和，体现为贸易生产要素的投入成本，而生活质量则为两者之差，体现为居民为居住在某一城市而愿意多支付的生活成本。我们把图 16.1 中的坐标系数按比例变换得到图 16.3，以便更直观地分析两个变量。图 16.3 中横轴为贸易生产率差异，纵轴为生活质量差异，与图 16.1 类似，图中的四条等值线分别是工资差异、住房成本差异、地租差异和城市总价值差异为 0 时的均值线。图中显示，贸易生产率与生活质量不存在显著的线性关系，两个变量的相关性低，系数只有 0.09。其次，较多城市的贸易生产率低于均值，只有一部分大型和特大城市有高出均值的生产率，说明我国城市间的贸易生产率不均衡。此外，贸易生产率和生活质量都低于均值的城市多为中小型城市，这些城市房价工资均低，企业生产投入少，居民的支付意愿低，但并非所有中小型城市两者均低，仍有近半数中小城市的生活质量高而生产率低，这些城市拥有高房价和低工资，居民的支付意愿大但生产投入不足，这类情况也出现在一些特大型城市，说明高房价低工资在各个规模城市中都较为普遍。最后，生产率高的城市，大多拥有良好的生活质量，只有少数大型城市生产率高而生活质量低，说明这些城市的房价收入差距较小，反映出的支付意愿较低。

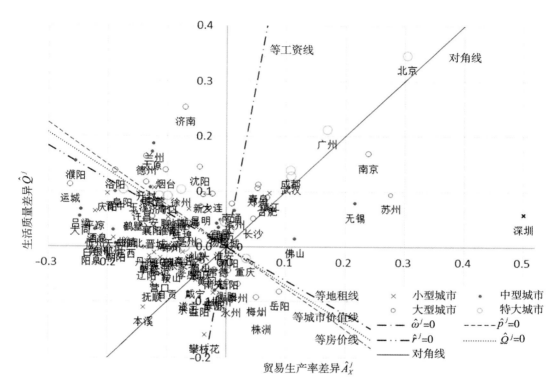

图 16.3 贸易生产率差异和生活质量差异

16.6 城市总价值的分解与研究

本章把城市总价值定义为居民生活质量和企业生产率的加权总和：

$$\hat{\Omega}^{j} \equiv \hat{Q}^{j} + s_{x}\hat{A}_{X}^{j} + s_{y}\hat{A}_{Y}^{j}$$

根据（16.10）式，我们用工资和住房成本差异计算城市总价值，式中工资差异系数较小，仅为 -0.057，因此城市总价值与住房成本差异的计算结果接近。图 16.1 中斜率为 0.18 最趋近于横轴的点虚线为"等城市价值线"，代表城市总价值的平均水平。与住房差异相似，几乎所有的小型城市价值较低，而绝大部分的特大城市总价值较高，表 16.5 也显示城市总价值随城市人口数以及经济总量增加而提高。

16.6.1　方差分解

一个既宜居又宜商的城市是居民和企业的最佳选址地，因此城市的总价值应由居民生活质量和企业贸易生产率组成。为分析这两个城市属性对城市总价值的贡献率，我们进行方差分解：$\mathrm{var}(\hat{\Omega}^j) = \mathrm{var}(\hat{Q}^j) + s_x^2\mathrm{var}(\hat{A}_x^j) + 2s_x\mathrm{cov}(\hat{Q}^j, \hat{A}_x^j)$，通过比较变量方差考察城市特征属性的相对重要性。本章对工资、住房成本和土地租金也做类似分解，结果见表 16.7。

表 16.7　　　　　　　　　　　城市特征属性的方差分解

	方差	解释方差的比重		
		$\hat{Q}^j$	$\hat{A}_x^j$	协方差
$\hat{\Omega}^j$	0.015	46%	48%	6%
$\hat{\omega}^j$	0.015	1%	101%	−2%
$\hat{p}^j$	0.147	41%	51%	8%
$\hat{r}^j$	0.427	50%	42%	8%

表 16.8 显示城市总价值同时受到生活质量和贸易生产率的驱动，两者的变动分别解释 46% 和 48% 的城市总价值，影响比重相当。图 16.3 也表明各城市在贸易生产率差异（横轴）上的分散程度比在生活质量差异（纵轴）上的分散程度要略大一些。工资水平几乎完全受到贸易生产率的影响，如果贸易生产率决定劳动力需求，生活质量决定劳动力供给，那么分解结果说明劳动力需求对工资水平更为重要。住房成本的变化也主要由贸易生产率驱动，这与实情相符，生产率越高的地方房价越高。生活质量对地租的影响稍大一些。

16.6.2　城市便利特征对城市价值的影响

为了更好地了解城市特征，本小节进一步分解观测价格和城市属性，考察城市人口、经济总量和各类城市便利特征对城市价值的影响，表 16.8 为部分回归结果。

首先，通过对城市人口回归（见表 16.8（1））我们发现城市规模与价格变量、城市属性显著正相关，但系数小 R^2 低，模型解释力度差，因此人口数对城市价值的促进效果较小。增加人口能带来更多的劳动力和人力资本，提高企业生产率形成集聚经济促进城市发展，但增加到一定程度时会带来拥挤、污染、犯罪等负面效应，削弱城市的总价值。

其次，在前文的分析中我们发现城市特征的分布与各地经济发展程度有一定正向关系，排名靠前的城市多为经济总量较高的江苏、广东等省份，因此我们检验城市属性和各地 GDP 的相关关系。回归结果显示（见表 16.8（2））经济总量对城市属性有显著的促进作用，尤其是对住房成本和城市总价值的提升，解释力度在 60% 以上，说明大力发展经济确实能提高城市价值，但对生活质量的提升作用有限，因为经济发展会同时提高工资水平和住房成本，总体上只能较小地改善城市生活质量。

最后，我们用线性回归分析各城市便利特征对价格变量和城市属性的潜在影响。根据特征价格理论，我们通过衡量居民对各城市便利特征 $Z^j = (Z_1^j, \cdots, Z_K^j)$ 的支付意愿来估计城市属性的价值：$v^j = \sum_k Z_k^j \pi_{kv} + \varepsilon_v^j$，因变量为价格变量和城市属性 $v \in \{\hat{\omega}^j, \hat{p}^j, \hat{Q}^j, \hat{A}_X^j, \hat{\Omega}^j\}$，便利特征的系数 π_{kv} 衡量一单位某一特征 Z_k^j 的变动对相应因变量 v 的影响。表16.8(3) 列出了部分回归结果，因变量前两栏为价格变量 $\hat{\omega}^j$、$\hat{p}^j$，后三栏为城市属性 $\hat{Q}^j$、$\hat{A}_X^j$ 和 $\hat{\Omega}^j$，自变量为城市便利特征，分为自然、社会和人文宜居三类(见表16.4)。我们对自变量进行了相关性检验，发现变量X6(移动电话年末用户数)与X7(互联网宽带接入用户数)，X24(每万人在校大学生数)和X25(每万人普通高校专任教师数)的相关性在0.8以上，因此删除变量X7和X24，保留24个城市便利特征。决定系数 R^2 表明这些特征变量解释了生活质量、贸易生产率和城市总价值85%以上的变化，其中自然环境、交通通信、绿化环境、休闲娱乐和文化教育都与城市发展和城市价值密切相关。

表 16.8 价格变量和城市属性的部分回归结果

		$\hat{\omega}^j$	$\hat{p}^j$	$\hat{Q}^j$	$\hat{A}_X^j$	$\hat{\Omega}^j$
(1)	人口对数	0.072*** (0.018)	0.304*** (0.053)	0.043*** (0.123)	0.079*** (0.018)	0.096*** (0.017)
	R^2	0.13	0.23	0.1	0.15	0.23
(2)	GDP 对数	0.084*** (0.01)	0.332*** (0.023)	0.044*** (0.007)	0.09*** (0.009)	0.105*** (0.008)
	R^2	0.41	0.65	0.24	0.48	0.64
(3)	自然宜居 X1	0.028 (0.025)	0.199*** (0.066)	0.044*** (0.015)	0.032 (0.024)	0.062*** (0.021)
	X2	−0.285*** (0.082)	−0.039 (0.216)	0.174*** (0.049)	−0.249*** (0.079)	0.008 (0.069)
	X3	0.068*** (0.019)	−0.159*** (0.05)	−0.094*** (0.011)	0.055*** (0.018)	−0.055*** (0.016)
	社会宜居 X4	0.058*** (0.013)	0.083** (0.036)	−0.014* (0.008)	0.055*** (0.013)	0.024** (0.011)
	X5	−0.027* (0.016)	−0.102** (0.043)	−0.013 (0.01)	−0.028* (0.016)	−0.033** (0.014)
	X6	0.057*** (0.017)	0.167*** (0.045)	0.011 (0.01)	0.058*** (0.016)	0.052*** (0.014)

续表

			$\hat{\omega}^j$	$\hat{p}^j$	$\hat{Q}^j$	$\hat{A}_X^j$	$\hat{\Omega}^j$
（3）	社会宜居	X8	−0.005 (0.089)	0.495** (0.235)	0.151*** (0.053)	0.019 (0.086)	0.166** (0.075)
		X10	0.046*** (0.014)	0.111*** (0.037)	0.002 (0.008)	0.046*** (0.013)	0.035*** (0.012)
		X12	0.08*** (0.015)	−0.014 (0.041)	0.059*** (0.009)	0.071*** (0.015)	−0.01 (0.013)
		X15	−0.15*** (0.026)	0.045 (0.068)	0.117*** (0.016)	−0.129*** (0.025)	0.024 (0.022)
		X18	−0.01 (0.011)	0.053* (0.028)	0.022*** (0.006)	−0.006 (0.01)	0.017* (0.009)
	人文宜居	X19	0.017** (0.008)	0.071*** (0.022)	0.011** (0.005)	0.018** (0.008)	0.023*** (0.007)
		X20	0.009 (0.012)	0.091*** (0.031)	0.021*** (0.007)	0.013 (0.011)	0.029*** (0.01)
		X21	−0.04** (0.016)	−0.076* (0.041)	0.004 (0.009)	−0.038** (0.015)	−0.023* (0.013)
		X25	0.001 (0.008)	0.08*** (0.021)	0.024*** (0.005)	0.003 (0.008)	0.027*** (0.007)
		X26	0.006 (0.036)	0.368*** (0.096)	0.105*** (0.022)	0.023 (0.035)	0.121*** (0.031)
R^2			0.86	0.9	0.89	0.87	0.9

注：*，**，***分别表示 10%，5%，1%的显著性水平。

结果显示，城市便利特征对工资水平 $\hat{\omega}^j$ 和贸易生产率 $\hat{A}_X^j$ 的作用类似。一个有趣的发现是，较少的日照时长和较多的降雨量会提高贸易生产率和工资水平。对此可能的解释是，日照少降雨多的城市更趋于减少农业活动，发展不依赖自然气候的制造业和服务业，因此工资水平和贸易生产率均有提高。城市公交电话数、排水管道密度、绿化覆盖率等基建因素对企业生产率有促进作用，而废水废气排放量、污水处理率等环境因素对企业生产率的影响并不显著，说明改善环境对企业生产率的提升作用可能有时滞，当期并不明显。

城市便利特征对住房成本 $\hat{p}^j$ 和城市总价值 $\hat{\Omega}^j$ 的影响较为一致。气候温暖雨水少、基础设施条件好、公园休闲场所多、第三产业从业人数多、大学教育比较发达的地方，不仅住房成本高，而且城市价值高，吸引力大，说明居民在选择居住地时更为重视城市的基础设施建设、高等教育和娱乐文化条件。但是，城市道路和住房过于密集不论对住房成本还是对城市总价值都有负效应，具体地，变量 X5 的系数为负，表明接近马路且道路密集的地方房价较低。

城市便利特征对居民生活质量 $\hat{Q}^i$ 的影响与其他变量不同。自然宜居的相关因素影响显著，温暖的气候、充足的日照和较少的雨水能有效提高居民生活品质。社会人文方面，居民对与日常生活相关的用水普及率、污水处理率、服务业发展、文化教育程度、休闲娱乐场所和绿化环境等有较高需求，而对城市的基础设施建设、环境污染等并无太多关注。回归结果还显示人口密度也能促进生活质量，虽然较高的人口密度会带来拥挤、交通堵塞等问题，但由于中国长期处于人口数量过大的环境，居民习惯与人交往，喜欢有"人情味儿"的生活，因此一定程度的人口密度会给居民带来生活便捷和情感交流，从而提高生活品质。

16.7 研究总结

本章建立一般均衡理论框架，结合微观个体数据和宏观城市特征计算城市生活质量和贸易生产率的相关关系，并且测算和分解城市总价值。考虑到生活质量的不可观测性，本章采用一种将微观个体的工资房价信息与宏观城市便利特征相结合的方法进行测算，用住房成本和工资收入衡量城市特征的隐含价格和居民的支付意愿，从而在模型层面克服生活质量与贸易生产率两个不同城市属性的不可比性，得到更加客观可靠的结论。

本章界定的生活质量指居民愿意支付的高出收入的生活成本，将其作为对城市便利特征的补偿，因此生活质量高的地区收入房价差距大。我们发现，在获取到数据的 111 个地级以上城市中，北京、济南、广州的生活质量较高，人口较多的大城市比中小城市生活质量更高。经过各种稳健性检验，测算结果仍然成立。本章界定的贸易生产率指企业愿意投入的劳动和土地成本，研究发现，我国贸易生产率分布很不均衡，东高西低且省会城市较高，深圳、北京、苏州的企业贸易生产率位居前列。

本章分解城市总价值发现，生活质量和贸易生产率的变动分别解释了城市总价值的46%和48%，影响程度相当。通过特征价格理论，我们用居民对各城市便利特征的支付意愿来估计城市价值，结果显示自然环境、交通通信、绿化环境、文化教育等特征与城市价值和发展密切相关。较少的日照、较多的降雨、良好的基建、发达的休闲娱乐能提高贸易生产率和工资水平。自然环境对居民生活质量的影响显著，居民追求温暖的气候、充足的日照和较少的雨水，对服务业发展、绿化环境、休闲娱乐和文化教育也有较高要求，愿意生活在人口较为密集的地方，而对城市的基础设施建设、环境污染等并无太多关注。

就生活质量与贸易生产率两个不同城市属性比较而言，目前我国较多城市存在生产率相对较低、生活质量相对较高的情况，多数城市房价高工资低，居民的支付意愿高但企业生产投入不足。反过来，生产率相对较高、生活质量相对较低的城市为数不多，仅少数大型城市的房价收入差距小，居民的支付意愿低。我们的研究还发现，城市生活质量和贸易生产率的相关性低，因此，在城市发展中，应该寻求宜居性和宜商性两者兼顾的发展路径。

本章附录

附表 16A　　　　　　　　　　城市微观数据样本和占比情况

城市	编号	工资测算		住房成本测算	
		样本数	占比	样本数	占比
北京市					
北京	1101	1158	5.83	119	1.61
山西省：9 个城市					
太原	1401	199	0.99	60	0.81
大同	1402	155	0.77	130	1.76
阳泉	1403	250	1.25	59	0.8
晋城	1405	135	0.68	60	0.81
朔州	1406	56	0.28	60	0.81
晋中	1407	65	0.32	59	0.8
运城	1408	132	0.66	60	0.81
忻州	1409	211	1.05	56	0.76
吕梁	1411	137	0.68	57	0.77
辽宁省：12 个城市					
沈阳	2101	227	1.13	341	4.61
大连	2102	74	0.37	60	0.81
鞍山	2103	51	0.25	59	0.8
抚顺	2104	39	0.19	58	0.78
本溪	2105	93	0.46	58	0.78
丹东	2106	124	0.62	60	0.81
锦州	2107	77	0.38	60	0.81

城市	编号	工资测算		住房成本测算	
		样本数	占比	样本数	占比
营口	2108	92	0.46	60	0.81
阜新	2109	12	0.06	60	0.81
辽阳	2110	55	0.27	60	0.81
朝阳	2113	81	0.4	60	0.81
葫芦岛	2114	69	0.34	60	0.81
江苏省：10 个城市					
南京	3201	109	0.54	60	0.81
无锡	3202	338	1.69	60	0.81
徐州	3203	219	1.09	59	0.8
苏州	3205	554	2.77	60	0.81
南通	3206	217	1.08	60	0.81
淮安	3208	87	0.43	52	0.7
盐城	3209	97	0.48	60	0.81
扬州	3210	268	1.34	69	0.93
镇江	3211	92	0.46	63	0.85
泰州	3212	447	2.23	66	0.89
安徽省：11 个城市					
合肥	3401	48	0.24	59	0.8
芜湖	3402	165	0.82	74	1
蚌埠	3403	122	0.61	60	0.81
淮南	3404	54	0.27	60	0.81
淮北	3406	108	0.54	60	0.81
安庆	3408	404	2.02	60	0.81
黄山	3410	160	0.8	59	0.8
阜阳	3412	83	0.41	60	0.81
六安	3415	132	0.66	69	0.93
亳州	3416	117	0.58	117	1.58
池州	3417	235	1.17	60	0.81
山东省：11 个城市					
济南	3701	295	1.47	60	0.81
青岛	3702	379	1.89	60	0.81

续表

城市	编号	工资测算		住房成本测算	
		样本数	占比	样本数	占比
淄博	3703	69	0.34	59	0.8
东营	3705	83	0.41	60	0.81
烟台	3706	62	0.31	60	0.81
潍坊	3707	93	0.46	60	0.81
济宁	3708	168	0.84	59	0.8
威海	3710	105	0.52	59	0.8
德州	3714	108	0.54	59	0.8
聊城	3715	139	0.69	59	0.8
滨州	3716	335	1.67	112	1.51
河南省：11个城市					
郑州	4101	256	1.28	57	0.77
开封	4102	232	1.16	60	0.81
洛阳	4103	113	0.56	60	0.81
鹤壁	4106	31	0.15	60	0.81
新乡	4107	365	1.82	60	0.81
焦作	4108	245	1.22	60	0.81
濮阳	4109	115	0.57	59	0.8
许昌	4110	137	0.68	60	0.81
商丘	4114	142	0.71	58	0.78
信阳	4115	139	0.69	59	0.8
周口	4116	235	1.17	60	0.81
湖北省：8个城市					
武汉	4201	342	1.71	117	1.58
宜昌	4205	78	0.39	60	0.81
襄阳	4206	129	0.64	60	0.81
鄂州	4207	156	0.78	60	0.81
荆门	4208	70	0.35	56	0.76
孝感	4209	179	0.89	58	0.78
黄冈	4211	138	0.69	69	0.93
咸宁	4212	139	0.69	59	0.8

续表

城市	编号	工资测算		住房成本测算	
		样本数	占比	样本数	占比
湖南省：10 个城市					
长沙	4301	100	0.5	59	0.8
株洲	4302	81	0.4	60	0.81
衡阳	4304	148	0.74	60	0.81
岳阳	4306	256	1.28	59	0.8
常德	4307	259	1.29	59	0.8
张家界	4308	218	1.09	60	0.81
益阳	4309	75	0.37	84	1.14
郴州	4310	213	1.06	60	0.81
永州	4311	39	0.19	59	0.8
娄底	4313	255	1.27	60	0.81
广东省：7 个城市					
广州	4401	617	3.08	60	0.81
深圳	4403	243	1.21	60	0.81
汕头	4405	205	1.02	59	0.8
佛山	4406	268	1.34	86	1.16
茂名	4409	67	0.33	60	0.81
梅州	4414	245	1.22	120	1.62
云浮	4453	242	1.21	71	0.96
重庆市					
重庆	5001	925	4.62	60	0.81
四川省：9 个城市					
成都	5101	411	2.05	60	0.81
自贡	5103	49	0.24	59	0.8
攀枝花	5104	70	0.35	59	0.8
绵阳	5107	128	0.64	60	0.81
遂宁	5109	319	1.59	60	0.81
乐山	5111	29	0.14	60	0.81
南充	5113	77	0.38	60	0.81
眉山	5114	72	0.36	60	0.81
雅安	5118	37	0.18	60	0.81

续表

城市	编号	工资测算		住房成本测算	
		样本数	占比	样本数	占比
云南省：4 个城市					
昆明	5301	302	1.51	59	0.8
曲靖	5303	132	0.66	60	0.81
玉溪	5304	145	0.72	60	0.81
临沧	5309	66	0.33	86	1.16
甘肃省：7 个城市					
兰州	6201	155	0.77	58	0.78
白银	6204	86	0.43	59	0.8
天水	6205	357	1.78	57	0.77
平凉	6208	102	0.51	60	0.81
酒泉	6209	130	0.65	86	1.16
庆阳	6210	162	0.81	60	0.81
定西	6211	109	0.54	59	0.8
共计 111 个城市		20030	100	7400	100

第 17 章　加快构建新发展格局，努力推动高质量发展：理论内涵、动态测度与实践路径

17.1　引言

面对世界经济百年未有之大变局，中国创造了经济快速发展和社会长期稳定两个奇迹，中国的经济增长对全球增长的贡献度持续提升，为世界经济注入了强劲的活力。党的二十大报告系统阐述了加快构建新发展格局、着力推动高质量发展的重大战略意义。加快构建新发展格局，是根据我国发展的阶段、环境、条件变化，特别是基于我国比较优势的变化，审时度势做出的重大决策，是回应中国之问、世界之问、人民之问、时代之问的战略部署，也是推进中国式现代化的实践创新。

改革开放以来，中国创造了经济快速发展和社会长期稳定两个奇迹，中国经济增长对全球增长的贡献度持续提升，为广大发展中国家树立了典范。纵览几十年来发展中国家的发展格局，存在内向型和外向型的不同思路。在摆脱早期初级产品出口的"中心-外围"模式之后，以拉美国家为代表的一些经济体采取进口替代战略，这种内向型的发展战略旨在保护本国产业，避开全球市场竞争；而第二次世界大战后日本以及亚洲四小龙等新兴工业化经济体则采取出口带动增长的战略，通过出口加工深度融入全球产业体系。中国作为人口众多的发展中大国，探索了具有中国特色的工业化、现代化发展思路。一方面通过持续不断地深化改革，建立国内市场体系；另一方面通过对外开放，由沿海地区发展加工贸易，到引进外资和外国技术，再到建立完整的产业体系，形成梯度开发的区域布局。中国不仅发展成世界第一制造大国，而且是全球产业链、供应链体系的重要支撑力量。然而，世界经济正面临百年未有之大变局，中国要在发展格局和战略部署上主动应变。

当前中国经济战略部署的特征集中体现为三个"新"：新发展阶段、新发展理念、新发展格局。新发展阶段由"经济新常态"的阐述逐渐深化而形成，系统地概括了我国现阶段经济发展的特征和全面建成小康社会奋斗目标的任务；新发展理念是党的十九大提出的"创

新、协调、绿色、开放、共享"的高质量发展总体要求。新发展格局的战略论断自 2020 年提出以来经历了"三部曲"，其理论内涵不断丰富、扩展、提炼和升华，成为中国实现全面建成社会主义现代化强国"两步走"宏伟目标的战略框架和制度保障。

第一部曲可概括为"于变局中开新局"。2020 年年初，中国经济遭遇了前所未有的严峻挑战，不仅面临疫情的冲击，产业链、供应链受阻使得我国工业化、现代化的进程都承受着巨大压力，而且全球经济也面临大面积衰退的风险，经受着逆全球化、反全球化倾向的挑战。2020 年 4 月 10 日习近平总书记在中央财经委员会第七次会议上首次提出"构建以国内大循环为主体、国内国际双循环相互促进的新发展格局"，显示出我国以全局性思路应对挑战和变局的新时代特点。在 2020 年 5 月 14 日召开的中央政治局常务委员会会议上，首次在官方文件里面出现"构建国内国际双循环的新发展格局"的表述。可见，新发展格局是我国面向未来的全新的发展框架，它不仅是一个市场体系、产业体系、管理体系，而且是面对百年未有之大变局的重要共识，是把握未来发展主动权的先手棋。

第二部曲体现为"发挥优势谋全局"。从 2020 年的 7 月开始的两年中，习近平总书记在国内、国际的一系列重要会议上发表重要讲话，从战略和全局高度强调构建新发展格局的必要性和紧迫性。习近平总书记指出，"必须从持久战的角度加以认识，加快形成以国内大循环为主体、国内国际双循环相互促进的新发展格局"，"在有条件的区域率先探索形成新发展格局，打造改革开放新高地"。因此，新发展格局并不是我们应对疫情，以及国际国内经济形势的一些异乎寻常的不确定性所产生的一个短期举措，而是关系到我国未来发展的长期性战略谋划。在此期间，中共中央、国务院连续制定了三个非常重要的文件，分别是《关于构建更加完善的要素市场化配置体制机制的决定》《建设高标准市场体系行动方案》以及《关于加快建设全国统一大市场的意见》。这三个文件层层递进，提出我国要构建全国统一的市场制度规则，形成社会主义经济体系的法律法规、制度保障。高标准、高水平建设全国统一大市场，是双循环"以国内大循环为主体"的本质要求和现实举措。在党的十九届五中全会通过的《中共中央关于制定国民经济和社会发展第十四个五年规划和二〇三五年远景目标的建议》中，详细阐述了形成强大的、富有活力的统一大市场，对于构建新发展格局的重要意义。

第三部曲是"统揽大势定胜局"，集中体现在党的二十大报告里。在二十大报告中，关于新发展格局的论述贯穿始终，从系统概括总结十年来我国经济发展的巨大成就，到提出 2035 年我国总体发展目标，从建设现代化经济体系到阐述总体安全观和新安全格局，始终强调加快构建新发展格局的基础性战略性地位。一方面，二十大报告在统揽我国迈向第二个百年奋斗目标的战略谋划中，重申"加快构建以国内大循环为主体、国内国际双循环相互促进的新发展格局"。另一方面，二十大报告首次提出"要坚持以推动高质量发展为主题，把实施扩大内需战略同深化供给侧结构性改革有机结合起来，增强国内大循环的内生动力和可靠性，提升国际循环质量和水平"。因此，高质量发展是构建新发展格局要实现的根本目标，双循环新发展格局是"以我为主"的全方位的发展方略。不能把新发展格局单纯地理解为扩大国内贸易、国际贸易，也不仅仅包含要素流动、资源配置，实际上，扩大国内消费需求、投资需求，形成内需持续增长的长效机制，是与推进供给侧结构性改革和实现经济结构转型密不可分的。以国内大循环为主体，强调的是夯实经济发展的内生动力和构建我国现代产业体系、科技体系、创新体系的可靠性。国际循环也并不是被动地加入或参与，而是强调形成高水平的对外开放，打造中国制造、中国创造在全球价值链、产业链中的新优势，在建构新的全球经济竞争与合作秩序中发挥积极作用，在我国高质量发展中取得实质性成效。

因此，加快构建新发展格局是回应中国之问、世界之问、人民之问、时代之问的理论创新，也是创造性地建设中国式现代化的实践路径。新发展格局具有战略性、全局性和长远性，在认识中要把握四个"是"、四个"不是"，具体指：是主动作为而不是非常应对；是长期战略而不是权宜之计；是国内国际的双循环，而不是国内经济的单循环；是建在全国统一大市场基础之上的大循环，而不是主张各个地区封闭的小循环，更不是强调所谓的省内循环、市内循环。

17. 2 构建新发展格局的理论内涵

大国经济如何在发展进程中顺应国内国际经济环境的变化，主动有效地调整国内市场与国际市场的关系，这是国际经济学界关注的理论问题，中国提出加快构建新发展格局，具有丰富的理论内涵，促进了经济学理论体系的拓展。

17. 2. 1 构建新发展格局拓展了从比较优势到竞争优势的理论框架

在传统的发展经济学理论中，发展中国家基于初级要素和劳动力成本的比较优势参与国际分工与贸易，但是绝大部分发展中国家的产业都处于低附加价值、低技术水平的产业链中低端，而发达国家基于技术领先优势处在全球产业链和价值链的高端。改革开放40多年来，中国经济规模连续超越传统发达国家，对世界经济增长的贡献总体上保持在30%左右，成为世界经济增长的最大引擎，在所有发展中国家中创造了一个绝无仅有的范例。2021年中国国内生产总值达到114万亿元，占全球经济的比重达到18%以上，作为世界第二大经济体的地位得到巩固提升，与第一大经济体美国之间在经济总量上的差距逐年缩小。因此，中国构建新发展格局，为广大发展中国家，特别是发展中大国提出了一个新的发展命题，即透过现代经济增长史的国际比较视角，发展中国家如何适应经济发展阶段要求和比较优势的变化，努力构建国际合作和竞争新优势。

我们通过比较世界上经济大国、人口大国的外贸依存度的变化，分析我国在经济发展现阶段融入全球贸易体系的水平。中国是世界上最大的贸易国，2021年中国进出口总额超过6万亿美元，相当于第二大贸易国美国当年进出口额的1.23倍，占全球贸易额的13.5%。那么，中国的经济发展高度依赖外贸进出口吗？或者说，中国的外贸依存度相较于其他国家处在怎样的水平？本章选取2021年人口超过1亿的14个国家(包括中国、印度、美国、印度尼西亚、巴基斯坦、尼日利亚、巴西、孟加拉国、俄罗斯、墨西哥、日本、埃塞俄比亚、菲律宾、埃及)以及2021年全球GDP排名前十的国家(包括美国、中国、日本、德国、英国、印度、法国、意大利、加拿大、韩国)进行比较，其中高收入国家8个(包括德国、法国、英国、意大利、日本、韩国、美国、加拿大)，发展中国家12个(包括中国、墨西哥、孟加拉国、巴西、埃及、印度尼西亚、印度、尼日利亚、巴基斯坦、埃塞俄比亚、俄罗斯、菲律宾)。表17.1列示的是2012—2021年以上20个国家外贸依存度的年度变化。在图17.1和图17.2中，我们分别将中国与这些高收入国家以及发展中人口大国进行比较。

表 17.1　　　　　　　　　中国与部分国家外贸依存度(%)

国家	2012 年	2013 年	2014 年	2015 年	2016 年	2017 年	2018 年	2019 年	2020 年	2021 年
中国	45.32	43.46	41.06	35.74	32.81	33.36	33.27	32.06	31.70	34.12
德国	72.47	70.34	69.46	70.80	68.87	70.75	71.53	70.04	66.41	72.25
法国	46.32	44.90	44.05	44.15	43.22	44.49	45.10	44.91	40.68	44.23
英国	43.46	43.12	39.03	37.06	38.47	40.09	39.94	40.16	37.64	36.48
意大利	47.43	46.58	46.45	47.26	46.27	48.96	50.33	50.35	48.96	55.27
日本	26.85	29.70	30.68	28.54	25.04	27.79	29.51	27.84	25.33	30.89
韩国	83.50	78.44	74.02	65.72	60.10	64.79	66.10	63.31	59.84	70.03
美国	23.88	23.21	22.98	20.57	19.80	20.30	20.84	19.70	18.34	20.40
加拿大	50.97	50.58	52.70	53.98	52.55	52.41	53.39	52.25	48.97	50.36
墨西哥	62.55	60.50	61.47	67.05	71.53	72.62	75.88	73.10	74.53	78.63
孟加拉国	44.47	44.14	41.37	38.15	30.04	30.19	31.04	28.02	23.11	30.05
巴西	19.28	19.61	18.80	20.38	18.09	18.46	22.16	22.12	25.92	32.04
埃及	35.33	33.01	30.64	25.78	24.44	37.00	39.90	32.97	23.67	25.48
埃塞俄比亚	35.29	31.58	33.50	30.37	25.87	22.97	21.37	18.03	15.21	17.73
印度尼西亚	41.59	40.46	39.79	34.04	30.06	32.07	35.39	30.29	28.80	35.91
印度	43.03	42.02	38.53	31.47	27.29	28.25	31.05	28.62	24.35	30.50

国家	2012 年	2013 年	2014 年	2015 年	2016 年	2017 年	2018 年	2019 年	2020 年	2021 年
尼日利亚	36.38	28.81	29.52	19.50	17.01	20.16	26.07	26.28	21.06	27.41
巴基斯坦	30.60	30.17	29.60	24.49	21.43	23.38	23.45	22.95	22.58	29.12
俄罗斯	39.16	37.65	39.08	39.20	37.06	37.56	41.80	39.78	38.50	44.93
菲律宾	45.03	43.13	43.97	43.59	44.64	51.94	52.65	48.63	42.75	50.37

资料来源：世界银行数据库，https：//data.worldbank.org.cn/indicator.

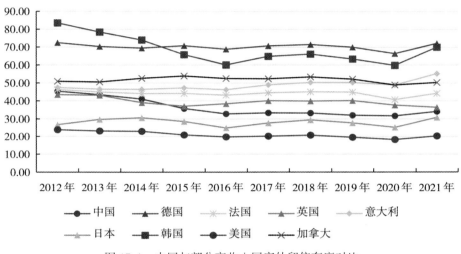

图 17.1　中国与部分高收入国家外贸依存度对比

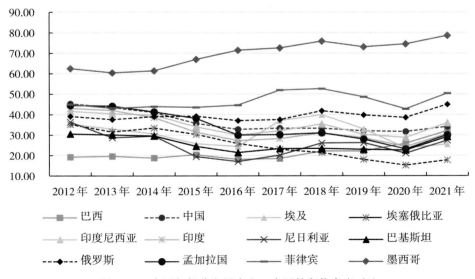

图 17.2　中国与部分发展中人口大国外贸依存度对比

通过比较可以发现，2012—2015 年中国的外贸依存度总体呈逐渐下降态势，2016 年之后处在 30%~35%区间小幅波动，2021 年外贸依存度较 2012 年下降 11.2 个百分点。由图 17.1 可见，高收入国家的外贸依存度总体比较平稳(仅韩国出现了先下降后小幅上升的变化)，表明在经济发展到较高水平后，各国的外贸依存尽管有差异，但是都处在平稳小幅波动的状态。韩国、德国、加拿大、意大利、法国的外贸依存度均高于中国，英国外贸依存度在 2014 年以前略低于中国，2014 年之后高于中国。日本和美国的外贸依存度均低于中国，日本外贸依存度稳定在 30%以下浮动，美国外贸依存度则基本稳定在 20%左右。美国、中国和日本的经济规模位居全球前三(2023 年日本名义 GDP 被德国超越)，自 2015 年后，中美日三国的外贸依存度呈现十分近似的走势，说明我国外贸依存度水平已经接近成熟高收入经济体的波动趋势。由图 17.2 可见，发展中国家的外贸依存度年度间波动比较大，总体趋势是 2012—2016 年小幅下降，2016—2018 年显著上升，2018—2020 年再次下降，并且 2020 年在全球疫情冲击下大幅下挫，2021 年开始回升。2012 年中国外贸依存度仅低于墨西哥，高于其他 10 个发展中国家；但是到 2021 年中国外贸依存度稳定在 34.12%的水平，外贸依存度高于中国的国家有菲律宾、俄罗斯、印度尼西亚，这些国家的出口以资源型、劳动密集型的初级产品为主。

经过比较我们得出以下结论：其一，外贸在我国经济发展中的作用正在向平稳区间收敛。外贸依存度在我国经济发展中发挥了突出作用，但是近十年来，我国外贸依存度正处在逐年平稳浮动的趋势中，30%~35%的外贸依存度适合于我国现阶段的水平。其二，我国现阶段进出口规模保持世界第一，但是中国外贸依存度稳步下降。这一新特点表明世界经济供应链离不开中国制造，但是中国经济运行对外贸的依赖性下降，产业链的稳定性、自主性、安全性上升。其三，我国外贸依存度已经形成与美国、日本等经济规模与人口规模均较大的高收入国家近似的走势。同时我们发现，我国出口依存度、进口依存度、制造品出口占比、一般贸易比例等指标也出现了与美国、日本近似的走势特征。这表明我国经济体量大，经济结构变化已经到了不再是单纯依靠成本比较优势参与国际贸易的阶段，工业制成品出口增速远超初级产品出口，而工业制成品出口增长最为突出的是资本密集型的机电和运输设备等产品。目前中国一般贸易进出口占进出口总额的比重超过 60%，机电产品出口占出口总额比重超过 55%，因此，我国正处在由依靠传统比较优势进行加工贸易转向通过竞争优势融入全球贸易体系的关键转型期。中国加快构建以国内大循环为主体、国内国际双循环相互促进的新发展格局，加快塑造和提升中国企业在国际市场的竞争优势，将突破发展经济学、国际经济学理论中"中心-外围""南北贸易"等传统模式，推动建构新的经济发展理论框架。

17.2.2　构建新发展格局推进了从对外开放到市场融合的理论创新

中国的改革开放史波澜壮阔，展现了发展中大国以改革促开放、以开放进一步倒逼改革的发展历程，是"并联式"地推进工业化、城市化、现代化进程的重大实践，成为发展中大国实现经济快速发展、城乡居民收入水平提高、产业体系不断升级和在全球经济体系中地位持续提高的典范。从 1978 年到 2021 年，我国 GDP 由 3679 亿元上升至 114 万亿元，人均 GDP 由 385 元上升至 81000 元，分别增长约 309 倍和 209 倍，创造了现代经济增长史上前所未有的奇迹。从改革开放史的维度看，我国构建国内大循环、参与国际大循环的实践经历了五个阶段。

第一阶段为 1978—1991 年，这个阶段改革的重心是搞活国内经济，建立市场体系。从农村联产承包责任制到城市企业经营承包制改革，从改革农业统购统销体系到实行价格双轨制，建立了商品市场流通体系。逐步放开户籍制度管理规定，使得农村居民可以有条件、有秩序地向城市转移，城市的虹吸效应使得农村劳动力要素向城市流动和集聚。尽管在 20 世纪 80 年代末有研究提出融入国际大循环的构建（王建，1988），但只是一种加入全球分工与贸易体系的单向发展设想，当时我国各类企业的进出口和国际投资额都非常有限。

第二阶段为 1992—2000 年，这个阶段的重点是推动市场开放与发展加工贸易。深圳等特区的对外开放进一步提速，上海浦东新区的建设推动了我国最发达的城市在国际贸易、国际投资、国际航运等领域发挥突出作用。这个阶段的外向型民营企业如雨后春笋般大量涌现，其经营规模和投资能力均明显提高，在国内生产总值、全国固定资产投资中的占比均显著提升，特别是民营经济在进出口中表现强劲，成为我国"三来一补"、加工贸易的主力军。

第三阶段为 2001—2012 年，这个阶段的重点是融入全球分工与产业链体系。2001 年中国加入世界贸易组织，标志着我国基于国际规则全面融入全球产业链、价值链、创新链。2006 年中国外贸依存度达到历史峰值，全球市场大门向中国企业打开，大力引进国外投资和国外技术，推动了民营企业、合资企业、外资企业等各类非公有制企业迅速成长，中国制造的技术含量、产品质量不断提高，中国完备齐全的现代产业体系和充沛的劳动投入优势，在国际市场上充分展现出竞争优势。

第四阶段为 2013—2019 年，这个阶段的改革重点是扩大内需与供给侧结构性改革并举。党的十八大以来，我国在坚持对外开放的同时，更加强调"做好自己的事"，全面深化经济体制改革。着力建立扩大内需的长效机制，着力减轻贫困和提高低收入人群收入水平，着力推进创新驱动发展战略，着力推进结构升级和建立现代化产业体系，着力推进供给侧结构性改革和提高有效供给能力，着力消除贸易壁垒和建立全国统一大市场，国内大循环在我国经济发展中的作用日益突出。因此，近几年即使面临中美贸易摩擦等逆全球化的冲击，以及疫情影响，我国经济发展仍然保持了强劲的韧性。

第五阶段是 2020 年以来加快构建双循环新发展格局的新时期。中央明确提出要"加快形成以国内大循环为主体、国内国际双循环相互促进的新发展格局"。这是立足于我国国情和现阶段发展特征，深刻把握全球化发展大趋势、大方向而做出的重大科学判断，是我国规划部署"十四五"和未来一段时期经济社会发展的重要指导思想，是我国全面开拓高质量发展新路径和实现建成社会主义现代化强国目标的战略选择。

由此可见，中国的改革开放不是一蹴而就的，而是循序渐进、不断深化的。中国从发展商品贸易敲开国际市场的大门，单向性地加入全球分工贸易体系，到强调用好两个市场、两种资源，全面参与治理全球经济体系，走过了一段螺旋上升的历程。我国努力推进高水平对外开放，稳步扩大规则、规制、管理、标准等制度型开放，加快建设贸易强国，推动共建"一带一路"高质量发展，维护多元稳定的国际经济格局和经贸关系，这些实践既具有突出的中国特色、时代特征，又创造了发展中国家在开放经济中推进发展的成功范例，为国际经济学的理论创新提供了丰富的经验证据。

17.2.3　构建新发展格局推动了从外生增长到内生增长的理论深化

近半个世纪以来，现代经济增长理论经历了一条由外生增长到内生增长的演进道路。以索罗模型为代表的新古典增长模型阐述了外生增长的机制，其中技术进步被视为外生给定的，因而无法解释技术进步和长期经济增长的事实。自 20 世纪 80 年代中期以来，被称为"新增长理论"的内生增长理论蔚然兴起，该理论最重要的突破是将知识、人力资本等内生技术变化因素引入经济增长模式中，采用要素收益递增假定，其结果是资本收益率可以不变或增长，人均产出可以无限增长，并且增长在长期内可以单独递增。技术进步内生化的引入，表明长期经济增长必须关注实体经济发展，通过知识外溢和人力资本积累等机制促进内生技术创新，政府经济政策作为"增长的催化剂"要服务于推动内生增长的目标。纵观世界历史，历次工业革命都发端于重大技术突破，并通过技术进步遍历性地改造整个产业体系，通过"创造性破坏"推动工业化、现代化提升到更高的水平。

自 2015 年以来，我国政府提出推进供给侧结构性改革，并持续采取了一系列政策措施。供给侧结构性改革，重点是解放和发展社会生产力，用改革的办法推进结构调整，减少无效和低端供给，扩大有效和中高端供给，增强供给结构对需求变化的适应性和灵活性，提高全要素生产率。供给侧结构性改革的目的是推动科技创新、发展实体经济，建立富有活力、效率和竞争力的现代产业体系，从根本上夯实我国长期经济增长的内生动能。党的二十大报告要求"把实施扩大内需同深化供给侧结构性改革有机结合起来，增强国内大循环内生动力和可靠性"。当前，在新一轮科技革命和产业变革的推动下，全球正在形成新型工业化的大趋势。深化供给侧结构性改革，是我国促进结构转型和建立现代化产业体系的重要推动力，对于我国构建新发展格局具有关键作用。

一方面，我国是世界第一制造大国，有实力在全球产业链竞争中发挥更大作用。按照联合国产业分类所包含的 39 个工业大类、191 个中类和 525 个小类，我国是世界唯一拥有所有门类、全产业链制造能力的国家。我国已经形成了一个举世无双、行业齐全的工业体系，能够自主生产从粮食、服装鞋袜到航空航天，从原料矿产到工业母机的一切工业产品，可以满足民生、军事、基建和科研等一切领域的需要。中国已经在世界产业链、价值链中占据了不可替代的位置。另一方面，我国创新能力持续提高，具有了争夺下一代新技术制高点的资格。世界知识产权组织发布的《全球创新指数报告》显示，2018 年中国位列第 17 位，2019 年和 2020 年均列第 14 位，正式跨入世界科技创新型国家行列。我国在液晶面板、高铁、智能手机、芯片设计与制造、航天工业、卫星导航和无人机产业等领域不仅具有强大生产能力，而且在一些技术领域实现了由跟跑转向并跑和领跑。

　　本章分析 1994—2020 年中国与早期发达国家的工业增加值占 GDP 比重的变动关系，从中揭示我国供给侧结构特征和内生增长的动力。由图 17.3 可以发现，最近二十多年来中国工业增加值占 GDP 比重始终大大超出早期发达国家。总体上看，早期发达国家的工业增加值占 GDP 比重处于较低水平，该比重均小于 30%，并随着时间变化呈现稳定下降趋势。2020 年，美国、法国、英国、葡萄牙、意大利、西班牙六国的工业增加值占 GDP 比重已下降到 20% 左右，德国、奥地利和加拿大三国的工业增加值占 GDP 比重也都稳定在 30% 以下。与这些发达国家不同的是，中国的工业增加值占 GDP 比重在 2015 年之前长期稳定地处在 45% 左右，近几年略有下降，但是依然远高于发达国家的水平。因此，具有强大完整的工业体系是我国的突出竞争优势，不仅能够满足国内市场对于各类生产和消费品的需求，而且能够在国际上具有显著的市场占有率和比较优势。

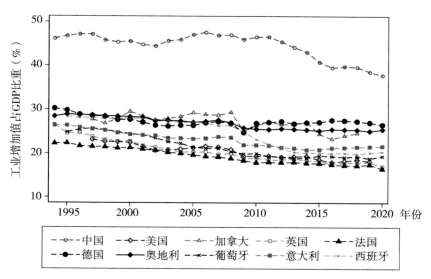

图 17.3　1994—2020 年中国与早期发达国家的工业增加值占 GDP 的比重

　　资料来源：世界银行数据库，https：//data. worldbank. org. cn/indicator。该数据的起始时间为 1994 年。

　　我们进一步对比分析第二次世界大战之后崛起的一些新兴工业化国家或地区①人均 GDP 与工业化进程之间的关系。图 17.4 中展示了 1994—2020 年新兴工业化国家或地区人均 GDP 和工业增加值占 GDP 比重之间的散点关系及"倒 U 形"关系。从中可知，当人均 GDP 开始增加时，工业增加值占 GDP 比重也随之增加，当人均 GDP 超过一定水平之后，工业增加值占 GDP 比重将随着经济增长而下降。进一步计算出二次曲线拐点处人均 GDP 约为 14000 美元，即当人均 GDP 超过这个水平之后，工业增加值占 GDP 的比重开始下降。我国 2020 年人均 GDP 约为 10434 美元，还没有达到拐点的位置。因此，我国现阶段仍处在工业化中后期，必须坚持把发展经济的着力点放在实体经济上，更大力度地促进技术创新，推进新型工业化。

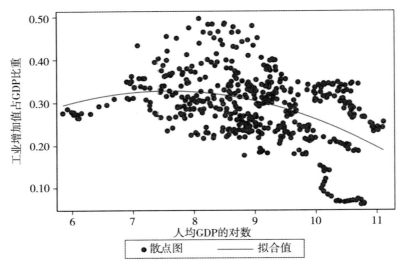

图 17.4　人均 GDP 与工业增加值占 GDP 比重的关系：基于新兴工业化国家或地区的分析

　　近年来，发达国家竞相提出"再工业化""工业 4.0""互联式工业化""数字工业化"等战略，以新一代信息技术、新材料、新能源、生命科学等领域的科技爆发为主要特点的新一轮科技革命和产业变革正在全球兴起。我国必须全方位、深层次地推进实体经济向绿色化、数字化、智能化、服务化和定制化方向发展，促进资源要素配置市场化改革和内生创新，力争在新工业化浪潮中抢占先机，推动中国制造转向中国创造，迈向全球价值链中高端，以更加强劲的国际竞争力为高质量发展构筑持续稳健的内生动能。

────────────

　　①　本章研究中的新兴工业化国家或地区如下：日本、阿根廷、巴西、俄罗斯、菲律宾、哥伦比亚、韩国、马来西亚、墨西哥、南非、泰国、乌拉圭、新加坡、伊朗、以色列、印度、智利、中国台湾、中国香港。

17.2.4 构建新发展格局丰富了从"三驾马车"到"以我为主"的宏观经济理论

在宏观经济学的总需求分析中，消费、投资和净出口并称"三驾马车"，但是如何平衡三者在经济增长中的作用却并不容易。长期以来，我国最终消费增长滞后于经济增长，在GDP中的占比逐渐下降。最终消费占比在"一五"时期在75%左右，20世纪80年代中期约为65%，随后持续下降，到2007年降到48.8%；同期资本形成的占比从35%左右上升至42.3%，净出口从0左右上升至8.9%。在经济发展水平较低阶段，一定范围的高储蓄、低消费能够促进投资，一定限度的贸易顺差能够增加外汇储备，改善一个国家的经济地位和抗风险能力。但是当消费率过低，储蓄率过高时，经济增长过度依赖投资和净出口拉动，会导致产能过剩、效益下降与结构失衡。二十大报告指出"着力扩大内需，增强消费对经济发展的基础性作用和投资对优化供给结构的关键作用"，这对于增强国内大循环内生动力和可靠性具有重要意义。

本章研究了我国改革开放以来，最终消费、投资和净出口三大需求对经济增长的贡献度和拉动率(见图17.5、图17.6)，从中可以厘清我国需求侧结构变化的历程。总体上看，国内最终消费对经济增长的贡献率在60%左右波动(2020年由于新冠疫情冲击例外)，对经济增长的拉动率与经济增长率变化具有同样的趋势，是支撑我国经济增长的主要因素。投资、净出口对经济增长的贡献波动幅度都较大，在绝大多数年份，净出口对我国增长的贡献率和拉动率都在三大需求中排在最后。我们还发现，国内投资的贡献率的变化与净出口的贡献率刚好成反向互补，而国内消费需求则对经济增长发挥了比较稳定的基础性支撑作用。

着重考察党的十八大以来三大需求贡献度的变化，我们发现2012—2019年最终消费的贡献率为50%~69%，是拉动我国GDP增长的最大动力。资本形成的贡献率波动很大，最低仅22.6%(2015年)，最高达53.1%(2013年)。净出口贡献率持续较低，最高的2019年为12.6%，其他7年有4年贡献为负(2013年、2014年、2016年、2018年)，另外三年也分别只有2.5%、4.7%和8.4%。2020年由于疫情缘故，我国需求侧结构发生了较大波动。2020年消费对经济增长的贡献率下降为-6.8%，到2021年消费对经济的贡献又回升到65.4%。由此可见，10年来我国超大规模市场优势持续发挥，国内需求在总需求中的贡献度更为突出，对经济增长的拉动率也更显著。特别是消费结构优化升级，成为经济增长的稳定器和主要驱动力。随着互联网、云计算和人工智能等新技术快速发展，助力网络购物、移动支付等以新业态为特征的新型消费持续壮大，我国能够有效激发市场活力，加快发展服务消费，稳步推进消费升级，建立扩大内需的长效机制，进一步发挥超大国内市场的巨大潜力。我国着力扩大国内需求，建立"以我为主"的总需求结构，是对冲世界经济下行压力、应对各种风险挑战的必然选择，是推动中国经济长期增长的基础性关键性力

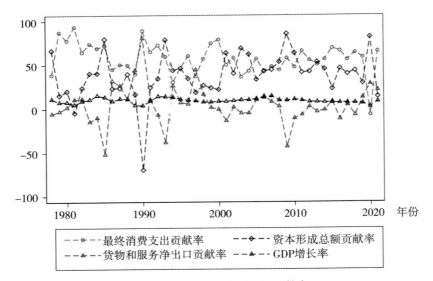

图 17.5 三大需求对经济增长的贡献率(%)

说明：贡献率是指三大需求增量与支出法测算的国内生产总值增量之比，数据来源于国家统计局。

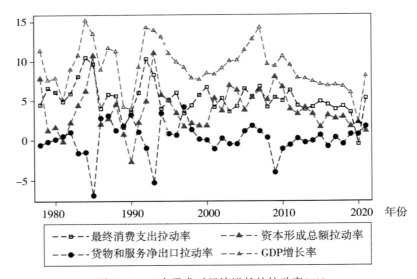

图 17.6 三大需求对经济增长的拉动率(%)

说明：拉动率是指国内生产总值增长速度与三大需求贡献率的乘积，数据来源于国家统计局。

量，是提高中国经济发展独立性、自主性和安全性的根本举措。中国的发展实践适应现行全球经济秩序下发展中国家的实际，能够推动宏观经济理论的创新。

17.3 构建新发展格局的动态测度

17.3.1 新发展格局综合指标体系的构建

构建新发展格局是一个系统工程，构建国内国际双循环是一个庞大的经济系统。中央要求"分其详于下"，有重点、有步骤地加快构建新发展格局。本章通过建立综合指标体系，动态追踪各省区市在新发展格局中的地位和作用，推动构建新发展格局的实践。

近年来已有一些学者从不同视角探讨新发展格局的相应指标。从定性分析的角度来看，王跃升(2022)认为构建新发展格局要提高自主创新，转向实体经济以及推动消费高质量发展。黄群慧(2021)提出新发展格局的关键是"国内大循环为主体"以及"双循环相互促进"，核心是创新驱动、内需导向以及高质量工业化，并提议构建供给与需求协同发展的政策体系。江小涓、孟丽君(2021)指出经济内循环应营造有效的市场竞争环境、提高内需消费、推进城镇化与企业自主创新，经济外循环应促进引导外资、先进技术、自然要素流向国内并通过对外投资吸收全球资源。李海舰等(2022)建议从经济发展、政治文明、文化发展、社会发展以及生态文明五个方面构建"五位一体"的新发展格局。从定量测算的角度来看，原伟鹏、孙慧(2022)选取年末常住人口、GDP、内贸依存度、外资利用度、外贸开放度以及贸易发展水平来探究国内和国际大循环对经济高质量发展的影响。黄群慧、倪红福(2021)、陈全润等(2022)基于2000—2014年全球投入产出数据库(WIOD)将GDP进行国内国际循环的分解。丁晓强、张少军(2022)使用各省投入产出数据计算经济双循环的集中度、依存度、竞争度以及内卷程度指标。黄仁全、李村璞(2022)基于OECD发布的2021版世界投入产出表分解GDP的变化，对比分析中国与欧盟、东盟、金砖国家的国内国际双循环指标的变化情况。林卫斌等(2022)基于非竞争性的投入产出模型分析三大需求对经济的拉动作用。赵文举、张曾莲(2022)使用耦合协调度模型测度中国经济"内循环"与"外循环"的耦合程度。吕鲲、李北伟(2022)从经济发展、创新发展、人民生活、可持续性发展方面选取指标基于支配性原理和耗散结构理论分析双循环经济系统的有序性。郑休休等(2022)通过选取国内销售与购买以及出口和进口两类指标建立动态联立方程模型，分析国内大循环与国际大循环的相互影响。总体上看，双循环新发展格局的相关研究逐渐从定向分析走向定量测度，而定量分析主要采用投入产出模型，侧重选取贸易角度的指标。现有文献的不足在于：一是选取指标偏少。新发展格局具有全局性战略性，指标过少难以系统地衡量国内国际双循环演进的状况；二是省级层面相关分析较少。既有对双循环的指标测算主要考虑国家宏观层面，我国地域差异明显，省级层面的相关分析有助于把握新发展格局的演进趋势。

基于此，我们认为国内国际双循环新发展格局应从两个方面考虑。一是畅通国内大循环。为此，要求打破行业壁垒，减少地方保护主义，减少政府对经济的干预，营造自由的市场竞争环境与法治环境，支持民营经济和实体经济的发展；推动金融市场、劳动力市场以及房地产市场均衡发展，促进生产资料和消费资料的循环和流通，降低要素市场交易成本；培育全国统一大市场，充分利用国内市场优势，贯通生产、分配、流通、消费各环节，实现上下游产业的融合发展。二是促进国内国际双循环相互链接。为此，要求发挥国内大循环的比较优势，通过高水平的国内大循环吸引国际资源，通过与国际市场的贸易往来、投资往来、技术交流和学术科研交流等活动来促进国际大循环的畅通，更进一步地引领国内大循环质量的提升。基于此，本章按照指标选取的科学性、客观性以及可获得性等原则，从经济运行可靠性、要素市场支撑性、全国统一大市场培育、贸易往来、投资往来、技术交流、国际科研六个方面构建国内国际双循环新发展格局指标体系，这个指标体系总共包含58个细分指标(见表17.2)。我们通过对2013—2019年省级面板数据的分析来探讨我国国内国际双循环新发展格局的演变进程和实践路径。

表 17.2　　　　　　国内大循环与国际大循环双循环新发展格局指标体系

一级指标	二级指标	三级指标	四级指标	指标计算方式	数据来源	指标方向
国内大循环	经济运行可靠性	政府行为规范化	财政税收	财政一般预算支出/GDP	《中国统计年鉴》	+
				企业所得税/GDP	《中国统计年鉴》	+
				增值税/GDP	《中国统计年鉴》	+
			政府对经济的干预	社会固定资产投资中国家预算内资金/GDP	《中国统计年鉴》	−
				政府国有单位就业人员数/城镇从业人员数	《中国统计年鉴》	−
				转移支付/GDP	《中国统计年鉴》	−
			公共财政退出程度	R&D经费内部支出/财政一般预算支出/GDP	《中国科技统计年鉴》	+
		实体经济	规模以上工业企业	规模以上工业企业单位数/三次产业全部法人单位数	《中国统计年鉴》	+
				规模以上工业企业主营业务收入/GDP	《中国统计年鉴》	+
		市场环境公平性	民营经济发展	非国有经济固定资产投资/全社会固定资产投资	《中国统计年鉴》	+
				非国有单位的从业人数/总从业人数	《中国统计年鉴》	+
			企业外部发展	本国企业进出口/GDP	《中国统计年鉴》	+

续表

一级指标	二级指标	三级指标	四级指标	指标计算方式	数据来源	指标方向
国内大循环	要素市场支撑性	金融市场	信贷自主权程度	短期贷款/GDP	《中国金融年鉴》	+
			中介业务自由化	企业存款/GDP	《中国金融年鉴》	+
			市场准入放宽程度	金融从业人员数/总从业人数	《中国金融年鉴》《中国统计年鉴》	+
			外源融资市场化	股票市场交易金额/GDP	《中国证券期货统计年鉴》《中国统计年鉴》	+
			资本市场发育程度	地区上市公司数/全国上市公司总数	《中国证券期货统计年鉴》《中国统计年鉴》	+
				区域股票发行筹资额/全国总筹资额	《中国证券期货统计年鉴》《中国统计年鉴》	+
		劳动力市场	劳动力规模	年末劳动力人数/地区总人口	《中国统计年鉴》	+
			劳动力收入	城镇就业人员平均工资总计	《中国统计年鉴》	+
			劳动力保障	城乡居民基本养老保险参保人数/地区总人口数	国家统计局、人力资源和社会保障部	+
			失业	失业率	国家统计局	−
		房地产市场	房地产开发	房地产本年完成投资/全社会固定资产	《中国统计年鉴》	+
				房屋竣工面积/总人口	《中国统计年鉴》	+
				商品房销售额/GDP	《中国统计年鉴》	+
				房地产开发企业主营业务收入/GDP	《中国统计年鉴》	+
			土地开发	本年土地成交价格/GDP	《中国统计年鉴》	+
				本年完成开发土地面积/总人口	《中国统计年鉴》	+

续表

一级指标	二级指标	三级指标	四级指标	指标计算方式	数据来源	指标方向
国内大循环	全国统一大市场培育	市场活力	商品市场活跃度	社会消费零售总额/GDP	《中国统计年鉴》	+
			互联网普及率	各省区市互联网宽带接入用户/全国互联网宽带接入用户	《中国统计年鉴》	+
			电商交易活跃度	快递数量/地区总人口	《中国统计年鉴》	+
			国内技术交流	国内技术市场成交额/地区总人口	《中国统计年鉴》	+
		人口流动	人均国内旅游收入	国内旅游收入/GDP	各省区市统计年鉴、统计公报	+
			国内旅游出游率	国内游客人次/地区总人口		0
			人口净迁入率	（地区本年末实际人口数－地区上年末实际人口数）/地区上年末实际人口数－地区年末人口自然增长率	《中国统计年鉴》	+
		交通网络	货运密度	地区货运周转量/地区运输线路长度	《中国统计年鉴》	+
			客运密度	地区客运周转量/地区运输线路长度	《中国统计年鉴》	+
		区际分工	非农业部门区位商	（地区第二、第三产业增加值/全国第二、第三产业增加值）/（地区 GDP/全国 GDP）	《中国统计年鉴》	+
			自筹投资依存度	固定资产投资中自筹投资/全社会固定资产投资	《中国统计年鉴》	+
		市场法治	环境保护力度	环境保护支出/财政一般预算支出	《中国统计年鉴》	+
			知识产权保护	三种专利申请授权量/地区总人口	《中国统计年鉴》	+

续表

一级指标	二级指标	三级指标	四级指标	指标计算方式	数据来源	指标方向
国际大循环	贸易往来	进出口	进口依存度	按境内目的地进口总额/GDP	《中国统计年鉴》	+
			出口依存度	按境内货源地出口总额/GDP	《中国统计年鉴》	+
			外商投资进出口额占比	外商投资企业进出口总额/经营单位所在地进出口总额	《中国统计年鉴》	+
		国际人口流动	国际旅游出游率	入境旅游人数/地区总人口	《中国统计年鉴》	+
			人均国际旅游收入	国际旅游收入/地区总人口	《中国统计年鉴》	+
	投资往来	外商投资	外商投资企业数占比	外商投资企业注册登记企业数/三次产业法人单位数	《中国统计年鉴》	+
			外商投资强度	外商投资企业注册登记投资总额/GDP	《中国统计年鉴》	+
			外商投资额占比	全社会固定资产投资中外商投资/全社会固定资产投资额	《中国统计年鉴》	+
			外资进入金融市场	外商注册登记投资金额/地区金融从业人数	《中国统计年鉴》	+
	技术交流	学术交流	国际学术会议与会人数占比	国际学术会议与会人数/全国国际学术会议与会人数	教育部	+
			国际学术会议与会论文占比	国际学术会议与会论文数/全国国际学术会议与会论文数	教育部	+
		技术引进与输出	人均技术市场合同金额	技术市场技术流向地域合同金额数/地区总人口	《中国科技统计年鉴》	+
			引进国外技术合同数占比	引进国外技术合同数/全国引进国外技术合同数	《中国科技统计年鉴》	+
			引进国外技术合同金额占比	引进国外技术合同金额/全国引进国外技术合同金额	《中国科技统计年鉴》	+
			版权合同登记占比	版权合同登记数/全国版权合同登记数	国家版权局	+
	国际科研	科研成果	发表SCI论文数占比	发表SCI论文数/全国发表SCI论文数	《中国科技统计年鉴》	+
			申请PCT国际专利数占比	申请PCT国际专利数/全国申请PCT国际专利数	《知识产权年报》	+

注：其中"－"表示为负向指标。负向指标值越大，得分越低。

17.3.2 对各省区市的评估

我们基于初始数据，测算各省区市国内国际双循环新发展格局指数，具体步骤如下。其一，为消除指标之间量纲的差异，对 58 个细分指标进行标准化处理。正向指标与逆向指标的标准化过程分别为：$Y_{ij} = \dfrac{X_{ij} - X_{\min}}{X_{\max} - X_{\min}}$ 和 $Y_{ij} = \dfrac{X_{\max} - X_{ij}}{X_{\max} - X_{\min}}$。其中，$i$ 表示选取的各项指标，j 表示地区，X_{ij} 表示第 i 个指标在第 j 个地区的数值，$X_{\max}$ 表示第 i 个指标的最大值，$X_{\min}$ 表示第 i 个指标的最小值，Y_{ij} 表示第 i 个指标经过标准化后的数值，其中，$0 \leqslant Y_{ij} \leqslant 1$。初始指标经过标准化后，所有的指标均为正向指标。其二，对标准化后的数据进行赋权。本章采用广泛使用的客观赋权法"熵值法"确定指标的权重。首先，m 个对象 n 个指标的初始矩阵为 $Z = (Y_{ij})_{m \times n}$，其中 $m = 7 \times 31$，$n = 58$；第 j 个地区第 i 个指标占该指标的比重为 $\rho_{ij} = Y_{ij} / \sum\limits_{j=1}^{m} Y_{ij}$；第 i 个指标的熵值为 $e_i = -k \sum\limits_{j=1}^{m} \rho_{ij} \ln \rho_{ij}$，其中，$k = 1/\ln m$；信息熵为 $d_i = 1 - e_i$；第 i 个指标的权重为 $w_i = d_i / \sum\limits_{i=1}^{n} d_i$。最后，根据前文得到的指标权重，采用加权求和的方法对国内国际双循环新发展格局指标进行测度，公式为 $V = \sum\limits_{i=1}^{n} w_{ij} Y_{ij}$，$V$ 代表国内国际双循环新发展格局指数，其中 $0 \leqslant V \leqslant 1$。经测算，得到了 2013—2019 年我国 31 个省市区(未含我国港澳台地区)双循环新发展格局指数得分与排序(见表 17.3)。

表 17.3　　　　　2013—2019 年各省区市国内国际双循环新发展格局指数得分与排序

年份	2013		2014		2015		2016		2017		2018		2019	
地区	得分	排序	得分	排序	得分	排序	得分	排序	得分	排序	得分	排序	得分	排序
上海	0.47	1	0.44	2	0.49	1	0.45	2	0.47	1	0.49	1	0.49	1
北京	0.44	2	0.45	1	0.49	2	0.46	1	0.45	2	0.45	2	0.46	2
广东	0.39	3	0.35	3	0.33	3	0.37	3	0.37	3	0.37	3	0.37	3
江苏	0.30	4	0.27	4	0.23	4	0.27	4	0.27	4	0.28	4	0.29	4
浙江	0.24	5	0.23	5	0.23	5	0.24	5	0.24	5	0.26	5	0.27	5
天津	0.20	6	0.19	6	0.18	6	0.19	6	0.19	6	0.20	6	0.24	6
山东	0.15	9	0.15	7	0.15	8	0.15	8	0.15	9	0.15	10	0.17	7
辽宁	0.16	7	0.14	10	0.13	9	0.15	9	0.16	8	0.16	7	0.16	8
福建	0.15	10	0.15	8	0.15	7	0.16	7	0.16	7	0.16	9	0.15	9
湖北	0.12	13	0.12	13	0.13	11	0.14	11	0.14	11	0.14	11	0.14	10
陕西	0.10	15	0.12	14	0.11	16	0.12	15	0.12	15	0.13	15	0.14	11

续表

年份	2013		2014		2015		2016		2017		2018		2019	
安徽	0.12	12	0.12	12	0.13	12	0.13	12	0.14	12	0.14	12	0.14	12
重庆	0.15	8	0.15	7	0.13	10	0.14	10	0.15	10	0.16	8	0.13	13
四川	0.12	14	0.11	15	0.12	14	0.13	13	0.12	14	0.13	14	0.13	14
海南	0.13	11	0.12	11	0.12	15	0.13	14	0.13	13	0.14	13	0.13	15
湖南	0.09	20	0.09	19	0.09	19	0.09	22	0.10	18	0.11	18	0.11	16
广西	0.08	25	0.08	23	0.08	23	0.09	23	0.10	21	0.10	20	0.11	17
吉林	0.10	16	0.09	18	0.09	22	0.09	19	0.09	23	0.09	23	0.11	18
江西	0.09	22	0.08	22	0.09	18	0.10	18	0.10	17	0.11	17	0.11	19
河北	0.09	21	0.09	20	0.09	20	0.09	21	0.10	22	0.10	21	0.11	20
西藏	0.10	17	0.10	16	0.12	13	0.11	16	0.11	16	0.11	16	0.10	21
山西	0.08	24	0.08	24	0.08	24	0.08	24	0.08	24	0.09	24	0.10	22
云南	0.10	18	0.09	21	0.09	21	0.09	20	0.09	20	0.09	19	0.10	23
河南	0.09	19	0.09	17	0.10	17	0.10	17	0.10	19	0.10	22	0.10	24
黑龙江	0.08	23	0.07	25	0.07	27	0.07	27	0.07	30	0.08	27	0.09	25
贵州	0.07	29	0.07	29	0.07	30	0.07	26	0.07	28	0.08	25	0.09	26
甘肃	0.07	26	0.07	27	0.07	25	0.08	25	0.08	26	0.08	26	0.09	27
宁夏	0.07	27	0.07	26	0.07	28	0.07	30	0.08	25	0.08	28	0.08	28
青海	0.06	30	0.07	30	0.07	29	0.07	28	0.07	29	0.07	30	0.08	29
新疆	0.07	28	0.07	28	0.07	26	0.07	29	0.08	27	0.08	29	0.07	30
内蒙古	0.06	31	0.06	31	0.06	31	0.06	31	0.07	31	0.07	31	0.07	31

注：由于疫情，2020 年、2021 年的经济运行数据出现较大波动，以致与常态化增长的年份缺乏可比性，因此，在进行新发展格局综合指标评估时，采用 2013—2019 年的时段，既体现党的十八大以来我国经济内外循环体系的变化，也维持具体指标数值的可比性。

通过比较分析，我们发现我国双循环格局的演变趋势具有如下显著特征。首先，各省区市在双循环新发展格局中的表现与经济发展水平密切相关。2013—2019 年在双循环中排名靠前的六个省市始终是：上海、北京、广东、江苏、浙江和天津，这些省市都分布在我国东部，是经济发达地区；而排名靠后的省区主要集中在西北、西南地区，比如贵州、甘肃、宁夏、青海、新疆和内蒙古，是欠发达地区。我们将各省区市人均 GDP 与双循环各项指标进行回归分析和格兰杰因果检验。结果发现，商品市场活跃度、互联网普及率、货运密度、客运密度、非农业部门区位商、自筹投资依存度、国内技术交流、环境保护力度、电商交易活跃度、政府对经济的干预、国际学术会议与会人数占比、引进国外技术合同数占比、发表 SCI 论文数占比、申请 PCT 国际专利数占比等均与人均 GDP 之间存在密切相关性，并且存在互为因果的关系。

其次，各省区市在双循环中的作用和排序呈现不同的变化特征。除了前六名排序不变，2019 年双循环指数排序第 7~10 位的省份包括山东、辽宁、福建和湖北。31 个省区市中排序没有变的除了前六名的省市，还有安徽、四川和内蒙古。排序提高的有 12 个，其中分布在东部、中部和西部的分别有 3、5、4 个，排序提高最少 1 个位次，最多提高 8 个位次（广西）。2013—2019 年，中西部部分省份的国内国际双循环新发展格局有所改进，例如中部地区除了湖北双循环指数得分由 0.12 上升到 0.14，排名由第 13 上升到第 10 位，湖南、江西、河南、山西的双循环指数得分均由 0.1 以下提高至 0.1 以上，西部地区的广西、云南等的双循环指数得分和排名也均有改善。然而新疆、西藏、青海、甘肃、内蒙古、黑龙江、贵州的双循环指数得分始终低于 0.1，在各省区市的排名也处于落后状态。可见，我国双循环新发展格局中，东部地区明显处于领先状况，中西部地区在双循环新格局中的总体排序处在跟随地位，但是进步的空间比较大。

最后，国内、国际双循环是相互联系、相互促进的。我们对国内大循环、国际大循环指标分开进行分析发现，不论就国内大循环指数、还是就国际大循环指数而言，排序前六的始终是北京、上海、浙江、广东、江苏和天津，不同年度的排序略有变化，但是这个第一方阵在国内、国际循环中的作用始终处在领先地位，表明构建双循环内在地相互联系、相互促进。此外我们发现，在国内大循环指标中排序前十的省市还有安徽、福建、山东和重庆；在国际大循环指标中排序前十的省份还有辽宁、海南、山东和湖北。这表明不同地区可以并且应该根据自身发展条件，差异化地培育和发挥在双循环中的优势。

17.3.3　动态因子分析

为了探讨新发展格局的主要影响因素，我们进一步开展动态因子分析。具体步骤是：(1)计算各子指标的因子贡献度，并根据特征根大于 1 的方法提取公因子。为避免主成分过多以及公因子对应的指标过于分散，这里提取影响显著的 4 个公因子，这 4 个公因子的累计贡献率为 78.73%，模型卡方检验统计量 p 值为 0，说明模型非常显著。(2)根据提取的主成分，计算主成分与原始变量之间的相关系数，也就是因子载荷。(3)对公因子进行旋转得到因子旋转矩阵，从中发现不同公因子所对应的具体指标的特征。例如，公共因子 F1 在货运密度、客运密度、自筹投资依存度、电商交易活跃度、政府对企业的干预、进口依存度、进口依存度、出口依存度、外商投资企业数占比、引进国外技术合同数占比、引进国外技术合同金额占比等指标上的载荷值都很大。因而，F1 反映了各地区参与全国区际分工及经济环境、贸易往来、投资往来和引进国外技术等情况。(4)测算因子得分，如表 17.4 所示。

表 17.4 因子得分情况

排序	地区	主成分（2013 年）					地区	主成分（2019 年）				
		F1	F2	F3	F4	F		F1	F2	F3	F4	F
1	上海	4.39	0.01	-0.82	1.40	1.92	上海	4.59	-0.20	-1.14	0.72	1.84
2	北京	-0.28	5.15	0.24	0.38	1.71	北京	-0.37	5.08	-0.34	-0.50	1.49
3	广东	1.79	-0.41	3.22	-2.81	0.82	广东	1.30	0.36	2.93	-3.25	0.79
4	江苏	0.38	0.60	1.53	0.84	0.65	江苏	0.26	0.58	2.10	0.40	0.63
5	天津	1.30	0.23	-1.22	1.13	0.58	天津	1.32	0.41	-1.65	0.24	0.52
6	浙江	0.47	0.19	1.53	0.72	0.54	浙江	0.43	0.23	1.74	-0.09	0.49
7	辽宁	0.09	-0.03	0.07	1.92	0.21	辽宁	0.45	-0.37	-0.06	0.86	0.14
8	福建	0.52	-0.35	0.27	-0.33	0.11	福建	0.14	-0.30	0.49	-0.13	0.01
9	重庆	0.09	-0.07	-0.40	0.83	0.03	山东	-0.18	-0.29	1.31	0.06	0.00
10	山东	-0.24	-0.22	1.25	0.44	0.03	重庆	-0.09	-0.25	0.07	0.98	-0.03
11	湖北	-0.73	0.17	0.77	0.91	-0.08	陕西	-0.40	0.28	-0.11	0.49	-0.05
12	四川	-0.55	-0.05	0.67	0.80	-0.10	四川	-0.55	-0.01	1.06	0.38	-0.07
13	海南	0.83	-0.70	-1.35	-0.80	-0.13	湖北	-0.72	0.24	0.91	0.42	-0.07
14	陕西	-0.53	0.26	-0.26	0.38	-0.14	安徽	-0.43	-0.21	0.55	0.39	-0.15
15	吉林	-0.35	-0.20	-0.07	0.67	-0.17	山西	-0.31	-0.11	-0.65	0.87	-0.18
16	安徽	-0.40	-0.29	0.14	0.24	-0.23	湖南	-0.53	-0.24	0.47	0.61	-0.20
17	山西	-0.44	-0.21	-0.20	0.43	-0.25	贵州	-0.51	-0.02	-0.96	1.60	-0.22
18	黑龙江	-0.68	-0.25	0.17	1.15	-0.26	海南	0.59	-0.53	-1.27	-1.36	-0.22
19	河南	-0.55	-0.44	0.65	0.30	-0.28	吉林	-0.31	-0.24	-0.61	0.67	-0.24
20	湖南	-0.63	-0.21	0.36	0.13	-0.29	江西	-0.38	-0.31	-0.09	0.50	-0.24
21	河北	-0.47	-0.50	0.49	-0.12	-0.32	广西	-0.11	-0.59	-0.27	0.28	-0.26
22	江西	-0.25	-0.51	-0.30	-0.05	-0.33	云南	-0.31	-0.27	-0.33	0.06	-0.26
23	广西	-0.30	-0.54	-0.14	-0.35	-0.37	河北	-0.41	-0.41	0.17	-0.05	-0.30
24	云南	-0.34	-0.37	-0.44	-0.49	-0.38	河南	-0.64	-0.54	0.91	0.45	-0.30
25	贵州	-0.45	-0.36	-0.69	0.21	-0.39	甘肃	-0.55	-0.41	-0.28	0.34	-0.38
26	内蒙古	-0.44	-0.13	-0.81	-0.69	-0.40	黑龙江	-0.53	-0.50	-0.15	0.37	-0.39
27	西藏	-0.38	-0.10	-0.76	-1.48	-0.43	西藏	-0.41	0.18	-1.07	-1.53	-0.40
28	甘肃	-0.66	-0.37	-0.30	-0.14	-0.47	内蒙古	-0.27	-0.40	-0.94	-0.43	-0.42
29	宁夏	-0.30	-0.22	-1.14	-1.52	-0.50	新疆	-0.21	-0.61	-0.79	-0.55	-0.46

续表

排序	地区	主成分（2013 年）					地区	主成分（2019 年）				
		F1	F2	F3	F4	F		F1	F2	F3	F4	F
30	新疆	-0.28	-0.44	-0.74	-1.85	-0.54	宁夏	-0.33	-0.38	-0.71	-1.40	-0.49
31	青海	-0.58	0.38	-1.74	-2.23	-0.55	青海	-0.53	-0.14	-1.28	-1.41	-0.58

比较 2013 年和 2019 年各省区市在上述 4 个公共因子上的得分和综合得分，就可对各地区国内国际双循环进行评价。通过动态因子分析，筛选出构建双循环新发展格局的影响因素，主要包括四类。第一类因素是市场整合与营商环境，对应的公共因子反映各地参与全国区际分工、要素市场与产品市场一体化，以及经济环境、贸易往来、投资往来和引进国外技术的状况。具体包括交通与区域分工（含货运密度、客运密度、自筹投资依存度等指标），各省区市经济环境（含电商交易活跃度、政府对企业的干预等指标）、国际贸易、投资与技术交流（含进口依存度、出口依存度、外商投资进出口额占比、国际旅游出游率、人均国际旅游收入、外商投资企业数占比、外商投资额占比、引进国外技术合同数占比、引进国外技术合同金额占比等指标）。第二类因素是科研合作与观念开放，对应的公共因子反映地区技术交流、观念开放性、国际科研、版权保护水平。具体包括人均国内旅游收入、非农业部门区位商、国内技术交流、环境保护力度、知识产权保护、国际学术会议与会人数占比、国际学术会议与会论文占比、人均技术市场合同金额、版权合同登记占比、发表 SCI 论文数占比等指标。第三类因素是经济活力与信息融通，对应的公共因子反映各地区商品贸易、信息流动以及原始创新能力。具体包括商品市场活跃度、互联网普及率、申请 PCT 国际专利数占比等因素。第四类因素是公共服务与要素配置，对应的公共因子反映人口等要素的短期与长期流动状况。具体包括资本市场发育程度、外源融资市场化、市场准入放宽程度、土地开发和人口净迁入率等指标。

17.4 构建新发展格局的实践路径与政策建议

通过构建新发展格局指标体系，我们看到国内国际大循环是相互促进的，构建新发展格局与推进地区经济发展也是互为因果、互为促进的，不同地区在全国构建新发展格局战略中的地位不同，其发挥的作用也呈现出不同的演进过程。加快构建新发展格局需要推动全方位、长期性的实践创新。为此，我们基于构建新发展格局的动态指标测度，提出构建新发展格局的实践路径与政策建议。

其一，加快整合全国统一大市场，提高国内大循环的内生动力和可靠性。建立强大的统一的国内大市场是构建新发展格局的基础支撑和内在要求。国内大市场成为一个有机的整体，才能推动经济内循环，打通要素流动渠道，规范市场秩序，才能有效地抵御贸易保护主义。国内市场整合已是大势所趋，为此我们提出以下实践路径。一是强化市场基础制度建设，建立符合现代市场规则和我国国情的产权保护制度、市场准入制度、公平竞争制度、社会信用制度等。二是强化市场基础设施建设，充分利用数字经济的新技术、新业态、新模式，建立全国性的贸易流通网络、信息交互渠道、各类交易平台等。三是推动要素市场化改革走向深入，建立全国性的要素市场价值评估、信息网络和交易平台，优化土地、劳动力、资本、技术、数据、能源、碳排放、生态环境等资源的配置。四是提升商品和服务市场的管理体系和治理能力，建立全国性的商品与服务质量体系、标准和计量体系、消费者权益保护体系等，提高基于规则的执法与市场监管能力建设。总之，全球价值链正朝着本土化、区域化、多元化的方向迈进，中国作为当之无愧的"世界工厂"，要不断完善国内大市场，提高产业链、供应链的稳定性、安全性，为国内大循环注入活力和动力。

其二，推进高水平的制度型开放，提升国际大循环的质量和水平。未来世界各国深化合作正逐步从商品要素流通型开放转向促进商品要素生产国际协调的制度型开放，从侧重贸易自由化转向建立基于规则标准的全球开放合作制度基础。推动双循环必须坚持实施更大范围、更宽领域、更深层次的制度型对外开放，为此，提出以下实践路径。一是更好发挥区域全面经济伙伴关系协定（RCEP）的作用。我国要加强区域合作，为发展中国家主动对标高标准国际经贸规则做出表率。二是申请加入全面与进步跨太平洋伙伴关系协定（CPTPP），进一步扩大对标高标准国际经贸规则的实践空间。三是促进自贸试验区建设。截至2022年10月，自贸试验区已经进行六次扩容，形成全国21个自贸试验区的基本格局，海南省正在推进自由贸易港建设，要不断促进自贸区先行先试改革和创新实践成果推广，打造全方位扩大开放的"排头兵"和"领头雁"。四是实施负面清单管理制度，加大对外开放监管制度创新。我国自推出首份外商投资准入负面清单以来，经过7次压减，条目由最初的190项减少到27项。要进一步规范负面清单管理，通过治理机制的实践创新推动全球制度型开放，做开放型世界经济的建设者和贡献者。

其三，优化营商环境，发挥市场机制在资源配置中的决定性作用。营商环境是市场经济的肥沃土壤，是市场主体的生命之水。近年来，我国持续优化市场化、法治化、国际化营商环境，在世界营商环境报告中的排名连续提升。但是，营商环境没有最好只有更好，要进一步推动"放管服"改革从商事服务程序的改革转向系统性、制度性的变革，我们提出以下实践路径。一是持续推进立法保障营商环境。贯彻《优化营商环境条例》精神，鼓励各地根据自身特色和发展需要，制定监管执法规定、法律责任和实施细则。二是从"政府端菜"转向"企业点菜"。营商环境新政要突出以企业需求为导向，给政商交往提供一张"明白纸"，明确政府和企业哪些应该为、哪些不能为。政府及有关部门要建立完善制度化、经常化的政企沟通机制，实现政府与企业的良性互动，给企业自由创新与发展的市场环境，让企业家安心、专心、放心地从事经营工作。三是从"开门办事"转向"上门解难"。在企业开办和注销、办理建筑许可、政企沟通、政务服务、园区及楼宇服务、涉外、人才服务、法律服务、知识产权服务等方面靠前提供便利服务。选聘营商环境义务监督员、观察员、研究员，深入一线了解实情解决问题。四是从"各自改"转向"一体改"。以各大都市圈、城市群为示范区，推动各地通过数字化、智能化途径连通企业信息，在涉企服务上统一标准、精简程序，促进毗邻地区在政务服务、公共法律服务、商事纠纷解决、执法联动、司法协作等方面协同行动。

其四，建设国家创新体系，塑造和增进我国在国际竞争中的新优势。以新一代信息技术、新材料、新能源、生命科学等领域的科技爆发为主要特点的新一轮科技革命和产业变革正在全球兴起。我国要加快建设国家创新体系，在新发展格局中锻造竞争新优势，实践路径包括以下几个方面。一是建设以企业为主体的技术创新体系。调整国家科技计划实施机制，加大对企业技术创新的支持力度，实施技术创新引导工程，培育一批具有自主知识产权、自主品牌和持续创新能力的创新型企业，特别是鼓励大型企业或主要行业的龙头企业建立企业技术中心，打造企业技术创新和产业化平台，努力形成一批集研究开发、设计、制造于一体，具有国际竞争力的大型骨干企业。二是建设科学研究与高等教育有机结合的知识创新体系。推动科研院所、高等学校和企业在科技创新和人才培养方面的合作，支持形成一批产学研战略联盟，促进资源共享，提高原始创新能力和科技成果转化能力。根据国家重大需求，填补研究领域空白，建设一批高水平工程中心和国家工程实验室。三是建设各具特色和优势的区域创新体系。加强区域科技规划工作，发挥中央财政配置资源的引导作用，统筹区域科技资源，形成合理的区域科技发展布局。东部地区加强高新技术的研发和基地建设，大力推动我国自主创新能力和产业技术的提升与跨越，形成具有国际竞争优势的产业；中部地区重点提升农业、能源等产业和先进制造业的技术水平；西部地区保护和治理生态环境，合理开发优势资源，发展区域特色产业，形成区域创新和绿色增长极；东北地区加强用高新技术改造传统产业，积极开拓新兴产业，振兴东北老工业基地。

最后，加强构建新发展格局的理论研究，建立新发展格局的动态监测系统。一方面，要强化新发展格局的理论研究与学术创新。新发展格局是我国在新发展阶段重塑竞争新优势的重要战略选择，既具有十分突出的中国特色，又对广大发展中国家具有引领示范意义。因此，有必要以实现中国式现代化为研究背景，综合理论经济学、应用经济学、管理学等不同学科的交叉研究，将新发展格局的实践提炼到理论高度，推动新时代中国特色发展经济学理论体系的建设。另一方面，要建立新发展格局的动态监测系统。立足以国内大循环为主体、国内国际双循环相互促进的新发展格局，对全国各省区市在新发展格局中的地位和贡献进行综合量化测度，对构建新发展格局的政策进行阶段性评估。在实践中，筛选出新发展格局龙头示范地区，通过确定各省区市在新发展格局的位势，选择在国内大循环的关键枢纽、国内国际双循环的战略链接地区设立先行区，先行先试并普及推广实践创新举措，为高质量发展提供内生动力。同时，随着中国式现代化的推进，要适时调整和更新相关统计指标，确保评价指标科学合理，评价数据真实准确，评价结果客观公正，以改革实效更大程度激发市场活力，增强内生动力，释放内需潜力，不断丰富和总结构建新发展格局的中国思路与中国实践。

　　总之，新一轮科技革命和产业变革带来的激烈竞争前所未有，世界经济和全球治理体系进入动荡变革期，各种风险因素明显增多。加快构建新发展格局，就是要在这样的变局中增强我们的生存力、竞争力、发展力、持续力，确保稳步实现中华民族伟大复兴和中国式现代化的宏伟目标。加快构建新发展格局是根据我国发展的阶段、环境、条件变化，特别是基于我国比较优势的变化，审时度势做出的重大决策，是事关全局的系统性、深层次变革，是立足当前、着眼长远的战略谋划，是适应我国发展新阶段要求，塑造国际合作竞争新优势的必然选择。贯彻落实党的二十大精神，不仅要求系统科学地认识新发展格局"操其要于上"的思想体系、理论内涵与战略谋划，而且要求全面细致地探讨构建新发展格局"分其详于下"的具体指标、测度方法与实施路径。加快构建新发展格局，是回应中国之问、世界之问、人民之问、时代之问的理论创新，将推动我国继续创造经济快速发展和社会长期稳定两个奇迹，为实现中国式现代化奠定制度基础、提供战略支撑。

参 考 文 献

中文文献:

[1] 阿马蒂亚·森. 伦理学与经济学. 北京:商务印书馆,2000.

[2] 阿马蒂亚·森. 贫困与饥荒——论权利与剥夺. 北京:商务印书馆,2001.

[3] 阿马蒂亚·森. 简论人类发展的分析路径. 马克思主义与现实,2004(6).

[4] 阿马蒂亚·森. 以自由看待发展. 北京:中国人民大学出版社,2001.

[5] 阿马蒂亚·森. 集体选择与社会福利. 上海:上海科学技术出版社,2004.

[6] 北京大学中国经济研究中心宏观组. 以购买力平价测算基尼系数的尝试. 经济学季刊,2006,6(1).

[7] 白俊红,刘宇英. 对外直接投资能否改善中国的资源错配. 中国工业经济,2018(1).

[8] 边恕,黎蔺娴,孙雅娜. 中国农村精准扶贫的动态测度. 统计与决策,2017(22).

[9] 步晓宁,张天华,张少华. 通向繁荣之路:中国高速公路建设的资源配置效率研究. 管理世界,2019(5).

[10] 曹琪格,任国良,骆雅丽. 区域制度环境对企业技术创新的影响. 财经科学,2014(1).

[11] 蔡昉. 中国经济如何跨越"低中等收入陷阱"?中国社会科学院研究生院学报,2008(1).

[12] 蔡昉. 未来的人口红利——中国经济增长源泉的开拓. 中国人口科学,2009(1).

[13] 蔡昉. "中等收入陷阱"的理论、经验与针对性. 经济学动态,2011(12).

[14] 蔡昉. 避免"中等收入陷阱":探寻中国未来的增长源泉. 北京:社会科学文献出版社,2012.

[15] 蔡昉,王美艳. 中国面对的收入差距现实与中等收入陷阱风险. 中国人民大学学报,2014(3).

[16] 陈立中. 转型时期我国多维度贫困测算及其分解. 经济评论,2008(5).

[17] 陈立中,张建华. 经济增长、收入分配与减贫进程间的动态联系——来自中国农村的经验分析. 中国人口科学,2007(1).

［18］陈亮．中国跨越"中等收入陷阱"的开放创新——从比较优势向竞争优势转变．马克思主义研究，2011（3）．

［19］陈宗胜，沈扬扬，周云波．中国农村贫困状况的绝对与相对变动——兼论相对贫困线的设定．管理世界，2013（1）．

［20］陈怡，戴雪婷．国际贸易对中国家庭动态贫困的影响——基于相对贫困的视角．财贸研究，2022（10）．

［21］陈永伟，侯升万，符大海．我国农村相对贫困标准估计与贫困动态．统计研究，2022（5）．

［22］陈永伟，侯升万，符大海．中国农村家庭脱贫的时间路径及其策略选择．中国人口科学，2020（1）．

［23］陈宏伟，穆月英．劳动力转移、技术选择与农户收入不平等．财经科学，2020（8）．

［24］陈云松，范晓光．社会学定量分析中的内生性问题——测估社会互动的因果效应研究综述．社会，2010（4）．

［25］程名望，Jin Yanhong，盖庆恩，等．农村减贫：该更关注教育还是健康？——基于收入增长和差距缩小双重视角的实证．经济研究，2014（11）．

［26］程名望，Jin Yanhong，盖庆恩，史清华．中国农户收入不平等及其决定因素——基于微观农户数据的回归分解．经济学（季刊），2016（3）．

［27］程威特，吴海涛，江帆．城乡居民家庭多维相对贫困的测度与分解．统计与决策，2021（8）．

［28］程永宏．改革以来全国总体基尼系数的演变及其城乡分解．中国社会科学，2007（4）．

［29］崔静波，张学立，庄子银．企业出口与创新驱动——来自中关村企业自主创新数据的证据．管理世界，2021（1）．

［30］董志强，魏下海，汤灿晴．制度软环境与经济发展——基于30个大城市营商环境的经验研究．管理世界，2012（4）．

［31］樊增增，邹薇．从脱贫攻坚走向共同富裕：中国相对贫困的动态识别与贫困变化的量化分解．中国工业经济，2021（10）．

［32］方迎风．中国贫困的多维测度．当代经济科学，2012（4）．

［33］封进，余央央．中国农村的收入差距与健康．经济研究，2007（1）．

［34］弗朗索瓦·布吉尼翁，路易斯·A·佩雷拉·达席尔瓦．经济政策对贫困和收入分配的影响：评估技术和方法．史玲玲，周泳敏，译．北京：中国人民大学出版社，2007．

［35］高帅，毕洁颖．农村人口动态多维贫困：状态持续与转变．中国人口资源与环境，

2016（2）.

[36] 高培勇，袁富华，胡怀国．高质量发展的动力、机制与治理．经济研究，2020（4）.

[37] 高翔，龙小宁，杨广亮．交通基础设施与服务业发展——来自县级高速公路和第二次经济普查企业数据的证据．管理世界，2015（8）.

[38] 甘犁，赵乃宝，孙永智．收入不平等、流动性约束与中国家庭储蓄率．经济研究，2018（12）.

[39] 干春晖，郑若谷，余典范．中国产业结构变迁对经济增长和波动的影响．经济研究，2011（5）：4-16.

[40] 郭晓丹，张军，吴利学．城市规模、生产率优势与资源配置．管理世界，2019（4）.

[41] 郭金兴，胡佩选，牛牛．中等收入陷阱的经验证据、理论逻辑及其对中国经济的启示．经济学动态，2014（1）.

[42] 葛岩，吴海霞，陈利斯．儿童长期多维贫困、动态性与致贫因素．财贸经济，2018（7）.

[43] 韩超，张伟广，冯展斌．环境规制如何"去"资源错配——基于中国首次约束性污染控制的分析．中国工业经济，2017（4）.

[44] 韩剑，郑秋玲．政府干预如何导致地区资源错配——基于行业内和行业间错配的分解．中国工业经济，2014（11）.

[45] 何轩，马骏．被动还是主动的社会行动者？——中国民营企业参与社会治理的经验性研究．管理世界，2018（2）.

[46] 韩佳丽，王志章，王汉杰．贫困地区劳动力流动对农户多维贫困的影响．经济科学，2017（6）.

[47] 贺大兴，姚洋．社会平等、中性政府与中国经济增长．经济研究，2011（1）.

[48] 贺立龙，朱方明，刘丸源．结构视角下的深度贫困研究进展．经济学动态，2020（2）.

[49] 洪兴建，邓倩．中国农村贫困的动态研究．统计研究，2013（5）.

[50] 侯亚景．中国农村长期多维贫困的测量、分解与影响因素分析．统计研究，2017（11）.

[51] 胡联，缪宁，姚绍群，汪三贵．中国农村相对贫困变动和分解：2002—2018．数量经济技术经济研究，2021（2）.

[52] 胡联，姚绍群，宋啸天．中国弱相对贫困的评估及对2020年后减贫战略的启示．中国农村经济，2021（1）.

[53] 胡海军，张卫东，向锦．贸易开放度与我国农村贫困的联系的实证研究．国际贸易问题，2007（8）.

[54] 霍米·卡拉斯. 中国向高收入国家转型——避免中等收入陷阱的因应之道//林重庚, 迈克尔·斯宾塞. 中国经济中长期发展和转型：国际视角的思考与建议. 北京：中信出版社，2011：470-501.

[55] 季书涵，朱英明，张鑫. 产业集聚对资源错配的改善效果研究. 中国工业经济，2016（6）.

[56] 金碚. 关于"高质量发展"的经济学研究. 中国工业经济，2018（4）.

[57] 靳来群，林金忠，丁诗诗. 行政垄断对所有制差异所致资源错配的影响. 中国工业经济，2015（4）.

[58] 贾俊雪. 公共基础设施投资与全要素生产率：基于异质企业家模型的理论分析. 经济研究，2017（2）.

[59] 简泽. 企业间的生产率差异、资源再配置与制造业部门的生产率. 管理世界，2011（5）.

[60] 江静. 制度、营商环境与服务业发展——来自世界银行《全球营商环境报告》的证据. 学海，2017（1）.

[61] 江艇，孙鲲鹏，聂辉华. 城市级别、全要素生产率和资源错配. 管理世界，2018（3）.

[62] 江小涓，李辉. 我国地区之间实际收入差距小于名义收入差距. 经济研究，2005（9）.

[63] 江克忠，刘生龙. 收入结构、收入不平等与农村家庭贫困. 中国农村经济，2017（8）.

[64] 姜安印，杨志良. 新型城镇化建设与城市经济高质量增长——基于双重差分法的实证分析. 经济问题探索，2020（3）.

[65] 蒋萍，田成诗，尚红云. 人口健康与中国长期经济增长关系的实证研究. 中国人口科学，2008（5）.

[66] 赖俊明，徐保红. 贫困脆弱性对农户劳动力迁移的影响研究. 数理统计与管理，2019（4）.

[67] 厉以宁. 论"中等收入陷阱". 经济学动态，2012（12）.

[68] 李春顶. 中国出口企业是否存在"生产率悖论". 世界经济，2010（7）.

[69] 李春玲. 当代中国社会的声望分层——职业声望与社会经济地位指数测量. 社会学研究，2005（2）.

[70] 李芳华，张阳阳，郑新业. 精准扶贫政策效果评估——基于贫困人口微观追踪数据. 经济研究，2020，55（8）：171-187.

[71] 李刚. "中等收入陷阱"与中国现实. 中国经济问题，2012（5）.

［72］李国璋，陈宏伟，郭鹏．中国经济增长与腐败的库兹涅茨曲线效应——实证视角的检验．财贸研究，2010（1）．

［73］李金昌，史龙梅，徐蔼婷．高质量发展评价指标体系探讨．统计研究，2019（1）．

［74］李丽，白雪梅．中国城乡家庭贫困脆弱性的影响因素分析——基于 CHNS 微观数据的实证研究．数量经济技术经济研究，2010（8）．

［75］李力行，吴晓瑜．健康、教育和经济增长：理论及跨国证据．南开经济研究，2011（1）．

［76］李猛．中国经济减速之源：1952—2011 年．中国人口科学，2013（1）．

［77］李实，John Knight．中国城市中的三种贫困类型．经济研究，2002（10）．

［78］李石新，邹新月，郭新华．贸易自由化与中国农村贫困的减少．中国软科学，2005（10）．

［79］李文，李兴平，汪三贵．农产品价格变化对贫困地区农户收入的影响．中国农村经济，2003（12）．

［80］李小平，卢现祥．中国制造业结构变动和生产率增长．世界经济，2007（5）．

［81］李莹，于学霆，李帆．中国相对贫困标准界定与规模测算．中国农村经济，2021（1）．

［82］李莹，吕光明．机会不平等在多大程度上引致了我国城镇收入不平等．统计研究，2016（8）．

［83］李振，王开玉，向鹏飞．贸易开放和劳动力迁移对中国地区收入不平等的影响——基于省际面板数据的实证研究．宏观经济研究，2015（5）．

［84］林伯强．中国的经济增长、贫困减少与政策选择．经济研究，2003（12）．

［85］林毅夫，刘培林．中国的经济发展战略与地区收入差距．经济研究，2003（3）．

［86］林毅夫．后发优势与后发劣势．经济学（季刊），2003（4）．

［87］刘长生，简玉峰．社会资本、人力资本与内生经济增长．财贸研究，2009（2）．

［88］刘方棫，李振明．跨越"中等收入陷阱"，促进收入可持续增长．消费经济，2010（12）．

［89］刘贯春，陈登科，丰超．最低工资标准的资源错配效应及其作用机制分析．中国工业经济，2017（7）．

［90］刘瑞明，石磊．上游垄断、非对称竞争与社会福利——兼论大中型国有企业利润的性质．经济研究，2011（12）．

［91］刘伟．突破"中等收入陷阱"的关键在于转变发展方式．上海行政学院学报，2011（1）．

［92］刘伟，张辉．中国经济增长中的产业结构变迁和技术进步．经济研究，2008（11）．

[93] 龙莹，解浩. 中国贫困指数的测算与动态分解——基于多维贫困视角. 财贸研究，2018（11）.

[94] 陆铭，陈钊，万广华. 因患寡，而患不均——中国的收入差距、投资、教育和经济增长的相互作用. 经济研究，2005（12）.

[95] 卢燕平. 社会资本与我国经济和谐发展. 统计研究，2007（10）.

[96] 罗楚亮. 农村贫困的动态变化. 经济研究，2010（5）.

[97] 罗楚亮. 经济增长、收入差距与农村贫困. 经济研究，2012（2）.

[98] 罗德明，李晔，史晋川. 要素市场扭曲、资源错置与生产率. 经济研究，2012（3）.

[99] 罗良清，平卫英. 中国贫困动态变化分解：1991—2015年. 管理世界，2020（2）.

[100] 吕铁. 制造业结构变化对生产率增长的影响研究. 管理世界，2002（2）.

[101] 马晓河. 迈过"中等收入陷阱"的结构转型——国际经验教训与中国挑战. 农村经济，2011（4）.

[102] 马岩. 我国面对中等收入陷阱的挑战及对策. 经济学动态，2009（7）.

[103] 马瑜，吕景春. 中国城乡弱相对贫困测算及时空演变：2012—2018. 人口与经济，2022（1）.

[104] 孟辉，白雪洁. 新兴产业的投资扩张、产品补贴与资源错配. 数量经济技术经济研究，2017（6）.

[105] 米增渝，刘霞辉，刘穷志. 经济增长与收入不平等：财政均衡激励政策研究. 经济研究，2012（12）.

[106] 聂辉华，江艇，杨汝岱. 中国工业企业数据库的使用现状和潜在问题. 世界经济，2012（5）.

[107] 聂辉华，贾瑞雪. 中国制造业企业生产率与资源误置. 世界经济，2011（7）.

[108] 潘家华，魏后凯，等. 中国城市发展报告 No.4——聚集民生. 北京：社会科学文献出版社，2011.

[109] 潘士远. 贸易自由化、有偏的学习效应与发展中国家的工资差异. 经济研究，2007（6）.

[110] 齐良书. 收入、收入不均等与健康：城乡差异和职业地位的影响. 经济研究，2006（11）.

[111] 钱雪亚，张小蒂. 农村人力资本积累及其收益特征. 中国农村经济，2000（3）.

[112] 青木昌彦. 飞雁式制度变迁. 比较，2002（1）.

[113] 阮敬，詹婧. 亲贫困增长分析中的 Shapley 分解规则. 统计研究，2010（5）.

[114] 尚卫平，姚智谋. 多维贫困测度方法研究. 财经研究，2005（12）.

[115] 邵朝对，李坤望，苏丹妮. 国内价值链与区域经济周期协同：来自中国的经验证

据. 经济研究, 2018 (3).

[116] 沈坤荣, 马俊. 中国经济增长的"俱乐部收敛"特征及其成因研究. 经济研究, 2002 (1).

[117] 盛晓菲, 史书华. 交通基础设施, 经济高质量发展与雾霾污染. 经济问题, 2021 (1).

[118] 师博, 张冰瑶. 全国地级以上城市经济高质量发展测度与分析. 社会科学研究, 2019 (3).

[119] 史清华, 晋洪涛, 卓建伟. 征地一定降低农民收入吗: 上海 7 村调查——兼论现行 征地制度的缺陷与改革. 管理世界, 2011 (3).

[120] 斯丽娟, 郭海霞. 面向共同富裕的中国城乡相对贫困指数的测度及变动分解. 数量 经济技术经济研究, 2022 (5).

[121] 宋艳伟. 民营经济发展与"腐败有效论"的检验. 经济问题, 2009 (6).

[122] 宋圭武. 谨防"中等收入陷阱". 中国发展观察, 2010 (9).

[123] 宋结焱, 施炳展. 出口贸易是否降低了中国行业内资源错配? 世界经济研究, 2014 (10).

[124] 宋林霖, 何成祥. 优化营商环境视阈下放管服改革的逻辑与推进路径——基于世界 银行营商环境指标体系的分析. 中国行政管理, 2018 (4).

[125] 苏丹妮, 盛斌, 邵朝对. 国内价值链、市场化程度与经济增长的溢出效应. 世界经 济, 2019 (10).

[126] 孙久文, 夏添. 中国扶贫战略与 2020 年后相对贫困线划定——基于理论、政策和 数据的分析. 中国农村经济, 2019 (10).

[127] 孙巍, 冯星, 徐彬. 异质性视角下中国农村居民减贫效应研究——基于 FGT 贫困 指数的分解新方法. 统计研究, 2020 (9).

[128] 谭崇台. 发展经济学概论. 武汉: 武汉大学出版社, 2001.

[129] 唐钧. 中国城市居民贫困线研究. 上海: 上海社会科学院出版社, 1998.

[130] 童星, 林闽钢. 我国农村贫困标准线研究. 中国社会科学, 1994 (3).

[131] 万广华, A. F. Shorrocks. 收入差距的地区分解. 世界经济文汇, 2005 (3).

[132] 万广华, 张藕香. 贫困按要素分解: 方法与例证. 经济学 (季刊), 2008 (3).

[133] 万广华, 张茵. 中国沿海与内地贫困差异之解析: 基于回归的分解方法. 经济研 究, 2008 (12).

[134] 万广华, 张茵. 收入增长与不平等对我国贫困的影响. 经济研究, 2006 (6).

[135] 汪同三, 蔡跃洲. 改革开放以来收入分配对资本积累及投资结构的影响. 中国社会 科学, 2006 (1).

［136］汪三贵，孙俊娜．全面建成小康社会后中国的相对贫困标准、测量与瞄准——基于 2018 年中国住户调查数据的分析．中国农村经济，2021（3）．

［137］王滨．FDI 技术溢出、技术进步与技术效率：基于中国制造业 1999—2007 年面板数据的经验研究．数量经济技术经济研究，2020（2）．

［138］王春超，叶琴．中国农民工多维贫困的演进——基于收入与教育维度的考察．经济研究，2014（12）．

［139］王朝明，姚毅．中国城乡贫困动态演化的实证研究：1990—2005 年．数量经济技术经济研究，2010（3）．

［140］王德文，张恺悌．中国老年人口的生活状况与贫困发生率估计．中国人口科学，2005（1）．

［141］王德文，蔡昉，张学辉．人口转变的储蓄效应和增长效应——论中国可持续性的人口因素．人口研究，2004（5）．

［142］王丰，安德鲁·梅森．中国经济转型过程中的人口因素．中国人口科学，2006（3）．

［143］王海港．中国居民家庭的收入变动及其对长期平等的影响．经济研究，2005（1）．

［144］王立勇，许明．中国精准扶贫政策的减贫效应研究：来自准自然实验的经验证据．统计研究，2019（12）．

［145］王丽艳，季奕，王岫瑾．城市生活质量测度及影响因素研究——基于天津市微观调查与大数据的实证分析．城市发展研究，2019（4）．

［146］王少平，欧阳志刚．我国城乡收入差距的度量及其对经济增长的效应．经济研究，2007（10）．

［147］王素霞，王小林．中国多维贫困测量．中国农业大学学报（社会科学版），2013（2）．

［148］王小林，Alkire，S. 中国多维贫困测量：估计和政策含义．中国农村经济，2009（12）．

［149］王小林，冯贺霞．2020 年后中国多维相对贫困标准：国际经验与政策取向．中国农村经济，2020（3）．

［150］王霄，胡军．社会资本结构与中小企业创新——一项基于结构方程模型的实证研究．管理世界，2005（7）．

［151］王雅琦，李晋，韩剑．出口退税率对分行业资源错配的实证分析．世界经济研究，2015（4）．

［152］韦影．企业社会资本与技术创新：基于吸收能力的实证研究．中国工业经济，2007（9）．

[153] 魏福成, 邹薇, 马文涛, 刘勇. 税收、价格操控与产业升级的障碍——兼论中国式财政分权的代价. 经济学 (季刊), 2013, 12 (4).

[154] 魏福成, 邹薇, 马文涛. 集体行动、政治竞争与发展的障碍——基于新政治经济学的视角. 经济学 (季刊), 2014, 13 (2).

[155] 魏下海, 董志强. 城市商业制度环境影响劳动者工资扭曲吗? ——基于世界银行和中国工业企业数据的经验研究. 财经研究, 2014 (5).

[156] 魏下海, 董志强, 张永璟. 营商制度环境为何如此重要? ——来自民营企业家 "内治外攘" 的经验证据. 经济科学, 2015 (2).

[157] 温福星. 阶层线性模型的原理与应用. 北京: 中国轻工业出版社, 2009.

[158] 吴敬琏. 中国增长模式抉择. 上海: 上海远东出版社, 2008.

[159] 巫和懋, 冯仕亮. 人力资本投资与跨越 "中等收入陷阱". 当代财经, 2014 (8).

[160] 武阳丰. 中国的超重和肥胖: 曾经消瘦的巨人如今肥胖成倍增长. 英国医学杂志 (中文版), 2006, 9 (4).

[161] 夏后学, 谭清美, 白俊红. 营商环境、企业寻租与市场创新——来自中国企业营商环境调查的经验证据. 经济研究, 2019 (4).

[162] 夏杰长, 刘诚. 行政审批改革、交易费用与中国经济增长. 管理世界, 2017 (4).

[163] 肖丹丹, 陈进. "中等收入陷阱" 分线规避研究: 人力资本的视角. 当代经济管理, 2013 (4).

[164] 谢呈阳, 周海波, 胡汉辉. 产业转移中要素资源的空间错配与经济效率损失: 基于江苏传统企业调查数据的研究. 中国工业经济, 2014 (12).

[165] 徐宁, 皮建才, 刘志彪. 全球价值链还是国内价值链——中国代工企业的链条选择机制研究. 经济理论与经济管理, 2014 (1).

[166] 徐藜丹, 邓祥征, 姜群鸥, 等. 中国县域多维贫困与相对贫困识别及扶贫路径研究. 地理学报, 2021 (6).

[167] 徐舒, 王貂, 杨汝岱. 国家级贫困县政策的收入分配效应. 经济研究, 2020 (4).

[168] 徐盈之, 彭欢欢, 刘修岩. 威廉姆森假说: 空间集聚与区域经济增长——基于中国省域数据门槛回归的实证研究. 经济理论与经济管理, 2011 (4).

[169] 许宪春, 郑正喜, 张钟文. 中国平衡发展状况及对策研究——基于 "清华大学中国平衡发展指数" 的综合分析. 管理世界, 2019 (5).

[170] 许吟隆. 扶贫政策必须考虑气候变化影响. 中国经济报告, 2009 (4).

[171] 姚鹏, 王民, 鞠晓颖. 长江三角洲区域一体化评价及高质量发展路径. 宏观经济研究, 2020 (4).

[172] 姚洋. 发展经济学. 北京: 北京大学出版社, 2013.

[173] 姚先国，张海峰．教育、人力资本与地区经济差异．经济研究，2008（5）.

[174] 严成樑．社会资本、创新与长期经济增长．经济研究，2012（11）.

[175] 严小燕，祁新华．贫困动态的测度方法与演化机制．地理学报，2021（10）.

[176] 杨宇，沈坤荣．社会资本、制度与经济增长——基于中国省级面板数据的实证研究．制度经济学研究，2010（2）.

[177] 杨汝岱，姚洋．有限赶超与经济增长．经济研究，2008（8）.

[178] 杨汝岱．中国制造业企业全要素生产率研究．经济研究，2015（2）.

[179] 尹恒，龚六堂，邹恒甫．收入分配不平等与经济增长：回到库兹涅茨假说．经济研究，2005（4）.

[180] 尹银，周俊山．人口红利在中国经济增长中的作用——基于省级面板数据的研究．南开经济研究，2012（2）.

[181] 余丽丽，彭水军．国内增加值率的空间分布及其影响因素研究．数量经济技术经济研究，2019（6）.

[182] 余泳泽，杨晓章，张少辉．中国经济由高速增长向高质量发展的时空转换特征研究．数量经济技术经济研究，2019（6）.

[183] 喻美辞，熊启泉．中间产品进口、技术溢出与中国制造业的工资不平等．经济学动态，2012（3）.

[184] 袁志刚，解栋栋．中国劳动力错配对 TFP 的影响分析．经济研究，2011（7）.

[185] 袁富华．长期增长过程的"结构性加速"与"结构型减速"：一种解释．经济研究，2012（3）.

[186] 约翰·弗农·亨德森，雅克-弗朗索瓦·蒂斯，等．区域和城市经济学手册：城市和地理．北京：经济科学出版社，2012.

[187] 张川川．出口对就业、工资和收入不平等的影响——基于微观数据的证据．经济学（季刊），2015，14（4）.

[188] 张德荣．"中等收入陷阱"发生机理与中国经济增长的阶段性动力．经济研究，2013（9）.

[189] 张飞，全毅．避免"中等收入陷阱"的国际比较．亚太经济，2012（1）.

[190] 张欢，汤尚颖，耿志润．长三角城市群宜业与生态宜居融合协同发展水平、动态轨迹及其收敛性．数量经济技术经济研究，2019（2）.

[191] 张杰，周晓艳，郑文平，芦哲．要素市场扭曲是否激发了中国企业出口．世界经济，2011（8）.

[192] 张立冬，李岳云，潘辉．收入流动性与贫困的动态发展：基于中国农村的经验分析．农业经济问题，2009（6）.

[193] 张林秀，易红梅，罗仁福，刘承芳，史耀疆，斯科特·罗斯高. 中等收入陷阱的人力资本根源：中国案例. 中国人民大学学报，2014（3）.

[194] 张建华. 贫困测度与政策评估——基于中国转型时期城镇贫困问题的研究. 北京：人民出版社，2010.

[195] 张建华，陈立中. 总量贫困测度研究述评. 经济学（季刊），2006，5（3）.

[196] 张梦婷，俞峰，钟昌标，林发勤. 高铁网络、市场准入与企业生产率. 中国工业经济，2018（5）.

[197] 张平，王宏淼. 中国转向"结构均衡增长"的战略要点和政策选择. 国际经济评论，2010（6）.

[198] 张琦，沈扬扬. 不同相对贫困标准的国际比较及对中国的启示. 南京农业大学学报（社会科学版），2020（4）.

[199] 张琦，李顺强，庄甲坤. 脱贫人口返贫的路径依赖与影响因素研究——基于 CHNS 数据的离散时间生存分析. 学习与探索，2022（5）.

[200] 张全红，张建华. 中国农村贫困变动：1981—2005——基于不同贫困线标准和指数的对比分析. 统计研究，2010，27（2）.

[201] 张全红，周强. 精准扶贫政策效果评估——收入、消费、生活改善和外出务工. 统计研究，2019（10）.

[202] 张全红，周强. 中国贫困测度的多维方法和实证应用. 中国软科学，2015（7）.

[203] 张睿，张勋，戴若尘. 基础设施与企业生产率：市场扩张与外资竞争的视角. 管理世界，2018（1）.

[204] 张爽，陆铭，章元. 社会资本的作用随市场化进程减弱还是加强？——来自中国农村贫困的实证研究. 经济学（季刊），2007，6（2）.

[205] 张天华，陈力，董志强. 高速公路建设、企业演化与区域经济效率. 中国工业经济，2018（1）.

[206] 张车伟. 营养、健康与效率——来自中国贫困农村的证据. 经济研究，2003（1）.

[207] 张文彬，胡健，马艺鸣. 能源化工产业高级化与经济增长——兼论能源化工产业最优匹配. 统计研究，2019（4）.

[208] 张学良. 中国交通基础设施促进了区域经济增长吗？——兼论交通基础设施的空间溢出效应. 中国社会科学，2012（3）.

[209] 张勋，王旭，万广华，孙芳城. 交通基础设施促进经济增长的一个综合框架. 经济研究，2018（1）.

[210] 章元，万广华，史清华. 中国农村的暂时性贫困是否真的更严重. 世界经济，2012（1）.

[211] 赵倩,沈坤荣.以城市群建设推动区域经济高质量发展研究.经济纵横,2018 (9).

[212] 赵西亮.基本有用的计量经济学.北京:北京大学出版社,2017.

[213] 赵耀辉.中国农村劳动力流动及教育在其中的作用.经济研究,1997(2).

[214] 郑秉文.“中等收入陷阱”与中国发展道路:基于国际经验教训的视角.中国人口科学,2011(1).

[215] 郑瑞坤,向书坚.后扶贫时代中国农村相对贫困的一种测定方法与应用研究.数量经济技术经济研究,2021(11).

[216] 郑思齐,曹洋,刘洪玉.城市价值在住房价格中的显性化及其政策含义——对中国35个城市住宅价格的实证研究.城市发展研究,2008(1).

[217] 周超,刘夏,辜转.营商环境与中国对外直接投资——基于投资动机的视角.国际贸易问题,2017(10).

[218] 周浩,郑筱婷.交通基础设施质量与经济增长:来自中国铁路提速的证据.世界经济,2012(1).

[219] 周京奎,王文波,龚明远,黄征学.农地流转、职业分层与减贫效应.经济研究,2020(6).

[220] 周强.我国农村贫困的动态转化、持续时间与状态依赖研究——基于收入贫困与多维贫困的双重视角.统计研究,2021(10).

[221] 周新苗,钱欢欢.资源错配与效率损失:基于制造业行业层面的研究.中国软科学,2017(1).

[222] 朱喜,史清华,盖庆恩.要素配置扭曲与农业全要素生产率.经济研究,2011 (5).

[223] 中国国际扶贫中心课题组.世界各国贫困标准研究.中国国际扶贫中心研究报告,2009(1).

[224] 国家统计局农村社会经济调查司,国务院扶贫办外资项目管理中心.中国农村贫困监测报告2010.北京:中国统计出版社,2010.

[225] 踪家峰,李宁.为什么奔向北上广?——城市宜居性、住房价格与工资水平的视角分析.吉林大学社会科学学报,2015(5).

[226] 踪家峰,周亮.大城市支付了更高的工资吗?经济学(季刊),2015,14(4).

[227] 邹薇.传统农业经济转型的路径选择:对中国农村的能力贫困和转型路径多样性的研究.世界经济,2005(2).

[228] 邹薇,周浩.中国省际增长差异的源泉的测算与分析(1978—2002).管理世界,2007(7).

[229] 邹薇, 张芬. 农村地区收入差异与人力资本积累. 中国社会科学, 2006 (2).

[230] 邹薇, 张芬, 周浩, 刘兰. 中国经济增长与收入差距: 理论与实证研究. 武汉: 武汉大学出版社, 2011.

[231] 邹薇, 方迎风. 反贫困的中国路径: 基于能力开发的视角. 武汉: 武汉大学出版社, 2019.

[232] 邹薇, 陈亮恒. 高速铁路开通对企业生产率的影响: 传导机制与实证检验. 武汉大学学报 (哲学社会科学版), 2020 (1).

[233] 邹薇, 程波. 中国教育贫困"不降反升"现象研究. 中国人口科学, 2017 (10).

[234] 邹薇, 程小佩. 多维视角下中国相对贫困的识别与分解. 武汉大学学报 (哲学社会科学版), 2023 (5).

[235] 邹薇, 樊增增. 劳动力外流与资金回流的净减贫效应——基于迁移汇款视角. 中国人口科学, 2020 (4).

[236] 邹薇, 方迎风. 中国农村区域性贫困陷阱研究: 基于群体效应视角. 经济学动态, 2012 (6).

[237] 邹薇, 方迎风. 关于中国贫困的动态多维度研究. 中国人口科学, 2011 (6).

[238] 邹薇, 方迎风. 怎样测度贫困: 从单维到多维. 国外社会科学, 2012 (2).

[239] 邹薇, 方迎风. 能力投资、健康冲击与贫困脆弱性. 经济学动态, 2013 (7).

[240] 邹薇, 李静晶, 雷浩. 城市生活质量与生产便利性的测算——基于一般均衡的中国城市实证分析. 宏观质量研究, 2022 (4).

[241] 邹薇, 雷浩. 营商环境对资源错配的改善效应及其作用机制: 基于制造业层面的分析. 武汉大学学报 (哲学社会科学版), 2021 (1).

[242] 邹薇, 雷浩. 营商环境如何改善企业资源错配: 效应评估与机制分析. 社会科学研究, 2021 (1).

[243] 邹薇, 刘红艺. 土地财政错觉、私人投资与经济增长: 基于省级面板数据的分析. 劳动经济研究, 2014 (10).

[244] 邹薇, 刘红艺. 城市扩张对产业结构与经济增长的空间效应——基于空间面板模型的研究. 中国地质大学学报 (社会科学版), 2014 (3).

[245] 邹薇, 刘红艺. 土地财政"饮鸩止渴"了吗——基于中国地级市的时空动态空间面板分析. 经济学家, 2015 (9).

[246] 邹薇, 马占利. 家庭背景、代际传递与教育不平等. 中国工业经济, 2019 (2).

[247] 邹薇, 楠玉. 阻碍中国经济加速增长之源: 1960—2012 年. 经济理论与经济管理, 2015 (4).

[248] 邹薇, 屈广玉. "资产贫困"与"资产扶贫"——基于精准扶贫的新视角. 宏观经

济研究，2017（5）.

［249］邹薇，谢倩. 贸易开放与工资残差不平等：基于城镇不同学历——经验组别的分析. 社会科学研究，2019（3）.

［250］邹薇，杨胜寒. 超大城市对我国经济的影响有多大？——基于劳动投入、TFP 和工资差异的分析. 系统工程理论与实践，2019，39（8）.

［251］邹薇，袁飞兰. 劳动收入份额、总需求与劳动生产率. 中国工业经济，2018（2）.

［252］邹薇，郑浩. 贫困家庭的孩子为什么不读书：风险、人力资本代际传递和贫困陷阱. 经济学动态，2014（6）.

［253］邹薇，张震霖. 共同富裕目标下城乡融合发展的关键考验和结构性变革. 经济学家，2023（11）.

英文文献：

［1］Abel. A. Asset prices under habit formation and catching up with the joneses. American Economic Review，1990，80（2）：38-42.

［2］Abiad，A.，J. Bluedorn，J. Guajardo and P. Topalova. World economic outlook. Washington：International Monetary Fund，2012.

［3］Acemoglu，D. Training and innovation in an imperfect labor market. Review of Economic Studies，1997，64（3）：445-464.

［4］Acemoglu D.，S. Johnson and J. A. Robinson. Reversal of fortune：geography and institutions in the making of the modern world income distribution. Quarterly Journal of Economics，2002，117（4）：1231-1294.

［5］Acemoglu，D.，P. Aghion，L. Bursztyn，and D. Hemous. The environment and directed technical change. American Economic Review，2012，102（1）：131-166.

［6］Acemoglu，D. and S. Johnson. Disease and development：the effect of life expectancy on economic growth. Journal of Political Economy，2007，115（6）：925-985.

［7］Acemoglu，D. Politics and economics in weak and strong states. Journal of Monetary Economics，2005，52（7）：1199-1226.

［8］Acemoglu，D. Modeling inefficient institutions//R. Blundell，W. Newey and T. Persson. Advances in economic theory. New York：Cambridge University Press，2007：341-380.

［9］Acemoglu，D. Introduction to modern economic growth. Princeton：Princeton University Press，2009.

［10］Acemoglu，D.，G. Egorov and K. Sonin. A political theory of populism. NBER Working Paper，2011（17306）.

［11］ Acemoglu, D. and J. A. Robinson. Why did the west extend the franchise? Democracy, inequality and growth in historical perspective. Quarterly Journal of Economics, 2000, 115 (4): 1167-1199.

［12］ Acemoglu, D. and J. A. Robinson. Political losers as a barrier to economic development. American Economic Review, 2000, 90 (3): 126-130.

［13］ Acemoglu, D. and J. A. Robinson. Economic origins of dictatorship and democracy. New York: Cambridge University Press, 2006.

［14］ Acemoglu, D. and J. A. Robinson. Persistence of power, elites and institutions. American Economic Review, 2008, 98 (1): 267-293.

［15］ Acemoglu, D., S. Johnson, and J. A. Robinson. The colonial origins of comparative development: an empirical investigation. American Economic Review, 2001, 91 (5): 1369-1401.

［16］ Acemoglu, D., S. Johnson, and J. A. Robinson. Institutions as a fundamental cause of long-run growth//P. Aghion and S. N. Durlauf. Handbook of economic growth. Amsterdam: North-Holland, 2005: 384-473.

［17］ Acemoglu, D., S. Johnson, and J. A. Robinson. The rise of Europe: Atlantic trade, institutional change and growth. American Economic Review, 2005, 95 (3): 546-579.

［18］ Adamopoulos, T. Land inequality and the transition to modern growth. Review of Economic Dynamics, 2008, 11 (2): 257-282.

［19］ Adams, R. H. Economic growth, inequality and poverty: estimating the growth elasticity of poverty. World Development, 2004, 32 (12): 1989-2014.

［20］ Agenor, P. R. Health and infrastructure in a model of endogenous growth. Journal of Macroeconomics, 2008 (30): 1407-1422.

［21］ Agenor, P. R. Public capital, health persistence and poverty traps. Journal of Economics, 2015 (115): 103-131.

［22］ Agenor, P. R. Schooling and public capital in a model of endogenous growth. Economica, 2011 (78): 108-132.

［23］ Agenor, P. R. and O. Canuto. Middle-income growth traps. The World Bank: Policy Research Working Paper, 2012 (6210).

［24］ Aghion, P., E. Caroli and C. García-Peñalosa. Inequality and economic growth: the perspective of the new growth theories. Journal of Economic Literature, 1999, 37 (4): 1615-1660.

［25］ Ahmad, E. and Y. Wang. Inequaltiy and poverty in China: institutional change and public policy, 1978 to 1988. World bank Economic Review, 1991, 5 (2): 231-257.

[26] Aiyar, S. et al. Growth slowdowns and the middle-income trap. IMF Working Paper, 2013 (71).

[27] Akcomak, S. and B. Weel. Social capital, innovation and growth: evidence from Europe. European Economic Review, 2009 (42): 544-567.

[28] Alderman, H., Hoddinott, J., Kinsey, B. Long term consequences of early childhood malnutrition. Oxford Economic Papers, 2006 (58): 450-474.

[29] Alexandre, M. Endogenous categorization and group inequality. International Journal of Social Economics, 2011, 42 (3): 276-295.

[30] Alesina, A. and D. Rodrik. Distributional politics and economic growth. Quarterly Journal of Economics, 1994, 109 (2): 465-490.

[31] Alkire S. and M. Santos. Acute multidimensional poverty: a new index for developing countries. World Development, 2014 (59): 251-274.

[32] Alkire, S. and J. E. Foster. Counting and multidimensional poverty measurement. Journal of Public Economics, 2011 (95): 476-487.

[33] Alkire, S. Choosing dimensions: the capability approach and multidimensional poverty// Kakwani, N., Silber, J. The many dimensions of poverty. London: Palgrave Macmillan, 2013.

[34] Alkire, S. The missing dimensions of poverty data: introduction to the special issue. Oxford Development Studies, 2010 (35): 347-359.

[35] Allison, R. A. and J. E. Foster. Measuring health inequality using qualitative data. Journal of Health Eocnomics, 2004 (23): 505-524.

[36] Alonso-Carrera, J., J. Caballe and X. Raurich. Growth, habit formation and catching-up with the joneses. European Economic Review, 2005 (49): 1665-1691.

[37] Anand, S. and A. Sen. Concepts of human development and poverty: a multidimensional perspective//United Nations development programme. Poverty and human development: human development papers. New York: United Nations, 1997: 1-20.

[38] Andreoni, A. and F. Tregenna. Escaping the middle-income technology trap: a comparative analysis of industrial policies in China, Brazil and South Africa. Structural Change and Economic Dynamics, 2020 (54): 324-340.

[39] Antman, F. and D. J. McKenzie. Poverty traps and non-linear income dynamics with measurement error and individual heterogeneity. The Journal of Development Studies, 2007, 43 (6): 1057-1083.

[40] Aoki, M. The five phases of economic development and institutional evolution in China, Japan, and Korea//Aoki, M., Kuran, T., Roland, G. Institutions and comparative economic development: international economic association series. London: Palgrave Macmillan, 2012.

[41] Arin, K. P., C. Viera, F. Eberhard and W. Ansgaer. Why are corrupt countries less successful in consolidating their budgets. Journal of Public Economics, 2011 (95): 530-624.

[42] Arrow, K. J. The economic implications of learning by doing. The Review of Economic Studies, 1962, 29 (3): 155-173.

[43] Asian Development Bank. The future of growth in Asia. Asian economic outlook 2010 update [EB/OL]. https://www.adb.org/sites/default/files/publication/27699/ado2010-update-part2.pdf.

[44] Atkeson, A. and Ogaki, M. Wealth-varying inter-temporal elasticities of substitution: evidence from panel and aggregate data. Journal of Monetary Economics, 1996, 38 (1): 507-534.

[45] Atkinson, A. B. On the measurement of poverty. Econometrica, 1987, 55 (4): 749-764.

[46] Atkinson, A. B. On targeting social security: theroy and western experience with family benefits// Van de Walle, D. and K. Nead. Public spending and the poor. Baltimore: John Hopkins University Press, 1995.

[47] Atkinson, A. B. and F. Bourguignon. The comparison of multidimensioned distributions of economic status. Review of Economic Studies, 1982, 49 (2): 183-201.

[48] Azariadis, C. The economics of poverty traps, part one: complete markets. Journal of Economic Growth, 1996 (1): 449-486.

[49] Azariadis, C. The theory of poverty traps: what have we learned? // Durlauf and Hoff, K. Poverty traps. Princeton: Princeton University Press, 2006.

[50] Azariadis, C. and D. Allan. Threshold externalities in economic developmet. Quarterly Journal of Economics, 1990, 105 (2): 501-526.

[51] Azariadis, C. and J. Stachurski. Poverty traps//Aghion, P. and B. Durlauf. Handbook of Economic Growth, 2005 (1A): 295-384.

[52] Ballon, P. and J. Krishnakumar. Measuring multidimensional poverty: a model-based index of capability deprivation. Working Paper, 2010.

[53] Banerjee, A. and A. Newman. Occupational choice and the process of development.

Journal of Political Economy, 1993, 101 (2): 274-298.

[54] Banerjee, A. V. and E. Duflo. Inequality and growth: what can the data say? Journal of Economic Growth, 2003 (3): 267-299.

[55] Banfield, E. C. The moral basis of a backward society. Chicago: University of Chicago Press, 1958.

[56] Bardhan, P. Corruption and development: a review of issues. Journal of Economic Literature, 1997, 35 (3): 1320-1346.

[57] Barreto R. A. Endogenous corruption in a neoclassical growth model. European Economic Review, 2000, 44 (1): 35-60.

[58] Barrett, C. B. and B. M. Swallow. Fractal poverty traps. World Development, 2006, 34 (1): 1-15.

[59] Barrett, C. B. Smallholder identities and social networks: the challenge of improving productivity and welfare//C. B. Barrett. The social economics of poverty. London: Routledge, 2005.

[60] Barro, R. and X. Sala-i-Martin. Economic growth. Cambridge, MA: MIT Press, 2004.

[61] Barro, R. Government spending in a single model of endogenous growth. Journal of Political Economy, 1990, 98 (5): S103-S125.

[62] Barro, R. Determinants of democracy. Journal of Political Economy, 1999, 107 (6): 158-183.

[63] Barro, R. Inequality and growth in a panel of countries. Journal of Economic Growth, 2000 (5): 5-32.

[64] Barro, R. Inequality and growth revisited. ADB working paper [EB/OL]. http://aric. adb. org /pdf/workingpaper/WP11_%20Inequality_and_Growth_Revisited. pdf.

[65] Barro, R. and X. Sala-I-Martin. Public finance in models of economic growth. Review of Economic Studies, 1992, 59 (4): 645-661.

[66] Barro, R. J. Determinants of economic growth: a cross-country empirical study. Cambridge, MA: MIT Press, 1997.

[67] Bartel, A. and P. Taubman. Health and labor market success: the role of various diseases. Review of Economics and Statistics, 1979, 61 (1): 1-8.

[68] Bates, D. M. and J. C. Pinheiro. Computational methods for multilevel modeling. Madison, WI: University of Wisconsin, 1998.

[69] Batini, N. , T. Callen, W. Mckibbin. The global impact of demographic change. IMF Working Paper, 2006 (9).

[70] Baulch, B. and E. Masset. Do monetary and non-monetary indicators tell the same story about chronic poverty? A study cf vietnam in the 1990s. World Development, 2003, 31 (3): 441-454.

[71] Baulch, B. and J. Hoddinott. Economic mobility and poverty dynamics in developing countries. Journal of Development Studies, 2000, 36 (6): 3-40.

[72] Becker, G. S. and C. B. Mulligan. The endogenous determination of time preference. Quarterly Journal of Economics, 1997, 112 (3): 729-758.

[73] W. Beckerman. The impact of income maintenance payments on poverty in Britain. Economic Journal, 1979 (89): 261-279.

[74] Belhadj, B. A new fuzzy unidimensional poverty index from an information theory perspective. Empirical Economics, 2011, 40 (3): 687-704.

[75] Benabou, R. Inequality and growth. NBER Macroeconomics Annual, 1996 (11).

[76] Benabou, R. Heterogeneity, stratification, and growth: macroeconomic implications of community structure and school finance. American Economic Review, 1996, 86 (3): 584-609.

[77] Ben-David, D. and D. Papell. Slowdowns and meltdowns: postwar growth evidence from 74 countries. Review of Economics and Statistics, 1998, 80 (4): 561-571.

[78] Benhabib, J. and A. Rustichini. Social conflict and growth. Journal of Economic Growth, 1996, 1 (1): 125-142.

[79] Berg, A. , J. Ostry, and J. Zettelmeyer. What makes growth sustained? Journal of Development Economics, 2012, 98 (2): 149-166.

[80] T. Besley and S. Coate. Workfare versus welfare: incenitve arguments for work requirements in poverty-alleviation programs. American Economic Review, 1992, 82 (1): 249-261.

[81] T. Besley and R. Kabur. Food subsidies and poverty alleviation. Economic Journal, 1988, 98 (1): 701-719.

[82] T. Besley and S. Coate. The design of income maintenance programmes. Review of Economic Studies, 1995, 62 (2): 187-221.

[83] T. Besley. Means testing versus universal provision in poverty alleviation programmes. Economica, 1990 (57): 119-129.

[84] Besley, T. and S. Coate. Sources of inefficiency in a representative democracy: a dynamic analysis. American Economic Review, 1998, 88 (1): 139-154.

[85] Besley, T. and T. Persson. State capacity, conflict and development. Econometrica,

2010, 78（1）：1-34.

[86] Betti, G., B. Cheli, A. Lemmi, and V. Verma. Multidimensional and longitudinal poverty：an integrated fuzzy approach//Lemmi, A., Betti, G. Fuzzy set approach to multidimensional poverty measurement. Economic Studies in Inequality, Social Exclusion and Well-Being, 2006（3）.

[87] Bhagwati, J. and T. N. Srinivasan. Trade and poverty in the poor countries. American Economic Review, 2002, 92（2）：180-183.

[88] Bhagwati, J. N. Directly unproductive, profit-seeking（DUP）activities. Journal of Political Economy, 1982, 90（5）：988-1002.

[89] Blackborby, C. and D. Donaldson. Cash versus kind, self selection, and efficient transfers. American Economic Reiview, 1988, 78（4）：691-700.

[90] Blanchard, O. R. and J. Simon. The long and large decline in U. S. output volatility. Brookings Papers on Economic Activity, 2001, 63（2001-1）：135-174.

[91] Bloom, D. E. and J. D. Sachs. Geography, demography, and economic growth in Africa. Brookings Papers on Economic Activity, 1998, 29（2）：207-295.

[92] Bond Stephen, Anke Hoeffler and Jonathan Temple. GMM estimation of empirical growth models. CEPR Discussion Paper, 2001（13048）.

[93] Bourguignon, F., M. Bussolo and L. P. da Silva. The impact of macroeconomic policies on poverty and income distribution：macro-micro evaluation techniques and tools. The World Bank, 2008.

[94] Bourguignon, F. and S. R. Chakravarty. The measurement of multidimensional poverty. Journal of Economic Inequality, 2003（1）：25-49.

[95] Bourgignon, F. and T. Verdier. Oligarchy, democracy, inequality and growth. Journal of Development Economics, 2000, 62（2）：285-313.

[96] Bowles, S. Institutional poverty traps//Bowels, S., S. Durlauf and K. Hoff. Poverty traps. Princeton：Princeton University Press, 2006.

[97] Bowles, S., S. Durlauf, and K. Hoff. Poverty traps. Princeton and New York：Princeton University Press and Russell Sage Foundation, 2006.

[98] Braguinsky, I. S. Corruption and schumpeterian growth in different economic environments. Contemporary Economic Policy, 1996, 14（3）：14-25.

[99] Bray, M. and N. E. Savin. Rational expectations equilibria, learning and model specification. Econometrica, 1986（54）：1129-1160.

[100] Brock, W. A. and S. Durlauf. Identification of binary choice models with social

interations. Journal of Econometrics, 2007 (140): 52-75.

[101] Bruce, N. and M. Waldman. Transfers in kind: why they can be efficient and nonpaternalistic. American Economic Review, 1991, 81 (5): 1345-1351.

[102] Bruhn, J. Group effect: social cohesion and health outcomes. Berlin: Springer Publisher, 2009.

[103] Buiter, W. H. Saddle point problems in continuous time rational expectations models: a general method and some macroeconomic examples. Econometrica, 1984 (52): 665-680.

[104] Cai, F. and D. Wang. China's demographic transition: implication for growth//R. Garnaut and L. Song. The China boom and its discontents. Canberra: Asia Pacific Press, 2005.

[105] Calvo, C. Vulnerability to multidimensional poverty: Peru, 1998-2002. World Development, 2008, 36 (6): 1011-1020.

[106] Carroll, C. D. and J. H. Summers. Consumption growth parallels income growth some new evidence// B. D. Bernheim and J. B. Shoven. National saving and economic performance. Chicago: University of Chicago Press, 1991.

[107] Carte, M. R. and C. B. Barrett. The economics of poverty traps and persistent poverty: an asset-based approach. Journal of Development Studies, 2006, 42 (2): 178-199.

[108] Cavalcanti, T. and M. Correa Cash transfers to the poor and the labor market: an equilibrium analysis. Review of Development Economics, 2014, 18 (4): 741-762.

[109] Chakravarty, S. R. An axiomatic approach to multidimensional poverty measurement via fuzzy sets//Lemmi, A. and G. Betti. Fuzzy set approach to multidimensional poverty measurement. Berlin: Springer Publisher, 2006.

[110] Chaudhuri, S. Empirical methods for assessing household vulnerability to poverty. New York: Columbia University, 2002.

[111] Chaudhuri, S. and G. Datt. Assessing household vulnerability to poverty: a methodology and estimates for the philippines. World Bank, 2001.

[112] Chaudhuri, S. Assessing vulnerability to poverty: concepts, empirical methods and illustrative examples [EB/OL]. http://info. worldbank. org/etools/docs/library/97185/Keny_0304/Ke_0304/vulnerability-assessment. pdf.

[113] Cheli, B. and A. Lemmi. A totally fuzzy and relative approach to the multidimensional analysis of poverty. Economic Notes, 1995 (24): 115-134.

[114] Chen, B. -L. and K. Shimomura. Self-fulfilling expectations and economic growth: a model of technology adoption and industrialization. International Economic Review,

1998, 39 (1): 151-170.

[115] Chen, S. and M. Ravallion. The developing world is poorer than we thought, but no less successful in the fight against poverty. Quarterly Journal of Economics, 2010, 125 (4): 1577-1625.

[116] Chou, Y. Three simple models of social capital and economic growth. Journal of Socio-economics, 2006, 35 (5): 889-912.

[117] Ciccone, A. and K. Matsuyama. Start-up costs and pecuniary externalities as barriers to economic development. Journal of Development Economics, 1996, 49 (1): 33-59.

[118] S. Coate. Altruism, the samaritan's dilemma, and government transfer policy. American Economic Review, 1995, 85 (1): 41-57.

[119] Cohen, G. A. Equality of what? on welfare, goods, and capabilities//Nussbaum, M. & A. K. Sen. The quality of life. Oxford: Clarendon Press, 1993.

[120] Colasanto, D. , A. Kapteyn and J. Gaag. Two subjective definitions of poverty: results from the Wisconsin basic needs study. Journal of Human Resources, 1984, 19 (1): 127-138.

[121] Coleman, J. Social capital in the creation of human capital. American Journal of Sociology, 1988 (94): S95-S120.

[122] Collier, R. Paths toward democracy. Cambridge: Cambridge University Press, 1999.

[123] Cook, S. Structural change, growth and poverty reduction in Asia: pathways to inclusive development. Development Policy Review, 2006, 24 (sl.): S51-S80.

[124] Corrado, L. and B. Fingleton. Multilvel modeling with spatial effects. University of Strathclyde Discussion Paper, 2011 (11-05).

[125] Cornia, G. A. and F. Stewart. Two errors of targeting. Journal of International Development, 1993, 5 (5): 459-496.

[126] Creedy. J. Comparing tax and transfer systems: poverty, inequality and target efficiency. Economica, 1996 (63): 163-174.

[127] Croix, D. and M. Doepke. Inequality and growth: why differential fertility matters. American Economic Review, 2003, 93 (4): 1091-1113.

[128] Cunha, J. M. , G. De Giorgi and S. Jayachandran. The price effects of cash versus in-kind transfers. Review of Economic Studies, 2019, 86 (1): 240-281.

[129] Currie J. and F. Gahvari. Transfers in cash and in-kind: theory meets the data. Journal of Economic Literature, 2008, 46 (2): 333-383.

[130] Datt, G. and M. Ravallion. Growth and redistribution components of changes in poverty

measures: a decomposition with applications to Brazil and India in the 1980s. Journal of Development Economics, 1992, 38 (2): 275-295.

[131] Datt, G. and H. Hoogeveen. El Nino or El Peso? Crisis, poverty and income distribution in the philippines. World Development, 2003, 31 (7): 1103-1124.

[132] Davidson, R. and J. G. MacKinnon. Estimation and inference in econometrics. Oxford: Oxford University Press, 1993.

[133] De la Croix, D. and M. Doepke. Public versus private education when differential fertility matters. Journal of Development Economics, 2004, 73 (2): 607-629.

[134] Deaton, A. and C. Paxson. Intertemporal choice and consumption inequality. Journal of Political Economy, 1994, 102 (3): 437-467.

[135] Decancq, K. and A. M. Lugo Weights in multidimensional indices of well-being an overview. Econometric Review, 2013, 32 (1): 7-34.

[136] Deng, W. , Y. Lin, and J. Gong. A smooth coefficient quintile regression approach to the social capital-economic growth nexus. Economic Modeling, 2012 (25): 185-197.

[137] Dercon, S. Poverty traps and development: the equity-efficiency tradeoff revisited. Oxford: University of Oxford, Department of Economics, 2003.

[138] Dercon, S. Insurance against poverty. Oxford: Oxford University Press, 2005.

[139] Dercon, S. Vulnerability: a micro perspective. QEH Working Papers, 2005 (149).

[140] Dercon, S. , J . Hoddinott, and T. Woldehanna. Shocks and consumption in 15 ethiopian villages, 1999-2004. Journal of African Economies, 2005, 14 (4): 559-585.

[141] Dessus, S. , S. Herrera, and R. Hoyos. The impact of food inflation on urban poverty and its monetary cost: some back-of-the-envelope calculations. Agricultural Economics, 2008 (39): 417-429.

[142] Dhanani, S. and I. Islam. Poverty, vulnerability and social protection in a period of crisis: the case of Indonesia. World Development, 2002, 30 (7): 1121-1231.

[143] Diamond, P. A. and J. A. Mirrlees. Optimal taxation and public production I: production efficiency. American Economic Review, 1971, 61 (1): 8-27.

[144] Diamond, P. A. and J. A. Mirrlees. Optimal taxation and public production II: taxtrules. American Economic Review, 1971, 61 (3): 261-278.

[145] Diamond, J. M. Guns, germs and steel: the fate of human societies. New York: W. W. Norton, 1997.

[146] Dietz, R. Estimation of neighborhood effects in the social sciences. Social Science Research, 2002, 31 (4): 539-575.

［147］ Doepke, M. Growth takeoffs. UCLA Working Paper, CCPR-021-06 ［EB/OL］. http：// papers. ccpr. ucla. edu/index. php/pwp/article/view/PWP-CCPR-2006-021.

［148］ Dollar, D. Globalization, poverty, and inequality since 1980. The World Bank Research Observer, 2005, 20 （2）：145-175.

［149］ Dolmas, J. Endogenous growth in multisector ramsey models. International Economic Review, 1996, 37 （2）：403-421.

［150］ Doorslaer, E. and A. M. Jones. Inequalities in self-reported health：validation of a new approach to measurement. Journal of Health Economics, 2003 （22）：61-87.

［151］ Drugeon, J. P. A model with endogenously determined cycles, discounting and growth. Economic Theory, 1998, 12 （2）：349-369.

［152］ Drugeon, J. P. Impatience and long-run growth. Journal of Economic Dynamics and Control, 1996, 20 （1）：281-313.

［153］ Dupor, B. Investment and interest rate policy. Journal of Economic Theory, 2000, 98 （1）：85-113.

［154］ Durlauf, S. N. and M. Fafchamps. Empirical studies of social capital：a critical survey// P. Aghion and S. N. Durlauf. Handbook of economic growth. Amsterdam：North-Holland, 2005.

［155］ Durlauf S. The memberships theory of poverty：the role of group affiliations in determining socioeconomic outcomes//S. Danziger and R. Haveman. Understanding poverty in America. Cambridge：Harvard University Press, 2001.

［156］ Durlauf, S. Neighborhood effect. Handbook of Regional and Urban Economics, 2004 （4）.

［157］ Durlauf, S. and M. Fafchamps. Social capital. Handbook of Economic Growth, 2005 （1B）.

［158］ D'Uva, T. B. , E. Doorslaer, M. Lindeboom, O. O'Donnell. Does reporting heterogeneity bias the measurement of health disparities? Journal of Health Economics, 2008 （17）：351-375.

［159］ Easterly, W. and S. Fischer. Inflation and the poor. Journal of Money, Credit and Banking, 2001, 33 （2）：160-178.

［160］ Easterly, W. and R. Levine. Tropics, germs and crops：how endowments influence ecomic development. Journal of Monetary Economics, 2003, 50 （1）：3-39.

［161］ Edgerton, R. B. Sick societies：challenging the myth of primitive harmony. New York：Free Press, 1992.

［162］Eeckhout, J. and B. Jovanov.c. Occupational choice and development. Journal of Economic Theory, 2007, 147 (2): 657-683.

［163］Egawa, A. Will income inequality cause a middle-income trap in Asia? Bruegel Working Paper, 2013 (6).

［164］Eggers, A. and Y. Ioannides. The role of output composition in the stabilization of US output growth. Journal of Macroeconomics, 2006 (28): 585-595.

［165］Eichengreen, B., Y. Rhee and H. Tong. The impact of China on the exports of other Asian countries. NBER Working Papers, 2004 (10768).

［166］Eichengreen B., D. Park and K. Shin. When fast economies slow down: international evidence and implications for China. Asian Economic Papers, 2012 (11): 42-87.

［167］Eichengreen B., D. Park and K. Shin. Growth slowdowns redux: new evidence on the middle-income trap. NBER Working Paper, 2013 (18673).

［168］Eicher, C. G.-P. and T. V. Ypersele. Education, corruption and the distribution of income. Journal of Economic Growth, 2009, 14 (3): 205-231.

［169］Epstein, L. and J. Hynes. The rate of time preference and dynastic economic analysis. Journal of Political Economy, 1983, 91 (4): 611-635.

［170］Esposito, L. Multidimensional poverty: restricted and unrestricted hierarchy among poverty dimensions. Journal of Applied Economics, 2010, XIII (2): 181-204.

［171］Ettner, S. L. New evidence on the relationship between income and health. Journal of Health Economics, 1996 (15): 67-85.

［172］Evans, E. J. The forging of the modern state: early industrial Britain, 1783-1870. New York: Longman, 1983.

［173］Evans, P. Embedded autonomy: states and industrial transformation. Princeton: Princeton University Press, 1995.

［174］Fan, P. H., T. J. Wong and T. Zhang. Institutions and organizational structure: the case of state-owned corporate pyramids. The Journal of Law, Economics, and Organization, 2013, 29 (6): 1217-1252.

［175］Felipe, J., Abdon, A. and U. Kumar. Tracking the middle-income trap: what is it, who is in it, and why? Levy Economics Institute of Bard College Working Paper, 2012 (715).

［176］Ferreira, F. H. G., Chen S., Dabalen A., et al. A global count of the extreme poor in 2012: data issues, methodology and initial results. The Journal of Economic Inequality, 2016, 14 (2): 141-172.

［177］ Fishman, A. and A. Simhon. The division of labor, inequality and growth. Journal of Economic Growth, 2002, 7 (2): 117-136.

［178］ Forbes, K. A reassessment of the relationship between inequality and economic growth. American Economic Review, 2000, 90 (4): 869-887.

［179］ Foster, J., J. Greer, and E. Thorbecke. A class of decomposable poverty measures. Econometrica, 1984 (52): 761-766.

［180］ Foster, J., J. Greer, and E. Thorbecke. The foster -greer-thorbecke poverty measures: 25 years later. Journal of Economic Inequality, 2008 (8): 491-524.

［181］ Foster, J., M. McGillivray and S. Seth. Rank robustness of composite indices. OPHI Working paper, 2009 (26).

［182］ Foster, J. and A. Shorrocks. Subgroup consistent poverty indices. Econometrica, 1991, 59 (3): 687-709.

［183］ Fosu, A. K. Inequality and the impact of growth on poverty: comparative evidence for Sub-Saharan Africa. Journal of Development Studies, 2009, 45 (5): 726-745.

［184］ Fosu, A. K. Growth, inequality, and poverty reduction in developing countries: recent global evidence. Research in Economics, 2017, 71 (2): 306-336.

［185］ Frank, M. W. Income inequality and economic growth in the U. S. : a panel cointegration approach. Economic Inquiry, 2009, 47 (1): 55-68.

［186］ Fuchs, V. Redefining poverty and redistributing income. The Public Interest, 1967 (8): 88-95.

［187］ Gaiha, R. and K. Imai. Measuring vulnerability and poverty: estimates for rural India. UNU-WIDER Research Paper, 2008 (4).

［188］ Gallup and J. Sachs. The economic burden of malaria. CID Working Paper, 2000 (52).

［189］ Galor, O. and J. Zeira. Income distribution and macroeconomics. Review of Economic Studies, 1993, 60 (1): 35-52.

［190］ Galor, O. A two-sector overlapping-generations model: a global characterization of the dynamical system. Econometrica, 1992 (60): 1351-1386.

［191］ Galor, O. and D. Weil. Population, technology, and growth: from malthusian stagnation to the demographic transition and beyond. American Economic Review, 2000, 90 (4): 806-828.

［192］ Galor, O. and D. Tsiddon. The distribution of human capital and economic growth. Journal of Economic Growth, 1997, 2 (1): 93-124.

［193］ Galor, O. and O. Moav. From physical to human capital accumulation: inequality and the process of development. Review of Economic Studies, 2002, 71 (4): 1001-1026.

［194］ Gelman, A. Multilevel (hierarchical) modeling: what it can and can't do [EB/OL]. http: //www. stat. columbia. edu/~gelman/research/unpublished/multi. pdf.

［195］ Gertler, P. and J. Gruber. Insuring consumption against illness. American Economic Review, 2002, 92 (1): 51-69.

［196］ Gertz, G. and L. Chandy. Two trends in global poverty, brooking institute [EB/OL]. https: //www. brookings. edu/wp-content/uploads/2016/06/0517 _trends _global _poverty. pdf.

［197］ Getachew, Y. Y. Public capital and income distribution: a marriage of hicks & newman-read. UNU-Merit Working Paper Series, 2008 (71).

［198］ Ghez, G. R. and Becker, G. S. The allocation of time and goods over the life cycle. New York: Columbia University Press, 1975.

［199］ Ghiglino, C. and G. Sorger. Poverty traps, indeterminacy and the wealth distribution. Journal of Economic Theory, 2000, 105 (1): 120-139.

［200］ Graham, B. S. Endogenous neighborhood selection, the distribution of income and the identification of neighborhood effects [EB/OL]. https: //files. nyu. edu/bsg1/public/ BSG_Neighborhood_Sorting_02Jul09_Submitted. pdf.

［201］ Greedwood, J. and J. Boyan. Financial development, growth, and the distribution of income. Journal of Political Economy, 1990 (98): 1076-1107.

［202］ Gregory, C. Renting the revolution. Journal of Economic History, 1998, 58 (1): 206-210.

［203］ Greif, A. Cultural beliefs and the organization of society: a historical and theoretical reflection on collectivist and individualist societies. Journal of Political Economy, 1994, 102 (5): 912-950.

［204］ Greif, A. History lessons of the birth of impersonal exchange: the community responsibility system and impartial justice. Journal of Economic Perspectives, 2006, 20 (2): 221-236.

［205］ Grilli, L. and C. Rampichini. Model building issues in multilevel linear models with endogenous covariate. Working paper, Dipartimeto di Statistica, Universita di Firenze, Florence, 2006.

［206］ Grootaert, C. Local institution, poverty, and household welfare in Bolivia. World Bank Policy Research Working Paper, 2001 (2644).

［207］ Grootaert, C. , O. Gi-Taik and A. Swamy. Social capital, household welfare and poverty in Burkina Faso. Journal of African Economies, 2002, 11 (3): 4-38.

［208］ Guiso, L. , P. Sapienza and L. Zingales. The role of social capital in financial development. American Economic Review, 2004 (94): 526-556.

［209］ Guiso, L. , P. Sapienza, and L. Zingales. Does culture affect economic outcomes? Journal of Economic Perspectives, 2004, 20 (2): 23-48.

［210］ Habib M. and Zurawicki L. Corruption and foreign direct investment. Journal of International Business Studies, 2002, 33 (2): 291-307.

［211］ Hafer, C. On the origins of property rights: conflict and production in the state of nature. Review of Economic Studies, 2006, 73 (1): 119-143.

［212］ Hagenaars, A. A class of poverty indices. International Economic Review, 1987, 28 (3): 583-607.

［213］ Hall, R. and C. Jones. Why do some countries produce so much more output per worker than others? Quarterly Journal of Economics, 1999, 114 (1): 83-116.

［214］ Hansen, G. and Prescott, E. Malthus to solow. American Economic Review, 2002, 92 (4): 1205-1217.

［215］ Harper, C. and R. Marcus. Enduring poverty and the conditions of childhood: lifecourse and intergenerational poverty transmissions. World Development, 2003, 31 (3): 535-554.

［216］ Harrison, L. E. and S. P. Huntington. Culture matters: how values shape human progress. New York: Basic Books, 2000.

［217］ Hausman, J. A. Individual discount rates and the purchase and utilization of energy-using durables. Bell Journal of Economics, 1979, 10 (2): 33-54.

［218］ Hausmann R. , L. Pritchett and D. Rodrik. Growth accelerations. Journal of Economic Growth, 2005 (10): 303-329.

［219］ Hausmann R. , F. Rodriguez and R. Wagner. Growth collapses// C. Reinhart, C. Vegh and A. Velasco. Money, crises and transition. Cambridge: MIT Press, 2008: 376-428.

［220］ Hayashi, F. , Prescott, E. C. The 1990s in Japan: a lost decade. Review of Economic Dynamics, 2002, 5 (1): 206-235.

［221］ Hill, C. Protestantism and the rise of capitalism//F. J. Fisher. Essays in the economic and social history of Tudor and Stuart England. Cambridge: Cambridge University Press, 1961: 15-39.

［222］ Himmelfarb, G. The politics of democracy: the English reform act of 1867. Journal of

British Studies, 1966, 6 (1): 97-138.

[223] Hoddinott, J. and A. Quisumbing. Methods for microeconometric risk and vulnerability assessments//R. Fuentes-Nieva, P. A. Seck. Risk, shocks and human development. London: Palgrave Macmillan, 2010.

[224] Hoddinott, J. and B. Kinsey. Child growth in the time of drought. Oxford Bulletin of Economics and Statistics, 2001, 63 (4): 409-436.

[225] Hoff, K. and A. Sen. The kin system as a poverty trap// S. Bowles, S. Durlauf and K. Hoff. Poverty traps. Princeton: Princeton University Press, 2006.

[226] Hoff, K. and A. Sen. Homeownership, community interactions, and segregation. American Economic Review, 2005, 95 (4): 1167-1189.

[227] Honohan, P. Financial development, growth and poverty: how close are the links// Charles Goodhart. Financail development and economic growth: explaining the links. London: Palgrave, 2004.

[228] Hoyos, R. and D. Medvedev. Poverty effects of higher food prices: a global perspective. Review of Development Economics, 2011, 15 (3): 387-402.

[229] Huettner, F. and M. Sunder. Axiomatic arguments for decomposing goodness of fit according to shapley and owen values. Electronic Journal of Statistics, 2012 (6): 1239-1250.

[230] Huntington, S P. Political order in changing societies. New Haven and London: Yale University Press, 1968.

[231] Husain, I. Pakistan: the economy of an elitist state. Karachi: Oxford University Press, 1999.

[232] Im, F. G. and D. Rosenblat. Middle-income traps: a conceptual and empirical survey. The World Bank Policy Research Paper, 2013 (6594).

[233] Ioannides, Y. M. and L. D. Loury. Job information networks, neighborhood effects, and inequality. Journal of Economic Literature, 2004, 42 (4): 1056-1093.

[234] Ioannides, Y. M. and G. Zanela. Neighborhood effects and neighborhood choice: testing necessary conditions [EB/OL]. http: //www. tufts. edu/~yioannid/.

[235] Ishise, H. and Y. Sawada. Aggregate returns to social capital: estimates based on the augmented augmented-solow model. Journal of Macroeconomics, 2009 (31): 376-393.

[236] Islam, A. and Maitra, P. Health shocks and consumption smoothing in rural households: does microcredit have a role to play? Journal of Development Economics, 2012 (97): 232-243.

[237] Ivanic, M. and W. Martin. Implications of higher global food prices for poverty in low-income countries. The World Bank Policy Research Working Paper, 2008 (4594).

[238] Ivanic, M. and W. Martin. Short and long-run impacts of food price changes on poverty [EB/OL]. https://ageconsearch.umn.edu/record/332665/files/7350.pdf.

[239] Ivanic, M., W. Martin, and H. Zaman. Estimating the short-run poverty impacts of the 2010-2011 surge in food price. The World Bank Policy Research Working Paper, 2011.

[240] Jalan, J. and M. Ravallion. Transient poverty in post-reform rural China. Journal of Comparative Economics, 1998, 26 (2): 338-357.

[241] Jalan, J. and M. Ravallion. Geographic poverty traps? A micro model of consumption growth in rural China. Journal of Applied Econometrics, 2002 (17): 329-346.

[242] Jalan, J. and M. Ravallion. Household income dynamics in rural China//S. Dercon. Insurance against poverty. Oxford: Oxford University Press, 2005: 107-123.

[243] Johnson, R. C. Health dynamics and the evolution of health inequality over the life course: the importance of neighborhood and family background [EB/OL]. http://ist-socrates.berkeley.edu/~ruckerj/johnson_HlthnHood_6-09.pdf.

[244] Johnson, R. C. Long-run impacts of school desegregation and school quality on adult attainments. NBER Working Paper, 2011 (16664).

[245] Jones, C. I. R&D-based models of economic growth. Journal of Political Economy, 1995 (103): 759-784.

[246] Kakwani, N. Income inequality and poverty methods of estimation and policy application. Oxford: Oxford University Press, 1980.

[247] Kakwani, N. On a class of poverty measures. Econometrica, 1980, 48 (2): 437-446.

[248] Kakwani, N. Note on a new measure of poverty. Econometrica, 1981, 49 (2): 525-526.

[249] Kalemli-Ozcan, S. Does the mortality decline promote economic growth? Journal of Economic Growth, 2002 (7): 411-439.

[250] Kalwij, A. and A. Verschoor. Not by growth alone: the role of the distribution of income in regional diversity in poverty reduction. European Economic Review, 2007 (51): 805-829.

[251] Kanbur, R., M. J. Keen, and M. Tuomala. Optimal non-linear income taxation for alleviation of imcome poverty. European Economic Review, 1994 (38): 1613-1632.

[252] Kanbur. R., M. Keen, and M. Tuomala. Labor supply and targeting in poverty alleviation programs. World Bank Economic Review, 1994, 8 (2): 191-211.

［253］ Kapteyn, A. , P. Kooreman, and R. Willemse. Some methodological issues in the implementation of subjective poverty definitions. Journal of Human Resources, 1988, 23 (2): 222-242.

［254］ Kasy, M. Identification in models of sorting with social externalities and the causes of urban segregation. Journal of Urban Economics, 2015 (85): 16-33.

［255］ Kiyotaki, N. and Moore, J. Credit chains. Journal of Political Economy, 1997, 105 (2): 211-248.

［256］ Klenow, P. J. , and A. Rodriguez-Clare. The neoclassical revival in growth economics: has it gone too far? //B. Bernanke and J. Rotemberg. NBER macroeconomics annual. Cambridge: MIT Press, 1997: 73-114.

［257］ Knack, S. and P. Keefer. Does social capital have an economic pay-off? A cross-country investigation. Quarterly Journal of Economics, 1997, 112 (4): 1251-1288.

［258］ Knack, S. and P. Keefer. Institutions and economic performance: cross-country tests using alternative measures. Economics and Politics, 1995, 7 (3): 207-227.

［259］ Knight J. , S. Li, Q. H. Deng. Education and the poverty trap in rural China: closing the trap. Oxford Development Studies, 2010 (4): 1-24.

［260］ Kocherlakota, N. R. Implications of efficient risk sharing without commitment. Review of Economic Studies, 1996, 63 (4): 595-609.

［261］ Koopmans, T. The econometric approach to development planning. Amsterdam: North Holland Press, 1965.

［262］ Kremer, M. The o-ring theory of economic development. Quarterly Journal of Economics, 1993, 108 (3): 551-575.

［263］ Krishnakumar, J. and P. Ballon. Estimating basic capabilities: a structural equation model applied to Bolivia. World Development, 2008 (36): 992-1010.

［264］ Krugman, P. History versus expectations. Quarterly Journal of Economics, 1991, 106 (2): 651-667.

［265］ Krugman, P. The narrow moving band, the Dutch disease, and the economic consequences of Mrs. Thatcher: notes on trade in the presence of dynamic economies of scale. Journal of Development Economics, 1987 (27): 41-55.

［266］ Krugman, P. Trade, accumulation, and uneven development. Journal of Development Economics, 1981 (8): 149-161.

［267］ Krugman, P. The myth of Asia's miracle. Journal of Foreign Affair, 1994, 73 (6): 62-78.

［268］ Kuijs, L. China through 2020—A macroeconomic scenario. World Bank China Research

Working Paper, 2010 (9).

[269] Lagerlof, N. -P. Slavery and other property rights. Review of Economic Studies, 2009, 76 (1): 319-342.

[270] Landes, D. S. The wealth and poverty of nations: why some are so rich and some so poor. New York: W. W. Norton Co., 1998.

[271] Landry, R., N. Amara, and M. Lamari. Does social capital determine innovation: to what extent? Technological Forecasting and Social Change, 2002 (69): 681-701.

[272] Lang, S. Parliamentary reform, 1785-1928. New York: Routledge, 1999.

[273] Lanjouw, P. and M. Ravallion. Benefit incidence, public spending reforms, and the timing of program capture. World Bank Economic Review, 1999, 13 (2): 257-273.

[274] Laursen, K., F. Masciarelli, and A. Prencipe. Regions matter: how localized social capital affects innovation and external knowledge acquisition. Organization Science, 2012 (23): 177-193.

[275] Lawrance, E. C. Poverty and the rate of time preference: evidence from the panel date. Journal of Political Economy, 1991, 99 (1): 54-77.

[276] Lee, I. H. and J. Lee. A theory of economic obsolescence. Journal of Industrial Economics, 1998, 46 (3): 383-401.

[277] Lee, S. J. Aspects of British Political History, 1815-1914. New York: Routledge, 1994.

[278] Lee, R. and A. Mason. What is the demographic dividend? Finance and Development, 2006, 43 (3): 16-17.

[279] Lee, L. Identification and estimation of econometric models with group interactions, contextual factors and fixed effects. Journal of Econometrics, 2007 (140): 333-374.

[280] Leff, N. H. Economic development through bureaucratic corruption. American Behavioral Scientist, 1964, 6 (8): 125-143.

[281] Leibenstein, H. Economic backwardness and economic growth. New York: Wiley, 1957.

[282] Lewis, W. A. Economic development with unlimited supplies of labor. Manchester School of Economic and Social Studies, 1955 (22): 139-191.

[283] Li, H. and H-F. Zou. Income inequality is not harmful for growth: theory and evidence. Review of Development Economics, 1998, 2 (3): 318-334.

[284] Ligon, E. and L. Schechter. Measuring vulnerability. Economic Journal, 2003 (113): C95- C102.

[285] Lin, J. Y. and Vo Treichel. Learning from China's rise to escape the middle income trap: a new structural economics approach to Latin America. World Bank Policy Research

Working Paper, 2012 (6165).

[286] Lipset, S. M. Some social requisites of democracy: economic development and political legitimacy. American Political Science Review, 1959, 53 (1): 69-105.

[287] Loayza, N. V. and C. Raddatz. The composition of growth matters for poverty alleviation. Journal of Development Economics, 2010 (93): 137-151.

[288] Lucas, R. and Stokey, N. Optimal growth with many consumers. Journal of Economic Theory, 1984, 32 (1): 139-171.

[289] Lucas, R. On the mechanics of economic development. Journal of Monetary Economics, 1988 (22): 3-42.

[290] Lucas, R. Life earnings and rural-urban migration. Journal of Political Economy, 2004, 112 (1): S29-S59.

[291] Lugo, M. A. Comparing multidimensional indices of inequality: methods and application. Research on Economic Inequality, 2007 (14): 213-236.

[292] Lugo M. A. and E. Maasoumi. Multidimensional poverty measures from an information theory perspective. OPHI Working Paper, 2009 (10).

[293] Lui, T. F. An equilirbrium queuing model of bribery. Journal of Political Economy, 1985, 93 (4): 760-781.

[294] Lui, F. T. Three aspects of corruption. Contemporary Economic Policy, 1996, 14 (3): 26-29.

[295] Lustig, N. Multidimensional indices of achievements and poverty: what do we gain and what do we lose? An introduction to JOEI forum on multidimensional poverty. Journal of Economic Inequality, 2011 (9): 227-234.

[296] Maddison, A. The world economy: historical statistics. Paris: OECD, 2003.

[297] Mankiw, G., D. Romer and D. Weil. A contribution to the empirics of economic growth. Quarterly Journal of Economics, 1992 (107): 407-439.

[298] Manski, C. Identification of endogenous social effects: the reflection problem. Review of Economic Studies, 1993 (60): 531-542.

[299] Marcel, F. Rural poverty, risk and development. Report Submitted to FAO, 1999.

[300] Markandya, A., S. Pedroso, D. Streimikiene. Energy efficiency in transition economies: is there convergence towards the EU average? Fondazione Eni Enrico Mattei (FEEM) Working Paper, 2004 (89).

[301] Massoumi, E. The measurement and decomposition of multi-dimensional inequality. Econometrica, 1986, 54 (4): 991-997.

[302] Matsuyama, K. Endogenous inequality. Review of Economic Studies, 2000 (67): 743-759.

[303] Matsuyama, K. Financial market globalization, symmetry-breaking, and endogenous inequality of nations. Econometrica, 2004 (72): 853-884.

[304] Matsuyama, K. Increasing returns, industrialization, and indeterminacy of equilibrium. Quarterly Journal of Economics, 1991, 106 (2): 617-650.

[305] Matsuyama, K. Poverty traps//L. Blume and S. Durlauf. The new palgrave dictionary of economics. London: Palgrave Macmillan, 2005.

[306] McCafferty, S. A. , R. Driskill. Problems of existence and uniqueness in nonlinear rational expectations models. Econometrica, 1980 (48): 1313-1317.

[307] Mcculloch, N. and M. Calandrino. Vulnerablility and chronic poverty in rural sichuan. World Development, 2003, 31 (3): 611-628.

[308] Mckenzie D. and H. Rapoport. Network effects and the dynamics of migration and inequality: theory and evidence from mexico. Journal of Development Economics, 2007, 84 (1): 1-24.

[309] Mehlum, H. , K. Moene and R. Torvik. Crime induced poverty traps. Journal of Development Economics, 2005, 77 (2): 325-340.

[310] Meng, Q. L. Impatience and equilibrium indeterminacy. Journal of Economic Dynamics and Control, 2006, 30 (12): 2671-2692.

[311] Mirrlees, J. A. An exploration in the theory of optimum income taxation. Review of Economic Studies, 1971 (38): 175-208.

[312] Mironov, Maxim. Bad corruption, good corruption and growth. Graduate School of Business, University of Chicago, 2005.

[313] Mitchell, B. R. International historical statistics: 1750-2005. New York, Palgrave Macmillan, 2007.

[314] Montalvo, J. G. and M. Ravallion. The pattern of growth and poverty reduction in China. Journal of Comparative Economics, 2010 (38): 2-16.

[315] Moore, B. Jr. Social origins of dictatorship and democracy: lord and peasant in the making of the modern world. Boston: Beacon Press, 1966.

[316] Morduch, J. Poverty and vulnerability. American Economic Review, 1994, 48 (2): 221-225.

[317] Murphy, K. , A. Sheleifer, and R. Vishny. Industrialization and the big push. Journal of Political Economy, 1989, 97 (5): 1003-1026.

［318］ Murphy, K. , A. Sheleifer, and R. Vishny. Why is rent-seeking so costly to growth. American Economic Review, 1993, 83 (2): 409-414.

［319］ Myrdal, G. Economic theory and under-developed regions. London: Duck-Worth, 1957.

［320］ Myrdal, G. Asian drama: an inquiry into the poverty of nations. New York: Twentieth Century Fund, 1968.

［321］ Narayan, D. and L. Pritchett. Cents and sociability-household income and social capital in rural Tanzania. The World Bank Policy Research Working Paper, 1997 (1796).

［322］ Nelson, P. R. A theory of the low-level equilibrium trap in underdeveloped economies. American Economic Review, 1956 (56): 894-908.

［323］ Ngai, L. R. Barriers and the transition to modern growth. Journal of Monetary Economics, 2004, 51 (7): 1353-1383.

［324］ Njong, M. A. and P. Ningaye. Characterizing weights in the measurement of multidimensional poverty: an application of data-driven approaches to cameroonian data. OPHI Working Paper, 2008 (21).

［325］ North, D. C. Structure and change in economic history. New York: Norton, 1981.

［326］ North, D. and R. Thomas. The rise of the western world: a new economic history. Cambridge: Cambridge University Press, 1973.

［327］ North, D. C. Institutions, institutional change and economic performance. Cambridge: Cambridge University Press, 1990.

［328］ North, D. C. , W. Summerhill, and B. R. Weingast. Order, disorder, and economic change: Latin America versus North America// B. B. Mesquita and H. L. Root. Governing for Prosperity. New Haven: Yale University Press, 2000: 17-58.

［329］ North, D. C. , J. Wallis, and B. R. Weingast. A conceptual framework for interpreting recorded human history. NBER Working Paper, 2006 (12795).

［330］ North, D. C. and B. R. Weingast. Constitutions and commitment: the evolution of institutions governing public choice in seventeenth century England. Journal of Economic History, 1989, 49 (4): 803-832.

［331］ Nurkse, R. Problems of capital formation in underdeveloped countries. New York: Oxford University Press, 1953.

［332］ Obstfeld, M. Intertermporal dependence, impatience, and dynamics. Journal of Monetary Economics, 1990, 26 (1): 45-75.

［333］ Ogaki, M. and A. Atkenson. Rate of time preference, intertemporal elasticity of substitution, and level of wealth. Review of Economics and Statistics, 1997, 79 (4):

564-572.

[334] Ohno, K. Overcoming the middle income trap: the challenge for east asian high performances//L. Yueh. The future of Asian trade and growth. London: Routledge, 2009.

[335] Ohno, K. Avoiding the middle-income trap: renovating industrial policy formulation in Vietnam. ASEAN Economic Bulletin, 2009, 26 (1): 25-43.

[336] Olson, M. The rise and decline of nations: economic growth, stagnation, and economic rigidities. New Haven: Yale University Press, 1982.

[337] Olson, M. Dictatorship, democracy, and development. American Political Science Review, 1993, 87 (3): 567-576.

[338] Olson, M. Power and prosperity: outgrowing communist and capitalist dictatorship. New York: Basic Books, 2000.

[339] Osnat I. A shapley-based decomposition of the r-square of a linear regression. Journal of Economic Inequality, 2007, 5 (2): 199-212.

[340] Palivos, T. , P. Wang, and J. Zhang. On the existence of balanced growth equilibrium. International Economic Review, 1997, 38 (1): 205-224.

[341] Panizza, U. Income inequality and economic growth: evidence from American data. Journal of Economic Growth, 2002 (7): 25-41.

[342] Parente, S. L. and E. C. Prescott. Monopoly rights: a barrier to riches. American Economic Review, 1999, 89 (5): 1216-1233.

[343] Park, A. , S. G. Wang and G. B. Wu. Regional poverty targeting in China. Journal of Public Economics, 2002 (86): 123-153.

[344] Partridge, M. Is inequality harmful for growth? comment. American Economic Review, 1997 (87): 1019-1032.

[345] Pellegrini, L. , R. Gerlagh. Corruption's effects on growth and its transmission channels. Kyklos, 2004, 57 (3): 429-456.

[346] Peneder, M. Structral change and aggregate growth. WIFO Working Paper, 2002.

[347] Penn World Table 8. 0, 2013. The center for international comparisons [EB/OL]. https://pwt. sas. upenn. edu/ php_site/ pwt_index. php.

[348] Perez-Sebastian, F. Public support to innovation and imitation in a non-scale growth model. Journal of Economic Dynamics and Control, 2007 (31): 3791-3821.

[349] Perotti, R. Growth, income distribution and democracy: what the data say. Journal of Economic Growth, 1996, 1 (2): 149-187.

[350] Persson, T. and G. Tabellini. Is inequality harmful for growth? theory and evidence.

American Economic Review，1994（84）：600-621.

[351] Persson，T. and G. Tabellini. Political economics：explaining economic policy. Cambridge MA：The MIT Press，2000.

[352] Pestieau，P. and M. Racionero. Optimal redistribution with unobservable disability：welfarist versus non-welfarist social objectives. European Economic Review，2009（53）：636-644.

[353] Pirttila，J. and M. Tuomal. Poverty alleviation and tax policy. European Economic Review，2004（48）：1075-1090.

[354] Pomeranz，K. The great divergence：China，Europe and the making of the modern world economy. Princeton：Princeton University Press，2000.

[355] Pritchett，L. Understanding patterns of economic growth：searching for hills among plateaus，mountains and plains. World Bank Economic Review，2000（14）：221-250.

[356] Putnam，R.，R. Leonardi and R. Nanetti. Making democracy working：civic tradition and modern Italy. Princeton：Princeton University Press，1993.

[357] Quah，D. Galton's fallacy and tests of the convergence hypothesis. Scandinavian Journal of Economics，1993，95（4）：427-443.

[358] Quah，D. Empirics for economic growth and convergence. European Economic Review，1996，40（5）：1353-1375.

[359] Ramos，X. and J. Silber. On the application of efficiency analysis to the study of the dimensions of human development. Review of Income and Wealth，2005，51（2）：285-310.

[360] Ranis，G. and Fei，J. A theory of economic development. American Economic Review，1961，51（4）：533-565.

[361] Ravallion，M. Expected poverty under risk-induced welfare variability. Economic Journal，1988（98）：1171-1182.

[362] Ravallion，M. and Q. Wodon. Does child labour displace schooling? evidence on behaviourial responses to enrollment subsidy. Economic Journal，2000（110）：C158-C175.

[363] Ravallion，M. Grwoth，inequality and poverty：looking beyond averages. World Development，2001，29（11）：1803-1815.

[364] Ravallion，M. Inequality is bad for poor//Jenkins. S. and J. Micklewright. Inequality and poverty：re-examined. Oxford：Oxford University Press，2007：37-61.

[365] Ravallion，M. On multidimensional indices of poverty. Journal of Economic Inequality，

2011 （9）：235-248.

［366］ Ravallion, M., S. Chen and P. Sangraula. Dollar a day revisited. World Bank Economic Review, 2009, 23 （2）：163-184.

［367］ Ravi, S. and M. Engler. Workfare in low income countires：an effective way to fight poverty? The case of NREGS in India ［EB/OL］. http：//www. isid. ac. in/~ pu/ conference/dec_09_conf/Papers/ShamikaRavi. pdf.

［368］ Redding, S. Low-skill, low-quality trap：strategic complementarities between human capital and R&D. The Economic Journal, 1996, 106 （435）：458-470.

［369］ Reddy, S. and C. Miniou. Real income stagnation of countries, 1960-2001 ［EB/OL］. https：//www. un. org/esa/desa/papers/2006/wp28_2006. pdf.

［370］ Robinson, J. A. Why is a state predatory? ［EB/OL］. https：//wcfia. harvard. edu/ files/wcfia/files/898_jr_predatory. pdf.

［371］ Rock, M. T. and H. Bonnett. The comparative politics of corruption：accounting for the East Asian paradox in empirical studies of corruption, growth and investment. World Development, 2004, 32 （6）：999-1017.

［372］ Rodriguez, F. and D. Rodrik. Trade policy and economic growth：a skeptic's guide to the cross-national evidence//B. S. Bernanke and K. Rogoff. NBER macroeconomics annual 2000. Cambridge：MIT Press, 2001：261-338.

［373］ Rodrik, D. Where did all the growth go? External shocks, social conflict and growth collapses. Journal of Economic Growth, 1999 （4）：385-412.

［374］ Rodrik, D. Democracies pay higher wages. Quarterly Journal of Economics, 1999 （114）：707-738.

［375］ Rodrik, D., A. Subramanian, and F. Trebbi. Institutions rule：the primacy of institutions over geography and integration in economic development. Journal of Economic Growth, 2004, 9 （2）：131-165.

［376］ Romer, P. Increasing returns and long-run growth. Journal of Political Economy, 1986 （94）：1002-1037.

［377］ Romer, P. Endogenous technological change. Journal of Political Economy, 1990 （98）：S71-S102.

［378］ Rosenstein-Rodan, P. Problems of industrialization of Eastern and Southeast Europe. Economic Journal, 1943 （53）：202-211.

［379］ Rosenzweig, M. and K. Wolpin. Credit market constraints, consumption smoothing, and the accumulation of durable assets in low-income countries：investments in bullocks in

India. Journal of Political Economy, 1993, 101 (2): 223-244.

[380] Rowntree, B. S. Poverty: a study of town life. London: Macmillan, 1902.

[381] Rueschemeyer, D., E. H. Stephens, and J. D. Stephens. Capitalist development and democracy. Chicago: University of Chicago Press, 1992.

[382] Sachs, J. D. and A. M. Warner. Fundamental sources of long-run growth. American Economic Review, 1997, 87 (2): 184-188.

[383] Sachs, J. D. Notes on a new sociology of economic development// L. E. Harrison and S. P. Huntington. Culture matters: how values shape human progress. New York: Basic Books, 2000: 29-43.

[384] Sachs, J. Tropical underdevelopment. NBER Working Paper, 2001 (8119).

[385] Sala-i-Martin, X. The world distribution of income: falling poverty and convergence period. Quarterly Journal of Economics, 2006, 121 (2): 297-351.

[386] Sampson, R. J. and P. Sharkey Neighborhood selection and the social reproduction of concentrated racial inequality. Demography, 2008 (45): 1-29.

[387] Santiago, C. D., M. E. Wadsworth, and J. Stump. Socioeconomic status, neighborhood disadvantage, and poverty-related stress: prospective effects on psychological syndromes among diverse low-income families. Journal of Economic Psychology, 2011 (32): 218-230.

[388] Schultz, T. P. Wage gains associated with height as a form of health human capital. American Economic Review, 2002, 92 (2): 349-353.

[389] Selden, T. and D. Song. Environmental quality and development: is there a Kuznets curve for air pollution emissions? Journal of Environmental Economics and Management, 1994 (7): 147-162.

[390] Sen, A. K. Commodities and capabilities. Amsterdam: North Holland, 1985.

[391] Sen, A. K. Poverty: an ordinal approach to measurement. Econometrica, 1976 (44): 219-231.

[392] Sen, A. K. Issues in the measurement of poverty. The Scandinavian Journal of Economics, 1979, 81 (2): 285-307.

[393] Sen, A. K. Development as freedom. Oxford: Oxford University Press, 1999.

[394] Sharkey, P. and F. Elwert. The legacy of disadvantage: multigenerational neighbor- hood effects on cognitive ability. American Journal of Sociology, 2011, 116 (6): 1934-1981.

[395] Shekhar A., R. Duval, D. Puy, Y. Wu and L. Zhang. Growth slowdown and the middle-income trap. International Monetary Fund Working Paper, 2013.

［396］ Shleifer A. , Vishny R. W. Corruption. Quarterly Journal of Economics, 1993, 108
（3）: 599-618.

［397］ Shorrocks A. F. Inequality decomposition by factor components. Econometrica, 1982
（50）: 193-211.

［398］ Simon, J. Theory of population and economic growth. Oxford: Basil Blackwell, 1986.

［399］ Sokoloff, K. and S. Engerman. Institutions, factor endowments and paths of development
in the new world. Journal of Economic Perspectives, 2000, 14 （3）: 217-232.

［400］ Solow, R. A contribution to the theory of economic growth. Quarterly Journal of
Economics, 1956, 70 （1）: 65-94.

［401］ Spence, M. The next convergence: the future of economic growth in a multispeed world
［EB/OL］. https: //www. worldbank. org/en/news/video/2011/12/05/the-next-convergence-
the-future-of-economic-growth-in-a-multispeed-world.

［402］ Stockman, A. Sectoral and national aggregate distribution to industrial output in seven
European countries. Journal of Monetary Economics, 1988 （21）: 387-409.

［403］ Stokey, N. L. Are there limits to growth? International Economic Review, 1998, 39
（1）: 1-31.

［404］ Suryahadi, A. and S. Sumarto. The chronic poor, the transient poor, and the vulnerable
in Indonesia before and after the Crisis. SMERU Working Paper, 2001.

［405］ Tabellini, G. Culture and institutions: economic development in the regions of Europe.
Journal of the European Economic Association, 2010, 8 （4）: 677-716.

［406］ Tamura, R. F. Income convergence in an endogenous growth model. Journal of Political
Economy, 1991, 99 （3）: 522-540.

［407］ Tanzi, V. , H. Davoodi. Corruption, growth and public finance. IMF Working Paper,
2000 （182）.

［408］ Taylor, J. B. Conditions for unique solutions in stochastic macroeconomic model.
American Economic Review, 1980 （69）: 108-113.

［409］ Temple, J. and P. Johnson. Social capability and economic growth. Quarterly Journal of
Economics, 1998 （113）: 967-990.

［410］ Tho, T. V. The middle-income trap: issues for members of the association of Southeast
Asian nations. ADBI Working Paper Series, 2013 （421）.

［411］ Thomas, J. and T. Worrall. Income fluctuation and asymmetric information: an example of
a repeated principal-agent problem. Journal of Economic Theory, 1990 （51）: 367-390.

［412］ Torsten, P. and G. Tabellini. Is equality harmful for growth? American Economic

Review, 1994, 84 (3): 600-621.

[413] Townsend, P. The meaning of poverty. The British Journal of Sociology, 1962, 13 (3): 210-227.

[414] Tsehay, A. S. and S. Bauer. Poverty and vulnerability dynamics: empirical evidence from smallholders in northern highlands of Ethiopia. Quarterly Journal of International Agriculture, 2012, 51 (4): 301-332.

[415] Tusi, K. Y. Multidimensional generalizations of the relative and absolute inequality indices: the Atkinson-Kolm-Sen Approach. Journal of Economic Theory, 1995 (67): 251-265.

[416] Tsui, K. Y. Multidimensional poverty indices. Social Choice and Welfare, 2002 (19): 69-93.

[417] Tuomala, M. Optimal income tax and redistribution. Oxford: Clarendon Press, 1990.

[418] UNIDO. Breaking in and moving up: new industrial challenges for the bottom billion and the middle-income countries. Industrial Development Report, United Nations, 2009.

[419] Vega . M. and A. Urrutia. Characterizing how to aggregate the individuals' deprivations in a multidimensional framework. Journal of Economic Inequality, 2011 (9): 183-194.

[420] Veliz, C. The new world of the gothic fox: culture and economy in English and Spanish America. Berkeley: University of California Press, 1994.

[421] Wagstaff, A. The economic consequences of health shocks: evidence from Vietnam. Journal of Health Economics, 2007 (26): 82-100.

[422] Wang, F. and A. Mason. Demographic dividend and prospects for economic development in China. UN Expert Meeting on Social and Economic Implications of Changing Population Structures, 2005.

[423] Watts, H. W. An economic definition of poverty// D. P. Moynihan. On understanding poverty. New York: Basic Books, 1969.

[424] Weber, M. The protestant ethic and the spirit of capitalism. London: Allen and Unwin, 1930.

[425] WHO. Appropriate body-mass index for Asian populations and its implications for policy and intervention strategies. Lancet, 2004 (363): 157-163.

[426] Wiarda, H. J. The soul of Latin America: the cultural and political tradition. New Haven: Yale University Press, 2001.

[427] Wilson, W. J. The truly disadvantaged: the inner city, the underclass, and public policy. Chicago: University of Chicago Press, 1987.

［428］ Winters, A. L. , N. McCulloch, and A. McKay. Trade liberalization and poverty: the evidence so far. Journal of Economic Literature, 2004, 42 (1): 72-115.

［429］ Woo, W. T. China meets the middle income trap: the large potholes in the road to catch up. Journal of Chinese Economic and Business Studies, 2012, 10 (4): 313-336.

［430］ Woodridge, J. Econometric analysis of cross section and panel data. Cambridge, MA: The MIT Press, 2003.

［431］ World Development Report. Conflict, security and development ［EB/OL］. http: // open knowledge. worldbank. org/hand/10986/4389.

［432］ World Bank. China 2030: building a modern, harmonious, and creative high-income society ［EB/OL］. https: //www. worldbank. org/en/news/press-release/2012/02/27/ report-china-2030-building-a-modern-harmonious-and-creative-high-income-society.

［433］ Xie, D. and Wang, P. Divergence in economic performance: transitional dynamics with multiple equilibria. Journal of Economic Theory, 1994, 63 (1): 97-112.

［434］ Yao, Z. How can China avoid the middle income trap? China and World Economy, 2015, 23 (5): 26-42.

［435］ Yusuf, S. and K. Nabeshima. Can Malaysia escape the middle income trap? A strategy for Penang. World Bank Policy Research Working Paper Series, 2009 (421).

［436］ Zak, P. and S. Knack. Trust and growth. Economic Journal, 2001 (111): 295-321.

［437］ Zou, W. and Y. Liu. Skilled labor, economic transition and income differences: a dynamic approach. Annals of Economics and Finance, 2010, 11 (2): 246-267.

［438］ Zou, W. and H. Zhou. The classification of growth clubs and convergence: evidence from panel data in China (1981-2004). China and World Economy, 2007, 15 (5): 91-106.

［439］ Zou, W. , Z. Zhuang, H. Zhou and H. Song. Measuring divergence in provincial growth in China: 1981-2004. Journal of Economic Policy Reform, 2008, 11 (3): 215-227.

［440］ Zou, W. and F. Zhang. Transport infrastructure, growth and poverty alleviation: empirical analysis of China. Annals of Economics and Finance, 2008, 9 (2): 345-372.

［441］ Zou, W. and Y. Fang. Neighborhood effects and regional poverty traps in rural China. China and World Economy, 2014, 22 (1): 83-102.

［442］ Zou, W. , H. Lei. Business environment and resource allocation based on the perspective of the national value chain. Journal Systematic Science Complex, 2023 (36): 294-327.

［443］ Zou, W. and Y. Liu. Rural-urban migration and dynamics of income distribution in China: a non-parametric approach. China and World Economy, 2011, 19 (6): 37-55.

［444］ Zou, W. The "middle income trap" in economic growth in different economies. China

Economist，2017，12（3）：53-63.

[445] Zou，W.，L. Chen，J. Xiong. H gh-speed railway，market access and economic growth. International Review of Economic and Finance，2021（76）：1282-1304.

[446] Zou，W. and F. Yang. Does city shape affect China's economic development? China and World Economy，2024，32（1）：21-56.

[447] Zou，W.，L. Chen. The impact of high-speed railway on firms' productivity. International Review of Economcis and Finance 2024（92）：1374-1394.

[448] Zou，W.，B. Cheng. Can rural health insurance coverage improve educational attainment? Evidence from new cooperative medical scheme in China. International Review of Economics and Finance，2023（85）：689-704.

[449] Zou，W.，X. Cheng. Measuring and decomposing relative poverty in China［EB/OL］. https：//doi. org/10. 3390/land12020316.

[450] Zou，W.，Z. Fan. A three-component decomposition of the change in relative poverty：an application to China［EB/OL］. https：//doi. org/10. 3390/land12010205.

后　　记

　　《经济发展的中国路径：理论与实证研究》是我近年来先后主持的两项国家社会科学基金重大招标项目"应对中等收入陷阱挑战的综合研究"（项目批准号：11&ZD006，获批"免鉴定结项"）和"解决相对贫困的扶智扶志长效机制研究"（项目批准号：20&ZD168）的研究成果，也是我多年来研究发展经济学的前沿理论，特别是聚焦中国经济发展的宏大实践，展开问题导向、目的导向、结果导向研究的结晶。

　　经济学理论的生命力在于不断创新，只有坚持创新，才能在前人研究的基础上有所突破。同时，经济学理论的生命力还在于经世济用，经济学研究只有深深植根于本国经济发展实践沃土，紧密联系实际，为现实经济社会发展服务，才能根深叶茂、结出硕果。改革开放以来，我国经济发展取得了举世瞩目的成就，经济实力、科技实力、综合国力不断实现新的跃升。新时代中国特色社会主义经济建设的伟大实践，为经济学理论创新提供了良田沃土。作为发展经济学研究者，我们必须把"以中国为观照，以时代为观照，立足中国实际，解决中国问题"作为学术研究与创新的根本圭臬，以学术范式讲好改革开放发展的中国故事，立足新时代经济实践不断推进经济学理论体系的创新。谨以此书向日新月异、不断开创历史的中国经济发展实践致敬！

　　本书是我带领的发展经济学研究团队长期合作的成果，在研究过程中一批又一批教师、研究生加入团队，为探讨经济发展的中国奇迹而勤勉付出，在多个章节的研究中做出了贡献。他们是：庄子银、崔静波和张学立（第7章），楠玉（第1章），魏福成（第11、12章），郑浩（第5章），陈亮恒（第14章），李静晶（第16章），雷浩（第15章），樊增增（第3章），程小佩（第4章），李小刚（第6章），刘红艺（第13章），谢倩（第9章）。时过经年，许多团队成员已经在学术上成果丰硕，当年在读的研究生同学们也已经顺利毕业，开启了人生新的征程。谨以此书向热爱学术研究、潜心探讨中国经济问题的同仁们、同学们致谢！

　　道阻且长，行则将至，行而不辍，未来可期！新时代新阶段，中国社会主要矛盾发生转化，贯彻新发展理念，构建新发展格局，推动高质量发展，实现中国式现代化的蓝图已经绘就。本书的研究是开端而不是结束，我们将面临更多重大的、复杂的理论和实践问题，我们有责任、也有使命去讲述更加波澜壮阔的经济发展的中国故事。

最后诚挚感谢国家出版基金、湖北省公益学术著作出版专项资金和武汉大学出版社对本书出版的大力支持！

邹 薇

2023 年 6 月于武汉大学珞珈山